徐圩新区
CECW
东中西示范区

国家东中西区域合作示范区

连云港徐圩新区志

连云港徐圩新区志编纂委员会 编

方志出版社
Publishing House of Local Records

图书在版编目(CIP)数据

国家东中西区域合作示范区连云港徐圩新区志 / 连云港徐圩新区志编纂委员会编 .—北京 : 方志出版社 , 2023.7
ISBN 978-7-5144-5753-7

Ⅰ . ①国… Ⅱ . ①连… Ⅲ . ①区 (城市) —地方志—连云港— 2009-2022 Ⅳ . ① K295.34

中国国家版本馆 CIP 数据核字 (2023) 第 138717 号

责任编辑 : 李晓晓
责任校对 : 张玉霞
责任印制 : 梅中英
出 版 者 : 方志出版社
地　　址 : 北京市朝阳区潘家园东里 9 号 (国家方志馆 4 层)
邮　　编 : 100021
网　　址 : http://www.zgfzcb.cn
发　　行 : 方志出版社图书营销中心 (010-67110500)
印　　刷 : 南京凯德印刷有限公司
开　　本 : 889 毫米 × 1194 毫米 1/16
印　　张 : 26.25
字　　数 : 838 千字
版　　次 : 2023 年 7 月第 1 版
印　　次 : 2023 年 7 月第 1 次印刷
定　　价 : 300.00 元

连云港徐圩新区志编纂委员会

2023年

主　　任：石海波

副 主 任：赵厚峰　卢忠宝

成　　员：区党政办公室、区党群工作部、区纪工委机关、区经济发展局、区环境保护局、区生态环境分局、区建设局、区财政局、区社会事业局、区投资促进局、区应急管理局、区综合行政执法局（市场监督管理局）、区行政审批局、徐圩港区管理办公室、区投资服务中心、区社会事业服务中心、区人力资源和社会保障服务中心、徐圩人民医院、区环境综合治理攻坚大队（398大队）、徐圩港区安全环保攻坚大队（SE大队）、国家危险化学品应急救援连云港队（186大队）、徐圩街道、区公安分局、区自然资源分局、区城管大队、区消防救援大队、区交警大队、方洋管理学院、石化基地运管服务中心主要负责同志，方洋集团、洋井集团、港控集团、云湖集团、东辛农场、盛虹石化、连云港石化、中化产业园等单位分管负责同志。

编委会下设办公室，宋利华任主任，吴昊任副主任。

《国家东中西区域合作示范区连云港徐圩新区志》
编辑部

主　　编：卢忠宝

副 主 编：宋利华　张建民　吴　昊　沈光萍　闫长建　张　欣　苏国强

顾　　问：韩世泳　张树庄　王恒亮　张卫怀　徐学鸿

总　　纂：姜龙才

编　　辑：张建民　姜龙才　沈夕泉　徐乙策　李艳菲　施春生　陈　军
　　　　　杜　易　王　超　秦子然　朱慧慧

文字检校：时　啸　温赛赛　徐剑虹　郭丽雅

摄影图片：徐乙策　来一麟　崔子寅　王　鑫

《国家东中西区域合作示范区连云港徐圩新区志》
终审　验收单位

连云港市地方志编纂委员会办公室

《国家东中西区域合作示范区连云港徐圩新区志》
终审人员名单

陆瑞萍　陆海涛　邱仕明　胡银宝　宋利华　张建民

孙悟空的故事，如果说有现实版的写照，应该就是我们连云港在新的世纪后发先至，构建新亚欧大陆桥，完成我们新时代的“西游记”。

——2009 年 4 月 20 日，习近平同志视察连云港时讲话

徐圩名片

- 国家东中西区域合作示范区先导区
- 国家七大石化基地之一
- 国家生态工业示范园区

• 国家级综合保税区
• 中国智慧化工园区
• 中国绿色化工园区

徐圩新区开发建设原貌（2010 年）　　胡卫星　摄

璀璨徐圩（2022 年 5 月）　　张言华　摄

盛虹炼化（连云港）有限公司（2022年）　　房以明　摄

盛虹炼化一体化项目地基处理现场（2018年）　　徐乙策　摄

卫星化学连云港石化有限公司（2022 年）　　网信办　供

卫星化学连云港石化项目建设现场（2018 年）　　徐乙策　摄

江苏瑞恒新材料科技有限公司 (2022 年)　　网信办　供

中化瑞恒项目建设现场 (2018 年)　　徐乙策　摄

云湖核心区（2019 年）　　房以明　摄

云湖开挖施工场景（2010 年）　　网信办　供

❶ 美丽云湖（2022 年 11 月） 网信办 供

❷ 六月广场（2022 年 8 月） 网信办 供

❸ 产业服务中心（2023 年 6 月） 房以明 摄

①

②

❶ 千亿公园（2022 年 8 月）
网信办　供

❷ 桩基公园（2023 年 6 月）
网信办　供

❸ 拓展训练基地（2022 年 8 月）
张　浩　摄

徐圩城市功能区雪景（2023 年）

房以明　摄

30 万吨级原油码头（2022 年 8 月）

房以明　摄

①

②

③

❶ 连盐铁路徐圩支线（2018 年 9 月）　徐乙策　摄

❷ 新荣泰液体化工码头（2022 年 7 月）　网信办　供

❸ 卫星化学码头首艘液化烃船靠泊（2020 年 10 月）　网信办　供

❹ 海滨大道（2019 年 10 月）　朱德富　摄

④

❶ 徐圩港区一港池（2019 年 10 月） 张正中 摄

❷ 徐圩新区二港池（2022 年 8 月） 网信办 供

❸ 徐圩港区海上应急救援通道（2021 年 12 月） 网信办 供

❹ 张圩互通大桥（2019 年 8 月） 陈卫东 摄

工业废水综合治理中心（2022年7月）

网信办　供

地下综合管廊（2022 年 7 月） 张晓晖 摄

固危废处理处置中心（2018 年 5 月） 徐乙策 摄

虹洋热电（2017 年 4 月）　　网信办　供

石化管廊（2022 年 7 月）　　肖　勇　摄

①

③

②

❶ 生态环境质量管控中心（2022 年 7 月）　张晓晖　摄

❷ 应急救援基地（2021 年 12 月）　网信办　供

❸ 石化基地运管服务中心（2022 年 11 月）　网信办　供

❹ 综合保税区（2023 年 5 月）　胡林庆　摄

连云港石化产业基地（2023 年 6 月）

胡林庆 摄

2018 年 12 月 14 日，省委、省政府举行全省重大项目现场推进会，连云港石化产业基地以盛虹炼化一体化项目为龙头的千亿产业项目集中开工
徐乙策　摄

盛虹炼化（连云港）有限公司（2023 年）　　房以明　摄

❶ 斯尔邦石化有限公司（2023 年） 网信办 供

❷ 卫星化学连云港石化有限公司生产区域（2023 年） 网信办 供

3 卫星化学连云港石化有限公司（2021 年 5 月） 卫星化学 供

4 中化瑞恒新材料公司（2023 年 5 月） 胡林庆 摄

①

②

❶ 虹港石化车间（2017 年 9 月） 俞德春 摄

❷ 斯尔邦石化化验室（2017 年 4 月） 肖 勇 摄

❸ 斯尔邦石化中控室（2017 年 4 月） 王健民 摄

❹ 珠江钢管（连云港）公司生产车间（2013 年 6 月） 徐乙策 摄

❶ “方洋杯”2015 连云港·徐圩国际马拉松赛（2015 年 10 月） 冯宝林 摄

❷ “卫星杯”2019 连云港·徐圩国际马拉松赛（2019 年 10 月） 莫延松 摄

❸ 文艺工作者走进徐圩新区慰问港城建设者文艺演出（2013 年 6 月） 徐乙策 摄

❹ 云湖社区音乐节（2019 年 10 月） 徐乙策 摄

❶ 徐圩新区实验学校（2022 年 5 月） 胡林庆 摄

❷ 徐圩新区人民医院（2023 年 6 月） 徐乙策 摄

❷ 智汇湾广场（2019 年 10 月） 网信办 供

❷ 香河新村（2022 年 11 月） 房以明 摄

智汇湾
12号路
云河路
③

④

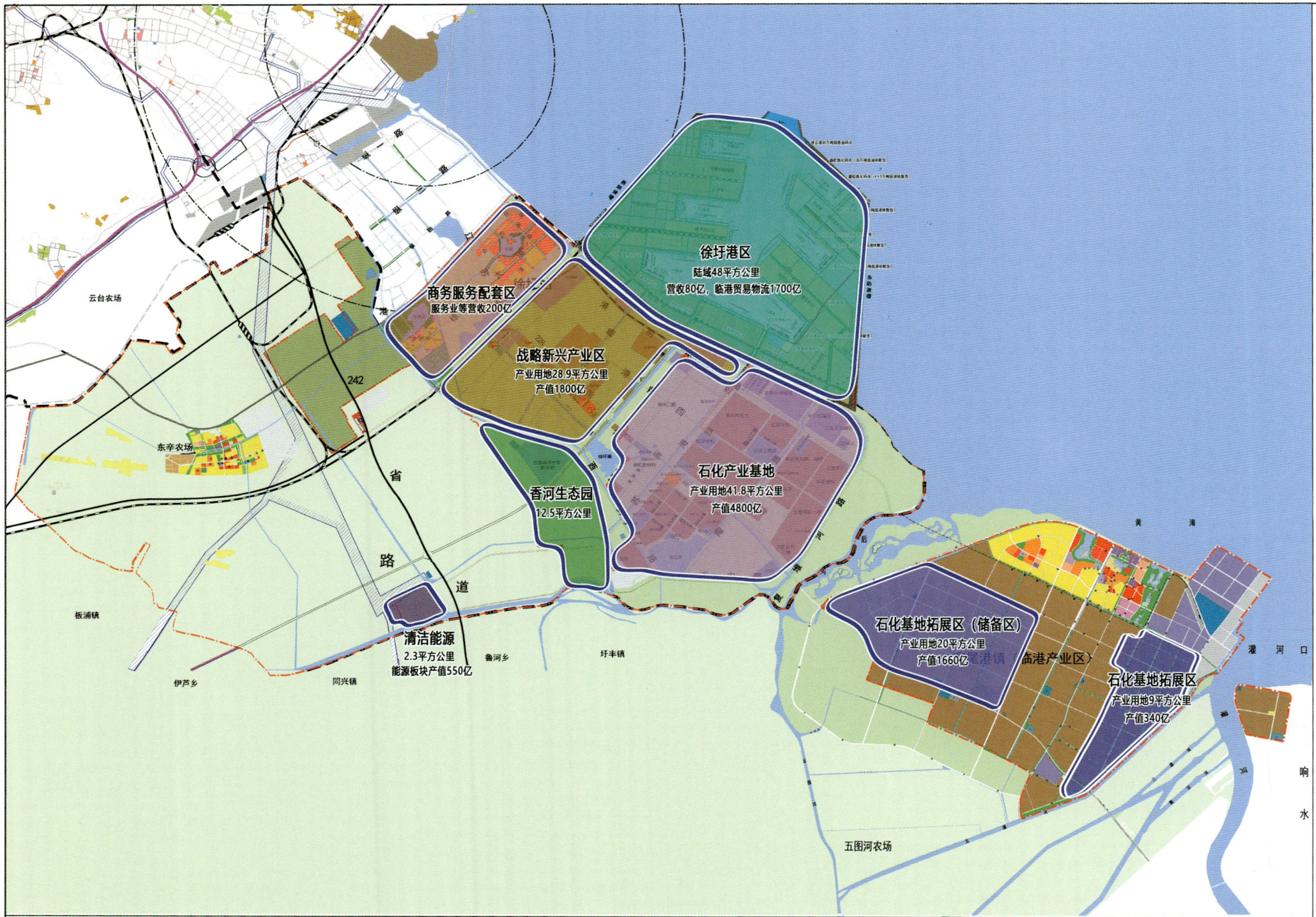

连云港市徐圩新区及石化基地拓展区万亿级园区总体功能布局图（2022年制）

序

承国家之远瞩，应省市之高瞻，合港城之形势，顺人民之期盼。2009 年江苏沿海开发晋迁国家战略，徐圩新区应运而生。2011 年国务院批准设立国家东中西区域合作示范区，徐圩新区乘势而上。2014 年连云港石化产业基地被确立为全国重点建设的七大石化产业基地之一，徐圩新区聚势而强。从开建到现如今历时十余载，徐圩建设大军白手起家，披荆斩棘，砥砺前行，争创一流，在黄海之滨的盐碱滩上，建立起一座现代化化工城，世人瞩目。

幕天席地擘画千里盐滩美丽蓝图，后发先至书写万亿新城壮美诗篇！作为肩负着国家使命、发展动能不断集聚的第三代新型开发园区，徐圩新区经过十余载的大开发、大建设、大发展，硬件设施上已今非昔比。新区历经生长的艰辛与磨炼，历经成功的喜悦与挫折的煎熬，不断培养、灌输、复制、创新一种自信的文化理念，创建了一种有着国际视野、徐圩特色的主体文化。这种主体文化，就是“生长的力量”，是徐圩在长期实践中形成的价值观、影响力、凝聚力等软实力的集中反映，是新时期的“徐圩精神”与“徐圩理念”，蕴含在徐圩发展进程中的“精气神”，也是徐圩新区广大建设者精神家园的独特写照。

总结过去，是为了更好地谋划未来。对 2009—2022 年的发展轨迹进行总结，时间虽然不长，但由于新区的这 13 年是急遽变化的 13 年，是新区发展极为重要的节点，因此，修志存史、资政育人是非常有必要的。《国家东中西区域合作示范区连云港徐圩新区志》（简称《连云港徐圩新区志》）翔实记录了这段非凡的历史进程，展现了这一进程中徐圩新区从无到有、从小到大、从弱到强的创业史。徐圩新区的建设史，不仅仅是一种硬件建设史，更本质的是一种文化理念的建设。《连云港徐圩新区志》记述的内容不仅仅是一般意义上的硬件发展成果展示，而是对徐圩发展历程进行全面的深刻的文化上的总结与反思，它要展示的是徐圩新区的发展历程中以及这个过程中富有哲理的思想成果。

《连云港徐圩新区志》自2020年启动编纂以来，在市地方志办公室的精心指导下，经过新区广大修编人员的共同努力，终于付梓面世了。这是徐圩新区13年创业史的梳理和总结，是新时期徐圩人文化自觉与文化自信的彰显，也是新区借鉴历史面向未来的桥梁和纽带。

新时代新征程需要新跨越。《连云港徐圩新区志》如能为探索国家东中西区域合作发展经验、发展模式、发展道路提供微薄的历史智慧和现实借鉴，将是徐圩新区建设者们的衷心期盼，也是编纂《连云港徐圩新区志》应尽之责。

是为序。

连云港徐圩新区志编委会

2023年7月

凡　例

一、本志以马克思列宁主义、毛泽东思想、邓小平理论、“三个代表”重要思想、科学发展观、习近平新时代中国特色社会主义思想为指导，坚持辩证唯物主义和历史唯物主义的立场、观点和方法，力求全面、客观、系统地记述连云港徐圩新区（以下简称徐圩新区）现代化进程和改革开放成果，为探索国家东中西区域合作发展经验、发展模式、发展道路提供历史智慧和现实借鉴。

二、徐圩新区是国家东中西区域合作示范区先导区。本志记述地域范围为2022年徐圩新区管理区域。

三、记述时限从徐圩新区发端开始，下限至2022年。大事记、基本区情、人物以及需要追溯起始端的事物，记述时间上溯。图照下延至2023年。

四、采用章节体，横排门类，纵述史实。为彰显时代特征和新区个性特色，章节设置不求面面俱到。按照现代社会分工和科学分类相结合的原则，共设16章，章下设节。志首设图照、概述、大事记。志末设附录和后记。

五、综合运用述、记、志、传、图、表、录等体裁，以志体为主。章下设无题序。大事记以编年体为主，辅以纪事本末体。图、表随文，按章排序，力求图文并茂。

六、采用规范的现代语体文记述，文字力求朴实严谨、简洁流畅。除概述及章下序外，一律述而不论。除原始文献和引用原文外，均以第三人称记述。

七、中华民国成立前使用历史朝代纪年括注公元年份；中华民国成立后的纪年，均使用公元纪年。“新中国成立前”“新中国成立后”以1949年10月1日中华人民共和国成立为界；“解放前”“解放后”以1948年11月7日徐圩地区解放日为界。

八、人物遵循“生不立传”原则。人物传略传主按生年排序，只选录对徐圩地区发展有重大影响的历史人物，不面面俱到。徐圩新区以及籍贯在徐圩新区管理区域内，对社会发展有突出贡献或较大影响的人士，以简介、表录等形式入志。对于行业内表现突出的在世人物，以事系人，人随事出。

九、数字用法、标点符号用法分别采用国家标准《出版物上数字用法》（GB / T 15835—2011），《标点符号用法》（GB / T 15834—2011），计量单位采用国家技术监督局 1993 年 12 月发布的《量和单位》系列国家标准。数据中，小数点后一般保留两位。

十、地域、机构或单位等名称，首次出现时使用全称并括注简称。本志“省”“市”“新区”，分别指江苏省、连云港市、徐圩新区。

十一、统计数据原则上以徐圩新区经济发展局公布的数据为准；没有统计的数据，以徐圩新区业务部门提供的为据；表格空白处为未发生、无统计或查无数据。

十二、资料取自文献、档案、报刊、口述资料和实物，经鉴别核实。直录自史籍文献的资料使用明引，引文保持后貌。史籍记载不一又难以考证确定者，诸说并存。

目　录

第一章　徐圩概览

第二章　基础建设

第三章　徐圩港

第四章　石化产业基地

第五章　现代服务业

第六章　开放合作

第七章　生态建设

第八章　安全应急管理

第九章　开发建设平台

第十章　经济发展与管理

第十一章　园区建设与管理

第十二章 党政群团

第十三章　社会事业

第十四章　街道　盐场　农场

第十五章　徐圩答卷

第十六章　人　物

附　录

蝶　变

自2009年徐圩新区进入全面大开发至2022年，历经了13个年头。在这13年里，新区的创业者白手起家，在白茫茫的盐碱滩上建设了国家级的石化产业基地，打造了江苏沿海地区经济发展新的增长极，使徐圩新区成为连云港实践“后发先至”的主阵地。历史会刻下创业者前进的轨迹，在共和国的建设史上，特别是改革开放史上留下他们的身影。至2022年，徐圩新区累计完成固定资产投资约2870亿元，建设了全国工业园区单体规模最大的日处理量10万吨的污水集中再生回用中心、IGCC公用工程岛、地下综合管廊等一系列配套设施；引进重大产业项目34个，总投资超3500亿元，构建了盛虹石化、卫星化学、中化循环产业园三大产业集群。2022年，徐圩新区在全国643家重点化工园区中综合排名位列第18位。

一、徐圩新区的前世今生

徐圩新区位于中国江苏省东北部的黄海之滨，东与日本、韩国隔海相望，西依连云港市主城区海州区，北部与连云区相连，南部与灌云县相接。徐圩新区拥有37千米海岸线，总规划面积约467平方千米。其中，徐圩港区74平方千米，临港产业区141平方千米，现代高效农业区约153平方千米。徐圩新区地处横穿中国的新亚欧大陆桥东端起点，是“一带一路”倡议支点的重要组成部分，是国务院《江苏沿海地区发展规划》确定的重点开发区域，国务院批准设立的国家东中西区域合作示范区的先导区。

徐圩现代海岸线的成因，主要为黄河夺淮引起的“河流夺袭”现象。从1128年黄河夺淮开始（参见郑肇经《中国水利史》），至1855年黄河再次改道，其间历经700多年。黄河全流域夺淮以后，每年从黄土高原带来了大量的泥沙，从黄河故道及灌河两侧摆荡式入海，苏北海岸线东移形成了区域辽阔的苏北黄河三角洲。当时，废黄河口的陆地已延伸到距今海岸20千米的海中。随着黄河北去，泥沙断流，苏北黄河三角洲又向与延伸相反的方向发展，形成了现在的自射阳河口至大板桥一带的后退型海岸，徐圩的陆域就是在这个过程中逐渐形成的，又随着海水制盐业的发展逐渐演变为百里盐滩。

徐圩地理原貌（2005年）　　张晓辉 摄

徐圩地域内平均海拔3～5米，境内仅有一座86.4米高的东陬山，其余皆为临海平原。徐圩境内地形的最大特点是水网密布，境内河流南北走向的主要有驳盐河与复堆河，东西走向的河道众多，但河道较短。作为界域分界线的河流，有南侧的烧香河以及西侧的烧香支河，其中烧香河是新区的主要泄洪通道。新区内有分布其间的多个小型湖泊，还有穿海堤涵闸10座。排涝主要通过驳盐河和十多条河沟排入大海。新区东临黄海，河道受潮汐影响较大，潮型属正规半日潮型。根据燕尾港潮水文站资料，历史最高位和最低位分别为3.91米和－2.7米，多年平均高潮位为3.32米。新区地质表层为黏土，其层厚为14米左右的淤泥层。新区气候类型为湿润的季风海洋性气候，年平均气温为14℃，四季分明，光照充足，雨水充沛，气候宜人。

徐圩新区所在的连云港市，是国家规划建设的42个综合交通枢纽之一，是中国沟通南北、连接东西的两大国家干线铁路和两条最长的高速公路的交会点。经过13年的建设，徐圩新区的周边地区及新区内部已经形成了铁、公、水、空、港环绕的现代化的综合交通运输体系：距离花果山国际机场40千米，乘坐连徐高铁、沿海高铁、连淮扬镇高铁非常便捷，外围有G15、G25、G30高速公路以及204国道等公路运输通道，228国道、242省道由区内穿过。新区内现代化交通运输体系已经初步形成：港口方面有2个10万吨级通用散货泊位、2个5万吨级和1个1万吨级液体散货泊位，10万吨级航道已通航；铁路有徐圩铁路专用线等级为国铁Ⅱ级，与陇海线连接，输送能力约3000万吨/年；公路方面有建成通车道路30余条，总里程140多千米，形成了“六纵六横”的路网框架；内河有徐圩港区后方规划烧香河、善后河等多条内河三级航道，通达长江、京杭运河。

盐业生产（2013年）　　王玉奎 摄

徐圩是一个因盐而生的地方。在长达几百年的时间内，这片土地上的生产劳动、生活习俗无不打上盐文化的烙印。淮盐不仅孕育了以盐商为代表的商贾文化，也创造了历朝历代经济上的繁荣。进入21世纪第二个十年，江苏沿海发展的大潮席卷徐圩，徐圩一跃成为承载国家级现代化大型石化产业基地的主战场。但淮盐文化的传承，绝不是至此戛然而止，从淮盐文化到徐圩文化之间仍然有一个文化上的内在联系。虽然这是两种不同的文化形式，但其本质仍然是有共同点的，这就是甘于奉献与坚韧不拔。

徐圩新区肩负国家战略的重大使命。2006年10月，由全国政协原副主席钱正英院士牵头的联合调研组，对江苏沿海地区特别是连云港市包括徐圩地区在全国的地位进行了重新审视，认为徐圩片区是规划建设深水港口、发展临港重化工产业的理想选址，从国家战略层面上建议探索设立国家东中西区域互动合作示范区。2007年元旦期间，国务院总理温家宝到连云港考察，明确指出连云港处于沟通东西、连接南北的重要节点和纽带上，要在促进中西部地区协调发展上发挥重要作用。2009年6月国务院常务会议审议并原则通过《江苏沿海地区发展规划》，连云港发展又一次站上国家战略层面，徐圩新区应运而生。2011年5月，国务院批复同意在连云港市设立国家东中西区域合作示范区，徐圩新区为先导区。2014年9月，经国务院同意，国家发展改革委、工信部联合印发《石化产业规划布局方案》，将连云港徐圩新区确定为全国七大石化产业基地之一。

2011年，徐圩新区管理徐圩街道、徐圩盐场、东辛农场和海军农场，总面积467平方千米，其中耕地 138.33 平方千米;管理区域内登记户籍人口 3.99 万人,流动人口 7.63 万人。2022 年,徐圩新区管理区域不变,登记户籍人口 3.92 万人,常住人口 11.5 万人;地区生产总值 183.81 亿元。

二、筑牢新区成长基石

徐圩新区的发展,就像竹子生长一样,在夯实基础方面下足了功夫。在这 13 年里,新区铆足干劲做实做足规划引领、招商引智和基础设施建设三方面基础性工作。

规划引领。这项工作大致向前延伸至 2006 年 10 月,钱正英院士率专家组调研后,徐圩确立了未来发展方向。2008 年 11 月市政府成立调研组调研论证,明确了徐圩片区开发建设路径,提出港产城一体化发展模式。2009 年 3 月,市委常委议港会决定开发徐圩新区,实行港口、产业、城市一体化开发模式;6 月 17 日,徐圩现场指挥部举行揭牌仪式;6 月 29 日,徐圩召开进驻现场动员大会,提出了"义无反顾、决战徐圩"的号召,标志着新区港产城一体化开发建设拉开了序幕。

2011 年 5 月,国务院批复同意成立国家东中西区域合作示范区,为徐圩新区跨越发展插上翅膀,徐圩新区建设驶上快车道。2014 年 9 月,连云港石化产业基地被确定为全国七大石化产业基地之一。2022 年 1 月,市委、市政府印发《连云港石化产业基地世界一流标准体系》,明确连云港石化产业基地成长为世界一流石化产业基地需要达到的标准。

2011 年 7 月 5 日国家东中西区域合作示范区揭牌仪式

网信办 供

"生态、智能、融合、示范"的徐圩理念在实践中应运而生。徐圩新区自 2009 年成立至 2022 年,以徐圩理念为指导,高度重视顶层设计工作,立足于以科学规范和先进标准引领建设发展,先后委托专业机构研究编制战略研究与规划、片区总体规划、专项规划、综合策划与方案等共 219 项,这些规划和研究起点高、标准严、操作性强,既着眼于当下的新区建设,更注重于将来长远的发展。其中,《连云港市徐圩片区发展战略规划》《关于在连云港市探索设立国家东中西区域合作示范区的建议方案》《徐圩新区建设江苏沿海新型工业化基地研究》《连云港石化产业基地世界一流标准体系》等规划成果,为徐圩新区明确了发展模式、空间布局、产业定位和标准规范,对新区开发建设产生了重大而深远的影响。

招商引智。2014 年 9 月,徐圩新区被确定为国家七大石化产业基地之一,进一步校准了徐圩新区招商引资的发展方向与发展路径。一是大力开展宣传推介。组团参加省沿海办、市政府组织的东中西区域合作相关重大活动,从参加新闻发布会到合作座谈会,到区域合作讲坛,再到参加各地组织的投资贸易洽谈会。2012 年分别在西安、郑州、乌鲁木齐等地参加了 6 场国家东中西区域合作示范区新闻发布会。二是走出去,到亚洲相关国家考察交流。2012 年,徐圩新区先后赴日本、新加坡等国家招商推介。2014 年年初新区启动"一带一路"国际经贸合作区项目研究和推动工作,召开"一带一路"(徐圩新区)国际经贸合作区建设说明会,旨在建设一个以服务中亚国家和上合组织成员国为主的"一带一路"区域合作服务平台。2014—2015 年,新区组织赴中亚国家考察交流,先后赴吉尔吉斯斯坦、土库曼斯坦，就双方共同关心的参与“一带一路”建设以及经贸项目合作等问题进行了广泛深入的交流。三是打造服务东中西区域合作的交流平台。规划设计了61个功能交流平台，实际开工建设了云湖商务服务区和国际物流服务中心等24个功能平台。2016年11月，徐圩新区丝路国家展贸中心项目正式开业运营，来自俄罗斯、乌兹别克斯坦、哈萨克斯坦等国家的22家企业与丝路国家展贸中心签订入驻及合作协议。

在招商政策方面，明确了加大高新技术企业培育资金投入力度、建立高新技术企业培育贡献奖励机制、降低科技型中小企业研发成本等3个方面的产业扶持政策。引资的同时注重引智，在招纳吸引人才方面，实施了港城英才计划、科技企业家培育工程、鼓励企业开展全球化研发布局、实行引才奖励和补贴制度、支持企业引进高层次人才、加大金融扶持力量等项目。

早期的招商成果主要是引进番禺珠江钢管（连云港）有限公司，它是新区入驻的第一个大企业。2014年9月，新区被确定为国家石化产业基地，此后的招商引资工作主要围绕石化产业展开，招商成果也集中在石化产业，包括引进的盛虹石化、卫星石化以及中化国际。盛虹集团由原来的斯尔邦石化、虹港石化拓展到1600万吨的炼化一体化项目，总投资约1800亿元。卫星化学烯烃综合利用项目为国内最大，主要建设250万吨烯烃综合利用、130万吨聚烯烃、52万吨丙烯腈联合装置及下游150万吨/年环氧乙烷、二氧化碳回收利用制电子级碳酸酯、氢能利用制电子级双氧水等百万吨级化学新材料产业链项目。中化循环产业园项目由原来扬农总投资55亿元，拓展到中化多个业务板块，包括新材料、电子化学品、橡胶添加剂、轻量化材料等，园区规划拓展到440万平方米，规划项目总投资约800亿元。

228国道徐圩新区段建设现场（2009年摄） 网信办 供

基础设施建设。徐圩新区开发之初，将基础设施建设确立为新区建设的重中之重，紧抓不放。夯实基础，筑牢根基，支撑重大项目意识、可持续发展载体意识的理念，成为指导园区基础设施建设的基本观念。

遵照“规划先行、功能配套、规模合理、适当超前”的原则，做好土地征用、综合交通、市政公用、综合防灾等重大基础设施的规划与建设。土地征用是新区开发建设的基础工作。2009年至2022年，徐圩新区累计供地378宗，面积7317.85万平方米。徐圩新区用13年的时间，从无到有，在低洼的盐田上，开启了建设现代化的临港产业区的进程。

道路与桥梁建设是新区建设的先导。在一片盐碱滩上搞基础建设，面临的最突出的困难是夯实地基的问题。突出的矛盾是缺少石料，为解决石料供应问题，新区的建设者们千方百计、千辛万苦，最终解决了这一突出问题，保证了新区开发建设的需要。至2022年，建成车道总长266.96千米，面积635.1万平方米；新建桥梁63座，其中大型桥梁30座，形成了以徐圩港为核心、“五纵五横”公路网络为保障的交通大格局，保证了新区“公、铁、港、航”的需要。

公用基础事业主要包括地下管廊、供水、排水、供电、供热、供气。地下管廊按照打造国家石化产业基地要求,高起点规划、高标准建设、高水平管理,至 2019 年地下综合管廊一期工程(全长 15.3 千米)通过省级试点城市验收评估。新区的供水水源,包括善后河饮用水水源地的保护与香河湖应急备用水源的建设。供水泵站则由第一泵站和第二泵站组成。供水管理方面,建设了徐圩水厂和徐圩新区第二水厂,保证了徐圩新区的供水需求。新区在排水方面,主要建设有徐圩污水处理厂、徐圩新区再生水厂、徐圩新区高盐废水处理厂等。连云港石化基地工业废水第三方治理工程、东港污水处理厂达标尾水净化工程(一期),徐圩新区达标尾水排海工程等项目的建成投用,保障了新区的排水需求。

三、探索新区发展路径

徐圩新区作为连云港后发先至"排头兵"、江苏沿海开发"主战场"、国家东中西区域合作"试验田",建区以来持续聚焦主责主业、主动靠前担当,积极发挥开路先锋、示范引领、突破攻坚作用,持之以恒抓实项目、培优产业、做大总量,探索出了一条行之有效的发展路径。

坚持港产城一体化开发建设模式。贯彻"大港口、大石化、大循环"发展理念,从统筹城市发展空间布局、完善港口经济产业生态和优化石化产业资源要素配置三个维度入手,将港口、产业、城市作为一个有机整体进行统一布局,推动物流通道升级为发展通道、通道经济升级为临港经济,激活各方资源优势,构建港口、产业、城市深度融合、相互支撑、协同推进的发展新格局。

立足三个维度干事创业。"方向不对,努力白费",围绕主攻方向持续发力,及时纠正偏差。一是经受住时间维度的验证。将徐圩新区大建设、大发展摆到历史长河的时间维度中加以考量,不论过去、现在、将来,都要经得住历史长河的检验。二是经受住地域维度的考验。立足徐圩,放眼全国乃至全球,在更广泛的视野下思辨徐圩发展,寻找一条更适合徐圩的发展之路。三是经受住实践检验。实践是检验真理的唯一标准。重大决策、重要事项在决定之前慎之又慎,执行过程及时查漏补缺,阶段性结束后及时总结,对不正确的事情不断校正方向,及时引导到正确的轨道上来。

坚持国际标准。眼界决定境界,思路决定出路,定位决定地位。在徐圩新区 13 年发展过程中,在遵循国家标准的基础上,积极按照国际标准开发建设。国家标准是强制性标准,也是最低标准,必须达到。国际标准则是以自信自强的态度,主动将徐圩新区放到世界范围加以比较和对照,从中寻找打造世界一流石化产业基地的基本遵循,是超过和高于国家标准的标准。例如石化园区项目之间是否预留消防通道,国家标准没有强制要求,而按照国际标准是必须要预留,这就是按照世界一流标准不断的对标找差的结果,也是标杆决定高度的根本所在。

坚持厚积薄发。徐圩新区发展历程如同"竹子定律"诠释的规律一样,注重基础积累,守得住"寂寞",不急功近利。以盛虹石化、卫星化学和中化循环经济产业园三大石化产业集群为代表的徐圩石化产业基地,项目总投资额超过 3500 亿元。这些项目都是绿色环保的,符合石化产业发展方向。在徐圩新区 13 年的开发建设过程中因不符合绿色环保要求而被拒绝入驻的项目总投资额超过 3000 亿元。如果当初耐不住寂寞,把造纸、重油加工、铜冶炼、氧化铝等项目留下来,短期内可能会得到经济上的回报,但长时间来看,难以想像徐圩新区将是一个什么样的园区。现在的徐圩新区是自成立以来一直坚持、扎实做好基础的结果,其基础设施在全国乃至全世界都是领先的,每一个单项有优势,集成起来的优势形成集群效应,也将引领未来发展。

坚持底线思维。在不碰高压线、不碰红线的前提下,设定好不同阶段的发展重点和目标取向,既要设定最低的目标,又要规避不切实际的好高骛远的大目标,进行有效风险管控,着力防范化解徐圩新区开发建设过程中的重大风险,追求效率的最大化,使徐圩新区行稳致远。一旦失去了底线思维，就是危险、风险的开始。

四、国际影响力与未来展望

徐圩新区一路走来，不单纯追求发展规模，而是坚持创新实践，力求在发展理念和建设标准方面作出引领和示范。2022 年 9 月，德勤管理咨询（上海）有限公司发布研究报告，徐圩新区正在形成战略影响力、产业影响力、港口影响力、管控影响力、社会影响力等五个方面的国际影响力。

战略影响力：助力国家新一轮战略创新实践。打造国家可持续建设发展石化园区样板，国家综合能源供应服务保障示范基地，成为国内石化行业双碳战略先行主力军。

产业影响力：打造世界一流绿色石化产业集群。建设国内最大的原料多元化烯烃产业基地，国内最具影响力的聚酯原材料生产基地，国内领先的高端新材料产品基地，具有国际竞争力的电子化学品生产基地。

管控影响力：构建国内化工园区管控示范标杆。打造国际一流化工园区安全管理示范标杆，国内化工园区生态环境管理示范标杆，国家级应急救援保障体系建设示范标杆，国内首个化工园区全景智慧化建设标杆。

港口影响力：建设国际一流石化产业服务港口。深水港：世界一流水平港航基建设施；产业港：石化及临港**产业服务能力**；绿色港：绿色低碳港口建设先行示范；枢纽港：东西双向沿海开放新高地。

社会影响力：彰显社会责任关怀下的国际形象。树立石化园区绿色发展典范，创新石化园区文化发展底蕴，持续强化区域民生服务保障。

十年一剑锋已出，二次创业启新程。2022 年 1 月，徐圩新区制定建设世界一流石化产业基地打造万亿级产业集群行动计划（下称"行动计划"）。"行动计划"提出，至 2030 年，连云港徐圩新区将基本建成万亿级产业集群。

双轮破浪沧溟开，万亿基地临港生。在黄海之滨，一座世界一流的石化产业基地正在快速崛起！

徐圩港区二港池（2023 年）　　房以明 摄

大事记

2008 年前

1990 年　江苏提出沿江、沿海、沿东陇海线的“三沿”战略。

1993 年　连云港提出建设“海上连云港”战略构想。

1995 年　江苏实施“海上苏东”工程，连云港为建设“海上苏东”的重点。

2006 年 10 月　由全国政协原副主席钱正英院士牵头的中国工程院、国家开发银行和江苏省政府联合调研组，组织 20 多位院士和 200 多名专家，开展江苏沿海地区综合开发战略研究，提出在连云港徐圩地区建设临港产业基地。

2007 年元旦期间　国务院总理温家宝到连云港考察，将连云港的发展摆到国家战略层面上来定位，指出连云港是连接南北、沟通东西的战略枢纽，希望能够成为中西部地区最重要的出海通道，在全国东中西部区域协调发展中发挥重要作用。

2008 年 5 月 8 日　江苏省人民政府向国务院汇报《江苏省沿海地区综合开发战略研究报告》，建议从国家发展战略层面考虑，探索设立东中西区域互动合作示范区，首次在国家战略层面上提出这一设想。

2008 年 11 月 4 日至 12 月 1 日　由市政府办公室、市港口管理局、港口集团有关人员组成的调研组，赴烟台、大连、营口、天津、唐山、宁波等地考察港口建设情况，在借鉴有关研究机构研究成果基础上，形成《关于加快连云港港口和徐圩片区发展若干问题建议方案（讨论稿）》。

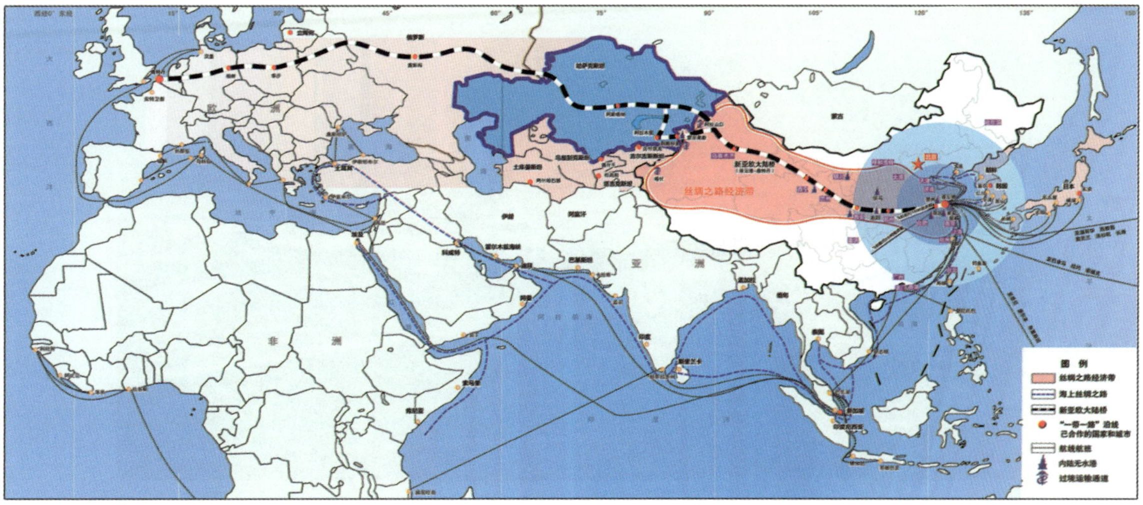

连云港市区位示意图　　网信办 供

2009 年

3 月 5 日　市委常委议港会在市行政中心召开，听取市政府秘书长、港口和徐圩片区发展调研组组长石海波《关于加快连云港港口和徐圩片区发展若干问题建议方案》的汇报，对事关港口长远发展和徐圩片区开发建设若干重大问题研究决策，决定成立徐圩片区开发建设领导小组，由徐一平担任组长；成立徐圩片区开发建设指挥部，由石海波担任指挥长，指挥部在领导小组的领导下开展工作；实行港口、产业、城市一体化开发模式。会议同意以市委、市政府名义印发《关于加快连云港港口发展全力推进徐圩片区开发的意见》。

3 月 11 日　连云港高新技术产业开发区管委会印章移交徐圩开发建设指挥部，以高新区管委会牌子行使徐圩片区起步阶段管理权责。

3 月 31 日　市委、市政府印发《关于加快连云港港口发展全力推进徐圩片区开发的意见》（连发〔2009〕9 号），明确徐圩片区开发建设阶段性目标任务、开发原则、管理体制、融资平台、公共基础设施建设以及港口发展支持政策等。

4 月 1 日　市委印发《关于成立徐圩开发建设指挥部党组及石海波等同志任职的通知》（连委〔2009〕63 号），成立中共连云港市徐圩开发建设指挥部党组，由石海波、桂迎宝、胡银宝、封其山、于治安、董世友、王建明、平浩生 8 人组成，石海波任党组书记。

4 月 14 日　徐圩开发建设指挥部党组书记石海波在市行政中心主持召开徐圩开发建设指挥部第一次党组会议，讨论并原则通过《指挥部党组会议议事规则》《指挥长办公会议制度》以及确定了各部（室）职责。

4 月 20 日　中央政治局常委、中央书记处书记，国家副主席习近平视察连云港，寄语当地干部群众："孙悟空的故事，如果说有现实版的写照，应该就是我们连云港在新的世纪后发先至，构建新亚欧大陆桥，完成我们新时代的'西游记'。"

4 月 20 日　石海波主持召开徐圩开发建设指挥部第一次指挥长办公会议，讨论并通过了徐圩片区规划编制、道路施工、高新区调整、融资平台建设等重点工作方案。

5 月 10 日　徐圩开发建设指挥部在市行政中心 1716 会议室举办第一期业务培训活动，就徐圩片区开发的背景、体制机制、开发思路等内容作了专题培训。

徐圩开发建设指挥部（2010 年摄）　　　　网信办 供

6 月 6—7 日　徐圩开发建设指挥部及其投融资平台公开选拔财务、人力资源、行政管理、计算机、语言类人才，在市行政中心进行统一笔试和面试，共有 53 人参加考试，17 人入选。

6 月 17 日　徐圩现场指挥部举行揭牌仪式，市长、徐圩开发建设领导小组组长徐一平作重要讲话；市长徐一平、常务副市长张同生为指挥部揭牌；仪仗队在现场指挥部升起五星红旗。

6 月 29 日　石海波在徐圩现场指挥部大会议室主持召开进驻现场动员大会，要求牢固树立抢抓机遇的意识，不断坚定加快发展的信心，进一步增强使命感和紧迫感，保持高昂的精神状态，乘势而上，义无反顾，决战徐圩。

6 月 30 日　徐圩开发建设指挥部委托国家发展改革委外经所编制《国家东中西区域合作示范区建议方案》，启动示范区的研究申报工作。

7 月 14 日　国务院批准实施《江苏沿海地区发展规划》，标志着以连云港为龙头的江苏沿海开发开放上升为国家战略，在国家层面为国家东中西区域合作示范先导区徐圩新区创建提供政策支撑。

9 月 6 日　省委书记、省人大常委会主任梁保华率领省有关部门负责人，就加快沿海开发到徐圩片区调研。梁保华要求连云港市要紧紧抓住江苏沿海开发进入国家战略层面的千载难逢机遇，坚持重点突破、统筹推进，做到科学开发、开放开发、集约开发、高效开发，建设大港口，发展大产业，构筑大城市。

9 月 25 日　石海波在徐圩开发建设现场指挥部大会议室主持召开全体党员大会，选举产生第一届党总支委员会，委员为封其山、王克品、王兴化、刘永春、沈光萍，封其山为党总支书记，王克品为副书记。

10 月 26 日　连云港市机构编制委员会印发《关于成立连云港市徐圩新区管理委员会（筹）的通知》（连编〔2009〕46 号），同意依托省级连云港高新技术产业开发区管委会的牌子，成立连云港市徐圩新区管理委员会（筹），内设党群工作部、党政办公室、经济发展局、规划建设局、财政局、政策研究室等 6 个内设机构，核定参照管理事业编制 30 名，下设投资服务中心，核定事业编制 15 名。

10 月 29 日　市政府下发《关于石海波等同志职务任免的通知》（连政发〔2009〕151 号），石海波任连云港市徐圩新区管理委员会（筹）、连云港高新技术产业开发区管理委员会主任；王建明、桂迎宝（兼）、李君生、胡银宝、封其山、董世友任连云港市徐圩新区管理委员会（筹）、连云港高新技术产业开发区管理委员会副主任。

11 月 12 日　徐圩开发建设指挥部召开“抢抓机遇，决战徐圩”首战告捷表彰大会，对徐圩新区开发建设首战告捷的 78 名有功人员进行表彰。会议认为，在决战徐圩 60 天的时间里，指挥部全体人员与有关部门和单位派出的精兵强将一起，创造了令人赞叹的“徐圩速度”，培育了“坚韧、尽责、高效、创新”的徐圩精神，夺取了徐圩新区起步阶段开发建设的首战胜利。

建设者在一片盐滩上掀起大开发热潮（2010 年摄）

网信办 供

11 月 16 日　石海波主持召开徐圩新区管委会第一次主任办公会议，原则通过了徐圩新区管委会党组会议议事规则和主任办公会议制度。

12 月 17 日 连云港市石化产业规划评估会举行，邀请中咨公司石化方面专家对规划研究成果进行评估论证。

是年 徐圩新区建设全面起动，新区组织架构、议事规则等各项人事安排、制度建设陆续到位。

2010 年

1 月 6 日 省长罗志军带领省有关部门负责人员到徐圩新区调研，并主持召开座谈会。罗志军强调，要围绕港口 30 万吨级航道建设加快推进徐圩港区及徐圩新区基础设施建设，进一步明确产业发展规划，树立清洁环保、循环经济、绿色产业发展理念，加快炼化一体化等重大项目的推进步伐。对连云港市提请解决的争取设立国家东中西区域合作示范区、重大事项进入国家“十二五”规划、重大基础设施建设等问题，罗志军表示将给予大力支持。

2 月 7 日 徐圩新区管委会召开年度工作总结表彰大会。会议对徐圩新区基础设施建设、专项规划编制、土地资源注入等十大重要工作推进事项和荣获 2009 年度徐圩新区开发建设突出贡献奖、优秀奖、先进个人称号的有功人员进行了表彰。市长徐一平出席会议，他指出，徐圩新区在较短的时间内取得了令人瞩目的成绩，创造了让人称赞的“徐圩速度”，得到了市委、市政府的高度认可，希望徐圩新区全体人员继续发扬顽强拼搏的精神，在认真总结经验的基础上，加快推动各项工作再上新的台阶。

2010 年 2 月 26 日，连云港市沿海开发合作论坛在北京举行　　网信办 供

2 月 26 日 徐圩新区在北京举办沿海开发合作论坛活动，国家部委领导、知名专家学者、央企负责人、相关国家驻华使节、部分世界 500 强企业驻华代表等 200 余人出席活动。

3 月至 5 月 在省政协副主席，省工商联主席李仁的协调下，省工商联副主席庞辉，市政协副主席、工商联主席徐晔宇一行多次拜访盛虹集团董事长缪汉根和省发改委相关负责人，协调解决盛虹 PTA 项目落户连云港市存在的困难和问题。

3 月 21 日 连云港市徐圩开发建设有限公司与江苏金桥盐化集团有限责任公司共同出资组建的连云港苏海投资有限公司举行揭牌仪式。公司注册资本 1 亿元人民币，经营范围涉及基础设施开发、房地产开发、园区服务、实业投资四大业务板块。

5 月 4 日 徐圩新区管委会第 10 次主任办公会议研究确定徐圩新区 2010 年“六六六六”重点工程项目，主要建设六条道路、六座桥梁、六大城建和六个产业项目。

5 月 23 日 全国政协副主席、全国工商联主席黄孟复率领全国工商联调研组到徐圩新区就东中西区域合作示范区情况进行调研。

5 月 24 日 国家发展改革委地区经济司副司长陈宣庆一行参观考察徐圩新区，并就在连云港设立国家东中西区域合作示范区事宜召开座谈会，对建议方案的具体实施提出明确要求。

6 月 10 日 徐圩新区管委会召开 2010 年第 14 次主任办公会议，就徐圩新区规划和管理范围调整问题进行研究讨论，拟将徐圩新区规划范围由 290 平方千米调整为 246 平方千米。6 月 17 日，徐圩新区管委会《关于对徐圩新区规划和管理范围进行调整的请示》（连徐新〔2010〕27 号）上报市委、市政府，就徐圩新区规划管理范围、板桥街道办事处划转、云湖核心区建设、XW－5 单元地块投入补偿等问题提请市领导研究决策。

8 月 4 日 市政府印发《关于同意对徐圩新区规划和管理范围进行调整等有关问题的批复》（连政复〔2010〕18 号）。《批复》明确，调整后的徐圩新区规划管理总面积为 247.6 平方千米，其中徐圩港区约 74.6 平方千米，临港产业区约 173 平方千米。功能分区调整为“一核、两轴、六区”，即徐圩商贸核心区，226 产业发展轴、纵六路城市综合发展轴，徐圩港区、钢铁产业集聚区、石（煤）化工产业集聚区、创新产业服务区、先进制造业产业区、生态农业示范区。同时还明确在徐圩新区纵五路以北 1 千米范围内不安排三类工业项目。

8 月 21 日 中共中央政治局常委、国务院总理李克强视察连云港时指出，连云港是江苏沿海地区发展的龙头，同时又连中启西，是我国沿海地区和中西部地区形成良性互动的一个重要战略支点，具有辐射中原腹地独特的港口优势和发展优势。

9 月 9 日 产业服务中心正式开工建设，建成后可满足徐圩新区产业服务、规划展览、即时办公、商务接待和休闲配套等功能需求。

9 月 17 日 连云港港 30 万吨级航道试挖工程奠基仪式在徐圩港区隆重举行。市委主要领导出席仪式并讲话，市长徐一平主持仪式。

徐圩港区 30 万吨航道吹淤现场（2011 年）　　吉志强 摄

9 月 27 日 根据省政府《关于调整连云港市部分行政区划的批复》（苏政复〔2010〕46 号）和《市政府关于调整部分行政区划的通知》（连政发〔2010〕128 号）精神，灌云县管辖的东辛农场、海军 92323 部队农副业基地调整划归徐圩新区管理，管辖权不变。

9 月 29 日 徐圩开发建设有限公司在工商部门变更注册登记为江苏方洋集团有限公司，经营范围调整核定为“实业投资”,注册资本10亿元人民币,经营范围以港口物流、房地产、工程建设、工业项目投资、现代服务业等各种实业为主营业务。

9月30日 清洁技术产业化基地桩基工程开工建设。

10月7日 石海波在徐圩新区管委会二楼会议室主持召开2010年第19次主任办公会议,研究确定徐圩新区经济社会“十二五”规划基本思路。“十二五”期间,徐圩新区将重点实施国家东中西区域合作示范区功能平台、特色功能区、产业合作基地、合作服务体系,通过加快深水港口和集疏运体系建设,全力打造国家东中西区域合作示范区(先导区),努力实现重大临港产业的突破。预计完成全社会固定资产投资715亿元。

10月14日 国家发展改革委地区司副司长陈宣庆率领国务院七部委联合督查组考察徐圩新区,重点督查《江苏沿海地区发展规划》贯彻落实及推进情况。督查组一行对徐圩新区的战略定位、功能布局、建设项目给予了充分肯定,要求徐圩新区抢抓江苏沿海开发重大历史机遇,加快推进基础设施和产业项目建设,尽快提升沿海地区开发开放水平,充分发挥在统筹区域协调发展中的重要作用。常务副市长张同生,省、市相关部门负责人员陪同调研。

11月29日 徐圩新区与盛虹集团有限公司在神州宾馆举行年产120万吨烯烃项目签约仪式。省长罗志军在签约仪式前会见了盛虹集团董事长缪汉根,并表示对此项目给予积极支持。该项目签约标志着徐圩新区临港大型化工产业基地开始启动。

12月20日 年产380万吨高性能钢管、年产41万吨镍合金新材料、60万吨联碱项目、高纯度乳酸项目、浅层地温能项目、晋商工业园项目、高科技纳米碳项目举行集中开工仪式,项目总投资306.7亿元,建成后预计可实现年销售收入650亿元,年利税67.3亿元。这些项目的动工建设,标志着徐圩新区临港产业的发展取得阶段性重大突破。

是年 累计实施重点工程70项,完成投资32.7亿元,完成道路保通66千米,重点加快以30万吨级航道为核心的集疏运体系建设,226省道、徐圩大道、港前大道和中通道等对外路网全面拉开框架,6大水利工程建成投入使用,6座景观桥梁加快推进建设,32千米水电气管网铺设全部完成。

2011年

1月6日 淮安市委书记、市人大常委会主任、党组书记刘永忠带领淮安、镇江、连云港组全国人大代表视察徐圩新区,了解沿海开发建设情况。市委常委、秘书长、宣传部部长张光东,市人大常委会副主任朱浩,市人大常委会副主任、秘书长于丽华等陪同视察。

2月3日 中共中央政治局委员、书记处书记、组织部部长李源潮到徐圩新区视察。李源潮强调,徐圩新区开发建设过程要始终坚持高标准和先进的开发理念,做好设计规划、环保规划和生态规划,努力将临港重化工产业区打造成为绿色、新型的产业园区。

2月15日 连云港市委、市政府印发《关于表彰2010年度全市经济社会发展目标和重大事项推进及优化投资发展软环境考核先进单位和个人的决定》,徐圩新区被授予“经济建设和社会发展突出贡献奖”。

3月17日 连云港港30万吨级航道一期工程正式开工。交通运输部部长李盛霖,省委书记、省人大常委会主任罗志军共同启动工程开工按钮,省长李学勇、交通运输部副部长翁孟勇分别致辞祝贺,副省长史和平主持开工典礼。

5 月 31 日 国务院印发《关于国家东中西区域合作示范区建设总体方案的批复》(国函〔2011〕61 号),同意在江苏省连云港市设立国家东中西区域合作示范区。原则同意《国家东中西区域合作示范区建设总体方案》。

6 月 8 日 国家发展和改革委印发《国家东中西区域合作示范区建设总体方案》(发改地区〔2011〕1185 号),要求示范区以服务中西部地区发展为宗旨,以连云港市徐圩新区为先导区,重点建设现代物流服务功能区、产业合作功能区、商务服务功能区、科技和人才服务功能区、生态功能区等五大功能区,通过加快出海通道建设、合作服务体系建设、产业合作基地建设和体制机制创新,力争用 10 年左右时间,建成服务中西部地区对外开放的重要门户、东中西产业合作示范基地、区域合作体制机制创新试验区。

6 月 14 日 由市委、市政府主办,市委宣传部和徐圩新区管委会承办的国家东中西区域合作示范区推介会在北京人民大会堂金色大厅隆重举行。全国政协副主席、全国工商联主席黄孟复应邀出席会议,国家和江苏省以及中西部省区有关部门负责人,大陆桥沿线国家驻华使节,企业界和金融机构代表以及国内外新闻媒体约 400 人参加了推介会。推介会上,江苏省政府与中国进出口银行签订了战略合作协议,连云港市政府与中石化签订了炼化一体化项目战略合作协议,徐圩新区管委会分别与中国建设银行江苏省分行、中国建设基础设施有限公司、陕西路桥集团有限公司以及天津市政建设集团有限公司签订了战略合作协议。

6 月 17 日 徐圩新区举行开拓广场“后发先至”石碑落成仪式,石海波为石碑揭幕,新区全体工作人员及在徐圩盐场生活、工作过的部分人员参加了仪式。

“后发先至”石(2012 年摄) 网信办 供

7 月 5 日 国家东中西区域合作示范区揭牌仪式在徐圩新区举行。省委书记、省人大常委会主任罗志军为示范区揭牌。

7 月 12 日 徐圩新区管委会召开第 9 次党组会议,研究徐圩新区管委会、江苏方洋集团和连云港苏海投资有限公司的部门结构,确定管委会的内设机构由原来的 13 个调整为 16 个,新增设监察室、外联办和接待办;江苏方洋集团的内设机构由原来的 3 个调整为 7 个,新增设投融资部、战略发展部、合同管理部、房屋征收部,同意组建广告公司、物流公司;连云港苏海投资有限公司内设机构由原来的 3 个调整为 4 个,新增设投资发展部。

7 月 21 日 国家东中西区域合作示范区与中国银行股份有限公司江苏省分行签署全面战略合作协议。按照协议要求,中行将为“示范区”企业提供金融服务,包括商业银行业务、投资银行业务和保险业务等。此外,江苏方洋集团有限公司、江苏虹港石化有限公司、江苏德邦化学工业集团有限公司、江苏宝通镍业有限公司、番禺珠江钢管(连云港)有限公司 5 家徐圩新区企业与中国银行连云港分行签署全面战略合作协议,根据协议内容,这 5 家企业将获得中行 50 亿元的授信贷款支持。

8 月 25 日 省长李学勇到徐圩新区视察。李学勇强调要紧紧抓住江苏沿海开发的重大机遇,坚持科学发展、转型发展,牢牢把握港口、产业、城市三大重点任务,切实增强发展的全面性、协调性、可持续性,更大力度地推进沿海开发。

10 月 8 日 石海波主持召开第 37 次主任办公会议。会议传达贯彻了市第十一次党代会精神，进一步明确了 2011 年第四季度的目标任务，并下达了重点工作任务责任分工。会议指出，四季度徐圩新区将紧紧围绕重大基础设施投资、重大产业项目推进和示范区平台建设等重点工作，按照党代会的部署要求，努力克服当前面临的各种困难和压力，进一步加大工作力度，想方设法增加实物工程量，千方百计加大资金投入，奋力冲刺第四季度，确保全面完成全年各项目标任务。

11 月 23 日 中国人民银行南京分行印发《关于设立中华人民共和国国家金库连云港市徐圩新区支库的批复》（南银复〔2011〕168 号），同意设立中华人民共和国国家金库连云港市徐圩新区支库。

12 月 23 日 徐圩新区在北京举办石化产业园规划评审会。会议对石油和化学工业规划院编制的《徐圩新区石化产业园总体规划》及《徐圩新区石化产业园产业发展规划》进行了评审，要求以打造国内一流石化产业园区的标准对规划进行修改和完善。清华大学化工科学与技术研究院院长、中国工程院院士金涌、中国石油和化学工业联合会副会长赵俊贵和连云港市副市长董春科出席会议。

12 月 29 日 徐圩新区节能环保展示馆建成投用。该馆建筑面积 1.7 万平方米，由 7 个展区组成。

是年 徐圩新区全社会基本建设投资突破 90 亿元，全年实施重点工程 55 项，完成建筑面积 33 万平方米；30 万吨级航道一期工程徐圩围堤合龙，2 个 10 万吨级通用散杂货码头开工建设。获得银行授信共计 221 亿元，实际获批银行贷款规模 25.74 亿元，实际筹措各项资金总计约 23.4 亿元。

2012 年

1 月 17 日 徐圩新区召开 2011 年度总结表彰大会，总结 2011 年工作，对荣获突出贡献奖人员以及先进单位和个人进行了表彰，全面部署 2012 年重点工作。会议公布了 2011 年新区十大工作事项。

2 月 22 日 徐圩新区在日本福山市召开投资说明会，来自福山市商工会议所、中国银行株式会社、福山市立大学、日本通运株式会社、朝日新闻等近 80 家福山政府机构、金融单位、高校、企业、新闻单位代表参会。考察团成员与多家具有投资意向企业就合作项目进行了广泛和深入的交流，达成了初步合作意向。说明会之前，考察团成员拜访了福山市市长羽田皓。

3 月 23 日 省人民政府印发《省政府关于设立江苏连云港徐圩经济开发区的批复》（苏政复〔2012〕28 号），明确江苏连云港徐圩经济开发区实行现行省级经济开发区的政策。

4 月 5 日 徐圩新区管委会组织承办了在西安市香格里拉大酒店举行的第十六届西洽会重点项目集中签约仪式暨国家东中西区域合作示范区（连云港）推介会。江苏省代表团团长、副省长史和平出席会议并讲话，陕西省副省长祝列克到会致辞，新疆维吾尔自治区副主席史大刚出席会议。会上，连云港市人民政府与陕西省西安市人民政府签订了关于共建国家东中西区域合作示范区战略合作框架协议；徐圩新区管委会分别与陕西路桥建设公司、晋商工业园开发公司、中铁物资集团有限公司签订了合作协议。

5 月 22 日 由新华社、光明日报社、中央人民广播电台、中国报道杂志社、新华日报社、江苏广电总台等 70 多家媒体组成的“江苏沿海开发三周年成果巡礼”境内媒体采访团到徐圩新区采访沿海开发情况。徐圩新区管委会主任石海波接受媒体专访。

5 月 26 日 省政府印发《关于贯彻落实国家东中西区域合作示范建设总体方案的实施意见》。

5 月 31 日 由省沿海办、市政府主办,徐圩新区承办的江苏沿海开发三周年东中西联动新闻宣传推介活动启动仪式在徐圩新区举行。省发改委副主任、沿海办主任梁学忠出席启动仪式。市委主要领导在致辞中向多年来关注和支持连云港发展的广大媒体表示感谢。梁学忠希望广大媒体能够深入中西部地区一线,宣传推介好国家东中西示范区建设的重大意义和政策优势,充分挖掘展示区域合作上取得的积极成果,为促进东中西区域合作发展做出积极努力和贡献。

6 月 1—10 日 江苏省沿海办、连云港市政府举办"江苏沿海开发三周年东中西联动新闻宣传推介活动"。中央及省、市 20 余家媒体沿陇海兰新线西进,分别在连云港、郑州、西安、西宁、兰州、乌鲁木齐、伊犁、霍尔果斯口岸开展国家东中西区域合作示范区推介活动,宣传推介在连云港设立国家东中西区域合作示范区的重大意义和政策优势,重点宣传徐圩新区如何发挥示范区先导区的示范和引领作用,吸引中西部地区共建共享。

6 月 5 日 徐圩新区管委会印发实施《国家东中西区域合作示范区(先导区)建设行动方案(2012—2015 年)》(连徐新〔2012〕82 号),明确示范区先导区建设的总体目标、主要任务和保障措施,提出了示范区先导区建设的具体实施项目。

6 月 11 日 中共连云港市委印发《关于撤销市徐圩新区(筹)党组成立市徐圩新区党工委及石海波等同志任职的通知》(连委〔2012〕201 号),决定撤销中共连云港市徐圩新区(筹)党组,原党组领导成员职务一并免去,成立中共连云港市徐圩新区工作委员会,由石海波、任瑜、桂迎宝、胡银宝、李君生、封其山、董世友、乔寿稳等 8 人组成。石海波任党工委书记,任瑜任党工委副书记,封其山任纪工委书记。

7 月 8 日 全市短时降特大暴雨,降水量达到 1951 年有气象记载以来日降雨量最大值。徐圩新区领导班子第一时间部署和现场指导防洪排涝工作,最大程度降低灾情影响,保证了重大基础设施、工业项目建设安全有序推进以及群众生产生活的稳定。

7 月 12 日 江苏省机构编制委员会印发《关于设立国家东中西区域合作示范区(连云港徐圩新区)管理机构的批复》(苏编〔2012〕21 号),同意设立中国共产党国家东中西区域合作示范区(连云港徐圩新区)工作委员会、国家东中西区域合作示范区(连云港徐圩新区)管理委员会,为连云港市委、市政府派出机构,规格为正处级。

8 月 2 日 第 10 号台风"达维"袭击连云港市,风力最高达到 14 级。新区 200 多名干部职工彻夜坚守台风应急指挥现场,出动警力和应急抢险人员 810 余人次,走访排查村民住宅 220 户,出动吊车成功救援海上被困人员 13 人,有序转移人员近千人。受台风影响,新区受灾人口 2622 人,累计直接经济损失达 1037.8 万元,辖区范围内没有发生人员伤亡情况,重要险工险段(海堤路)没有发生异常情况,最大限度保证了重大基础设施、工业项目建设安全有序推进以及人民群众的

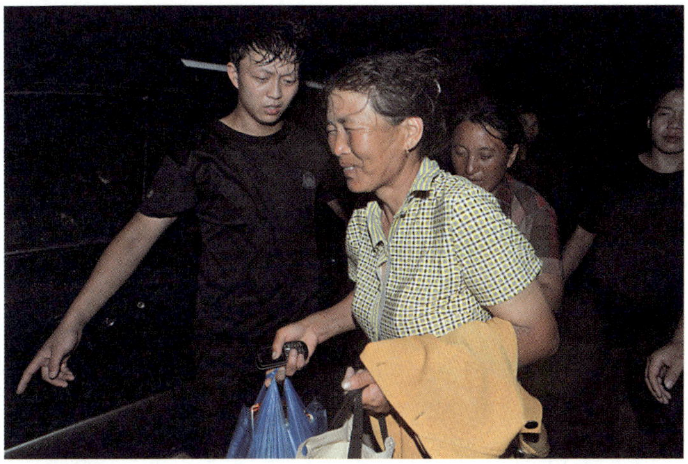

2012 年 8 月 2 日,转移台风受灾群众　徐乙策 摄

生命财产安全。

8 月 29 日　徐圩新区管委会制定并印发《国家东中西区域合作示范区先导区鼓励总部经济发展暂行办法》,办法规定凡经示范区先导区认定的总部企业将享有税收贡献奖励、金融扶持、创新创业人才奖励以及行政审批一站式服务等优惠政策。

8 月 30 日　国家发展改革委地区司在北京江苏大厦召开促进国家东中西区域合作示范区建设座谈会,会议由国家发展改革委地区司副司长邹勇主持。江苏省、安徽省、河南省、陕西省、甘肃省、新疆维吾尔自治区等省、区和新疆生产建设兵团代表参加了会议,副市长胡忠勇出席会议。会议就如何深化东中西区域合作、促进国家东中西区域合作示范区建设进行了深入研究探讨。徐圩新区党工委书记、管委会主任石海波参加了会议,并向与会代表介绍了国家东中西区域合作示范区先导区的建设情况。

10 月 23 日　省委书记、省人大常委会主任罗志军到徐圩新区就江苏沿海开发战略的实施及国家东中西区域合作示范区建设情况进行调研,并在徐圩新区产业服务中心召开江苏沿海开发推进工作座谈会。罗志军对徐圩新区开发建设三年来取得的成绩表示了充分的肯定。他强调,连云港当前最大的机遇就是沿海开发,重中之重的任务就是东中西区域合作示范区建设,下一步关键是要把目标任务化为具体行动,把美好蓝图变为现实。

10 月 26 日　徐圩新区举行 360 万吨/年醇基多联产及示范区合作论坛国际会议中心、高级人才公寓、农贸市场、实验学校、石化消防中心、多式联运中心等项目集中开工仪式。全国政协常委、民进中央原副主席、中国学院奖组织委员会主席、著名音乐家词作家王立平出席开工仪式。

是日　徐圩新区举行中国节能环保产业设计促进中心揭牌暨 2012“徐圩杯”首届中国节能环保设计大赛启动仪式。全国政协原副主席李蒙,全国政协常委、民进中央原副主席王立平,市领导杨省世、仲琨、吴海云、徐大勇出席。徐圩新区党工委书记、管委会主任石海波主持仪式。中国节能环保产业设计促进中心由徐圩新区与中国工业设计协会共同合作建立,该中心将通过中国工业设计协会的行业组织优势,引导创新要素和资源向徐圩新区集聚,推进节能环保设计产业基地建设。

10 月 31 日　国家发展改革委地区司司长范恒山率领全国区域合作座谈会暨推进国家东中西区域合作示范区建设会议参会代表到徐圩新区考察,市长杨省世陪同考察。徐圩新区党工委书记、管委会主任石海波汇报了示范区先导区规划建设情况。范恒山表示,推进示范区建设不仅是江苏省和连云港市的职责所在,也是国务院对包括国家发展改革委在内的国家有关部门和沿桥省份提出的工作要求,各有关方面要高度重视,切实把示范区建设好。

是年　徐圩新区完成全社会固定资产投资 63.51 亿元,实现财政总收入 20.1 亿元,引进内联客方到位资金 25.21 亿元,实际利用外资完成 1305 万美元。完成银团贷款合拢 12 亿元,完成融资 39.5 亿元,累计获得银行授信 333.5 亿元。珠江钢管项目 1626 螺旋焊管等 4 条生产线建成投产。

2013 年

1 月 31 日　连云港市机构编制委员会印发《关于国家东中西区域合作示范区(连云港徐圩新区)有关机构编制的批复》(连编〔2013〕16 号),明确中共国家东中西区域合作示范区(连云港徐圩新区)工作委员会(简称“东中西示范区工委”)、国家东中西区域合作示范区(连云港徐圩新区)管理委员会(简称“东中西示范区管委会”)为连云港市委、市政府派出机构,规格为正处级。东中西示范区工委、东中西示范区管委会成立后，不再保留连云港市徐圩新区管理委员会(筹)。原连云港市徐圩新区管理委员会(筹)下属所有事业单位整体划转至东中西示范区管委会。

是日 海滨大道徐圩新区段正式开工建设。12月25日，海滨大道徐圩新区段实现全线贯通。

2月16日 中共连云港市委印发《中共连云港市委 连云港市人民政府关于表彰2012年度全市经济社会发展目标考核、重大事项重点工程推进及专项工作先进单位和先进个人的决定》(连委〔2013〕9号)，徐圩新区被授予“2012年度全市经济建设和社会发展目标考核”综合目标奖和特别奖。

3月23日 徐圩新区节能环保产业发展座谈会在产业服务中心召开。中国工业设计协会常务副会长赵卫国、副会长黄武秀，中国建材工业规划设计研究院院长刘长发，中国节能环保集团公司科技公司总工程师陈英等来自北京、上海等地科研院所、环保专业机构的十余名专家学者应邀参加座谈会。徐圩新区党工委书记、管委会主任石海波，新区党工委副书记、管委会副主任任瑜和管委会副主任孙中华等出席会议。

4月5日 第十七届中国东西部合作与投资贸易洽谈会在陕西省西安市举行。徐圩新区作为示范区先导区，在西洽会期间举办国家东中西区域合作示范区合作共建恳谈会，发布了《国家东中西区域合作示范区先导区(徐圩新区)合作共建暂行办法》等4项合作共建政策，并与西安陕鼓动力股份公司、中船重工集团公司第七二五研究所、中国棉业集团、四川益德再生资源有限公司等重点企业签订合作共建协议，项目总投资超过50亿元。

4月16日 中共连云港市徐圩新区工作委员会印发《关于成立江苏方洋集团有限公司董事会和监事会及石海波等同志任职的通知》(连徐新委〔2013〕4号)，决定成立江苏方洋集团有限公司董事会，由石海波、桂迎宝、延立强、闫红民、黄宇等5人组成；成立江苏方洋集团有限公司监事会，由封其山、王兴化、沈光萍、徐聆溪、陈海萍等5人组成。

5月8日 中国共产党连云港市委员会印发《关于撤销徐圩新区党工委、成立国家东中西区域合作示范区(连云港徐圩新区)党工委及石海波等通知任职的通知》(连委〔2013〕87号)，决定撤销中共连云港市徐圩新区工作委员会，原党工委、纪工委领导成员职务一并免去。成立中共国家东中西区域合作示范区(连云港徐圩新区)工作委员会，由石海波、任瑜、桂迎宝、胡银宝、王东亮、李君生、封其山、董世友、乔寿稳、张晖等10人组成，石海波任党工委书记，任瑜任党工委副书记，封其山任纪工委书记。

6月10日 徐圩新区管委会办公地址由起步阶段的徐圩新区开发建设现场指挥部搬迁至产业服务中心。

6月17日 徐圩新区机构名称开始使用“中共国家东中西区域合作示范区工作委员会”“国家东中西区域合作示范区管理委员会”，简称“东中西示范区党工委”“东中西示范区管委会”，同时使用“连云港徐圩新区”的牌子。

7月25日 省委书记、省人大常委会主任罗志军到徐圩新区调研沿海地区发展情况。罗志军先后到徐圩新区虹港石化项目建设现场和番禺珠江钢管(连云港)有限公司生产车间，重点考察临港产业发展情况，并在产业服务中心召开座谈会，听取沿海三市和省有关部门情况汇报。罗志军对徐圩新区的发展变化给予充分肯定，并希望新区能够进一步拉长产业链，尽快形成临港产业的规模集聚优势，按照高标准搞好环境保护，发展循环经济，为建设生态文明、实现可持续发展发挥积极作用。

8月19日 经省水利厅水利风景区建设与管理领导小组审定，徐圩新区云湖水利风景区被批准为2013年度第一批“省级水利风景区”。

2013 年 10 月 25 日，新区举行节能环保产业推介会　　网信办 供

10 月 25 日　“徐圩杯”首届中国节能环保设计大赛颁奖仪式暨国家东中西区域合作示范区节能环保产业发展推介会在徐圩新区举行。北京神雾集团的钒钛资源高效清洁工艺设计项目获得此次大赛应用奖桂冠，并与徐圩新区正式签订了年产 200 万吨钒钛资源加工项目合作协议。

11 月 29 日　在上海合作组织成员国总理第十二次会议上，连云港被确定为各国共用出海口。

11 月 30 日　国家发展改革委印发《国家发展改革委办公厅关于连云港石化产业基地规划编制和一期工程前期工作的复函》（发改办产业〔2013〕2924 号），同意抓紧开展连云港石化产业基地规划编制和一期工程前期工作，基地要按照“一体化、大型化、园区化、高端化、清洁化”的思路，逐步建成世界一流石化产业基地，一期工程按炼油、乙烯、芳烃一体化方案开展工作，支持各类所有制企业参与建设。

12 月 20 日　徐圩新区在产业服务中心举行“连云港丝绸之路经济带东方桥头堡建设发展座谈会”。塔吉克斯坦驻华全权大使拉希德·阿利莫夫、乌兹别克斯坦驻沪总领馆总领事萨伊达卡摩勒、哈萨克斯坦驻华使馆商务参赞拉合莫夫、吉尔吉斯斯坦驻华使馆商务参赞朱萨耶夫、哈萨克斯坦驻沪总领馆商务领事莫哈密特等中亚国家驻华使节和中外媒体出席相关活动。市委常委、常务副市长曹永林在会上致辞，市委常委、市政府党组成员、港口管理局局长吴以桥主持会议。

12 月 28 日　连云港港徐圩港区实现开港试通航。市四套班子领导和参加全市经济社会发展重点项目观摩现场会的全体人员出席开港试通航仪式。

是年　连云港石化产业基地获得国家发展改革委批准；徐圩新区开发建设大规模启动，五纵五横路网框架基本形成；广泛开展各项招商、推介活动，科技和人才等高端资源集聚平台建成投用。

2014 年

1 月 16 日　商务部副部长姜增伟率商务部欧洲司参赞凌激等人到徐圩新区调研。副省长傅自应，市领导赵晓江、杨莉、吴以桥，东中西示范区党工委书记、管委会主任石海波等陪同。姜增伟一行参观考察了徐圩新区规划展示馆和徐圩港区，听取了徐圩新区规划建设和服务丝绸之路经济带发展情况的汇报。

2 月 8 日　中共连云港市委印发《中共连云港市委 连云港市人民政府关于表彰 2013 年度全市经济社会发展目标考核重大事项重点工程推进及单项工作先进单位和先进个人的决定》（连委〔2014〕7 号），授予徐圩新区“2013 年度全市经济建设和社会发展目标考核”县区综合奖一等奖、重大事项重点工程重要工作特别嘉奖等奖项。

2 月 20 日　徐圩新区召开党的群众路线教育实践活动动员大会，对徐圩新区教育实践活动进行动员部署。市委常委、常务副市长曹永林，市委督导二组组长、市人大常委会内务司法委员会主任杨春生出席大会并讲话。东中西示范区党工委书记、管委会主任、党的群众路线教育实践活动领导小组组长石海波主持会议并作动员部署。

2 月 26 日 徐圩新区在北京长安街远洋大厦举行国家东中西区域合作示范区高层次人才创新创业服务中心和徐圩新区丝绸之路经济带建设北京联络处揭牌仪式，江苏省人民政府驻京办主任李明耀，人社部留学人员和专家服务中心副主任邱春雷，中国人民对外友好协会美大工作部主任张和强，东中西示范区党工委书记、管委会主任石海波分别为服务中心和联络处揭牌。

是日 徐圩新区在北京召开徐圩新区中亚五国商贸集聚区建设方案讨论会，邀请哈萨克斯坦驻华大使馆商务参赞拉西莫夫、吉尔吉斯斯坦驻华大使馆商务参赞朱撒耶夫等中亚国家驻华使节和上海合作组织秘书处专家普鲁茨科基，对中国美术学院风景建筑设计研究院、中国建筑科学研究院、上海大学的设计方案进行了座谈讨论。

3 月 3 日 土库曼斯坦驻华大使齐娜尔·鲁斯捷莫娃到徐圩新区考察，参观徐圩新区开发建设现场。齐娜尔·鲁斯捷莫娃表示，徐圩新区优越的地理位置能够满足中亚国家对出海通道的需求，它的发展正在吸引着土库曼斯坦的高度关注，她将积极推进土库曼斯坦与徐圩新区建立合作伙伴关系。东中西示范区党工委书记、管委会主任石海波陪同考察。

3 月 22 日 省委副书记、省长李学勇考察徐圩新区，并在产业服务中心主持召开“一带一路”交汇点建设暨国家东中西区域合作示范区建设领导小组会议。市长赵晓江作工作汇报，省领导小组成员单位负责人，市有关领导，东中西示范区管委会领导班子全体成员出席会议。

4 月 11 日 省政府向国务院呈报《关于设立连云港综合保税区的请示》（苏政发〔2014〕47 号），申请设立包括徐圩新区在内的连云港综合保税区。

5 月 12 日 连云港石化产业基地建设指挥部举行揭牌仪式并召开第一次会议，正式启动市石化产业基地建设指挥部各项工作。石化产业基地建设指挥部指挥长、市长赵晓江为指挥部揭牌，他强调，石化产业基地建设是当前连云港市产业发展的重中之重，建设指挥部和相关部门要坚持高效运行，务实操作，节俭安排，全力以赴加快推进各项重点工作，争取年内开工建设。市领导曹永林、李国章、董春科以及指挥部全体成员参加会议。

5 月 16 日 徐圩新区举行江苏方洋管理学院揭牌仪式。东中西示范区党工委书记、管委会主任，管理学院院长石海波，管理学院常务副院长范君出席仪式并为学院揭牌。

5 月 20 日 江苏省发改委、连云港市政府和中国国际工程咨询公司在连云港市联合召开连云港石化产业基地规划评审会，省国土资源厅、省环境保护厅、省住房和城乡建设厅、省交通运输厅、省水利厅等省有关部门负责人员和相关专家对规划进行了评审，一致认为，《连云港石化产业基地规划》编制依据充分，目标定位准确，符合江苏省乃至长三角地区石化产业发展实际，较好地体现该地区产业转型升级的要求，具有一定的前瞻性和可操作性，在进一步修改完善后，可以作为该地区石化产业发展的基本依据。省发展改革委副主任赵芝明主持会议，市领导曹永林、董春科出席会议。

5 月 21 日 徐圩新区组织开展党的群众路线教育实践活动党课专题学习会，东中西示范区党工委书记、管委会主任石海波以《践行国家战略 创见新区未来——学会成为有效的管理者》为题作专题讲座。新区领导班子，徐圩街道领导班子，管委会机关和方洋集团高级助理以上人员，辛高圩社区、香河村和东陬山村党政主要负责人，方洋管理学院首期学员共 179 人参会听课。

6 月 17 日 徐圩新区在产业服务中心举行“徐圩印象”首届摄影展。该影展展出了来自中国摄影家协会、《中国摄影报》、《人民画报》等专业机构摄影家，社会各界摄影爱好者以及徐圩新区广大干部职工的 80 余幅摄影作品，全面展示了新区成立五年来的建设成就和建设者不畏困难、艰苦创业的精神风貌。

7月14日 “一带一路”国际经贸合作区建设方案专家咨询会在北京召开。来自国家发展改革委、商务部、国家质检总局和对外经贸大学等单位的专家对方案进行了评审,并对国际经贸合作区的功能定位、建设条件和保障措施等方面提出了意见和建议。

7月15日 东中西示范区管委会印发《关于成立徐圩新区行政管理学院的通知》(示范区发〔2014〕86号),决定成立徐圩新区行政管理学院,为新区培养高层次管理人才,提供政府管理政策咨询,开展公共管理等领域理论研究。

7月16日 徐圩新区虹港石化项目举行试生产仪式,标志着徐圩新区石化产业发展取得了实质性的突破。市政协主席仲琨,市委常委、常务副市长曹永林出席试生产仪式。

7月28日 由环保部、商务部、科技部等三部委联合成立的国家生态工业示范园区建设协调领导小组办公室在北京主持召开徐圩新区生态工业示范园区建设规划论证会。会议认为,《徐圩新区国家生态工业示范园区建设规划》和《徐圩新区国家生态工业示范园区建设技术报告》总体思路清晰,依据充分、框架合理、内容全面,符合国家相关要求,一致同意通过论证。东中西示范区党工委书记、管委会主任石海波出席论证会。

8月28日 徐圩新区行政管理学院、方洋管理学院首期培训班毕业典礼暨第二期培训班开班仪式在综合会馆举行。

9月2日 徐圩新区在第四届中国—亚欧博览会上被联合国工发组织授予“绿色丝绸之路项目示范工业园区”称号。

10月21日 “一带一路”(徐圩新区)国际经贸合作区建设说明会在徐圩新区产业服务中心举行。乌兹别克斯坦驻沪总领馆总领事阿戈扎姆赫德热耶夫、吉尔吉斯斯坦比什凯克市副市长萨克卡拉耶夫、哈萨克斯坦驻沪总领馆领事乌米尔别科夫、塔吉克斯坦驻华大使馆一等秘书伊斯莫伊洛夫、上海合作组织秘书处专家阿普杜拉耶夫等中亚国家驻华使节以及丝绸之路和平奖委员会委员、中国前驻乌克兰大使姚培生出席会议。《人民日报》、中国新闻社、新华网、人民网、中国网等多家主流新闻媒体参会。市委常委、市委政法委书记王加培致辞,东中西示范区党工委书记、管委会主任石海波主持会议。

10月22日 由中国文联、中国曲协、江苏省文联、中共连云港市委、连云港市人民政府主办,江苏省曲协、市委宣传部、国家东中西区域合作示范区管委会、市广电总台承办的第八届中国曲艺节“送欢笑”到基层——走进国家东中西区域合作示范区演出活动在徐圩新区产业服务中心广场举行。江苏省政协原副主席陆军、市政协副主席曹佳鸣、中国曲协副秘书长黄群,与近800名新区建设者们欢聚一堂,观看了一场由著名小品演员巩汉林、金珠等多位艺术表演家呈现的精彩节目。

10月31日 由中国艺术摄影学会主办,文化部外联局、文化部公共文化司支持,徐圩新区、连云港市文广新局承办的首届“丝绸之路”全国摄影艺术大展在市博物馆开幕。文化部外联局局长助理李立言,中国艺术摄影学会秘书长、副主席范小强,埃及、斯里兰卡、突尼斯驻华使馆官员以及“一带一路”沿线17个城市的摄影爱好者出席开幕式并参观展览。市委常委、宣传部部长滕雯在开幕式上致辞。

11月6日 徐圩新区妇女第一次代表大会召开。市妇联主席徐希娟,东中西示范区党工委副书记、管委会副主任江行洲出席会议。大会选举产生了以沈光萍为主席的新区妇联领导班子。

12月3—5日 党工委副书记、管委会副主任江行洲率领徐圩新区“一带一路”经贸考察团赴吉尔吉斯共和国进行考察访问,拜访了吉尔吉斯共和国经济部、交通通讯部、全国工商会、比什凯克市政府和吉尔吉斯国立大学等单位,并分别与经济部推广署、全国工商会签署了合作备忘录。

吉尔吉斯斯坦经济部部长萨里耶夫·捷米尔、交通通讯部副部长威兹巴耶夫、比什凯克市副市长萨克卡拉耶夫、工商会财经司司长伊斯卡科夫、吉尔吉斯国立大学财经学院院长撒雷巴耶夫等相关单位负责人接见了考察团一行。

12 月 5 日　徐圩港区口岸临时开放获交通运输部批复，期限半年。

12 月 6 日　徐圩港区首个液体化工泊位正式启用。该码头岸线长 800 米，年设计吞吐能力 650 万吨，包括 2 个 5 万吨级和 1 个 1 万吨级共 3 个液体化工泊位。

12 月 12 日　国家东中西区域合作示范区——徐圩新区在清华大学举行校园招聘宣讲会，推出 150 个工作职位，涵盖 13 个专业。

12 月 18 日　环保部、商务部、科技部发布《关于同意江苏扬州维扬经济开发区等 4 个园区建设国家生态工业示范园区的通知》（环发〔2014〕198 号），正式批复同意连云港徐圩新区开展国家生态工业示范园区建设，标志着徐圩新区创建国家生态工业示范园区工作正式启动。

12 月 31 日　东中西示范区管委会印发《关于撤销连云港徐圩港区建设局等机构的通知》（示范区发〔2014〕152 号），决定撤销连云港徐圩港区建设局、连云港徐圩新区水利工程管理处，将北京高层次人才创新创业服务中心、南京高层次人才创新创业服务中心、上海高层次人才创新创业服务中心调整至江苏方洋集团公司管理。

是年　徐圩新区完成全社会固定资产投资 117.67 亿元，其中规模以上工业投资 70.47 亿元；实施重点工程 75 项，完成投资 59.1 亿元。

2015 年

1 月 4 日　徐圩港区重件码头正式投入使用，装载着 2 套化工反应器装置的大型船舶靠泊徐圩港区。

1 月 16 日　徐圩新区召开卓尔·连云港国际多式联运中心项目可研及设计方案评审会。来自国家发展改革委、交通运输部、上海国际航运研究中心、武汉大学、武汉理工大学、汉江大学等单位的专家评审组对方案进行了评审。东中西示范区党工委书记、管委会主任石海波等出席会议。

3 月 24 日　徐圩新区举行节能环保科技园开发建设指挥部成立大会暨创建国家生态工业示范区启动仪式。东中西示范区党工委书记、管委会主任石海波等出席。

3 月 26 日　国家淮河流域水污染防治“十二五”规划现场考核组对徐圩污水处理厂进行现场考核，考核专家组认为徐圩污水处理厂运营稳定达标，出水水质达到国家一级 A 建设标准。

3 月 27 日　国家东中西区域合作示范区管委会与韩国产业团地公团丽水光阳支社在韩国丽水国家产业园区签订合作备忘录，协议双方将在石油化工等重点领域进行合作，探索设立办事处或工作联络小组等方式，建立交流合作机制，促进双方合作关系的纵深发展。

4 月 1 日　国家东中西区域合作示范区管委会与吉尔吉斯斯坦经济部投资促进署在比什凯克市签署合作备忘录，协议双方将在两国分别实施“吉中出口加工园”和“中吉商贸物流园”项目，并在物流、进出口商品集拼加工方面开展合作，开辟中吉合作新领域，探索双方合作新渠道。东中西示范区党工委书记、管委会主任石海波，吉尔吉斯共和国经济部投资促进署署长萨兹巴科夫·阿尔马兹·扎米尔别科维奇作为两方代表签约。吉尔吉斯斯坦经济部部长萨利耶夫，市委书记、市人大常委会主任杨省世见证签约。

4 月 16 日　徐圩新区节能环保科技园第一次指挥长会议在徐圩新区创投服务中心召开，会议明确科技公司是节能环保科技园的建设运营主体。

4 月 24 日 中节能清洁技术发展有限公司与江苏方洋科技投资发展有限公司合资成立中节能(连云港)清洁技术发展有限公司,该公司将负责徐圩新区固危废处理处置中心建设和运营工作。

6 月 12 日 东中西示范区管委会印发实施了《徐圩新区国有企业资产监督管理暂行办法》(示范区发〔2015〕68 号)。该办法对徐圩新区国有企业经营管理范围、重要事项审批流程、国资办监管范围等进行了明确规定。

7 月 30 日 盛虹炼化一体化项目可研报告在南京通过中国国际工程咨询公司组织的专家评估论证。省发改委副主任赵芝明,市领导曹永林、李国章,东中西示范区党工委书记、管委会主任石海波和省市相关部门负责人员参加会议。

9 月 13 日 市石化产业基地公用工程岛方案专家咨询会在北京召开,东中西示范区党工委书记、管委会主任石海波,盛虹集团副总裁郑国栋等出席会议,与会专家就公用工程岛方案的稳定性、经济性进行深入讨论,明确了下一步工作思路和方向。

9 月 16 日 徐圩新区召开总工会成立暨第一次代表大会。市人大常委会副主任、市总工会主席郑平,东中西示范区党工委书记、管委会主任石海波,东中西示范区党工委副书记、管委会副主任江行洲,管委会副主任封其山出席会议。大会选举产生第一届委员会和经费审查委员会,江行洲当选为徐圩新区总工会主席。

9 月 23 日 东中西示范区管委会与哈萨克斯坦欧亚资源物流有限公司签订合作备忘录。东中西示范区党工委书记、管委会主任石海波,管委会副主任张晖,哈萨克斯坦欧亚资源物流有限公司董事会主席开普朗·爱德华·吉奥多罗维奇出席了签约仪式。根据协议,双方将紧抓“一带一路”发展新契机,加强经济贸易和文化产业的交流合作。

9 月 28 日 全市重点工业项目秋季集中开工暨年产 10 万吨压路机等高端装备制造项目开工仪式在徐圩新区举行。市领导曹永林、徐大勇、黄咏梅,东中西示范区党工委书记、管委会主任石海波,党工委副书记、管委会副主任江行洲以及企业代表出席了开工仪式。

10 月 19 日 徐圩新区云湖水环境保护中心成立。

2015 年 10 月 25 日徐圩马拉松赛　　张志远 摄

10 月 25 日 “方洋杯”2015 连云港·徐圩国际马拉松比赛在徐圩新区举行。该届比赛由中国田径协会、江苏省体育局和连云港市人民政府共同主办,国家东中西区域合作示范区(徐圩新区)管委会和市体育局承办,江苏方洋集团有限公司协办。赛事设全程、半程和迷你马拉松 3 个项目,参赛人员规模为 1.2 万人,其中境外 31 个国家和地区职业选手 130 多名。是目前连云港市承办的最大规模的国际性单项体育赛事,也是苏北地区举办的第一个马拉松国际赛事。肯尼亚田径运动员吉普图(2 小时 15 分 53 秒)和埃塞俄比亚的德比露(2 小时 52 分 04 秒)分获男女全程马拉松比赛冠军。赛事期间举办了经贸洽谈、进口商品展销、生态放养、文化交流和摄影比赛等系列活动。中国田协副主席沈纯德、江苏省体育局局长陈刚,市领导赵晓江、李国章、董春科、曹佳鸣、赵波,东中西示范区党工委书记、管委会主任石海波等出席了开幕式。

10 月 25 日 徐圩新区大陆桥产品展览展示中心、徐圩新区进口商品直销中心、示范区资源集中采购中心、皇冠商务酒店等功能平台初步建成投用，满足了新区商贸服务、展览展示、住宿等需求。

是日 徐圩新区 S226 省道张圩互通立交工程完工。项目总投资 3.12 亿元，桥梁总长 7.48 千米，宽 26 米，设计车速 100 千米/小时。

是年 徐圩新区实现规模以上固定资产投资 148 亿元，其中规模以上工业投资 102 亿元；外贸进出口额同比增长 66%；完成一般公共预算收入 5.17 亿元。

2016 年

1 月 26 日 连云港石化产业基地和徐圩港区规划环评内审会在南京召开，并形成审查意见。东中西示范区党工委书记、管委会主任石海波参加会议。

2 月 5 日 市委、市政府印发《关于表彰 2015 年度全市经济建设和社会发展目标绩效考评先进县区和单位的决定》（连委〔2016〕10 号），徐圩新区被授予 2015 年度全市经济建设和社会发展目标绩效考评县区一等奖。

2 月 26 日 徐圩新区举行全市重点工业项目春季集中开工暨尼克尔进口资源深加工利用项目奠基仪式。市领导张同生、曹永林、吴以桥，东中西示范区党工委书记、管委会主任石海波等出席。对苯二甲酸副产物综合利用项目和虹洋热电 4#炉新建项目在分会场同时举行开工仪式。

2 月 29 日 连云港市政府出台《关于进一步优化国家东中西区域合作示范区（徐圩新区）行政管理职能的实施意见》（连政发〔2016〕16 号），赋予徐圩新区规划建设、投资审批、市场管理和社会管理 4 类市级行政管理权限 48 项，为徐圩新区创新体制机制、优化发展环境、增强自主发展能力提供了制度保障。

3 月 9 日 示范区印发文件《徐圩新区 2016 年招商引资工作实施意见》，明确目标任务、招商举措、保障机制等内容，制定 2016 年招商组分工、招商引资任务分解表和徐圩新区招商引资基础工作分工表，进一步推进徐圩新区招商引资工作。

3 月 14 日 石化产业基地公用工程岛建设总体方案专家评审会在北京召开，东中西示范区党工委书记、管委会主任石海波出席并主持会议。

4 月 25 日 省住房和城乡建设厅、财政厅在南京开展了江苏省 2016 年城市地下综合管廊试点城市竞争性评审，连云港市凭借徐圩新区地下综合管廊项目顺利通过专家答辩，入围江苏省地下综合管廊试点城市。

4 月 29 日 连云港市举行海滨大道全线通车暨田湾跨海大桥竣工仪式，市民可通过海滨大道、跨海大桥直达徐圩新区。

5 月 4 日 市盛虹炼化一体化项目协调领导小组（以下简称“领导小组”）在北京组织召开盛虹炼化一体化项目专家咨询会，就项目前期工作推进过程中的关键环节、主要困难和制约因素进行研究梳理并提出针对性改进措施。市领导李国章、王开宇，东中西示范区党工委书记、管委会主任石海波以及相关部门负责人参加会议。

5 月 24 日 省长石泰峰率领全省加快推进沿海地区发展工作会议组成员到徐圩新区调研，市领导杨省世、项雪龙，杨莉，各县区党政主要负责人，东中西示范区党工委书记、管委会主任石海波陪同。

5 月 25 日 江苏方洋物流公司与哈萨克斯坦 EPKE-HYP 有限责任公司在产业服务中心签订合

作协议。双方将以丝路国家展贸中心项目合作为基础,在进出口贸易、仓储物流等方面开展合作。

5月26日 国家重大科技基础设施评估专家组到连云港市调研石化产业基地公用工程岛(IGCC)建设方案,市领导杨省世、王开宇,东中西示范区党工委书记、管委会主任石海波等陪同调研。

6月1日 国家东中西区域合作示范区(徐圩新区)智慧徐圩顶层设计项目验收评审会在南京召开。与会专家和代表听取了设计方案的汇报并一致同意方案通过评审。

6月17日 徐圩新区举行了升国旗仪式、重点项目集中开工等活动。市领导项雪龙、尹哲强分别到珠江钢管双金属复合板卷管一体化、徐圩新区地下综合管廊及医疗救援中心等项目开工现场和徐新路徐圩新区段通车仪式现场,宣布工程项目开工和徐新路徐圩新区段通车。

7月27日 省交通运输厅港口局组织召开《盛虹炼化一体化项目码头安全评价报告》专家审查会,审查并通过盛虹炼化项目码头安全评价报告。

8月5日 省委书记李强到徐圩新区调研指导工作,省委常委、秘书长樊金龙,市领导杨省世、项雪龙、杨莉,东中西示范区党工委书记、管委会主任石海波陪同考察。

8月8日 从黄海到里海——2016年中哈友谊汽车摩托车拉力赛暨连云港"一带一路"旅游宣传活动在徐圩新区正式发车。

8月18日 连云港市徐圩新区善后河水源地达标建设工程项目获2015年度省级生态补偿资金50万元。

8月24日 国家东中西区域合作示范区管委会印发《关于成立徐圩新区综合执法局等机构的通知》(示范区发〔2016〕98号),决定成立徐圩新区综合执法局和徐圩新区应急管理办公室(运行指挥中心)。

9月2日 连云港海事局印发《关于盛虹炼化一体化配套港储项目30万吨级码头工程通航水域岸线安全使用的行政许可决定》(云海通航〔2016〕122号),正式批复同意盛虹炼化一体化项目通航条件评价审核。

9月20日 徐圩新区举行全市重点工业项目秋季集中开工暨德邦年产35万吨合成氨系列产品项目启动仪式。市领导杨省世、杨莉、董恕娟、徐家保、鲁林,东中西示范区党工委副书记、管委会副主任江行洲,管委会副主任赵二宏出席活动。

9月29日 方洋集团在香港联交所发行首笔2亿美元3年期境外债券。

10月9日 沙特阿拉伯籍化学品船"MAHA"轮顺利靠泊徐圩港区新荣泰码头132号泊位,标志着徐圩港区已具备化学危险品船靠泊条件。

11月17日 徐圩新区丝路国家展贸中心项目正式开业运营。市人大常委会党组副书记、副主任李国章,新亚欧大陆桥国际协调机制办公室主任赵永利,东中西示范区党工委书记、管委会主任石海波,东中西示范区党工委副书记、管委会副主任江行洲以及乌兹别克斯坦驻沪总领馆总领事阿戈扎姆赫德热耶夫,摩尔多瓦驻华大使馆商务参赞马佳娜,哈萨克斯坦国家出口和投资促进局驻华代表阿里贝克等欧美、中亚国家驻华机构代表及国内外客商出席开业仪式。江苏方洋集团总裁安涛主持开幕式。

11月21日 省科技厅公布了2016年江苏省工程技术研究中心建设项目立项名单,江苏方洋水务有限公司申报的江苏省石化废水(污泥)处理工程技术研究中心获批立项建设。

11月23日 市政府印发《关于同意连云港石化产业基地征地搬迁安置方案的批复》(连政复〔2016〕48号)。

11月27日 国家发展改革委、国家能源局印发《关于规范开展增量配电业务改革试点的通知》(发改经体〔2016〕2480号),批准徐圩新区列入第一批增量配电业务改革试点名单。

12 月 1 日　东中西示范区管委会印发《关于成立徐圩新区社会保障服务中心等机构的通知》(示范区发〔2016〕129 号),决定成立徐圩新区社会保障服务中心、徐圩新区卫生监督所(徐圩新区疾病控制中心、徐圩新区动物卫生监督所)、徐圩新区水利工程管理处和徐圩新区社区工作站。

12 月 6 日　徐圩新区召开重大产业项目推进百日竞赛活动宣讲动员会。此次活动所选项目包括盛虹炼化一体化、双金属复合板卷管一体化、地下综合管廊等 43 个重大产业项目和重大基础设施项目,百日竞赛期间预计新增投资 20.7 亿元。

12 月 13 日　环保部印发《关于连云港石化产业基地总体发展规划环境影响报告书的审查意见》(环审〔2016〕166 号),批复连云港石化产业基地规划环评报告。

12 月 19 日　省发改委印发《关于调整连云港石化产业基地总体发展规划的请示》(苏发改工业发〔2016〕1446 号),将《连云港石化产业基地总体发展规划》上报国家发展改革委。

12 月 20 日　徐圩新区应急备用水源项目正式开工建设。东中西示范区管委会副主任王东亮、乔寿稳参加开工活动。

12 月 23 日　在全省开发区统计工作会议上,徐圩新区被省商务厅授予"2016 年度全省开发区统计工作先进单位"称号。

12 月 27 日　斯尔邦石化甲醇制烯烃(MTO)装置投料开车一次成功,并生产出合格的乙烯、丙烯产品,标志着年加工甲醇 240 万吨的全球最大单套 MTO 装置正式投入生产。

12 月 29 日　江苏方洋环境监测有限公司通过 CMA 资质认证,取得江苏省质量技术监督局颁发的检验检测机构资质认定证书。

是年　实际完成直接利用外资 10050 万美元。徐圩新区地下综合管廊列为省级试点工程。

斯尔邦石化项目夜景(2017 年)　　王健民 摄

2017 年

2 月 12 日　2017 年全省重大项目集中开工现场推进会徐圩新区分会场暨鹏辰特种新材料 50 万吨/年芳烃分离与聚酰亚胺项目开工仪式在徐圩新区举行。市领导徐家保,东中西示范区党工委书记、管委会主任石海波,党工委副书记、管委会副主任江行洲出席开工仪式。

3 月 15 日　市政府与中化国际(控股)股份有限公司在北京签署《关于合作建设中化精细化工循环经济产业园的框架协议》。该项目总投资约 300 亿元,采用国际先进的清洁环保技术进行项目建设,主要发展三大类(精细化工品、高端专用化学品、高端性能材料)、五大系列产品(芳烃下游精细化工、锂电池电解液及溶剂、集成电路及电子化学品、高性能新材料及材料中间体、绿色橡胶助剂),以及承接中化集团和中化国际未来重大战略项目落地。

3 月 30 日　徐圩新区和中化国际扬农集团在花果山酒店签署中化精细化工循环经济产业园一期项目合作协议,这标志着中化精细化工循环经济产业园项目正式落户徐圩新区。中化集团公司副总裁、中化国际董事长冯志斌，中化国际总经理刘红生，市领导杨省世、项雪龙、徐家保，东中西示范区党工委书记、管委会主任石海波，党工委副书记、管委会副主任江行洲出席签约仪式。

5月5日 交通运输部、江苏省政府印发《关于连云港港徐圩港区总体规划（修订）的批复》（交规划函〔2017〕362号），正式批复徐圩港区总体规划。

5月11日 《徐圩新区达标尾水排海工程项目通航安全影响论证报告》通过专家评审。

6月15日 代省长吴政隆主持召开省政府常务会议，审议并原则通过《连云港石化产业基地总体发展规划》，省领导杨岳、马秋林、蓝绍敏及省有关部门主要负责人，市领导王加培，东中西示范区党工委书记、管委会主任石海波参加会议。

6月19日 连云港市顺利入围2017年省级海绵城市建设试点城市。徐圩新区在全市率先开展地下综合管廊和海绵城市建设，使连云港市成为全省设区市中仅有的两家地下管廊和海绵城市双试点城市之一。

7月2日 省政府印发《关于同意连云港石化产业基地总体发展规划的批复》（苏政复〔2017〕58号），正式批准实施连云港石化产业基地总体发展规划。

7月4日 国家海洋局东海分局印发《徐圩新区达标尾水排海工程海底管道路由协调会议纪要》（海东管〔2017〕343号），认为技术支撑单位推荐的海底管道路由合理可行。

8月18日 省发改委印发《关于同意盛虹炼化（连云港）有限公司炼化一体化项目煤炭替代平衡方案的批复》（苏发改能源发〔2017〕992号），为盛虹炼化项目核准和环评报批提供了重要支撑。

9月18日 交通运输部印发《关于连云港港徐圩港区盛虹炼化一体化配套港储项目码头工程使用港口岸线的批复》（交规划函〔2017〕711号），同意盛虹炼化一体化配套港储项目码头工程建设使用港口岸线。

9月26日 浙江卫星石化股份有限公司（以下简称卫星石化）与徐圩新区管委会正式签订年产400万吨烯烃综合利用示范产业园项目投资合作协议。该项目总投资330亿元，以进口的乙烷和丙烷等为原料，建设国内最大的乙烷裂解制乙烯等装置。

9月29日 石化产业基地石化七道工程正式开工建设，该项目总投资约3900万元，全长2千米，计划年底实现保通，2018年4月竣工。

10月28日 中化精细化工循环经济产业园圣奥化学绿色橡塑助剂和瑞兆科电子化学品项目正式签约，中化国际董事长冯志斌，市领导项雪龙、王加培，东中西示范区党工委书记、管委会主任石海波，市政府副秘书长宋波和市有关部门主要负责人参加签约仪式。

地下综合管廊试验段（2017年） 徐乙策 摄

10月29日 “中化杯”2017连云港·徐圩国际马拉松赛在新区开跑。赛事设全程马拉松、半程马拉松和迷你马拉松3个组别，1.2万余人参加了赛事，其中包括126名外籍选手。

12月2日 徐圩新区地下综合管廊一期工程试验段主体结构全部完成。

12月4日 东中西示范区管委会正式通过ISO 9001质量管理体系认证，获得国际认证联盟（IQNet）和中国质量认证中心（CQC）颁发的认证证书。

12月27日 总投资约12.77亿元

的脂肪仲醇聚氧乙烯醚项目在产业服务中心签约，东中西示范区党工委书记、管委会主任石海波，党工委副书记、管委会副主任江行洲，江苏亚伦集团董事长刘伯香出席签约仪式。

是年　徐圩新区安居工程获批国开行授信13亿元，完成房屋征收1049户10万平方米。

2018年

1月2日　上海铁路局印发《关于国家东中西区域合作示范区（徐圩新区）产业园区专用道（多式联运中心专用线及产业区铁路专用线主线）初步设计技术方案审查意见的函》（上铁师函〔2018〕10号），原则同意徐圩新区产业区专用铁道项目初步设计技术方案。

1月25日　徐圩新区云湖及周边水系景观工程等6个项目，获得2017年度连云港市"玉女峰杯"优质工程奖。

2月1日　徐圩新区达标尾水排海工程PPP项目实施方案、项目物有所值评价和财政承受能力论证报告（两评价一方案）顺利通过专家评审。

2月5日　省委书记娄勤俭到徐圩新区考察调研。省委常委、常务副省长、省委秘书长樊金龙陪同。市领导杨省世、项雪龙、王东升，东中西示范区党工委书记、管委会主任石海波参加活动。

3月28日　省政府办公厅印发《关于江苏省海洋工程环境影响评价文件分级审批管理办法的通知》，明确徐圩新区达标尾水排海工程环境影响报告书由设区市海洋环境保护行政主管部门审批。

4月8日　东中西示范区党工委、管委会联合印发《徐圩新区高质发展后发先至三年行动方案（2018—2020年）》（示范区委〔2018〕4号），全面贯彻落实全市"高质发展 后发先至"动员大会的部署要求，加快打造全国沿海临港产业园区高质量发展的示范区。

4月13日　市委书记项雪龙到徐圩新区调研重大项目建设情况，市领导王东升、徐家保，东中西示范区党工委书记、管委会主任石海波，管委会副主任封其山、朱彬参加活动。

4月16日　连云港圣奥化学科技有限公司在徐圩新区举行揭牌仪式。市委副书记、代市长方伟，中化国际（控股）股份有限公司总经理刘红生共同为公司揭牌。东中西示范区党工委书记、管委会主任石海波，管委会副主任封其山参加活动。

5月27日　由中国信息协会主办的"2018年中国政府信息化大会"在贵州开幕。会上，徐圩新区"智慧徐圩"公共平台项目荣获"中国政府信息化管理创新奖"。

5月31日　连云港综合保税区正式获批，包括徐圩新区片区（A区）和原出口加工区（B区）两块区域。

6月15日　徐圩新区妇女儿童工作委员会成立。

8月8日　市发改委印发《关于徐圩新区220千伏孔桥输变电工程项目核准的批复》（连发改行服发〔2018〕65号），同意徐圩新区建设220千伏孔桥输变电工程。

9月18日　省发改委印发《关于盛虹炼化（连云港）有限公司炼化一体化项目核准的批复》（苏发改工业发〔2018〕896号），正式核准盛虹炼化项目。

9月20日　徐圩新区荣泰仓储商储罐区（一期）项目取得由市港口管理局下发的港口经营许可证〔（苏连）港经证（0303）〕，正式进入试生产阶段。

10月18日　徐圩新区固危废处理处置中心项目正式投产。东中西示范区党工委书记、管委会主任石海波，中国节能环保集团总经济师、中国环境保护集团党委书记、董事长郑朝晖等出席投产仪式。

11 月 2 日 徐圩新区举行重大项目秋季集中开工暨中化芳烃衍生系列产品及电子化学品生产项目开工仪式。市领导王加培、吴海云、徐大勇、东中西示范区党工委书记、管委会主任石海波，管委会副主任封其山等参加开工仪式。

11 月 16 日 国家发展改革委办公厅、国家能源局综合司联合印发《关于建立增量配电业务改革试点项目直接联系制度的通知》（发改办经体〔2018〕1492 号），决定选取徐圩新区增量配电业务改革试点等全国 12 个重点项目作为直接联系项目。

12 月 5 日 省政府印发《关于同意赋予国家东中西区域合作示范区部分省级投资管理事项权限的批复》（苏政复〔2018〕133 号），同意赋予徐圩新区“企业、事业单位、社会团体等投资建设的固定资产投资项目核准，固定资产投资项目节能审查，建设项目环境影响评价和环境保护设施竣工验收，建设项目用地预审及建设项目压覆重要矿产资源审批”等 5 项省级行政权力。

12 月 12 日 生态环境部印发《关于盛虹炼化（连云港）有限公司炼化一体化项目环境影响报告书的批复》（环审〔2018〕136 号），正式批复盛虹炼化项目环评报告。该项目总投资 775 亿元，主要利用进口原油，建设 1600 万吨/年炼油、280 万吨/年芳烃、110 万吨/年乙烯等主体装置。

12 月 14 日 省委、省政府在徐圩新区举行连云港石化产业基地千亿项目集中开工活动，盛虹炼化一体化等 10 个重大项目集中开工，总投资 1017 亿元。省委书记、省人大常委会主任娄勤俭出席并宣布连云港石化产业基地千亿项目集中开工。省委副书记、省长吴政隆，国家发展改革委副秘书长周晓飞，中国中化集团有限公司总裁张伟致辞；市委书记项雪龙、盛虹集团董事长缪汉根分别发言。副省长马秋林主持推进会议。省各设区市、各县（市、区）党委或政府主要负责同志及省发改、工信、商务等部门主要负责人，连云港市四套班子同志等参加推进会议。

12 月 28 日 环保部、商务部、科技部三部委联合在北京召开国家生态工业示范园区验收会。国家东中西区域合作示范区（连云港徐圩新区）顺利通过验收。东中西示范区党工委副书记、管委

连云港石化基地千亿项目集中开工（2018 年） 徐乙策 摄

会副主任江行洲，管委会副主任王东亮参加了验收会。

是年 徐圩新区被省政府赋予部分省级投资管理权限，增量配电改革试点取得电力业务许可证，重大产业项目配套码头岸线获批，石化龙头产业项目培育取得重大进展。

2019 年

1 月 10 日 卫星石化项目配套码头正式开工。东中西示范区党工委书记、管委会主任石海波，管委会副主任马冬梅、乔寿稳，浙江卫星石化有限公司副总裁、连云港石化有限公司项目总指挥朱晓东参加活动。

1 月 18 日 徐圩新区与市二院举行医疗应急救援中心合作共建签约仪式。东中西示范区党工委书记、管委会主任石海波，市卫健委党委书记、主任周伟，副主任陈志，市二院党委书记、院长施辉，示范区管委会副主任乔寿稳等出席签约仪式。

2 月 20 日 市委、市政府举行 2019 年全市重点项目春季集中开工活动。副市长黄远征，市政协副主席邸占山，东中西示范区党工委书记、管委会主任石海波，管委会副主任朱彬参加徐圩新区分会场集中开工活动。徐圩新区此次集中开工项目计划总投资 57 亿元，主要包括投资 39 亿元的虹港石化精对苯二甲酸（PTA）等 6 个项目。

4 月 10 日 方洋集团成功发行 5 亿元超短期融资券。

6 月 15 日 徐圩新区医疗应急救援中心举行揭牌仪式，副市长黄远征，东中西示范区党工委书记、管委会主任石海波，市卫健委主任周伟，市第二人民医院院长施辉，东中西示范区管委会副主任王东亮、乔寿稳参加活动。

6 月 17—20 日 2019（第八届）“亚洲炼油和石化科技大会”在徐圩新区召开。中国石化联合会会长李寿生、副省长王江、中国工程院院士曹湘洪，市领导项雪龙、方伟、王加培、王东升、徐家保，东中西示范区党工委书记、管委会主任石海波等，以及来自海内外的化工龙头企业、资深学者、行业专家等 700 余人参加了大会。会议期间还举办了亚洲石化科技与装备展。

6 月 17 日 徐圩新区举行升国旗仪式、区史馆揭牌等十周年系列活动。管委会领导班子成员，十年来参与新区开发建设的挂职干部，应邀参加的各方面嘉宾，以及新区各单位、各部门职工代表等参加活动。

是日 徐圩新区举行中化碳三项目和山东海科锂电池电解液溶剂项目集中开工活动，市领导项雪龙、方伟、王加培、王东升、徐家保，中化集团化工事业部总裁、中化国际总经理刘红生，山东海科化工集团总裁张在忠，东中西示范区党工委书记、管委会主任石海波等参加活动。

7 月 5 日 生态环境部、商务部、科学技术部印发《关于批准上海市工业综合开发区等 4 家园区为国家生态工业示范园区的通知》（环科财〔2019〕58 号），正式批准上海市工业综合开发区、国家东中西区域合作示范区（连云港徐圩新区）等 4 家园区为国家生态工业示范园区。

8 月 29 日 《徐圩新区鸟类栖息地营造与生态修复实施方案》在南京通过专家评审，东中西示范区管委会副主任马冬梅及相关部门负责人参加会议。

8 月 31 日 连云港石化产业园有限公司完成 350 万立方米场地回填，总面积 2050 亩，解决了盛虹炼化一体化、卫星石化等项目火炬区建设用地需求。

9 月 12 日 “连云港师专一附小教育集团徐圩校区”在徐圩小学新校区揭牌，市教育局副局长李宏伟、东中西示范区管委会副主任王东亮参加活动。

9 月 16 日 连云港石化产业园有限公司与中国电信连云港分公司、易能网签署石化园区 5G 战略合作协议，东中西示范区党工委书记、管委会主任石海波，中国电信连云港分公司总经理刘永新，易能网董事长龚建军等参加活动。

9 月 17 日 东中西示范区管委会印发《关于对徐圩港区实行封闭管理的公告》，决定自 10 月 1 日起，对徐圩港区东、西防波堤之间港界范围以内区域实行试封闭管理，12 月 1 日起实行正式封闭管理。

10 月 20 日 “卫星杯”2019 连云港 · 徐圩国际马拉松赛在徐圩新区成功举办，共有来自 52 个国家和地区的 3700 名专业选手和 1 万名业余选手参赛，市领导方伟、于丽华、黄远征、匡中远，省体育局副巡视员范金华，南京体育学院校长杨国庆，东中西示范区党工委书记、管委会主任石海波，浙江卫星石化董事长杨卫东等出席起跑仪式。

是日 中化圣奥化学聚合物添加剂项目正式开工建设，市领导项雪龙、方伟、王加培、王东升，中化集团化工事业部总裁、中化国际总经理刘红生，东中西示范区党工委书记、管委会主任石海波等出席开工仪式。

10 月 21 日 由徐圩新区发起申报的连云港综合保税区通过国家验收并获得海关总署批复。12 月，正式封关运作，有 7 家企业完成注册入驻，另有 8 家企业正在办理注册手续。

11 月 3 日 中国石油和化学工业联合会发布第二批“中国智慧化工园区试点示范（创建）单位”名单，国家东中西区域合作示范区（连云港徐圩新区）成功入选。

11 月 20 日 徐圩新区地下综合管廊一期工程通过省级试点城市验收评估。

11 月 21 日 徐圩港区二港池一期 129#5 万吨级多用途泊位投入试运营（水工结构按靠泊 10 万吨级集装箱船舶设计），具备重大件运输和普通件杂货装卸功能。

12 月 1 日 徐圩港区海滨大道东侧沿线总长约 13 千米围网以及 8 处智能卡口全部建成投用，标志着徐圩港区初步实施封闭管理。

12 月 3 日 生态环境部公布《关于同意开展环境综合治理托管服务模式试点的通知》（环办科财函〔2019〕881 号），徐圩新区试点项目成功入围。

12 月 17 日 “石化产业园杯”2019 徐圩新区创新创业大赛在方洋管理学院举行。东中西示范区党工委副书记、纪工委书记江行洲，市教育局副局长苏守杰等出席开幕式。

生态园区（2022 年） 吕辉 摄

12 月 30 日 徐圩新区与连云港移动有限公司签订 5G 战略合作协议，标志着“徐圩移动 5G”正式商用，徐圩新区党工委副书记、管委会主任赵厚峰，连云港移动有限公司总经理许兴盛等出席签约仪式。

是年 是徐圩新区成立第十年。十年间，徐圩新区累计完成投资 1238 亿元，其中基础设施投资 522 亿元、产业投资 716 亿元，形成了支撑新区长远发展的“四梁八柱”。当年开工建设 57 个重点基础设施项目，完成项目投资约 25 亿元。

2020 年

1 月 2 日　全省重大产业项目建设现场推进会连云港分会场会议在新区举行，嘉宏高性能新材料等 44 个先进制造业项目集中开工，项雪龙、方伟等市四套班子领导，东中西示范区党工委书记石海波，党工委副书记、管委会主任赵厚峰等参加。

2 月 21 日　徐圩新区石化产业基地安全业主委员会正式成立，卫星石化集团副总裁兼连云港石化项目总指挥朱晓东当选为第一届业主委员会主任，东中西示范区党工委书记石海波，党工委副书记、管委会主任赵厚峰，党工委副书记、纪工委书记江行洲，管委会副主任乔寿稳等参加成立大会。

3 月 17 日　东中西示范区党工委、管委会印发《徐圩新区 2020 年服务产业十件实事的通知》（示范区委〔2020〕31 号），从大力支持企业复工复产、全面提高公交线路保障能力等十个方面强化产业支撑和服务保障能力，不断优化新区营商环境。

3 月 18 日　2020 年全市重点产业项目春季集中开工主会场暨斯尔邦二期丙烷产业链项目开工仪式在徐圩新区举行，市领导项雪龙、方伟、王加培，东中西示范区党工委书记石海波，市政府秘书长韩尚富，东中西示范区党工委副书记、管委会主任赵厚峰，盛虹集团董事长缪汉根等参加活动。

3 月 19 日　省委书记娄勤俭到连云港石化产业基地检查调研，察看重点产业项目复工复产和石化基地安全环保工作情况，省领导樊金龙、郭元强，市领导项雪龙、方伟，东中西示范区党工委书记石海波，党工委副书记、管委会主任赵厚峰等参加活动。

5 月 10 日　盛虹炼化一体化项目完成首台大件设备——1600 万吨/年常减压蒸馏装置中重达 330 吨的三级电脱盐罐吊装作业，进入设备安装施工的新阶段。

5 月 11 日　南京工业大学连云港石化产业研究院签约揭牌仪式在新区举行，南京工业大学党委书记芮鸿岩、校长乔旭，市领导项雪龙、方伟、石海波、魏爱春，市科技局局长许东方，东中西示范区党工委副书记、管委会主任赵厚峰等出席签约和揭牌仪式。

6 月 17 日　徐圩新区举行开发建设 11 周年升旗仪式、江苏洋井石化集团有限公司揭牌、重大项目集中开工、海科思派项目投料试生产、“一带一路”综合物流园银团贷款签约等系列活动，东中西示范区党工委书记石海波，党工委副书记、管委会主任赵厚峰等党工委、管委会班子成员，以及新区各单位、各部门职工代表参加活动。

6 月 23 日　省长吴政隆到徐圩新区调研盛虹炼化等重点项目建设情况，检查“六稳”“六保”任务落实、产业转型升级以及安全生产专项整治、生态环境保护等工作，市长方伟，东中西示范区党工委书记石海波，管委会主任、党工委副书记赵厚峰等参加活动。

7 月 9 日　江苏地方人大干部培训基地连云港分基地揭牌暨连云港市人大机关干部素质提升培训班开班仪式在徐圩新区举行，省第十二届人大常委会秘书长吕振霖，市人大常委会领导王东升、王家全、石海波、李萌、王鹏、戴咏寒等参加活动。

8 月 12 日　盛虹炼化一体化项目银团签约仪式在南京举行，总融资金额达 415 亿元，省委常委、常务副省长樊金龙，市长方伟，东中西示范区党工委书记石海波等参加活动。

8 月 21 日　全国政协副主席、全国工商联主席高云龙率领调研组到新区调研民营企业复产达产及参与“两新一重”建设情况，全国工商联党组成员、副主席李兆前，省人大常委会副主任、省工商联主席许仲梓，市领导项雪龙、卢刚、尹哲强、黄远征、石海波，东中西示范区党工委副书记、管委会主任赵厚峰等参加调研。

8 月 31 日 2020 连云港“黄海四号”海上搜救综合演习在徐圩港区 128 泊位码头前沿水域举行。演习总指挥、市长方伟，省水上搜救中心副指挥长、江苏海事局局长朱汝明，东海救助局局长陈传全，连云港警备区司令员王先桥，东中西示范区党工委副书记、管委会主任赵厚峰等参加活动。

10 月 12 日 利比里亚籍船舶“新星”轮顺利停泊在连云港禾兴石化码头 44 号泊位上，标志着徐圩港区首个液化烃产业码头泊位——连云港禾兴石化码头正式运营，也意味着连云港石化产业基地正式融入全球石化供应链。

10 月 15 日 中国石油和化学工业联合会在“2020 中国化工园区与产业发展论坛”上发布了“2020 中国化工园区潜力 10 强”，徐圩新区入选该名单并位列第一，较 2019 年提升 3 个位次。

11 月 2 日 省政府办公厅印发《省政府关于加强全省化工园区化工集中区规范化管理的通知》(苏政发〔2020〕94 号)，正式公布全省 14 家化工园区和 15 家化工集中区名单，其中，连云港石化产业基地被定位为化工园区。

11 月 6 日 连云港市与奥升德公司合作项目签约仪式在上海举行，副省长惠建林出席签约仪式，市长方伟出席并致辞，奥升德全球总裁兼首席执行官马克飞通过视频连线见证项目签约，副市长吴海云，东中西示范区党工委副书记、管委会主任赵厚峰，党工委副书记、纪工委书记江行洲参加活动。

12 月 15 日 连云港综合保税区(徐圩片区)创新通关申报模式，成功以“散进整出”组合加工模式申报入区第一批盛虹炼化一体化项目芳烃联合装置，为企业节省税费约 950 万元。

是年 徐圩新区实现年度产业投资超过 460 亿元，实施“智汇徐圩”引才战略引进各类人才 5000 余人，以徐圩小镇建设为引领推动乡村振兴战略各项惠民举措落地见效。全面启动新型冠状病毒感染疫情防控工作。

2021 年

1 月 7 日 生态环境部环境工程评估中心编制的《连云港石化产业基地世界一流环保指标体系》通过专家评审。

1 月 12 日 中国石油和化学工业联合会印发《关于发布“绿色化工园区名录(2020 年版)”的通知》，国家东中西区域合作示范区(连云港徐圩新区)被列为绿色化工园区(2020 年创建单位)。

2 月 26 日 江苏省委、省政府召开全省重大项目建设推进会议，连云港市在徐圩新区设立分会场，并举行全市重大项目集中开工活动。

3 月 1 日 《江苏省国民经济和社会发展第十四个五年规划和二〇三五年远景目标纲要》公布，徐圩新区现代煤炭服务示范基地项目被列为能源基础设施建设重点工程。

3 月 5 日 连云港市第一条也是苏北地区规模最大的地下电力电缆隧道工程在新区开工建设，隧道全长 374 米，敷设 6 回 220 千伏输电线路，为盛虹炼化一体化项目提供电源支撑。

3 月 18 日 徐圩新区再生水厂正式通水投运，水厂采用深度处理与双膜集成工艺，经再生处理 70% 的产水回用于产业，满负荷运行可实现污水减排量 2500 万吨/年。

3 月 26 日 省商务厅印发《关于连云港徐圩港区 129#泊位口岸临时启用的批复》，结束新区采取“一船一议”方式进靠外贸船舶的历史。

5 月 13 日 全国人大常委会副委员长吉炳轩到新区视察。

5 月 19 日 省委书记、省人大常委会主任娄勤俭率省人大常委会执法检查组到新区检查《固体废物污染环境防治法》实施情况。

6 月 3 日 2021 中国化工园区与产业发展论坛发布 2021 化工园区 30 强名单，徐圩新区位列全国 616 家重点化工园区第 29 位。这是在连续 6 年被评为“中国化工园区潜力 10 强”后，徐圩新区首次荣登化工园区 30 强榜单。

6 月 22 日 徐圩新区政务服务中心打印的第一张企业营业执照发出，标志着新区企业注册登记业务正式开通。

7 月 9 日 徐圩新区达标尾水排海工程通过完工验收。

2021 年，石化基地达标尾水排海工程建成投运　　网信办 供

9 月 9 日 省委副书记、省长吴政隆到新区调研重大项目建设、园区疫情防控、生态环境建设和乡村振兴等工作。

9 月 17 日 徐圩新区举行地下综合管廊一期工程交工验收会。项目全长 15.3 千米，总投资约 19.4 亿元。

9 月 23 日 应急管理部副部长刘伟到新区调研督导化工园区整治提升工作。

10 月 29 日 代省长许昆林到新区调研石化基地建设和重大产业项目推进情况。

11 月 12 日 徐圩新区入选中国石油和化学工业联合会“绿色化工园区名录(2021 年版)”。

11 月 26 日 省政府批复《连云港石化产业基地总体发展规划(修编)》，石化基地规模调整为 4000 万吨级炼油、700 万吨级芳烃、600 万吨级乙烯，为进一步优化石化基地产业布局，促进石化产业结构调整升级提供了支撑保障。

12 月 30 日 徐圩新区达标尾水排海工程正式投运，该工程为石化基地内所有企业达标尾水唯一排海通道，也是江苏省内首条深海排放管道。

是年 徐圩新区实现年度工业投资 440.8 亿元，工业税收 15.51 亿元，持续加大减税降费政策落实力度，全年退还园区企业增值税留抵额 12.06 亿元。《连云港石化产业基地世界一流环保指标体系》通过评审。徐圩新区被中国石油和化学工业联合会列入“绿色化工园区名录”。

2022 年

1 月 29 日 市委、市政府印发《连云港石化产业基地世界一流标准体系》。

2 月 18 日 徐圩新区大型情景报告剧《再一次出发》在连云港保利大剧院震撼上演。

4月8日 省工业和信息化厅正式公布江苏省首批“5G＋工业互联网”融合应用先导区培育对象名单，徐圩新区获批成为全省13家重点培育对象之一。

5月8日 省委书记、省人大常委会主任吴政隆到新区调研。

5月16日 盛虹炼化一体化项目举行投料开车成功发布活动，标志着国内单流程规模最大的1600万吨/年炼化一体化项目正式投产。

6月12日 市委书记、市人大常委会主任方伟到新区调研经济发展情况。

7月2日 生态环境部部长黄润秋一行到徐圩新区考察调研。

8月27日 在全市重点项目现场观摩会现场，连云港石化有限公司举行烯烃综合利用项目全面投产仪式，这是连云港石化产业基地打造中国最大的烯烃产业基地、建设世界一流园区的重要里程碑。

9月3日 市委书记马士光主持召开石化基地万亿级产业发展专题会。

2022年10月9日，盛虹炼化码头首船靠泊　　网信办 供

9月15日 省长许昆林到徐圩新区考察调研。

10月9日 徐圩新区举行盛虹炼化码头首艘30万吨级原油船舶靠泊仪式，标志着徐圩港区实现了30万吨级油船全天候、常态化通航，也标志着盛虹炼化一体化项目原料进口通道全面贯通。

11月9日 国家危险化学品应急救援连云港队成立仪式在徐圩新区国家危险化学品应急救援综合实训基地举行。

11月18日 市长邢正军到徐圩新区调研疫情防控和盛虹炼化第三步序试生产准备情况。

11月22日 徐圩新区增量配电网用电负荷突破70万千瓦，最高达71.2万千瓦，同比增幅约256%，创下历史新高。

11月25日 省第十三届人民代表大会常务委员会第三十三次会议全票通过并批准《连云港石化产业基地高质量发展条例》（苏人发〔2022〕72号）。

11月30日 副省长方伟一行到新区调研，考察石化基地重点项目建设情况。

12月7日 省委、省政府印发《关于表彰“江苏制造突出贡献奖”优秀企业、先进个人和先进单位的决定》，江苏斯尔邦石化有限公司入选优秀企业、江苏方洋集团有限公司入选先进单位。

12月16日 地方政府投融资研究中心在第六届雄安新区投融资发展论坛上公布了全国地方政府投融资平台转型发展评价结果，方洋集团荣登全国地市级政府投融资平台转型发展排名榜第49名。

12月23日 由石化联合会、市政府、中国化工经济技术发展中心共同主办，徐圩新区管委会、石化联合会化工园区委共同承办的“2022中国化工园区与产业发展论坛”线上召开。

12月28日 盛虹石化集团举行盛虹炼化一体化项目全面投产暨盛虹高端新材料项目、全球先进材料研究院签约仪式。盛虹炼化一体化项目总投资677亿元,年加工原油能力1600万吨,是国内单流程规模最大的炼化一体化项目。

2022年,盛虹炼化一体化项目全面投产　　房以明 摄

12月29日　农业农村部印发《关于公布〈国家级水产健康养殖和生态养殖示范区名单〉(2022年)的通知》,江苏香河农业开发有限公司以生产经营单位为主体获批此称号,成为连云港市唯一一个获此殊荣的单位。

是年　徐圩新区基本完成石化产业基地重大产业项目布局,以石化化工为主导的临港产业体系呈现出产业集群集聚效应。至2022年年底,累计完成基础设施投资730.5亿元,累计完成临港产业投资2073.3亿元。

第一章　徐圩概览

南宋年间，黄河夺淮入海，泥沙骤增，滩涂日扩。清雍正年间，中正盐场在海州板浦设场晒盐。清咸丰年间，海势继续东移，中正盐场池滩扩展至东陬山、蒿子头一带，即后来的徐圩、台南两座盐场境内。清光绪年间，徐圩地区开铺刘圩、丁圩等18条圩子。

徐圩地区先属灌云县，后划云台区，终归连云区。1925年，盐务机关决定开放埒子口，行轮运盐，新建徐圩坨地，一度带动了徐圩老街的繁荣。新中国成立后，徐圩地区成为江苏沿海产盐重镇，拥有淮北两大盐场——徐圩盐场和台南盐场。

2009年6月17日，徐圩开发建设正式拉开序幕。2009年7月14日，国务院批准实施《江苏沿海地区发展规划》，明确要求依托深水港口，在徐圩布局石化等重化工基础产业，建设江苏沿海新型工业基地。2011年5月，国务院批准设立国家东中西区域合作示范区，示范区设在连云港市连云区，包括徐圩新区和连云港经济技术开发区、连云港国际商务中心、连云港港区、连云港保税物流中心，其中徐圩新区被确定为示范区先导区。2013年"一带一路"倡议的提出，又为徐圩新区的发展带来了新的机遇。2014年之后，徐圩新区拓港修路，招商引智，大力发展石化产业，成为全国七大石化产业基地。

2022年，徐圩新区管理徐圩街道、徐圩盐场、东辛农场和海军农场，总面积467平方千米，其中耕地138.33平方千米，人口3.92万人，地区生产总值183.81亿元。

第一节　区域沿革

中正盐场场署(2020年)　　张建民 摄

一、区域变迁

(一) 民国以前

春秋吴王阖闾元年(前514年)，吴王阖闾在郁州沿海煮海为盐。

南宋绍熙五年(1194年)，黄河夺淮入海，泥沙骤增，滩涂日扩，淮北盐场井灶东移。

元代元贞元年(1295年)，在海州东南开设莞渎盐场，纵横数十里。

清雍正年间，中正盐场开设，场署驻中正(今海州区板浦镇中正社区)。清咸丰年间,因海势东移,中正盐场池滩扩展至东陬山、蒿子头一带,即后来的徐圩、台南两座盐场境内。清光绪年间,徐圩地区已经开铺了刘圩、丁圩、老唐圩、西方圩、六路圩和乔圩等18条圩子。

(二)民国时期

1912年,徐圩地区属灌云县。1914年,灌云行政区下辖6市、14乡,徐圩属苍梧北乡。1929年,实行区自治,徐圩属中富乡。其间,设置在盐场公署,属盐务总局,并受盐务管理局的指挥和监督,掌管其场区的盐税征收、盐质的产制、检定及秤放等事务,并指挥税警。设署长一人,下设办事处及税警派出所等。1933年,中正盐场场署由灌云县中正镇迁至徐圩。

(三)解放后

1948年11月7日,徐圩地区解放,建方洋乡,隶属盐区。中正场一分为二,东半部为方洋盐场,西半部为台南盐场。

1957年1月,猴嘴、陈港两区合并为盐区,徐圩属盐区。1958年3月,盐区区划调整,不再设乡,徐圩乡改设徐圩镇。1959年2月,徐圩成立人民公社,人民公社驻徐圩镇。同年,方洋盐场重新在辛高圩建起小型坨地。

1962年,方洋盐场因机关设在徐圩街,改称徐圩盐场;1963年3月,复称徐圩镇。1965年6月,板艞镇更名为板桥镇。

图为20世纪60年代,徐圩盐场职工利用风车打水
网信办 供

1972年,徐圩镇和徐圩盐场机关迁至辛高圩,辛高圩渐为繁荣的小集镇,为徐圩镇政治、经济、文化中心。

1983年7月,盐区和筹建中的南城区合并,建立云台区,下辖4乡、4镇,徐圩镇属云台区。

2001年11月,连云港市进行行政区划调整,撤销云台区,徐圩、板桥两镇划归连云区。

2006年1月,徐圩镇和板桥镇合并,成立连云区板桥街道。辖区面积242平方千米,人口2万人,海岸线长37千米,拥有滩涂6666.67万平方米,耕地3333.33万平方米,盐田2万平方米。

2009年3月5日,市委常委议港会决定开发徐圩新区。徐圩新区先期规划面积467平方千米,其中港区面积74平方千米、临港产业区面积175平方千米、东辛农场218平方千米,海岸线28千米。

2009年6月17日,徐圩开发建设现场指挥部举行揭牌和升旗仪式,正式拉开徐圩开发建设序幕。

2009年10月,经市委、市政府批准,连云港市徐圩新区管理委员会(筹)成立。

2010年7月,东辛农场从灌云县管辖划归连云区管辖、徐圩新区管理。9月,徐圩街道从板桥街道析出,辖徐圩港区、临港产业区、徐圩盐场、辛高圩社区、东陬山村和香河村。徐圩街道由连云区划归徐圩新区管理,新区管理面积467平方千米,人口4万人。

2022年,徐圩新区管理徐圩街道、徐圩盐场、东辛农场和海军农场,总面积467平方千米,其中耕地138.33平方千米。人口3.92万人;地区生产总值183.81亿元。

二、地名由来

（一）徐圩

北宋年间在板浦、惠泽等地设有盐场。道光年间，因黄河夺淮日积月累导致泥沙淤积，形成徐圩滩涂，刘姓垣商围滩晒盐，名为刘圩盐滩。后有徐姓垣商先在刘圩东开建盐滩，人称东徐圩；在刘圩西再建盐滩，人称西徐圩。民国初期，因海势持续东移，板浦以东的中正盐场离海日远，已不宜晒盐，徐圩地区因临海地利产盐名声更显。1933 年，中正盐场公署迁至刘圩，因东有东徐圩，西有西徐圩，故将中正盐场公署所在的地域称为徐圩，徐圩地名由此而来。

辛高圩社区（2011 年）　　徐乙策 摄

（二）辛高圩

位于徐圩新区中部，形成于清末，作为地域名称只是一块狭长地带，南距东陬山 3 千米，北距板桥镇 20 千米，东距黄海岸边不足 9 千米，而西面紧紧地依偎着烧香河。辛高圩集镇与盐场的母亲河—盐河紧密相连依。集镇南北长 2 千米，东西长仅 0.5 千米，最繁华时候人口达万人之多，曾经是徐圩盐场和徐圩镇人民政府所在地。关于它的地名由来，一说是因为一个开明乡绅李味辛在此建滩和兴教而得名，另一说是当初在此创业的人们不仅辛劳，而且得到高人指点，故名辛高圩。而今，辛高圩作为徐圩街道办事处所在地，是徐圩街道政治、经济、文化中心。2022 年有 660 户，户籍人口 1600 人。

（三）东陬山村

因境内有东陬山而得名。位于徐圩新区西南部，面积 10.97 平方千米，隶属于徐圩街道。2022 年有 395 户，户籍人口 1378 人。

（四）香河村

因毗邻流经本地域的烧香河支河而得名，原名后五圩村。位于徐圩新区南部，面积 10.2 平方千米，隶属于徐圩街道。2022 年有 469 户，户籍人口 1617 人。随着海盐生产量日渐减少，居民以海水养殖业和服务盐工生活的农业生产为主。

第二节　自然地理

一、海岸变迁

南宋建炎二年（1128 年），黄河夺淮入海，大量泥沙经淮河涌入黄海。明弘治七年（1494 年）黄河全流域夺淮以后，每年从黄土高原带来了十多亿吨的泥沙，从黄河故道及灌河两侧摆荡式入海，苏北海岸迅速东移形成了区域辽阔的苏北黄河三角洲，其中包括自大板桥经开山岛向南到废黄河口一条近乎直线的海岸线。

清咸丰五年(1855 年),废黄河口的陆地延伸到距今海岸 20 千米的海中。随着黄河北去,泥沙断流,苏北黄河三角洲向原延伸相反的方向发展,从而形成了现在的自射阳河口至徐圩一带的后退型海岸,徐圩一带海岸线就此形成现今形状。

二、地质地貌

徐圩新区地质表层为黏土,其下为较厚的淤泥层,层厚一般在 14 米左右。

徐圩地区地质表层下是较厚的淤泥层(2017 年)　　张晓东 摄

三、气候植被

气候特征。气候类型为湿润的季风气候,主导风向为东南风。年平均降水量约为 920 毫米,常年无霜期 220 天。

生态资源。徐圩地区原土含盐量高达 1% 至 3%,植物品种较为单一,原生植物品种主要为碱蓬、芦苇等耐盐植物。

四、候鸟栖息

徐圩新区地处“东亚—澳大利西亚”水鸟迁徙通道上,沿海的滩涂湿地是候鸟的重要迁徙停歇地,每年的迁徙季节在此停留的候鸟种类多达 89 种,包括 4 种国家二级保护鸟类,数量达 2 万只以上。

生态徐圩(2022 年)　　张言华 摄

五、盐碱滩涂

徐圩新区的土质,根据测算,江苏其他沿海地区土地的盐碱含量只有 10% 左右,而徐圩土地的盐碱含量为 25% ~30%,如此高的盐碱含量对徐圩新区的生态环境和土壤改良都有较大影响。

第三节　新区创建

一、建区背景

连云港是新亚欧大陆桥东方桥头堡,西连安徽、河南、陕西、甘肃、新疆等省(区),东与日本、韩国等国家隔海相望,是中西部地区便捷的出海口和对外开放的重要门户。连云港以港口为核心的现代综合交通运输体系初步形成,以国家级开发区和海关特殊监管区为主体的开放载体功能逐步完善,对中西部地区的服务能力明显提升。2008 年,中西部地区在连云港设立商务办事机构 260 多家,连云港港 60% 的货物进出口服务于中西部地区,连云港与新亚欧大陆桥沿线重要城市在物流、产业等方面建立了良好的合作关系。

在连云港设立国家东中西区域合作示范区,有利于发挥新亚欧大陆桥便捷的出海通道作用,更好地服务中西部地区发展开放型经济,提升中国整体对外开放水平;有利于促进资源的跨区域合理流动和优化配置,发挥东中西部地区的比较优势,推动东部与中西部地区在更宽领域、更高层次上开展交流与合作;有利于探索新时期区域合作的新途径,创新统筹区域发展的体制机制,为推动区域协调发展提供经验和示范。

二、顶层设计

2006 年 5 月,由全国政协原副主席、中国工程院院士钱正英牵头的中国工程院、国家开发银行、江苏省人民政府联合调研组,组织 20 多位院士和 200 多名专家,从国家经济发展战略层面,开展江苏沿海地区综合开发研究,认为徐圩片区是规划建设深水港口、发展临港重化工产业的理想选址。

2007 年元旦期间,国务院总理温家宝到连云港视察,将连云港的发展摆到国家战略层面上来定位,指出连云港是连接南北、沟通东西的战略枢纽,希望能够成为中西部地区最重要的出海通道,在全国东中西部区域协调发展中发挥重要作用。

2008 年 5 月 8 日,江苏省人民政府向国务院汇报《江苏省沿海地区综合开发战略研究报告》,建议从国家发展战略层面考虑,探索设立东中西区域互动合作示范区,首次在国家战略层面上提出这一设想。

2009 年 4 月 20 日,中央政治局常委、中央书记处书记,国家副主席习近平视察连云港,寄语当地干部群众:“孙悟空的故事,如果说有现实版的写照,应该就是我们连云港在新的世纪后发先至,构建新亚欧大陆桥,完成我们新时代的‘西游记’。”

2009 年 7 月 14 日,国务院批准实施《江苏沿海地区发展规划》,标志着以连云港为龙头的江苏沿海开发开放上升为国家战略,在国家层面为国家东中西区域合作示范先导区徐圩新区创建提供政策支撑。

2010 年 5 月,国家长三角区域发展规划把连云港摆上突出位置加以强调,提出进一步加快连云港、温州等发展潜力较大地区的发展,形成新的经济增长点。

2010 年 8 月 21 日,中共中央政治局常委、国务院副总理李克强视察连云港时指出,连云港是江苏沿海地区发展的龙头,同时又连中启西,是我国沿海地区和中西部地区形成良性互动的一个重要战略支点,具有辐射中原腹地独特的港口优势和发展优势。

三、新区组建

2008年11月4日至12月1日，市政府秘书长石海波牵头，由市政府办公室、市港口管理局、港口集团有关人员组成的调研组，赴烟台、大连、营口、天津、唐山、宁波等地考察港口建设情况，形成《关于加快连云港港口和徐圩片区发展若干问题建议方案（讨论稿）》。12月，根据市委、市政府主要领导的要求，市政府办公室会同有关部门和单位成立调研组，就加快连云港港口和徐圩片区发展的若干问题进行了专题调查研究，形成了《关于加快连云港港口和徐圩片区发展若干问题建议方案》，重点阐述了2009—2014年期间港口和徐圩片区开发建设的工作部署，明确了徐圩片区采取港和区一体化开发管理模式。这是第一个关于徐圩片区发展的研究报告。

2009年4月第一批建设者进驻新区合影　　网信办 供

2009年3月5日，市委常委议港会对事关港口长远发展和徐圩片区开发建设若干重大问题研究决策，作出“快速突破徐圩开发，强势推进东区崛起”的重大决策，决定成立徐圩片区开发建设领导小组，实行港口、产业、城市一体化开发模式。3月20日，徐圩开发建设指挥部选定海堤路下方、徐圩港区西北侧2千米处，作为现场指挥部建设选址，并委托连云区农水局进入现场开始施工。

2009年3月31日，市委、市政府印发《关于加快连云港港口发展全力推进徐圩片区开发的意见》（连发〔2009〕9号），明确徐圩片区开发建设阶段性目标任务、开发原则、管理体制、融资平台、公共基础设施建设以及港口发展支持政策等。4月17日，石海波主持召开第一次全体人员动员誓师大会，全面部署徐圩开发建设相关工作。4月20日，徐圩开发建设指挥部第一次指挥长办公会议，讨论并通过了徐圩片区规划编制、道路施工、高新区调整、融资平台建设等重点工作。4月22日，徐圩开发建设指挥部全体人员实地考察了现场指挥部建设选址，并在抛填现场合影。5月2日，徐圩开发建设指挥部召开徐圩片区发展规划及运营策略专家评审会，对规划研究成果进行了评审。6月5日，省长罗志军主持召开连云港港口建设协调领导小组会议，对徐圩片区规划编制情况给予了充分肯定，认为《徐圩片区发展战略规划》定位高、看得准，具有前瞻性。

2009年6月17日，徐圩开发建设现场指挥部举行第一次升旗仪式　　网信办 供

2009年6月17日，徐圩开发建设现场指挥部举行揭牌和升旗仪式，市长、徐圩开发建设领导小组组长徐一平发表

讲话。

市委常委议港会后，确定金港湾投资有限公司作为徐圩片区的投融资平台。徐一平指示，提前谋划22平方千米中云国际物流园区与港区的联动发展。

新区创建初期，市长徐一平几乎每周到徐圩开发建设指挥部住宿一晚，研究指导新区各项重要工作。

四、示范区申报与建设推进

2009年6月10日，国务院第68次常务会议审议并原则通过《江苏沿海地区发展规划》，明确提出探索设立国家东中西区域合作示范区。6月30日，连云港高新技术产业开发区管委会与国家发展改革委外经研究所签订《连云港市设立国家东中西区域合作示范区可行性研究》合作协议。7月14日，国务院印发《国务院关于江苏沿海地区发展规划的批复》(国函〔2009〕83号)。8月中旬，国家发展改革委印发《江苏沿海地区发展规划》，标志着江苏沿海开发开放上升为国家战略并付诸实施。

2010年1月6日，江苏省省长罗志军到徐圩新区调研，对连云港市提请解决的争取设立国家东中西区域合作示范区、重大事项进入国家"十二五"规划、重大基础设施建设等问题，表示将给予大力支持。3月17日，江苏省发展改革委和省沿海办在南京组织召开连云港市探索设立国家东中西区域合作示范区方案论证会。

2010年5月23日，全国政协副主席、全国工商联主席黄孟复率领全国工商联调研组，到徐圩新区就东中西区域合作示范区设立情况进行调研。5月24日，国家发展改革委地区经济司副司长陈宣庆一行参观考察徐圩新区，表示国家发展改革委将积极支持国家东中西区域合作示范区建设。10月14日，国家发展改革委地区经济司副司长陈宣庆率领国家七部委组成的联合督查组考察徐圩新区，重点督查《江苏沿海地区发展规划》贯彻落实及推进情况，联合督查组表示全力支持连云港设立国家东中西区域合作示范区。

2011年5月31日，国务院印发《关于国家东中西区域合作示范区建设总体方案的批复》(国函〔2011〕61号)，同意在江苏省连云港市设立国家东中西区域合作示范区，原则同意《国家东中西区域合作示范区建设总体方案》。6月8日，国家发展和改革委员会印发《国家东中西区域合作示范区建设总体方案》(发改地区〔2011〕1185号)。

2011年6月14日，国家东中西区域合作示范区推介会在人民大会堂举行　　网信办 供

2011年6月14日，由连云港市委、市政府主办，市委宣传部和徐圩新区管委会承办的国家东中西区域合作示范区推介会在北京人民大会堂举行。7月5日，江苏省委书记、省人大常委会主任罗志军为国家东中西区域合作示范区揭牌。

2012年5月26日，江苏省人民政府出台《关于贯彻落实国家东中西区域合作示范区建设总体方案实施意见》。5 月 31 日，由江苏省沿海办、市政府主办，徐圩新区承办的江苏沿海开发三周年暨国家东中西联动新闻宣传推介活动启动仪式在徐圩新区举行。6 月 5 日，徐圩新区管委会印发实施《国家东中西区域合作示范区（先导区）建设行动方案（2012—2015 年）》，提出了示范区先导区建设的具体实施项目。

2021 年 7 月 30 日，市委常委会会议审议通过《国家东中西区域合作示范区建设方案（2021—2025）》，深入推进国家东中西区域合作示范区建设。会议指出，加快打造国际一流口岸营商环境，全力推进国际枢纽港建设，不断提升产业链共建水平，进一步促进东中西区域协调发展。

第四节　发展战略规划

2009 年 5 月，连云港市徐圩开发建设指挥部、上海东滩投资管理顾问有限公司编制《连云港市徐圩片区发展战略规划》。规划由总体定位分析、产业发展定位、总体战略定位、区域空间布局 4 个部分构成。

一、总体定位分析

徐圩片区规划总面积约 290 平方千米，规划范围大致由三部分构成：北起烧香河，西至烧香支河，南至善后河、埒子河口中心线（含徐圩湿地），东至海堤路，面积约 194 平方千米；方洋港至埒子河口 13 千米岸线，规划建设的双堤环抱式港湾面积约 74 平方千米，其中填海形成陆域面积约 45 平方千米；中云台国际物流园约 22 平方千米规划区域。在新的连云港城市总体规划中，徐圩片区作为连云港市未来的临港产业主战场，将逐渐发展成为大型临港产业新城，带动整个南翼地区的发展。

区域战略分析。一是从区域层次上，徐圩片区的开发定位应尽可能放大和提高，着眼于产业发展及企业招商，定位于国际国内多层次市场。二是在时间维度上，徐圩片区的开发，既要积极利用近期的政策机遇，更要坚信产业布局的客观经济规律，坚定地谋划长远蓝图。三是在开发理念上，充分挖掘“港口、区位和土地”优势，推动区域间、区域内以及产业间的循环经济，创建“大循环经济示范区”。四是在核心策略上，以广域物流服务能力的建设作为突破口，打造徐圩片区的持久竞争力。五是在空间策略上，应发挥体制创新效力，以一体化管理体制，确保港区、城区、园区协调发展。

二、产业发展定位

徐圩片区的可能产业方向主要应抓住区位、区域和港口三个关键特征，从发挥区位优势、区域产业协同和临港产业比照 3 个方面，得出一系列可能的产业发展方向。依据“产业适合性、政策支持性、市场成长性、近期操作性、产业协同性、产业关联性和产业竞争性”7 个筛选原则，对每一个可能产业方向进行综合评价筛选出适合徐圩片区发展的产业门类，并对已选择产业门类按主题功能相近性进行归类整理，最终形成以下五大类产业。一是港口物流业：仓储物流业、专业批发产业、逆向物流业、加工物流业等；二是金属冶炼及加工业：钢铁冶炼、有色金属冶炼、金属加工产业等；三是设备制造业：基础零部件产业、汽车及零配件产业、船舶及零配件产业、石化设备产业、港口物流设备产业、工程机械业等；四是化工产业：石油化工、煤化工、盐化工、合成材料、精细化工、海水淡化产业等；五是清洁能源产业：IGCC 多联产产业、清洁能源设备产业等。

产业发展目标分近期发展目标和中、远期发展目标。近期发展目标(2009—2014):以港口建设为核心,发展仓储物流、加工物流,建立原材料集散中心,引入大型物流企业,建立起完善的港口物流体系建成陇海沿线地区的煤炭、氧化铝等资源的重要中转接卸基地,建成辐射腹地区域的生产原料和产成品的采购、销售配送基地。中、远期发展目标(2015—2020):发挥30万吨级港口优势,依托大规模物流企业,构建对内辐射全国,对外连通世界的物流网络,成为中国东部沿海集干散货与集装箱运输于一体的综合性国际大港。

三、总体战略定位

以《江苏沿海地区发展规划》为依据,立足深水港口,依托陆桥经济带,面向东北亚,融入长三角,服务中西部和淮海经济区,构筑国家东中西合作发展示范区、循环经济示范区和江苏沿海新型工业基地,形成江苏沿海新的经济增长极。

“江苏沿海新型工业基地”的打造是顺应我国产业结构调整、承接江苏沿海开发规划的重要产业发展战略;“东中西合作发展示范区”的建设是以市场主导性物流项目为驱动,着眼于区位优势发挥、综合物流条件利用的重要区域发展战略;“循环经济示范区”是定位于产业间循环、港城工协调发展、推动大型重化工项目落地的重要新区开发战略。

四、区域空间布局

分为五个子区域。一是徐圩港区规划范围,布局干货、散货、集装箱和液体码头,在码头作业区之外可以布局一些仓储物流、加工物流等功能用地。二是紧邻港区与铁路南北支线包围区域,主要作为钢铁冶炼及加工、石油化工、煤化工等三类重化工业用地,同时发展精细化工以及装备制造相关下游延伸行业。三是徐新公路南北两侧靠近烧香支河区域,布局生活居住功能组团。四是铁路支线北片区域,位于主港和徐圩港两港中间,重点发展仓储物流、加工物流、高新技术产业以及行政办公、商贸展示、生产服务业等。五是南部靠近善后河区域,发展生态旅游、乡村休闲旅游等功能,同时借助淮盐文化等历史人文风情,打造南部生态主题园。

2012年2月13日,徐圩新区管理委员会(筹)成立徐圩新区规划建设领导小组,徐圩新区管委会(筹)主任石海波兼任组长。该领导小组负责审核并监督实施新区各类规划、城市设计和重大项目选址,研究制定规划建设标准,下达年度规划和项目可研报告编制任务,协调推进有关重大事项。

第五节　建设总体方案

2012年6月5日,徐圩新区管委会(筹)依据国务院批准实施的《国家东中西区域合作示范区建设总体方案》(以下简称《方案》)和江苏省政府《关于贯彻落实国家东中西区域合作示范区建设总体方案的实施意见》(以下简称《实施意见》),制定《国家东中西区域合作示范区(先导区)建设行动方案(2012—2015年)》。

一、总体目标

国家东中西区域合作示范区(先导区)[以下简称示范区(先导区)]依托30万吨级深水港口,用10年左右时间,建成面向中西部和东北亚地区的区域性物流中心、进口资源和出口产品生产加工基地、功能完善的商务和科技人才服务体系，成为带动和辐射区域经济协调发展的体制机制创新试验区，打造中国东部沿海新的经济增长极。到2015年年底，示范区（先导区）建设初见成效，服务区域协调发展的功能初步形成。

二、主要任务

提升出海通道功能。加快推进以30万吨级航道为核心的港口重大基础设施建设，提升开放服务功能，大力拓展综合交通运输体系，完善公共配套设施，全力打造中西部地区便捷高效的出海通道。主要实施重点项目54项，4年累计完成投资113.7亿元。

建设产业合作基地。利用港口和优势资源条件，与中西部地区合作建设石油化工、有色金属、精品钢材、木材等加工基地，重点建设石化深加工产业园、精品钢深加工产业园、节能环保产业园等；建设出口产品加工分装、装备制造出口组装等专业化生产加工基地。与东部沿海地区、中西部地区共建园区，加快产业承接与转移，建设临港产业基地。实施重点项目46项，完成投资444.9亿元，其中产业项目投资396亿元，配套设施投资48.9亿元。

完善合作服务体系。按照示范区功能布局要求，加快构建产业、商务、科技和人才等功能平台。实施33个重点服务平台项目，完成投资11.7亿元，建成平台20个以上，建筑面积达到50万平方米以上。

创新合作体制机制。合作共建园区，实行利益共享，创新科技合作，创新环境管理。

三、保障措施

坚持规划引领。高水平修改完善示范区（先导区）布局规划和产业发展规划，研究制定先导区规划建设标准，并按照生态、低碳、循环、智能发展理念，把先导区打造成为国内外一流的示范园区。

加大招商引资力度。按照《招商引资工作三年行动方案》要求，重点吸引长三角地区精品钢材、石化产业转移，招引东北亚地区港口物流、装备制造、生态农业和节能环保等方面的项目以及中西部地区的物流、出口产品生产加工、重大科研成果转化方面的项目，积极争取与央企在重大产业项目、现代服务业等方面深入合作。每年组织3次以上大规模的推介活动。有重点地选择参加陆桥沿线地区、东北亚地区、长三角地区举办的各类国际性经贸洽谈会。

推进融资平台建设。制定先导区建设项目融资方案，做好项目贷款和上级财政资金争取；充分发挥资本市场作用，积极运用股票、债券、票据、基金等市场工具，拓展企业融资渠道，争取4年融资规模达到120亿元，方洋集团所属子公司和控股公司资产规模达到200亿元。

用足用好各项政策。梳理细化国家和省赋予的支持政策，明确责任主体、目标任务和时间进度，排出具体项目和争取的资金，积极放大政策效应；加强与国家、省相关部门的汇报对接，把《方案》和《实施意见》明确的各项支持政策及时落实到位；制定出台先导区合作共建政策，以委托管理、合作投资、产业招商和产权合作等模式，鼓励中西部地区与示范区开展产业、科技、基础设施等方面的合作。

强化组织保障。申报设立示范区管委会，充分发挥示范区管委会的职能作用，并按照国家和省赋予示范区省级政府投资主管部门项目管理权限的要求，研究对接出台实施细则；以重大项目为抓手，每年研究确定十大重点工程，分解细化目标任务，明确时间和进度要求，高标准进行规划建设，充分发挥示范区先导区的示范和引领作用；在西安、兰州等地设立示范区驻外办事机构，加强与中西部地区的联系，持续开展互动交流活动，为深化东中西区域合作创造条件。

第二章　基础建设

徐圩新区建设伊始，基础设施建设遵照“规划先行，功能配套，规模合理，适当超前”的基本原则，参考新加坡裕廊工业区、日本鹿岛临海工业地带、大连松木岛化工园区等地的基础设施建设经验，结合徐圩新区内外部基础设施的现状与规划，做好综合交通、市政公用、综合防灾等重大基础设施的规划与建设，打造与新区战略定位相匹配、与新区产业特点相适应、与新区建设发展进程相协调、与绿色低碳理念相融合的基础设施体系，保障并促进徐圩新区经济社会又好又快发展。

2009—2022 年，全区累计完成基础设施投入 460 亿元；累计供地 378 宗，面积 7317.85 万平方米；建成车道总长 266.96 千米，面积 635.1 万平方米；新建桥梁 63 座，其中大型桥梁 30 座；建成水厂 3 座，总供水规模为 54 万吨/日；敷设雨水管道 450 千米，建成污水处理厂 6 个；建成热电项目 2 个；完成地下综合管廊 15.3 千米，完成投资 18 亿元，通过省级试点城市验收评估；完成各类房屋建筑 413.39 万平方米，投入 114.31 亿元。

第一节　土地利用

一、土地利用规划

2011 年 12 月，省政府批准实施《连云港市连云区土地利用总体规划(2006—2020)》。包括徐圩街道在内的徐圩新区土地利用纳入连云区土地总体利用规划。

土地利用总体规划实施后，一方面协调了各业用地矛盾，保证了重大产业项目、民生工程及基础设施建设用地，为经济建设和社会事业发展提供了用地保障；另一方面，坚守耕地红线，有效遏制了建设用地的盲目扩张，推进产业结构转型升级，为实现区域经济社会的稳定发展提供了用地保障。随着全区社会经济快速发展，城镇化和工业化进程的不断加快，以及基础设施的不断完善，土地利用总体规划中确定的土地利用方向与空间布局不能很好地适应区域经济社会发展的新形势、新要求，经过 2014 年、2016 年两次调整，徐圩新区土地利用面临的新情况得到妥善解决。

依据 2019 年中共中央、国务院印发的《关于建立国土空间规划体系并监督实施的若干意见》，省委办公厅印发的《关于建立全省国土空间规划体系并监督实施的意见》，徐圩新区配合开展国土空间规划的编制工作。在国土空间规划编制的过渡期间，徐圩新区按要求编制了《连云港市连云区国土空间规划近期实施方案》《2022 年度连云港市连云区预支空间规模指标落地上图方案》《2023 年度连云港市连云区预支空间规模指标落地上图方案》，作为国土空间规划过渡期间的规划依据。

2020 年 7 月，江苏省委办公厅、省政府办公厅印发《关于在国土空间规划中统筹划定落实三条控制线的实施意见》。将主体功能区规划、土地利用规划、城乡规划等空间规划体系并监督实施，实现“多规合一”。同时落实生态保护红线、永久基本农田、城镇开发边界。2022 年 10 月取得自然资源部批复，划定成果正式作为建设项目用地用海组卷报批的依据。

至 2022 年年底，徐圩新区管理范围为徐圩街道、徐圩盐场、东辛农场、海军农场，总面积 467 平方千米。

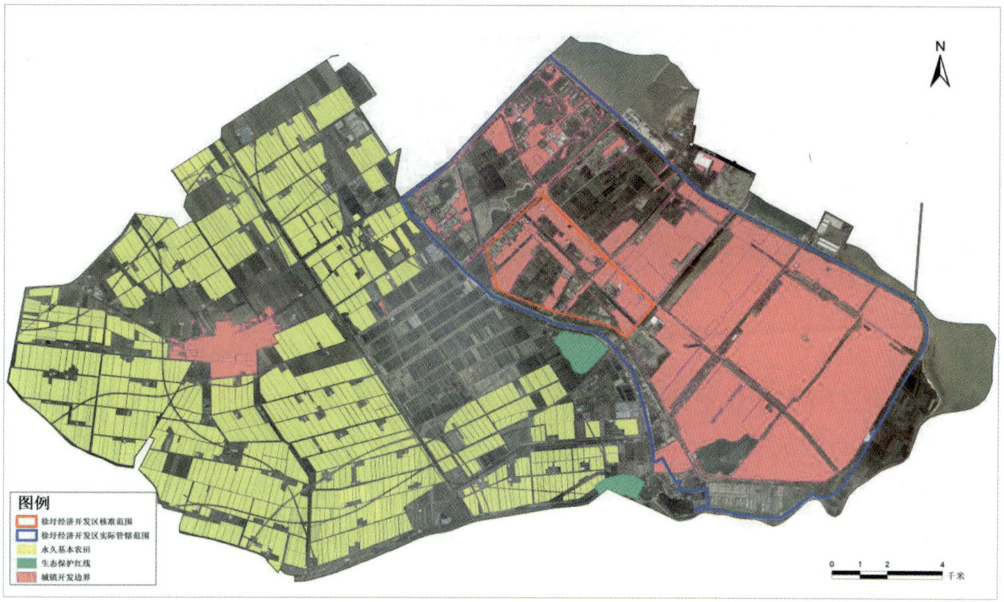

徐圩新区“三区三线”图（2022 年修订）

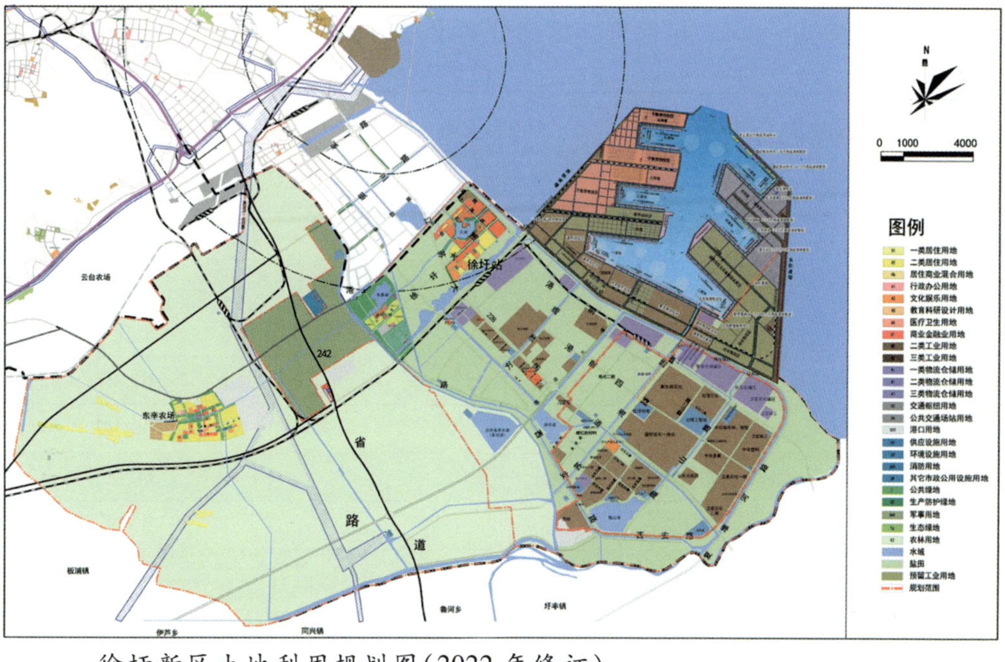

徐圩新区土地利用规划图（2022 年修订）

拆除违建(2016 年)　　金立功 摄

二、土地征用

2009 年,徐圩新区征地拆迁工作由管委会征地拆迁办公室负责具体实施,徐圩开发建设有限公司负责资金保障。2010 年,新摘牌土地 293.38 万平方米,完成土地资源注入 209.31 万平方米为抵押融资提供了土地保障。2011 年,成立方洋集团房屋征收部实施征地拆迁工作,由方洋集团保障资金。2013 年,管委会成立房屋征收办,与方洋集团房屋征收部合署办公。2016 年,集团房屋征收部编制撤销,所有征地拆迁工作由房屋征收办承担。

(一)建设用地征收

2009 年,徐圩新区因 226 省道修建,征收金桥盐化集团台南盐场 53 万平方米土地,征地补偿款 1908 万元,为徐圩新区成立后的首次土地征收。2009—2014 年,徐圩新区共征收金桥盐化集团下属台南盐场、徐圩盐场、徐圩农工商公司、航运公司等单位建设用地 5106.6 万平方米。2014 年,连云港市国有企业改革,原金桥产业集团变更为连云港市工业投资集团,其原下属企业台南盐场、徐圩盐场合并为徐圩投资公司。截止到 2021 年,市工投集团位于新区范围内的土地已全部征收完成,共计 133.51 平方千米。

2009—2021 年徐圩新区部分建设用地征收补偿明细表

表 2-1

签约时间	签约单位	项目名称	面积(万平方米)	合同金额(万元)
2009 年	台南盐场	226 省道	15.00	1908
		纵七路	100.87	3631.2
		纵三路	48.96	1762.56
		指挥塔	1.33	48
		港前大道	161.27	5805.6
		纵五路	130.47	4696.8
		城市轴	34.00	1224
		横五路	9.20	331.2
		云湖	305.33	10992
2010 年	徐圩盐场	226 省道	74.47	2680.8
		方洋河路	10.27	369.6
		港前大道	67.07	2414.4

续表 2-1

签约时间	签约单位	项目名称	面积（万平方米）	合同金额（万元）
2010 年	徐圩盐场	港前一路	1.73	62.4
		横二路	16.73	602.4
		中通道	35.87	1291.2
		纳米碳	2.20	79.2
		先进制造业	17.00	612
		陬山一路	31.87	1147.2
	台南盐场	灯塔路	9.49	341.5
		港前大道	14.27	513.6
		横二路	20.87	751.2
		徐新公路	4.63	166.56
		云湖商务服务区	5.22	187.92
		港前一路	15.02	540.72
		徐圩大道	7.94	285.96
		张圩小区	17.8	640.8
		纵五路	6.33	228
		横二路（补充）	3.22	115.92
		徐圩大道（延伸段）	4.50	162
		混凝土搅拌站	4.13	148.8
2011 年	徐圩盐场	德邦	90.8	3268.8
		镍合金	127.18	4578.48
		珠江钢管	225.33	8123.88
		污水处理厂	10.07	362.4
		9 号地块路网	40.91	1472.88
		港前一道（S226-7 号路）	4.50	162
		纳米碳	2.17	78.168
		中心河	82.93	1492.8
		职工公寓	1.91	68.856
		MTO	133.25	4796.88
		TPA	80.20	2887.32
		浅层地温能	17.40	626.4
		物流用地一期	13.33	480
		陬山一路（延伸段）	5.73	206.4
		220 千伏洋桥变电站	3.40	122.4

续表 2－1

签约时间	签约单位	项目名称	面积（万平方米）	合同金额（万元）
2011 年	徐圩盐场	110 千伏云湖变电站	0.60	21.6
		220 千伏洋桥变电站进线塔基	0.09	3.12
		虹洋热电	40.13	1444.8
		盛虹集团生活区	12.07	434.4
		陬山三路（港前大道—海堤路）	7.53	135.6
		珠江钢管一期配套	15.07	542.4
		张圩港河	57.47	1034.4
		公租房	12.33	222.936
2012 年	徐圩盐场	中石化原油商储项目	46.67	1672.8
		中心河二期（六标）	31.80	572.4
		港前大道（平行于南复堆河段）	29.23	526.2
		陬山三路（226 省道—港前大道）	13.93	250.8
		实验学校	10.39	186.936
		深港河一期（中石化取土）	19.18	345.24
		西港河（德邦、荣泰化工取土）	49.60	892.8
		中心河三期（污水厂、斯尔邦取土）	49.27	886.8
		农贸市场	2.67	80
		中心河二期（六标）补充	2.53	45.6
2013 年	徐圩盐场	荣泰化工仓储	33.80	1216.8
		MTO 二期	195.00	7020
		西港河二期	16.27	292.8
		深港河二期	11.87	213.6
		一期绿化带（供电线路）	90.86	1635.48
		二期绿化带（公共管廊）	29.30	527.4
		港前四路（陬山一路—港前大道）	21.89	393.96
		陬山二路（226 省道—港前大道）	20.07	361.2
		方洋河	8.27	148.8
		港前二道（226 省道—海堤路）	12.17	219.12
		珠江钢管 3352 热连轧	62.60	2253.6
		珠江钢管公辅配套	11.71	421.44
		静脉产业园一期	5.27	190.08
		陬山二路（港前大道—海堤路）	14.80	266.4
		海滨大道	1.99	35.88
		MTO 三期	67.53	2431.2
		珠江钢管三期（珍珠河管件、厂前区）	39.29	1414.32
		港口后导标	0.04	2.1

续表 2－1

签约时间	签约单位	项目名称	面积（万平方米）	合同金额（万元）
2013 年	徐圩盐场	多式联运中心	29.13	1048.8
		物流园	645.04	23221.44
		复堆河	120.47	2168.4
		纳潮河	49.48	890.64
		节能环保高新技术产业化基地	325.44	11704.008
		节能环保高新技术产业化基地道路	21.69	390.36
		示范区资源集中采购中心	28.97	869.1
		陬山三路(226 省道—横二路段)	11.07	199.2
		226 省道(现状方洋河—深港河)两侧绿化带	17.33	312
		港前大道(纵七路—中通道)两侧绿化带	27.93	502.8
		横二路(中通道—陬山三路段)	63.30	1139.472
		226 省道绿化带补充	36.27	652.8
		绿化带三期(污水厂通道)	12.04	216.6768
		南京军区房产五局置换地块	1.63	58.656
		东港污水处理厂	19.51	351.12
		徐圩新区综合医院	12.02	216.372
		珠江钢管 3352 热连轧补充	41.33	1487.76
		农贸市场二期	1.51	45.4
		蒿东地块	231.59	8337.144
2014 年	徐圩盐场	200 万吨彩钢板新材料(天元锰业)	265.33	9552
		多式联运中心二期	211.53	7615.2
		固危废处理中心	18.47	664.8
2015 年	徐圩盐场	送水工程中心河	15.85	285.36
		口岸综合服务中心	5.33	96
		张圩互通	5.16	92.88
2016 年	徐圩盐场	炼化一体化	412.93	14865.6
		尼克尔	70.47	2536.8
		苯甲酸	7.13	256.8
		南复堆河	64.71	1164.84
		226 省道埒子河口段绿化带	2.30	41.3388
		新区发展备用地块	101.19	3642.72
		石化园工业邻里中心及应急指挥中心	23.53	847.2
		垃圾处理中心	1.00	18

续表 2－1

签约时间	签约单位	项目名称	面积（万平方米）	合同金额（万元）
2016 年	徐圩盐场	徐圩小学	4.01	72.24
		灭火应急救援中心	4.68	84.24
		应急救援指挥中心	6.61	118.92
		陬山湖	92.53	1665.6
		万事达	20.67	744
2017 年	徐圩盐场	棚户区改造一期	11.04	198.72
		中化精细化工	58.80	2116.8
		方洋公共库	46.47	1672.8
		苏海路绿化带	50.72	912.9
		公共管廊	44.67	796.54
		石化基地消防通道	9.69	174.396
		环保二路（西安路—226 省道）	1.20	18
		产业区专用铁路	37.33	672
		棚户区改造一期周边工程	43.19	777.36
		石化七道	10.00	180
		石化基地临时项目部	10.00	360
		环卫运营管理中心	4.27	64.1
		炼化一体化火炬区防护绿地	17.00	306
		炼化一体化火炬区	36.40	1310.4
		石化九路等	133.11	399.34
2018 年	徐圩盐场	陬山湖	130.00	2340
		公用工程岛	22.71	817.44
		卫星石化	193.33	6960
		东华能源	66.43	2391.6
		中化二期圣奥化学	57.62	2074.32
		五伦化工	10.00	60
		李文甲	13.86	83.16
		泰格油墨	8.89	53.34
		徐圩湖	91.23	273.69
		化工品供应链一体化服务基地	23.64	141.84
		LNG 储配站	11.12	66.72

续表 2－1

签约时间	签约单位	项目名称	面积（万平方米）	合同金额（万元）
2019 年	徐圩盐场	海科化工	32.53	195.2
		中化圣奥化学	102.13	3676.8
		中化四期	37.13	1336.8
2019 年	徐圩盐场	石化七道（石化三路—228 省道）	11.87	213.6
		西安路（陬山路—228 省道）	21.18	381.24
		重型化工消防站	2.00	36
		苏海路应急取土区	199.51	1197.08
		石化公司配套工程	17.39	313.08
		深港河	16.24	292.32
		精细化工区消防站	1.00	3
		盛虹炼化一体化项目配套仓储罐区	3.77	135.6
		精细化工园区综合服务区	3.00	18
		石化三道（石化九路—石化七路）	3.47	10.4
		达标尾水净化工程调压泵站	0.35	6.24
		石化九路以东地块	125.30	1127.7
2020 年	徐圩盐场	卫星石化一期补充	62.48	2249.16
		精细化工区	264.67	2062.3
		西港河	6.40	115.2
		徐圩湖产业配套服务区	9.23	55.4
		应急救援实训基地	7.33	132
		张圩集中居住区集贸市场	5.20	93.6
		中化连云港循环经济产业园轻量化材料项目	76.13	2740.8
		30 万吨航道疏浚准备工程	472.59	2800.04
2021 年	徐圩盐场	警备区土地置换 2.88 亩	0.19	6.912
		东港水厂扩建工程	3.69	66.36
		拓展训练基地	88.93	1600.8
		盛虹新材料	50.73	1826.4
		徐圩盐场剩余土地一次性征收协议	3960.67	120626

（二）农用地征收

2009—2022 年，徐圩新区征收徐圩街道两社区两村（张圩社区、辛高圩社区，东陬山村、香河村）集体农用地 229.52 万平方米，征地协议金额 11867.1 万元；东辛农场国有农用地 92.39 万平方米，征地协议金额 7274.3618 万元；云台农场国有农用地 14.4 万平方米，征地协议金额 934.1 万元；连云港板桥街道张巉村集体农用地 41.8 万平方米，征地协议金额 3203 万元；云台街道集体农用地 0.44 万平方米，征地协议金额 34.6 万元；海军农场 19.8 万平方米农用地地上物清理补偿 239.5 万元。

（三）集体土地征用

2011 年 12 月，徐圩新区征用徐圩街道办事处香河村的 9.2295 万平方米集体农用地转为建设用地并征为国有，将徐圩街道办事处香河村的 0.0892 万平方米集体建设用地征收为国有，为徐圩新区首次土地征用。

2017 年 11 月，徐圩新区河道治理及新建水库工程（徐圩新区应急备用水源）征收土地 197.6501 万平方米，征地费用 3.62 亿元，征用土地规模为历年之最。

2009—2022 年，徐圩新区累计征收土地 219.27 万平方米。

三、土地供用

（一）用地政策

徐圩新区在执行国家、省、市人民政府颁布的各类土地政策的同时，于 2015 年 8 月制定《徐圩新区土地出让条件》，明确了徐圩新区土地出让的周边配套条件和场地建设条件。

2017 年，徐圩新区管委会出台《徐圩新区工业用地出让管理办法（试行）》，以提高土地利用质量和效益为目的，对项目在用地期限内的利用状况实施全过程动态评估和监管，通过健全工业用地产业准入、综合效益评估等机制，将项目建设投入、产出、节能、环保、安全等经济、社会、环境各要素纳入统一管理，实现土地利用管理系统化、精细化、动态化。

2022 年 9 月，市政府办公室印发《连云港市区土地出让工作规则》。规则规定徐圩新区辖区范围内，单幅地块出让面积不超过 200 亩或出让起始价不超过 5 亿元的工业、仓储、科研等产业用地公开出让方案，或房地产交易（含法院裁定）补办土地出让以及自有划拨土地补办出让面积 500 平方米以下的供地方案，由市政府委托园区管委会审批。徐圩新区在全市范围内率先成立徐圩新区自然资源规划委员会，出台《徐圩新区工业、仓储、科研用地出让实施细则》《徐圩新区划拨供地实施细则》《徐圩新区协议出让供地实施细则》。进一步规范土地出让审议程序、提升土地出让工作决策水平和效率，激发市场和社会活力，加快推进新区涉企投资审批扁平化、标准化、便利化。

（二）土地供用

1. 土地划拨

2012 年，徐圩新区划拨土地 3 宗，总面积 31.52 万平方米，用于棚户区改造、水厂、污水厂建设。

2013—2016 年，划拨土地 20 宗，总面积 317.72 万平方米，用于徐圩新区内部安置房、公租房、变电站、道路等各类基础配套设施建设。

2017—2019 年，划拨土地 40 宗，总面积 478.98 万平方米，基础设施建设的重点向石化产业基地转移。

2020—2022 年，划拨土地 44 宗，总面积 1324.57 万平方米，重点为石化产业基地提供基础设施。

2. 土地出让

自徐圩新区成立之后，土地出让遵循国有土地公开招拍挂的方式。2011 年 11 月，江苏虹港石化有限公司摘得徐圩新区港前大道西、陬山三路北地块，117.8 万平方米，标志着徐圩新区向着石化产业发展迈出了第一步。

2012—2013 年，江苏斯尔邦石化有限公司摘得徐圩新区港前大道西、陬山一路南地块 91.3 万平方米，徐圩新区港前四路东、陬山二路北地块 100.7 万平方米，进一步壮大了新区的石化产业规模。

2014—2016 年，全区出让工业（仓储）用地 14 宗，面积 318.7 万平方米；经营性用地 62 宗，面积 490.8 万平方米。

2017—2018 年，出让盛虹炼化一体化项目、卫星石化轻烃综合加工利用、瑞恒新材料等石化基地项目及张圩服务区加油加气站、香河新村等用地 30 宗，面积 700.5 万平方米，盛虹炼化与卫星石化的入驻，进一步健全了石化产业园的基本空间框架。

2019 年，出让思派新能源、瑞恒新材料、瑞兆科电子材料等石化基地项目及丝路国家综合物流园等项目用地 12 宗，面积 467.9 万平方米。

2009—2019 年，徐圩新区累计供地 282 宗，面积 5245.55 万平方米。其中，出让经营性用地 34 宗，面积 450 万平方米。徐圩新区用十年的时间，从无到有，将连云港市区东南部低洼的盐田，建设为现代化的临港产业区。2020—2022 年，出让江苏盛景高端新材料项目、盛虹罐区等石化基地项目等地块 52 宗，面积 1575.94 千米。

2009—2022 年，徐圩新区累计供地 378 宗，面积 7317.85 千米。其中，出让经营性用地 34 宗，面积 450 千米。

2009—2022 年徐圩新区土地供用一览表

表 2－2

年份	总供地		划拨		出让	
	数量（宗）	面积（万平方米）	数量（宗）	面积（万平方米）	数量（宗）	面积（万平方米）
2009	12	199.83	—	—	12	199.83
2010	22	250.13	—	—	22	250.13
2011	23	589.02	—	—	23	589.02
2012	14	447.42	3	31.52	11	415.91
2013	53	1302.20	8	203.99	45	1098.21
2014	52	488.21	3	29.81	49	458.40
2015	9	122.89	1	20.19	8	102.71
2016	15	198.44	8	63.73	7	134.71
2017	38	411.18	22	226.09	16	185.10
2018	23	746.68	9	231.23	14	515.45

续表 2-2

年份	总供地		划拨		出让	
	数量(宗)	面积(万平方米)	数量(宗)	面积(万平方米)	数量(宗)	面积(万平方米)
2019	21	489.53	9	21.66	12	467.87
2020	24	480.39	10	161.73	14	318.66
2021	24	259.96	16	127.79	8	132.17
2022	48	1331.95	18	206.84	30	1125.11
合计	378	7317.85	107	1324.57	271	5993.28

四、开山采石抛填盐田

2009 年开发之前，徐圩新区是大片盐田。新区采取开山采石抛填盐田的方式，以保障新区建设用地。

新区开发初期，以大岛山为主要石料供应基地，开采后抛填盐田，保障新区道路建设、产业建设、港口建设。受道路交通等因素制约，每天开采抛填量 3000 吨左右。至 2010 年年底，大岛山仅开采半年就因各种矛盾停止开采。

2011 年，新区管委会成立石料管理办公室，具体协调解决石料开采过程中的各类矛盾，并定期通报石料需求情况，根据缓急情况对接周边采石场进行调剂。新区建立石料储存基地，收集周边采石场石料，以备应急之需。新区管委会多方协调，启动辖区内西陬山石料开采，快速新建西陬山通往新区石料运输道路，协调推进西陬山军事坑道报废工作，增大西陬山石料开采增量，加快盐田抛填步伐。

挑灯夜战运石料（2011 年）　　徐乙策 摄

2012 年 10 月，大岛山恢复开采。石料开采、运输队伍歇人不歇机，发扬“白 + 黑”“五 + 二”的拼搏精神，吃住在工地，满负荷运转，全力保障新区建设用地。随着道路运输等问题的解决，大岛山开采量逐步稳定在每天 3 万吨，西陬山每天开采 5000 吨。至 2014 年 7 月，新区累计开采抛填 1600 多万吨石料，有力推动了新区建设。

随着新区建设用地的快速增长，石料需求量加大，大岛山从山头到山丘，再从山丘到平地，石料逐渐枯竭，西陬山成为新区建设石料来源的重要保障。2020—2022 年，方洋物流公司从西陬山矿区每年开采 240 万吨左右石料，保障新区建设用料。

第二节　道路桥梁

一、主干道

自2009年开始，徐圩新区重点在北至徐新路、西至S242省道，东至海滨大道，南至复堆河路等四至范围内展开道路建设。

2010年，徐圩新区完成道路保通66千米，重点加快以30万吨级航道为核心的集疏运体系建设，228国道、徐圩大道、港前大道和中通道等对外路网全面拉开框架。

2010—2012年修建徐新路、徐圩大道、方洋路、疏港大道、苏海路、陬山路、环保大道、石化二道、石化三路、上海路、西安路、港前大道、江苏大道“八横六纵”路网框架，现均为沥青路面。

2013—2017年继续完善新区路网，修建海滨大道、石化七道、环保二路、乌鲁木齐路等4条沥青路面道路，完善徐新路、徐圩大道、方洋路、疏港大道4条道路。

至2022年年底，全区共计建成主干道21条、行车道长195千米，路面531.8万平方米。

徐圩大道（2014年）　　徐乙策 摄

2009—2022年徐圩新区主干道建设情况一览表

表2-3

序号	名称	起止点	道路长度（米）	道路红线宽度（米）	车行道宽度（米）	道路面积（平方米）	修建时间
1	港前大道	徐新路—张圩河路	3080.0	60.0	23.0	70840.0	2011
		张圩河路—陬山路	11263.0		24.5	275943.5	
		陬山路—复堆河路	2928.0		25.0	73200.0	
2	上海路	徐新路—灯塔路	2350.0	50.0	44.0	103400.0	
3	张圩河路	海滨大道—板徐路	6700.0	60.0	33.0	221100.0	
		板徐路—242省道	4180.0		24.0	100320.0	
4	徐圩大道	海滨大道—228国道	3340.0	5.0	51.0	170340.0	2012
		兰州路—乌鲁木齐路	1100.0			71500.0	2016
5	228国道	刘圩港河桥—苏海路（市政）	11469.0	60.0	25.0	286725.0	2012
		刘圩港河桥—埒子河口大桥北桥头	17551.0		24.0	421224.0	

续表 2-3

序号	名称	起止点	道路长度（米）	道路红线宽度(米)	车行道宽度（米）	道路面积（平方米）	修建时间
6	242 省道	徐新路—善后河大桥	11200.0	60.0	23.0	257600.0	2013
7	石化三路	苏海路—石化二道	1900.0	50.0	16.5	31350.0	2013
		石化二道—复堆河路	3760.0			62040.0	
8	方洋路	海滨大道—228 国道	3830.0	50.0	24.0	91920.0	
		228 国道—乌鲁木齐路	2400.0		23	55200.0	
9	海滨大道	小丁港闸桥—东防波堤	18900.0	34.5	33.0	623700.0	2014
10	苏海路	海滨大道—228 国道	4850.0	50.0	25.0	121250.0	2014
		228 国道—板徐路	2650.0		25.0	66250.0	
11	复堆河路	港前大道—228 国道	5255.0	56.0	23.5	123492.5	
12	环保大道	节能二路—乌鲁木齐路	2500.0	50.0	23	57500.0	
		江苏大道—节能二路	780.0		50	39000.0	
13	陬山路	海滨大道—228 国道	5700.0	50.0	19.5	111150.0	2016
		228 国道—西安路	3000.0		16.5	49500.0	
14	西安路	张圩河路—疏港大道	5700.0	56.0	24.0	136800.0	
		疏港大道—陬山路	6226.0		34.7	216042.2	
15	环保二路	江苏大道—西安路	1300.0	50.0	12.0	15600.0	
16	疏港大道	海滨大道—香河路	11000.0	60.0	26.5	291500.0	2018
		香河路—242 省道	6000.0		24.0	144000.0	
17	石化九路	苏海路—石化三道	780.0	50.0	16.00	12480.0	
		石化三道—陬山路	2407.0		24.30	58490.1]	2019
18	石化七道	港前大道—卫星石化卡口	3000.0	50.0	25.00	75000.0	2018
		港前大道—K0+800	800.0		25.00	20000.0	2019
19	徐新路	海滨大道—驳盐河桥	4800.0	60.0	38.5	184800.0	2016
		驳盐河桥—云台农场	18300.0	34.5	32.5	594750.0	
20	石化四道	板徐路—石化九路	2144.0	50.0	26.00	55744.0	2019
21	乌鲁木齐路	徐新路—灯塔路	1900.0	40.0	15.00	28500.0	

二、次干道

2009—2022 年，徐圩新区建成次干道 22 条，行车道长 37.66 千米，路面 68.3 万平方米。

2009—2022 年徐圩新区次干道建设情况一览表

表 2-4

<table>
<tr><th>序号</th><th>名称</th><th>起止点</th><th>道路长度（米）</th><th>道路红线宽度（米）</th><th>车行道宽度（米）</th><th>道路面积（平方米）</th><th>修建时间</th></tr>
<tr><td>1</td><td>横四路</td><td>徐新路—合作路</td><td>600.0</td><td rowspan="7">35.0</td><td rowspan="2">15.0</td><td>9000.0</td><td>2010</td></tr>
<tr><td>2</td><td>环保九路</td><td>228 国道—节能二路</td><td>890.0</td><td>13350.0</td><td>2012</td></tr>
<tr><td>3</td><td>合作路</td><td>港前大道—228 国道</td><td>2547.0</td><td>24.0</td><td>61128.0</td><td>2013</td></tr>
<tr><td>4</td><td>灯塔路</td><td>港前大道—云九路</td><td>3120</td><td>14.0</td><td>38500.0</td><td rowspan="4">2014</td></tr>
<tr><td>5</td><td>陬山增二路</td><td>海滨大道—港前大道</td><td>1200.0</td><td>18.0</td><td>21600.0</td></tr>
<tr><td rowspan="2">6</td><td rowspan="2">石化二道</td><td>港前大道—石化三路</td><td>2000.0</td><td rowspan="2">16.5</td><td>33000.0</td></tr>
<tr><td>石化三路—228 国道</td><td>2030.0</td><td>33495.0</td></tr>
<tr><td>7</td><td>环保五路</td><td>228 国道—节能二路</td><td>830.0</td><td>40.0</td><td>23.0</td><td>19090.0</td><td>2015</td></tr>
<tr><td>8</td><td>节能一路</td><td>环保二路—环保十路</td><td>4500.0</td><td rowspan="2">26.0</td><td rowspan="2">15.0</td><td>67500</td><td rowspan="3">2016</td></tr>
<tr><td>9</td><td>节能二路</td><td>环保大道—疏港大道</td><td>4200.0</td><td>63000.0</td></tr>
<tr><td>10</td><td>西港三道</td><td>海滨大道—港前大道</td><td>650.0</td><td rowspan="2">35.0</td><td>26.5</td><td>17225.0</td></tr>
<tr><td>11</td><td>兰州路</td><td>29 号路—灯塔路</td><td>890.0</td><td>15.00</td><td>13350.0</td><td>2018</td></tr>
<tr><td>12</td><td>南京路</td><td>徐新路—灯塔路</td><td>2250.0</td><td>50.0</td><td>22.0</td><td>49500.0</td><td>2012</td></tr>
<tr><td rowspan="2">13</td><td rowspan="2">石化三道</td><td>西安路—石化九路</td><td>1700.0</td><td rowspan="6">35.0</td><td>24.00</td><td>40800.0</td><td rowspan="6">2019</td></tr>
<tr><td>赛科化学南门—石化七路</td><td>947.7</td><td>26.00</td><td>24641.0</td></tr>
<tr><td rowspan="2">14</td><td rowspan="2">石化十路</td><td>石化四道—石化九路</td><td>1289.0</td><td>35.00</td><td>45114.9</td></tr>
<tr><td>苏海路—石化三道</td><td>780.0</td><td>16.00</td><td>12480.0</td></tr>
<tr><td>15</td><td>银川路</td><td>29 号路—灯塔路</td><td>791.0</td><td rowspan="5">15.00</td><td>11865.0</td></tr>
<tr><td>16</td><td>石化五道</td><td>石化九路—石化七路</td><td>1176.0</td><td>17640.0</td></tr>
<tr><td>17</td><td>徐圩湖支一路</td><td>228 国道—支七路</td><td>949.0</td><td>30.0</td><td>10439.0</td><td rowspan="2">2020</td></tr>
<tr><td>18</td><td>环保七路</td><td>江苏大道—节能一路</td><td>500.0</td><td rowspan="3">26.0</td><td>18000.0</td></tr>
<tr><td>19</td><td>环保八路</td><td>228 国道—节能二路</td><td>850.0</td><td>12750.0</td><td rowspan="4">2021</td></tr>
<tr><td>20</td><td>环保十路</td><td>江苏大道—节能二路</td><td>900.0</td><td>20.0</td><td>18000.0</td></tr>
<tr><td>21</td><td>石化八路</td><td>苏海路—石化三道</td><td>772.0</td><td>35.0</td><td>16.0</td><td>12352.0</td></tr>
<tr><td>22</td><td>西宁路</td><td>徐新路—灯塔路</td><td>1300.0</td><td>30.0</td><td>15.0</td><td>19500.0</td></tr>
</table>

三、支路

2009—2022 年，徐圩新区建成支路共 21 条，行车道长 34.3 千米、35.0 万平方米。

2009—2022 年徐圩新区支路建设情况一览表

表 2－5

序号	名称	起止点	道路长度（米）	道路红线宽度（米）	车行道宽度（米）	道路面积（m^2）	修建时间
1	云三路	合作路—徐新路	600.0	24.0	15.0	9000.0	2012
2	环湖路	合作路—徐圩大道	1245.0		14.0	17430.0	
3	云河南路	港前大道—上海路	585.0	35.0	15.0	8775.0	
		上海路—徐圩大道	585.0		14.0	8190.0	
4	云一路	上海路—合作路	600.0	24.0	14.0	8400.0	2013
5	云河北路	港前大道—上海路	585.0		15.0	8775.0	
		上海路—云二路	508.0		14.0	7112.0	
6	云八路	徐圩大道—灯塔路	660.0		21.0	13860.0	
7	云九路	灯塔路—云湖南路	430.0		14.0	6020.0	
8	云四路	徐圩大道—灯塔路	600.0		15.0	9000.0	
9	云二路	合作路—云河北路	200.0		22.0	4400.0	2014
10	云河路	环湖路—徐圩大道	1005.0		14.0	14070.0	
11	云五路	徐圩大道—云湖南路	310.0			4340.0	
12	云湖南路	228 国道—云四路	1750.0			24500.0	
13	云七路	灯塔路—云湖南路	450.0		8.0	3600.0	2015
14	板徐路	徐新路—疏港大道	7900.0	26.0	8.5	67150.0	2016
		中通道—东陬山善后河闸	7200.0		8.00	57600.0	
15	石化环路 A 线	港前大道—石化三路	2000.0	9.0	7.00	14000.0	2018
16	石化环路 B 线	陬山路—复堆河路	2880.0			20160.0	
17	29 号路	银川路—兰州路	527.0	26.0	15.00	7905.0	2019
18	徐圩湖支二路	支四路—支路	528.0	16.0	9.0	3696.0	2020
19	徐圩湖支四路	228 国道—支七路	934.0	20.0	12.0	6240.0	
20	徐圩湖支七路	疏港大道—支一路	520.0			5400.0	
21	西港河北路	西安路—中心河	1697.0	21.0		20400.0	2022

四、桥梁

2009—2022 年，伴随着新区路网建设，徐圩新区共新建桥梁 63 座，其中大型桥梁 30 座、中型桥梁 25 座、小型桥梁 8 座，总长 11066.49 米。疏港大道跨烧香支河大桥最大跨度达 70 米，海滨大道观海栈桥总跨数为 225 跨。

张圩互通大桥　桥梁全长 920 米，桥跨布置为 5×25 米＋3×25 米＋4×25 米＋4×25 米＋6×26 米＋4×28 米＋4×25 米＋3×25 米＋5×25 米＋2×（6×25）米，桥梁全宽 22.5 米。其中，第一、四、六、九至十一联采用配式预应力砼组合箱梁，第二、三、五、七、八联采用现浇预应力砼连续箱梁。该项目于 2012 年 10 月开工建设，2014 年 9 月建成投用。

徐新公路烧香支河大桥(2016 年)　　徐乙策 摄

张圩河路分离立交　原名徐新公路分离立交。桥梁全长 946.4 米,跨越张圩港闸、徐新公路(纵七路)以及沿海铁路支线。桥跨布置为(20 + 35 + 30 + 35 + 20)米现浇箱梁 + 5 × 25 米组合箱梁 + 5 × 25 米组合箱梁 + 5 × 25 米组合箱梁 + 5 × 25 米组合箱梁 + 6 × 25 米组合箱梁 6 × 25 米组合箱梁,第一联通过现浇箱梁跨越张圩港闸,其余联均采用 25 米装配式部分预应力砼连续箱梁。该项目于 2013 年 3 月开工建设,2014 年 1 月建成投用。

2009—2022 年徐圩新区桥梁建设情况一览表

表 2 - 6

序号	桥梁名称	所在道路、河流	长度（米）	宽度（米）	最大跨度（米）	规模	桥梁跨数	结构类型	建成时间
1	云河二路桥	2 号路	99.6	14	20	大桥	5	梁桥	2011
2	蒿东河桥	港前大道	75	27	35	中桥	3	梁桥	
3	复堆河桥	徐圩大道	76.52	16	30	中桥	3	梁桥	
4	张圩港河桥	西安路	186.16	33	20	大桥	9	梁桥	
5	新纳潮河大桥	港前大道	120	30	20	大桥	6	梁桥	
6	张圩河桥	港前大道	140	26.5	20	大桥	7	梁桥	
7	方洋河桥	港前大道	106.57	26.5	20	大桥	5	梁桥	
8	老纳潮河桥	港前大道	26.04	23.5	20	中桥	1	梁桥	
9	送水道 1 中桥	228 国道	44.48	23.5	13	中桥	3	梁桥	2012
10	老方洋河小桥	228 国道	34.08	23	10	小桥	3	梁桥	
11	送水道 2 中桥	228 国道	44.48	23.5	13	中桥	3	梁桥	
12	老纳潮河中桥	228 国道	26.08	23.5	20	中桥	1	梁桥	
13	新纳潮河大桥	228 国道	126.12	23.5	20	大桥	6	梁桥	
14	新方洋河大桥	228 国道	106.12	23.5	20	大桥	5	梁桥	
15	方南河中桥	228 国道	26.08	23.5	20	中桥	1	梁桥	
16	方洋港河小桥	228 国道	34.08	23	10	小桥	3	梁桥	
17	云湖景观桥临蒿东河路桥	云湖风景区	100	12	20	大桥	5	梁桥	
18	云湖景观桥临横五路桥	云湖风景区	184	12	63	大桥	5	拱桥	
19	新方洋河大桥	228 国道	100	23.25	20	大桥	5	梁桥	
20	老纳潮河中桥	228 国道	20	29	20	中桥	1	梁桥	

续表 2－6

序号	桥梁名称	所在道路、河流	长度（米）	宽度（米）	最大跨度（米）	规模	桥梁跨数	结构类型	建成时间
21	小丁港闸中桥	海滨大道	81.4	30	25	中桥	3	梁桥	2013
22	观海栈桥	海滨大道	2276.2	4.5	10.46	大桥	225	梁桥	
23	刘圩港闸中桥	海滨大道	81.4	30	25	中桥	3	梁桥	
24	方洋闸桥	海滨大道	81.43	30		中桥		梁桥	
25	规划一路复堆河桥	规划一路	86.12	32	20	中桥	4	梁桥	
26	中心河桥	陬山一路	100	30		大桥	5	梁桥	
27	港前二道复堆河桥	港前二道	79.6	47		中桥	4	梁桥	
28	环湖路桥	5 号路	167.92	24	38	大桥	7	拱桥	
29	蒿东河大桥	228 国道	106.12	23	20	大桥	5	梁桥	
30	洼港闸中桥	海滨大道	81.4	30	25	中桥	3	梁桥	
31	石化四路跨深港河桥	港前四路	60	40	20	中桥		梁桥	
32	严港闸桥	海滨大道	81.43	30	25	中桥		梁桥	
33	送水道 4 小桥	228 国道	30	22.5	10	小桥		梁桥	
34	新淮河中桥	228 国道	20	22.5	20	中桥	1	梁桥	
35	深港河大桥	港前大道	106.12	30		大桥	5	梁桥	
36	张港河小桥	228 国道	30	22.5	10	小桥	3	梁桥	
37	老西港河中桥	228 国道	20	22.5	20	中桥	1	梁桥	
38	深港河大桥	228 国道	100	22.5		大桥	5	梁桥	
39	送水道 5 小桥	228 国道	30	22.5	10	小桥	3	梁桥	
40	新西港河大桥	228 国道	100	22.5	20	大桥	5	梁桥	
41	送水道 3 小桥	228 国道	30	22.5	10	小桥	3	梁桥	
42	复堆河桥	疏港大道	60	40	20	中桥		梁桥	
43	驳盐河桥	疏港大道	60	26		中桥		梁桥	
44	中心河桥	疏港大道	120	26		大桥	6	梁桥	
45	新西港河大桥	228 国道	100	29		大桥	5	梁桥	
46	马二份河桥	西安路	30	12.5	10	小桥	3	梁桥	
47	深港河桥	陬山三路	120	27	20	大桥	6	梁桥	
48	烧香支河大桥	疏港大道	553.5	26	70	大桥	16	梁桥	
49	复堆河桥	徐圩大道	75.52	20	30	中桥	3	梁桥	2014
50	烧香支河大桥	纵五路	619.2	41	60	大桥	19	梁桥	
51	西港河桥	港前大道	106.12	26.5	20	大桥	5	梁桥	
52	徐新公路分离立交	海滨大道	946.4	23.5	25	大桥	37	梁桥	
53	复堆河桥	纵五路	67.2	20	25.4	中桥	3	梁桥	
54	张圩互通大桥	228 国道	920	22.5	60	大桥	20	梁桥	
55	驳盐河桥	纵五路	52	60	20	中桥	3	梁桥	
56	新纳潮河大桥	228 国道辅道	120	26		大桥	6	梁桥	
57	港前二道中心河桥	港前二道	120	47		大桥		梁桥	2015
58	西安路陬山湖接口二桥	西安路	60	15		中桥	3	梁桥	
59	通云河桥	蒿东河路	20	38.6		小桥	6	梁桥	
60	港前一道中心河桥	港前一道	120	26.6		大桥	5	梁桥	
61	西安路西港河桥	西安路	100	33		大桥	3	梁桥	
62	西安路陬山湖接口一桥	西安路	60	26		中桥		梁桥	
63	西安路新纳潮河桥	西安路	132	34.7	20	大桥	7	梁桥	2016

第三节　公用事业

一、供水

（一）供水水源

善后河饮用水水源地2014年划定保护区，常年蓄水平均水位1.8米，水质满足地表水环境质量Ⅲ类标准（GB3838—2002）。

香河湖应急备用水源　2017年9月，徐圩新区启动香河湖应急备用水源建设。项目位于徐圩新区中部，北侧为现状徐圩水厂，东侧紧邻烧香支河，南侧为中通道，占地面积约199.07万平方米。主要建设一座生态型下挖式蓄水库，水库周边外围生态大堤长5333米。蓄水量在450万吨，应急供水量为45万吨/日，必要时为新区2座水厂提供应急备用水。项目总投资7.7亿元，设计单位为上海勘测设计研究院有限公司，建设单位为江苏方洋水务有限公司。该项目于2021年4月正式投用，当善后河水量不足或发生突发性水污染事件时，能够满足徐圩新区连续10天应急供水。作为全国首例在盐碱地人工开挖并脱盐成功的备用水源，为国内沿海盐碱地区开挖备用水源提供了示范。

应急备用水源地（2022年）　　胡林庆 摄

（二）供水泵站

取水泵站（第一泵站）　2010年9月由江苏方洋水务有限公司投资建设，中国城市建设研究院设计，江苏江都建设集团有限公司施工。建设地点位于徐圩新区东陬山村境内，善后新闸左岸上游约1000米处，下距徐圩新区送水工程引河口230米。其建设规模为19万吨/日，采用管式取水口形式，岸边设取水泵房，至徐圩水厂DN1200输水管路长度为7.7千米，全程压力流形式。取水泵站取水工程按百年一遇设计防洪设防，泵站室外地坪设计标高4.5米，高出百年一遇设计频水位0.68米。设计枯水位保证率99%，取水口处进水管口顶端标高－0.20米，低过最枯水位0.68米。工程主要包括河岸内取水槽口、穿堤管道、进水闸门井、取水泵房等，于2012年12月正式投用。

第二取水泵站　由江苏方洋水务有限公司投资建设，上海市政工程设计研究总院（集团）有限公司设计，江苏华泰路桥建设集团有限公司施工，2019年4月15日开工建设。建设地点位于取水泵站上游180米处，配套长度6.8千米，管径DN1400的钢管管线，工程总投资2.28亿元，规模为30万吨/日（按照40万吨/日校核）。善后河第二取水泵站和现第一取水泵站并网同压供水，水压目标满足向企业和徐圩水厂提供原水，向第二水厂提供生产原水，于2020年12月正式投用。

（三）供水管线

供水管线 由江苏方洋水务有限公司投资建设。截止到2022年，徐圩新区已敷设DN100以上供水管线251.19千米（其中自来水管线146.77千米、工业水管线28.02千米、原水管线73.4千米（包含代管管线21.8千米）、脱盐水管线3千米）。

2016年，在石化基地铺设DN300及以上供水管线2.6千米。2017—2019年在石化基地（228国道以东）铺设DN300供水管线21千米、DN500给水管线6千米，保障石化基地（228国道以东）片区的生活用水、施工用水以及消防用水需求，铺设地下综合管廊内DN800给水管线4千米。2020－2022年在石化基地敷设DN300－DN800供水管线29.15千米，保障石化基地内片区的生活用水、施工用水以及消防用水需求，敷设地下综合管廊内DN500－DN800给水管线10.96千米。

2021年8月15日，为保障石化基地罐区消防供水，由方洋水务启动建设沿苏海路（石化三路—复堆河）、港前大道（苏海路—复堆河路）、复堆河路（石化三路—港前大道）、陬山二道（港前大道—复堆河）、陬山路（港前大道—复堆河）、石化七道（港前大道—复堆河）和复堆河西岸（苏海路—石化七道）敷设DN800和DN1200共13.4千米石化基地消防管线。

徐圩自来水厂（2017年） 徐乙策 摄

（四）供水管理

徐圩自来水厂 位于方洋河以南、烧香支河以西的香河村境内（后五圩村306号），总占地面积约9.31万平方米，总投资5.04亿元（含厂站、取水头部及管线），徐圩水厂深度处理扩建工程投资约0.17亿元。由江苏方洋水务有限公司投资建设，中国城市建设研究院有限公司设计，中复新水源科技有限公司施工。2011年12月一期工程开工建设，设计处理规模9万吨/日，2012年10月建成投产。一期规模9万吨/日，其中7.5万吨/日采用“混凝＋沉淀＋过滤＋消毒”常规处理工艺，1.5万吨/日经过臭氧－活性炭深度处理工艺；2019年启动了徐圩水厂臭氧－活性炭深度处理扩建工程技改项目，将原有7.5万吨/日的常规处理工艺中3万吨/日技改为深度处理工艺，于2021年2月投运；拟于2023年启动徐圩水厂超滤－纳滤深度处理脱盐工程，将常规处理工艺中的2万吨/日技改为脱盐处理工艺，拟于2024年建设投用，届时徐圩水厂9万吨/日的规模中，其中2.5万吨/日的常规处理工艺，6.5万吨/日的深度处理工艺。出厂水执行《生活饮用水卫生标准》（GB5749－2022）。徐圩水厂厂外配套管网总长约140千米，管径为DN200－DN1000，建设范围为徐圩大道、张圩河路、226省道、港前大道、苏海路、方洋河路、疏港大道、方洋河路、陬山路等。

徐圩新区第二水厂 徐圩新区第二水厂一期位于徐圩新区石化九路东、陬山路北地块，占地面积5万平方米，总投资2.97亿元，建设规模为20万吨/日，配套建设13.5千米的DN1400配水管线，沿陬山路段（厂区—石化三路）、江苏大道段（陬山路—复堆河路）、复堆河路段（江苏大道—石化三路）、石化三路段（陬山路—复堆河路）成环敷设。由江苏方洋水务有限公司投资建设，上海市政工程设计研究总院（集团）有限公司设计，江苏江都建设集团有限公司施工，2019年3月29日开工建设，2020年12月建成投用。一期工程采用“混凝沉淀＋过滤”的常规处理工艺，出水水质执行

《石油化工给水排水水质标准》(SH/T 3099—2021)中生产给水主要水质标准指标。徐圩新区第二水厂及配套管网一期工程获得“江苏省建筑施工标准化星级工地”荣誉称号。

徐圩新区第二水厂二期位于徐圩新区石化九路东、陬山路北地块,占地面积3万平方米,总投资3.38亿元,建设规模为20万吨/日,配套建设13千米供水管线(不含取水管线),管径为DN1200～DN1400,其中DN1400约为7.8千米,DN1200约为5.6千米,总长度约为13.4千米,采用单管敷设。由江苏方洋水务有限公司投资建设,上海市政工程设计研究总院(集团)有限公司设计,湖南对外建设集团有限公司施工,2020年12月17日开工建设,2022年8月建成投用。本工程配水管道走向如下:DN1400位于江苏大道(陬山路－苏海路)、苏海路(江苏大道－石化三路)、石化三路(苏海路－陬山路),DN1200位于港前大道(陬山路－石化七道)、陬山路(石化三路－港前大道)、石化七道(石化三路－港前大道)主要服务于江苏大道东北侧企业。二期工程采用“混凝沉淀＋过滤”的常规处理工艺,出水水质执行《石油化工给水排水水质标准》(SH/T 3099—2021)中生产给水主要水质标准指标。

第二水厂三期(徐圩新区第二水厂三期及深度处理项目三、四阶段)　位于徐圩新区东、陬山路北地块,占地面积2.8万平方米,总投资1.36亿元,由江苏方洋水务有限公司投资建设,上海市政工程设计研究总院(集团)有限公司设计,湖南对外建设集团有限公司施工。三、四阶段分别新建一座7.8万吨/日的工业水厂,拟于2023年开工建设、2024年建成投用,采用“混凝沉淀＋过滤”的常规处理工艺,出水水质执行《石油化工给水排水水质标准》(SH/T 3099－2021)中生产给水主要水质标准指标。

脱盐水厂(徐圩新区第二水厂三期及深度处理项目一阶段)　分两期建设,占地面积2.44万平方米,总投资3.41亿元,由江苏方洋水务有限公司投资建设,连云港徐圩建设工程有限公司施工。脱盐水厂一期位于徐圩新区石化九路东,石化五道南地块,建设规模为3.9万吨/日(校核5万吨/日),配套建设2根1.5千米的供水管线和1根7千米的浓水管线,由东华工程科技股份有限公司设计,2021年1月开工建设,2022年7月竣工。二期项目位于徐圩新区石化九路东,石化五道南地块,建设规模为3.9万吨/日(校核5万吨/日),配套建设1根约8千米的供水管线,由中交(天津)生态环保设计研究院有限公司设计,拟于2023年开工建设并投入使用。

RO浓水深度处理厂(徐圩新区第二水厂三期及深度处理项目二阶段)　位于徐圩新区石化九路以东,石化五道以南地块,占地2.09万平方米,总投资约为1.77亿元。由江苏方洋水务有限公司投资建设,中蓝连海设计研究院有限公司设计,连云港徐圩建设工程有限公司施工,于2022年11月1日开工建设,拟于2024年建成投用。项目建设规模为1.7万吨/天,采用“臭氧催化氧化＋接触氧化＋高密沉淀＋自养反硝化＋过滤”处理工艺,将浓水深度处理后达标排放。

二、排水

(一)雨水

2009—2022年,徐圩新区(不含东辛农场)共建成市政雨水管道360千米,其中石化基地内市政道路已建成约125.6千米的雨水管网,覆盖了绝大部分市政道路,由于雨水管道主要服务于市政道路及周边绿化雨水,雨水管道设计重现期标准基本为3～5年,小于3年一遇排水能力管道占比13.6%,3～5年一遇排水能力管道占比6.4%,大于5年一遇排水能力管道占比80.0%。

(二)污水

污水泵站和污水管网　2009年开始建设,至2022年年底,建成污水管网共计125.2千米,主要分布于228国道东西两侧,已排查登记在册排污口50个,主管网管径为DN800～DN1350,管材主要为混凝土管,支管管径为DN400～DN600,管材主要为波纹管;7座污水提升泵站,其中1#、4#、

5#位于核心区,2#、3#、7#位于精品钢产业园,6#位于张圩片区,根据片区排水需求安装了功率为5.5千瓦~75千瓦共计23台潜污泵。管网运行正常,设备正常运行。

污水管网质量管控 2017年1月开始,每周巡检,发现隐患问题及时整改,并形成污水管网巡查记录。至2022年年底,共发现井盖隐患517处。其中,井盖损坏、缺失327处,井盖松动190处。管道检测发现问题1531处,均已完成整改修复。7座污水提升泵站定期运行,保证污水的正常排放,并已形成污水提升泵站运行记录。每年对重要污水管网进行清淤疏通,保证管网正常运行。新区新建排水管道均需通过检测并将检测过程中发现的管道缺陷问题进行整改修复,有效地保证新建管道质量。

水质检测(2017年) 张晓东 摄

徐圩污水处理厂 位于226省道以西、纳潮河以南,占地面积约为10.07万平方米,总投资2.52亿元。由江苏方洋水务有限公司投资建设,中国城市建设研究院有限公司设计,中复新水源科技有限公司施工。徐圩污水处理厂一期工程规模为3万吨/日。徐圩污水处理厂的厂外配套管网总长约32千米(含配套泵站5座),管径为DN400~DN1200,建设范围为226省道、陬山一路、中通道、徐圩大道、纵五路等。2011年开工建设,2014年12月建成投产,2017年1月因上游来水少停产。徐圩污水处理厂主要收集徐圩新区生活污水,随着石化基地入驻企业增多,石化基地总体规划修编徐圩污水处理厂收水范围增加二期炼化项目区及精细化工区等工业污水,原污水处理工艺不能满足调整后收水范围的污水处理需求。2020年4月启动徐圩污水处理厂升级改造工程,2020年9月获得环评批复,2021年6月完工,2022年1月24日完成工程项目竣工验收,2022年12月30日完成环保验收,正式投入运行。升级改造工程总投资约1.73亿元,处理规模仍为3万吨/日。本次改造采用"预处理+调节+水解酸化+生物脱氧工艺(A/O)+高效沉淀+臭氧氧化+曝气生物滤池(BAF)"的处理工艺。处理完的废水达到接管标准输送至徐圩新区再生水厂,经再生水厂70%回用,产生的反渗透浓水(RO浓水)进入徐圩新区高盐废水厂,处理后最终通过深海排放管道排入黄海。

方洋水务工业废水综合治理中心(2022年) 胡林庆 摄

方洋水务工业废水综合治理中心 是方洋水务为全面践行生态环境部环境综合治理托管服务和国家发改委环境污染第三方治理园区服务双试点工作要求,为连云港石化产业基地规划建设的一个集污水集中处理、第三方治理、再生回用、高盐废水处理于一体的大型"环保综合体"。规划占地约40万平方米,规划投资30亿元，规划污水处理能力10.2万吨/日、废水处理能力15万吨/日、污废水再生处理能力22万吨/日。至2022年，建成项目占地约20万平方米，完成投资超13亿元，具备7.5万吨/日的污水处理能力、5万吨/日的废水处理能力。该中心在处理功能、服务模式、出水标准、环境效益、尾水净化、深海排放、技术研发等方面在全省乃至全国处于领先地位。建成5万吨/日的东港污水处理厂（2016年12月试生产）、1.3万吨/日的第三方处理厂（2021年3月试生产），10万吨/日的再生水厂一期（2021年3月试生产）以及3.75万吨/日高盐水处理厂（2021年3月试生产）、1.2万吨/日的连云港石化基地化工高盐废水处理（一期）工程（2022年8月试生产）、2万吨/日的达标尾水净化工程一期（2021年7月试生产）、11.83万吨/日的达标尾水排海工程（2021年12月试生产）。第三方治理工程二期，于2022年8月20日开工、拟于2024年建成投用。第三方治理工程三期已于2022年12月14日开工、拟于2024年建成投用。徐圩再生水厂二期一阶段已于2022年9月20日开工、拟于2024年具备调试条件。

东港污水处理厂一期　位于复堆河以西、深巷河以南（陬山路与港前大道交叉口南侧），建设规模为5万吨/日，投资2.84亿元，占地面积约6.9万平方米。由江苏方洋水务有限公司投资建设，东华工程科技股份有限公司设计，中国机械工业建设集团有限公司施工。2015年9月开工建设，2016年12月进入试生产，1号系列于2017年10月30日通过环境保护竣工自主验收。此后一直稳定运行，出水指标长期优于《城镇污水处理厂污染物排放标准》一级A标准，除总氮外达到《地表水环境质量标准》IV类水标准，出水进入再生水厂。2019年1月该工程荣获2018年度江苏省“扬子杯”优质工程奖。2021年12月30日，该项目更新排污许可证。

连云港石化基地工业废水第三方治理工程　位于港前大道西，陬山路南公用设施用地内。建设规模1.3万吨/日，占地面积3.21万平方米，总投资约2.27亿元，主要服务于连云港石化有限公司320万吨/年轻烃综合加工利用项目及其他同类型项目废水一体化集中治理。该项目由江苏方洋水务有限公司投资建设，由科盛环保科技股份有限公司设计，科盛环保科技股份有限公司施工。2019年6月开工建设，2021年3月投用。本项目建设开拓了上下游一体化的污水处理模式，在EPC工程总承包的模式上创新增加了运营模式，有效降低企业污水处理成本。连云港石化基地工业废水第三方治理工程荣获2022年度江苏省“扬子杯”优质工程奖。

徐圩新区再生水厂　位于连云港市徐圩新区陬山路以南、港前大道以西公用设施用地内，由连云港久洋环境科技有限公司投资建设（其中江苏方洋水务有限公司持股比例48%），中蓝连海设计研究院有限公司设计，江苏苏港工程有限公司施工，建设规模为10万吨/日，总投资3.02亿元，占地面积2.93万平方米，主要服务于连云港石化基地内企业。2019年4月开工建设，2021年3月试生产。徐圩新区再生水厂是目前中国化工园区单体规模最大的污水再生回用设施，该模式大幅降低分散式建设成本，节约大量土地。通过实现园区污废水再生处理的规模化、集中化，保障了园区污废水高回用率（70%）要求，回用水质达到一级脱盐水标准，项目满负荷运行后每年可减少污废水排放量2500万吨，同时减少等量的新鲜水资源消耗，对提高地区水资源利用率，促进区域经济的持续稳定发展具有重要意义。

徐圩新区高盐废水处理厂　位于徐圩新区陬山路以南、港前大道以西公用设施用地内，占地面积3.84万平方米，建设规模3.75万吨/日，主要对再生水厂产生的30% RO浓水进行再处理，总投资3.01亿元。由江苏方洋水务有限公司投资建设，南京英凯工程设计有限公司设计，博瑞德环境集团股份有限公司施工，2019年7月开工建设，2021年3月正式投入使用。项目采用创新型工艺流程，具有容积负荷高、占地省、耐冲击性强、性能稳定、维护简单、运行费用低、自动化程度高、配套工程全等优势，对提高徐圩新区水环境治理，构建健康、和谐的生态环境体系卓有成效。

东港污水处理厂达标尾水净化工程(一期) 位于港前大道东西两侧,陬山路与复堆河路之间。采用“稳定塘+涌泉曝气塘+垂直潜流湿地+多级多槽表流湿地”组合工艺,建设规模为2万吨/日,占地面积19.2万平方米。该项目为政府投资项目,由江苏方洋集团有限公司代建,北京远浪潮生态建设有限公司设计,北京远浪潮生态建设有限公司施工。2021年7月试生产东港污水处理厂达标尾水经过圆水池进入稳定塘,利用重力流经各个处理单元后进入排海调蓄池,水力落差1.7米,停留时间9天,通过水生植物和微生物降低污染物浓度,有效减少排海废水污染物含量,保障近海水域水环境安全。

徐圩新区达标尾水排海工程 位于港前大道以西,复堆河路以北,占地面积0.35万平方米。江苏方洋水务有限公司参与投资建设,由上海市政工程设计研究院(集团)有限公司设计,中交第三航务工程局有限公司施工,2020年1月开工建设,2021年12月正式投用。项目总投资7.0亿元,项目设计规模11.83万吨/日。项目主要由调蓄池、调压泵站、陆域管道、海域管道和扩散器等部分组成。管道管径为1.4米,管道总长26千米,其中陆域管道长3.88千米,海域管道长22.3千米。项目的建成投运,作为连云港石化产业基地重要的基础设施,能够充分利用海洋的环境容量,更好地保护陆域水环境及近岸海域的水环境质量。

2019年5月22日,徐圩新区达标尾水排海工程采用PPP模式,取得了市政府对PPP项目实施方案的批复,开展PPP项目社会资本的招标工作,2019年10月28日确定了社会资本单位中交第三航务工程局有限公司与江苏环保产业股份有限公司组成的联合体。江苏方洋水务有限公司参股10%,社会资本方(联合体)参股比例为90%。2020年12月20日,连云港三航建设发展有限公司注册成立,注册资本5000万元。按照现代企业管理制度,采取同股同权的方式,参与项目公司效益分配。至此,徐圩新区第一个PPP项目正式落地。

连云港石化基地化工高盐废水处理(一期)工程 位于港前大道西、陬山路南,项目占地面积3.2万平方米,总投资2.13亿元,设计处理规模1.2万吨/日。主要功能是处理石化基地内产业项目产生的化工高盐废水,主要服务于盛虹炼化、斯尔邦石化。由江苏方洋水务有限公司投资建设,中蓝连海设计研究院有限公司设计,连云港徐圩建设工程有限公司施工总承包,连云港连宇建设监理有限责任公司监理。项目2021年3月开工,2022年8月正式投用,项目建成后满足了石化基地特种有机高盐废水的处理需求。荣获2020年度省级绿色智慧示范片区标准化星级工地称号。

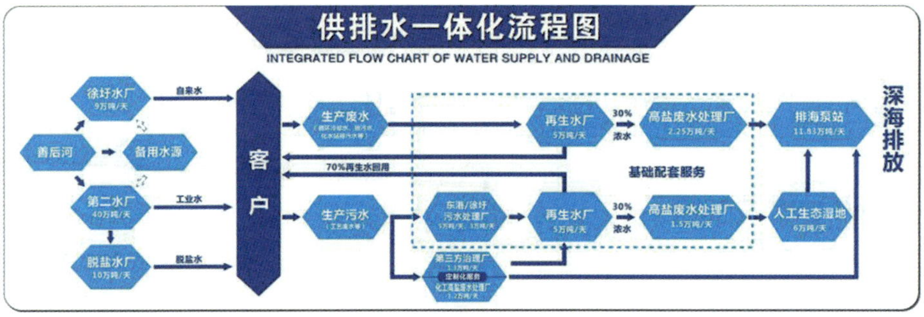

方洋水务供排水一体化流程图

三、供电

(一)电网

徐圩新区建设初期,电源主要来自国家电网下辖的金桥盐化供电分公司(现连云港工投集团供电工程分公司),依靠盐业区域的多条10千伏线路供电。

2012年,国家电网新建220千伏东港变(原称“洋桥变”)。2013年,有1台180兆伏安主变,电压等级为220/110/10千伏,220千伏出线6回(香河2回、伊芦2回、灌河2回),110千伏出线现有5回(香河1回、云湖1回、虹港石化1回、虹洋热电2回)。

东港变输电线路(2015年)　　徐乙策 摄

2012—2013年,徐圩新区拥有1座110千伏系统变电站和3座110千伏用户变电站。110千伏系统站为云湖变,于2012年建成投产。2013年有1台31.5兆伏安主变,远景规划3x50兆伏安主变,110千伏出线2回(香河1回、洋桥1回)。云湖变由220千伏香河变供电。110千伏用户站为虹港石化变(31.5兆伏安),以辐射状馈供方式供电。徐圩新区供电能力和可靠性得到提高。

至2022年,徐圩新区建成投运孔桥、炼化、深港、嘉宏4座220千伏变电站,配套建设80千米220千伏线路,18.6千米110千伏线路以及159千米10千伏线路,累计完成投资额约13.5亿元。

(二)变电站

徐圩港区110千伏港口1#配套变电站　项目位于徐圩港区横一路东,规划一路北,总投资1.22亿元,具有未来港区中心调度功能。本期新建2台31.5兆伏安主变,远景为2台63兆伏安主变。110千伏港口1#变电站的建设,将主要解决徐圩港区用电紧缺局面,满足港区对供电可靠性的要求,保证该地区的经济持续快速的发展。2013年11月5日,徐圩新区110千伏云湖变正式向徐圩港区供电。2015年6月23日,取得市港口管理局批复。2016年7月11日,110千伏港口1#配套变电站工程取得市环保局的环评批复。8月8日,110千伏港口1#配套变电站工程获得市发改委核准批复。9月8日,110千伏港口1#配套变电站工程初步设计评审获市供电公司审查通过。11月23日,110千伏港口1#配套变电站工程初步设计审查会通过专家评审。2017年8月24日,110千伏港口1#配套变电站工程过渡方案通过供电公司审查。9月5日,110千伏港口1#配套变电站工程过渡方案初步设计图纸获得供电公司审查意见。9月,110千伏港口1#配套变电站完成建设。

35千伏管港变电站　位于徐圩东陬山东侧,2003年由省电力公司投资完成设备改造。主变压器2台,型号为S9－3150千伏安、S9－2500千伏安。10千伏出线4条,全长94.45千米,台变126台。主要解决盛虹石化、宝通镍业、珠江钢管等生产企业以及徐圩新区开发前期建厂、修桥、筑路等。2014年主变压器负荷最高达到4600千瓦。

35千伏封跳变电站　位于板徐路运盐河边上,2003年由省电力公司投资完成设备改造。主变压器2台,型号为S9－5000千伏安、S9－3150千伏安。10千伏出线5条,全长89.9千米,台变105台。主要为徐圩新区管委会周边基础设施及临时用电供电。2014年主变压器负荷最高达到6500千瓦。

220千伏孔桥变电站　该项目位于江苏省连云港市徐圩新区石化三路与复堆河路交叉口西侧,距石化三路1.0千米,由江苏东港能源投资有限公司投资建设,为徐圩新区增量配电业务改革试点首个增量配电网项目,总投资4.4亿元,厂区总占地面积15000平方米,总建筑面积约7400平方米,主要建筑单体为生产综合楼、辅助用房及消防水泵房,是江苏省乃至国内建设规模最大220千伏全户内变电站。项目于2018年12月14日启动建设,2019年12月25日完成受电,主变规模6×180兆伏安,其中1、2号主变电压等级为220/110/10千伏,3—6号主变电压等级为220/35千伏。

220千伏深港变电站 由东港能源公司投资建设,总投资3.4亿元,占地1.8万平方米。2021年6月17日开工建设,2022年12月10日建成投运,主变规模2×240兆伏安(远期4×240兆伏安),三侧电压等级为220/110/10千伏,主要满足石化园区内中化瑞恒、中化塑料、圣奥化学等企业负荷需求。该站积极响应国家“双碳”要求,创新结合储能站+智慧充电桩+屋顶光伏站+5G基站的建设,充分利用综合能源调控平台、5G技术与电力行业融合应用等措施,将深港变打造成多站合一、多能互补的多功能变电站。

220千伏炼化输变电站工程 项目总投资额4亿元,于2021年6月17日建成投运。主要建设6台240兆伏安三相三绕组有载调压变压器,三侧电压等级为220/110/35千伏,为连云港盛虹炼化一体化项目专供的220千伏总降压变电站。该变电站内是连云港地区220千伏电压等级规模最大的变电站,项目满足了盛虹炼化一体化项目远景负荷达750兆瓦的用电需求。

徐圩新区220千伏嘉宏输变电站工程 项目位于连云港市徐圩新区石化产业园区内,是为江苏嘉宏新材料有限公司高性能新材料项目专供的220千伏总降压变电站。2022年10月9日,随着嘉宏变带负荷试验完成,220千伏嘉宏输变电工程建成投运,这是徐圩新区增量配电网业务改革试点区域第四座220千伏变电站,其输电线路由东港能源公司出资建设。

徐圩新区苏海路地块光伏发电工程 项目位于苏海路南侧绿化带内(从港前大道至西安路段),总投资2.4亿元,占地面积46.67万平方米,于2022年3月20日开工,2022年8月31日并网发电。该项目接入深港变电站,建设内容包括45兆瓦地面光伏阵列、110千伏升压站及其配套电力设施工程,为园区石化企业提供绿色电能,作为清洁能源,本光伏项目全寿命周期内可节约标准煤40.06万吨,减少二氧化碳排放104.16万吨,减少二氧化硫排放0.96万吨,减少氮氧化物排放0.29万吨,并减少大量烟尘排放。

徐圩新区增量配电网绿色能源示范工程 位于疏港大道(江苏大道—港前大道)南侧防护隔离带区域内,属于徐圩新区增量配电业务改革试点范围内发电项目,由江苏东港能源投资有限公司投资建设。项目2022年6月17日正式开工,2022年12月并网发电,总投资2.6亿元,占地总面积66.67万平方米,长度3400米,为新建环保型新能源电厂。

该项目包括54兆瓦地面光伏阵列、110千伏升压站及其配套电力设施工程,建成后接入深港变电站,未来为园区石化企业提供绿色电能。作为清洁能源,本光伏项目全寿命周期内可节约标准煤50.30万吨,减少二氧化碳排放130.78万吨,减少二氧化硫排放1.21万吨,减少氮氧化物排放0.35万吨,并减少大量烟尘排放。徐圩新区增量配电网绿色能源示范工程(简称“纳潮河畔光伏”)是继苏海路地块光伏发电项目之后,徐圩新区增量配电业务改革试点区域内第二个新能源光伏发电项目,也是目前国内接入增量配电网最大的集中式地面光伏。

(三)东港能源公司

2015年中共中央、国务院提出进一步深化电力体制改革。徐圩新区以打造国家级增量配电网示范试点为目标,率先启动徐圩新区增量配电业务改革试点项目申报工作。2018年3月1日,江苏东港能源投资有限公司(简称东港能源公司)成立,注册资本3.5亿元。该公司是徐圩新区增量配电业务改革试点唯一的配售电运营主体。试点项目位于徐圩新区石化产业园内,面积39.68平方千米。试点区域规划建设220千伏变电站6座,110千伏变电站9座,总投资额18.56亿元。是国家首批增量配电业务改革试点项目,是国家发展改革委、能源局12个直接联系试点项目之一。

至2022年,东港能源公司建成投运孔桥、炼化、深港、嘉宏4座220千伏变电站,配套建设80千米220千伏线路,18.6千米110千伏线路以及159千米10千伏线路,累计完成投资额约13.5亿元，及时解决了企业生产用电需求。

2022 年，徐圩新区增量配电网日最大负荷突破 100 万千瓦，投资规模为江苏省内增量配电网企业之首，位居国内增量配电网企业前列。为构建绿色、低碳、安全、高效的新能源体系，徐圩新区规划建设多处大型地面集中式光伏发电项目，实现“变电站 + 储能电站 + 光伏电站 + 5G 基站 + 智慧充电站”的五站合一。建成投运 110 千伏苏海路光伏和纳潮河光伏并入增量配电网。

徐圩光伏(2019 年)　　张正中 摄

徐圩新区增量配电业务改革试点项目通过不断探索电力改革，形成了“政府的机制 + 行业的标准”新型运营模式，产生了增量配电网试点示范效应，吸引黑龙江、山东等 10 余省 30 多家试点兄弟单位参观学习。

四、供热、供气

连云港虹洋热电有限公司(简称虹洋热电)　位于徐圩新区石化三路 55 号，是连云港徐圩新区管委会下属国有企业江苏方洋集团有限公司全资子公司江苏能源科技有限公司和盛虹集团有限公司全资子公司苏州苏震热电有限公司，以各 50% 的比例共同出资设立的热电公司。2013 年虹洋热电联产项目开工建设，总投资 20 亿元，建设 4 × 440 吨/小时高温超高压锅炉 + 3 × 40 兆瓦抽汽背压汽轮发电机组，供热能力为 1038 吨/小时。2017 年 3 月投产供热，为江苏斯尔邦石化有限公司、江苏虹港石化有限公司供送蒸汽。

2019 年 4 月，虹洋热电开工建设热电联产扩建项目，以满足省重点工程盛虹炼化一体化等项目的用汽需求。建设内容为 6 × 800 吨/小时高温超高压循环流化床锅炉 + 3 × 35 兆瓦级背压式汽轮发电机组 + 3 × 60 兆瓦级抽背压式汽轮发电机组，新增供热能力为 2390.5 吨/小时，于 2022 年 12 月正式投产。

虹洋热电(2022 年摄)　　网信办 供

2022 年年底，虹洋热电联产项目和扩建项目一阶段供热能力达到 3428 吨/小时。随着徐圩石化产业集聚发展，园区企业用汽缺口逐步加大，为保障园区企业安全稳定运行，计划启动扩建项目二阶段工程建设，项目计划投资 35 亿元，建设 3 × 800 吨/小时高温超高压循环流化床锅炉 + 2 × 35 兆瓦级背压式汽轮发电机组 + 60 兆瓦级抽背式汽轮发电机组，新增供热能力约为 1650 吨/小时。

五、路灯

随着徐圩新区主要道路的建成投用，为提升道路交通安全条件，完善夜间道路照明亮化，徐圩新区自2011年起开始着手实施道路配套路灯工作。至2017年年底，新区先后实施226省道、海滨大道、港前大道、徐新公路、苏海路、复堆河路、徐圩大道、合作路、上海路、南京路等主要道路路灯照明，实现徐圩新区主要道路和核心区域的初期夜间照明。

2018年，随着新区石化产业的蓬勃发展，市政配套路灯设施的建设也按下提速键，自2018年下半年至2019年年底，新区管委会先后实施了核心区、棚户区、石化园区、节能环保科技园区、精细化工园区和徐圩港区等区域道路。

2019年，除暂时处于封闭状态的西安路未实现照明外，新区已完成40条主次道路配套路灯工作，安装路灯合计3940套，其中单臂灯820套、双臂灯3027套、中杆灯93套，为响应节能降耗号召，新区路灯光源全部采用节能LED模组。

2020年，新区进一步完善核心区、棚户区、石化园区、节能环保科技园区、精细化工园区等区域道路，完成新建或扩建20条道路路灯建设，安装路灯合计2048套，其中单臂灯706套、双臂灯1318套、中杆灯24套。

2021年，新区新建或扩建17条道路路灯，安装路灯合计1386套，其中单臂灯133套、双臂灯1245套、中杆灯8套。

2022年，新区新建或扩建7条道路路灯，安装路灯合计343套，其中单臂灯138套、双臂灯201套、中杆灯4套。至2022年年底，新区累计安装路灯7976套，全区道路初步达到路灯全面覆盖。

第四节　地下管廊

一、规划布局

2015年9月，徐圩新区启动地下综合管廊项目规划设计，先后开展地下综合管廊工程可行性研究和工程设计工作。地下管廊规划布局为“五纵四横”共52千米。“五纵”主要是沿港区横一路、港前大道、江苏大道、西安路、乌鲁木齐路布局，重点服务保障石化产业基地、城市配套功能区，同时将应急救援基地和石化产业基地实现有效衔接和贯通。“四横”主要是沿合作路、徐圩大道、环保二路、方洋路布局，重点满足战略新兴产业区入驻项目配套需求。随着新区的快速发展，结合未来的产业发展需要，预留管廊的远期布局规划。管廊的功能定位，设计及建设充分结合了新区产业、地理区位等特色，归结起来共有八大功能，主要包括产业配套、防灾抗灾、应急疏散、应急灾备等。

二、管廊结构

徐圩新区地下综合管廊的断面结构有两舱、三舱和四舱。其中，江苏大道为主干线路采取三舱、四舱的结构，最宽断面15.35米。以四舱为例：综合1舱主要容纳给水、再生水、通信并且预留10千伏高压线路，综合2舱主要容纳原水、污水等管线，电力舱主要容纳110千伏、220千伏高压线路，燃气舱则用来放置蒸汽管线。

三、系统架构

徐圩新区地下综合管廊智慧运维的系统架构分为3个层次，分别为感知层、网络层、应用层。感知层包括环境监测、设备监测、管线监测、防火报警等各种专业传感器，可以对管廊运行状态实时监测。网络层包括了数控站、消防控制器、交换机等，主要实现数据的传输功能。应用层则包括了在线监测、智能运维、运营管理、应急抢险四大核心应用，是日常的管廊运营维护实际操作使用的系统。

四、功能体系

徐圩新区地下综合管廊智慧运维系统的功能体系可以概括为“一张网、两个中心、三个关键技术、四类智慧运用”。一张网，指综合管廊感知网，它主要是指分布到管廊各关键部位的传感器，可以实时监测管廊的运行数据；两个中心，是指云计算中心、监控中心，实现运行数据的存储、运行过程中的监控管理；三个关键技术，指智慧运维平台的搭建过程是采用的BIM、GIS、全景监控技术，可以直观展示管廊的实际运行状况；四类智慧应用，指平台最终所呈现的在线监测、智能运维、运营管理、应急抢险等四大核心应用。

五、建设情况

2016年6月15日，地下综合管廊试验段开工建设。地下综合管廊一期工程为省试点、市重点建设项目，全长15.3千米，计划投资19.4亿元。包括江苏大道综合管廊（应急救援中心—污水处理厂）8.4千米，环保二路综合管廊（西安路—江苏大道）1.3千米，西安路综合管廊（环保二路—方洋路）3.0千米，方洋路综合管廊（烧香支河—江苏大道）2.6千米，以及为上述道路综合管廊配套的控制中心等。地下综合管廊运营调度中心总建筑面积2712.46平方米，结构形式为框架结构，建筑层数为地上二层，地下一层。

地下综合管廊建设现场（2019年摄）　网信办 供

2016年12月15日，地下综合管廊一标、二标工程开工建设。2018年3月，地下综合管廊一期工程课题入选住建部2018年科技计划。

2019年4月10日，地下综合管廊第一条入廊管线DN800污水管开工建设。11月20日，地下综合管廊一期工程通过省级试点城市验收评估。

地下综合管廊建设单位为连云港徐圩港口物流有限公司，勘察单位及设计单位为上海市政工程设计研究总院（集团）有限公司，施工单位为嘉盛建设集团有限公司、中铁十局集团有限公司、南通四建集团有限公司。

嘉盛建设集团有限公司承担徐圩新区地下综合管廊一期工程一标段—江苏大道段地下综合管廊施工工作，该工程总里程8434米，包含土石方、支护、管廊主体、拆除及恢复、暖通、消防、排水等。中铁十局集团有限公司承担徐圩新区地下综合管廊一期工程二标段—西安路、环保二路及方洋路地下综合管廊、运营调度中心等施工，包含土石方、支护、管廊主体、拆除及恢复、暖通、消防、排水等。

2020—2022年，徐圩新区地下综合管廊与新区建设发展相结合，加强新区已建综合管廊运维管理，建立综合管理智慧运维管理系统，地下管线安全水平和防灾抗灾能力显著提升。

至2022年，新区累计建成地下管廊15.3千米，建立综合管廊建设、运营、管理等方面的政策和保障制度，协调机制更加健全。

苏交科集团股份有限公司承担地下综合管廊规划工作，连续8年入围ENR/建筑时报评出的“中国工程设计企业60强”。

六、管理平台

智慧综合管廊运营平台建设充分利用云计算、大数据、物联网、GIS、三维等高新技术，建设以“本质安全、智能运维、高效管理、应急指挥”为核心内容的智慧化平台，实现综合管廊的数字化、信息化和智能化管理。通过对综合管廊结构、环境和设备的全方位的监测监控，实时掌握综合管廊的运行状态，对异常状态进行分析、报警和及时处置，保障综合管廊的运行安全和运维人员的人身安全。

系统依托 GIS、BIM、360 度全景展示等技术，对徐圩新区地下综合管廊进行三维建模、BIM 数据采集及处理，通过全景视角全方位无死角展示管廊本体结构、入廊管线分布、管廊附属设施安装布置，并结合综合管廊在线监测集成、智能运维、运营管理、应急抢险 4 个智慧应用，对地下管廊运营进行综合管理。

七、入廊管线

2021 年 9 月，徐圩新区地下综合管廊正式投入运营。至 2022 年年底，徐圩新区地下综合管廊已入廊电力线路 4.4 千米，给水管线 10.96 千米，污水管线 10.30 千米，原水管线 6.11 千米、蒸汽管线 5.40 千米，入廊管线总长 37.85 千米，总入廊率约 58.71%。

第五节　交　通

2011 年，徐圩新区邀请江苏省工程咨询中心研究制定《国家东中西区域合作示范区（徐圩新区）建设发展规划》（以下简称《建设发展规划》），规划对徐圩新区综合交通建设提出了规范化要求。徐圩新区交通建设总的指导思想是合理确定新区连接花果山机场、铁路、高速公路的集疏运通道，以外部集疏运通道为节点，通过合理规划新区内的交通运输网络，进而形成物流顺畅、交通便捷、安全实用的高效物流体系。

一、公路建设及运输

（一）规划布局

《建设发展规划》明确新区内道路建设规范要求：路网系统采用“方格网状”路网结构；规划道路按等级分为快速路、交通性主干道、主干道、次干道和支路；新区次干道及以上等级。徐圩新区对外公路交通规划，南北大通道有海滨大道、港前大道、江苏大道（228 国道）、西安路、242 省道，东西大通道由徐新路、张圩河路、疏港大道、苏海路、复堆河路 5 条道路由北而南组成。徐圩新区内部的道路网布局规划，由基地快速路、交通性主干道、主干道、次干道、支路五级组成，以主干道和次干道划分地块，基地快速路（228 国道）贯通徐圩新区，是对外联系的人流、物流通道；交通性主干路为港前大道、疏港大道、复堆河路—西安路，是对外联系的主要物流通道，主干道、次干道是与交通性主干路和快速路衔接的集散道路，主要承担新区内部交通。

（二）建设情况

徐圩新区有 2 条过境公路，即 228 国道（在新区范围又名江苏大道）和 242 省道。

228 国道徐圩新区段　又名江苏大道，起点为徐新路，终点为埒子河口大桥，全长约 18 千米，一级公路标准。其中徐新路至苏海路段横断面为双向六车道 + 两侧辅道，苏海路至埒子河口大桥段横断面为双向六车道 + 人非混行道，2014 年通行。

242 省道徐圩新区段 起点为徐新路,终点为 242 省道善后河大桥,全长约 11.5 千米,全线双向四车道,按一级公路标准进行改造,2011 年建成通车。

(三)公路运输

客运 区内企业、单位大多自备通勤车,早晚接送员工上下班。2014 年,新区开通 56 路公交线,由开发区至徐圩污水处理厂。2015 年,新区开通 55 路、52 路公交线,55 路由临时客运中心至方洋邻里中心,52 路由连云港东站至辛高圩社区。

2016 年,新区将 55、52、56 路三条公交线整合为 52、56 路两条线路,52 路行驶范围扩大至工业邻里中心,56 路行驶范围扩大至石化园区,并加密公交班次。

2017 年,新开通 50、51、50K、903 路公交线,分别为 50 路由香溢公交总站至徐圩客运中心,51 路为西城公交总站至徐圩客运中心,50K 路为香江花园至徐圩客运中心,903 路为徐圩客运中心至东港污水处理厂。2019 年,新开通 904 路公交线,由徐圩客运中心至消防大队。

2020 年,新开通 61 路、62 路、53 路、916 路共 4 条公交线路。61 路为徐圩湖服务区至连云港火车站,62 路为安保中心至连云港东站,53 路为江化北路停车场至徐圩新区管委会,916 路为徐圩湖服务区至香河新村。

2022 年 9 月 30 日,徐圩客运中心建成投用。是年,新开通 51K 公交线路,为连云港火车站至徐圩客运服务中心。

至 2022 年年底,徐圩新区共开通 50、50K、51、51K、53、52、56、61、62、903、904、916 共 12 条公交线路。

货运 截至 2022 年,新区企业主要的运输方式为公路运输、海上运输及管道运输(地上管廊、输煤栈桥),内河航道、新区进港铁路专用线在建设中。

二、铁路

(一)规划布局

《建设发展规划》明确新区内铁路(含疏港铁路)建设规范要求:两侧绿化带宽度不低于 50 米,按照乔灌搭配原则构建防护林;当铁路与两侧建筑水平间距不小于 50 米时,具备隔音防护。2017 年 7 月,江苏省政府批复《连云港石化产业基地总体发展规划》,规划了徐圩新区铁路专用线。

产业区专用铁道总投资 10.48 亿元,总长 13.55 千米,占地 67.67 万平方米,自连盐铁路徐圩支线徐圩站引出,主线沿张圩河路南侧、港前大道东侧引入产业区,其间设多式联运中心综合作业场、产业园站,年到发量可达 185 万吨,以集装箱、有色金属为主。一期建设多式联运中心综合作业场,占地约 304 亩,设 4 条装卸线,投资约 3.2 亿元,

(二)建设情况

2010 年 9 月 1 日,徐圩新区管理委员会(筹)成立徐圩新区连盐铁路建设工作领导小组,推进连盐铁路徐圩新区支线建设工作。徐圩新区管委会(筹)副主任胡银宝兼任领导小组组长。2017 年 9 月 8 日,徐圩新区产业区专用铁道工程通过江苏省发改委核准。

2018 年 1 月 2 日,产业园区专用铁道工程取得上海铁路局初步设计技术审查意见。7 月 12 日,取得江苏省铁路办初步设计审查意见。11 月 1 日,取得连云港市交通运输局施工图设计批复意见。

2019 年 9 月,国家发展改革委等 5 部门将徐圩新区铁路专用线列为 2019—2020 年全国推动先行实施铁路专用线重点项目。2019 年年底,徐圩铁路支线通车,等级为国铁Ⅲ级,输送能力约 4000 万吨/年。

2020 年 12 月 30 日,国家东中西区域合作示范区(徐圩新区)产业区专用铁道工程一期举行开

工仪式。2022年年底粉喷桩施工全部完成(计划2023年年底多式联运中心线铺轨完成,2025年建成通车)。

三、内河航道及海河联运

徐圩港区疏港内河航运,规划烧香河、善后河、烧香支河为航道。

2017年,徐圩港区疏港航道作为宿连运河连云港段的一部分,纳入《江苏省干线航道网规划修编》中,规划为三级航道。徐圩港区疏港航道主要利用现状的善后河、复堆河、新复堆河扩建而成,内河码头规划有海河联运作业区、徐圩作业区。

善后河闸(2021年摄)　　网信办 供

2021年5月,确定徐圩新区海河联运作业区布局方案。海河联运作业区位于复堆河(苏海路—方洋路段)两岸物流园区。项目拟建设通用作业区、多用途作业区及化工作业区,总占地面积约5320亩,利用复堆河南北两岸岸线规模为7200米,合计散杂货、件杂货、集装箱以及液体化工泊位77个,其中通用泊位45个、多用途泊位17个、液体散货泊位15个。

2021年6月,徐圩新区在省水利咨询中心召开连云港徐圩新区海河联运作业区海堤堤顶高程调整方案研究咨询会,并通过专家评审。2022年6月,新区完成《徐圩新区内河运输需求报告》。

第六节　房屋建筑

东香湖项目(2023年摄)　　方洋集团 供

一、公共建筑

2014—2022年,江苏方洋集团有限公司先后建设云湖社区服务中心、徐圩社区服务中心、医疗应急救援中心二期等14个项目,总投资37.07亿元,建筑面积71.14万平方米。

2014—2019年,连云港苏海投资有限公司先后建设云湖商务中心、科研中心、云湖水岸一期、国际航运商务中心一期4个项目,总投资7.80亿元,建筑面积14.36万平方米。

2017—2022 年，江苏方洋建设投资有限公司先后建设应急救援指挥中心、灭火救援应急中心、西洋路幼儿园等 15 个项目，总投资 9.06 亿元，建筑面积 14.62 万平方米。

2014—2022 年，全区公共建筑累计投资 53.93 亿元，总建筑面积 100.12 万平方米。

2014—2022 年徐圩新区公共建筑项目统计表

表 2－7

序号	建设单位	项目名称	施工许可证取得日期	建设模式/土地性质	用地面积（万平方米）	建筑面积（平方米）	总投资（万元）	项目审核类别	地址	建设完工情况（以竣工验收备案日期登记）
1	方洋集团	云湖社区服务中心	2015.2.2	自建/商业办公	3.39	34536	19273.3	核准	徐圩新区 226 省道东、蒿东河路北	2016.2
2		徐圩社区服务中心	2014.9.26	自建/商业办公	2.02	32068.7	14017.38	核准	徐圩新区驳盐河路西、29 号路北	2016.3
3		国际物流服务中心	2014.1.24	自建/商业办公	2.58	83300	47000	审批	徐圩横五路西、纵六路北	2016 年年底
4		消防指挥中心	2015.2.2	自建/市政公用设施	1.10	6873.65	3487	审批	徐圩新区港道南侧、队山二路西	2017.6
5		大陆桥产品展览展示中心	2015.2.6	自建/商业办公	12.57	141496	97885	备案	蒿东河路南、云湖西路东	2017.8
6		实验学校	2016.4.22	代建/教育用地	10.38	71889.1	27073.6	审批	徐圩新区港前三路东 18 号路西	2018.7
7		医疗应急救援中心一期	2017.8.8	代建/医疗用地	5.42	25000	25124.14	审批	226 省道东	2019.12
8		医疗应急救援中心二期	2020.10.15	代建/医疗用地	5.19	92847.2	102203.85	审批	位于徐新区云湖商务核心区内，226 省道以东、19 号路以西、灯塔路以北、16 号路以南	（2023.8）
9		徐圩新区应急隔离宿舍及配套工程	应急抢险项目，无需办理施工许可证	自建/居住用地	/	73105.66	9204.7	备案	徐圩新区 228 国道西、疏港大道南 2 号地块	无竣工备案，实际验收时间 2020 年 5 月
10	方洋集团	东香湖商业西街	2021 年 6 月 16 日	自建/商业用地	2.53	15273	10627.75	备案	徐圩新区西宁路西、东香湖南	东香湖商业西街 2023 年四季度完工，暂未竣工验收
11		口岸商务服务中心一期	2021.6.22	自建/商办	5.47	131203.46	99633.86	备案	徐圩新区南京路东、徐大道南地块	施工中
12		60 号地块住宅一期智汇湾文创街 1 号街区项目	临时项目，无需办理施工许可证	自建/居住用地	0.59	4362.80	4404.06	备案	徐新区南京路西、蒿东河南	2022 年 12 月取得验收证书
13		4 号地块住宅一期智汇湾文创街 2 号街区项目	临时项目，无需办理施工许可证	自建/居住用地	0.75	2423.49	3028.98	备案	徐新区南京路西、蒿东河南	无竣工验收备案，在 2023 年 5 月 23 日取得验收证书
14		57 号地块住宅一期智汇湾文创街 3 号街区项目	临时项目，无需办理施工许可证	自建/居住用地	1.58	6779.02	7125.18	备案	徐新区南京路西、蒿东河南	施工中

续表 2－7

序号	建设单位	项目名称	施工许可证取得日期	建设模式/土地性质	用地面积（万平方米）	建筑面积（平方米）	总投资（万元）	项目审核类别	地址	建设完工情况（以竣工验收备案日期登记）
15	方洋建投	应急救援指挥中心	2017.6.9	自建/办公	6.61	43462	24000	审批	徐圩大道南、江苏大道东	2019.12
16		灭火救援应急中心	2017.6.9	代建/消防	4.67	27994	18033.59	审批	云湖南路北、云河路西	2019.12
17		徐圩小学一期	2017.7.13	代建/教育用地	4.02	29253.2	13045.8	审批	西宁路东、张圩湖路北	2019.12
18		生物中专校安工程	2020.2.7	代建/教育用地	2.87	8900	2647.1	审批	东辛农场东方中路南、富民南路东	2021.9
19		西洋路幼儿园	2019.5.30	代建/教育用地	0.57	3145	1704.2	审批	东辛农场二环路南、西洋南路东	2023.8
20		S226 省道临时停车场	临时用地，未办理施工许可证	自建/公共用地	2.88	556.15	1481.93	备案	226 省道以西，环保九路以北地块	临时用地，无竣工备案，实际 2020.6 验收
21		生物中专食宿楼改造及室外工程项目	2021.5.10	自建/居住用地	/	4608	1216	备案	东辛农场东方中路南、富民南路东	2023.8
22		香河新村党群服务中心	装饰专项工程，未办理施工许可证	代建/办公用地	/	4308	500.1	审批	徐圩大道以北、乌鲁木齐路以西	无竣工验收备案，在 2021.9.27 已取得验收证书
23		东香湖垂钓服务中心及垂钓基地临时建筑项目	临时用地，未办理施工许可证	自建/居住用地	92.8	3043.67	21224.74	备案	徐圩新区乌鲁木齐路以东、徐大道以南	临时项目，无竣工备案，实际 2021.10.2 验收
24		东香湖集中项目部临时项目	临时用地，未办理施工许可证	自建/居住用地	7.20	9468.8	3602.06	备案	徐圩新区徐圩大道北侧、乌鲁木齐路东侧、西宁路西侧	临时项目，无竣工备案，实际 2021.3.31 验收
25		徐圩新区集中临时项目部二期	项目过小，无需办理	自建/临时用地	2.58	6400	1800	备案	徐圩新区纵六路南、港前二路西	无竣工验收备案，在 2022.5.15 已取得验收证书
26		徐圩新区人民医院发热门诊改造工程	项目过小，无需办理施工许可证	代建/医疗用地	/	1200	170	审批	位于徐新区云湖商务核心区内，226 省道以东、19 号路以西、灯塔路以北、16 号路以南	无竣工验收备案，在 2022.4.25 已取得验收证书
27		徐圩新区人民医院后勤楼装修改造工程		代建/医疗用地	/	1904.48	650	审批	徐圩新区徐大道北、乌鲁木齐路西	无竣工备案，实际 2022.10.9 验收
28	方洋建投	徐圩新区政务服务中心装饰改造工程	2023.2.28	代建/办公用地	/	2000	550	备案	连云港市徐圩新区云湖社区服务中心办公楼区域	无竣工备案，实际验收 2023.8.8
29		警务工作站（香河幼儿园改造）	项目过小，无需办理施工许可证	代建/办公用地	/	/	/	备案	徐圩大道以北，乌鲁木齐路以西	无竣工备案
30	苏海	云湖商务中心	2014.10.16	自建/商业办公	1.06	7595.75	6400	备案	徐圩新区云湖岛	2017.1.24
31		科研中心	2014.9.25	自建/商业办公	8.55	87763.2	39493	备案	徐圩新区横五路东、蒿东河路北	2016.12.30
32		云湖水岸一期	2014.8.13	自建/商业办公	4.4	23000	12886.27	备案	横五路东、蒿东河路南	2016.11.15
33		国际航运商务中心一期	2014.8.11	自建/商业办公	5.22	25226.9	19202.65	核准	纵六路南、港前一路西	2019.9.25

二、工业建筑

2014—2019年，连云港瑞桥混凝土有限公司先后建设预拌混凝土搅拌站、连云港瑞桥混凝土有限公司石化园区新建临时混凝土搅拌站、瑞桥混凝土搅拌站（二期）临时项目，总投资2.34亿元，建筑面积4.20万平方米。

2015年，连云港苏海投资有限公司建设洁净技术研发中心一期总投资9.03亿元，建筑面积20.08万平方米。

2015—2022年，江苏方洋集团有限公司先后建设静脉产业园标准厂房一期、节能环保标准厂房一期（分Ⅰ、Ⅱ标段）、垃圾处理中心3个项目，总投资14.18亿元，建筑面积46.86万平方米。

2020—2022年，江苏方洋建设投资有限公司先后建设年产80万吨水稳站、年产55万吨石子加工厂等6个项目，总投资2.31亿元，建筑面积5.82万平方米。

2014—2022年，全区工业建筑累计投资27.86亿元，总建筑面积76.96万平方米。

2014—2022年徐圩新区工业建筑项目统计表

表2-8

序号	建设单位	项目名称	施工许可证取得日期	建设模式/土地性质	用地面积（万平方米）	建筑面积（平方米）	总投资（万元）	项目审核类别	地址	建设完工情况（以竣工验收备案日期登记）
1	方洋集团	静脉产业园标准厂房一期	2015.8.10	自建/工业用地	5.28	73774.23	25000	备案	徐圩新区226省道西、中通道南	2018.3.28
2		节能环保标准厂房一期（分Ⅰ、Ⅱ标段）	2015.12.24	自建/工业用地	69.6	391417.65	114404	备案	徐圩新区226省道南、港前一道东	2020.12.22
3		垃圾处理中心	2017.5.26	代建/环卫	0.99	3401.3	2442.27	审批	中心河南、金桥路西	2021.5.19
4	苏海	洁净技术研发中心一期	2015.9.25	自建/工业用地	19.84	200841.28	90287.96	备案	徐圩新区港前大道西、义和路南	2018.6.22
5	瑞桥	预拌混凝土搅拌站	—	自建/工业用地	4.13	6900	8500	备案	徐圩新区中心河东、港前一道南	施工中
6		连云港瑞桥混凝土有限公司石化园区新建临时混凝土搅拌站	—	自建/工业用地	2.67	11000	2800	备案	苏海路南、港前大道东地块	施工中
7		瑞桥混凝土搅拌站（二期）临时项目	—	自建/工业用地	5.29	24090.8	12106.5	备案	节能二路以东、环保五路以北	施工中
8		年产80万吨水稳站	—	自建/工业用地	/	5000	1000	备案	连云港市_国家东中西区域合作示范区徐圩新区节能环保产业园标准厂房	施工中
9		年产55万吨石子加工厂	—	自建/工业用地	1.33	5000	594	备案	张圩河路以南，环保五路以北，节能二路以东，228国道以西	施工中
10		洁净技术研发中心一期（3#厂房）	—	自建/工业用地	/	17461.3	2708.45	备案	徐新路以南，港前大道以西	2018.6.22
11		洁净技术研发中心一期（4#厂房）	—	自建/工业用地	/	16426	2626.07	备案	徐新区港前大道西、徐新路南地块	2018.6.22
12		徐圩新区1#可再生能源站	—	自建/电力设施用地	/	1600	10451.6	备案	徐圩新区徐圩大道以南、云湖南路以北、云河路以西	施工中
13		江苏省石化（烯烃）产业计量服务中心	—	自建/工业用地	1.36	12732.5	5800	备案	徐圩新区规划路西、环保十路南地块	施工中

三、居住建筑

2014—2022年，江苏方洋集团有限公司先后建设人才公寓一期、方华苑等12个项目，总投资23.52亿元，建筑面积99.1万平方米。

2018—2022年，江苏方洋建设投资有限公司建设香河新村一期、香河新村二期2个项目，总投资9.0亿元，建筑面积137.13万平方米。

2014—2022年，全区居住建筑累计投资32.52亿元，总建筑面积236.23万平方米。

2014—2022年徐圩新区居住建筑项目统计表

表2-9

序号	建设单位	项目名称	施工许可证取得日期	建设模式/土地性质	用地面积（万平方米）	建筑面积（平方米）	总投资（万元）	项目审核类别	地址	建设完工情况（以竣工验收备案日期登记）	目前进度（以取得房产证为节点）
1	方洋集团	人才公寓一期	2015.2.6	自建/居住用地	15.14	178678.56	13.48	核准	徐圩新区纵六路北、港前二路西	2017.8.30	完工（幼儿园、运动中心尚未取得产权证）
2		张圩小区一期	2015.4.29	自建/居住用地	11 .32	60625.14	84964	核准	徐圩新区驳盐河南路西、纵六路北	2018.3.26	完工
3		张圩小区二期	2017.6.29	自建/居住用地		109549.17		核准	徐圩新区驳盐河南路西、纵六路北	2021.1.14	尚未完工（正在办理竣工验收备案）
4		公租房一期	1_22#（2015.1.14）G1、G2（2016.1.22）地下室（2017.8.8）	自建/居住用地	16.53	86527.62	78271	审批	徐圩新区226省道西、港前三道南	2016.9.26	尚未完工（正在办理产权证）
5		公租房二期		居住用地		82168.81		审批	徐圩新区226省道西、港前三道南	2017.8.15	尚未完工（正在办理产权证）
6		人才公寓二期	2016.8.26	自建/居住用地	15.14	71265.08	134776	备案	徐圩新区纵六路北、港前二路西地块及纵路北、规划11号路东地块	2022.9.20	办理
7		人才公寓三期	2020.10.27	自建/居住用地		102687.42			徐圩新区纵六路北、港前二路西地块及纵路北、规划11号路东地块	2022.7.12 26-29#竣工备案正在办理	26-29#正在办理
8	方洋建投	公租房三期I标段（27-34#、地下室、G3#）	2017.4.25	自建/居住用地	16.53	98016.55	126000.3	审批	徐圩新区226省道西、港前三道南	2022.4.19	取得产权证
9		公租房三期II标段（23-26#、35-39#、幼儿园）	2020.5.25	自建/居住用地		53610.39			徐圩新区226省道西、港前三道南	2022.7.12	取得产权证
10		方华苑	2021.6.18	自建/居住用地	7.87	147928.42	72000.88	备案	徐圩新区云四路东、灯塔路北	施工中，无竣工备案	施工中，未办理产权
11		香河新村一期	2018.5.22	自建/居住用地	11.04	1250000	25000	审批	徐圩大道北、乌鲁木齐路西	完工	正在办理消防验收
12		香河新村二期	2020.5.20	自建/居住用地	10.7	121328.9	65047.7	审批	徐圩大道北、乌鲁木齐路西	2022.2.8	办理

第三章　徐圩港

徐圩港区是连云港“一体两翼”组合大港的南翼，发展定位为：以服务临港重大产业发展为核心，建设与万亿产业集群相匹配的产业驱动型大港；以服务中西部地区对外开放为宗旨，建设进口资源和出口产品加工贸易的合作共建港；以陆海联运、海河联运、开放创新为特色，建设综合服务能力强、安全高效的大型综合枢纽港；以世界一流水平为标准，建设绿色、智慧、循环、低碳的现代化示范港。规划建成双堤环抱式港湾，面积约74平方千米，其中陆域面积48平方千米，码头岸线35千米；规划建设30万吨深水航道和113个大中型泊位，规划吞吐能力约4亿吨。

建港伊始，徐圩新区秉持“生态、智能、高效、安全”的建港理念，以实现世界一流产业码头和世界一流石化产业基地共融共赢为目标，高起点、高标准推进徐圩港区安全环保智能化建设。充分发挥港产联动优势，构筑临港产业支撑平台，一座规划科学、功能齐全、设施完备、绿色环保的现代大型产业海港快速崛起。

2013年12月28日，连云港港徐圩港区实现开港试通航。至2022年，徐圩港区已建成投用泊位25个，其中散杂货泊位8个、液体散货泊位16个、30万吨级原油码头1个，吞吐能力8527万吨/年。实华原油码头30万吨原油泊位在建设中。2022年徐圩港实现吞吐量2568万吨。

第一节　港口规划

一、连云港港规划

21世纪初期，连云港港确立由“一港四区”构成“一体两翼”组合大港战略布局。布局中的“南翼”徐圩港区，定位为依托临港工业起步，逐步发展成为为腹地经济发展和后方临港工业服务的综合性港区，以干散货、液体散货和散杂货运输为主，并预留远期发展集装箱运输的功能。徐圩港区所在地徐圩新区是集商贸、物流、科教、工业、研发、居住等为一体的综合性产业新城，深水港的建设是其发展的引擎。

二、徐圩港区规划

徐圩港区是连云港“一体两翼”组合大港的南翼，也是徐圩新区发展临港产业的重要支撑。徐圩港区规划在埒子口以北13千米岸段形成双堤环抱式港湾，湾内通过突堤和挖入式港池相结合形成6个港池，面积约74平方千米，其中填海形成陆域面积48平方千米，形成码头岸线35千米，规划建设30万吨级深水航道和113个大中型泊位，设计总吞吐能力约4亿吨。

第二节 航 道

徐圩港区航道是连云港港航道的组成部分。连云港港30万吨级航道由连云港区和徐圩港区两段航道组成，呈“人”字形，为两个港区共用航道。2009年国家发改委批准同意建设连云港港30万吨级航道。按照“一次立项、分期实施”的原则，连云港港分别于2016年、2020年建成投用30万吨级航道一期工程及二期工程主港区航道。这是江苏省开通的首条30万吨级深水航道，也是我国乃至世界上在开敞海岸淤泥质浅滩建成投用的等级最高的人工深水航道。

一、30万吨级航道

2009年9月17日，连云港港30万吨级航道试挖工程奠基仪式在徐圩港区举行。

2011年3月17日，连云港港30万吨级航道一期工程正式开工，总投资47.71亿元。交通运输部部长李盛霖，省委书记、省人大常委会主任罗志军共同启动工程开工按钮，省长李学勇、交通运输部副部长翁孟勇分别致辞祝贺，副省长史和平主持开工典礼。一期工程包括连云港区25万吨级航道和徐圩港区10万吨级航道，航道全长77.8千米，其中徐圩港区10万吨级航道长24.9千米，通航宽度210米，底标高－13.3米。2016年竣工验收。

2017年10月18日，二期工程正式开工。二期工程将连云港区25万吨级航道和徐圩港区10万吨级扩建至30万吨级航道。航道全长70.5千米，其中徐圩港区30万吨级航道长17.6千米，通航宽度350/380米，底标高－22.0～－21.8米。二期工程徐圩段于2019年开工建设，2022年建成通航。

2020年12月10日，连云港港徐圩港区30万吨级航道延伸段工程项目正式开工。该项目建设规模为新建30万吨级航道延伸段，分外段和内段。其中，外段满足30万吨级油船乘潮单向通航要求；内段满足5万吨级油船及化学品船单向乘潮通航要求。工程自徐圩港区10万吨级航道Z3点起，至徐圩港区六港池端部64#～65#码头前沿回旋水域Z5点止。航道轴线走向134°～314°，全长2.9千米。其中，航道外段长2.2千米，设计底高程为－22.0米；内段长0.7千米，设计底高程为－11.2米。航道设计边坡为上层1∶7，下层1∶5（以－13.3米为界），航道转弯半径2.7千米。工程基建疏浚量约2600万立方米，其中300万立方米疏浚土吹填至徐圩港区一突堤吹填区，其余疏浚土外抛至2#、3#倾倒区。工程总投资8.3亿元。2022年6月30日，项目正式交工。2022年8月，投入试运行。

二、二港池5万吨级航道

二港池航道建设规模为5万吨级船舶乘潮单向航道。航道直线段长约2.5千米，轴线走向125°305°。与徐圩10万吨级航道成71°夹角。航道有效宽度170米，设计底高程－11.5米，转弯半径2000米，设计边坡1∶8。项目概算投资约1.7亿元。

2014年2月20日，中交上海航道局有限公司被确定为施工中标单位，江苏华宁工程咨询监理有限公司被确定为施工监理单位。7月18日，可行性研究报告取得省发改委批复。

2016年5月12日，召开二港池5万吨级航道配套纳泥区导堤工程交工验收会。9月28日，市港口管理局组织召开了二港池5万吨级航道工程维护疏浚方案设计审查会，并通过审查。10月13日，取得二港池5万吨级航道工程维护疏浚施工图设计批复。

2016年11月30日，召开二港池5万吨级航道工程环境保护设施竣工验收会，并通过专家评审。航道正式投入使用。

三、四港池5万吨级航道

2020年4月30日，连云港港徐圩港区液体散货泊位区进港航道工程项目正式开工。建设规模为5万吨级LPG船舶乘潮单线通航（乘潮历时3小时，通航保证率95%）。航道起点与已建徐圩10万吨级航道相连接，终点至徐圩港区四港池端部43#－45#码头前沿回旋水域为止。航道通航宽度185米，转弯半径2.3千米，设计边坡1:7。航道全长2.9千米，其中外段长1.9千米，设计底高程－12.5米（当地理论最低潮面下，下同）；内段长约1.0千米，设计底高程－15.2米，兼顾临时应急停泊功能。航道基建总开挖量976.58万立方米，疏浚土103万立方米外抛至2#倾倒区，剩余部分采用挖吹工艺吹填至一突堤吹填区。工程总投资2.36亿元。2020年9月22日，项目正式交工，开始试运行。

第三节　防波堤

连云港港徐圩港区防波堤工程总长22.3千米，2012年开工建设，2018年竣工。东防波堤长12.5千米，西防波堤长9.8千米，其中有7.8千米采用了新型桶式基础结构。其单组桶体自重3200吨，是世界上最重的倒扣杯体结构，结构设计、出运、安装等专项技术，均为世界首创。该结构极大地节约了砂石用料，缩短工期，并为工程建设节省投资3亿元人民币，同时也为软土地质条件下港口建设提供了新思路，成为连云港“资源节约型、环境友好型”水运工程的名片。

一、突堤陆域形成前期准备工程

连云港港徐圩港区一、二突堤陆域形成前期准备工程新建围堤总长5977.5米，其中一突堤总长3000米，二突堤总长2977.5米，围堤顶高程7.5米，填石方量562.33万立方米，征海面积33.10万平方米。项目总投资1.17亿元。

徐圩港区双堤环抱式港湾（2019年）　　张言华 摄

2015 年 5 月 15 日，海域使用权证取得省海洋与渔业局批准。12 月 2 日，发布一二突堤陆域形成前期准备工程设计施工总承包招标公告。12 月 23 日，一二突堤陆域形成前期准备工程设计施工总承包进行开标评审，确定中交三航勘察设计院与连云港港务工程公司作为联合体中标单位。

2016 年 4 月 22 日，一二突堤陆域形成前期准备工程初步设计取得港口局批复。5 月 10 日，一二突堤陆域形成前期准备工程施工图设计获得市港口局批复。

2017 年 12 月 20 日，一二突堤陆域形成前期准备工程完成。

二、防波堤工程

防波堤总长约 22.3 千米，东防波堤长 12.5 千米，西防波堤长 9.8 千米，连云港港徐圩港区防波堤工程总长 22.3 千米，其中有 7.8 千米采用了新型桶式基础结构。

2013 年 11 月 19 日，徐圩港区防波堤工程可行性研究报告获省发改委批复。该工程总长 22.3 千米，东、西防波堤形成大环抱形态，从现有海堤至港区口门一次形成，口门离岸 9.5 千米、位于 -5.0米等深线附近，分斜坡式结构东防波堤工程、直立式结构东防波堤工程和西防波堤工程三个项目建设。

2014 年 4 月，徐圩港区防波堤工程取得海域使用权证书。2017 年 6 月，徐圩港区防波堤工程建成。

2018 年 7 月 30 日，连云港港徐圩港区防波堤工程通过竣工验收，投入使用。

第四节　码　头

一、一港池

2013 年 12 月 28 日，徐圩港区开港试通航　吉志强 摄

2012 年 3 月 6 日，连云港港徐圩港区一期工程开工建设。工程建设规模为 10 万吨级通用泊位 2 个（水工结构按靠泊 15 万吨级散货船设计）。码头设计通过能力为 1030 万吨/年。工程使用岸线总长 640 米，码头采用引桥式高桩梁板结构。码头后方陆域总面积为 48.95 万平方米。项目总投资约 15 亿元。

2013 年 5 月 31 日，连云港港徐圩港区一期疏浚工程施工项目交工。2014 年 12 月 5 日，徐圩港区临时开放申请通过交通运输部审查，批复同意国际航行船舶临时进靠徐圩港区，期限自批准之日至 2015 年 6 月 10 日。

2018 年 11 月 13 日，连云港港徐圩港区一期工程（陆域部分）顺利通过竣工验收。

103#泊位

本项目位于徐圩港区一港池南侧西端，西侧为徐圩港区通用泊位(一期)工程。工程岸线315米，本工程码头设计通过能力为610万吨/年，码头设计年吞吐量为600万吨/年，主要货种为煤炭、红土镍矿和矿建材料。码头平台长度为315米，宽度为40米。码头通过3座长80米的引桥与陆域连接，其中1#、3#引桥宽25米、2#引桥宽10米。码头面高程为7.5米。码头后方陆域总面积22.6万平方米。陆域高程8.0米。陆域平面布置根据功能划分为堆存区、生产辅助区和预留区。项目总投资70063.69万元。

2014年7月16日，青岛海西重机有限责任公司被确定为徐圩港区6个泊位24台40吨—43米门座式起重机采购项目中标单位。10月3日，取得交通运输部岸线批复。11月10日，取得市发改委项目备案。2015年5月4日，取得用海的批复。5月6日，取得职业病防护设施设计专篇批复。5月15日，海域使用权证获得省海洋与渔业局批准。7月7日，取得施工图(陆域部分)批复。

2016年3月29日，一港池二期工程两台40吨—43米门座式起重机上岸。4月7日，一港池二期工程消防备案完成。4月19日，完成一港池二期工程汽车衡采购项目的竞争性谈判及定标审批、合同签订工作。6月24日，召开一港池二期工程环保"三同时"专家验收会。7月8日，召开一港池二期工程(水域部分)交工验收会议，顺利通过交工验收。7月14日，完成一港池二期工程消防检测和消防验收，取得《港公安消防支队关于一港池二期工程消防试运行意见》。7月15日，召开一港池二期工程(码头部分)安全设施专项验收会议、安全生产应急预案评审会及试运行评审会，并通过验收。7月21日，徐圩港区103泊位取得《中华人民共和国港口经营许可证》。11月23日，取得连云港海事局关于徐圩港区一港池二期工程通航安全核准的意见。11月23日，取得一港池二期工程通航安全核准的意见。

2017年2月23日，完成一港池二期工程道堆项目的施工、监理招标。3月1日，举行一港池二期工程(陆域部分)软基处理工程交工验收会，市港口管理局、市港口质量监督站、市港口公共基础设施管理中心等上级主管单位和各参建单位参加会议。6月29日，一港池二期工程两台40吨—43米门座式起重机完成验收。12月7日，一港池二期后方道路堆场及附属设施工程通过市港口工程质监站组织的交工质量鉴定。

2017年12月29日，一港池二期工程(陆域部分)后方道路堆场及附属设施工程顺利通过交工验收，顺利投入使用。

104#—105#泊位

2014年6月17日，一港池三期工程举行试桩仪式。该工程建设规模为10万吨级通用泊位2个(水工结构按靠泊15万吨级散货船设计)。码头设计通过能力为950万吨/年。该工程使用岸线总长554米，码头采用引桥式高桩梁板结构。码头后方陆域总面积为35.98万平方米，其中堆场面积21.89万平方米。该工程码头年设计吞吐量为930万吨，其中红土镍矿480万吨、钒钛矿200万吨、煤炭150万吨、钢铁100万吨。项目总投资1.18亿元。

2015年10月21日，港口岸线使用权获得交通运输部批复。11月9日，取得管委会备案立项。12月25日，取得项目规划选址意见书。

2016年3月24日，一港池三期工程完成节能评估报告的送审稿送审工作，并成功召开专家审查会议。6月14日，一港池三期工程初步设计获得市港口局批复。9月6日，取得市发改委《关于连云港港徐圩港区一港池三期工程项目备案》。10月22日，一港池三期工程施工图设计审查会通过专家评审。

2017年12月15日，连云港市港口工程质量监督站组织召开一港池三期工程(水域部分)工程质量鉴定会。

2018 年 2 月 2 日,一港池三期工程通过交工验收,顺利投入使用。

二、二港池

129#泊位

2014 年 10 月 3 日,二港池多用途泊位一期工程取得交通运输部岸线批复。该工程建设 1 个 5 万吨级多用途泊位,占用岸线 290 米,设计吞吐量 162 万吨/年,通过能力 164 万吨/年。占用陆域面积 16.43 万平方米,项目总投资约 7.67 亿元。11 月 10 日,取得市发改委项目备案。

2015 年 3 月 14 日,4 台门机正式到岸安装,总造价 4247 万元。5 月 3 日,取得项目用海批复。5 月 6 日,完成职业病防护设施设计专篇备案。5 月 15 日,海域使用权证获得省海洋与渔业局批准。

2016 年 4 月 20 日,800 吨—55 米固定式桅杆吊平台基础改造工程完成。11 月 29 日,1 台 800 吨桅杆式起重机安装调试完成并取得特检证书。

127#—128#泊位

2014 年 6 月 17 日,二港池多用途泊位二期工程举行试桩仪式。该工程建设 1 个 5 万吨级及 1 个 3 万吨级多用途泊位,占用岸线 616 米,设计吞吐量 300 万吨/年,通过能力 325 万吨/年。陆域面积 20.73 万平方米,项目总投资 10.92 亿元。

2015 年 7 月 30 日前,取得施工图(水域部分)设计批复等一系列港口泊位建设许可。

2019 年 12 月,完成船舶防污染、码头部分安全、消防等专项验收,二港池回旋水域、停泊水域疏浚工程及后方陆域吹填 317 万立方米。

131#—133#泊位

2014 年 5 月 25 日,连云港港徐圩港区液体散货泊位一期工程开工建设。该项目位于徐圩港区二港池底部,新建 2 个 5 万吨级液体散货泊位(水工结构按靠泊 10 万吨级船舶设计)和 1 个 1 万吨级液体散货泊位及其相关配套设施(不含后方陆域罐区)。码头泊位长度 800 米,宽 22 米,年设计吞吐能力 650 万吨。项目总投资 6.68 亿元。11 月 30 日,连云港港徐圩港区液体散货泊位一期工程交工。

2015 年 1 月 21 日,省交通运输厅港口局在连云港市组织召开连云港港徐圩港区新荣泰码头有限公司液体散货泊位一期工程项目安全设施专项验收会,同意本工程通过安全设施专项验收。

2016 年 1 月 29 日,新荣泰码头取得港口经营许可证、交通运输企业安全生产标准化建设二级达标等级证书。

三、四港池

143#—145#泊位

2018 年 9 月 30 日,交通运输部印发《关于连云港港徐圩港区四港池 43 号至 45 号液体散货泊位工程使用港口岸线的批复》。该项目位于徐圩港区四港池底部,包含 1 个 3 万吨级液体散货泊位(43#泊位)和 2 个 5 万吨级液体散货泊位(44#、45#泊位),其中 5 万吨级液体散货泊位可兼靠 2 艘 3000 吨级液化气船,并通过管廊与后方相连接。码头共占用岸线长度为 860 米,其中码头平台长度为 755 米,宽度为 22 米,顶标高为 7.5 米。项目总投资 5.29 亿元。

2019 年 1 月 10 日,码头现场举行开工仪式,打下第一根桩。7 月 14 日,码头海上打桩工程完工,完成全部 608 根直径 1200 毫米大管桩沉桩施工。8 月 2 日,顺利通过工程验收。

徐圩港区二港池夜景(2023 年)　　　胡林庆 摄

146#—147#泊位

2018 年 4 月 12 日,省交通运输厅港口局组织召开连云港港徐圩港区四港池 46#—47#液体散货泊位工程安全条件专家审查会,审查通过东华能源产业配套码头安全条件论证报告及安全条件预评价报告。该工程位于连云港港徐圩港区四港池北侧。工程新建 2 个 5 万 GT 液体化工泊位(46#、47#),分别设置 3 个装卸区(1 个 5 万 GT 和 2 个 3000GT)。码头装卸货种为乙烷、丙烷、丁烷、乙烯、丙烯和丁二烯等,总吞吐量为 380 万吨/年,设计年通过能力为 432 万吨。码头泊位总长 593 米。新建 2 座长 98 米,宽 12 米的引桥与后方航道工程徐圩四区围堤工程相连接。项目总投资 4.19 亿元。

2018 年 8 月 3 日,该项目取得连云港港徐圩港区四港池 46#—47#液体散货泊位工程备案证。8 月 6 日,取得连云港港徐圩港区四港池 46#—47#液体散货泊位工程安全条件审查批复。10 月 9 日,取得连云港港徐圩港区四港池 46#—47#液体散货泊位工程岸线批复。

2019 年 4 月 29 日,四港池 46#—47#液体散货泊位工程环评技术评审会在南京召开。

148#—149#泊位

中化连云港产业园码头位于连云港港徐圩港区四港池,项目总投资 4.3 亿元,码头水深 15 米,岸线长 621 米,建有 1 个 5 万吨级液体码头和 1 个 5 万吨级低温液化烃码头,年设计吞吐量 428 万吨。

2020 年 12 月 18 日,获得码头岸线批复。交通运输部《关于连云港港徐圩港区四港池 48 号至 49 号液体散货泊位工程使用港口岸线的批复》。

2021 年 5 月 13 日,码头现场举行开工仪式,打下第一根桩。2022 年 12 月 18 日工程交工验收。

四、六港池

164#—165#泊位

2021 年 4 月 30 日,连云港虹洋港口储运有限公司 64#、65#码头正式开工。该工程位于徐圩港区六港池东侧液体散货泊位区,此项目投资 6.40 亿元,新建 1 个 10 万吨级液体散货泊位(65#)和 1 个 8 万吨级液体散货泊位(64#),码头结构均按 10 万吨级船舶设计,设计吞吐量 648 万吨/年,岸线 648 米。配套建设装卸臂、消控楼等相关配套设施。

2021 年 11 月 24 日,连云港虹洋港口储运有限公司 64#—65#液体散货泊位工程码头主体全部完工。

2022 年 9 月 1 日,连云港虹洋港口储运有限公司 64#—65#液体散货泊位工程已全面完成竣工验收。9月7日,64#—65#液体散货泊位,全国首个全装配式高桩码头首船正式靠泊,标志着公司正式投入运营。

166#—169#、171#泊位

2019年7月17日,盛虹炼化一体化配套港储项目(六港池66#—70#泊位)工程正式开工。该工程位于徐圩港区六港池近口门处,建设1个30万吨级原油泊位(171#)和4个5万吨级液体散货泊位(166#—169#),使用岸线长度1670米,设计通过能力2670万吨/年,其中原油1740万吨/年,项目总投资26亿元,主要为盛虹炼化一体化项目提供配套服务。该项目首次采用80万吨预制桩帽式结构,创新了全装配式高桩码头的设计、施工、检验方法。

2020年12月30日,盛虹炼化一体化配套港储项目码头工程水工建(构)筑物工程通过江苏省交通运输厅组织的质量核验交工验收。

2021年5月28日,该项目取得港口经营许可证及5个泊位的危险货物作业附证。

第五节　堆场及道路

一、苏海路港区段

工程为徐圩新区苏海路在港区延伸段,起点位于苏海路与海滨大道交叉口,终点与二港池正堤连接段衔接。道路等级为港区主干道,规划红线宽35米,双向六车道,设计速度35千米/小时,全长1.016千米,同步实施配套工程。项目总投资6649.56万元。

2015年6月10日,新区经发局在徐圩新区产业服务中心组织召开该工程可行性研究报告咨询会。6月17日,可行性研究报告取得徐圩新区管委会批复。6月26日,港口管理局在明珠开君组织召开苏海路港区段工程初步设计和施工图设计专家审查会。6月28日,苏海路港区段工程初步设计取得港口管理局批复。7月7日,苏海路港区段工程施工图设计取得港口管理局批复。2021年1月,路面结构完成,项目完工。

二、陬山二路港区段

工程为徐圩新区陬山二路在港区延伸段,起于陬山二路与海滨大道交叉口,终于二港池正堤段。道路等级为港区次干道,规划红线宽35米,双向六车道,设计速度35千米/小时,全长1.33千米,同步实施配套工程。项目总投资1.31亿元。

2015年6月10日,新区经发局在徐圩新区产业服务中心组织召开陬山二路港区段工程可行性研究报告咨询会。

2016年1月6日,港口管理局在明珠开君组织召开陬山二路港区段工程初步设计专家审查会。2月22日,陬山二路港区段工程初步设计取得港口管理局批复。8月29日,陬山二路港区段施工图取得市港口局批复。2021年1月,路面结构完成,项目完工。

三、徐圩港区规划一路

规划一路工程起于港前大道,终于规划路,其分别与海滨大道,1条规划路平面交叉,道路红线宽35米,是一条徐圩港区内干散货运输通道,总投资3777.14万元。

2013年5月25日,徐圩港区规划一路工程开工。11月28日建成通车。

四、横一路一期

横一路一期工程路线起于徐圩港区西防波堤，终点为东侧现状围堤（徐圩 1#围堤），规划红线宽 35 米，双向六车道，设计时速 35 千米/小时，全长 4.01 千米，总投资 3.28 亿元。

2016 年 1 月 12 日，横一路一期工程环境影响报告书获新区环保局批复。6 月 7 日初步设计取得市港口局批复。8 月 29 日，横一路一期工程施工图取得市港口局批复。2017 年 8 月 25 日，横一路一期工程完成项目验收。

五、港池建材物流转运区多功能仓库及堆场

项目于 2021 年 7 月 10 日开工，占地面积为 13.5742 万平方米，其中丁类仓库建筑面积 1.95 万平方米，件杂货堆场面积 1.98 万平方米，停车场兼堆场面积 4 万平方米，2022 年 9 月 28 日完工并正式投用。

第六节　港口装卸

一、业务开展

2013 年 12 月 26 日，中国香港籍货轮“江远扬州”顺利靠泊 101#泊位，标志着徐圩港区具备船舶靠泊条件。

2014 年 5 月 5 日，新圩港公司完成“中宇 88”轮 50593 吨内贸红土镍矿接卸，是开港以来首艘内贸红土镍矿船。12 月 5 日，徐圩港区临时开放申请通过交通运输部审查，批复同意国际航行船舶临时进靠徐圩港区所在泊位和水域，期限自批准之日至 2015 年 6 月 10 日。2014 年 12 月 6 日，徐圩港区首个液体化工泊位正式启用，首轮来自韩国釜山港液体化工船舶成功靠泊徐圩港区。

2015 年 1 月 4 日，徐圩港区重件码头正式投入使用，装载 2 套化工反应器装置的大型船舶靠泊徐圩港区。

2016 年 5 月 10 日，新圩港公司完成开港以来最大载重木薯干船舶“顺通”轮的接卸。该轮载重 4.48 万吨，全船仅用 108 小时完船，工班卸率突破 5000 吨，昼夜卸率达到 1 万吨。10 月 6 日，满载 7.7 万吨外贸煤炭的“常春藤”轮，成功靠泊徐圩港区 101 泊位，是徐圩港开港以来靠泊船长和实际载重量均为最大的船舶。该船实际作业时间控制在 34.5 小时，平均船时量达 2230 吨，工班效率最高达到 3.9 万吨。10 月 9 日，沙特阿拉伯籍化学品船“MAHA”轮顺利靠泊徐圩港区新荣泰码头 132 号泊位，标志着徐圩港区已具备化学危险品船靠泊条件。11 月 27 日，益海（连云港）精细化学工业有限公司装载 1.57 万吨内贸煤炭货物的“盛山”轮，成功靠泊 103 泊位，该轮为 103 泊位首艘靠泊船只。

2017 年 4 月 4 日，徐圩港区 103 泊位实现外贸轮首靠，标志着 103 泊位具备国际航行船舶进靠该泊位作业资质。

2018 年 3 月 17 日，载有 1 万吨燃料乙醇的美国籍化学品船“DVINA GULF”轮，顺利靠泊新荣泰码头 131#泊位，成功接卸第一船进口燃料乙醇。10 月 13 日，10 万吨级的“金美”轮靠泊 102 泊位。该轮长 229.2 米，宽 38 米，吃水 13 米，是新圩港公司首次靠泊的 10 万吨级船

舶。2018 年新圩港公司全年共完成吞吐量 1070.81 万吨，是公司开港五年来首次突破千万吨吞吐量大关。

2019 年，徐圩港吞吐量达到 1950 万吨。其中，新圩港码头吞吐量 1363.2 万吨，新荣泰码头吞吐量 312.9 万吨。

2020 年 10 月 12 日，利比里亚籍船舶“新星”轮顺利停泊在禾兴石化码头 44 号泊位上，标志着徐圩港区首个液化烃产业码头泊位正式运营　　网信办 供

2020 年，受新冠疫情影响，徐圩港吞吐量下降到 1750 万吨。2021 年和 2022 年虽仍受到疫情影响，但随着新区投产企业增多，投产企业产能扩大，进出港口货物量随之加大，徐圩港吞吐量逐步回升，分别达到 2071 万吨和 2568 万吨。

二、运营机构

连云港新圩港码头有限公司　公司于 2013 年 5 月 29 日注册，注册资金 5.9 亿元，使用岸线长 640 米，建设 2 个 10 万吨级通用泊位，主要运营内容为散杂货装卸。2013 年 12 月 26 日，中国香港籍货轮“江远扬州”顺利靠泊徐圩新区新圩港码头公司 101#泊位，标志着徐圩港区具备船舶靠泊条件。2014 年 5 月 5 日，新圩港公司完成“中宇 88”轮 50593 吨内贸红土镍矿接卸，是开港以来首艘内贸红土镍矿船。2018 年 10 月 13 日，10 万吨级“金美”轮靠泊 102 泊位。该轮长 229.2 米，宽 38 米，吃水 13 米，是新圩港公司首次靠泊的 10 万吨级船舶。2018 年新圩码头完成吞吐量 1070.81 万吨，是公司开港五年来首次突破千万吨吞吐量大关。2022 年该公司码头完成吞吐量为 1364 万吨。

连云港徐圩港口控股集团有限公司　公司于 2011 年 2 月 21 日注册，注册资金 52.61 亿元，使用岸线长 1775 米，建设 6 个 3 万～10 万吨级通用泊位，主要运营内容为散杂货装卸。2015 年 1 月 4 日，徐圩港区重件码头投入使用，装载着 2 套化工反应器装置的大型船舶靠泊徐圩港区。2016 年 11 月 27 日，益海（连云港）精细化化学工业有限公司 1.5684 万吨内贸煤炭货物的“盛山”轮成功靠泊 103 泊位，该轮为 103 泊位首艘靠泊船只。2017 年 4 月 4 日，徐圩港区 103 泊位实现外贸轮首靠,标志着103泊位具备国际航行船舶进靠该泊位作业资质。2022年该公司码头完成吞吐量为109万吨。

连云港新荣泰码头有限公司　公司于2011年11月8日注册,注册资金2.3亿元,使用岸线长800米,建设3个1万~5万吨级液体散货泊位,主要运营内容为液体散货装卸。2014年12月6日,徐圩港区首个液体化工泊位正式启用,首轮来自韩国釜山港液体化工船舶成功靠泊徐圩港区。2016年10月9日,沙特阿拉伯籍化学品船“MAHA”轮顺利靠泊徐圩港区新荣泰码头132号泊位,标志着徐圩港区已具备化学危险品船靠泊条件。2018年3月17日,载有1万吨燃料乙醇的美国籍化学品船“DVINA GULF”轮顺利靠泊新荣泰码头131#泊位,成功接卸第一船进口燃料乙醇。2022年,新荣泰码头完成吞吐量435万吨。

连云港禾兴码头有限公司　公司于2017年12月29日注册,注册资金1.0亿元,使用岸线长860米,建设3个3万~5万吨级液体散货泊位,主要运营内容为液体散货装卸。2020年10月12日,徐圩港区禾兴石化码头首个液化烃泊位正式启用,首轮来自美国的两万吨级乙烷船舶“新星”轮成功靠泊144泊位。2020年11月12日全球首艘五万吨级(98000立方米)大型乙烷船舶(VLEC)“珠穆朗玛峰”轮成功靠泊144泊位,此次成功靠泊,标志着连云港市首个液化烃产业码头泊位正式运营,也意味着国家七大石化产业园区连云港产业基地正式融入全球石化供应链。2021年6月2日,首艘液体化学品船“兴通56”轮顺利靠泊143泊位,第一船液体化工品乙二醇成功装载出港。2022年禾兴码头完成吞吐量270万吨。

连云港虹洋港储码头有限公司　公司于2019年11月19日注册,注册资金1.5亿元,使用岸线长648米,建设2个8万~10万吨级液体散货泊位,主要运营内容为液体散货装卸。2021年11月24日,连云港虹洋港口储运有限公司64#—65#液体散货泊位工程码头最后一段面层浇筑完成,标志码头主体全部完工,也标志着全国首个全装配式高桩码头建设完成。2022年9月1日,连云港虹洋港口储运有限公司64#—65#液体散货泊位工程已全面完成竣工验收。2022年9月7日,运载65000吨原油的8万吨级巴拿马型油轮“天龙座”号货船,顺利靠泊连云港虹洋港口储运有限公司64#—65#液体散货泊位,标志着全国首个全装配式高桩码头正式投入运营。2022年,虹洋港储码头完成吞吐量15.5万吨。

盛虹炼化(连云港)港口储运有限公司(简称盛虹炼化码头)　公司于2016年1月15日注册,注册资金15.0亿元,使用岸线长度1670米,建设1个30万吨级原油泊位(171#)和4个5万吨级液体散货泊位(166#—169#),设计通过能力2670万吨/年,是配套炼化一体化项目的专用码头,主要运营内容为原油及液体散货装卸。2021年11月17日,盛虹炼化码头成功接卸第一艘原油船(10万吨级)。2022年10月9日,江苏省首艘30万吨级原油船舶“远金湖”轮顺利靠泊,至此盛虹炼化一体化项目原料进口通道全面贯通。至2022年年底,盛虹炼化码头完成吞吐量324万吨。

第七节　监管机构

一、业务监管

2014年7月1日,连云港海事局徐圩港区海事保障工作组成立,拥有执法船艇1艘、海事趸船1座。该工作组主要负责组织实施辖区内船舶的现场监督管理;水工作业现场监管;负责实施辖区内巡航工作以及水域现场航行和施工安全秩序维护;负责收集辖区内航道、码头、泊位等航行水域和设施的安全水深、通航尺度或安全技术状况;负责组织实施辖区内船舶抗防台风和其他灾害性天气的安全措施及落实情况进行现场监督检查;负责辖区船舶载运危险品及危险品作业单位的监督管理,负责辖区内船舶防污染管理及相关设施、作业的日常检查工作。

2019 年 11 月 7 日,连云港出入境边防检查站边检执勤六队正式入驻徐圩港区,主要担负徐圩港区、灌河港区国际航行船舶的出入境边检手续办理、在港期间检查监管、口岸限定区域管理以及打击防范妨害国(边)境管理秩序行为等职能任务。

二、徐圩港区海事与治安监控平台

2013 年 5 月 29 日,徐圩港区海事与治安监控平台动工开建。该平台位于海滨大道与苏海路以西地块,单体及周边配套用地总面积约 40.8 亩,主要建设内容包括海事与治安监控平台以及变电所等配套用房。该平台为塔式钢结构构筑物,塔体高 80 米,建筑面积 768 平方米,总投资 7284 万元。11 月 7 日,中铁四局集团有限公司被确定为施工中标单位,浙江江南工程管理股份有限公司被确定为施工监理单位。

2014 年 11 月 1 日,徐圩港区海事监控平台完成主体结构安装、景观电梯订制和治安监控设备安装。2015 年 9 月 22 日,该平台工程完成施工并交工,顺利投入使用。

三、徐圩港区安全环保攻坚大队

徐圩港区安全环保攻坚大队,简称“SE”大队。“S”即徐圩港区安全(Safety)管控攻坚任务,“E”即徐圩港区环保(Environment)管控攻坚任务。配合徐圩新区监管部门开展港区工程项目监管、码头运营监管、港区环保监管、港区智能化建设、港区通航保障等 5 个方面工作;同时在重大活动保障、港区突发事件应急处置等方面也发挥着重要作用。

第四章　石化产业基地

徐圩新区建设之初，新区将石化产业列为重中之重，开展了一系列布局规划和论证工作。2013年11月，徐圩新区被国家发展改革委明确为连云港石化产业基地，主要承接江苏沿江石化产业转移，统筹兼顾长三角地区需求增长。2014年5月，国家发展改革委、工信部联合发布《石化产业规划布局方案》，明确连云港石化产业基地是全国重点建设的七大石化产业基地之一。

2015年11月，连云港石化产业基地建设指挥部组织编制《连云港石化产业基地总体发展规划》。2017年7月，该规划获省政府批复实施。连云港石化产业基地规划面积62.61平方千米，按照环保安全、工艺设备、投入产出、品质品牌四个"世界一流"标准，基地以炼油、乙烯、芳烃一体化为基础，以多元化原料为补充，建设多产品链、多产品集群的大型炼化一体化基地。2022年1月，市委、市政府印发《连云港石化产业基地世界一流标准体系》，明确提出连云港石化产业基地在能耗管控、安全环保、品质品牌、配套服务等方面达到世界一流标准体系。

至2022年，连云港石化产业基地投产、在建、签约（含具备签约条件）的重大龙头及产业链项目共34个，合计总投资3500亿元，以石油化工为主导的临港产业体系，呈现出产业集群集聚效应。2022年，徐圩新区在全国643家重点化工园区中综合排名位列第18位。

第一节　规划布局

一、前期调研论证

2008年11月4日至12月1日，市政府办公室、市港口管理局、港口集团组成调研组，赴烟台、大连、营口、天津、唐山、宁波等地考察港口建设情况，形成《关于加快连云港港口和徐圩片区发展若干问题建议方案（讨论稿）》。2009年3月5日，市委常委议港会听取市政府秘书长石海波《关于加快连云港港口和徐圩片区发展若干问题建议方案》的汇报，对事关港口长远发展和徐圩片区开发建设若干重大问题研究决策，决定徐圩片区实行港口、产业、城市一体化开发模式。

2009年3月31日，市委、市政府印发《关于加快连云港港口发展全力推进徐圩片区开发的意见》，明确连云港石化产业基地在内的多项发展支持政策。12月17日，连云港市石化产业规划评估会在连云港神州宾馆举行，江苏省发改委副主任王汉春、中石化发展计划部副主任章伟中出席会议，会议邀请了中咨公司石化方面专家对规划研究成果进行评估论证。会议期间，专家组对徐圩新区规划建设的石化产业区进行了现场考察，听取了徐圩新区有关情况的介绍。会议认为，在连云港市徐圩新区规划大型石油化工产业，符合国家产业政策，符合石化产业布局要求。

2010年5月23日，全国政协副主席、全国工商联主席黄孟复率领全国工商联调研组，到徐圩新区就石化产业基地规划、建设等情况进行调研。10 月 14 日，国家发展改革委地区经济司副司长陈宣庆率领国务院七部委联合督查组考察徐圩新区，对连云港石化产业基地规划建设提出督查意见。

二、布局规划获准批复

2013 年 11 月 30 日，国家发展改革委印发《国家发展改革委办公厅关于连云港石化产业基地规划编制和一期工程前期工作的复函》（发改办产业〔2013〕2924 号），明确连云港石化产业基地设于连云港市徐圩新区，主要承接江苏沿海石化产业转移，统筹兼顾长三角地区需求增长。要求抓紧开展连云港石化产业基地规划编制和炼化一体化项目一期工程的前期工作。2014 年 5 月 20 日，《连云港石化产业基地规划》通过江苏省发改委、连云港市政府和中国国际工程咨询公司联合评审。

2014 年 5 月 29 日，国家发展改革委、工信部联合发布《石化产业规划布局方案》（发改产业〔2014〕2208 号），连云港石化产业基地是全国重点建设的七大石化产业基地之一。是年 9 月获国务院同意，于 2015 年正式发布。

石化产业基地（2022 年）　房以明 摄

2017 年 7 月，连云港石化产业基地总体发展规划获省政府批复实施，规划总面积约 62.61 平方千米，规模为炼油 4000 万吨/年、乙烯 600 万吨/年、芳烃 700 万吨/年。2019 年基地入选中国石油和化学工业联合会评选的中国化工园区潜力 10 强园区，排名第四。

2022 年 1 月，市委、市政府印发《连云港石化产业基地世界一流标准体系》，明确七大类 100 项指标，要求石化基地发展需和国际先进、国内领先相契合，在能耗管控、安全环保、品质品牌、配套服务等方面均达到世界一流。

2022 年，徐圩新区在全国 643 家重点化工园区中综合排名位列第 18 位。

第二节　设施建设与管理

一、安全保障基础设施

连云港石化产业基地安全环保管理中心　项目实施周期为 2017—2020 年，总投资 1.45 亿元，位于徐圩新区港前大道以东，苏海路以南，建筑面积 1.4 万平方米。主要规划布局石化基地规划展示馆、智慧园区安全运行管理平台、安全管理宣讲培训中心、封闭管理制证中心、应急联动指挥中心、安全环保第三方服务中心、应急物资储备和值守中心共七大功能，重点为石化基地入驻重大产业项目提供安全环保标准和规范制定、安全环保在线监测、安全环保问题诊断、安全环保解决方案、安全环保课题研究和技术成果转化等服务，加快构建石化基地重大安全环保管控格局，不断提升石化基地安全环保管理服务水平，为打造生态、绿色、安全石化产业基地提供重要支撑。

石化基地安全环保管理中心（2021 年）　　徐乙策 摄

国家危险化学品应急救援基地　项目实施周期为 2017—2018 年，总投资 1.53 亿元，位于陬山路以南，石化三路以西，项目占地 30 亩，建筑面积 7000 平方米，主要功能为解决危化品应急救援，满足石化基地强攻控火、冷却抑爆、检测警戒、堵漏消洗及远距离灭火剂供给等特殊消防任务需求，是改善徐圩新区消防安全监管能力，遏制重特大火灾事故和危化品治安事故发生的重要保障，为入驻企业提供消防安全保障，改善园区投资环境和安全环境。

国家危化品应急救援基地（2022 年）　　网信办 供

连云港石化产业基地应急截污项目一期工程　项目实施周期为 2017—2020 年，总投资 1799.4 万元，位于徐圩新区中心河上，在中心河建一座净宽 20 米的节制闸，设计流量 40 立方米/秒，同步实施闸室、下游消力池、上游及下游翼墙和围堰等配套工程。该项目应对突发水污染事件，2020 年建成投入运行后，保障了石化基地内外的水环境安全，满足环境应急防控需求，为石化基地绿色发展奠定基础。

连云港石化产业基地封闭管理项目　项目于 2017 年 6 月开展封闭管理工程建设，并于 2019 年 7 月对石化基地启动整体封闭式管理，2020 年 8 月实现规划修编后石化基地全封闭管理。项目累计投资 2.5 亿元，累计建设主次卡口 11 处，安装各类监控设备设施 1000 余路、高点监控 25 路、无人机自动巡查反制系统 2 套。结合园区封闭化管理硬件设施，建成国内规模最大的“全物理 + 电子围栏”封闭式围网及覆盖全市 7600 平方千米的危化品道路运输全流程综合管控平台，实现对来徐运输车辆的全方位溯源监管及异常实时预警，极大提升新区本质安全水平。

国家危险化学品应急救援（连云港）基地陬山危化品救援站　项目实施周期为 2019—2021 年，总投资 1.53 亿元，位于石化十路以西、石化四道以南、陬山湖以北地块，项目用地面积约 2.04 万平方米，建筑面积 8866.7 平方米。项目主要包括消防综合楼，绿化、训练场、道路等配套设施建设，消防装备及部分专用装备购置安装，建设标准主要依据特勤消防站建设标准。主要功能为解决危化品应急救援，满足石化基地强攻控火、冷却抑爆、检测警戒、堵漏洗消等特殊消防任务需求。

项目主要保障园区内德邦、李文甲、赛科、海科等入驻企业安全生产、提升消防能力，缩短与上述企业场址路程。

连云港石化产业基地公共应急事故池 项目实施周期2019—2022年，总投资7.75亿元，主要建设内容为三座公共应急事故池和配套管线，其中1#、2#及3#公共应急事故池规模分别为6.8万立方米、6万立方米及29.2万立方米，配套建设事故液收集及转输系统、消防系统、控制系统等。2021年被列为连云港市重点投资项目，项目作为防控化工园区水环境风险的重要公共环保基础设施，通过构建收集、拦截、存储、转输、预处理设施组成完善的水环境风险防控体系，有效防控突发事故引发的水环境污染风险，保障海洋环境、地表水环境及区域人居环境安全。

徐圩新区陬山湖节制闸工程 项目实施周期为2021—2022年，总投资5200万元。项目位于驳盐河与深港河衔接处，新建3座节制闸，均为单孔，孔口径宽为10米。主要建筑物包括闸室、下游消力池、下游翼墙、上游翼墙、绿化，临时建筑物包括施工围堰等。该项目作为徐圩新区水环境风险的重要公共基础设施，有效防控突发事故引发的水环境污染风险，保障海洋环境、地表水环境及区域人居环境安全。

徐圩新区公共危化品停车场 项目实施周期为2021—2022年，总投资2.05亿元，项目位于228国道以西、环保大道以北，项目计划用地16万平方米，规划危化品车辆停车位约400个。建设内容主要包括候检区、停车区、公共辅助区、综合服务区等功能分区。项目建成后为园区企业解决危化品槽车的停车问题，杜绝路边乱停减缓危化品运输槽车的安全隐患。

二、服务类基础设施

连云港石化产业基地内部环路工程A线标段、B线标段项目 项目实施周期为2016—2018年，总投资9800万元，全长9.6千米，红线宽7米。2017年被列为连云港市城建及基础设施项目计划。项目建成投入运行后，极大地改善徐圩新区道路区域环境，完善该区域的路网，为产业入园招商引资提供条件，加快了周边地块的开发。

连云港石化产业基地综合服务区一期工程 项目总投资1869万元，于2017年9月1日开工建设，工期3个月。项目为服务石化基地、中化国际、卫星石化等重大产业项目大规模建设的重要载体，用地10万平方米，建设7栋钢结构宿舍楼，1栋服务楼和914个箱式集装房，配套公共食堂、医疗救治站、洗浴、超市等服务功能，满足7000名建设工人临时居住和生活需要。

连云港石化产业基地综合服务区二期工程 项目总投资5897万元，于2018年5月8日开工建设，2019年1月5日完工。项目为服务石化基地、盛虹炼化、斯尔邦石化、虹港石化等重大产业项目大规模建设的重要载体，用地8.33万平方米，建设4栋服务楼，1栋钢结构宿舍楼和1200个箱式集装房，配套公共食堂、美食排档、治安站、医疗救治站、洗浴、超市等服务功能，满足7500名建设工人临时居住和生活需要。

连云港石化产业基地精细化工区综合服务区 项目位于石化四道以北、石化九路以东，用地3万平方米，总建筑面积约1.25万平方米，总投资2500万元，配套服务区采用钢结构房屋，宿舍采用箱式集装房。项目于2019年11月5日开工建设，2021年1月5日完工。服务区投入运行后强化了石化基地安全环保管理，满足赛科化学、山东海科、鹏辰新材料、泰格油墨等已入驻产业现场约3000名工作人员生活配套需求，集中提供办公及餐饮住宿服务。

连云港石化产业基地石化七道 实施周期为2018—2021年，总投资2.58亿元。项目分江苏大道—石化三路段、港前大道—复堆河段、港前大道—石化三路段，项目全长约6千米，宽5米，同步实施排水、桥涵及照明等配套设施。项目投入使用后极大地改善徐圩新区道路区域环境，完善该区域的路网，同时为产业入园招商引资提供条件，加快周边地块开发。

连云港石化产业基地危化品运输综合服务中心　项目实施周期为2018—2021年，总投资1.35亿元，位于苏海路以南，港前大道以东，占地面积9.53万平方米。包括4个功能区：一是危化品车辆停车区，用于停放危化品运输槽车，共有131个停车位，其中包括26个重车停车位；二是车辆清洗区，设有清洗车间、检测车间、维修车间等和清洗废水、废气收集处理设施；三是综合服务区，提供办公、餐饮、休息等相关服务；四是生产辅助区，设有消防水池、事故水池以及环保处理设施等，为项目提供公共辅助。项目建成投用后，进一步提升石化基地公共服务配套水平，提高产业发展服务保障能力。

连云港石化产业基地生态环境整治提升工程　项目实施周期为2021—2022年，总投资27.82亿元，建设内容主要包括对基地内主要道路、河道、标识导视、建筑风貌等进行生态环境整治提升，项目总面积约1000万平方米。在建设过程中以生态文明建设为指导，绿色发展为依托，打造以生态修复为主，工业旅游为辅的主题公园，并通过全面的生态景观规划设计，结合石化产业基地安全、环保、绿色的要求，推进生态修复和空间修补，强化对重点区域和地段的空间形态、高度体量、风貌特色等控制引导，系统提升了园区治理能力和水平。

三、产业委托项目

产业配套真空预压项目　项目总投资约3.4亿元，2018年11月6日，首个真空预压项目石化七道以北、石化三路以东区域地块软基处理工程开工。2019年3月18日，成立石化基地真空预压、土方回填重大项目组。2019年10月31日，石化基地产业用地真空预压重大项目组完成全部真空预压目标任务，组织实施重大产业项目插板机230台，完成真空预压57万平方米，完成插板1000万延米。为产业项目顺利开工建设提供有力保障。

真空预压覆膜场景（2018年摄）　　网信办　供

徐圩港区产业配套码头港池疏浚项目准备工程　项目实施周期为2018—2019年，总投资4.29亿元，对新区内Y1、Y2、Y3地块开挖取土量，同步实施围堰工程。该项目完善了新区配套功能建设，为盛虹、卫星等产业项目码头港池疏浚提供接纳场地。

石化基地土地整理工程　项目实施周期2019—2020年，总投资3亿元，对石化基地及周边未开发地块进行集中土地整理，占地面积约533.33万平方米，回填土方约400万立方米。

30万吨级航道二期疏浚准备工程　项目实施周期2020—2022年，投资约1.09亿元，在海滨大道以西、苏海路以北，港前大道以西、疏港大道以南，疏港大道以南、228省道以东等地块开挖取土1605万立方米，深度约6米，吹淤顶标高约6米，接纳疏浚土3020万立方米，项目涉及用地1306.67万平方米。

中化轻量化材料项目场地补偿回填施工　项目实施周期为2022年，总投资4500万元，项目位于徐圩新区石化七道以南，石化三路以东，复堆河路以北，对中化轻量化材料项目场地进行补偿回填工作，回填面积约31.33万平方米，土方回填量约70万立方米；对该场地边上吹淤区围堰进行加固。

四、服务规范

2022年2月28日,徐圩新区管委会制定出台《连云港石化基地运行管理服务规范》(简称《基地服务规范》)。《基地服务规范》服务范围涉及安全、环保、应急、能源等方面,主要保障石化基地入驻产业项目,提供从项目准入、建设和生产阶段全生命周期的管理服务,重点对人员、车辆、机械、设备、装置、工艺、原料、产品以及煤炭、蒸汽、天然气、水、大气、固废等全要素进行安全保障、环境检测、能源调度、应急联动等综合服务。《基地服务规范》推动连云港石化产业基地运行管理服务高效规范,保障企业安全稳定运营发展,营造优质高效的营商环境。

第三节 石化企业

一、概况

连云港石化产业基地已形成盛虹石化、卫星化学、中化循环经济产业园三大龙头产业集群。

(一)已投产或部分投产产业项目14个。规划总投资约2008.47亿元。其中全部投产项目10个,已完成投资约1640.3亿元;部分投产项目4个,规划总投资约368.17亿元。

(二)在建产业项目10个。规划总投资约797.48亿元。

2009—2022年徐圩新区已投产产业项目情况表

表4-1 单位:亿元

序号	项目名称	建设规模	企业主体	完成投资(亿元)
1	虹港石化PTA一期	年产150万吨PTA	虹港石化	50.07
2	虹港石化PTA二期	年产240万吨PTA扩建		38.58
3	斯尔邦石化MTO	240万吨/年醇基多联产(二氧化碳回收再利用及制甲醇、POE、超高分子聚乙烯、丁腈胶乳)	斯尔邦石化	258.32
4	斯尔邦石化丙烯腈	26万吨/年丙烯腈装置、9万吨/年MMA装置、23万吨/年SAR装置		33.93
5	斯尔邦石化丙烷产业链	70万吨丙烷脱氢,2套26万吨/年丙烯腈、2套9万吨/年MMA		106.7
6	盛虹炼化一体化项目	1600万吨/年炼油、280万吨/年对二甲苯及110万吨/年乙烯等 年产10万吨环氧乙烷、90万吨乙二醇、40万吨苯酚、25万吨丙酮、22万吨液体二氧化碳和3万吨干冰装置	盛虹炼化	734.59
7	卫星石化轻烃综合加工利用	建设年产250万吨乙烷裂解、70/90*3万吨EO/EG、50万吨LDPE、50万吨LLDPE、40万吨HDPE 年产50万吨/年超塑新材料,包括20万吨HPEG和20万吨TPEG等	连云港石化	345.9
8	卫星苯乙烯	年产60万吨苯乙烯	连云港石化	17
9	中化瑞恒新材料一期	建设年产8万吨对硝基氯苯、2万吨间二氯苯及三氯苯等	瑞恒新材料	42

续表 4－1

序号	项目名称	建设规模	企业主体	完成投资（亿元）
10	鹏辰新材料芳烃加工	50 万吨重芳烃及年产 5200 吨/均苯四甲酸二酐	鹏辰新材料	13.21
投资合计				1640.3

2009—2022 年徐圩新区部分投产产业项目情况表

表 4－2

序号	项目名称	建设规模	企业主体	规划投资（亿元）
1	中化瑞恒碳三产业链	年产 60 万吨 C3、15 万吨 C6 下游系列产品、25 万吨环氧树脂及 6 万吨环氧材料原料等	瑞恒新材料	249.3
2	中化瑞兆科电子化学品	年产半导体级高纯硫酸 10000 吨、高纯氨水 5000 吨、高纯氯气 700 吨等	瑞兆科	23
3	山东海科锂电池电解液溶剂	一期建设 22 万吨/年电解液溶剂、14 万吨/年碳酸二甲酯装置；二期建设 38 万吨/年电子化学品	思派新能源	83.1
4	江苏赛科化学特种化学品	年产 16 万吨脂肪仲醇聚氧乙烯醚	赛科化学	12.77
投资合计				368.17

2009—2022 年徐圩新区在建产业项目情况表

表 4－3

序号	项目名称	建设规模	企业主体	规划投资（亿元）
1	虹港石化 PTA 三期	年产 240 万吨 PTA 扩建（三期）	虹港石化	39.38
2	虹威化工 PO/SM	50.8 万吨/年乙苯（EB）、45 万吨苯乙烯、20 万吨环氧丙烷、11.25 万吨/年聚醚多元醇（PPG）及 2.5 万吨/年聚合物多元醇（POP）	虹威化工	60.3
3	盛虹集团可降解材料项目	34 万吨/年顺酐、30 万吨/年 1,4—丁二醇和 18 万吨/年聚对苯二甲酸—己二酸丁二酯、丁二酸等	虹科新材料	182
4	德邦化工 35 万吨合成氨	35 万吨/年合成氨、60 万吨纯碱和 60 万吨氯化铵等	德邦化工	43.8
5	云合新材料高端油墨	年产 50000 吨高端油墨、水性涂料及树脂新材料	云合新材料	10.19
6	中化圣奥化学橡塑助剂及塑料添加剂	38 万吨促进剂、不溶性硫黄、防老剂、加氢树脂、微晶蜡、丙酮下游及丁腈胶乳系列产品；年产 12 万吨塑料添加剂	圣奥化学	148.52
7	卫星绿色高分子新材料产业园项目	20 万吨/年的乙醇胺及 40 万吨/年聚苯乙烯（PS）、20 万吨碳酸二甲酯（DMC）等	连云港石化	48.3
8	奥升德新材料	20 万吨/年己二胺，同步实施相关配套公辅工程	奥升德	42
9	虹港石化聚酯新材料项目	年产 13 万吨 PETG 和 5 万吨 CHDM 及公用工程设施	虹港石化	20.99
10	江苏嘉宏高性能新材料	90 万吨/年的丙烷脱氢，配套 18 万吨/年丙烯酸装置、30 万吨/年的聚丙烯（PP）装置、60 万吨/年的 ABS 装置	嘉宏新材料	202
投资合计				797.48

二、江苏盛虹石化产业集团有限公司

（一）母体企业概况

盛虹控股集团创立于1992年，集团拥有上市公司1家（东方盛虹，000301），实体公司超过50家，员工5万余人，业务遍及全球100多个国家和地区，在新能源、新材料领域处于国内乃至国际领先水平。2022年集团位列“世界500强”第222位、“中国企业500强”第66位。

（二）项目概况

2010年11月，盛虹控股集团有限公司从总部苏州盛泽北上，与徐圩新区管委会签约石化项目，正式入驻徐圩，建设新型石化产业集聚区。产业园规划面积16平方千米，集生产研发、物流配套等功能于一身，坚持炼化一体、高端石化全产业链均衡发展。2019年2月，江苏盛虹石化产业集团有限公司（简称盛虹石化）注册成立，统筹管理盛虹在连石化产业板块发展。

盛虹石化是盛虹控股集团倾力打造的创新型、生态型产业集群。盛虹石化以大宗石化原料平台为基础保障，全面推进战略性新兴产业转型，大力发展绿色低碳循环经济，构建核心原料平台+新能源、新材料等多元化产业链条的“1+N”新格局，加速打造世界一流的新能源新材料产业集群。

盛虹炼化（连云港）有限公司（2023年）　胡林庆 摄

至2022年年底，盛虹石化投资2000亿元，布局建设1600万吨/年炼化一体化、240万吨/年醇基多联产、70万吨/年丙烷产业链、390万吨/年精对苯二甲酸等重大项目，完整配套超500万立方米仓储罐区、江苏首个30万吨级原油泊位、多个10万吨级至5万吨级液体化工泊位，以及热电联产等项目，逐步构建了“油、煤、气”三头并举、“芳烃”“烯烃”双链并进的发展模式，是国家七大世界级石化产业基地中极具影响力的支柱品牌。

（三）主要产业体系

盛虹炼化（连云港）有限公司（简称盛虹炼化）　成立于2014年7月。盛虹炼化一体化项目作为国家《石化产业规划布局方案》重点支持推进项目，是盛虹控股集团打造新能源、新材料、电子化学、绿色环保等多元化产业链条“1+N”新格局的核心原料平台，也是贯通全产业链一体化布局、打造世界级新能源新材料产业集群的关键核心项目。总投资约677亿元，建设规模为1600万吨/年炼油、280万吨/年对二甲苯、110万吨/年乙烯及下游衍生物、配套30万吨原油码头、4个5万吨液体化工码头、383万立方米仓储罐区等。按照“多化少油、分子炼油”理念，将高附加值、紧缺型化工产品结构占比从50%左右提高到70%以上。其中，1600万吨/年常减压蒸馏装置、蜡油加氢裂化装置国内单套规模最大；对二甲苯装置为国内首次引进两段式重浆化回收工艺，是目前全球规模最大的单系列对二甲苯装置；项目拥有国内规模总量最大的3×310万吨/年连续重整装置，在关键技术上实现了完全自主化。2021年6月30日，盛虹炼化一体化项目首批装置机械举行交工仪式。2022年年底，盛虹炼化一体化实现全面投产，极大弥补烯烃、芳烃等高附加值、紧缺型化工产品国产供给率，为“延链”发展新能源材料提供丰富的“化工原料库”。

江苏斯尔邦石化有限公司（简称斯尔邦石化）　成立于2010年12月。主要建设、运营240万吨/年醇基多联产、70万吨/年丙烷产业链等项目，是国家高新技术企业，专注于生产高附加值烯烃衍生物，形成丙烯、乙烯及衍生精细化学品协同发展的多元化产品结构。斯尔邦石化240万吨/年醇基多联产项目单体规模位居全球首位，丙烯腈、甲基丙烯酸甲酯、乙烯-醋酸乙烯共聚物、环氧乙烯及衍生物等装置产能在行业内名列前茅。2021年12月29日，斯尔邦石化二期丙烷产业链项目26万吨/年丙烯腈（Ⅲ）装置开车成功并产出合格产品，斯尔邦丙烯腈整体产能由52万吨/年提升至78万吨/年产能跃居国内第一，有效保障了国内碳纤维、高性能工程塑料等产业的核心原材料供应。2022年4月25日，斯尔邦石化二期丙烷产业链项目70万吨/年丙烷脱氢（PDH）装置一次性开车成功，顺利产出优等丙烯产品，这标志着盛虹全面实现“煤头、气头、油头”互供互补的能源体系，形成深入推进下游烯烃精细加工新能源新材料战略的原料大平台。斯尔邦是全球领先的光伏级乙烯-醋酸乙烯共聚物供应商，自主研发的光伏级乙烯-醋酸乙烯共聚物树脂在晶点、熔指等关键指标改进上实现了重大突破，打破了国外垄断。2022年斯尔邦石化光伏级乙烯-醋酸乙烯酯共聚物（EVA）产能达30万吨/年，未来规划将EVA年产能扩建至百万吨级，以进一步提升自给率，为国家清洁能源转型提供稳定保障。

江苏虹港石化有限公司（简称虹港石化）　成立于2011年3月，占地面积120万平方米，主要产品精对苯二甲酸（简称PTA）广泛用于纺织新材料、功能性纤维、聚酯新材料等领域。2011年7月，虹港石化项目开工建设。2014年7月16日，虹港石化项目举行试生产仪式。2021年3月3日，虹港石化二期240万吨/年PTA扩建项目产出优质精对苯二甲酸（PTA）产品项目开车一次成功。至2022年完成总投资超80亿元，建成投产一期年产150万吨PTA和二期240万吨PTA项目。

盛虹石化（连云港）港口储运有限公司　成立于2013年6月，主要从事液体化工原料、低温液态烃及原油、成品油的装卸、储存、管道输送、分装等配套服务。罐区总罐容超500万立方米，拥有江苏首个30万吨级原油泊位，以及多个5万吨级至10万吨级液体化工泊位，总吞吐能力达3950万吨/年，可满足80余种液体化工品及油品的储存、运输。

连云港虹洋热电有限公司（简称连云港虹洋热电）　成立于2011年4月，是徐圩新区的公共热源点，为园区多家企业提供热能，供汽能力约3500吨/小时。2022年2月26日，连云港虹洋热电联产扩建项目（原场址）首台锅炉举行点火启动仪式；12月16日，连云港虹洋热电联产扩建项目（原场址）首批机组试运成功暨移交生产仪式举行。2022年年底，该公司拥有4台440吨/小时高温超高压锅炉、3台40兆瓦级抽汽背压式汽轮发电机组。扩建6台800吨/小时高温超高压循环流化床锅炉、3台35兆瓦级背压式汽轮发电机组及3台60兆瓦级抽汽背压式汽轮发电机组。

三、中化连云港循环经济产业园

（一）母体企业概况

中国中化控股有限责任公司　由中国中化集团有限公司与中国化工集团有限公司联合于2021年5月重组而成，为国务院国资委监管的国有重要骨干企业，业务范围覆盖石油化工、环境科学等八大领域，是全球规模领先的综合性化工企业。旗下中化国际（控股）股份有限公司（简称中化国际)是在中间体及新材料、聚合物添加剂等领域具有核心竞争力的国际化经营大型国有控股上市公司。中化国际以“精细化学、绿色生活”为企业愿景,与徐圩新区生态智能融合示范的发展理念相契合。

(二) 产业园概况

2017 年 3 月 15 日,中化国际与连云港市人民政府在北京签订框架协议,计划以连云港石化产业基地作为未来精细化工和新材料的生产基地,建设精细化工循环经济产业园区。中化连云港循环经济产业园定位于承接未来重大战略性项目的落地与发展,按照“产业发展链条化、公用设施一体化、物流运输一体化、环保安全一体化、管理服务一体化”的发展理念,构建芳烃系列精细化工品、碳三及下游新材料、聚合物添加剂和高附加值电子化学品的产业主体,形成产业集群效应。

2018 年中化国际启动连云港循环经济产业园总体发展规划修编,各项目按照总体规划、分步实施的原则,依据论证情况分期实施。

依托石化产业基地内炼化原料以及产业集聚优势,中化循环经济产业园内各成员企业根据国内外化工行业发展趋势、自主技术关键突破及自有产品与市场优势,持续深挖产业链价值,逐步拓展产品内涵,打造系列化的精细化学品与新材料(含电子化学品)产品组合,并在产业链螯合、资源综合利用、公用工程共建共用等方面力求满足循环经济发展要求,为连云港石化产业基地创建一个具有标杆示范作用的循环经济产业园。

中化连云港循环经济产业园规划总投资 691 亿元,占地面积约 433 万平方米。产业园内规划项目由中国中化化工事业部各相关成员企业分别组建独立法人主体实施,目前已注册成立江苏瑞恒新材料科技有限公司、江苏瑞兆科电子材料有限公司、连云港圣奥化学科技有限公司、中化国际聚合物(连云港)有限公司、中化连云港产业园管理有限公司、中化连云港石化仓储有限公司和中化连云港石化码头有限公司等 7 家独立法人主体。

中化循环经济产业园(2023 年)　　胡林庆 摄

(三) 主要产业体系

江苏瑞恒新材料有限公司　2017 年 5 月 26 日成立,注册资本 68 亿元。项目包括瑞恒一期和碳三产业链项目。一期项目包括依托氯碱化工(12 万吨/年离子膜烧碱)以及炼化产业芳烃、烯烃等资源,延伸发展芳烃衍生、环氧氯丙烷等系列产品,项目于 2019 年年底建成投产。碳三产业链项目包括 60 万吨丙烷脱氢、65 万吨苯酚丙酮、24 * 2 万吨双酚 A、40 万吨环氧丙烷、18 万吨环氧树脂、6 万吨四氯丙烯(配套 18 万吨/ 年离子膜烧碱)等装置及相关公辅配套设施。2022 年 2 月 22 日,碳三产业项目首批装置举行试生产启动仪式 。

江苏瑞兆科电子材料有限公司　2018 年 3 月 6 日成立,注册资本 2 亿元。以引进国外先进技术与自主研发相结合,建设国内领先、国际一流的高纯电子及配方电子化学品生产基地,填补国内空白。项目主要生产半导体级高纯硫酸、氨水、氯气, 以及电镀液添加剂等,项目各装置已陆续建成投产。

连云港圣奥化学科技有限公司　2017 年 12 月 18 日成立,注册资本 6.5 亿元,是中化国际(控股)股份有限公司成员企业——圣奥化学科技有限公司的子公司。项目充分利用企业自主研发的绿色循环新工艺、新技术,建设发展高端绿色聚合物添加剂系列产品。项目一期主要产品为年产 25.3 万吨橡胶促进剂系列产品和 11.7 万吨塑料添加剂(抗氧剂)。

中化连云港产业园有限公司　2018 年 9 月 19 日成立,注册资本 10 亿元。公司下设中化连云港石化仓储有限公司和中化连云港石化码头有限公司。建设包括罐区、码头、消防应急等协同公用工程及辅助设施,满足中化各产业项目需求。

四、连云港石化有限公司

(一) 母体企业概况

卫星化学股份有限公司(简称卫星化学)于 2005 年 8 月成立。公司专注于利用绿色低碳原料打造化学品与新材料产业链一体化的发展,形成以乙烷、丙烷等清洁能源生产高端化学品和新材料的特色产业链,为继续向高端和高附加值产品发展提供原料保障。公司确立了以科技创造未来的定位,建设轻烃一体化为核心打造一流的低碳化学新材料科技公司的发展战略。2022 年入选“2022 中国制造业民营企业 500 强”榜单,排名第 275 位。

(二) 项目概况

2015 年,浙江卫星化学股份有限公司(以下简称卫星化学)投入 1000 多万元邀请美国波士顿咨询公司对乙烷裂解制乙烯项目进行论证。2017 年 5 月和 11 月,中国国际工程咨询公司(中咨公司)分别对卫星化学烯烃项目建议书及《连云港石化有限公司 320 万吨轻烃综合加工利用项目可研报告》进行评估论证,得到国内专家高度认可。9 月 26 日,徐圩新区与卫星化学签署《投资合作协议书》,投资建设连云港石化有限公司。11 月 30 日,卫星化学注册成立连云港石化有限公司(以下简称连云港石化),注册资本 30 亿元。

2018 年 1 月 5 日,卫星化学与中国石化工程建设有限公司(SEI)签订项目总体设计合同,为项目建设成为国际一流的化工项目奠定了坚实的设计基础。

卫星化学连云港项目总投资超 1000 亿元,力争建成可持续发展和“安全环保”的碳二与碳三产业集聚区,充分发挥循环经济优势,打造清洁能源、绿色化工新材料现代化产业示范产业园。项目分两期建设。

一期项目规划建设 250 万吨的碳二装置(连云港石化有限公司),总投资 335 亿元,项目利用进口乙烷、丙烷为原料,采用世界先进生产工艺与技术,并配套聚乙烯、环氧乙烷/乙二醇、丙烯腈、苯乙烯等下游装置,建成后将实现年产值 350 亿元,年利税 100 亿元以上。投资 202 亿元,利用国际贸易获得清洁原料(丙烷),建设碳三产业链,生产高附加值的聚丙烯、环氧丙烷、丙烯腈、丙烯腈—丁二烯—苯乙烯共聚物(ABS)、丙烯酰胺等新材料及精细化学品。建成后将实现年产值 210 亿元,年利税达 60 亿元。投资 150 亿元,建设绿色化学新材料产业园项目。以连云港石化苯乙烯项目及环氧乙烷和乙二醇(EOEG)装置为依托,建设聚苯乙烯(PS)装置、乙醇胺(EOA)装置、碳酸二甲酯（DMC）装置及配套公辅设施，建成后实现年产值可达100亿元。

二期项目规划建设α－烯烃综合利用及聚氯乙烯（PVC）项目，总投资约317亿元，总占地239.33万平方米，其中α－烯烃综合利用项目投资约257亿元，PVC项目投资60亿元。该项目以进口乙烷为原料，规划建设2×125万吨/年原料加工装置，配套茂金属聚乙烯、α－烯烃、聚烯烃弹性体、聚氯乙烯等装置，项目整体投产后预计年产值约300亿元。同步规划建设80万吨/年PVC及绿色配套项目，建设烧碱和聚氯乙烯装置，生产清洁化工产品，建成投产后预计年产值约68亿元。

（三）原料及运输

2018年3月15日，卫星化学与美国能源运输公司（Energy Transfer）、英国航海家气体运输公司（Navigator Gas）在北京签署《乙烷供应协议》及《乙烷运输谅解备忘录》，贸易总额近1000亿元人民币，是中国石油化工发展历史上第一份进口美国乙烷的正式合同。2019年3月，卫星化学与船厂签订6艘98000立方米超大型乙烷运输船（VLEC）特种船建造合同，合同金额50亿元。

（四）项目建设

连云港石化有限公司（碳二项目，简称连云港石化）　2018年4月1日开始施工，厂区占地面积256.33万平方米，土方回填约440万立方米。2021年5月20日，轻烃综合加工利用项目年产135万吨聚乙烯、219万吨EOE和26万吨乙腈（ACN）联合装置一阶段项目举行投产仪式，在一片滩涂上建成“中国单体规模最大、设备工艺最先进的百万吨级乙烯装置”，实现向碳二轻烃一体化产业链的跨越。2022年6月1日，项目二阶段系列装置顺利中交，标志着该项目由建设阶段正式转入开车试运行阶段，进一步夯实卫星轻烃一体化产业布局。2022年三季度，连云港石化二阶段主要生产装置均实现开车。连云港石化二阶段项目全面投产后，卫星集团化学品总产能突破1000万吨大关。

江苏嘉宏新材料有限公司　2019年12月31日，卫星化学注册成立江苏嘉宏新材料有限公司，注册资本10亿元。该项目是卫星化学延伸与拓展连云港基地丙烷、丙烯（碳三）产业链，计划投资202亿元，利用国际贸易获得清洁原料（丙烷），生产高附加值的聚丙烯、环氧丙烷、丙烯腈、丙烯腈—丁二烯—苯乙烯共聚物、丙烯酸胺等新材料及精细化学品。项目总占地156.67万平方米，建成后将实现年产值210亿元，年利税达60亿元。2021年6月28日，嘉宏项目一阶段工程正式开工。2022年10月28日，一期一阶段项目中交，项目进入生产准备阶段。

禾兴石化码头（2022年摄）　　网信办 供

连云港石化有限公司绿色化学新材料产业园　2021年8月16日，连云港石化成立绿色化学新材料产业园。2021年12月，项目正式开始进入施工阶段。2022年11月30日，中控室主体基础及主体部分工程验收完成。

连云港禾兴石化码头有限公司　2017年12月29日，卫星化学与连云港石化产业园有限公司合资成立连云港禾兴石化码头有限公司（以下简称禾兴石化码头），注册资本1亿元。该项目位于徐圩港区四港池43#—45#液体散货泊位，工程建设2座5万吨级液体散货泊位（水工结构按10万吨级船设计）和1座3万吨级液体散货泊位及相应配套设施，占用岸线860米，设计通过能力为580万吨/年，项目用海域面积为43.59万平方米，其中透水构筑物用海面积11.43万平方米，港池用海面积32.16万平方米。2019年1月10日，码头举行开工仪式；10月17日，取得海域使用权证。2020年9月30日，码头项目全面建成交付使用；10月12日，首艘2万吨乙烷运输船顺利靠泊禾兴码头。

第四节　科技研发

一、概况

2009－2022年，徐圩新区不断加快实施创新驱动发展战略，推动重大科技基础设施成果落地，累计建成工程技术研究中心10个，工程研究中心1个，企业技术中心6个，省产业研究院2个，新型研发机构4个，创新与产业融合发展能力显著提升。徐圩新区加快实现IGCC技术落地，推动国家重大科技基础设施成果应用，投资2.6亿元建设高效低碳燃气轮机组，项目建成后可实现蒸汽、合成气、氢气、氮气、氧气等多种工业气体的集中供应。

2022年，洋井环保公司与华能氢能源合作的“近零排放的燃煤污染物低温深度脱除技术”项目，获国家重点研发计划支持，为全球首创；斯尔邦石化自主研发的EVA光伏料产品在晶点、熔指等关键指标改进上实现了重大突破，技术水平达到国际先进水平，整体性能、质量已经可以替代进口产品。

二、科技研发事项

2011年10月，徐圩新区清洁技术产业化基地和先进制造技术产业化基地（出口加工区）建成。作为徐圩新区重大科研成果转化基地的重要功能平台，其为大企业入驻提供公共技术平台、中试、产业化等功能，着力打造低碳化、园林化、智能化的生态园区。

2013年11月21日，徐圩新区年产41万吨镍合金新材料项目成功进行点火试生产，开启新区新材料研发生产新天地。

2017年4月19日，盛虹石化集团在徐圩新区举行院士咨询委员会成立仪式暨首次会议，清华大学金涌等12位中国科学院、中国工程院院士，副市长吴海云，盛虹集团董事长缪汉根，东中西示范区党工委副书记、管委会副主任江行洲参加会议。

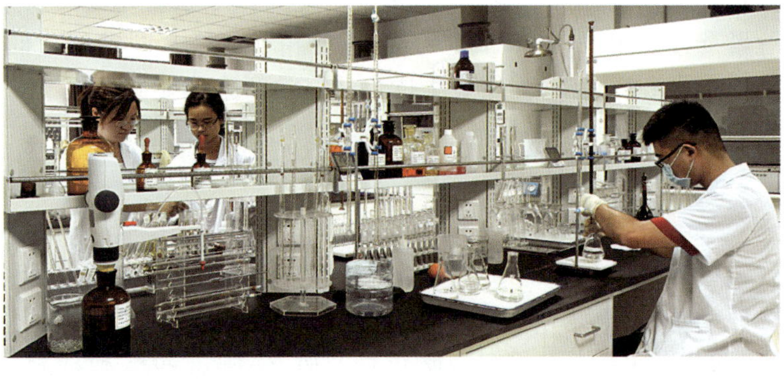

方洋水务公司科研人员进行水处理研究（2017年）
张晓东 摄

2017年，徐圩新区首次获批省高新技术企业2家、纳入江苏省高新技术企业培育库1家，实现产值97亿元，约占全区规上工业产值比重51.7%。其中，斯尔邦石化公司“甲基丙烯酸甲酯（MMA）”产品获市高新技术产品认定。2017 年,申报“基于电子水处理(EWT)技术的海水淡化及资源综合利用”“生物膜填料高效处理石化废水技术比较及应用”“国Ⅴ国Ⅵ清洁加氢催化剂的中试放大和示范生产”3 个省科技计划项目。

2017 年,新区知识产权授权总量 43 件。2017 年新获批 2 家省级企业研究生工作站,斯尔邦石化公司研究生工作站和江苏东辛农场研究生工作站。

2018 年,推进方洋水务申报高新技术企业,全年实现高新技术产业产值 126 亿元,占规上工业产值比重达 53.5%。2018 年申报石化废水再生膜过滤集成技术与装备研发及产业化应用、甲醇制烯烃 MTO 装置模型化与智能化运行关键开发 2 个省科技计划项目。2018 年,新区专利申请总量 64 件。

2019 年,新区组织开展国家科技型中小企业评价工作,完成注册审核 5 家,其中公示入库企业 4 家。同年,新区申报高新技术企业培育入库企业 3 家,获批 3 家;积极组织方洋能源科技、中节能、鹏辰新材料和珠江钢管申报国家高新技术企业,并均以 100% 的获批率通过高企认定,其中 3 家为第一次申报获批的新高企。当年新区实现高新技术产业产值 141 亿元,增幅 11.9%,占规上工业产值比重达 58.5%。

2019 年,积极推动南京工业大学连云港石化基地研究院落户相关事宜;先后组织企业参加苏北五市产学研合作对接会、江苏产学研合作大会等活动。11 月,徐圩新区举办连云港—南京工业大学产学研专场会。江苏方洋水务有限公司承担的省科技基础设施建设计划项目“江苏省石化废水(污泥)处理工程技术研究中心”顺利通过江苏省科技厅验收组验收。斯尔邦以连云港市高分子新材料工程技术研究中心为主体申报市级工程技术研究中心,并成功获批。

2020 年 5 月 11 日,徐圩新区与南京工业大学签订协议,将共建南京工业大学连云港石化产业研究院。南京工业大学党委书记芮鸿岩、南京工业大学校长乔旭,市领导项雪龙、方伟、石海波、魏爱春参加活动。

2020 年 10 月 18 日,徐圩新区在大陆桥会议中心举办连云港石化产业发展研讨会,分别就“十四五”石化产业发展趋势、石化园区环保体系建设及应急管理体系建设 3 个主题邀请行业知名专家教授做主旨报告,新区管委会及区属国有企业中层干部、市石化行业专业技术人才高级研修班的全体学员共 200 余人参加会议。

2020 年 10 月 22 日至 23 日,徐圩新区先后与兰州石化职业技术学院、西安石油大学签订合作框架协议,重点围绕加强产学研合作、优化人才引进与培养机制、强化人才培养培训基地与平台建设等合作内容,通过开展人才联合培养、组建应用技术协同创新中心、共建学生实习实训基地和教师企业实践基地等,进一步深化石化专业人才联合招生培养及引进、学生实习实践等方面合作,不断提升合作水平,持续推进专业、产业相互促进共同发展。同步挂牌设立“连云港石化产业基地人才培养中心”“兰州石化职业技术学院教师企业实践流动站”及“兰州石化职业技术学院学生实习实训基地”。

三、研究设计机构

盛虹先进材料国际研发中心　项目占地 23.3 万平方米,定位为盛虹石化产业集团的全球研发总部,按照新型研发机构管理模式运作,以“成为国际一流的先进材料创新解决方案合作伙伴”为目标,专注于新能源新材料的研发,瞄准高端烯烃材料、功能高分子材料、电子化学品、电池材料、新能源材料等领域,力争在国家“卡脖子”的关键技术难题上取得技术突破。积极承担国家和省市重点科技攻关项目,力争建成国家级企业技术中心和重点实验室,并获得国内外知名科技创新奖项;与国内外重点高校和研究所联合培养研究生,建立企业博士后流动站。建立开放创新平台,促进与产业链合作伙伴的联合创新,引领行业创新联盟。一期建设聚合物合成实验室、生物降解材料合成实验室、生物降解材料改性及制品实验室、有机合成实验室、烷氧基化实验室、高吸水性树脂合成实验室、新能源实验室、催化剂性能评价实验室和表面活性剂应用评价实验室,新建单体建筑包括研发楼、学术交流中心和综合楼;二期建设中试项目。

洋井环保服务有限公司新型研发机构 2022年江苏洋井石化集团有限公司依托徐圩新区生态环境质量管控中心(下称“管控中心”)创建新型研发机构,管控中心位于江苏省连云港市徐圩新区陬山路8号。管控中心依托清华大学李俊华教授团队及华能清能院汪士清博士团队等,聚焦石化行业大气污染防治领域,主要涉及挥发性有机物(VOCs)综合治理、大气污染物氮氧化物等减排等技术研发、应用及推广,致力解决园区面临的生态环境治理难题,打造国内化工园区生态环境示范标杆。管控中心研发场地面积5500平方米,建设了VOCs高效治理研发室、氮氧化物高效治理研发室、低温法污染物一体化脱除技术(COAP)研发室等研发试验平台,拥有研发仪器设备260余套。中心拥有员工48人,研发人员14人,硕士、博士占比达50%以上。

江苏方洋环境监测有限公司新型研发机构 由江苏方洋水务有限公司和江苏方洋环境监测有限公司于2021年共建。至2022年年底,该机构依托南京工业大学产学研合作、江苏省石化污水(污泥)处理工程技术研究中心核心团队,聚焦生态环境监测技术研究方向,取得环境检测(水和废水、空气和废气、土壤、固体废物、噪声、海水)、水质检测(生活饮用水)、涉水产品(聚氯化铝、滤料、聚丙烯酰胺、活性炭、工业盐酸、工业氢氧化钠)、城镇污水处理厂污泥、农林土壤五大类415项检验检测资质能力。主要涉及水、气、声、土壤等多项环境要素指标检测,环保设施运维,竣工验收报告编制,环保技术咨询服务等多个领域。研究院研发场地面积4686平方米,建设小型仪器室、电感耦合等离子体质谱仪(ICP/ICP-MS)分析室等研发平台或实验室23个,拥有仪器设备583台套。拥有员工39人,其中研发人员28人,硕士、博士占比达10.3%以上,致力于打造中国卓越的工业园区环境综合服务商。

中国矿业大学连云港徐圩高新技术研究院 2010年2月,市编委《关于同意成立中国矿业大学连云港徐圩新区高新技术研究院的批复》批复设立中国矿业大学连云港徐圩新区高新技术研究院,为经费自理机构(自收自支事业单位),核定编制20名,由市编办实行单列管理,挂靠在市人才服务中心。2019年5月,撤销该事业单位。

中国节能环保产业设计(连云港)促进中心 2013年1月,市编委《关于同意成立中国节能环保产业设计(连云港)促进中心的批复》同意成立“中国节能环保产业设计(连云港)促进中心”,隶属徐圩新区管委会管理;核定自收自支事业编制规模15名,由连云港市人才服务中心按照人事代理相关规定实行人才派遣。

2015—2022年徐圩新区部分研发平台一览表

表4-4

序号	建设(认定)年度	企业名称	研发平台名称	平台类别	级别
1	2015	番禺珠江钢管(连云港)有限公司	连云港市高性能能源管材重点实验室	市重点实验室	市级
2			番禺珠江钢管(连云港)有限公司技术中心	企业技术中心	省级

续表 4－4

序号	建设(认定)年度	企业名称	研发平台名称	平台类别	级别
3	2016	江苏方洋水务有限公司	江苏省石化废水(污泥)处理工程技术研究中心	工程技术研究中心	省级
4	2017	江苏斯尔邦石化有限公司	江苏斯尔邦石化有限公司研究生工作站	研究生工作站	省级
5	2017	江苏省东辛农场有限公司	江苏省东辛农场有限公司研究生工作站	研究生工作站	省级
6	2018	江苏斯尔邦石化有限公司	江苏斯尔邦石化有限公司技术中心	企业技术中心	省级
7	2019	中节能(连云港)清洁技术发展有限公司	连云港市固危废处理及综合利用工程技术研究中心	工程技术研究中心	市级
8	2020	江苏香河农业开发有限公司	江苏香河农业开发有限公司研究生工作站	研究生工作站	省级
9	2020	盛虹石化集团有限公司	博士后创新实践基地	博士后创新实践基地	省级
10	2020	南京工业大学连云港石化产业研究院有限公司	南京工业大学连云港石化产业研究院	新型研发机构	市级/省级
11	2020	江苏方洋能源科技有限公司	连云港市徐圩新区智慧电力运维工程技术研究中心	工程技术研究中心	市级
12	2021	江苏斯尔邦石化有限公司	江苏省高端聚烯烃新材料工程技术研究中心	工程技术研究中心	省级
13			企业联创中心	省产业研究院	省级
14	2021	江苏方洋环境监测有限公司	江苏方洋环境监测有限公司	新型研发机构	市级/省级
15	2021	江苏洋井环保服务有限公司	江苏洋井环保服务有限公司	新型研发机构	市级/省级
16	2022	中节能(连云港)清洁技术发展有限公司	连云港市固危废处理及综合利用工程技术研究中心	工程技术研究中心	省级
17	2022	江苏洋井环保服务有限公司	江苏省环境损害评估与治理工程研究中心	工程研究中心	省级
18	2022	中节能(连云港)清洁技术发展有限公司	高氯危废治理与资源化利用中心	新型研发机构	省级
19	2022	江苏思派新能源科技有限公司	企业联创中心	省产业研究院	省级
20	2022	江苏方洋水务有限公司	江苏方洋水务有限公司研究生工作站	研究生工作站	省级
21	2022	中节能(连云港)清洁技术发展有限公司	中节能(连云港)清洁技术发展有限公司技术中心	企业技术中心	市级
22	2022	连云港虹洋热电有限公司	连云港虹洋热电有限公司技术中心	企业技术中心	市级
23	2022	连云港石化有限公司	连云港市乙烯衍生物绿色新材料工程技术研究中心	工程技术研究中心	市级
24	2022	江苏凯序金原纸塑包装有限公司	连云港市生物降解纸塑复合材料工程技术研究中心	工程技术研究中心	市级

续表 4－4

序号	建设(认定)年度	企业名称	研发平台名称	平台类别	级别
25	2022	连云港徐圩城建工程有限公司	连云港市软土与盐碱地生态环境综合治理工程技术研究中心	工程技术研究中心	市级
26	2022	江苏方洋水务有限公司	江苏方洋水务有限公司技术中心	企业技术中心	市级
27	2022	连云港石化有限公司	连云港石化有限公司技术中心	企业技术中心	市级
28	2022	连云港虹洋热电有限公司	连云港市高效节能型热电联产工程技术研究中心	工程技术研究中心	市级
29	2022	江苏赛科化学有限公司	连云港市高端表面活性剂工程技术研究中心	工程技术研究中心	市级
30	2022	江苏思派新能源科技有限公司	连云港市锂电池电解液溶剂工程技术研究中心	工程技术研究中心	市级

连云港石化产业基地世界一流标准体系(2022 版)

表 4－5

分类	序号	分项指标	单位	数值
绿色产业发展	1	绿色产业增加值占园区工业增加值比例	%	10
	2	基础原料就地转化率	%	≥70
	3	产业关联度	%	≥85
	4	重点企业清洁生产审核实施率	%	100
	5	绿色工厂(车间)示范企业占比	%	≥80
	6	单个项目投资总额(非战新项目)	亿元	≥10
	7	固定资产投资强度(非战新项目)	万元/亩	≥585
	8	项目投产后产值(非战新项目)	万元/亩	≥715
	9	项目投产后税收(非战新项目)	万元/亩	≥35
环境质量改善	10	基地内地表水、地下水环境达标率	%	100
	11	近岸海域水质达标率	%	100
	12	VOCs 无组织排放应收尽收	%	100
	13	废水、废气稳定达标排放率	%	100
	14	生活污水集中处理率	%	100
	15	工业固体废弃物(含危废)处置率	%	100
	16	园区环保监测监控体系(监测站、大气环境 监测车、信息平台等)	/	建立
	17	单位工业增加值废水排放量	t/万元	≤3.2
	18	单位工业增加值 COD 排放量	kg/万元	≤0.1
	19	单位工业增加值氨氮排放量	kg/万元	≤0.008
	20	单位工业增加值固废产生量	kg/万元	≤0.18
	21	单位工业增加值 SO_2 排放量	kg/万元	≤0.2
	22	单位工业增加值 NO_X 排放量	kg/万元	≤0.7

续表 4－5

分类	序号	分项指标	单位	数值
环境质量改善	23	单位工业增加值 VOCs 排放量	kg/万元	≤0.56
	24	单位工业增加值 CO_2 排放量	t/万元	≤0.6
	25	重点污染源稳定排放达标情况	/	达标
	26	烟气全部消白	/	达到
	27	燃煤电厂废气污染物排放标准	mg/m^3	超低排放（烟尘 ≦ 10；SO_2 ≦ 35；NO_X ≦ 50）
	28	$PM_{2.5}$	$\mu g/m^3$	＜30
	29	环境空气质量优良天数比例	%	＞90
	30	建成区绿化覆盖率和生态修复率	%	≥25（不含农场和港区）
	31	CO_2 排放回收设施	/	具备
安全风险管控	32	石化基地安全风险等级评估	分	≥95
	33	国家级危化品和应急救援实训基地	/	建成
	34	危化品、道路运输、海上、地震及核事故疏散的处置能力	/	具备
	35	危险化学品管理、储存、运输安全	/	完善
	36	全景监控与重大安全风险监测覆盖率	%	100
	37	与在产企业互联互通覆盖率	%	100
	38	“两重点一重大”部位监控预警覆盖率	%	100
	39	“两重点一重大”操作人员具备相关专业大专及以上学历占比	%	100
	40	亿元 GDP 生产安全事故死亡率	人	＜0.03
	41	十万人生产安全事故死亡率	人	＜1.5
	42	工程建设百亿元投资生产安全事故死亡率	/	＜0.4
	43	职业病事故发生率	/	0
	44	组织开展综合性应急演练	次/季度	＞1
	45	“两重点一重大”生产装置和储存设施自动化系统装备投用率	%	100
	46	涉及硝化、氯化、氟化、重氮化、过氧化工艺的精细化工装置生产工艺全流程反应风险评估率	%	100
	47	硝化和相邻装置同一时间现场操作人员数量	个	≤2
	48	化工企业投产 1 年内安全生产标准化二级达标率	%	100
	49	化工企业投产 3 年内安全生产标准化一级达标率	%	≥50
	50	医疗应急救援中心具备危化品事故医疗救援能力人员	人	＞50
	51	从业人员经应急救援实训基地、科普馆培训合格覆盖率	%	100
	52	权威机构开展综合性深度检查	次/年	2
	53	安全管理人员中注册安全工程师占比	%	＞20

续表 4-5

分类	序号	分项指标	单位	数值
能源资源利用	54	单位工业增加值综合能耗	tce/万元	≤1
	55	再生资源循环利用率	%	≥80
	56	工业用水重复利用率	%	≥97
	57	再生水(中水)回用率	%	≥70
	58	废气和余热资源回收利用率	%	≥90
	59	单位工业增加值新鲜水耗	m^3/万元	≤20
	60	非化石能源占一次能源消费总量比重	%	≥20
	61	可利用危险废物园区内利用率	%	≥70
	62	工业固体废物综合利用率	%	≥80
	63	煤炭封闭输送	%	100
	64	单位产品综合能耗	/	标杆值
	65	设备能效水平	/	1 级
	66	焚烧处置的危险废物在园区内消纳率	%	≥80
科技创新	67	高新技术企业占比	%	≥70
	68	园区研发投入强度	%	≥3
	69	企业建立研发中心占比	%	≥70
	70	高层次人才占比	%	≥8
	71	“专精特新”企业占比	%	≥10
基础设施建设	72	工业废水收集处理体系	/	具备
	73	污水集中处理设施	/	具备
	74	工业废水管线入廊	/	全部
	75	公用热源岛	/	具备
	76	固废集中处置设施	/	具备
	77	分质供水体系	/	建立
	78	石化基地主干道路管廊覆盖率	%	100
	79	公共事故池	立方米	容量匹配
	80	应急备用水源供水能力	天	≥10
园区运行管理	81	安全环保应急预案制定率	%	100
	82	产业项目安全、环保投入分别占比	%	≥10
	83	安全生产责任制覆盖率	%	100

续表 4－5

分类	序号	分项指标	单位	数值
园区运行管理	84	建立项目准入退出机制	/	建立
	85	建立健全土壤和地下水防治体系	/	建立
	86	投产化工企业五位一体信息化平台和智慧车 间建设率	%	100
	87	园区环境风险防控体系建设完善	/	完善
	88	建设项目环评、“三同时 ”执行率	%	100
	89	建设为石化基地服务的生态隔离廊道	/	建立
	90	挥发性有机物“指纹库 ”和溯源机制	/	建立
	91	重点企业环境信息公开率	%	100
	92	企业开展碳核算率	%	100
	93	建立园区碳排放强度下降绩效考核体系	/	建立
	94	环境风险健康管理系统	/	建成
	95	建立专业第三方服务机制	/	建立
	96	在规划区外围设置禁止区	/	建立
	97	石化基地全封闭管理	/	实现
	98	国家生态工业示范园区	/	获批
	99	国家智慧化工园区	/	获批
	100	国家绿色化工园区	/	获批

第五章　现代服务业

徐圩新区成立后，按照国家东中西区域合作示范区建设方案要求，积极参与连云港港功能分工，以构建集国际运输、分拨转运、仓储配送、临港加工、交易及配套服务功能于一体的区域性物流中心为目标，加强物流基础设施建设，为新区发展提供便捷高效的物流服务。新区服务业坚持“生态、智能、融合、示范”的服务理念，重点打造云湖商务区，积极发展物流配送、展览展示、金融商务、科技服务等现代服务产业。

港口物流业是徐圩新区战略支撑性产业，在原料采购、产品流通、信息畅通等方面有力地支持了化工产业等临港工业的发展，带动了以物流运输、货物驳运为主的临港物流产业集群。为推动新区现代服务业快速发展，2010 年 9 月徐圩新区成立江苏方洋物流有限公司，该公司是徐圩新区物流设施开发和运营的实施主体。2022 年 12 月，江苏方洋物流有限公司变更为连云港徐圩港口物流有限公司。拥有物流设施开发用地 700.56 万平方米，已建设仓储面积 58.94 万平方米，具备了提供优质的仓储和供应链服务能力。

2012 年 9 月，江苏方洋现代服务产业集团有限公司成立，主要承担徐圩新区生活配套服务。至 2022 年年底，该公司拥有 5 个子公司，能够提供会议会展、餐饮服务、大宗商品贸易、商业管理、品牌运营等多种类型生活配套服务。

2013 年 4 月，徐圩新区管委会出台《国家东中西区域合作示范区先导区（徐圩新区）促进现代服务业发展暂行办法》，在税收、用地、用房等方面予以优惠。至 2022 年，徐圩新区逐步完善现代服务业布局，积极为入驻企业提供物流管理、物流配送、管理咨询、品牌推广、创意设计、活动策划等各项服务。

第一节　物流业

徐圩新区的物流业，主要依托徐圩港口及码头，发展港口码头作业区、仓储物流、加工物流、港口支持产业等临港物流产业领域。通过建设物流管理中心、物流信息统一处理中心，构筑物流电子商务平台，主要为徐圩新区石化产业基地、连云港及周边、中西部等地区利用徐圩港口进行货物中转的用户服务。物流配送方式，主要依托港口和周边高等级公路运输网，区内配送主要采用管道运输、公路运输等方式。

一、港口运输

参见第三章徐圩港第六节港口运输。

二、联运

2016年11月,多式联运中心一期启动建设。该项目建设内容包括2栋总面积约6万平方米仓库,2.2万平方米堆场和5.2万平方米智能化停车场,基本实现仓储运输、分拨转运、车辆调度、智能化卡口管理等功能。2017年5月多式联运中心二期启动建设,2018年正式投用。该项目二期开发面积76.93万平方米,完成投资2.13亿元,建成公路港综合服务中心、车辆设备检测维修中心、4.5平方米堆场;启动石化仓储区、大型装备仓储区、铁路港综合作业场站、公铁联运区等规划建设工作。

2018年4月20日,江苏方洋物流有限公司与斯尔邦石化签订《乙烯－醋酸乙烯共聚物(EVA)仓储合同》,4月24日完成首批斯尔邦石化EVA产品入库,年度完成收入47.24万元。

2018年4月,多式联运中心与江苏斯尔邦石化有限公司合作开展第一单货物仓储业务,储存物料主要为EVA、非离子表面活性剂(EOD),自2018年起至2022年,持续开展斯尔邦石化包装货仓储业务合作。

2019年1月,多式联运中心仓库首次达到100%出租率。7月,江苏方洋物流有限公司与连云港怡乐通物流有限公司签订怡亚通(徐圩新区)供应链整合物流基地合作协议。

2020年1月,疫情防控期间,为保障各客户的正常生产,助力企业发展,成立了疫情防控专项工作小组,值班人员每日在岗14小时,连续在岗28天,入库10000余吨物料,查验398车次。

2021年1月,多式联运中心实现仓储多元化客户引入,中外运国储粮项目、连云港港口胶合板出口仓储分拨业务纷纷落户多式联运中心仓储区,实现6.2万平方米仓储百分百满负荷运营。2021年度,多式联运中心为助力盛虹炼化的建设与投产,先后与盛虹炼化(连云港)有限公司开展多项仓储业务合作,货物在库储存期间实现"0"损耗。2021年年底,多式联运中心与江苏瑞恒新材料科技有限公司开展仓库租赁与装卸服务业务合作,为入库货物开通绿色消杀通道,在库储存期间累计开展千余次巡查,有效保障货物在库期间的安全。

2022年,多式联运中心开发上线仓储管理系统,采用统一部署集中管理的方式,一套系统管理多个仓库,实现线上线下同时运营管理,高效解决仓储管理中存在的各种问题,实现精细化管理。

三、企业选介

连云港徐圩港口物流有限公司(原江苏方洋物流有限公司) 2010年9月10日成立,注册资本21.59亿元,是连云港徐圩港口控股集团有限公司控股子公司。2022年9月,该公司与连云港徐圩港口投资集团有限公司合并成立连云港徐圩港口控股集团有限公司。2022年12月,公司名称由江苏方洋物流有限公司变更为连云港徐圩港口物流有限公司。至2022年年底,公司净资产62.07亿元,拥有物流设施开发用地700.56万平方米,已建设仓储面积58.94万平方米,规划建设仓储面积超280万平方米。

江苏方洋现代服务产业集团有限公司 2012年9月成立,注册资本2.42亿元,是江苏方洋集团有限公司的子公司。作为徐圩新区生活配套服务的主要实施载体,现代服务集团经过多年的快速发展,现拥有连云港大陆桥国际会议中心有限公司、连云港云帆物业服务有限公司、连云港云湖商贸有限公司、江苏方洋文化传播有限公司、连云港方洋餐饮有限公司5家公司,打造了方洋之家、随园、皇冠、大陆桥、智汇湾、方洋·邻里荟等多个知名品牌,主要业务涵盖酒店开发建设、运营与管理咨询,会议会展、餐饮服务、宴会活动策划,物业管理、物产租售,大宗商品贸易、大型超市卖场运营、连锁餐饮品牌建设,文化艺术传播、品牌文化推广策划,商业管理、品牌运营、营销推广、管理咨询等。

第二节 展览贸易

一、展览业

（一）工业品超市

该项目原为示范区资源集中采购中心项目，后改名为工业品超市。2014 年 5 月 9 日，启动项目一期工程建设，10 月 25 日完工。共建设 1 号、2 号、3 号楼，总建筑面积 74440 平方米。

2016 年，江苏方洋物流有限公司以示范区资源集中采购中心 1#楼为主体，打造丝路国家展贸中心，该中心展览计划列入第三届中国（连云港）丝绸之路国际物流博览会的系列活动。11 月 17 日，徐圩新区丝路国家展贸中心项目正式开业运营，美国、俄罗斯、德国、乌兹别克斯坦、土库曼斯坦等国家驻华机构代表及国内外客商出席开业仪式。在开幕式的项目签约仪式上，来自俄罗斯、乌兹别克斯坦、哈萨克斯坦等国家的 22 家企业与该项目签订了入驻及合作协议。

2016 年 11 月 16 日，丝路跨境电商平台上线
张晓东 摄

2018 年 11 月 8 日，丝路国家展贸中心举办徐圩新区首届企业工业品备品备件供需洽谈会。西门子（中国）、东芝三菱、住友机械、慧桥电气、超达阀门、冠龙阀门等 11 家国内外行业知名品牌参会，盛虹集团、中化国际、卫星石化、中节能等园区企业代表，根据企业对工业品的采购需求，徐圩新区与参会企业进行了深入的洽谈交流。

2019 年 12 月 24 日，丝路国家展贸中心举办徐圩新区第二届企业工业品备品备件供需洽谈会和五金机电城开业活动。本次供需洽谈会共有 11 家企业进行产品展览展示，园区企业、园区参建单位、方洋集团旗下各子公司和工业品集采中心五金机电城入驻商户等 40 余家需求单位参加活动。2019 年年底与江苏华财管道有限公司达成战略合作，首次为新区内单位供应管材等产品，贸易营收 300 万元。

（二）大陆桥展览中心

2015 年 10 月，徐圩新区进口商品直销中心正式营业，集进口商品展示、东中西部合作交流、产品销售等功能于一体。

二、货物贸易

2014 年，江苏方洋物流有限公司首次开展煤炭仓储贸易业务，年内营业收入 5700 万元。此后该公司陆续开展代理开证等业务，拓展铬矿、锰矿等黑色金属产品代理进口业务。2017 年，该公司拓展盛虹石化集团业务，开展国内对二甲苯、甲醇和对二甲苯代理进口、精对苯二甲酸运输和贸易业务，年营业收入 18.48 亿元。至 2019 年年底，营业收入 21.89 亿元。

2020 年，江苏方洋物流有限公司拓展水泥、方桩贸易业务，全年实现营业收入 17.3 亿元。2021 年进一步拓展盛虹石化集团业务，开展三甲苯、碳十粗芳烃、芳烃溶剂等化工品贸易，拓展矿粉、粉煤灰、钢材贸易业务，年营业收入 25.76 亿元。2022 年，江苏方洋物流有限公司营业收入 42.19 亿元。

2014—2022 年连云港徐圩港口物流有限公司贸易运输营收情况一览表

表 5－1

年份	营业收入	业务范围
2014	5700 万元	首次开展煤炭仓储贸易业务
2015	1.95 亿元	在 2014 年业务基础上，首次开展代理开证业务
2016	2.2 亿元（其中大宗贸易收入 1.49 亿元，运输、货代业务收入 0.5 亿元，代理进口业务 0.21 亿元）	拓展铬矿、锰矿、铅锌矿等黑色金属产品代理进口业务，并首次开展运输、货代业务
2017	18.48 亿元	拓展盛虹石化集团业务，开展国内对二甲苯、甲醇和对二甲苯代理进口、精对苯二甲酸运输和贸易业务
2018	22.89 亿元	拓展多元化贸易业务，开展化工品对二甲苯、精对苯二甲酸、乙二酸、甲醇，铬矿及红木等商品贸易
2019	21.89 亿元	继续开展对二甲苯、精对苯二甲酸、乙二酸、甲醇贸易业务
2020	17.3 亿元	拓展水泥、方桩贸易业务
2021	25.76 亿元	拓展三甲苯、碳十粗芳烃、芳烃溶剂等化工品贸易以及矿粉、粉煤灰、钢材等建材贸易
2022	42.19 亿元	维持并不断扩大甲醇、三甲苯化工品贸易以及水泥、矿粉、粉煤灰、钢材等建材贸易

三、服务贸易

徐圩新区成立后，进一步完善连云港国际商务中心的服务功能，积极配套建设徐圩新区云湖商务核心区，打造面向中西部地区的商务服务平台，提升服务中西部地区的能力。2010 年 9 月，连云港云帆物业服务有限公司成立，核心业务包含资产运营、物业服务、工程运维等三大板块，涵盖写字楼、住宅小区、工业园区、学校、医院、农贸市场等多种业态，围绕商业运营、资产运营和物业服务主营业务方向，致力于为业主提供高品质、全方位、多维度的生活配套服务。

2010 年 12 月，江苏方洋人力资源管理有限公司成立，业务涵盖人才外包、政企派遣、人力资源管理咨询、猎头与人才招聘、政企教育培训、人才测评、校企合作、工业旅游、体育赛事运营、党建团建拓展活动等，为新区企业提供人力资源服务。

2013 年 2 月，连云港云湖商贸有限公司成立，以采、运、存、销全流程供应链管理为主体方向，以集采、仓配、营销三大中心和新零售事业为两翼，构建以源头直采、基地直供为核心模式的“一体两翼”发展格局，作为国家东中西区域合作示范区（徐圩新区）物资供应保障的重要载体，公司立足徐圩新区战略发展平台，致力于提供具有竞争力的供应链管理服务。

2014 年 2 月，徐圩新区节能环保科技园工业邻里中心服务配套区经批准备案，规划总占地面积 25711 平方米，总建筑面积 54526.84 平方米，主要建设一栋商业综合体，包括酒店和商业区两部分,总投资 24115.7 万元。2016 年 6 月,此项目备案延期至 2017 年 2 月。

2014 年 3 月,连云港大陆桥国际会议中心有限公司成立,为新区提供酒店管理运营、宴会活动策划、会议会展、餐饮等各项服务。10 月,方洋之家超市云湖社区店开业,成为徐圩新区第一个对外运营的连锁品牌。

2015 年 9 月,连云港皇冠商务酒店正式营业。10 月,徐圩新区进口商品直销中心正式营业,为进口商品展示、东西部合作交流、产品销售搭建了平台。

2017 年 9 月 1 日,大陆桥产品展览展示中心揭牌。大陆桥产品展览展示中心占地面积 12.56 万平方米,总建筑面积约 14.2 万平方米,分为会议中心、酒店、展览展示中心三部分,是集星级酒店、产品展览展示、文化学术交流、国际论坛会议等功能于一体的多功能城市综合体。

2018 年 11 月,徐圩新区首家大型商业综合体—方洋之家生活购物广场开业。商场占地面积 4000 余平方米,集综合超市、名牌家电、品牌服饰于一体,联合电信、体彩、儿童乐园、美发沙龙等多项业态,打造了多样化购物娱乐中心。

2019 年 6 月,成立方洋商管公司,提升对智汇湾、方洋邻里荟等商业综合体的商业资产管理能力,加强商业资源整合,切实做好综合体运营管理,为公司发展提供新的增长点。9—10 月,大陆桥公司智汇湾的美食广场、中央厨房、游客服务中心相继投入运营。10 月,以中央厨房为重要依托的智汇湾商务中心(一期工程)获得江苏省现代服务业发展专项资金扶持。

中央大厨房(2023 年摄) 网信办 供

2020 年,智汇湾购物中心投入运营,该项目是徐圩新区核心区域商务休闲综合体,建设有中央厨房、智汇湾影城、特色餐饮及精品零售等配套商业体。是年,江苏方洋物流有限公司打造线上采购平台,为客户提供物资采购一站式采购解决方案,有效降低采购成本、减轻采购压力、优化采购营商环境。

2020 年 6 月 17 日,方洋农贸市场项目开工建设,项目位于徐圩新区徐圩大道与西宁路交叉口,建筑面积 7500 平方米,投资预算约 3000 万元,可营业面积约 6000 平方米,布局规划标准化农贸市场 1600 平方米、配套性食品作坊 1100 平方米、综合性商业配套 3300 平方米。11 月 20 日对外运营,缓解了张圩集中居住区内广大居民转岗就业困难,成为徐圩新区创造宜居便捷生活方式的民生工程。

2020 年 8 月,"智慧徐圩 App"一期完成开发建设并进入铺开市场全面运营阶段,提供"公共服务 + 生活服务"一站式综合平台,促进民生领域基础公共服务方式创新转型。

2021 年,云湖商务酒店邻里荟店、邻里荟购物中心投入运营。2022 年 5 月,江苏云湖现代服务产业集团有限公司揭牌,是徐圩新区现代服务业配套的主要载体。

至 2022 年年底,新区规模以上服务业单位 29 家,营利性规模以上服务业营业收入 105.6 亿元。新区非营利性服务业营业收入 18 亿元,批发业、零售实现营业收入 212.7 亿元,商品销售额 225 亿元,住宿餐饮实现营业收入 0.96 亿元。服务业从业人员 4020 人,成为吸纳就业的一个重要渠道。

四、项目选介

产业服务中心夜景(2014 年摄)　　网信办 供

徐圩新区产业服务中心 2010 年 6 月份开工建设,2013 年正式投入使用,是新区管委会、方洋集团、洋井石化集团办公地点。项目总投资 2.38 亿元,分为地上 9 层、地下 1 层,约 300 个停车位。中心提供一个功能齐全的物流交易服务平台,可满足新区内部的产业服务、规划展览、即时办公、商务接待和休闲配套等多种需求。至 2022 年,中心先后荣获"江苏省示范物业管理项目""江苏省节水型单位"等荣誉。

徐圩新区工业邻里中心 2014 年 5 月投入使用,总建筑面积约 35 万平方米,其中住宅区约 29 万平方米、生活服务配套区约 6 万平方米。项目共有 43 栋楼房,其中住宅 39 栋,引入餐饮、住宿、医疗、超市、娱乐、办公、人才培训等 15 种业态。2022 年,项目住宅及商办房屋全部对外出租。

云湖商务酒店 下辖合作路店、邻里荟店 2 个门店。合作路店于 2015 年投入运营,总占地面积约 3.5 万平方米,建筑面积约 2.8 万平方米,酒店楼高 7 层,拥有客房 141 间(套)。邻里荟店于 2021 年投入运营,总建筑面积约 1.2 万平方米,酒店楼高 12 层,拥有客房 150 间(套)。

大陆桥会议中心 2017 年 9 月投入运营,酒店面积约 8 万平方米,会场面积约 1.9 万平方米,总建筑面积为 14.2 万平方米。设有无柱式宴会厅,可承接 3000 人大型会议,900 人同时入住,2000 人就餐。

智汇湾购物中心 2019 年完成建设,2020 年投入运营。项目总建筑面积为 1.6 万平方米,经营面积 1.03 万平方米,定位综合性品质型社区购物中心。

邻里荟购物中心 2021 年 6 月投入运营。项目建筑面积 5.4 万平方米,其中包括购物中心 3.2 万平方米、地下室约 1.1 万平方米和商务酒店约 1.1 万平方米,是徐圩新区首个大型现代化社区型商业综合体。

中央大厨房 2022 年 6 月投入运营,建设总投资约 2.42 亿元,建筑面积 3.65 万平方米,为一二三产融合发展模式的智慧化餐饮配套服务项目。日生产能力可满足近 5 万人次就餐需求。

第三节 租赁商务服务

一、租赁

(一) 房屋租赁

连云港云帆物业服务有限公司于 2016 年 7 月成立,下置物业服务项目 30 余个,管理面积逾

200万平方米，包括写字楼、住宅小区、工业园区、教育院校、医院、城市综合体等。自主运营管理人才公寓、张圩小区、云湖社区服务中心等项目，租赁面积约2.5万平方米，出租率达90%，有效盘活了新区资产，实现房建类资产保值增值。

人才公寓(2023年摄)　　网信办供

2017年10月，云帆物业公司成功保障新区应急值班人员入住人才公寓，并结合居住需求完成餐厅、美发、卫生室等配套业态完善工作。2018年1月，云帆物业公司完成人才公寓一期项目首次销售回款工作。

2019年，云湖资产管理公司承接张圩小区房产租赁、张圩便民疏导点运营业务，筹建张圩小区、云湖社区中心房产租售中心，打通房产销售银行按揭贷款通道，完成张圩小区首期不动产权证办理及发放，房产租赁服务内容不断深化，推动新区优质资产盘活。同年11月初，盛虹石化、卫星石化、思派等50余家产业单位入住人才公寓。2022年，云湖资产管理公司服务产业职工达万余人次。

2020年3月，云湖资产管理公司承接徐圩湖石化基地服务区项目房屋管理工作。疫情防控期间为2万余人次施工工人提供全方位的生活服务保障。

2021年9月，云湖资产管理公司承接石化基地施工工人生活营地项目，招商引入餐饮食堂、便捷超市、快递点等业态，为2万余人次施工工人提供住宿、生活等配套服务。

2022年8月，成立云湖地产租售中心，至2022年年底，累计销售人才公寓房源215套，成功申办连云港市房地产经济人员从业资格证书，拓展房产中介业务，为新区广大住户，提供全方位、多元化房产服务。

(二) 标准厂房租赁

2014年，节能环保科技园标准厂房(一期)工程开工建设，规划用地69.6万平方米，分4个地块开发，总投资额11亿元，计划建设厂房20栋，总建筑面积约38.9万平方米，项目已完成1号、2号、3号地块单层厂房11栋共计193754平方米建设，5号地块多层厂房2栋共计59366平方米。

2017年12月20日，江苏方洋集团有限公司与江苏方洋物流有限公司就节能环保科技园标准厂房项目签订《委托运营管理协议》，方洋物流正式负责标准厂房项目运营工作。

2018年12月6日，连云港钧格环境科技有限公司年产12万吨对辊干法挤压造粒分装生产线项目承租2—6号标准厂房，租赁面积为3470平方米。

2019年3月1日，连云港固全新型建材有限公司年产40万立方米环保新型聚碳酸酯(PC)构件和新型高分子材料聚轮烷(PRS)桩生产线项目承租1—7号标准厂房，租赁面积为15820平方米。7月1日，徐圩派出所承租1—3号办公楼，租赁面积为3888平方米。7月10日，江苏坤泽新材料发展有限公司年产100万吨淤泥固化剂生产线项目承租2—3号标准厂房，租赁面积为12672平方米。9月1日，克里特阀门维修连云港有限公司连云港石化产业基地7*24小时通用设备维检线工程项目承租 2—6 号标准厂房,租赁面积为 2000 平方米。

(三)汽车租赁业务

2015 年 4 月 2 日,江苏方洋物流有限公司设立江苏方洋汽车租赁服务有限公司并开展车辆租赁业务,拥有租赁车辆 70 台,租赁业务主要分车辆长租和短租 2 种类型。

2020 年,江苏方洋汽车租赁服务有限公司拥有车辆 73 台,签订租赁合同 66 份,短租派车 504 次,实现租赁收入 1054 万元。

2021 年,江苏方洋汽车租赁服务有限公司拥有车辆 91 台,签订租赁合同 95 份,短租派车 572 次,实现租赁收入 919 万元。

2022 年,江苏方洋汽车租赁服务有限公司拥有车辆 115 台,签订租赁合同 71 份,短租派车 272 次,实现租赁收入 1132 万元。

2022 年 11 月 17 日,经国家东中西区域合作示范区(连云港徐圩新区)市场监督管理局批准,江苏方洋汽车租赁服务有限公司正式更名为连云港徐圩港口租赁服务有限公司。

(四)综合租赁

多式联运中心资产租赁主要为公路港综合服务中心综合办公楼租赁、司机之家租赁、堆场租赁、智能化停车场租赁,为石化、港口等产业提供物流供应链解决方案。

公路港综合服务中心于 2017 年 6 月完成建设并通过验收,2020 年 12 月正式投入使用。堆场及智能化停车场于 2020 年 9 月完成建设并通过各项验收任务,2020 年 10 月正式投入使用。

2020 年 11 月,连云港飞达物流有限公司作为智能化停车场首批客户入驻停车场。

2021 年 1 月,公路港综合服务中心综合办公楼入驻第一批物流企业。

2022 年 1 月,车辆设备检测维修中心正式运营。9 月,区港联动项目正式筹建,对进港货车进行统一调度管理,解决港区货车拥堵问题。

二、商务服务

2009 年,连云港新湾广告有限公司成立。2012 年,该公司更名为江苏方洋文化传播有限公司,为江苏方洋现代服务产业集团有限公司全资子公司,注册资本 1101 万元,具有国家二级广告(CNAAI 综合服务类)资质。2016 年公司被江苏省广协评为“区域领先企业”。至 2022 年,主营业务涵盖户外广告、展览展示、活动策划、文体产业四大业务板块。先后主导完成了徐圩新区户外广告规划、徐圩新区节能环保展示馆装饰布展、中国节能环保设计大赛活动策划、徐圩国际马拉松赛策划运营等多个重大文体产业项目。累计建设大型户外广告牌 60 余座,展览展示 10000 余平方米,策划活动 50 余次,年销售收入突破 3000 万元。

2019 年 6 月 26 日,连云港方洋商业管理有限公司(简称方洋商管)成立,注册资本 484 万元。方洋商管是由方洋现代服务集团设立的全资子公司。该公司主要有商业综合体运营管理、商业服务与咨询、信息化与大数据三大主营业务方向。2022 年,方洋商管运营管理的商业项目包括云湖商业街、智汇湾购物中心、邻里荟购物中心、邻里中心商务办公楼、人才公寓底商、云湖美食街 6 个项目,总面积超过 12 万平方米。

第四节　保税监管

一、综合保税区获批

2018 年 5 月 31 日，连云港综合保税区获国务院批复，规划面积 2.97 平方千米，共分 3 个区块：区块一位于徐圩新区片区，规划面积 0.53 平方千米；区块二、区块三均位于市开发区，在原出口加工区基础上整合而成，规划面积分别为 1.93 平方千米和 0.51 平方千米。

二、综合保税区建设

2018 年 9 月 27 日，连云港综合保税区建设现场推进会在徐圩新区召开。市委常委、常务副市长王加培，市政协副主席、市港口管理局局长、市口岸委主任鲁林，东中西示范区党工委书记、管委会主任石海波出席会议，市编委办等相关部门和单位分管负责人参加会议。10 月 8 日，连云港综合保税区（徐圩片区）启动建设。2019 年 9 月 7 日，完成一期工程建设。

2019 年 8 月 20 日，顺利通过由南京海关等部门组成的联合验收组验收。10 月 21 日，取得海关总署验收结果批复。11 月 26 日，取得海关总署下发的关区代码。12 月 16 日，海关内部系统维护完成，协调完成综保区卡口系统和场站运营调试，正式启动封关运作。

2019 年 8 月 20 日，连云港综合保税区封关验收，第一辆货车入场　　徐乙策 摄

2020 年 3 月 26 日，开展第一批出口保税通关业务，正式启动服务石化基地。5 月 25 日，走通首笔跨境集拼转口贸易业务。10 月 26 日，完成首单进口环节两步申报业务。

2021 年 12 月 27 日，农产品溯源冷链物流服务示范基地一期正式开工。

2022 年 3 月 4 日，连云港综合保税区（徐圩片区）接线桥梁及道路完成交工验收并投入使用。6 月 14 日，连云港综合保税区（徐圩片区）3#和 4#仓库及室外配套工程完成交工验收并投入使用。9 月 22 日，连云港综合保税区（徐圩片区）首创“散进整出”通关模式，被列入江苏省第三批自由贸易试验区创新实践案例，由江苏省自贸办发文，在全省示范推广创新经验。

第六章　开放合作

徐圩新区建区伊始，按照《国家东中西区域合作示范区建设总体方案》中“区域合作体制机制创新试验区”的定位要求，立足徐圩新区的发展条件与现状，确立了“解放思想、先行先试、激发活力、加快发展”的开放合作方针，以国家、省、市相关文件要求为导向，以深化制度创新为核心，以强化区域合作和招商引智为重点，遵循“市场主导、政府推动；平等自愿、互利共赢；积累共识、制度保障；先行先试、灵活渐进”的合作开放原则，不断加强与沿海地区和大陆桥沿线政府部门间的协调，推动东中西区域良性互动，营造“亲商、重商、爱商、护商”的良好氛围，为广大投资者提供优质高效的服务，全方位拓展开放合作和助商扶商的广度和深度，逐步建立健全保障和促进产业合作、要素合作、口岸合作、环境合作的体制机制，探索解决制度缺失和体制障碍等方面的突出问题。

至2022年，徐圩新区初步形成充满活力、富有成效、更加开放、有利于科学发展的长效机制和制度体系，充分利用一切可以利用的资源，进一步拓展了新区的发展空间，为新区加快发展注入了强大动力，同时也为探索江苏沿海开发和国家东中西区域合作发展经验、发展模式、发展道路提供徐圩经验。

第一节　区域合作

一、机构设置

2011年5月31日，作为《国家东中西区域合作示范区建设总体方案》的一部分，国务院批复同意连云港市设立国家东中西区域合作示范区。国家东中西区域合作示范区是全国涉及范围最大的区域合作示范区。该区立足连云港，依托大陆桥，服务中西部，面向东北亚，加强区域合作与交流，推动东中西区域良性互动，全方位拓展开放合作的广度和深度，以徐圩新区为先导区，建成服务中西部地区对外开放的重要门户、东中西产业合作示范基地、区域合作体制机制创新试验区。

2012年9月20日，新区管委会（筹）设立徐圩新区区域合作局。具体负责编制东中西区域合作的规划和实施计划，研究制定东中西区域合作的相关政策，创新东中西区域合作的机制体制，组织东中西部产业、物流、科技、信息等方面的交流活动，做好东中西部地方政府、科研院所、金融机构和企业在示范区设立的办事机构的协调服务，组织开展东中西区域合作论坛、产品展览展示等重大活动等工作。

二、交流合作

2010年2月26日，徐圩新区在北京举办连云港市沿海开发合作论坛，国家部委领导、知名专家学者、央企负责人、相关国家驻华使节、部分世界500强企业驻华代表等200余人出席本次活动。通过该论坛展示连云港市沿海开发的丰硕成果和徐圩新区美好的发展愿景。在论坛上,徐圩新区与相关方签约了一批合作项目。

2012年4月5日,参加第十六届西洽会的江苏代表团在西安举行重点项目集中签约仪式暨国家东中西区域合作示范区(连云港)推介会。在此次签约推介活动中,连云港口岸与陕西省口岸签订了口岸合作协议,连云港市政府与西安市政府签订共建国家东中西区域合作示范区协议;举行连云港—西安—昆明航线开通和西安陆港大陆桥国际物流公司揭牌仪式。

2012年6月1日,国家东中西区域合作示范区联动宣传推介活动在河南郑州举行新闻发布会。河南省是大陆桥沿线省区与连云港联系较为紧密的省份。此后,连云港与郑州等城市建立战略合作关系,与郑州建立大陆桥物流联盟,在洛阳设立了"无水港",开通至郑州的国内"五定班列"。河南省成为连云港市重要的发展腹地,连云港市也逐步成为河南省开发开放的战略门户。

2012年6月2日,国家东中西区域合作示范区新闻发布会在西安举行。几年来,连云港始终坚持"做好中西部的港口、服务中西部的发展",抢抓国家政策机遇,大力加强港口、交通、园区等载体建设,显著提升服务功能,服务中西部发展的能力不断增强,为东中西区域合作示范区的建设提供了良好的基础。

2012年6月4日,国家东中西区域合作示范区联动宣传推介活动在甘肃兰州举行新闻发布会。江苏省沿海办副主任王由礼、连云港市副市长胡忠勇,甘肃省政府副秘书长唐晓明、甘肃省西部开发办主任孙晓文出席发布会,徐圩新区管委会副主任封其山代表徐圩新区参加了发布会。

2012年6月5日,国家东中西区域合作示范区在西宁举行新闻发布会。江苏省沿海办副主任王由礼、连云港市副市长胡忠勇出席发布会。徐圩新区管委会副主任封其山代表徐圩新区参加了发布会。连云港作为新亚欧大陆桥东桥头堡,为陆桥沿线城市对外联系提供了极为重要的出海通道。

2012年6月7日,国家东中西区域合作示范区新闻发布会在新疆乌鲁木齐举行。江苏省沿海办副主任王由礼,连云港市委常委、秘书长、宣传部部长张光东出席发布会,徐圩新区管委会副主任封其山代表徐圩新区参会。

2012年6月8日,伊犁连云港共建共享国家东中西区域合作示范区座谈会召开,江苏省沿海办副主任王由礼,连云港市委常委、秘书长、宣传部部长张光东,伊犁州党委常委、妇联主席吐尔逊汗出席会议,徐圩新区管委会副主任封其山参加会议。

2012年11月26日,由省发改委、省文化厅和连云港市人民政府共同主办的首届东中西区域合作论坛暨2012西游记文化节在连云港市国展中心举行开幕仪式。首届东中西区域合作论坛开启区域合作新的里程,对推动东中西合作产生深远影响。2012西游记文化节有助于西游文化的研究和传播,进一步提升西游文化的影响力。西游记与桥头堡、示范区形态不一,但内涵相通。

2013年6月20日,以"承接产业转移、发展循环经济、促进转型跨越"为主题的第十九届中国兰州投资贸易洽谈会暨民企陇上行活动在兰州举行,由徐圩新区董世友和张晖组成的连云港市代表团受邀参加会议。为宣传推介国家东中西区域合作示范区,更好地推动东中西区域经济合作发展,徐圩新区利用此次契机,在兰州成功举办国家东中西区域合作示范区合作共建恳谈会。

2014年12月3—5日,以徐圩新区党工委副书记、管委会副主任江行洲为团长的徐圩新区"一带一路"经贸考察团赴吉尔吉斯斯坦进行考察访问。考察期间,新区分别与吉尔吉斯斯坦经济部、全国工商会签署《中国国家东中西区域合作示范区管委会与吉尔吉斯斯坦经济部推广署合作备忘录》《中国国家东中西区域合作示范区管委会与吉尔吉斯斯坦工商会合作备忘录》。通过备忘录的签署,徐圩新区与吉方建立长效联络机制,实现资源共享、平等互信、交流互通,共同推动"一带一路”（徐圩新区）国际经贸合作区的建设。

2015 年 3 月 23—24 日，以徐圩新区党工委副书记、管委会副主任江行洲为团长的徐圩新区经贸考察团对土库曼斯坦进行友好访问，先后拜会中国驻土库曼斯坦大使馆经济商务参赞处商务参赞孙殿卿、土库曼斯坦贸易与对外经济联络部副部长库尔巴诺夫、土库曼斯坦铁道交通部副部长格里德耶夫、土库曼斯坦进出口总公司总经理杜尔多耶夫，双方就双方共同关心的参与“一带一路”建设以及经贸项目合作等问题进行广泛深入的交流。

2015 年 6 月 2—5 日，以东中西示范区管委会副主任孙中华为团长的徐圩新区经贸考察团对乌兹别克斯坦进行了友好访问，双方就共同关心的参与丝路国家产业园项目建设以及经贸项目合作等问题进行了广泛深入的交流，与乌兹别克斯坦对外经济联系与贸易部主任拉米斯 · 阿布德拉西莫夫座谈，拜会乌兹别克斯坦工商会投资部主任乌斯马诺夫 · 加福尔。访问期间，考察团一行与乌兹别克斯坦鹏盛工业园、中国外运陆桥运输有限公司塔什干代表处、深圳市大洋物流有限公司等中国驻当地知名企业进行了座谈交流，就徐圩新区与乌兹别克斯坦多领域的合作进行了广泛的探讨。

2016 年 10 月 12 日，东中西示范区党工委书记、管委会主任石海波率领徐圩新区石化产业考察团到宁波石化经济技术开发区考察交流石化园区规划建设、环境保护、安全管理等方面工作。宁波石化开发区党工委副书记、管委会常务副主任胡祖友陪同考察。

徐圩新区丝路国家展贸中心（2016 年摄）　　网信办 供

2016 年 11 月 17 日，徐圩新区丝路国家展贸中心项目正式开业运营。丝路国家展贸中心项目是徐圩新区积极响应“一带一路”倡议，采用特色展贸 + 供应链金融 + 大宗产品交易平台的新型商业模式，倾力打造的丝路沿线国家和地区经贸交流平台。丝路国家展贸中心依托港口、海铁联运等大宗物流体系，以工程机械、矿产品、精品钢、绿色建材、纺织面料及沿线国家特色商品为主打产品，通过为沿线国家和地区企业提供展示交易、智能仓储、供应链金融等完善的配套服务，吸引沿线国家和地区优质企业和产品的集聚，促进沿线国家和地区间的商贸交流和经济发展。开业当天举行了项目签约仪式，来自俄罗斯、乌兹别克斯坦、哈萨克斯坦等国家的 22 家企业与丝路国家展贸中心签订入驻及合作协议。

2016 年 11 月 28 日，市长项雪龙会见中化国际（控股）股份有限公司总经理覃衡德一行，双方就深化项目合作、推动连云港化工产业转型发展进行深入交流。市委常委、常务副市长王加培，东中西示范区党工委书记、管委会主任石海波参加会见。

2017 年 9 月 21 日，由陕西省人民政府、中国—东盟（上海合作组织）环境保护合作中心联合主办的 2017 欧亚经济论坛生态分会在西安浐灞生态区召开。会议期间，徐圩新区与中国—东盟（上海合作组织）环境保护合作中心签署合作协议。徐圩新区管委会副主任王东亮与中国—东盟（上海合作组织）环境保护合作中心副主任周国梅分别代表双方签约。协议约定双方将以“务实合作、服务大局、优势互补、互利共赢”为指导原则，以服务绿色“一带一路”建设为根本宗旨，通过与“一带一路”沿线国家和地区在环保产业与技术方面合作，提升徐圩新区绿色发展质量和水平。

2019 年 7 月 19 日，首届中西部青年英才训练营活动在方洋管理学院举行开营仪式。东中西示范区党工委书记、管委会主任石海波，管委会相关部门负责人，高校带队老师，园区重点企业人力资源负责人及参训学员等共计 70 余人出席了开营仪式。

2020 年 10 月 22 日、23 日，徐圩新区先后与兰州石化职业技术学院、西安石油大学签订合作框架协议，通过开展人才联合培养、组建应用技术协同创新中心、共建学生实习实训基地和教师企业实践基地等，进一步深化石化专业人才联合招生培养及引进、学生实习实践等方面合作。同步挂牌设立“连云港石化产业基地人才培养中心”、“兰州石化职业技术学院教师企业实践流动站”及“兰州石化职业技术学院学生实习实训基地”。

2021 年 3 月 23 日至 26 日，徐圩新区二级调研员封其山一行赴西安石油大学和兰州石化职业技术学院，重点围绕人才招引、政校企合作及师生实习实训等方面进行深入交流，并在两校举行徐圩新区菁英人才奖学金捐赠仪式，挂牌设立引才工作站。

2022 年 9 月 27 日，在连云港市“奋进新港城 建功新时代”系列主题徐圩新区专场新闻发布会上，徐圩新区首次发布《连云港石化产业基地国际影响力研究报告》。

2022 年 10 月 22 日，市委书记马士光会见中国中化化工事业部党委书记、总裁、中化国际（控股）股份有限公司党委书记、总经理张学工一行。市领导黄远征、杨新忠，徐圩新区党工委书记石海波参加。

第二节 招商引资

一、招商机构

2009 年 6 月，徐圩开发建设指挥部成立招商一、二、三组，负责石化、精品钢、装备制造、港口物流等产业招引工作。

2010 年，徐圩新区管理委员会（筹）设立招商一、二、三局，撤销招商一、二、三组。新设立的招商局主要负责新区产业项目招引、招商活动组织及招商宣传等工作。12 月 24 日，徐圩新区管理委员会（筹）设立连云港徐圩新区北京代表处、上海代表处、南京代表处。主要负责建立与中央国家、省级机关的对口联系，争取重大事项政策支持；充分利用驻地优势，加强与企业和科研院所的业务联系，大力推进招商引资工作；与新闻媒体建立有效沟通渠道，宣传新区的投资环境；收集和反馈国家有关产业政策和招商信息，提供信息咨询和决策参考。

2011—2012 年，徐圩新区管理委员会（筹）相继设立北京办事处、南京办事处、上海办事处、兰州办事处（青海、甘肃）及西安办事处（陕西），承担建立与驻地省级机关以及地方政府的联系；加强与驻地企业、科研院所和金融机构的业务联系，协助推进招商引资工作；组织开展东西区域经贸、科技等合作交流活动；协调推进示范区合作服务体系建设等工作。

2014 年，国家东中西区域合作示范区（连云港徐圩新区）管理委员会撤销北京、南京和上海办事处，成立投资促进局，统筹负责牵头落实市、新区招商引资目标任务，细化任务分工，制定奖惩办法；产业项目招引情况及进度统计、上报；与上级部门联络沟通；招商宣传策划、招商活动组织实施，宣传物料设计制作；产业政策研究、制定；产业项目预审及项目建议书专家咨询组织；督促、指导和考核新区有关部门和单位招商引资工作。

2019 年,为进一步规范新区机构编制工作,撤销招商一局、二局,并入投资促进局。

二、招商政策

2010 年 4 月 9 日,徐圩新区管理委员会(筹)出台《连云港市徐圩新区鼓励投资暂行办法》,鼓励石化、冶金、清洁能源、装备制造、现代港口物流以及高新技术产业项目落户徐圩新区,规定执行工业用地最低挂牌价 13.6 万元/亩,根据投资规模、投资强度、技术含量、产出效益等因素,对投资企业在土地价款上给予奖励,奖励额度根据上述因素确定。

对世界 500 强企业以及投资规模大、科技含量高的重大项目,土地价格奖励额度实行一事一议。徐圩新区管委会设立国有担保公司,对新兴产业项目建设向银行贷款提供一定额度担保,并给予适当的财政贴息;设立扶持高层次创新创业人才创业投资专项资金,对高层次创新创业人才创业项目给予启动资金不低于 30 万元扶持;对高层次创新创业人才创业项目提供贷款担保,并给予适当的财政贴息。

2019 年 12 月 16 日,连云港市政府出台《连云港市推进高新技术企业高质量发展若干政策》,明确了 3 个方面的产业扶持政策。一是加大高新技术企业培育资金投入力度。对纳入省高新技术企业培育库的企业(以下简称“入库培育企业”)给予 5 万元培育奖励。对入库培育后首次认定为高新技术企业的给予 30 万元奖励,对第二次及以上认定为高新技术企业的给予 10 万元奖励,支持其开展新产品、新技术、新工艺、新业态创新。二是建立高新技术企业培育贡献奖励机制。对处于培育期的入库企业根据其对经济社会发展的实际贡献,给予一定奖励,有条件的县区也可给予一定奖励,用于企业进一步加大研发投入。对年应税销售首次达到 2000 万元以上的高新技术企业,按年应税销售的 1% 予以奖励,奖励金额最高不超过 100 万元。三是降低科技型中小企业研发成本。对通过评价的科技型中小企业在全面执行国家研发费用 175% 税前加计扣除政策基础上,可再按不高于 25% 研发费用税前加计扣除标准对有自主知识产权的企业给予奖补。有条件的县区、高新区及其他各类开发园区也可按一定比例给予奖补。

2012 年 8 月 29 日,新区管委会(筹)出台《国家东中西区域合作示范区先导区鼓励总部经济发展暂行办法》。该办法规定,经认定的总部企业,自认定当年起,其缴纳的增值税、营业税和企业所得税先导区留成部分,前 3 年给予 70% 奖励,后 2 年给予 50% 奖励;对总部企业高层次创新创业人才缴纳的个人所得税先导区留成部分,5 年内给予全额奖励。

2017 年 6 月 19 日,徐圩新区管委会印发《徐圩新区关于加快培育临港主导产业的若干政策意见(试行)》,每年安排一定财力用于奖励投资强度大、产业关联度高、带动能力强、符合新区产业发展规划和对新区经济贡献大的龙头项目。奖励标准与该项目给新区带来的经济贡献(仅指生产经营行为产生的经济贡献,下同)挂钩。

根据产业项目固定资产累计投资额划分层级,按一定标准给予奖励:产业项目固定资产累计投资额 100 亿元(含)以上至 200 亿元,按项目给新区带来经济贡献的 30% 分期予以奖励;产业项目固定资产累计投资额 200 亿元(含)以上至 300 亿元,按项目给新区带来经济贡献的 35% 分期予以奖励;产业项目固定资产累计投资额 300 亿元(含)以上,按项目给新区带来经济贡献的 40% 分期予以奖励。上述奖励从项目投产之日起(分期实施的项目,从第一期项目投产当年起)执行 5 年,企业获得奖励资金的涉税支出由企业自行承担。

产品科技含量高、技术先进且被认定为国家高新技术企业的,未达上述固定资产累计投资额标准的,也可按项目给新区带来贡献的 30% 予以奖励(涉税支出企业自理),奖励从被认定为国家高新技术企业当年起执行5年。

项目累计投资额达到更高一个层级时，可在原期限上延长两年，项目累计投资额再次提高一个层级时，可再延长一年，奖励总年限不超过8年，奖励标准就高不就低。

三、招商措施

（一）办会招商

2010年2月26日，徐圩新区在北京举办连云港市沿海开发合作论坛活动，部委领导、知名专家学者、央企负责人、相关国家驻华使节、部分世界500强企业驻华代表等200余人出席活动。该论坛充分展示了连云港市沿海开发的丰硕成果和徐圩新区美好的发展愿景，签约了一批合作项目，得到了参会嘉宾及有关方面的较高评价。

2012年4月5日，徐圩新区在陕西省西安市举行第十六届西洽会重点项目集中签约仪式暨国家东中西区域合作示范区（连云港）推介会。江苏省代表团团长、副省长史和平出席并讲话，陕西省副省长祝列克到会致辞，新疆维吾尔自治区副主席史大刚出席会议，陆桥沿线省市政府领导、知名企业家等各界代表共计300余人参加了推介活动。会上，连云港市人民政府与陕西省西安市人民政府签订了关于共建国家东中西区域合作示范区战略合作框架协议；徐圩新区管委会分别与陕西路桥建设公司、晋商工业园开发公司、中铁物资集团有限公司签订了合作协议。5月25日，徐圩新区在上海举办石化产业投资说明会，向近百名参会代表全面介绍了徐圩新区发展石化产业的资源禀赋和承接长三角地区石化产业转移的载体优势。

2013年8月14日，徐圩新区召开重大事项现场督查调研推进会暨招商引资专题会。东中西示范区管委会领导以及各重大事项责任部门负责人，部分重大事项施工建设单位负责人，各招商责任主体部门全体工作人员参加了会议。东中西示范区管委会党工委书记、管委会主任石海波指出，重大事项在全区经济社会发展中起到重要支撑作用，是推进新区发展的有力抓手，各相关单位一定要增强大局意识和责任意识，在保证安全施工的前提下，加强科学管理，细化分解指标，确保序时进度。

2013年12月20日，“连云港建设丝绸之路经济带东方桥头堡暨徐圩港区开港试通航新闻发布会”及“连云港丝绸之路经济带东方桥头堡建设发展座谈会”在徐圩新区举行，发布会发布了12月28日徐圩港区将开港试通航的新闻。塔吉克斯坦驻华全权大使拉希德·阿利莫夫、乌兹别克斯坦驻沪总领馆总领事萨伊达卡摩勒、哈萨克斯坦驻华使馆商务参赞拉合莫夫、吉尔吉斯斯坦驻华使馆商务参赞朱萨耶夫、哈萨克斯坦驻沪总领馆商务领事莫哈密特等中亚国家驻华使节出席相关活动。卡巴尔通讯社、霍瓦尔通讯社、《时代周报》、哈萨克通讯社、俄塔社以及新华社、中央人民广播电台、中国新闻社、《人民日报》、《光明日报》等50余家中外媒体参会。市委常委、常务副市长曹永林在会上致辞，市委常委、市政府党组成员、港口管理局局长吴以桥主持会议。

2016年11月16日，由东中西区域合作示范区管委会承办的第三届连博会“一带一路”国际产业合作高峰论坛——石油化工产业论坛石化产业发展论坛在连云港召开。来自全国石油化工行业的专家就国内外石化产业现状和发展方向进行了交流探讨。副市长王开宇，东中西示范区党工委书记、管委会主任石海波出席论坛。

2019年6月17—19日，由中国石油和化学工业联合会、连云港市人民政府主办，徐圩新区承办的2019（第八届）亚洲炼油和石化科技大会暨亚洲石化科技与装备展览会在徐圩新区举行。中国石油和化学工业联合会会长李寿生、江苏省副省长王江、中国工程院院士曹湘洪、中国化工学会副理事长兼秘书长华伟、连云港市市长方伟等出席会议，邀请中国石化、中国石油、陕西延长石油、

2019 年 6 月 17 日，第八届亚洲炼油和石化科技大会在徐圩新区举办　　徐乙策 摄

石油和化学工业规划院等国内企事业单位知名专家，以及巴斯夫、埃克森美孚、霍尼韦尔 UOP、亨斯迈、壳牌等境外企业的专家等 700 余人参加大会。展览会吸引了 10 余家世界 500 强企业参展参观，展览面积达到 1.28 万平方米。此次活动进一步扩大了连云港作为“一带一路”强支点的知名度，搭建连云港市石化产业与国际先进企业的经济技术交流合作平台。

（二）出境招商

2010 年 11 月 14—18 日，徐圩新区管委会主任石海波率市有关单位人员到日本开展经贸考察和招商引资活动。考察团一行拜会了日本国会议员山口壮、岸本周平，内阁顾问前田匡史，堺市副市长田村恒一，大阪府日中友好协会理事长林昭嘉，堺市日中友好协会会长曾我部笃尔，日本新商业协会常务副会长今野由梨等，就加强经贸合作进行了坦诚友好的交流。随后又分别在堺市和东京举办招商推介会，与日本各界企业家进行深入洽谈，在港口物流、食品加工、现代农业等方面达成合作意向。

2012 年 2 月 22 日，徐圩新区在日本福山举行投资说明会　　网信办 供

2010 年 11 月 19—21 日，徐圩新区管委会主任石海波率有关单位人员到韩国开展经贸考察和招商引资活动。考察团一行拜会了韩中亲善协会会长（韩国前统一部长官、前体育部长官）李世基，在首尔举办招商推介会，与韩国企业家代表进行深入洽谈。韩中亲善协会会长李世基，前国会外务委员长、国会议员郑在文等与考察团一行进行交流会谈。

2012 年 9 月 23 日，徐圩新区党工委书记、管委会主任石海波率团拜访荷兰皇家孚宝集团。荷兰皇家孚宝集团作为全球最大的第三方石油化工仓储运营商，在全球 32 个国家拥有 80 个油品罐区，在安全健康环境保护体系、罐区技术和操作等方面处于全球领先地位。孚宝集团全球化工品总监玛姆接待了石海波一行。玛姆表示，11 月份将与孚宝集团上海分公司一起考察示范区，进一步洽谈石油仓储等公共服务平台项目。

2012 年 9 月 23 日，徐圩新区党工委书记、管委会主任石海波率团赴鹿特丹港考察，鹿特丹港务局副局长凯伦接待了石海波一行，详细介绍了鹿特丹港的管理模式、运营经验以及公司架构，并就欧洲各大港口的发展现状及经验教训与石海波进行了交流和探讨。石海波在详细询问了鹿特丹港在散杂货物及件杂货物流、海域使用以及码头运营方面的管理制度后表示,示范区处于发展初期,徐圩港区10万吨级码头即将开港,借鉴国外知名港区的运营和管理经验,对于建设30万吨级深水航道具有重要意义。

2013年9月24—26日,徐圩新区党工委书记、管委会主任石海波率招商团赴德国考察。24日,石海波一行先后考察了德国赢创德固赛公司和巴伐利亚化工产业园。赢创德固赛公司马尔地区总经理托石博士接待了石海波一行,详细介绍了赢创集团的辉煌历史和发展情况。26日,石海波一行考察了德国巴伐利亚化工产业园,与该园区战略发展部总经理高山等进行了深入交流。高山详细介绍了巴伐利亚化工产业园的发展情况。

2018年,组织出国、出境经贸团组及随团出访3次,其中3月7—14日赴美国,5月20—26日赴台湾,7月18—24日赴日本、韩国,考察石化园区及推进项目合作事宜,寻求更多的合作机会,促进新区加快打造世界一流石化产业基地。

2019年,组织出国、出境经贸团组及随团出访3次,出国招商团组3批14人次。3月15—23日随团赴美国、新加坡,4月9—13日赴台湾,5月8—11日赴香港。12月东中西示范区党工委书记、管委会主任石海波带队赴荷兰参加国际化工协会联合会全体会议,赴德国、法国就高端化学品和新材料等产品的技术创新情况进行调研和交流、洽谈,推进荷兰壳牌公司、德国朗盛公司等跨国公司项目合作事宜。

（三）参会招商

2012年8月21日,江苏省沿海石化产业发展座谈会在市行政中心召开。中咨公司石化轻纺发展部主任杨上明、石化轻纺发展部处长郭琛等中咨公司专家出席会议,省发改委工业处处长李义主持会议。市人大常委会副主任李国章介绍了连云港市经济社会发展情况,徐圩新区党工委副书记、管委会副主任任瑜汇报了徐圩新区开发建设情况。

2017年9月26日,第四届中国(连云港)丝绸之路国际物流博览会(连博会)在连云港市工业展览中心举办,连云港徐圩新区管委会主任石海波率团参加,展示徐圩新区发展成果,学习借鉴兄弟单位成功经验。会上,浙江卫星石化股份有限公司投资330亿元建设的年产320万吨烯烃项目成功签约。

2018年9月11日,徐圩新区党工委书记、管委会主任石海波,管委会副主任东林,在成都参加2018中国国际石油化工大会并开展系列推介活动。与会期间,石海波一行拜访了中国石油和化工联合会会长李寿生,就争取联合会对连云港石化产业发展支持事项进行了深入座谈交流。

2018年12月,由市委、市政府组织的经贸招商活动在上海举办,连云港徐圩新区管委会主任石海波率团参加,签约由山东海科化工集团投资15亿元的10万吨/年高端特种化学品项目。

2019年10月,由连云港市政府主办的中国(江苏)自贸试验区连云港片区恳谈会暨央企经贸合作交流会在北京举行,连云港徐圩新区管委会主任石海波率团参加。此次活动主要邀请中海油、中国中化、中国化工、中节能、中国电信、中交集团6家央企领导参会,会上签约项目2个,总投资222亿元,均由中化集团投资建设,分别为总投资161亿元的中化连云港循环经济产业园轻量化材料项目和总投资61亿元的中化连云港循环经济产业园公辅设施一体化项目。

2019年12月,市委、市政府在市开发区举办"揭牌百日砥砺前行"中国(江苏)自由贸易试验区创新合作推介会,徐圩新区管委会主任石海波率团参加并完成签约。由连云港中远海运有限公司、中远海运化工物流有限公司、洋井石化集团三方投资3.5亿元建设连云港石化产业基地化学品公共保税仓储中心项目。

（四）网上招商

2012 年，连云港徐圩新区开始将招商推介指南设置在徐圩新区官方网站上，开始实施网上招商，网页访问量达数千次/月。继网上发布招商信息以来，新区每年都不断完善充实网站内容，主要开设新区的发展理念及发展方向、新区规划设计、石化基地产业项目情况、基础设施、公共配套、产业服务平台以及政策支持等内容，详细介绍徐圩新区招商环境，体现了招商优势。

2022 年，连云港徐圩新区官方网站设置政府信息公开、政务服务、示范区建设、投资指南等栏目，公开招商引资项目，引导投资者关注徐圩新区、投资徐圩。

四、招商成效

（一）项目签约

2010 年 11 月 29 日，徐圩新区管委会（筹）与盛虹集团有限公司在连云港举行年产 120 万吨烯烃项目签约仪式。省长罗志军在签约仪式前会见了盛虹集团董事长缪汉根，并表示对此项目给予积极支持。省政府副省长史和平、省政府秘书长樊金龙、省发展改革委主任毛伟明等省政府及省有关部门领导，以及市委、市政府主要领导等出席签约仪式。市政府秘书长、徐圩新区管委会主任石海波与盛虹集团董事长缪汉根分别代表徐圩新区和盛虹集团签署项目协议。该项目签约标志着徐圩新区临港大型化工产业基地开始启动。

2017 年 3 月 15 日，市政府与中化国际（控股）股份有限公司在北京中化集团公司总部签署《关于合作建设中化精细化工循环经济产业园的框架协议》。中化集团董事长宁高宁、副总经理兼中化国际董事长冯志斌，中化国际总经理刘红生，连云港市委书记杨省世，常务副市长王加培，东中西示范区党工委书记、管委会主任石海波以及相关部门负责人参加了签约仪式。

2017 年 3 月 30 日，徐圩新区和中化国际扬农集团签署中化精细化工循环经济产业园一期项目合作协议，标志着中化精细化工循环经济产业园项目正式落户徐圩新区。中国中化集团公司副总裁、中化国际（控股）股份有限公司董事长冯志斌，市委书记杨省世，市长项雪龙，副市长徐家保，东中西示范区党工委书记、管委会主任石海波，党工委副书记、管委会副主任江行洲出席签约仪式。

2017 年 9 月 2 日，徐圩新区与浙江卫星石化股份有限公司签订《年产 400 万吨烯烃综合利用示范产业园合作框架协议书》。徐圩新区管委会领导班子成员、浙江卫星石化股份有限公司领导班子成员出席签约仪式。项目双方拟合作投资 300 多亿元，主要利用进口乙烷、丙烷，采用世界先进生产工艺与技术，建设乙烷裂解乙烯装置，并配套聚乙烯、环氧乙烷/乙二醇、醋酸乙烯等下游装置。

2017 年 10 月 28 日，圣奥化学聚合物添加剂项目和瑞兆科电子化学品项目正式签约。中化集团副总裁、中化国际董事长冯志斌，市长项雪龙，市委常委、常务副市长王加培、东中西示范区党工委书记、管委会主任石海波，东中西示范区党工委副书记、管委会副主任江行洲，管委会副主任封其山出席相关活动。

2018 年 9 月 19 日，以“共享丝绸之路发展新机遇共创多元物流服务新模式”为主题的第五届中国（连云港）丝绸之路国际物流博览会在市工业展览中心举办。连云港徐圩新区管委会主任石海波率团参加，完成集中签约 3 个，总投资 48 亿元：一是由密尔克卫化工供应链服务股份有限公司投资 2 亿元建设的化工品供应链一体化服务基地项目，二是由江苏中欣石油化工有限公司投资 25 亿元建设的年产 10 万吨间二甲苯（MX）及 12 万吨异丙醇（IPA）项目，三是由山东莘县瑞森石油树脂有限公司投资 21 亿元建设的年产 35 万吨裂解碳五、碳九馏分深加工综合利用项目。

2018 年 12 月 14 日，连云港徐圩新区炼化项目现场举办的江苏省重大项目现场推进会系列活动中，中化“碳三产业链”、“聚合物添加剂”和“轻量化材料”系列项目签约。

2018 年 11 月 7 日，盛虹炼化一体化项目签约仪式在连云港举行。省委常委、常务副省长、省委秘书长樊金龙，省相关部门负责人，市领导项雪龙、方伟、王加培、王东升、徐家保等出席签约仪式并见证项目签约。盛虹炼化（连云港）有限公司在徐圩新区投资建设炼化一体化项目，总投资约 775 亿元，建设内容主要包括 1600 万吨/年炼油、280 万吨/年对二甲苯、110 万吨/年乙烯以及储运设施、配套公用工程等，该项目年底前开工建设。

2019 年 9 月 19 日，第六届中国（连云港）丝绸之路国际物流博览会于连云港市工业展览中心举办，连云港徐圩新区管委会主任石海波率团参加，完成集中签约 3 个，总投资 76 亿元：一是由浙江卫星石化股份有限公司投资 40 亿元的年产 120 万吨苯乙烯及配套 60 万吨/年聚苯乙烯项目，后因工艺技术变更，该项目实际总投资 17 亿元建设 60 万吨/年苯乙烯项目；二是由空气化工产品（中国）投资有限公司投资 15 亿元建设的年产 35 万吨合成氨项目配套的合成气装置，后增资至 16.78 亿元；三是由无锡兴达泡塑新材料有限公司投资 21 亿元建设的年产 36 万吨发泡聚苯乙烯（EPS）与 10 万吨聚苯乙烯（PS）项目，后增资至 22 亿元。

2020 年 5 月 12 日，徐圩新区与无锡兴达投资集团有限公司签约仪式在大陆桥产品展览展示中心举行。无锡市人大常委会副主任、党组副书记吴峰枫，连云港市人大常委会副主任、总工会主席王家全，市人大常委会副主任、徐圩新区党工委书记石海波，徐圩新区党工委副书记、管委会主任赵厚峰，管委会二级调研员封其山，兴达投资集团董事长华若中，兴达泡塑新材料股份有限公司董事长华啸威等出席了签约仪式。

2020 年 8 月 5 日，徐圩新区与中国化学工程集团在新区产业服务中心举行战略合作框架协议签订仪式，徐圩新区党工委书记石海波，中国化学工程集团有限公司党委常委、副总经理武宪功出席仪式并讲话。

2020 年 11 月 6 日，徐圩新区与奥升德公司合作项目签约仪式在上海举行，副省长惠建林出席签约仪式，市长方伟出席并致辞，奥升德全球总裁兼首席执行官马克飞通过视频连线见证项目签约，副市长吴海云主持签约仪式。

2021 年 10 月 18 日，市委书记方伟会见韩国 SK 致新全球副总裁蔡连春一行。市领导黄远征、石海波参加。

2022 年 6 月 17 日，徐圩新区与中国进出口银行江苏省分行签订战略合作协议。中国进出口银行江苏省分行副行长王新，徐圩新区党工委书记、一级巡视员石海波，党工委副书记、管委会主任赵厚峰，管委会副主任董一哲等参加活动。

2022 年 6 月 17 日，徐圩新区与李长荣集团、日本禾基株式会社、德国欧德油储、中乌兄弟公司共同举行外资项目“云签约”活动。省委常委、常务副省长费高云，市委书记方伟出席签约仪式并见签。省政府副秘书长刘世虎，省商务厅厅长陈涛，市委副书记、市长马士光，市委常委、秘书长黄远征出席签约仪式，市委常委、常务副市长杨新忠主持签约仪式，省市有关部门负责同志及企业家代表通过线上线下方式参加活动。陈涛、马士光分别致辞并共同签署推进高质量发展合作协议。

2022 年 8 月 8 日，韩国 SK 致新与卫星化学在徐圩新区举行高端包装新材料项目合资合同暨投资协议签约仪式。签约仪式以现场签约、线上见证的形式举行。市委书记马士光，市委副书记、代市长邢正军，SK 致新首席执行官罗庚秀、卫星化学董事长杨卫东、SK 致新副总裁蔡连春、中国石油与化学工业联合会副秘书长庞广廉等企业、协会代表，市领导黄远征、杨新忠参加线上线下活动。徐圩新区党工委书记石海波，党工委副书记、管委会主任赵厚峰参加活动。

2022年9月23日，连云港油气化工品交易平台（以下简称“交易平台”）在徐圩新区港区综合调度指挥中心举行揭牌暨签约仪式。连云港市委常委、常务副市长杨新忠，徐圩新区党工委书记石海波为交易平台共同揭牌。徐圩新区与苏豪控股集团、连云港金融控股集团、盛虹石化产业集团、卫星化学围绕交易平台合作共建签订了战略合作协议。交易平台与工商银行、农业银行围绕交易结算、资金监管签订了战略合作协议。

2012年6月3日，珠江钢管连云港公司生产的第一根钢管出厂 徐乙策 摄

（二）开工投产

2012年5月31日，番禺珠江钢管连云港有限公司1626预精焊螺旋焊管生产线主机试车仪式在徐圩新区举行。省沿海办副主任王由礼，市领导张光东、胡忠勇出席试车仪式。番禺珠江钢管连云港有限公司在徐圩新区投资建设年产380万吨高性能管线钢管项目，总投资约138亿元。该项目采用公司自主研发的“深海管线用直缝埋弧焊钢管”等多项钢管先进生产工艺和专利技术，填补了我国大口径高性能管线钢管及深海远海油气输送的空白，是海洋工程装备用钢管产品新技术产业化项目，也是连云港市临港产业发展的重点项目。

2014年7月16日，徐圩新区虹港石化项目举行试生产仪式。该项目是盛虹集团在徐圩新区打造的千亿元石化产业板块的第一个投产项目，标志着徐圩新区石化产业发展取得了实质性的突破。市政协主席仲琨，市委常委、常务副市长曹永林出席试生产仪式。江苏虹港石化项目于2011年7月在徐圩新区开工建设，累计投入46亿元。该项目达产后年可实现销售收入110亿元左右。

2016年9月20日，徐圩新区举行全市重点工业项目秋季集中开工暨德邦年产35万吨合成氨系列产品项目启动仪式。市领导杨省世、杨莉、董恕娟、徐家保、鲁林，东中西示范区党工委副书记、管委会副主任江行洲，管委会副主任赵二宏出席活动。2016年，徐圩新区秋季集中开工重点项目有3个，计划总投资33.8亿元，涉及化工、新能源、环保等领域，主要包括年产35万吨合成氨项目、分布式光伏发电项目和虹洋热电超低排放技改项目。

2014年7月16日，虹港石化公司生产出第一批产品 徐乙策 摄

2017年2月12日，2017年全省重大项目集中开工现场推进会徐圩新区分会场暨鹏辰特种新材料50万吨/年芳烃分离与聚酰亚胺项目开工仪式在徐圩新区举行。连云

港市副市长徐家保，东中西示范区党工委书记、管委会主任石海波，党工委副书记、管委会副主任江行洲出席开工仪式。

2017 年 10 月 28 日，中化精细化工循环经济产业园一期项目开工建设，中化国际董事长冯志斌，市委常委、常务副市长王加培，东中西示范区党工委书记、管委会主任石海波，市政府副秘书长宋波和市有关部门主要负责人参加开工仪式。

2018 年 11 月 2 日，徐圩新区举行重大项目秋季集中开工暨中化芳烃衍生系列产品及电子化学品生产项目开工仪式。市领导王加培、吴海云、徐大勇、徐圩新区党工委书记、管委会主任石海波，管委会副主任封其山等参加开工仪式。

2018 年 12 月 14 日，省委、省政府在连云港举行全省重大项目现场推进会议。10 个重大项目现场集中开工。省委书记、省人大常委会主任娄勤俭出席并宣布连云港石化产业基地千亿项目集中开工。省委副书记、省长吴政隆在推进会议上讲话。此次集中开工的 10 个重大项目，集中在连云港徐圩新区，总投资 1005 亿元。这些项目不仅对连云港打造“一带一路”倡议支点、实现后发先至具有重要意义，而且对优化全省产业布局、加快经济转型升级，具有重要影响。省委常委、苏州市委书记周乃翔，副省长郭元强，国家部委和有关央企负责人，以及盛虹集团负责人参加启动仪式。副省长马秋林主持推进会议，省政府秘书长陈建刚参加推进会议。

2018 年 12 月 14 日，连云港石化基地千亿项目集中开工

徐乙策 摄

2019 年 6 月 17 日，连云港市举行徐圩新区开发建设十周年集中开工活动。市领导项雪龙、方伟、王加培、王东升、徐家保，中化集团化工事业部总裁、中化国际总经理刘红生，山东海科化工集团总裁张在忠参加项目集中开工仪式。徐圩新区党工委书记、管委会主任石海波主持开工仪式。此次项目集中开工的中化碳三及下游高性能材料产业链项目是中化集团在徐圩新区开工建设的第三个重大项目，总投资 256 亿元，占地面积约 1700 亩。

2019 年 10 月 31 日，瑞恒一期 A 工程联动开车启动仪式在瑞恒中央控制中心举行。这是中化连云港循环经济产业园内的首个联动开车项目。中化集团化工事业部常务副总裁、中化国际副总经理、扬农集团董事长程晓曦，中化国际副总经理、扬农集团总经理周颖华，连云港市徐圩新区党工委书记、管委会主任石海波，扬州市工信局王正年局长、应急管理局熊佳芝局长、金茂化工医药集团董事长杨群，以及扬农集团、瑞恒公司主要负责人和工程生产团队共约 60 人出席开车启动仪式。

2020 年 12 月 18 日，连云港鹏辰特种新材料有限公司（以下简称鹏辰新材料）正式启动装置投料试车工程，这标志着鹏辰新材料一期 50 万吨芳烃分离与聚酰亚胺建设项目工程施工安装顺利完工，并首次实现设备装置整体联动试车。

2020 年 12 月 22 日，盛虹 1600 万吨/年炼化一体化项目常减压蒸馏装置的核心设备—常压塔

2020 年 12 月 22 日，盛虹炼化一体化项目常压塔安装现场　　徐乙策 摄

被平稳吊起，并在预计时间到达设备基座，完成对孔安装，这标志着国内单套处理能力最大的炼化常压塔一次吊装成功。本次吊装的常压塔高 74 米，直径 9.8 米，总重 1600 吨，竖起后相当于 25 层楼高，刷新了我国炼化项目常压塔的规模纪录。

2020 年 12 月 30 日，卫星石化连云港项目一阶段年产 135 万吨聚乙烯、219 万吨乙基草醋酸酯、26 万吨乙腈联合装置机械正式交工。

2021 年 2 月 26 日，2021 年全省重大项目建设推进会议召开，连云港市设立分会场收听收看，并举行全市重大项目集中开工活动。市委书记、市人大常委会主任项雪龙出席徐圩新区主会场活动并宣布开工，市长方伟介绍市重大项目推进情况，王加培等市四套班子领导，市相关部门负责同志，石海波、赵厚峰、卢忠宝等新区领导参加。徐圩新区集中开工共有 4 个重大项目，年度计划投资 18 亿元。当天在新区主会场开工建设的连云港佳化环氧乙烷衍生产品项目，总投资约 60 亿元，占地 472 亩，建设规模为年产 150 万吨乙(烷)氧基化物，是连云港石化产业基地环氧乙烷下游高端产业链项目。

2022 年 2 月 21 日，2022 年全市重大项目春季集中开工活动举行，主会场设在徐圩新区卫星化学绿色化学新材料产业园项目现场。市委书记方伟在市主会场出席活动并宣布开工。市委副书记、代市长马士光讲话。王加培等市四套班子领导在市主会场参加活动。各县区、功能板块设分会场，同步举行集中开工活动。胡建军等市领导在分会场分别参加活动。

2022 年 2 月 22 日，中化连云港循环经济产业园碳三产业项目首批装置试生产启动仪式在徐圩新区举行。全国政协常委、中国中化控股有限责任公司董事长、党组书记宁高宁，市委书记方伟分别致辞。宁高宁宣布启动试生产。省政协副主席、党组副书记阎立会见宁高宁，并参加启动仪式。市领导马士光、黄远征、杨新忠，徐圩新区党工委书记石海波参加。

2022 年 12 月 28 日，盛虹炼化一体化项目全面投产　　网信办 供

2022 年 8 月 23 日，连云港石化烯烃综合利用项目一期二阶段正式投料开车。8 月 27 日，卫星化学连云港石

化举行烯烃综合利用项目投产仪式，市委书记马士光宣布“项目成功投产”。卫星化学董事长、总裁杨卫东表示，项目全面投产后，将进一步提升碳二高附加值新材料集群的原料自给率，为下游产业转型升级提供强力支撑。

2022 年 9 月 7 日，盛虹化工新材料项目正式开工建设。这标志着连云港石化产业基地全面开启建设全球最大的高端光伏级 EVA 供应基地新征程。市委书记马士光出席活动并宣布项目开工。市委副书记、代市长邢正军，盛虹集团董事长缪汉根分别致辞。

2022 年 12 月 28 日，盛虹炼化全面投产仪式暨盛虹高端新材料项目、全球先进材料研究院签约仪式在连云港徐圩新区举行。连云港市委书记、市人大常委会主任马士光宣布“盛虹炼化一体化项目全面投产”，这标志着国内单流程规模最大的炼化一体化项目正式全面投产，对全市实现产业高质量发展具有重要意义。

第三节　营商环境

一、项目审批服务

2009—2015 年，徐圩新区涉及民生类、项目审批类事项主要依托市级相关部门或新区相关审批单位进行审批办理。

2016 年 2 月，市政府印发《关于进一步优化国家东中西区域合作示范区（徐圩新区）行政管理职能的实施意见》，赋予新区规划建设类、投资审批类、市场管理类、社会管理类等 48 项市级管理权限，为新区重大产业项目审批服务提供了强力支持保障。

2017 年 7 月，徐圩新区印发《关于成立徐圩新区政务服务中心的通知》，决定成立徐圩新区政务服务中心。2016—2019 年，新区印发“区域评”“代办制”“模拟审批”“中介机构管理”“招投标管理”“综合执法”“重大项目服务”等 40 余个“放管服”改革文件，为打造“审批事项简、办事效率高、服务质量佳、创新活力强”的示范性园区提供了制度保障。2017—2019 年，新区政务服务中心共接受咨询、受理、办理各类审批服务事项 3.8 万件，183 个项目免费享受了“区域评”成果，累计帮助企业节约成本 1500 多万元。

2018 年 4 月，市政府印发《关于公布连云港市国家级开发区全链审批赋权清单的通知》，赋予新区立项、规划、用地、交通、市场监管、卫生等 220 项市级经济管理权限，进一步推进了“园区事园内办”。2018 年 12 月，省政府下发《关于同意赋予国家东中西区域合作示范区部分省级投资管理事项权限的批复》，赋予新区企业、事业单位、社会团体等投资建设的固定资产投资项目核准、建设项目用地预审及建设项目压覆重要矿产资源审批等 5 项省级行政权力。

2019 年 4 月，市政府印发《关于同意赋予徐圩新区部分市级管理事项权限的批复》，赋予新区港口、交通等 13 项市级权力。2019 年 6 月，新区政务服务中心在云湖商务核心区正式揭牌运行，一楼进驻徐圩街道、公安、城管、消防、燃气、水务等民生服务单位，二楼进驻项目审批、税务服务等单位。新区政务服务中心建成投用，标志着新区审批服务向集中化、标准化方向取得了新进展。2019 年 7 月，政务服务中心推行综合窗口服务，共设立 3 个产业项目、3 个民生服务综合窗口，通过整合窗口资源，进一步推进了审批服务提质增效。2019 年 8 月，新区政务服务中心购置了一体化营业执照自助打印机，首次完成连云港苏虹石化有限公司营业执照自助打印。2019 年 11 月，新区“互联网 + 政务服务”入驻 15 个审批部门，在“一张网”平台上认领232个政务服务事项，为企业和群众提供了网上查询、申请、办理“不见面审批”服务。2019年12月，新区印发《徐圩新区优化营商环境十条措施（试行）》，为优化新区营商环境提供了规范化指引。

2020年7月，市委编办批复成立国家东中西区域合作示范区（连云港徐圩新区）行政审批局。8月，新区启用工程建设项目审批系统，将原工程建设项目串联审批流程整合为立项用地规划许可、工程建设许可、施工许可、竣工验收等4个并联审批阶段，实现企业全流程在线申报审批事项。9月，新区政务服务中心开通建安预缴税款业务，新区范围内300余家施工单位只需进政务服务大厅“一扇门”，向“一个窗口”提交材料，便能高效办结业务。

徐圩新区行政审批中心（2022年摄）　　网信办 供

2021年6月，新区政务服务中心增设企业登记综合窗口，实现企业开办“一窗办”。9月，新区行政审批局根据项目类型、投资来源、规模大小分类管理，制作完成新区工程建设项目分类审批流程图和办事指南，进一步优化工程建设项目审批服务流程。

2022年1月，新区政务服务中心增设税务窗口，开通新办企业综合税务套餐、增量增版、企业所得税、代开增值税专用发票等业务，实现税务服务“一站式”办理。1月，市政府印发《关于公布连云港徐圩新区部分市级管理事项赋权清单的通知》，赋予新区项目备案2项权力。10月，市政府印发《关于公布徐圩新区、云台山景区部分市级行政权力事项赋权清单的通知》及《关于同意赋予徐圩新区部分市级管理事项权限的批复》，赋予新区消防、港口、市场监管、建筑垃圾处置、危化品经营等16项市级权力，为新区重大项目审批提速奠定了基础。

2020—2022年，新区政务服务中心共接受咨询、受理、办理各类审批服务事项21.2万件。

二、政务公开

2010年，徐圩新区主动公开的政府信息共计22条，其中，人事任免栏目11条，政策文件栏目8条，重点领域（安全生产）栏目2条，应急管理栏目1条。

2011年，徐圩新区主动公开的政府信息共计44条，其中，概况信息栏目2条，人事任免栏目8条，政策文件栏目32条，重点领域（安全生产）栏目2条。

2012年，徐圩新区主动公开的政府信息共计36条，其中，人事任免栏目25条，政策文件栏目11条。

2013年，徐圩新区主动公开的政府信息共计73条，其中，人事任免栏目12条，政策文件栏目29条，重大项目等重点领域栏目27条，应急管理栏目5条。

2014年，徐圩新区主动公开的政府信息共计156条，其中，概况信息栏目1条，人事任免栏目22条，政策文件栏目56条，重大项目等重点领域栏目70条，应急管理栏目3条，会议开放栏目4条。

2015 年,徐圩新区主动公开的政府信息共计 106 条,其中,人事任免栏目 13 条,政策文件栏目 53 条,重大项目等重点领域栏目 32 条,应急管理栏目 5 条,会议开放栏目 3 条。

2016 年,徐圩新区主动公开的政府信息共计 115 条,其中,人事任免栏目 12 条,政策文件栏目 20 条,重大项目等重点领域栏目 81 条,会议开放栏目 2 条。

2017 年,徐圩新区主动公开的政府信息共计 97 条,其中,概况信息栏目 11 条,人事任免栏目 7 条,政策文件栏目 34 条,重点领域栏目 33 条,应急管理栏目 7 条,会议开放栏目 3 条,财政预决算栏目 2 条。

2018 年,徐圩新区主动公开的政府信息共计 188 条,其中,概况信息栏目 22 条,人事任免栏目 9 条,政策文件栏目 16 条,政策解读栏目 4 条,重大项目等重点领域栏目 115 条,行政权力栏目 1 条,应急管理栏目 11 条,会议开放栏目 2 条,规划计划栏目 6 条,财政预决算栏目 2 条。

2019 年,徐圩新区主动公开的政府信息共计 91 条,其中,概况信息栏目 8 条,人事任免栏目 2 条,政策文件栏目 2 条,政策解读栏目 1 条,重大项目等重点领域栏目 54 条,行政权力栏目 3 条,应急管理栏目 9 条,会议开放栏目 9 条,规划计划栏目 1 条,财政预决算栏目 2 条。

2020 年,徐圩新区主动公开的政府信息共计 100 条,其中,概况信息栏目 9 条,人事任免栏目 7 条,政策文件栏目 7 条,政策解读栏目 9 条,重大项目等重点领域栏目 46 条,行政权力栏目 3 条,应急管理栏目 3 条,会议开放栏目 9 条,规划计划栏目 4 条,财政预决算栏目 3 条。

2021 年,徐圩新区主动公开的政府信息共计 266 条,其中,概况信息栏目 8 条,人事任免栏目 18 条,政策文件栏目 20 条,政策解读栏目 22 条,重大项目等重点领域栏目 118 条,行政权力栏目 7 条,应急管理栏目 14 条,会议开放栏目 31 条,规划计划栏目 4 条,重大决策预公开栏目 18 条,国民经济和社会发展统计信息栏目 4 条,财政预决算栏目 2 条。

2022 年,徐圩新区主动公开的政府信息共计 221 条,其中,概况信息栏目 9 条,人事任免栏目 13 条,政策文件栏目 6 条,政策解读栏目 6 条,重大项目等重点领域栏目 99 条,行政权力栏目 4 条,应急管理栏目 14 条,会议开放栏目 31 条,规划计划栏目 12 条,重大决策预公开栏目 23 条,国民经济和社会发展统计信息栏目 1 条,财政预决算栏目 3 条。

至 2022 年年底,通过徐圩新区官方网站政府信息公开栏目累计发布信息 1515 条,政府信息公开制度 6 项,政府信息公开年报 10 条,国民经济和社会发展统计信息栏目 5 条。

第七章　生态建设

徐圩新区建区之初，确立了“以石化为主导产业、以港口建设为重点方向、以生态居住为建设重点的港产城一体化区域”的总体发展定位，坚持“生态、低碳、循环、智能”的发展理念，以环境容量和污染排放总量控制为前提，逐步建立充分反映环境资源稀缺程度和经济价值的环境有偿使用制度，形成减污内在激励机制。2012 年 7 月 30 日，徐圩新区设立环境保护局，建立健全环境保护基本制度，指导、协调、监督生态保护工作。同年，徐圩新区启动创建国家生态工业示范园区工作。2014 年获环保部、商务部、科技部批准开展创建工作。

徐圩新区严格执行江苏省产业结构调整指导目录以及国家节能、环保、安全等方面标准，严禁高污染产业和落后产能转入。严格执行环境影响评价制度和“三同时”制度，从源头控制环境污染和生态破坏。完善以预防为主的环境风险管理体系，实行环境应急分级、动态和全过程管理，对环境重点风险源以及饮用水源地等重要环境敏感区，制定了切实可行的环境应急预案，从源头建立化学品环境污染责任终身追究制和全过程行政问责制。2016 年下半年，徐圩新区按照国家三级站标准建设环境监测站。2017 年 9 月，建设有效库容为 450 万立方米的应急备用水源地。2019 年 7 月，徐圩新区获批国家生态工业示范园区；12 月，有效库容为 3 万立方米的刚性安全填埋场一期工程 1#填埋库区投产运行，是全国首批按照《危险废物填埋污染控制标准》建设的刚性填埋场。

2021 年，投入使用 45 千米雨污水管道、10 座生活污水处理场（站）；建成规模 6.8 万立方米的 1#应急事故池及规模为 6 万立方米的 2#应急事故池，初步建成石化基地三级风险防控体系。

2022 年，徐圩新区 $PM_{2.5}$平均值为 24 微克/立方米，空气优良率为 90.7%，位于连云港市第一名。

第一节　环境质量

2020 年 11 月 11 日，徐圩环保工作者在走航车上监测大气质量　　398 大队 供

一、空气环境质量

2012 年，新区环保局成立后，对照年度大气工作计划提出的工作目标、重点任务，细化工作方案和举措，确保每年污染防治目标顺利完成。

2015 年以后，随着新区产业项目不断投产，污染物的排放逐年增加，大气污染物减排压力骤增。新区加大环境治理力度，环境空气质量呈改善趋势，空气污染状况逐步得到缓解。2019 年，新区 $PM_{2.5}$均值为 40 微克/立方米，空气优良率为 74.6%。

2022 年，徐圩新区新建 3 个环境空气质量站、94 个空气微站、10 个恶臭微站、5 个高精度色谱恶臭站，为园区“限值限量”管理提供有效支撑，提升精准治污和源头治理水平。是年，新区 $PM_{2.5}$平均值为 24 微克/立方米，空气优良率为 90.7%，位于连云港市第一名。

二、地表水环境质量

（一）国考断面烧香河、善后河水质评价

善后河为徐圩新区主要的饮用水水源地。“十三五”期间，善后河闸被确定为国家地表水考核断面（以下简称国考断面），为境内首个国考断面。2015 年，境内设置 7 个地表水监测断面、7 个地下水监测点，烧香河水质为 V 类，善后河水质为 IV 类。

2019 年，徐圩新区设有国考断面 1 个，为善后河闸国考断面，水质类别为Ⅳ类，主要超标因子为总磷。

2020 年，徐圩新区设有国考断面 2 个，为善后河闸国考断面、烧香北闸国考断面，水质类别分别为Ⅲ类和Ⅳ类，均达省定考核目标。

2022 年，善后河、烧香河国考断面水质类别分别为Ⅲ类和Ⅳ类，均达省定考核目标。善后河集中式饮用水源地水质达到或优于Ⅲ类。

云湖鱼类放养活动（2015 年摄） 网信办 供

（二）区内其他河流水质评价

2013 年，境内河流水质处于轻度污染状态，综合达标率为 43.8%，主要污染物为总磷、高锰酸盐指数。

2014—2022 年，根据新区水系特征及具体情况，对烧香支河、驳盐河、复堆河、东干河、中干河、方洋河、西港河、纳潮河、深港河、南复堆河、中心河等 11 条主要河流开展每年每季度一次的例行监测工作，监测结果纳入新区每年一度的环境质量报告书中。

2022 年徐圩新区河流水质情况汇总表

表 7－1

水体类别	河流名称	检查取水点	水质类别
国考断面	善后河	善后河取水泵站	Ⅲ类
	烧香河	烧香河大桥	Ⅳ类
新区内其他河流	中干河	中干河徐新路段	V 类
	东干河	东干河徐新路段	V 类
	烧香支河	烧香支河徐新路段	Ⅳ类
	驳盐河	驳盐河苏海路段	V 类

续表 7－1

水体类别	河流名称	检查取水点	水质类别
新区石化基地内河流	复堆河	南复堆河港前四路段	Ⅳ类
	张圩港河	张圩港河江苏大道段	Ⅳ类
	方洋河	方洋河江苏大道段	Ⅴ类
	纳潮河	纳潮河港前四路段	Ⅴ类
	中心河	中心河港前四路段	Ⅴ类
	西港河	西港河港前四路段	Ⅴ类
	深港河	深港河港前四路段	Ⅴ类

三、海洋环境质量

氮、磷营养盐是徐圩新区近岸海域的主要污染物。2016 年，国家对国控点 JS704 监测结果，显示徐圩新区近岸海域国控点 JS704 点位水质达到海水一类标准。

2018 年 10 月，海洋环境保护的职责划归环保部门。根据《连云港市近岸海域环境质量报告（2018 年度）》，国控点 JS704 点位水质达到海水一类标准。

2020 年，徐圩新区入海河流全面消除劣Ⅴ类，有效解决陆源污染问题，考核点位 JS0704 水质达到优良水质。

自 2021 年起，徐圩新区近岸海域国家考核点位调整为 5 个，其中 4 个点位为与其他县区共同考核点位。2021 年，4 个考核点年均水质为海水一类，1 个考核点年均水质为海水四类，无机氮超标 0.4 倍。

2022 年，徐圩新区近岸海域考核点 5 个点位年均水质为海水一类，1 个点位年均水质为海水三类，无机氮超标 0.08 倍。

四、土壤环境质量

2015—2017 年，徐圩新区土壤监测点监测项目均符合《土壤环境质量标准》（PH 值 >7.5）二级标准（为保障农业生产，维护人体健康的土壤限制值）。

2018—2022 年，土壤各测点已测相关监测项目相关指标未超出《土壤环境质量建设用地土壤污染风险管控标准》土壤污染风险筛选值（等于或低于时对人体健康的风险可以忽略）。

五、声环境质量

2015 年，布设精品钢产业园、石化园区（虹港石化厂界外）、管委会、危废项目所在地、农业示范区 5 个噪声监测点，对各监测点的等效声级（Leq）、L10、L50、L90 四个监测因子每年开展监测。年内，境内昼夜噪声值均达到《声环境质量标准》（GB3096—2008）3 类标准要求。

2019 年，布设石化产业园边界—徐圩新区固危废处理处置中心、石化园区（8 个）、徐圩新区管委会、东辛农场等共 11 个噪声监测点，对各监测点的 Leq、L10、L50、L90 四个监测因子开展监测，昼夜噪声均值均达到《声环境质量标准》（GB3096—2008）3 类标准要求，功能区声环境质量较好。

2020—2021 年，各测点昼夜噪声均值均达到《声环境质量标准》（GB3096—2008）3 类标准要求，功能区声环境质量较好。

2022 年，新区布设 11 个噪声监测点，监测时间段内等效声级范围在 41.3～60.3dB（A），昼间平均值为 58dB（A），夜间平均值为 48dB（A）。

第二节　土地资源保护

一、耕地保有量和永久基本农田

2016 年，市国土资源局印发《关于预下达土地利用总体规划调整完善主要指标的通知》，明确了连云区耕地保有量 15373.3 万平方米，徐圩新区耕地保有量 14003 万平方米，其中，徐圩新区东辛农场 12852.05 万平方米，海军农场 1070.58 万平方米，徐圩街道 80.37 万平方米；明确了连云区基本农田保护面积 8866.6 万平方米，徐圩新区永久基本农田保护面积 8141.97 万平方米，其中东辛农场保护面积 7141 万平方米、海军农场保护面积 940.47 万平方米、徐圩街道保护面积 60.5 万平方米。徐圩新区划定的永久基本农田保护面积 8194.21 万平方米（大于下达任务面积），其中徐圩街道划定 63.8 万平方米，东辛农场划定 7187.99 万平方米，海军农场划定 942.42 万平方米。

2022 年，全国开展“三区三线”划定工作，“三区三线”划定徐圩新区耕地保护目标 13343.64 万平方米，永久基本农田 9318.05 万平方米，是年启用“三区三线”划定的耕地和永久基本农田成果数据。

2009—2022 年徐圩新区基本农田主要规划指标分解落实表

表 7－2　　单位：公顷

乡（镇）名称	基本农田保护面积	耕地保有量	建设用地总规模	城乡建设用地规模	新增建设用地总规模			新增建设占用耕地规模	土地整治补充耕地规模
					合计	新增城乡建设用地	新增交通水利及其他用地		
东辛农场	7141	12852.05	2933.33	1502.2	26.71	1.71	25	7	40
海军农场	940.47	1070.58	350.8	179.92	25		25	6.91	
徐圩街道	60.5	80.37	8859.02	317.82	196.22	113.55	82.67	78.09	
全区	8241.97								

二、土地复垦

2014 年，徐圩新区徐圩街道办事处香河村等土地开发项目，占补平衡①复垦补充耕地 26.7306 万平方米。2016 年，徐圩新区徐圩街道办事处香河村土地开发项目，占补平衡复垦补充耕地 39.72 万平方米。2019 年，江苏省东辛农场有限公司西洋等管理区土地复垦项目，占补平衡复垦补充耕地 3.51 万平方米。江苏省东辛农场有限公司埃河等管理区土地复垦项目、江苏省东辛农场有限公

①占补平衡，指建设占用多少耕地，各地人民政府就应补充划入多少数量和质量相当的耕地的行为。

司海北等管理区土地复垦项目、江苏省东辛农场有限公司合兴管理区土地复垦项目、江苏省东辛农场有限公司西陬等管理区土地复垦项目，增减挂钩复垦补充耕地 26.32 万平方米。2020 年江苏省东辛农场有限公司西洋等管理区土地复垦项目，占补平衡复垦补充耕地 4.452 万平方米。

至 2022 年年底，徐圩新区累计土地复垦 100.732 万平方米，其中徐圩街道复垦 66.45 万平方米、东辛农场复垦 34.282 万平方米。

香河村土地开发复垦现场(2023 年)　　房以明 摄

三、土壤检测

2015 年，新区布设 7 个土壤监测点位和 6 个底泥监测点位。至 2017 年，土壤监测点监测项目均符合《土壤环境质量标准》(PH 值 >7.5)二级标准(为保障农业生产，维护人体健康的土壤限制值)。

2018—2019 年，新区土壤各测点已测相关监测项目相关指标，未超出《土壤环境质量建设用地土壤污染风险管控标准》土壤污染风险筛选值(等于或低于时对人体健康的风险可以忽略)。

2020 年度，新区布设 8 个土壤监测点位，各监测点各监测项目均达到《土壤环境质量建设用地土壤污染风险管控标准》(GB36600—2018)质量标准。底泥各测点各项因子均符合《农用污泥中污染物控制标准》(GB4284 - 2018)A 类污泥产物标准要求。

2021 年度，境内 8 个土壤监测点位 PH 值、镉、铅、铜、镍、总氰化物均达到《土壤环境质量建设用地土壤污染风险管控标准》(GB 36600—2018)第二类用地筛选值标准。

2022 年度，新区布设 11 个土壤点位，园区内土壤各测点监测项目均符合《土壤环境质量建设用地土壤污染风险管控标准》(GB 36600—2018)第二类用地筛选值标准要求，东辛农场点位满足《土壤环境质量农用地土壤污染风险管控标准(试行)(GB 15618—2018)要求。

第三节　水资源保护

一、水资源总量

徐圩新区处于连云港市调引江淮水的末梢，加之该地区原为盐田和海水水库，无外部送水河道，可利用特别是可饮用的水资源相对较少，属水质型缺水地区。

2017 年 11 月，新区编制完成《连云港市徐圩新区规划水资源论证报告》，获省水利厅批复。2020 年 6 月，新区编制完成《连云港石化产业基地总体发展规划(修编)水资源论证报告书》，获省水利厅批复。新区在水资源保护与管理中，执行最严格水资源管理制度，严格控制用水总量，制定水资源规划，建立区域用水总量控制指标体系。规范建设项目取水许可审批管理，新建取水项目均按要求进行水资源论证工作。

二、水生态保护

（一）水源地保护

2014 年，根据《省政府关于同意徐圩新区集中式饮用水水源保护区划分方案的批复》（苏政复〔2014〕91 号），确定连云港市徐圩新区生活饮用水水源保护区划分方案。一级保护区：取水口上游 1000 米至下游 500 米，两岸背水坡堤脚外 100 米范围内的水域和陆域；二级保护区：一级保护区以外上溯 2000 米、下延 500 米范围内的水域和陆域；准保护区：二级保护区以外上溯 2000 米、下延 1000 米范围内的水域和陆域。编制完成《徐圩新区饮用水源地突发性水污染事件应急预案》，新区管委会设立应急领导小组。

2022 年，新区完成善后河水源地及香河湖应急备用水源地规范化建设工作，通过市水利局验收。

（二）水生态保护

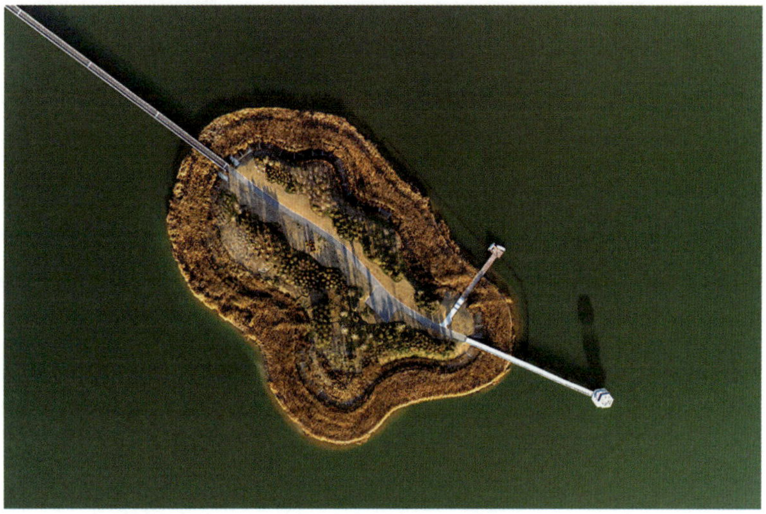

香河湖应急备用水源地（2022 年摄）　　网信办 供图

2017 年 9 月，新区投资 7 亿元，建设香河湖应急备用水源地。香河湖应急备用水源地位于新区中部，北侧为徐圩水厂，东侧紧邻烧香支河，南为中通道，占地面积 199.07 万平方米，有效库容 450 万立方米，可保证徐圩新区连续 10 天应急用水供应需求。2020 年年底，香河湖应急备用水源地完工。2021 年 1 月通过省水利厅、省生态环境厅、省住建厅联合组织的达标建设验收。2021 年 4 月，香河湖应急备用水源投入使用，提升了新区水资源应急保障能力。

2021 年，烧香河南段综合整治工程完工，疏浚河道 15.1 千米，改善了烧香河南段沿线水环境。

三、河长制

2017 年 5 月 25 日，按照国家和省、市统一部署，徐圩新区管委会印发《徐圩新区全面推行河长制的实施方案》（以下简称《河长制方案》），组建成立河长制办公室，人员由水利、环保、建设、社会事业等部门抽调组成，办公地点设在新区水务局。根据《河长制方案》，明确 5 位管委会领导担任 4 条市级河道、17 条区级骨干河道（湖泊）的河长。7 月和 8 月，徐圩街道、东辛农场分别成立乡镇级河长制办公室，设立 10 位街道（农场）级河长、2 位村级河长。

2017 年 7 月，徐圩新区编制完成市级河道、核心区内部骨干河道、东辛农场内部骨干河道“一河一策”任务书。8 月，新区管委会出台《徐圩新区河长制会议制度（试行）》《河长一线巡查制度（试行）》等配套制度，编印《河长工作手册》，形成健全的组织网络和制度体系。设置河长制公示牌 28 块，接受社会监督。

2018 年，新区有区、街道（农场）、村（分场）三级河长 27 人，实现境内河流、湖泊河长体系全覆盖。全年各级河长累计巡河80余人次,组织召开工作推进会20余次,下达交办单7份。新区管委会制定印发《徐圩新区涉水污染源调查工作方案》《市级河道2018年河长制目标任务(徐圩新区部分)》等相关文件,细化分解2018年度“一河一策”任务清单。完成徐圩新区河湖和水利工程管理范围划定工作,累计岸线测绘80.1千米,包含东干河35.2千米、古泊善后河(北岸)13.636千米、海堤31.25千米,埋设界桩398个。11月,启动开展全面推行河长制总结评估工作。

2019年,根据省、市“两违”整治相关文件精神,新区开展市级河道“两违”专项整治行动,制定印发《徐圩新区河湖违法圈圩和违法建设专项整治实施方案》,明确122项“两违”整治任务,徐圩街道、东辛农场全面深入开展整治工作。

2020年,新区根据全市开展河湖违法圈圩和违法建设专项整治“回头看”行动要求,结合2019年“两违”专项整治工作经验,扎实开展市级骨干河湖“两违”排查清理工作,全年累计整治“两违”问题17项,拆除违建面积3390.67平方米,其中市级任务清单15项、市级河长交办事项2项,完成率100%。11月,新区编制印发《徐圩新区主片区河湖“两违”专项整治工作方案》,对主片区的复堆河、张圩港河等6条区级河道开展“两违”专项整治,累计排查整治各类河湖管护问题86项。

2021年,新区巩固“清四乱”整治工作成果,拆除违章建筑7处,完成市级下达年度整治任务。新区管委会依托河长制工作体系,创新湖泊管理新模式,制定印发《徐圩新区湖长制实施方案》,落实湖泊管理单位,每个湖泊设立湖长,负责湖泊全面管理。开展云湖、香河湖、中干河东辛农场场部段幸福河湖创建工作,于2021年12月通过市级验收。云湖省级水利风景区通过省专家组现场复核验收。完成云湖保护(管理)规划编制及管理范围划定工作。

2022年,巩固“两违三乱”专项整治成果,常态化开展河湖“清四乱”工作,完成市级下达2项“清四乱”任务。按照“分级负责、属地管理”的原则,新区管委会制定印发《徐圩新区河湖长体系设置方案》,将新区国有企业领导干部纳入河长制管理体系,完善三级河(湖)长体系,确保每条河(湖)都有人管;制定印发《徐圩新区河长制湖长制考核办法》《徐圩新区主城区河长制湖长制工作2022年度考核细则》等一系列考核制度,发挥考核“指挥棒”作用,督促各级河长履职,确保河湖管得住。针对徐圩街道、东辛农场共同治理的扁担河,组织徐圩街道、东辛农场建立联合河长制,进一步健全新区跨界河湖协同共治机制。

四、湾长制

徐圩新区海湾线起止点为刘圩港闸至埒子河口善后河闸,全长31千米,具有丰富的海洋自然资源。

2018年5月,按照国家和省、市的统一部署,徐圩新区组建成立湾长制办公室,人员从新区水利、环保、建设、社会事业等部门抽调组成,办公地点设在新区水务局。新区印发了《徐圩新区湾长制实施方案》,明确新区湾长制工作推进目标要求、组织形式、主要任务和保障措施。

2019年,根据市委办公室、市政府办公室《关于调整市湾长制工作领导小组的通知》要求,新区研究并完成“湾长制”职能调整相关工作,将新区党政办、环保局、经发局等16个部门纳入成员单位,建立了分工明确、责任到位、协作有序、运行高效的“湾长制”运行机制。

至2022年,新区参照市湾长制工作制度制定和印发了新区制度,包括工作督查办法、考评办法、海湾巡查制度等,并设立1位区级湾长,1位街道级湾长、4位村级湾长,湾长落实率100%。

第四节　环境卫生

一、环境卫生设施

（一）公厕

2016年，徐圩新区投资156.3万元，升级改造15座旱厕；投资14.8万元，采购1座移动公厕。2018—2020年，东辛农场投资280.8万元，新建8座公厕，升级改造9座旱厕。2020—2022年，徐圩新区投资600万元，在云湖社区、张圩社区、香河新村和邻里中心周边新建6座2类装配式公共厕所。

至2022年年底，新区拥有公共厕所73座，其中移动公厕1座。

（二）垃圾收集点

2016年，新区购置240升塑料垃圾桶300个。2019年，新区购置240升塑料垃圾桶264个、100升塑料垃圾桶730个，布置在徐圩新区各公共区域。2019年委托第三方在张圩小区开展垃圾分类服务，配置垃圾分类亭1个。

2020—2022年，新区在香河新村、幸福家园、张圩小区和人才公寓4小区，每个小区新建1座省级达标垃圾分类房。

2022年年底，新区拥有生活垃圾收集点507个，投放塑料垃圾桶3406个。

（三）垃圾中转站

2014年，新区在东辛农场建设垃圾处理中心，内设垃圾中转站，日处理能力35吨。垃圾处理中心占地面积12亩，建筑面积约3240平方米，配置24立方米垃圾压缩箱2只、拉臂式转运车1辆。在2015年12月正式启用垃圾中转站。

2016年，新区投入2400万元，建设徐圩新区垃圾处理中心，内设垃圾中转站（日处理能力100吨）、粪便处理厂（日处理能力50吨）、办公楼、车库等功能区。该处理中心占地面积15亩，建筑面积约3350平方米，垃圾中转站配置24立方米垃圾压缩箱3只、拉臂式转运车2辆。2020年，徐圩新区垃圾处理中心投入使用。

2017年年初，新区在东辛农场轧花厂建设移动垃圾处理中心，内设移动压缩中转设备，日处理能力25吨。该移动中转站配置24立方米垃圾压缩箱2只、拉臂式转运车1辆。2017年11月正式启用。

2021年，新区投资3600万元，新建建筑垃圾资源化综合处理中心，年处理建筑垃圾（含装潢垃圾）15万吨，配套建成年处理5万吨可回收物大件分拣中心。

至2022年年底，新区拥有垃圾中转站3个，日处理垃圾能力155吨。

二、环境卫生设备

（一）机动车

①新区2014年购买大型垃圾压缩转运车1辆；2015年购买中型垃圾压缩转运车1辆、洗扫车1台、垃圾清运车1台、洒水车1台；2017年购买小型勾臂车5台；2018年购买洗扫车1辆、大钩臂转运车1辆；2020年购买吸污车1辆、洗扫车1辆、道路养护车1辆、垃圾清运车4辆。②连云港悦升绿化工程有限公司（简称悦升公司）2014—2022年购买洒水车6辆、清扫车12辆、垃圾收容车3

辆、高压清洗车 5 辆、吸污车 1 辆、护栏清洗车 2 辆、抑尘车 1 辆、垃圾运输货车 2 辆、皮卡车 7 辆。③徐圩城建工程有限公司(简称城建公司)2014—2022 年购买雾炮车 22 台、洒水车 4 台、清扫车 14 台。到 2022 年年底,新区拥有各类环境卫生机动车 109 辆,其中大型车辆 79 辆。

(二)电动保洁车

2012 年,新区购买电动保洁三轮车 3 辆。2015 年购买电动保洁三轮车 4 辆。2019 年采购小型电动扫路车 1 辆、电动高压冲洗车 1 辆。

悦升公司 2014—2022 年购买电动保洁车 59 辆、电动小扫地车 2 辆;东辛农场 2021 年购买电动扫路车 1 辆;2022 年购买电动扫路车 2 辆;至 2022 年年底,新区拥有电动保洁车 59 辆。

三、管理机构

徐圩新区环境卫生管理所　2012 年 12 月,市编办印发《关于同意徐圩环境卫生管理所更名的批复》同意将原隶属于连云区环境卫生管理处的徐圩环境卫生管理所更名为徐圩新区环境卫生管理所。

第五节　污染防治

一、大气污染防治

徐圩新区按照市委、市政府统一部署和要求,积极落实改善环境空气质量的主体责任,以大气污染治理为重点,强化工业源、扬尘源、移动源等领域治理工作,综合利用在线监测、委托专业单位排查等方式,压实污染物减排主体工作责任,切实压低本地源排放水平。

保洁车队(2022 年摄)　　网信办 供

2019 年,徐圩新区严格控制移动污染源,开展非道路移动机械尾气治理工作,对重点场所、路段柴油货车制定尾气检测方案,开展现场检查,对尾气排放不达标的车辆,责令限期整改或者淘汰。针对生活面源排放,新区环保局加强对汽修、餐饮和干洗店等生活源治理,坚持把大气污染防治摆在突出位置,将以更大的决心、更高的标准、更实的举措,推进大气污染防治工作。

2020 年,徐圩新区管委会制定《徐圩新区"打赢蓝天保卫"2020 年工作计划》等文件。全区累计购置 243 辆雾炮车、189 辆清扫车和洒水车,开展 24 小时不间断抑尘工作,覆盖裸土面积 2117 万平方米。完成石化基地 5 家在产企业首轮(泄漏检测与修复)LDAR 及评估工作。

2022 年,徐圩新区实施江苏虹港石化有限公司等企业环保综合治理提升项目,联合上海环科院、南京工业大学等多家专业机构对企业进行“全流程、全环节”诊断分析和实测详查。加大对150万吨/年精对苯二甲酸(PTA)装置、中间罐区、污水处理站废气进行治理,排放水平远低于江苏地标要求。保障盛虹炼化一体化项目开车投产,集中管理、技术力量,专题研究炼化项目投产前后环保工作,为项目建设运行保驾护航。

二、水污染防治

徐圩新区实行陆海统筹、长期规划的水污染防治工作方法,紧紧围绕水环境质量改善核心目标,坚持绿色发展理念,坚持问题导向、目标导向,从源头上系统开展流域生态环境保护和修复,加速解决生态环境突出问题。

2015年,新区以公用环保设施建设为重点,加强徐圩污水处理厂一期工程及配套管网运行管理,疏通整治45.6千米污水管网,所有投产项目清污分流,实现徐圩污水厂稳定运行。是年新区又投资2.98亿元,建设石化废水专用的东港污水处理厂一期工程,该项目已于2017年11月通过环保验收。

2016年8月,为积极应对突发环境事件,徐圩新区投资2000余万元按照国家三级站标准建设环境监测站。11月,通过江苏省质量技术监督局的中国计量认证/认可(CMA)实验室资质认定。

2017年,新区建成污染源在线平台。以徐圩新区云指挥系统为中心,依托环境监测中心、污染源在线监控一期工程、环境空气自动站等平台,建设投运徐圩新区污染源在线监测监控系统。

2018年,新区开展现场巡查督察,靠前指挥,多次对新区内存在的环境污染问题进行现场督办,解决东辛农场畜禽养殖污染治理、生活污水处理、河道管理等问题,实现规模化畜禽养殖场污染治理完成率达100%,提前两年完成目标。开展畜禽养殖污染治理。通过分类整治,对东辛农场28家规模化养殖场进行规范化整治,其中关停16家,整改12家。规模化畜禽养殖场治理率100%。完善城镇雨污分流管网建设。产业园区已开发部分全部实现雨污分流,推进东辛农场开展生活污水收集处置工作,补齐新区生态短板,完成小海河的清淤、沿岸砖砌护岸及场部集中区域共6.5千米的污水管网建设。2018年共对3家企业环境违法行为进行处罚,关停取缔“散乱污”18家。

2019年,新区开展东辛农场水环境整治,委托第三方专业机构对东辛农场整体水环境开展调查评估和监测工作。东辛农场自筹资金约8000万元,在场部集中区及周边生活区建成1座集中式污水处理站及9座分布式生活污水处理站,污水处理能力达6300吨/天。开展小海河、小盐河、中干河清淤整治,拆除沿河居民私搭乱建厕所131座、猪圈3处、违建10余处,新建水泥护坡及沿河亲水步行道2千米,配备完善绿化、亮化等设施,打造沿河生态观光带。

2020年,新区依托在善后河沿线主要支流河口建设的6座水质自动监测站及视频监控设施,实时获取水质信息。落实支流河口管控责任,定期开展河口巡查工作。

2022年,梳理烧香河流域水污染治理重点工程项目55项,系统解决流域水环境污染问题,保障烧香河国省考断面水质达Ⅲ类标准。新区检查东辛农场42家养殖场(户),跟踪督办环保问题46项,制定落实6家个体规模养殖场环保整治方案,帮扶指导落实整改。

三、固体危险废物防治

2014年12月,徐圩新区依据减量化、资源化、无害化原则,推进固危废处理处置中心项目建设,与中节能清洁技术发展有限公司签署合作框架协议。2018年10月,固危废处理处置中心一期1.5万吨/年回转窑焚烧线投产试运行,可处理10大类178项危险废物,实现危废物就近、及时、安全处置，焚烧类危险废物处置利用率达 100%。

2019 年 12 月 9 日，新区建设的刚性安全填埋场一期工程 1#填埋库区正式投产运行，有效库容为 3 万立方米，该填埋场是全国首批按照《危险废物填埋污染控制标准》建设的刚性填埋场，较之柔性填埋场防渗性能突出，检漏方便，可处理 23 大类 150 项危险废物，危险废物分区、分类填埋，为日后取出综合利用提供有利条件，可为其他填埋场项目的建设提供借鉴与示范。

至 2022 年，基地内 6 家企业自建危险废物处置设施，处置能力达 21.42 万吨/年。新区投资 4000 万元，新建有效库容为 2.04 万立方的 2#填埋库区，形成集中式危险废物焚烧能力 1.5 万吨/年，填埋能力 5.04 万吨/年能力，基本满足区内危险废物利用处置需求。

第六节　绿色建筑管理与节能减排

一、绿色建筑管理

徐圩新区大力倡导绿色理念，最大限度地节约资源（节能、节地、节水、节材）、保护环境和减少污染，为人们提供健康、适用和高效的使用空间，与自然和谐共生。2011 年 6 月 9 日，徐圩新区管委会（筹）成立建筑节能与绿色示范区管理小组，加强组织领导和统筹协调可再生能源与绿色建筑的应用。新区管委会主任石海波兼任组长。

产业服务中心地源热泵（2017 年）　　张晓东 摄

2011 年 7 月 5 日，徐圩新区管委会（筹）出台《徐圩新区云湖核心区绿色建筑管理办法（试行）》。此后，徐圩新区云湖核心区内公共建筑按照《绿色建筑评价标准》中二星标准建设，住宅按照不低于《绿色建筑评价标准》中一星级标准建设，且 35% 以上实行全装修。拟定土地出让方案时，明确项目应达到的绿色建筑相关标准。项目规划设计方案中，包括符合相应标准和规范的绿色建筑规划设计专篇；建设单位按照获批的绿色建筑规划专篇进行施工图设计，因地制宜地采用各种节能、节地、节水、节材技术，最大限度节约资源、保护环境。为激励建设单位推行绿色建筑，新区对获得绿色建筑星级评定的建设单位，按《徐圩新区云湖核心区建筑节能与绿色建筑专项引导资金管理办法（试行）》有关规定给予资金奖励。

2019 年，新区依据《绿色化工园区认定管理办法（试行）》，启动绿色化工园区及创建工作。2020 年，徐圩新区入选全国“绿色化工园区名录（2020 年版）”，打造了一批具有示范作用的绿色化工园区标杆，提高绿色循环低碳发展水平。

2021 年，全区新增绿色建筑 12.8 万平方米，其中居住建筑 11.5 万平方米、公共建筑 1.3 万平方米。新增太阳能光热建筑应用面积 8 万平方米，绿建设计标识项目 2 个。城镇绿色建筑占新建建筑的比例达 100%。

2022 年,全区新增绿色建筑 20.4 万平方米,其中居住建筑 16 万平方米、公共建筑 4.4 万平方米。新增太阳能光热建筑应用面积 10 万平方米、太阳能光伏装机容量 8 兆瓦(MW)、浅层地热能应面积 1.5 万平方米;新增能耗分项计量项目 1 个、公共建筑室内空气品质监测公告试点项目 1 个,绿建预评价标识项目 1 个。城镇绿色建筑占新建建筑的比例达 100%。

二、节能减排

2016 年,徐圩新区按照“控总量、减排放、严标准、设门槛”的战略方针,打造升级版的国家生态工业示范园区。积极建设石化循环发展样板区、港产物流融合发展示范区、生态文明建设引领辐射区。推动技术创新和结构调整,构建科技含量高、资源消耗低、环境污染少的石化产业结构,减少污染物排放,建成并投运徐圩新区生态工业信息平台项目,对接各企业项目建设需求。全面促进资源节约循环高效使用,推动利用方式根本改变,发展绿色循环产业链,引进万博丰有限公司,综合利用虹港石化精对苯二甲酸污泥和残渣,进一步减少固废排放量,实现区内生态循环发展。

2017 年,徐圩新区实施“两减六治三提升”专项行动①(简称“263”专项行动)。强势推进“263”专项行动中各项重点难点工作,包括善后河网箱养殖、生活垃圾处置、东辛农场生活污水处理装置等。新区各部门认真落实主体责任,形成“横向到边、纵向到底”的环境网络治理格局。

2018 年,新区完善城镇雨污分流管网建设。产业园区已开发部分全部实现雨污分流,推进东辛农场开展生活污水收集处置工作,补齐新区生态短板,完成小海河的清淤、沿岸砖砌护岸及场部集中区域共 6.5 千米的污水管网建设,解决东辛农场生活污水收集处置问题,完善污水收集系统,减轻生活污水对善后河水质的影响。

2022 年 11 月,徐圩新区建成国内首套化工废气近零排放示范工程　　陈勇 摄

2019 年,新区严格审批压减排污,环评审批中严格落实石化基地规划环评批复要求,入驻项目污染物排放全部按特别排放限值要求执行;入园企业污废水 70% 回用率,有效控制企业污染物排放量。

2020 年年底,虹洋热电对烟囱排放的蓝色尾迹开展课题研究,对 4×440 吨/小时燃煤发电机组进行烟气深度治理和消除有色烟羽改造,极大减轻有色烟羽的排放,有效控制环境污染。

①“两减六治三提升”专项行动:“两减”是指减少煤炭消费总量和减少落后化工产能;“六治”是指治理太湖及长江流域水环境、生活垃圾、黑臭水体、畜禽养殖污染、挥发性有机物和环境隐患;“三提升”是指提升生态保护水平、环境经济政策调控水平和环境执法监管水平。

2021 年年初，新区提出探索氮氧化物减排技术途径。10 月，新区引进低温污染物一体化脱除技术（COAP，Cold Oxidation Adsorption Process）开展应用研究，对烟气中的氮氧化物、二氧化硫等多种污染物进行一体化吸附脱除，实现污染物近零排放的效果。

2022 年 11 月，连云港鹏辰特种新材料有限公司建成国内首台套化工废气近零排放示范工程，实现氮氧化物浓度由 150 毫克/立方米（mg/m^3）降至 1 毫克/立方米（mg/m^3）以下，是 COAP 技术首次在化工领域应用。

第七节　环境监测监管

一、环境监测机构

2012 年 7 月 30 日，徐圩新区设立环境保护局。此后，新区逐步建立健全环境保护基本制度，指导、协调、监督生态保护工作。

2016 年下半年，按照国家三级站标准，徐圩新区建设环境监测站。

2021 年 3 月 3 日，徐圩新区依托洋井集团组建成立徐圩新区环境综合治理攻坚大队，简称“398 大队”。“3”代表三年行动方案，“9”代表实施 90 项环保工作任务，“8”代表 8 个工作专班，主要承担新区公共环境整治提升、工业污染物排放检测监督、先进环保公益技术成果推广应用、生态环境问题诊断分析等工作。

2022 年，徐圩新区投资 1.4 亿元，建成投运总面积 5500 平方米的生态环境质量管控中心，并取得 CMA 资质认证。该中心组建专业化技术团队，配备走航监测车以及国际先进的挥发性有机物（VOCs）、恶臭污染物精准监测溯源仪器设备，借助无人机等构建了“天空地一体化”监测体系，实现对石化基地大气、水、土壤等环境质量实时监测，是国内七大石化基地内唯一具备大气、水、土壤、生态全要素环境管理的“智慧大脑”，在国内石化产业园区中处于领先水平。

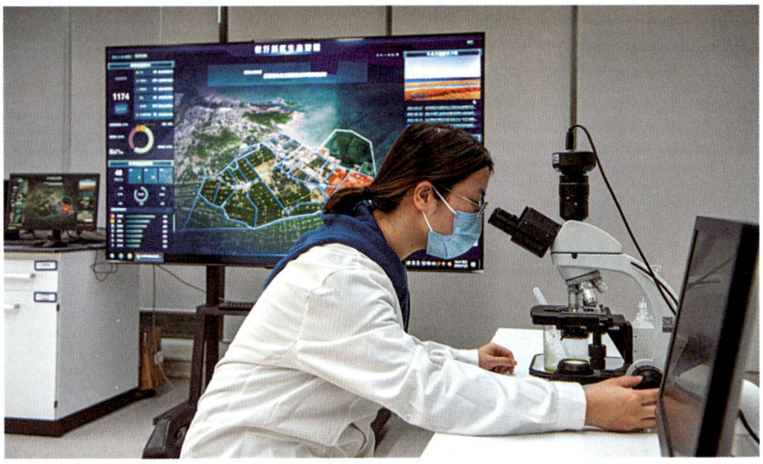

微生物检测（2022 年）　　边钊 摄

二、监测点设置

2015 年，徐圩新区设置 4 个区域环境空气监测点、7 个地表水监测断面、7 个土壤监测点、3 个底泥监测点、7 个地下水监测点、5 个噪声监测点。

2019 年，随着入驻企业增多，新区对监测点进行调整，新增 1 个区域环境空气监测点，总数达到 5 个；新增 7 个地表水监测断面，总数达到 14 个；新增 3 个底泥监测点，总数达到 6 个。

2020 年，新区新增 5 个区域环境空气监测点，总数达到 10 个；新增 10 个地表水监测断面，总数达到 17 个；新增 1 个土壤监测点，总数达到 8 个；新增 5 个底泥监测点，总数达到 8 个；新增 6 个噪声监测点，总数达到 11 个。

2022 年，境内有区域环境空气监测点 10 个、地表水监测断面 17 个、土壤监测点 11 个（当年新增 3 个）、底泥监测点 8 个、地下水监测点 39 个（当年新增 16 个）、噪声监测点 11 个。

三、环境监管执法

从 2014 年开始，新区环保局按年度组织编制年度环境监测规划和年度环境监测方案，委托第三方开展日常监测和监督性监测，为精准监测、精准溯源、精准治理提供了强有力的技术支撑；搭建新的环境信息管理平台，在园区边界及周边敏感点建设徐圩水厂、南复堆河等 6 座空气自动监测站点，在园区江苏斯尔邦石化有限公司、江苏虹港石化有限公司、江苏瑞恒新材料科技有限公司等 11 家企业雨污水排口安装 37 套水质在线监控设施，在 11 家建成的化工企业废气排口及厂界安装 68 套大气自动在线监控设施，并与园区管理平台联网。

2015 年，新区环保局依法依规开展执法工作，对企业的环评落实情况、危废规范化管理情况、污染防治设施运行情况进行重点检查。深入开展环境隐患排查工作，委托专业机构对项目运营期环境风险隐患进行排查。全面开展“散乱污”“小化工”专项整治行动，强化管控力度，坚持重典治乱、铁拳治污，对各类环境违法行为“零容忍”，形成高压态势。

2018 年，新区严格执行环保准入制度和环保“三同时”制度，围绕产业链引进优秀企业。同时加强事中、事后监管，不留监管死角、不存执法盲区，共对 3 家企业环境违法行为进行处罚，关停取缔“散乱污”18 家。举行“环保设施开放日”活动，组织周边乡镇群众代表和学生代表 100 余人参观徐圩新区东港污水厂、方洋环境监测站，现场了解污水处理的过程及效果，让群众真正了解企业的运行与发展。

2020 年，新区编制年度环境监测规划和年度环境监测方案，系统开展日常监测和监督性监测；督促企业完善厂界挥发性有机物（VOCs）在线监测；投资 350 万元搭建新的环境信息管理平台，投资 780 万元购买 2 台激光雷达、1 辆颗粒物走航监测车和 1 辆挥发性有机物（VOCs）溯源走航监测车，当年走航 40 余次。出动执法人员 400 余人次，对危废未申报等行为予以罚款 41 万元。

2022 年，新区新建 3 个环境空气质量站、94 个空气微站、10 个恶臭微站、5 个高精度色谱恶臭站、22 个水质自动监测站，为园区“限值限量”管理提供有效支撑，助力提升精准治污和源头治理水平。完成石化基地地下水环境状况调查、国省考断面上游排涝涵闸及泵站排查监测、非道路机械尾气监测等各类专项监测工作，实现对生态环境质量的全方位监测。

第八章　安全应急管理

徐圩新区建区之后，根据新区发展总体战略定位，确立了"安全第一、生态优先、预防为主、综合治理"的安全环保方针，遵循"以人为本、统筹兼顾、创新发展、注重实效"的原则，采取源头设闸、环节监控、加强管理、事后应急等措施，强化安全环保准入，优化区域空间布局，逐步建立健全安全生产监管监察体系、信息体系、培训体系、宣传教育体系和应急救援体系等安全防护体系，努力打造国际一流、全国领先的经济与环境协调、生产与安全兼顾的生态工业示范园区，为徐圩新区的安全环保领域的长效机制奠定了坚实基础。

新区成立初期，在新区规划建设部配备3名专职安全管理人员，对开发建设项目实施安全监管。2013年1月，新区成立安全生产监督局，配备3名专职安全管理人员。2019年9月，新区组建应急管理局，安全监管人员增加至25名。

2010年8月，徐圩新区成立应急抢险大队。2012年4月，徐圩新区消防救援大队正式组建。至2019年，救援大队共有49名指战员，配备各类消防车14辆。

2018年10月，在徐圩新区应急抢险大队的基础上，扩编组建徐圩新区应急救援大队。2019年6月，徐圩新区医疗应急救援中心（一期）建成投用，设置120个应急床位。

2022年11月，在徐圩新区应急救援大队基础上，国家危险化学品应急救援连云港队获批成立。

第一节　安全生产监管

一、管理机构

2011年8月12日，徐圩新区管委会（筹）成立徐圩新区消防安全工作领导小组，加强对消防安全工作的组织领导。新区安全监管职能落实在新区委管会（筹）规划建设部，配备3名专职安全管理人员。2012年7月30日，新区管委会（筹）设立徐圩新区安全生产监察大队。随着基础设施建设不断完善和产业项目陆续入驻，2013年1月，新区成立安全生产监督局，与规划建设局合署办公，配备3名专职安全管理人员。2014年7月，安全生产监督局单独办公。

2019年9月，随着国家机构改革工作的推进及园区产业项目的快速建设，新区组建应急管理局，安全监管人员增加至25名。至2022年，随着石化园区企业项目日益增多，安全监管人员陆续增加至40余名。

二、制度建设

自新区成立以来，新区党工委和管委会高度重视安全生产工作，立足制度化建设，规范安全监管工作。2012 年 6 月 4 日，徐圩新区管委会（筹）成立徐圩新区消防安全委员会，新区管委会（筹）副主任、纪检组组长封其山兼任主任。消防安全委员会主要职责：在新区管委会（筹）领导下，负责研究、统筹、协调和指导新区消防工作；定期分析、通报新区火灾事故和消防安全工作形势，研究加强消防工作的意见，协调解决消防工作中的重大问题；协调制订新区消防专项规划，指导公共消防设施、消防装备建设；结合国家、省、市专项行动部署开展消防安全专项整治、消防宣传教育培训、重大火灾隐患整改等工作；督促指导各成员单位履行消防工作职责，做好本行业、本系统消防安全工作；提请管委会与各有关单位定期签订消防工作目标责任书，并对目标责任书落实情况进行督查、通报。2016 年 2 月、2017 年 3 月，新区管委会对新区消防安全委员会组成人员进行了适时调整更新。

2017 年 10 月 22 日，新区制定《徐圩新区管委会有关部门和单位安全生产工作职责规定》。2018 年 8 月 10 日，新区制定《徐圩新区安全生产各专业委员会及其组成人员方案》，进一步明确有关部门和单位安全生产工作职责，推动职能部门依法依规履职尽责。

2019 年 9 月 25 日，新区制定出台《徐圩新区党政领导干部安全生产职责清单》，进一步加强新区党工委、管委会对安全生产工作的领导。

2020 年 1 月 17 日，新区印发《徐圩新区安全生产委员会及专业委员会组成人员及工作职责》，进一步健全新区安全生产责任体系。4 月 8 日，新区印发《连云港石化产业基地危险化学品建设项目安全准入流程》，强化安全生产源头管控，规范石化基地危险化学品建设项目安全准入流程。7 月 24 日，新区印发《连云港石化产业基地“四个一流”标准》，进一步明确石化产业基地建设标准。

2020 年 2 月 21 日，徐圩新区石化基地安全业主委员会正式成立，16 名业主委员会成员被聘任为徐圩新区安全生产特聘专家。成立安全业主委员会是新区安全生产领域体制机制创新方面的积极探索，围绕建成世界一流石化基地这一宏伟目标，凝聚安全发展共识，汇集园区安全生产核心力量，为打造“优等生俱乐部”提供安全技术支撑。

2021 年 3 月 9 日，新区印发《徐圩新区安全生产联合执法检查工作制度》，全面提升新区安全生产执法工作成效，建立健全上下协调、左右配合的联合执法检查工作机制，压紧压实企业安全生产主体责任。3 月 30 日，新区印发《徐圩新区打造国内化工园区安全管理示范标杆 建设世界一流石化产业基地三年行动方案》，推动徐圩新区安全生产专项整治在“一年小灶”基础上持续向纵深发展，将连云港石化产业基地打造成国内安全管理示范标杆，为建设世界一流石化产业基地提供坚实基础。

三、安全管理

2012 年，深入开展“安全生产年”活动，成立安全生产监察大队，出台《关于推行“1 + 3”安全监控工作体系①的实施意见》《关于进一步加强企业安全生产工作的实施意见》，推动企业进一步落实主体责任，17 个规模以下企业全部完成“1 + 3”安全监控体系建设任务。

2013 年，新区建立管委会领导牵头、各职能部门负责、各企业为主体的安全生产责任网络，层层签订责任状 26 份，8 家企业完成安全生产标准化创建任务，职业病危害普查录入企业 11 家。

---

①“1 + 3”安全监控工作体系：“1”是指事故隐患和职业危害监控法；“3”是指建立三项机制，即建立事故隐患和职业危害持续改进机制、事故隐患和职业危害动态监控机制、事故隐患和职业危害管理评价机制。

安全管家在现场检查(2023 年摄)　　　　网信办 供

2014 年,创新安全监管方式,采取政府购买安全生产服务的方式,在全市率先引入第三方专业机构协助加强安全监管。深入开展"六打六治"专项行动①,通过暗查暗访、联合执法等形式,集中打击、治理建筑施工、危化品运输、"三合一""多合一"场所②存在的非法、违法行为。

2015 年 10 月,新区调整充实安监队伍,新区安监局人员实配达到 9 人,其中 4 人研究生学历、5 人本科学历;4 人具备注册安全工程师资格。成功举办首届安全生产知识竞赛活动。推动虹港石化成功创建职业卫生管理示范企业。

2016 年 11 月 4 日,成功举办市级危险化学品事故应急救援演练。年内,推进危险化学品安全、特殊作业、有限空间等 9 项专项整治;"安全徐圩"微信公众号上线运行,成为日常安全生产宣传教育主阵地。

2017 年 6 月 28 日,成功举办全市高危企业重点岗位应急处置卡推广应用现场会,并开展应急处置卡推广应用试点工作。10 月,"智慧安监"综合监管信息平台上线运行。年内增设综合执法局、应急办公室 2 个内设机构,实行重大事项督查办公室和安全生产委员会办公室"双督查"。每天安排约 100 人在新区夜间值班备勤,指定值班长带队对重点企业、重点部位巡查检查。

2018 年 5 月,新区与杜邦公司签订合作协议,开展为期 5 年合作,全力打造世界一流安全管控体系。年内深入开展"一查三督"专项行动,在市安委会督查综合考评中,新区企业平均 93.8 分,位列全市第一。20 家企业通过双重预防机制建设验收。联合淮海工学院(江苏海洋大学)开展化学工程与安全管理学历培训班,全区 70 余人参加。

2019 年 4 月 25 日,新区组织召开安全生产专家咨询会,邀请中国安全生产科学研究院副院长魏利平、中国石油和化学工业联合会园区委秘书长杨挺等 11 位专家代表座谈交流,专家围绕新区安全生产顶层设计及打造世界一流石化产业基地方面建言献策。12 月 19 日,新区召开党工委扩大会议,专题研究新区安全生产和环境保护工作,邀请了 5 位安全环保方面的专家参会指导,会议深入分析徐圩新区安全生产形势,议定了 5 个方面 16 项目标任务。12 月 28 日,印发《徐圩新区安全生产专项整治行动实施方案》,围绕"抓重点、强弱项、补短板",排定了 67 项安全生产重点工作。

---

①"六打六治"专项行动:指打击矿山企业无证开采、超越批准的矿区范围采矿行为,整治图纸造假、图实不符问题;打击破坏损害油气管道行为,整治管道周边乱建乱挖乱钻问题;打击危化品非法运输行为,整治无证经营、充装、运输,非法改装、认证,违法挂靠、包,违规装载等问题;打击无资质施工行为,整治层层转包、违法分包问题;打击客车客船非法营运行为,整治无证经营、超范围经营、挂靠经营及超速、超员、疲劳驾驶和长途客车夜间违规行驶等问题;打击"三合一""多合一"场所违法生产经营行为,整治违规住人、消防设施缺失损坏、安全出口疏散通道堵塞封闭等问题。

②"三合一"场所:指住宿与生产、仓储、经营一种或一种以上使用功能违章混合设置在同一空间内的建筑。"多合一"是指在上述基础上又有增加如办公室、厨房等。

聘请中国安科院对化工企业开展2轮深度检查会诊。

2021年2月1日，安全应急综合考试系统平台上线，实现石化园区和企业各类人员在线安全培训、模拟学习和考试考核。4月30日，成立安全综合督查大队，负责对新区安全生产重大风险管控组织开展常态化现场督查检查。7月25日，成立盛虹炼化一体化安全投产运营协调工作组。

2022年8月11日，新区组织召开盛虹炼化第二步序试生产装置第二阶段专家指导服务启动会。10月3日，为确保盛虹炼化一体化项目安全稳定投运，成立盛虹炼化一体化项目试生产应急救援保障工作专班。

2022年12月23日，在"2022中国化工园区与产业发展论坛"上，2022化工园区高质量发展综合评价名单正式揭晓。其中，连云港市徐圩新区在全国643家重点化工园区中名列第18位，较去年的第29位跨越11位次。

第二节　消防救援

一、机构队伍

2012年4月，徐圩新区公安消防大队在盐场公安消防大队基础上组建；2013年6月，大队正式组建港前路特勤专职消防队；2018年3月，公安消防部队统一改革转隶，10月消防部队集体退出现役；2019年12月，大队入驻徐圩新区灭火救援应急中心，正式挂牌徐圩新区消防救援大队；2020年12月，大队正式组建云河路特勤消防站。截止2022年年底，大队共有115名指战员，配备各类消防车16辆。

新区消防救援大队成立后，严格按照"严肃的纪律、严密的组织，准现役、准军事化"的要求落实相关规章制度，召开安全隐患查摆剖析会议，举办学生进营区、安全知识竞赛、家属联谊、助老爱幼、消防员运动会等活动，全队上下严格落实各项安全管理规定，十年来无任何重大安全事故。

从2014年开始，新区消防救援大队先后出台《徐圩新区专职消防队员管理制度》《徐圩新区政府专职消防队考评实施细则》《消防队员晋升办法》等规章制度，推进队伍管理条令化、规范化、常态化。按照"管理制度化、内务标识化、营区创意化"的总体思路，对队伍4大类13份管理规定进行编制和修订，对营房库室陈设、物品种类数量和指示铭牌进行统一标识，对新建的消防救援指挥中心进行特色主题布局，队伍正规化建设、精细化管理成效明显。加强多种形式消防队队伍教育和指导，规范合同制消防员管理。至2019年，新区先后招录7批合同制消防员。

2016年，徐圩新区消防救援大队被江苏消防总队评为"先进政府专职消防队"。2017年，徐圩新区消防救援大队被评为全省消防部队先进基层党组织，被市评为"青年文明号"。2018—2020年，徐圩新区消防救援大队被江苏省总队评为"十佳政府专职消防队"。2021年大队被江苏省消防救援总队评为全省"基层建设先进大队"。2022年被江苏消防救援总队评为省基层建设"先进大队"；被国家消防救援局评为2022年度全国消防救援队伍执勤训练先进大队、全国"一短三快"初战机制改革先进大队。

至2022年，全队有1人被国家消防救援局评为优秀消防员，5人获评省级荣誉，2人获评二等功，9人获评三等功，2人取得国家一级注册消防工程师，1人获得国家消防救援局车辆事故救援中级技术培训合格证书。

二、专业消防站点

重型化工消防站　2017 年，启动项目建议书等前期设计及立项工作。2018 年，完成主体工程建设。2019 年 6 月，土建及室外工程收尾。项目总投资约 15298.4 万元，位于陬山路以南，石化三路以西，项目占地面积 2 万平方米，建筑面积约 7000 平方米。项目建设消防综合楼、物资储备库、训练塔等设施，依据特勤消防站建设标准，具备灾害现场化学侦检、恶劣环境下堵漏、带压输转、现场洗消和持续大功率作战等处置能力。

精细化工消防站　2018 年，为保障园区内德邦、李文甲、赛科、海科等入驻企业安全生产、提升消防能力，缩短与上述企业场址路程，新区启动精细化工消防站项目建议书、可研以及用地预审相关工作，当年完成项目立项。2019 年 6 月，确认最终选址及规模。项目总投资 15279.5 万元，位于石化十路以西、石化四道以南、陬山湖以北地块，项目总用地面积约 2.04 万平方米。项目主要包括消防综合楼，绿化、训练场、道路等配套设施建设，消防装备及部分专用装备购置安装，建设标准主要依据特勤消防站建设标准。

2019 年 3 月 21 日参加响水爆炸事故增援

消防大队 供

三、灭火救援作战

徐圩新区消防救援大队成立后，以创建消防铁军为抓手，以分岗施训为着力点，以化工编成（化工灭火救援专业编队）为重点，拓展实兵、实装、实地专业训练和联合演练，队伍应急响应、初战控制、协同作战和处置重特大灾害事故的能力明显提高。组建化工事故泄漏处置专业队，开展大跨度厂房、化工储罐、施工生活营地等场所作战效能测试。实施“防消结合”常态化运行，“以战保防、以防促战”能力明显增强。编制化工专业实战操法 13 种，修订完善各类灭火救援预案 400 余份，举行各类演练 800 余次。

2014 年至 2021 年连续 7 年获得全市政府专职消防队比武第一名。成功参与处置了 2017 年灌南聚鑫生物科技有限公司“12・9”重大爆炸事故、2018 年山东寿光排涝救灾、2019 年“3・21”响水天嘉宜化工厂爆炸事故、2021 年“7・20”特大暴雨排涝救灾。

2014 年至 2022 年，徐圩新区消防救援大队共接处警 1084 起，出动车辆 1888 辆次，出动队员 9742 人次，抢救被困人员 238 人，疏散被困人员 1388 人，抢救财产价值 2595.6 万元。

四、消防宣传教育

2014 年至 2022 年，徐圩新区消防救援大队认真落实《全民消防安全宣传教育纲要》，成立“圩蓝”消防宣传队伍。持续开展进村入户、进厂入企式消防安全宣传，提升群众消防安全感和常识知晓率。着重对化工重点单位、消防重点场所业主进行宣传培训。利用手机短信、广播、微信、彩页以及楼宇电视、户外视频等媒介，刊登、播放消防公益广告 5200 余条次；发送各类消防安全提示短信 50 万条；发放关于电动车、出租房、高层建筑、化工事故防范等的消防安全宣传资料 50 万余份；开展各行业各领域的社会化消防教育培训工作，培训 50 余万人次，打造消防主题餐厅、影院，开放消防站 80 余次，全面营造全社会关注消防、支持消防、参与消防的浓厚氛围。

五、消防监督执法

徐圩新区消防救援大队成立后，充分分析辖区消防安全形势，组织开展消防安全检查、专项督查和联合执法，加强基层工作指导，强化业务培训，指导基层各项工作有针对性地开展。至 2022 年年底，消防救援大队在辖区人员密集场所、公共娱乐场所、出租房屋、"三合一"场所（住宿与生产、仓储、经营一种或一种以上使用功能违章混合设置在同一空间内的建筑）、化工园区、电动车充电处、易燃易爆场所、高层建筑等场所开展一系列消防安全专项整治工作，重点针对化工产业园区及"三合一"场所开展安全隐患专项整治行动；排查整治化工产业园区和施工工地消防隐患，制定园区消防负责人和施工场所消防安全经理人制度，对 3.5 万余名消防负责人和施工场所消防安全经理人进行培训、定岗定责。大队共检查单位 1 万余家，整改火灾隐患 2.16 万处，下发责令整改通知书 9175 份，行政处罚 333 起，临时查封单位 192 家，罚款 331.47 万元，拘留 43 人。

六、灭火救援应急中心

2019 年 10 月，徐圩新区灭火救援应急中心建成投用。中心总投资约 1.8 亿元，占地面积 4.67 万平方米，建筑面积 2.8 万平方米。站内设施齐全，能够承接 300 名学员培训，可开展危化品救援、水域救援、绳索救援、真火训练等专业化培训。

灭火救援应急中心（2023 年）　　胡林庆 摄

至 2022 年，徐圩新区灭火救援应急中心先后承接完成全国化工灭火救援培训班、全省化工灭火救援培训班、第二批、第三批和第五批新入职国家队消防员集训队、全省化工灭火救援专项训练师资力量培训班、全省 2021 年新考录大学生干部实战化训练阶段培训班、全省消防专业化无人机应用师资骨干培训班。

第三节　应急救援抢险

一、机构队伍

2010 年 8 月，徐圩新区应急抢险大队正式成立，拥有人员 15 人，主要从事抗洪抢险、石料监管、场地回填、辅道铺设等零星工程项目。

2019 年 6 月 5 日，186 大队授旗仪式　　　　网信办 供

2017 年 7 月，《连云港石化产业基地总体发展规划》获得省政府批准。2018 年 10 月，新区为大力提升新区应急抢险和危化品救援能力，确保国家战略顺利实施，在徐圩新区应急抢险大队的基础上，按照“一专多能、一队多用、平战结合”的原则，扩编组建徐圩新区应急救援抢险大队，简称“186”大队，但队伍规模不限于 186 人。

“186”大队由一支技能全面的高素质综合先锋队、八支技能独特的高水平专业突击队、六支协同配合的高效率基础保障队组成，是一支以危化品救援为主的综合性应急救援队伍。主要承担执行新区内外的危化品事故、自然灾害、建筑施工事故、道路交通事故、海上安全和环保事故、生产安全事故、环境污染事故、卫生防疫、社会风险防控等应急处置工作。

2019 年 6 月 5 日，“186”大队举行授旗仪式。东中西示范区党工委书记、管委会主任石海波为大队进行了授旗。“186”大队全体成员在旗帜下庄严宣誓：牢记国家战略使命，坚持徐圩发展理念，秉承徐圩精神，坚守底线，坚定信念，坚决维护党和人民的利益，忠诚担当、守土尽责、敬业奉献、保障有力、服从指令、听从指挥，为建设“大美徐圩”而努力奋斗。

2022 年 10 月，“186”大队经国家安全生产应急救援指挥中心正式命名为国家危险化学品应急救援连云港队，简称危化救援连云港队。11 月 9 日，危化救援连云港队成立仪式在连云港徐圩新区国家危险化学品应急救援综合实训基地举行，江苏省应急管理厅副厅长盛方龙出席仪式并讲话。

至 2022 年，危化救援连云港队有专职队员 427 人，其中硕士以上学历 19 人。危化救援连云港队下设 1 支综合先锋队、8 支专业突击队、6 支基础保障队，分别驻扎在安全管控中心、危化品应急救援中心、环境污染处置中心、工程抢险中心、海空救援中心、综合指挥中心 6 个各具特色功能的作训中心。危化救援连云港队持续开展专业能力提升训练，围绕全过程应急管控，对园区化工企业驻厂监护，建立重大危险源“一对一”应急处置机制，成长为“一专多能、一队多用、平战结合”的高水平专业救援队伍。

二、设备配置

2010—2022 年，危化救援连云港队根据石化基地、码头应急救援需求，以危化品事故处置为核心，先后配备了海、陆、空一体化的高精尖、全方位和现代化应急救援装备

186 大队装备列阵（2023 年摄）　　　　186 大队 供

1000余台(套)。其中,72米举高喷射消防车、62米大跨距高喷消防车、23米举高喷射破拆车、超重型泡沫消防车、联合疏通车、移动泵车、垂直排涝供气车等专业救援车辆72台,消拖两用船6艘,救援直升机1架。这些装备能够保障港口应急救援指挥中心、陬山站、深港站等站点承担水域船舶、码头、精细化工区化工灾害现场处置任务。危化救援连云港队与多家知名高校科研机构共建国家级“产学研用”平台,突出安全与应急人才培养及核心技术攻关,不断提升队伍应急救援综合能力。

三、应急演练

(一)跨区域拉动演练

2019年9月20日,徐圩新区186应急救援抢险大队参加“9·20”全省石油化工跨区域灭火救援拉动演练。186大队闻令而动,派出市政抢修中队、灭火救援中队,出动人员40人,动用指挥车、无人机等车辆设备10台,圆满完成参演任务,展示了队风、树立了队貌、彰显了队威,综合检验了186大队石油化工火灾扑救处置工作的水平。

徐圩卫士(2016年)　　骆杰 摄

至2022年,危化救援连云港队逐渐形成“统一指挥、专常兼备、反应灵敏、上下联动”的规范化应急管理机制,参与淮安工业园区“10·14”双氧水生产装置火灾、台风“利奇马”、“烟花”等各类事故救援与抢险救灾122次,出动车辆400余次,出动队员1800余人。

(二)突发环境事件应急演练

2019年12月12日,为提升新区环境污染处置能力,由东中西示范区管委会主办,徐圩新区环境保护局、徐圩新区186大队承办的“2019年徐圩新区突发环境事件应急演练”在徐圩新区应急救援指挥中心举行。演练共调集新区环保局、应急管理局、186大队、消防大队、交警大队、新区人民医院6个部门,出动通信、消防、交通、发电、环保监测、清扫等车辆20余台、120余人次。此次演练通过临机设情、全程导调、现场响应的方式,按照险情发生、应急响应、集结拉动、险情处置、应急终止、检查讲评的程序,科学设置演练科目,全方位检验新区队伍应对环境污染事故的专业处置和协同作战能力。

石化企业消防演练(2022年)　　陈勇 摄

至2022年,危化救援连云港队共组织参加应急演练64次,其中参与连云港市特种设备事故应急预案综合演练、港口设施保安暨应急演练、突发环境事件应急演练、突发地质灾害应急演练等市级应急演练4次,新区级应急演练24次。共计出动队员838人、车辆147次,为建设“防救结合、一专多能”的一流应急队伍奠定了良好的基础。

四、医疗救援

2016年9月20日,徐圩新区医疗应急救援中心一期工程动工建设。2018年1月4日,徐圩新区医疗应急救援中心成立,主要负责新区医疗应急救援体系建设。

2018年6月,徐圩新区云湖社区卫生服务中心成立,位于云湖社区服务中心东侧,建筑面积2000平方米,设置全科、妇科、口腔科、中医科、体检科等临床科室,功能定位为“为居民、机关企事业单位职工提供预防、医疗、保健、健康教育、康复、计划生育技术指导的六位一体医疗服务”的基层医疗机构,主要提供体检及常见疾病诊疗。

2018年8月13日,医疗应急救援中心与上海惠宏医疗管理集团签订合同,编制中心战略发展规划。2019年9月5日,完成规划定稿。

2019年1月18日,新区管委会与连云港市第二人民医院签订《徐圩新区医疗应急救援中心合作共建协议》,利用市二院品牌、管理、技术、学科等优势帮助医疗应急救援中心(徐圩新区人民医院)建设。1—5月,新区招聘88名医、技、护、管理、工勤人员。5月7—8日,对招聘人员进行岗前培训。

2019年6月11日,由江苏方洋集团有限公司、连云港石化产业园有限公司、江苏香河农业开发有限公司三家分别以34%、33%、33%的股比出资成立连云港徐圩医疗管理有限公司,负责徐圩新区人民医院的运营资金管理工作。

2019年6月,徐圩新区医疗应急救援中心(一期)建成投用。中心总投资2.1亿元,占地面积约12万平方米,建筑面积约2.5万平方米,一期设置120个应急床位。作为新区石化基地的重要功能配套,中心拥有64排螺计算机X射线断层摄影机(CT)、数字化X射线摄影技术(DR)、彩超等大型设备,主要对危化品事故、火灾等导致人员伤亡的突发事故,提供现场医疗应急救援服务。此外,投资3.5亿元的医疗应急救援中心二期项目已启动建设,其地下室按核五级标准建设,设置核救援、化学救援功能区域,并与地下综合管廊互联互通。

徐圩马拉松救援保障(2019年)　　许伟 摄

2019 年 10 月 20 日，“卫星杯”2019 连云港·徐圩国际马拉松比赛在徐圩新区举办，医疗应急救援中心作为前方处置医院，全程参与本次比赛的医疗应急救援保障工作。11 月 12 日，医疗应急救援中心首次开展胃肠镜项目检查。

2021 年，徐圩新区建设疫情隔离舱，总投资约 6000 万元，设于港前大道以东，苏海路以北，海滨大道以西，近综合保税区，占地约 6.67 万平方米。主要功能分为配套服务区和隔离住宿区。配套服务区为隔离点提供医疗、安保、物业等服务；隔离住宿区采用箱式集装房形式，设置 9 个组团，共计约 972 套集装箱房，总体建设规模按照 6000 人进行设计；车辆停车区占地约 2 万平方米，可停放约 800 辆车。项目进一步落实防控策略，保障了石化基地内产业项目平稳建设，集中为外市进入徐圩新区项目人员提供了封闭式隔离观察场所。

第四节　防汛抗旱

一、工作机构

2012 年 4 月，徐圩新区成立防汛防旱指挥部，新区管委会主要领导任总指挥，指挥部下设办公室。每年 5 月底、6 月初召开全区防汛防旱工作会议，6 月 1 日至 9 月 30 日实行 24 小时防汛值班。是年，徐圩街道、东辛农场、徐圩盐场、方洋集团亦成立防汛防旱指挥部。

2021 年 8 月，根据《省防汛抗旱指挥部办公室关于规范各级防汛抗旱指挥机构名称的通知》要求，“徐圩新区防汛防旱指挥部”更名为“徐圩新区防汛抗旱指挥部”，“徐圩新区防汛防旱指挥部办公室”更名为“徐圩新区防汛抗旱指挥部办公室”。

二、工作开展

徐圩新区位于连云港市城区东南部，东临黄海，在暖温带的南缘与北亚热带气候过渡带，且地处善后河最下游。善后河经埒子口入海，汛期承泄上游积蓄的洪水过境入海。特殊的地理位置和气候特征，使徐圩新区易涝易旱，易受台风暴潮袭击。

2009 年 7 月，新区编制完成《连云港市徐圩新区防洪排涝规划》。11 月，连云港市人民政府批准实施。

2012 年 7 月 8 日，新区遭遇强降雨天气。按照防汛防台预案的要求，新区做好各项防汛准备工作，未发生人员伤亡，受灾人数降到 6927 人，农作物受灾面积 668 万平方米，经济损失降低到 461.4 万元，把灾害损失和影响降至最低程度。8 月 2 日，新区遭遇强台风侵袭。由于预防措施得力有效，辖区内未发生

防汛检查（2012 年）　　徐乙策 摄

民房倒塌、人员伤亡事故，受灾人数降至 6622 人，紧急转移 4110 人，农作物受灾面积 521.3 万平方米，造成经济损失降至 231.6 万元。

2014 年，新区管委会印发《徐圩新区防汛防旱应急预案》和《徐圩新区防台风应急预案》。

2016 年，新区防御第 1 号台风“尼伯特”，重点防御沿海堤防，特别是受风浪正面袭击的堤防安全，未造成严重损失。

2019 年，新区投资 850 万元，启动徐圩新区智慧水利建设，以提高新区防洪减灾、水资源调度、水环境保护管理能力。2021 年 6 月，徐圩新区智慧水利建设工程建成投用。

2020 年，新区管委会修订印发《徐圩新区防汛防旱应急预案》和《徐圩新区防御台风应急预案》。7 月 11—12 日，新区普降暴雨到大暴雨，平均降水量 143 毫米。7 月 12 日 11 时启动新区防汛Ⅳ级应急响应，主要河道蓄水均控制在负荷内，未造成较大影响。据统计，东辛农场玉米地受灾 573.33 万平方米，水稻受灾 213.33 万平方米，造成农作物经济损失约 400 万元。另外，暴雨导致农场居民平房进水 22 间，倒塌 2 间；新区其他地区暂无受灾。

2021 年 7 月，新区新增采购黄沙 1000 吨、编织袋 2 万只、吸水膨胀袋 1000 只，用以保障新区防汛安全。7 月 14—15 日，全市普降大到暴雨，徐圩新区最大降雨量达 210.5 毫升，斯尔邦公司片区积涝严重，危及厂区生产安全。新区防汛抗旱指挥部通过提前预降、错峰排洪、及时开机强排等一系列手段排除涝水；协调连云港机动抢险队增派 8 台强排机泵、10 人支持强排；协调海州区住建局紧急派遣 2 辆大功率排水泵车、9 人支持抢险工作。经过 30 多个小时的连续奋战、全力抢险，积涝于 17 日凌晨全部排完，片区交通和企业生产恢复正常。7—9 月，新区应对“烟花”“灿都”等台风，及时启动防台风应急响应预案，台风未对新区造成较大影响。12 月，《徐圩新区防洪除涝规划修编（2021）》经连云港市人民政府批准实施。

2022 年，新区应急抢险大队新增购置垂直供排水抢险车（龙吸水）、泵浦车、砂石装袋模块车等防汛抢险设备器材，应急排水能力达到 1.64 万立方米/小时，新区防汛应急抢险能力进一步提升。9 月 13 日，新区受第 12 号台风“梅花”影响，及时启动新区防台风Ⅳ级应急响应，14 日提升至Ⅲ级，至 15 日结束新区防台风Ⅲ级应急响应，台风未对新区造成较大影响。12 月，新区管委会修订印发《徐圩新区防汛应急预案》和《徐圩新区抗旱应急预案》。

第九章　开发建设平台

徐圩新区建区之初，针对公共服务平台公益性、专业性和综合性的特性，确立了“政府引导、市场运作，面向产业、服务企业，立足本地、辐射区域，资源共享、注重实效”的原则，有序推进以现代物流、产业合作、商务服务、科技和人才、生态环保为重点领域的服务平台建设。

为保障新区开发建设，徐圩新区先后成立连云港市徐圩开发建设有限公司（后更名江苏方洋集团有限公司）、江苏洋井石化集团有限公司（原为“连云港石化产业园有限公司”）、江苏香河农业开发有限公司、江苏云湖现代服务产业集团有限公司，打造城市开发建设平台、石化产业基地开发建设平台、徐圩港区开发建设平台、现代农业开发建设平台、现代服务开发建设平台，坚持政府引导与社会广泛参与相结合，非营利服务与市场化服务相结合，促进产业升级与服务中小企业发展相结合，服务本地经济发展与促进东中西区域合作相结合，社会服务资源开放共享与统筹规划、重点推动相结合，不断增强徐圩新区的产业配套能力和要素集聚能力。

第一节　城市开发建设平台

一、概况

2009 年 4 月 24 日，连云港市人民政府在徐圩片区出资设立国有独资公司—连云港市徐圩开发建设有限公司，注册资本 2 亿元（后变更为 40 亿元）。2010 年 10 月，更名为江苏方洋集团有限公司（以下简称“方洋集团”）。方洋集团是徐圩新区开发建设主要平台，也是国家东中西区域合作示范区徐圩新区的实业投资主体。

2022 年，方洋集团总资产达到 1044 亿元，实现营业收入 161.91 亿元，净利润 16.85 亿元，拥有 14 家一级子公司，主营业务涵盖清洁能源投资及运营、环保水务、园区产业配套服务设施建设及运营等板块，位列 2022 年全省地市级政府投融资平台转型发展第 3 名，先后获得省级守合同重信用企业、创建全国文明城市先进单位、江苏省文明单位、江苏制造突出贡献奖先进单位等众多荣誉称号。

二、主营业务

方洋集团围绕清洁能源投资及运营、环保水务板块、环境监测和环保工程建设板块、园区产业配套服务设施建设及运营板块领域，加快城市建设。

（一）清洁能源投资及运营板块

1. 发展历程

电力供应是园区石化企业发展的“卡脖子”问题。2015 年 3 月 15 日，中共中央和国务院印发

《关于进一步深化电力体制改革的若干意见》，启动增量配电业务改革。方洋集团抢抓增量配电业务改革试点机遇，成为全国第一批106个试点项目之一，也是国家发展改革委、国家能源局12个直接联系试点项目之一。

2018年3月1日，方洋集团成立江苏东港能源投资有限公司，作为试点项目唯一配售电的运营主体开展售配电网建设，试点项目规划建设6座220千伏公用变电、10座110千伏用户变电及配电网工程。2019年12月25日，试点项目首座220千伏变电站——孔桥变电站建成投运。作为国内为数不多的配电网建设从零起步、正式投入运营的改革试点项目，徐圩新区增量配电网改革试点区域已经走在了全国增量配电业务改革的前列。

作为国家东中西区域合作示范区的实业投资主体，方洋集团充分发挥示范引领作用，全面贯彻新发展理念，深入践行国家"双碳"战略，积极推进新区能源结构转型，全力服务保障产业可持续发展。2021年，连云港石化产业基地绿色供能工程建设正式启动，旨在推进石化基地清洁能源供热转型，服务石化产业基地绿色可持续发展。项目一期建成投产后可实现600吨/小时工业蒸汽供应，同时每年可减少燃用标准煤约40万吨，减排二氧化硫约184吨、氮氧化物约263吨、二氧化碳约107万吨。

2022年，徐圩新区第一个光伏发电项目、全国首个大型集中式地面光伏电站并入增量配电网光伏发电项目——徐圩新区苏海路光伏发电工程由方洋集团建成投运，这标志着徐圩新区正式进入光伏新能源时代。

2. 经营主体

集团能源投资板块的经营主体包含江苏方洋能源科技有限公司、江苏东港能源投资有限公司、连云港虹洋热电有限公司等企业。

江苏方洋能源科技有限公司 2016年6月成立，注册资本4.19亿元，是国有独资公司江苏方洋集团有限公司的全资子公司、高新技术企业，承载徐圩新区能源发展等战略使命。主营业务涵盖清洁能源投资、电力工程和压力管道施工、电力检维修等三大业务板块，深入服务配套徐圩新区能源发展需求。至2022年，该公司全面实施科技创新和市场化经营双轮驱动战略，并依托江苏省石化产业基地智慧低碳能源工程研究中心、江苏省低碳能源数字化运维工程技术研究中心、连云港智慧电力运维工程技术研究中心等科技创新平台，不断提升核心竞争力，被江苏省国资委列为全面参照"科改企业"做法实施综合改革企业。

江苏东港能源投资有限公司 2018年3月1日成立，注册资本3.5亿元，由江苏方洋集团有限公司、国能江苏新能源科技开发有限公司、国网江苏电力有限公司共同出资成立，是国家发展改革委、能源局公布的第一批江苏省5个增量配电网改革试点项目之一，入选国家发展改革委、能源局12个直接联系试点项目之一，徐圩新区增量配电业务改革试点唯一的配售电运营主体。该公司取得国家能源局正式颁布的电力业务许可证(供电类)和售电业务资质，公司主营业务包括增量配电网运营、售电业务、客户用电管理、新能源开发与利用等。

连云港虹洋热电有限公司 2011年4月成立，注册资本金34.8亿元，是江苏方洋能源科技有限公司、苏州苏震热电有限公司合资成立的热电企业。该公司立足清洁能源产业发展，主营业务包括蒸汽销售、火力发电、化工原料及化工产品销售等，在深耕主业的同时，多维协同综合利用能源服务有效解决园区能源保供各项工作，热用户覆盖率超区域范围的70%，总投资规模超过120亿元。至2022年，虹洋热电围绕园区保供，先后建成热电联产项目、热电联产扩建项目一阶段，将持续投入扩建项目二阶段及三大热网管线及相关配套项目建设；围绕煤清洁高效利用、新型高效通用设备、新工艺节能技术发电供汽等方向启动13项科创研发项目，取得专利63件，申请并已获得授权35件，先后被授予国家高新技术企业，江苏省专精特新中小企业荣誉；研发机构相继被认定为“连云港市高效节能型热电联产工程技术研究中心”“连云港市企业技术中心”。

3. 目标愿景

到“十四五”末期，能源投资板块预计年收入126.6亿元。将以配电区域“碳中和”为目标，构建新型电力系统，促进节能减排、力争增量配电业务改革试点成为行业标杆；建成连云港石化产业基地绿色供能工程、徐圩新区增量配电网绿色能源示范工程、徐圩新区中心河畔发电工程等一大批重点项目，布局新能源特色产业集群；将打造一支电力设计、建设、施工、运维专业团队，进一步为产业项目提供电力等优质服务。

虹洋热电净水车间(2017年)　　徐乙策 摄

（二）环保水务板块

1. 发展历程

环保水务板块是方洋集团在没有专业技术、没有行业经验、缺乏专业人才的背景下，坚持上马并取得突出成绩的业务板块。2011年，盛虹石化、珠江钢管等企业向新区提出用水需求，但是出于项目发展前景不明朗，收不回建设成本的风险考虑，迟迟没有企业在新区建设水厂、管网。为解决企业用水难题，经徐圩新区管委会批准，2012年1月9日，方洋集团注册成立江苏方洋水务有限公司，进军环保水务业务板块。

经过十余年的发展，江苏方洋水务有限公司逐步形成以供水服务板块、污水处理板块为核心，环境监测服务板块和环保工程建设板块为支撑的多领域、多要素、全方位的环境综合治理服务体系。

2. 经营主体

江苏方洋水务有限公司　2012年1月9日成立。2012年10月，徐圩新区自来水厂投用，处理规模为9万吨/日，徐圩新区自来水厂具备送水条件。2017年，香河湖应急备用水源启动建设。2021年4月正式投用，应急供水量为45万吨/日，当善后河水量不足或发生突发性水污染事件时，能够满足徐圩新区连续10天应急供水。

至2022年，江苏方洋水务有限公司建成具备40万吨/日的工业水及5万吨/日的脱盐水供应能力的工业水处理中心，进一步完善了方洋水务的供水布局。

徐圩污水处理厂　2014年12月26日通过环保竣工验收并投入生产，处理规模为3万吨/日。2021年6月完成升级改造，处理规模达到3万吨/日。

东港污水处理厂　2016年12月投用，处理规模为5万吨/日。

徐圩新区达标尾水净化工程一期　2021年7月试生产，处理规模2万吨/日，远期规模6万吨/日，出水主要指标基本达到Ⅳ类水质标准。

第三方治理厂　2021年3月投用，处理规模为1.3万吨/日，拓展了上下游一体化的治理模式，每年为企业节约治污成本逾1000万元。

徐圩新区再生水厂　2021年3月投用，处理规模为10万吨/日，是中国化工园区单体规模最大的污水再生回用设施，有效保障石化基地污废水70%再生回用。

徐圩新区高盐废水处理厂 2021 年 3 月投用，处理规模为 3.75 万吨/日，对再生水厂产生的 30% 浓水进行再处理，出水优于一级 A 标准，在国内高盐污水处理案例中具有一定的代表性。

徐圩新区达标尾水排海工程 2021 年 12 月投用，是新区唯一尾水排海通道。该项目排海规模 11.83 万吨/日，排海管道总长 26 千米，长度全国第二，是江苏省第一个大型深海排放项目。

再生水厂膜车间（2021 年） 徐乙策 摄

徐圩新区化工高盐污水处理厂 2022 年 8 月投用，处理规模为 1.2 万吨/日，满足石化基地特种有机高盐废水的处理需求。

至 2022 年年底，江苏方洋水务有限公司具备污水处理能力 10.5 万吨/日，废水处理能力 5 万吨/日，污废水再生处理能力 10 万吨/日，深海排放能力 11.83 万吨/日的污废水全流程处理规模。为发挥规模效应，江苏方洋水务有限公司成立工业废水综合治理中心，将第三方治理厂、东港污水处理厂、再生水厂、高盐废水处理厂、化工高盐污水处理厂五个厂站统筹管理。江苏方洋水务有限公司初步发展为具备集中处理、第三方处理、再生回用、高盐处理等功能的于一体的环保综合体，中心按照清污分流、分类收集、分质处理的原则，实现石化基地污废水 70% 回用。每年减少污废水排放 2500 万吨。回用后剩余 30% 的高盐浓水，经深度处理，外排水质远优于国家一级 A 标准，长期达到地表四类水标准，在国内处于领先地位。

（三）环境监测和环保工程建设板块

1. 发展历程

2016 年 6 月 13 日，江苏方洋水务有限公司出资 1000 万元成立江苏方洋环境监测有限公司，拓展徐圩新区的水、气、声、土壤等多项环境要素指标检测及相关技术服务市场。

2016 年 11 月 10 日，方洋集团收购连云港徐圩建设工程有限公司为全资子公司，开发徐圩新区市政公用工程、管网的建设与运维等市场。

2. 经营主体

江苏方洋水务有限公司 是徐圩新区唯一环境综合服务商。作为国家生态环境部批准的环境综合治理托管服务商和国家发展改革委和生态环境部联合批准的环境污染第三方治理服务商，全力保障新区和石化基地内重大产业项目的供排水和环境服务需求。应用水的全生命周期理念，打造从取水—供水—用水—污水收集—处理—再生回用—高盐浓水处理—达标尾水净化到深海排放的全流程服务产业链，形成了较为完善的供排水服务保障体系。

中节能（连云港）有限公司 由方洋集团和中节能清洁技术发展有限公司合作，专业从事危险废物经营、废弃物安全处置、环保技术开发咨询等服务。至2019年，正在运营和建设的项目为徐圩新区固危废处置中心，建成1条1.5万吨/年焚烧线，3万立方米刚性填埋场，可填埋危废4.5万吨，远期将建成2条1.5万吨/年焚烧线，总有效库容为7.04万立方米的刚性填埋场，为园区产业项目提供危废处置兜底式服务。

3. 目标愿景

到"十四五"规划末期，环保水务板块预计年收入13亿元。将具备脱盐水供水能力10万吨/日、工业水供水能力55万吨/日、污水处理能力13.2万吨/日，废水处理能力10万吨/日，污废水再生处理能力17万吨/日。江苏方洋水务有限公司将深入挖掘工业废水综合治理中心的碳减排潜力，2025年实现绿色低碳标杆污水厂建立，并逐步打造成(近)零碳示范项目，为徐圩新区树立国内化工园区生态环境示范标杆。

（四）园区产业配套服务设施建设及运营板块

1. 发展历程

港前大道施工现场(2010年)　　李浩 摄

2009年4月24日，连云港市政府出资设立连云港徐圩开发建设有限公司(2010年9月29日更名为方洋集团)，注册资金2亿元，承担徐圩片区公共基础设施建设任务。当时，徐圩开发片区是一片片荒芜盐滩，与外界联通的海堤路宽度不足10米，道路狭窄处，双向会车都十分困难，该公司首要任务就是筹集资金建设道路桥梁等基础设施。2009年6月，徐圩开发建设公司获得连云港工商银行首批8亿元信用贷款。2009年10月，启动226省道北延段、纵五路和港前大道3个道路项目，拉开方洋集团开展徐圩新区基础设施开发建设的序幕。

2013年9月16日，方洋集团成立方洋置业有限公司(2019年8月28日更名为方洋建设投资有限公司)。

2015年1月6日，方洋集团成立方洋建设工程管理有限公司。11月26日，集团成立连云港徐圩市政工程有限公司(2020年9月29日更名为连云港徐圩城建工程有限公司)，逐步完成了由项目投资者向项目管理者、工程建设者的转变。

2022年集团累计新建、改扩建道路300余千米，桥梁60余座，房建设施500余万平方米，打造出一支经验丰富、资质齐全的施工管理团队，工程建设板块成为集团实体化运营的首个业务板块。

2. 经营主体

江苏方洋建设工程管理有限公司　主营业务为工程项目管理、招标代理和造价咨询，经营范围有路桥工程、市政绿化工程、工程招标代理、工程造价咨询、树木种植经营、园艺产品种植、土壤污染治理与修复服务、水生植物种植、工程和技术研究和试验发展等。

江苏方洋建设投资有限公司　主营业务涉及房地产开发、工程施工、项目运营管理以及建材加工等，拥有建筑工程施工总承包三级、消防设施工程专业承包二级、装饰装修工程专业承包二级资质、建筑行业(建筑工程)乙级资质。至2022年，先后开发建设了大陆桥产品展览展示中心、工业邻里中心、人才公寓、香河新村等项目100余个。

连云港徐圩城建工程有限公司　主要承担徐圩新区各类市政公用工程、土石方工程、地基与基础工程、市政设施养护、园林绿化工程施工与养护、机械设备、建筑材料及金属材料租赁与销售、闲置土地委托管理、真空预压、建筑垃圾清理处置、车辆检测、工程勘测等各项工程业务。2020年该公司通过ISO质量管理、环境管理、职业健康管理体系认证。至2022年,该公司拥有港口与航道工程施工总承包二级资质、市政公用工程施工总承包二级资质、钢结构专业承包三级资质、建筑机电安装工程专业承包三级资质、环保工程专业承包三级资质、地基基础工程专业承包一级资质、消防设施工程专业承包二级资质、石油化工施工总承包三级。先后成为江苏省建筑行业协会设备安全管理分会会员单位、中国工业环保促进会理事单位。

3. 目标愿景

到"十四五"末期,园区产业配套服务设施建设及运营板块预计年收入13亿元。建成口岸商务服务中心(文创综合体)、东香湖商业街、方华苑小区、智汇湾文创街区等一批重点房建项目;发展壮大连云港瑞桥建材科技有限公司、预制桩厂等一批基础配套建设服务保障企业;盘活工业邻里中心、徐圩湖石化基地服务区等一批房建项目,实现资产利用率达到90%以上;推进建设工程板块设计施工总承包一体化经营模式,推动各项施工资质提升,努力成为施工安全和质量管理的标杆企业。

三、经营情况

方洋集团业务板块最初以工程施工业务为主,逐步形成涵盖港口物流、能源投资、环保水务等业务的多元化发展趋势。业务收入结构变化情况分为两阶段,第一阶段是2009—2016年,以工程施工业务(主要是委托代建)为最主要业务。此阶段工程施工业务收入占比最高,收入规模和毛利快速上升,2014年达到峰值,随后呈现下降趋势;原水销售及污水处理业务于2012年开始运营,蒸汽及电力销售业务于2014年开始运营,规模均较小,但呈逐步增长趋势。第二阶段是2017—2022年,集团主营业务呈现以港口物流、能源投资、环保水务、工程建设和现代服务五大板块并驾齐驱态势。此阶段工程施工业务收入占比呈下降趋势,港口物流业务随着徐圩港区建设发展成为最主要业务,收入占比不断上升,于2021年达到峰值;随着石化产业基地重大项目陆续投产,蒸汽及电力销售业务持续快速增长,至2022年能源投资板块成为集团收入占比最大板块;此外原水销售及污水处理业务持续稳步增长,餐饮、商超及酒店业务收入随着园区产业发展呈逐年上升趋势。

2009—2022年方洋集团主要经营指标统计表

表9-1　　单位:万元

年份	资产总值	资产净值	营业收入	营业利润	净利润
2009	227095.22	146536.54	7664.04	874.45	2769.36
2010	544039.24	301462.61	51543.20	5173.14	9471.56
2011	660237.86	387240.68	72828.53	12168.71	14695.58
2012	1066816.56	558844.69	109254.69	20495.86	37787.56
2013	1765733.98	925268.65	140980.61	65721.31	82848.64
2014	3037762.30	1258392.65	410034.69	106965.74	119689.70
2015	3406419.44	1324125.97	244914.90	65066.46	65351.35
2016	4320439.94	1572356.13	317006.31	30360.50	29991.67

续表 9-1

年份	资产总值	资产净值	营业收入	营业利润	净利润
2017	4728609.87	1655115.60	398707.75	44443.10	28104.27
2018	5032044.96	1828061.15	468410.61	54455.63	34035.78
2019	6141880.16	2180119.52	571328.90	37825.41	25432.33
2020	7912664.35	2808838.83	687003.90	76875.04	54871.85
2021	9612312.22	3235658.68	1191330.34	224838.32	180866.92
2022	10444558.32	3323860.02	1619116.72	214330.39	168498.10

四、财务管理

2009 年，方洋集团拥有固定资产 2165.59 万元。2022 年固定资产增加到 107.50 亿元。

2009—2022 年方洋集团长期经营资产指标统计表

表 9-2　　单位：万元

年份	固定资产	在建工程	无形资产	合计
2009	2165.59	11656.37	0.76	13822.72
2010	7811.97	69208.79	8815.47	85836.23
2011	8159.37	174847.25	8602.23	191608.85
2012	8977.20	334836.24	13485.92	357299.36
2013	12231.67	476319.38	34342.89	522893.95
2014	105976.46	205465.35	33586.87	641028.68
2015	160430.70	695113.88	36892.20	892436.78
2016	171011.88	963389.74	84112.83	1218514.45
2017	169520.64	1089186.26	41099.95	1299806.85
2018	400807.00	790956.94	56060.05	1247853.99
2019	692553.02	755122.34	188513.74	1636189.10
2020	806415.24	1015611.73	117316.83	1939343.81
2021	1055105.03	1416077.69	183825.01	2655007.72
2022	1074965.65	1833224.76	203769.97	3111960.38

五、融资

2009 年 4 月，方洋集团 30 万吨级航道项目贷款取得中国工商银行连云港分行授信批复，该授信批复是方洋集团成立以来在金融机构的首笔融资。5 月 12 日，中国银行连云港分行 2000 万元流动资金贷款成功提款，该笔贷款方洋集团在金融机构的首笔提款。

2011 年 2 月，方洋集团国际物流服务中心项目贷款取得进出口银行授信批复，实现与政策性银行合作零的突破。

2013 年 5 月，方洋集团在银行间协会注册 20 亿元中期票据，成为全国地级市国有企业中第一家发行银行间协会直接融资工具的企业。12 月，方洋集团首次在银行间市场注册并发行 12 亿元非公开定向债务融资工具。2014 年 1 月，由中国建设银行连云港分行牵头的 26 亿元徐圩新区主干路网银团贷款顺利合拢并提款，该笔银团是方洋集团首笔银团贷款及成立以来最大的单笔融资，为新区基础设施建设提供有力的资金支持。

2015 年 7 月，方洋集团标准厂房项目取得国家开发银行江苏省分行批复，首次与国家开发银行达成合作，为后续的深入战略合作打下坚实的基础。

2016 年 9 月，方洋集团取得上交所 20 亿元非公开公司债无异议函，实现上交所融资工具零的突破。9 月，第一期 2 亿美元海外债完成境外路演并在香港联交所成功发行，该笔海外债是方洋集团的首笔境外融资，对方洋集团走向海外、实现国际化具有里程碑意义。同年 8 月，由南京银行牵头的总金额为 28.15 亿元的方洋集团产业基金、沿海产业基金相继设立，实现了融资方式的重大创新。同年 10 月，方洋集团首次在北京金融资产交易所成功备案并发行 10 亿元债权融资计划，实现北金所融资工具零的突破。

2017 年 12 月，徐圩新区首次举办银企座谈会，为银企合作搭建对接交流平台。

2018 年 8 月，江苏方洋集团举办债券投资者集中路演活动。10 月，方洋集团首次在银行间协会注册超短期融资券 23 亿元。11 月，方洋集团发行 1 亿美元 3 年期境外债券，成为 2018 年海外市场唯一一支发行主体为 BB 评级的 3 年期境外美元债券。

2019 年 4 月，2019 年国家东中西区域合作示范区（连云港徐圩新区）举办银企恳谈会暨重大项目推介会，方洋集团在会议现场共计签订约 200 亿元授信合作意向。8 月，工商银行江苏分行和国家东中西区域合作示范区（连云港徐圩新区）举办银政企战略合作签约仪式。9 月，国家开发银行江苏省分行和国家东中西区域合作示范区（连云港徐圩新区）举办银政战略合作签约活动。

2020 年 6 月，全国首笔由国家开发银行、中国进出口银行、中国农业发展银行等三家政策性银行联合授信的 20 亿元“一带一路”综合物流园银团贷款项目签约。8 月，港投集团成为首个获得 AA 主体评级的子公司，取得了债券市场“通行证”。9 月，方洋集团发行 8 亿元地下综合管廊专项企业债，打破了公司成立以来国家发展改革委企业债发行的空白局面，该笔债券也成为江苏北部地区首单城市地下综合管廊专项债。

2021 年 3 月，徐圩新区公用工程项目百亿银团举行签约仪式，其中连云港虹洋热电联产扩建项目银团贷款 54 亿元，这是连云港市有史以来国有企业组建的单笔规模最大的银团贷款。6 月，建设银行江苏分行和国家东中西区域合作示范区（连云港徐圩新区）举办银政企战略合作签约活动。11 月，方洋集团备证发行 1.5 亿美元 3 年期境外债券，该笔债券发行利率打破了全国股份制银行同期限备证美元债历史最低纪录，以及江苏省同期限备证美元债历史最低纪录两项纪录。12 月，方洋集团下属子公司港控集团首笔理财直融 3 亿元备案发

2021 年 3 月，徐圩新区举行公用工程项目百亿银团集中签约仪式　徐乙策 摄

行，这是子公司首次发行直融产品，也是方洋集团成立以来第一笔理财直融业务。此外，2021年新增融资总额达方洋集团历史最高水平。

2022年1月，交通银行江苏分行和国家东中西区域合作示范区（连云港徐圩新区）举办银政企战略合作签约活动。5月，方洋集团获上交所首批政策松绑并成功备案发行10亿元全增量公司债券。6月，民生银行南京分行与徐圩新区成功签订银政企战略合作协议。至此，方洋集团累计获银行授信承诺超2000亿元。12月，方洋集团取得上交所10亿元绿色公司债券无异议函，实现了债券创新的重大突破，该笔债券为连云港市首单绿色公司债，示范意义显著，获得上交所高度认可。是年底，方洋集团荣登全国地市级政府投融资平台转型发展第49名、全省地市级政府投融资平台转型发展第3名。

2009—2022年方洋集团投融资业务开展及增幅一览表

表9-3　　单位：万元

年份	融资提款	比上年增长
2009	67000.00	
2010	87500.00	20500.00
2011	69425.00	-18075.00
2012	185736.49	116311.49
2013	357787.00	172050.51
2014	816230.00	458443.00
2015	573200.00	-243030.00
2016	1013811.00	440611.00
2017	935990.00	-77821.00
2018	921863.01	-14127.99
2019	1829921.57	908058.57
2020	2114644.45	284722.88
2021	2764050.04	649405.59
2022	2690878.09	-73171.95

六、资产管理

2009—2022年，方洋集团资产总额从22.71亿元增长至1044.46亿元，增长约45倍。其中，2012年资产规模首次超过100亿元、2014年资产规模超过300亿元、2018年资产规模超过500亿元、2022年资产规模超过1000亿元。净资产总额从14.65亿元增长至332.39亿元，增长约22倍。其中，2014年净资产规模首次超过100亿元、2021年净资产规模超过300亿元。总收入从0.77亿元增长至161.91亿元，增长约209倍。其中，2012年收入规模首次超过10亿元、2014年收入规模超过40亿元、2021年收入规模超过100亿元。净利润从0.28亿元增长至16.85亿元，增长约59倍。其中，2011年净利润规模首次超过1亿元。缴纳税费总额从0.01亿元增长至1.49亿元，增长约490倍。其中，2012年缴纳税费规模首次超过1亿元。

2009—2022 年方洋集团资产增幅一览表

表 9-4　　单位:万元

年份	总资产	比上年增长	净资产	比上年增长
2009	227095.22		146536.54	
2010	544039.24	316944.02	301462.61	154926.07
2011	660237.86	116198.62	387240.68	85778.07
2012	1066816.56	406578.70	558844.69	171604.01
2013	1765733.98	698917.42	925268.65	366423.96
2014	3037762.30	1272028.32	1258392.65	333124.00
2015	3406419.44	368657.14	1324125.97	65733.31
2016	4320439.94	914020.50	1572356.13	248230.16
2017	4728609.87	408169.93	1655115.60	82759.47
2018	5032044.96	303435.09	1828061.15	172945.55
2019	6141880.16	1109835.20	2180119.52	352058.37
2020	7912664.35	1770784.19	2808838.83	628719.31
2021	9612312.22	1699647.87	3235658.68	426819.85
2022	10444558.32	832246.1	3323860.02	88201.34

七、对外合作

2011 年 4 月,由方洋集团和盛虹控股集团有限公司全资子公司苏州苏震热电有限公司以各 50% 的比例共同出资设立连云港虹洋热电有限公司(简称虹洋热电),注册资金 34.8 亿元人民币。虹洋热电是徐圩新区的公用热源点,为石化园区内的多家企业提供热能。虹洋热电联产项目总投资约 20 亿元,建设 4×440 吨/小时高温超高压锅炉 +3×40 兆瓦抽汽背压汽轮发电机组,供热能力为 1038 吨/小时。2019 年完成建设并投产运行。虹洋热电联产扩建项目一阶段总投资 60 亿元,建设 6×800 吨/小时高温超高压循环流化床锅炉 +3×35 兆瓦级背压式汽轮发电机组 +3×60 兆瓦级抽背压式汽轮发电机组,供热能力约为 2390.5 吨/小时,2022 年 12 月 16 日,首批机组投产。

2013 年 1 月 29 日,由中国石化销售股份有限公司占股 70%、方洋集团占股 30% 共同出资设立江苏方洋能源投资公司(简称方洋能源),注册资金 5000 万元,方洋能源投资建设云湖加油加气站,总投资约 5300 万元,占地面积 14887 平方米,设置 4 台双枪加油机、油罐总容量 120 立方米,2 台加气机、60 立方米液化天然气储罐。2014 年 5 月投入运营,主营业务为成品油批发、零售及液化天然气零售业务等。2019 年,云湖加油加气站发展为万吨级油气合建站,成为徐为新区及 228 国道重要成品油、液化天然气保障站点。

2013 年 6 月 28 日,连云港徐圩新区新奥燃气有限公司(简称徐圩新奥)成立,注册地位于连云港市徐圩新区工业邻里中心公共服务中心。公司注册资本 1430 万美元,公司股东为新奥(中国)燃气投资有限公司出资 1001 万美元(占股 70%);连云港市市政公用有限公司(原连云港市城市建设投资集团有限责任公司)(占股 20%),出资 286 万元美元(等值人民币出资);江苏方洋集团有限公司(占股 10%),出资 143 万美元(等值人民币出资)。公司经营范围包括设备租赁、销售燃气及燃气设备、输气管道建设和经营等相关技术咨询服务。

2014年12月,中节能清洁技术发展有限公司(占股60%)、江苏方洋科技投资发展有限公司(占股40%)签署《合作协议书》,双方本着优势互补、互惠互利、共同发展的原则,通过合资共建徐圩新区固危废处理处置中心项目,切实保障徐好新区内企业产生的危废得到安全妥善规范高效处置,履行产业配套职能。保持国有投资的正常经营利润水平回报股东。合作内容主要包括焚烧与填埋。

2022年年底,徐圩新奥总资产10770.12万元,总负债591.09万元,所有者权益合计10179.04万元。全年完成营业收入2033.22万元,营业成本673.01万元,营业利润1207.94万元,净利润905.95万元。

八、人力资源管理及架构

2009年4月24日,连云港市徐圩开发建设有限公司成立,有员工17人。2010年10月,公司更名为江苏方洋集团有限公司(以下简称"方洋集团"),有员工共计27人。

2013年5月,江苏方洋集团人力资源有限公司人力资源部正式成立。2014年6月,完成集团职级和薪酬体系调整规范工作。12月,印发《员工招聘与录用管理办法》等5项制度。年底方洋集团有员工372人。

2015年,方洋集团有员工共计736人。集团人力资源管控模式调整,在子公司推行HRBP① 管理模式。2016年,参与集团党委、董事会、经营层等完善法人治理结构工作,印发《江苏方洋集团有限公司主要职责部门设置和人员编制规定》。

2017年,方洋集团出台《江苏方洋集团有限公司2017年度目标考核实施方案》,首次对子公司开展经营业绩和目标考核工作。同年,集团监督专员队伍成立。6月,印发《江苏方洋集团有限公司中层干部轮岗交流管理办法(试行)》,集团中层干部和重点热点岗位实行常态化轮岗交流机制,印发《江方方洋集团有限公司操作服务岗位转岗定级管理方法(试行)》,打通操作岗转岗通道。至年底,方洋集团有员工817人,其中自有人员498人、劳务派遣人员319人。

2018年,印发《徐圩新区国有企业非领导职务管理暂行办法》畅通中高层干部发展通道,印发《徐圩新区后备人才选拔培养管理暂行办法》,正式启动后备人才培养工作。7月,人力资源信息化系统正式上线运行。

2019年,在子公司正式开展多劳多得的考核激励试点工作。至年底,方洋集团有员工1301人,其中自有人员681人、劳务派遣人员620人。

2020年,启动方洋集团"菁英人才"培养工程,首期培训学员170余名,选聘优秀导师108名,助力青年人才成长;出台《子公司职务与职级并行实施方案》,畅通子公司员工职级发展通道;印发《关于加强子公司绩效考核工作的指导意见》《关于加强对部分子公司重点工作考核的通知》,对子公司实施分类考核。

2021年,加快落实国企改革措施,推进外部董事聘任工作,全面推行经营层成员任期制契约化管理,持续完善市场化考核机制;牵头制定《徐圩新区国有企业专业技术人员聘任管理办法》《徐圩新区国有企业技能人员聘任管理办法》,建立经营管理、专业技术、技能人才发展三序列晋升通道;出台《加快推进方洋集团创新研发平台建设的指导意见(试行)》,推进工业水处理等9大创新研发平台建设,11项课题清单纳入试点推进范围,强化专业技术攻关;建立企业年金制度。

2022年,方洋集团创新研发平台成果显著,开展课题研究49项,其中6项通过国家和省市级课

①HRBP全称为Human Resource Business Partner(人力资源业务合作伙伴),是企业派驻到各个业务或事业部的人力资源管理者,主要协助各业务单元高层及经理在员工发展、人才发掘、能力培养等方面的工作。

题立项，选拔专业技术人才24名；出台《青年职工"岗位大练兵技能大比武"活动实施方案》，组织开展专题培训考核15场次；印发《江苏方洋集团有限公司技工聘任及选拔实施细则》，明确技工聘任条件及选拔办法。至年底，方洋集团有员工1322人，其中自有人员1100人、劳务派遣人员222人。

第二节　石化产业基地开发建设平台

一、概况

2014年8月，江苏洋井石化集团有限公司（简称洋井石化）成立，是由连云港市政府出资设立的国有企业，注册资本45亿元人民币，资产规模超200亿元，主营业务涵盖石化基地物料及能源保障服务、石化产业供应链服务、生态环境和安全管控专业服务三大板块，形成涵盖蒸汽、天然气、工业气体、码头、仓储、管廊、加油站、物流和贸易等领域的多元化发展架构体系，是连云港石化产业基地建设和运营管理的重要载体平台。集团先后与盛虹集团、卫星化学、中化国际、中国石油、中国海油、中国化学、海企集团、新奥燃气、奥升德、英威达等国内大型国有企业、民营企业及国际知名化工企业建立良好的战略合作关系，并与清华大学、中科院、华能集团等科研团队联合开展环保技术攻关。集团于2021年获化工园区优秀服务商称号。

二、主营业务

2014—2022年，洋井石化围绕战略规划及发展定位，聚焦打造石化基地物料及能源保障、石化产业供应链服务、生态环境及安全管控专业服务等3大主营业务。

（一）石化基地物料及能源保障服务

1. 基本情况

2014—2022年，洋井石化依托园区重点产业项目建设和生产需求，通过实施公用工程岛、天然气管网、液化天然气储配站等一批重点公用设施工程，打造公用工程一站式服务，满足入园企业蒸汽、天然气需求及氢气、氧气、氮气等工业气体需求，实现对园区电、气、热等公用工程的集约化建设和市场化供应，为石化产业基地重大产业项目建设和生产提供坚实的物料及能源保障。

2. 经营主体

连云港中星能源有限公司　2018年12月10日成立，总占地85.9万平方米，总投资156.7亿元，主要负责公用工程岛项目的建设及运营，满足入园重大产业项目蒸汽和工业气体需求。公用工程岛是连云港石化产业基地总体发展规划明确，配套卫星化学、中化国际和精细化工园区重大产业项目蒸汽、工业气体需求的重要公辅设施，总供热能力3190吨/小时，项目共分二期，按产业需求分步实施。公用工程岛项目一期工程为IGCC① 技术路线，投资86.7亿元，占地57.05万平方米，主要建设3台2000吨/天级气化炉、2台7万标立方米/小时空分、1台E级燃机、2台410吨/小时燃气锅炉、1台440吨/小时燃煤锅炉和2台440吨/小时备用燃煤锅炉系统、汽轮发电机组及其他附属配套设施。可外供蒸汽1040吨/小时、氢气8万标立方米/小时、合成气3万标立方米/小时和氧气、氮气等工业气体，是国内首套完全以煤为原料的IGCC供热项目，可实现蒸汽、制氢、工业气体多联产一体化供应。公用工程岛项目二期工程拟建3台800吨/小时或2台2000吨/小时燃

①IGCC，指整体煤气化联合循环发电技术。

煤热电联产项目，计划投资约60亿元，占地约21.3万平方米，计划实施时间为2023—2026年，建成后可外供蒸汽1200吨/小时。另拟建3台410吨/小时燃气锅炉，计划投资约10亿元，占地约7.5万平方米，计划实施时间为2023—2025年，建成后可外供蒸汽950吨/小时。

连云港中新燃气有限公司　2019年10月22日成立，是连云港石化基地管道燃气特许经营项目的投资运营主体。公司通过建设天然气管道和液化天然气储配站等燃气基础设施，构建以管输气为主，液化天然气为应急储备的"双气源"供气格局，保障基地内部产业项目用气需求，同时作为连云港市应急调峰保障气源，为全市天然气保供提供支撑。其中，液化天然气储配站项目建设4座5000立方米和12座150立方米液化天然气储罐及相应附属设施，最大气化能力9万立方米/小时；天然气高压管道项目全长82千米，设计压力4.0兆帕，最大输送能力15亿立方米/年。

中新燃气公司工作人员在检查设备(2020年)
徐乙策 摄

连云港张圩能源投资有限公司　2017年6月13日成立，至2022年拥有张圩加油加气站、张圩服务区两大载体。加油加气站项目占地1万平方米，设有站房190平方米，埋地油罐(柴油30立方米×3个；汽油20立方米×2个)，半地下液化天然气储罐60立方米等，保障汽油、柴油、液化天然气燃气产业供应，2021年实现油、气销售11065吨。张圩服务区项目占地1.2万平方米，涵盖住宿餐饮、汽车维修、停车服务等业务板块。

(二) 石化产业供应链服务

1. 基本情况

2014—2022年，洋井石化投资建设一系列的供应链服务载体并整合专业石化供应链服务，依托"平台+基地""线上+线下"等模式，为基地内入驻企业提供港口码头、化工仓储、管廊管网、化工物流、油气站、贸易租赁，设备检维修清洗、包装材料、检验检测、危化品运输等一系列的专业石化供应链载体和服务。此外，集团还提供设备检维修、设备清洗、包装材料、检验检测危化品运输等产业配套生产性服务。

2. 经营主体

江苏洋井化工仓储有限公司　2020年5月28日，由江苏洋井石化仓储有限公司更名而来，主要为石化基地内产业项目提供全方位的仓储配套服务。运营连云港石化产业基地公共罐区项目。

公共罐区项目一期项目分为储罐区、装卸区及管理辅助区三大区块，占地面积15.75万平方米，建设液体化工品储罐55台，总库容24.3万立方米，本项目根据物料性质，分为七个罐组，储存品种包括一、二类毒性化工品、普通化工品、成品油等，设有汽车装卸等配套设施，重点为石化基地内企业提供石油化工产品的仓储、中转服务并与公共液体化工码头联动运营，打通各类化工品在徐圩港区的公共进出通道，全面提升石化基地公共配套能力。

江苏洋井化工码头有限公司　2020年4月21日成立(原为"连云港宝港码头有限公司")，主要负责建设、运营连云港港徐圩港区四港池46#—47#两个5万吨级液体散货泊位。项目占用岸线

593 米，设计年通过能力 395 万吨，是徐圩新区首个真正意义上的公共码头，可提供完善的液体散货装卸服务，直接服务于连云港石化基地的众多产业项目，保障石化产业基地多个重大产业项目对码头运力的需求。

石化管廊（2017 年）　　肖勇 摄

江苏洋井公用管廊有限公司 2018 年 12 月 14 日成立（原为“连云港深港石化能源科技有限公司”），是江苏洋井石化集团有限公司的核心子公司，是全国七大石化基地之一——连云港石化产业基地石化公共管廊、蒸汽管网的投资运营主体，智慧化工园区实施载体。该公司建成投用石化公共管廊达 50 千米，实现石化基地主干路网全覆盖，承载园区重大产业项目物料管线达 600 余千米，全力支撑世界一流石化产业基地建设目标；公司投资建设蒸汽管线 30 余千米，实现 1000 吨/小时蒸汽供应。未来计划新增投资管网 320 千米，远期具备 8000 吨/小时清洁能源供热能力。公司凭借智能化技术优势，高标准建设封闭管理、安全环保等数十项园区级智能管控系统，推动连云港石化产业基地获批“中国智慧化工园区示范单位”。

公共管廊：统一规划、建设、运营公共管廊，实现园区产业互联互供。建成投用公共管廊达 50 余千米，全面覆盖石化基地主干路网，承载重大产业项目物料管线已达 600 余千米，运营管廊规模位居全国化工园区前茅。

蒸汽管网：整合园区热源点资源，实现统筹供热。已建成投用蒸汽管网 30 余千米，实现 1000 吨/小时蒸汽供应。未来计划新建管网 320 千米，具备 8000 吨/小时清洁能源供热能力。

智慧化工园区：统筹推进连云港石化产业基地智慧化工园区建设。已建成封闭管理、危化品调度、安全环保等数十项园区级管控系统，承担国家工业互联网二级节点石化行业节点运营管理，相关系统列入石化联合会智慧化工园区适用技术，助力新区成功获批国家智慧化工园区，目标成为中国卓越的智慧化工园区服务商。

江苏洋井包材科技有限公司 2019 年 3 月 26 日成立，为石化产业提供优质的包装产品服务，该公司设有 FFS 重载膜①车间和集装袋车间。FFS 重载膜生产线，是由德国阿尔贝娜公司负责设计建造的，产能和安全、环保性能均走在世界前列，与园区内外共 7 家企业建立长期合作关系，为 20 多家知名企业 50 余种产品提供包装产品服务，其中包括石化基地龙头企业卫星石化、山东省名牌企业鲁清石化等，并通过技术革新，突破实现重载膜厚度从 0.18 毫米减薄至 0.1 毫米；装袋车间以聚丙烯为主料，具备提供多样性技术规格集装袋产品服务能力。

江苏洋井化工服务有限公司 2021 年 6 月 11 日成立，主营业务为石油化工施工、临电施工、市政建筑施工、维保维修、非标设备生产制造、特种作业人员培训等，建立“管家式”服务体系，既统筹园区内部板块检维修力量，理顺园区内部业务流程，又可统筹双方资源资质，集中力量开展大型

①FFS 重载膜，指以聚乙烯为主要原材料，经多层共挤吹膜、印刷、折边压花生产工艺的一种膜类卷状包装袋，主要用于固体石油化工产品的自动化包装。

化工项目服务业务。致力打造全体系、全天候、立体化、多维度、多功能服务基地，洋井化工服务获市政工程、石油化工工程、地基基础工程、电力工程、建筑施工等多类资质证书。与中新燃气、中星能源、洋井管廊、新海湾码头建立合作关系。

江苏洋井石化贸易有限公司　原为“连云港易港科技有限公司”，成立于 2019 年 9 月 6 日。作为洋井集团石化供应链服务板块重要战略实施主体，该公司取得危化品和外贸经营等相关资质，主要服务连云港石化基地产业单位大宗原料供应及产品经销，主营品种包括甲醇、纯苯、苯乙烯、煤炭等。洋井贸易随石化基地产业陆续建成投产的重要机遇，目前处于快速发展期，2022 年度贸易收入 18 亿元。

江苏洋井技术贸易有限公司　2022 年 2 月 26 日成立，主要从事大宗原料贸易与项目造价咨询。贸易板块包括芳香烃类产品，如苯乙烯、甲苯、纯苯、苯酚等，同时根据园区内项目和产品的特点，参与石化基地的保供业务，开展天然气、煤炭等产品经营；造价咨询板块从工程项目招标、造价逐渐发展到过程、结算审计，最终进行全过程工程咨询服务。该公司通过精细的管理制度、专业的业务团队、完善的风控体系，以提升产业服务质量和经济社会效益。

江苏洋井实业投资有限公司　2021 年 9 月成立，是以资产管理、实业投资等为主的现代服务企业。洋井实业建成投运徐圩新区公共危化品停车场，设有危化品车辆专用泊位 353 个及 24 小时免费开放的配套服务区；承担集团功能性资产的运营管理，为石化基地建设和产业发展提供配套相关服务。

（三）生态环境和安全管控专业服务

1. 基本情况

2014—2022 年，洋井石化引进国内领先和国际先进的成熟管理体系，高水平提供石化园区安全环保、应急救援、智能化管控等公共管理平台服务，联合专业团队进行环保方面科研创新，改善石化基地环境质量，助推石化基地绿色、可持续发展，打造绿色化工园区示范标杆。

2. 经营主体

江苏洋井环保服务有限公司　该公司是集咨询、评估、研究及工程建设等于一体的综合性技术环保服务公司，是连云港石化产业基地环保运营管理的重要载体平台。围绕建设世界一流石化产业基地的发展目标，坚持高起点规划、高标准推进，推进石化基地环境质量改善及绿色产业发展，依托生态环境质量管控中心坚持水、气、土、固、生等全面整治，联合清华大学、中国科学院、华能集团等科研团队，高效开展挥发性有机物综合治理，氮氧化物、二氧化硫近零排放、生物多样性等研究，倾力打造升级版的国家生态工业示范园区。2022 年，全球首套化工废气近零排放装置研创成功。

连云港石化基地综合运管服务中心　该公司集“能源保障、安全管控、环境监测、应急联动”于一体，强化源头治理，实施精准防控，协同联动智慧安监、智慧管网、智慧

石化基地运管服务中心（2023 年摄）　398 大队 供

工地、全景监控、封闭管理、生态环境、应急综合指挥等14个功能平台，重点构建以事前监测管控为核心保障的全过程管理机制，突出协同监管和信息化管控，实施安全和生态环境的全生命周期、全产业链条管理。为石化基地安全高效运行提供全方位支撑保障，打造安全发展、绿色发展、高质量发展的标杆和石化行业实现碳达峰、碳中和目标的先行示范区。

三、经营情况

2014—2016年，洋井石化处于初创阶段，资产规模稳步增长。2017年，洋井石化启动建设多个自建、代建工程项目，并通过债转股方式引入方洋集团战略投资，年末长期经营资产总值达2.47亿元，比2016年增长5612.36%；当年完成营业收入4696.47万元，比2016年增长602.83%。

2018年，洋井石化总计投资各类建设项目43个，年末长期经营资产总值达5.25亿元，当年完成营业收入达1.12亿元。

2020年，洋井石化长期经营资产总值达30.59亿元，完成营业收入10.0亿元。

2022年，洋井石化长期经营资产总值达66.42亿元，完成营业收入51.18亿元。重大项目从建设阶段逐步迈入大运营阶段，全面推动公用工程岛、天然气、码头和储罐等项目投入运营，整体呈现强劲持续的发展态势。

2014—2022年洋井石化主要经营指标情况表

表9-5　　单位：万元

时间	资产总值	资产净值	营业收入	营业利润	净利润
2014	1619.44	1619.44	—	-80.56	-80.56
2015	2350.08	1349.28	—	-270.16	-270.16
2016	10129.82	1404.27	668.22	1.35	1.35
2017	77217.78	46105.15	4696.47	428.49	357.83
2018	192425.22	77040.21	11206.68	1293.34	528.77
2019	504259.97	239073.73	41180.67	4939.54	3900.18
2020	947539.55	426712.07	100026.96	9567.57	8121.18
2021	1803650.76	684637.14	373197.19	7871.89	5762.66
2022	2038774.78	806001.67	511788.48	20552.46	15302.01

四、财务管理

2014—2016年，洋井石化各项主要经营业务尚未开展，主要财务管理工作围绕争取建设资金及工程项目前期启动进行，累计争取企业注册资金1700万元，内部环路工程、封闭管理工程沿海开发资金5404万元。

2017年，洋井石化争取注册资本金1000万元，封闭管理、石化七道专项建设资金6161万元。修订并印发了《公司资金审批权限规定(试行)》，提高资金使用效能，加强了财务风险内部控制。

2018年，洋井石化争取沿海开发资金3700万元。对公司财务软件系统进行升级换代。从金蝶 KIS 系统[①]升级至金蝶 EAS 系统[②]。升级启动实施了总账、出纳、应收、应付及预算管理模块。

2019 年,洋井石化争取新区财政土地委托开发款 483.33 万元,2019 年第六批江苏省政府城乡建设专项债券资金 6000 万元。主导建立了审计和财务管理信息系统,统一招投标、财务、审计信息化数据口径,实现项目相关数据的互联互通;建立资金短期报表体系,及时掌控公司资金情况,有效防控资金风险。

2020 年,洋井石化主导完成洋井集团资产结构优化,以满足发债要求为目标,制定并执行全年资产结构优化方案,通过教育培训中心实物资产注资、申请财政补贴资金、组建石化产业基金、引入外部股权资本等形式,全年增加公司净资产规模 14.6 亿元。

2022 年,重构财务管控模式。启动布局"3+1"财务管控模式,打造集团三个中心和一个条线,即资金管理中心、会计核算中心、内控稽核中心,实施财务经理委派制,严格落实全面预算管理,制定季度经营分析会制度,全面提升业财融合能力。利用与盛虹石化谈判危化品停车场转让契机,将闲置 933 个集装箱资产搭配出售。

五、投融资

2014—2016 年,洋井石化未开展融资授信业务。2017 年,洋井石化开始全面投资、建设连云港石化产业基地,获批首笔融资授信业务,当年累计获批融资授信 1.4 亿元,完成提款 7500 万元。2018 年,累计获批融资授信 9.32 亿元,同比增长 565.71%,当年完成融资提款 6.15 亿元,同比增长 719.33%。

2019 年,累计获批融资授信 18 亿元,同比增长 93.23%,当年完成融资提款 9.85 亿元,同比增长 60.36%。洋井集团历经三年高质发展,融资授信工作呈逐年递增,有效为石化基地高质发展提供资金保障。

2020 年,洋井石化制定资产结构优化方案并实施,净资产规模全年增加 14.6 亿元,取得中证鹏元 AA 主体评级,为洋井集团后续开展直接融资开辟道路;洋井集团组建第一支基金-疌泉化工产业投资基金,基金规模 12 亿元,并于当年完成首期 6 亿元募投工作;公用工程岛一期项目 44 亿元银团贷款获批超额授信 92 亿元,成功闭团;以 F+EPC 模式[③]公开招标引入社会资本方共同参与石化公共管廊项目建设运营,成立合资公司洋井建投公司,凯利得公司作为境外出资方投资 2.15 亿元(折合约 3198 万美元)。全年累计获批授信超百亿元,新增融资提款 24 亿元,取得洋井集团首笔防疫贷款 6000 万元,融资提款创新高;开始资金成本控制工作,全年新增贷款平均融资成本控制在 5.5% 以内。

2021 年,洋井石化工程岛项目银团 44 亿元银团贷款组建成功,该项目为连云港市国有企业组建的最大银团贷款之一,年内实现提款超 20 亿元,保障集团项目建设资金需求;首次争取政策性银行资金支持,全年累计获批授信 13.2 亿元;完成疌泉基金二期 4 亿元募投工作;全年新增提款超 50 亿元,全年新增贷款综合成本控制在 5% 之内。

2022 年,洋井石化成立连云港徐圩新区产业投资基金合伙企业,基金规模 20.1 亿元,市场化运作,采用母子基金架构;取得上交所集团成立以来第一只债券,发行批复 6 亿元;洋井集团获批资本市场排名第一的中诚信评级境内 AA 以及境外 BBB—(投资级)主体信用等级,完全具备境内

---

①金蝶 KIS 系统,指金蝶公司针对小微企业开发的一个企业管理化软件系列。

②金蝶 EAS 系统,指金蝶公司针对集团化公司开发的企业集团化管理软件。

③F+EPC 模式,即融资—设计—采购—施工一体化模式,代表了工程承包商统筹全局的能力,广泛应用于海内外基础设施建设项目。

外双边资本市场发行能力;洋井集团全年授信储备超过百亿元,圆满完成中星能源公用工程岛 64 亿元银团贷款的重组和投放,提升资金保障能力;完成集团债务管控目标,非标融资占比控制在 7% 以下,债务增速守住底线,存量债务加权平均融资成本控制在 5.1% 以内,年新增贷款平均融资成本控制在 4.6% 以内。

六、资产管理

2014—2015 年,洋井石化处于初创期,资产规模小。从 2016 年开始,资产进入快速增长期。2017 年,开始全面投资、建设石化产业基地,洋井石化总资产达 7.72 亿元,通过债转股方式引进方洋集团为股东,洋井石化注册资本金增至 20 亿元,净资产达 4.61 亿元。

2018 年,随着洋井石化加大投资,年底总资产达 19.24 亿元,净资产达 7.70 亿元,同比增长 67.10% 。

2019 年,洋井石化总资产达 50.43 亿元,注册资本金增资扩股至 45 亿元,净资产达 23.91 亿元。洋井石化历经三年高质发展,资产总量连年翻番,有效推进连云港石化产业基地投资建设。

2020 年,洋井石化资产 94.75 亿元,净资产 42.67 亿元。

2022 年,洋井石化资产达 203.88 亿元,净资产 80.60 亿元。

2014—2022 洋井石化资产增幅统计表

表 9-6

年份	累计融资授信批复(万元)	比上年增长(%)	融资提款(万元)	比上年增长(%)
2014	1619.44	0.00	1619.44	0.00
2015	2350.08	45.12	1349.28	-16.68
2016	10129.82	331.04	1404.27	4.08
2017	77217.78	662.28	46105.15	3183.21
2018	192425.22	149.20	77040.21	67.10
2019	504259.97	162.06	239073.73	210.32
2020	947539.55	87.90	426712.07	78.48
2021	1803650.76	90.35	684637.14	60.44
2022	2038774.78	13.03	806001.67	17.73

2014—2022 洋井石化长期经营资产指标统计表

表 9-7　　单位:万元

年份	固定资产	在建工程	无形资产	合计
2014	27.51	—	2.05	29.56
2015	28.21	228.56	2.05	258.82
2016	338.20	91.91	2.05	432.16

续表 9－7

年份	固定资产	在建工程	无形资产	合计
2017	15310.14	1568.17	7808.15	24686.46
2018	15346.44	27689.07	9445.58	52481.09
2019	27904.03	81911.10	21340.71	131155.84
2020	30398.23	235628.59	39901.29	305928.11
2021	144895.98	414336.47	36835.17	596067.62
2022	151441.07	468053.09	44748.17	664242.33

七、对外合作

2019 年 5 月，江苏洋井石化集团有限公司（占股 52%）、新奥燃气发展有限公司（占股 38%）和港海能源（上海）有限公司（占股 10%）签署《连云港石化产业基地配套天然气工程管道燃气特许经营项目合作协议书》，三方本着平等互利、合作共赢的原则，通过联合体的方式共同参与连云港石化产业基地配套天然气工程管道燃气特许经营项目，具体包括连云港浦南门站至徐圩调压站天然气管道工程和徐圩新区液化天然气项目。

2020 年 9 月，中新燃气公司股东港海能源（上海）有限公司变更公司名称为港海能源（珠海）有限公司。同月，由江苏省政府投资基金（有限合伙）、江苏洋井石化集团有限公司、国晟（江苏）创业投资有限公司共同出资组建的江苏疌泉洋井化工产业投资基金（有限合伙）经南京市建邺区市场监督管理局核准登记成立。本基金以连云港石化基地高质量发展为目标，发挥省政府投资基金的政策引导效益，带动金融资本、产业资本共同投资，推进化工产业转型升级。基金以连云港石化基地石化产业布局、结构调整以及升级改造为主投资领域。

2021 年 6 月，由中国化学工程第十四建设有限公司与江苏洋井石化集团有限公司合资的江苏洋井化工服务有限公司注册成立，双方各占股 50%，服务石化园区内企业化工设备的检维修、维保等工作。7 月，中新燃气公司召开股东会，股东会决议通过解除港海能源（珠海）有限公司股东资格。

2022 年 2 月，洋井石化与省属国有企业江苏海外集团国际技术工程有限公司设立合资公司江苏洋井技术贸易有限公司，洋井石化占股 60%，海外国际公司参股 40%，积极推动徐圩新区油气资源和化工品贸易发展。

2022 年 9 月，连云港油气化工品交易平台在徐圩新区港区综合调度指挥中心举行揭牌暨签约仪式。该交易平台立足连云港石化产业基地，在解决园区内部企业原料供应和产品销售问题的基础上，辐射长三角、中西部等地区油品、化工品采销需求，拓展“一带一路”沿线区域及海外市场，建成一个以石油化工相关产品为特色，现货交易为主的国际化、多层次的创新型综合交易平台，为石化产业链上中游各类客户提供交易定价、清算结算、信息服务和风险管理等多元化平台服务。

至 2022 年年底，江苏疌泉洋井化工产业投资基金（有限合伙）投资项目 7 个（其中 2 个项目为二期增资项目），实际投资 8.64 亿元，主要投向连云港石化基地石化公共管廊、公共罐区、公用工程岛、石化包材、化工码头等项目。基金在石化基地发展初期有力支持连云港石化基地项目建设，推动石化基地按照世界一流园区标准规划、建设，在产业支撑、安全环保、循环经济和管理创新等方面将成为国内化工园区的典范。

八、人力资源管理

2014 年，江苏洋井石化集团有限公司成立，通过社会招聘以及新区调配，洋井石化设立 3 个部门，拥有员工 9 人。

2017 年 12 月，员工共计 18 人，其中定级岗人员 15 人，劳务派遣人员 3 人；其中新区调配 8 人；公司有 5 个部门。

2018 年 12 月，员工共计 72 人，其中定级岗人员 61 人、劳务派遣人员 11 人。年度离职 9 人，新入职 37 人，其中新区调配 8 人，社会招聘 29 人。

2020 年 12 月，员工共计 236 人，其中定级岗人员 176 人，劳务派遣人员 60 人，共招引 117 人，离职 17 人；公司有 8 个部门。

2021 年 12 月，员工共计 481 人，其中定级岗人员 360 人、劳务派遣人员 121 人。

2022 年 12 月，有员工 702 人，其中定级岗人员 515 人、劳务派遣人员 187 人。年内招引 285 人，离职 63 人。

第三节　徐圩港区开发建设平台

一、概况

2022 年 9 月，徐圩新区进一步优化整合港口物流资源，提升临港产业服务能力，将连云港徐圩港口投资集团有限公司、江苏方洋物流有限公司合并组建连云港徐圩港口控股集团有限公司（以下简称“徐圩港控集团”），作为方洋集团特别子公司由新区管委会垂直管理。徐圩港控集团成立后，以全面提速世界一流港口建设为目标，以做强做精主责主业为核心，港口功能配套服务设施不断完善，综合服务体系加快构建。2022 年，徐圩港控集团总资产 364.03 亿元，营业收入 47.57 亿元，净利润 8690 万元，拥有 6 家全资及控股子公司，主营业务涵盖港口运营、仓储物流、船舶运营和大宗贸易板块，现已成为连云港徐圩港区开发建设、运营的实施主体。

徐圩港区码头建设（2014 年）　　曹玉和 摄

二、主营业务

（一）码头经营

1. 发展历程

2010 年 9 月 10 日，成立连云港航桥实业有限公司（2011 年 8 月 17 日变更为江苏方洋物流有限公司）。2011 年 2 月 21 日，成立江苏方洋码头建设有限公司（2014 年 10 月更名为连云港徐圩港口投资集团有限公司）。

2019 年 8 月 9 日，徐圩港区二港池一期 129#泊位取得《中华人民共和国港口经营许可证》，成为码头经营板块首个启动运营的码头泊位，向将徐圩港区建设成为“绿色、智能、高效、安全”的世界一流港口迈出了关键一步。2019 年 12 月 31 日，徐圩港区口岸扩大开放通过国家级验收。

2019 年 11 月 17 日，129#泊位迎来首船靠泊，标志着 129#泊位正式投入运营。

2020 年 5 月 6 日，“航海之源”号船舶靠泊 129#泊位，这是首次为虹港石化对苯二甲酸项目进行大件设备接卸工作。

2021 年 3 月 26 日，129#泊位获批临时口岸开放，临时开放期限为 6 个月；2022 年 8 月 19 日，128#、129#泊位获批正式对外开放，标志着徐圩港码头经营迈入了融入全球供应链的新阶段。

2022 年 2 月 23 日，徐圩港区二港池二期道路堆场及 1#仓库首次进行使用，开展吨袋集港业务，堆存对苯二甲酸总量 18000 吨，为后续集港业务的开拓和仓库使用管理积累经验。4 月 12 日，徐圩港投公司在生产码头 129#泊位完成 85 米大件吊装。7 月 6 日，江苏方洋物流有限公司成立煤炭事业部（后更名为煤炭基地事业部）。7 月 30 日，127#泊位迎来首船靠泊，完成螺旋式卸船机、输煤栈桥首次重载调试。

2022 年 9 月 14 日，为进一步整合港口物流资源，江苏方洋物流有限公司、连云港徐圩港口投资集团有限公司合并变更为连云港徐圩港口控股集团有限公司，建设港区基础配套设施、发展临港物流仓储产业和强化码头运营。9 月 22 日，连云港徐圩港口公用工程建设有限公司变更为连云港徐圩港口码头有限公司，开展码头经营工作。

2. 经营主体

连云港徐圩港口码头有限公司　连云港徐圩港口控股集团有限公司的全资子公司，注册资本 1.05 亿元，主要运营 2 个多用途泊位及后方仓库、陆域堆场，提供超大件、件杂货装卸、仓储服务等，是徐圩新区重要的基础生产服务企业。

煤炭基地事业部　徐圩港控集团负责运营煤炭专业化泊位、8.1 千米输煤栈桥及储配量 100 万吨煤炭供应链示范基地的生产型单位，通过“码头—栈桥—煤炭基地—园区企业”的能源保障及供给专用通道，为万亿级石化产业园区企业打造高效便捷、绿色环保、可视自动的能源供给体系。

煤炭基地（2023 年）　胡林庆 摄

3. 目标愿景

到“十四五”末期，码头经营板块预计年收入达到 3.5 亿元，年吞吐量突破 1500 万吨。全力打造煤炭储运保供体系，完成二港池煤炭专业化码头改造，持续提升煤炭接卸能力，发挥专业化码头与输煤栈桥一体化输送优势，结合煤炭供应链示范基地，有效增强煤炭储备和调节功能，满足石化产业基地煤炭应急保供需求；持续运营好 129#大件泊位以及 104#、105#通用泊位，做大做强码头业务经营，进一步提升临港产业发展保障能力，提升区域发展动能，为区域经济高质发展提供重要支撑作用。

输煤栈桥(2022年)　　房以明 摄

(二) 仓储物流

1. 发展历程

2010年9月10日,江苏方洋物流有限公司(简称方洋物流)成立。2018年4月24日,方洋物流开展石化基地第一单仓储物流业务,多式联运中心投入试运营。2018年11月,方洋物流获得江苏省工业和信息化厅“省重点物流企业”称号。

2019年10月17日,方洋物流获批3A级物流企业。2020年10月27日,方洋物流首次中标虹港石化对苯二甲酸道路运输业务。12月2日,连云港“两业融合”发展供应链服务示范基地项目取得项目备案。

2021年3月22日,方洋物流首批对苯二甲酸槽罐车投入运营。3月,获得江苏省现代物流协会“常务理事单位”称号。9月,获得中国物流与采购联合会“AAAA物流企业”称号。10月,创建徐圩新区第一个经营性停车场,取得连云港市经营性停车场准予备案通知书。12月,铁路、煤炭基地和海河联运作业区等项目纳入“连云港市‘十四五’规划102项重大工程项目”。

2022年1月,多式联运中心、煤炭、海河联运等项目成功纳入“国家物流枢纽建设项目”。12月,以多式联运中心为主体的徐圩新区综合物流园通过江苏省发改委组织的“2022年度江苏省省级示范物流园区”验收;多式联运中心完成一期智能化运营平台建设,实现停车场、地磅收费与卡口联动、WMS仓储管理系统①、安全监控系统上线运营。

2022年9月,与连云港徐圩港口投资集团有限公司合并成为连云港徐圩港口控股集团有限公司。2022年12月13日,江苏方洋物流有限公司公司名称正式变更为连云港徐圩港口物流有限公司,公司名称变更将有利于公司贸易业务、仓储物流业务、供应链金融等业务的进一步拓展。

2. 经营主体

2010年9月10日,连云港徐圩港口物流有限公司(原江苏方洋物流有限公司)成立,注册资本21.59亿元,是连云港徐圩港口控股集团有限公司核心子公司,是连云港徐圩新区物流设施开发、运营的实施主体,业务包括物流设施开发运营、大宗商品贸易、仓储运输、中转分拨等,其中重点开发和运营的项目有徐圩新区多式联运中心、国家东中西区域合作示范区产业区专用铁道、徐圩港区铁路专用线一期工程、徐圩新区地下综合管廊、连云港“两业融合”供应链服务示范基地、连云港现代煤炭供应链服务示范基地、徐圩新区示范区资源采购中心等。

3. 目标愿景

连云港徐圩港口物流有限公司围绕“立足连云港、辐射东中西、服务港口物流和石化产业基地、促进区域产业融合发展的供应链综合服务商”的战略定位,形成以多式联运集疏运体系、物流

①WMS仓储管理系统,指通过入出库业务、仓库、库存调拨和虚仓管理等功能,对批次管理、物料管理、库存盘点、质检管理、虚仓管理和即时库存管理等功能综合运用的管理系统。

功能服务平台、生产性服务功能平台、能源战略储备基地等开发运营、大宗商品贸易、仓储物流、供应链金融为主的业务体系，力争成为省内一流、中国领先的综合物流服务标杆企业。

（三）船舶运营板块

1. 发展历程

拖轮助泊是港口生产的"第一道"和"最后一道"工序。连云港徐圩港口投资集团有限公司码头启用投产后，徐圩港区拖轮紧缺的局面进一步加剧。2021 年 5 月 21 日，连云港徐圩港口投资集团有限公司（2022 年 9 月 14 日更名为连云港徐圩港口控股集团有限公司）和连云港海悦船舶服务有限公司合资组建连云港徐圩港口船舶服务有限公司，以进一步提升集团的港口配套服务和保障能力。

2021 年 6 月，连云港徐圩港口投资集团有限公司购置的 1 艘 50 米级安环执法船和 2 艘 5200 马力消防拖轮先后到港交付，徐圩港区海上船舶服务队伍初具成型。9 月 21 日，连云港徐圩港口船舶服务有限公司通过审核批准，取得《中华人民共和国港口经营许可证》，具备港口拖轮经营资质，正式进入市场化生产运营。12 月 4 日，完成 2 艘 6500 马力和 4 艘 5200 马力拖轮的购置合同签订。

徐圩港区应急救援演练（2022 年摄）　　网信办 供

2022 年，连云港徐圩港口控股集团有限公司运管 4 艘船舶，累计完成拖轮生产作业 176 艘次，圆满完成各项救援演练航行任务。

2. 经营主体

连云港徐圩港口船舶服务有限公司是船舶运营板块的经营主体，主要生产经营业务包括保障连云港徐圩港区来港船舶的靠、离、移泊，并逐步开展沿海拖带、近海救助、海上交通、船舶管理、围油栏供应、船舶租赁、水路运输等，同时为港区环保、巡查、消防、救援等港口管理工作提供载具平台。

3. 目标愿景

到"十四五"末期，船舶运营板块计划运管 8 艘大马力消拖两用船，1 艘安环执法船，1 艘救助艇，发展成为集港作拖轮、水路运输、船舶管理、船舶租赁，海上救助等多元化港口船舶服务商，进一步提升临港产业发展保障能力。

（四）大宗贸易板块

1. 发展历程

2022 年 9 月，原连云港丝路之光国际贸易公司与连云港徐圩港口投资有限公司贸易运营事业部合并成立连云港徐圩港口国际贸易有限公司（简称国贸公司），隶属于连云港徐圩港口控股集团有限公司。

2022 年 12 月 29 日，国贸公司签订第三方物资配送服务协议，完善物流配送体系，工业品供应链架构基本搭建完成。

2. 经营主体

连云港徐圩港口国际贸易有限公司定位是充分利用国家“一带一路”建设发展契机和连云港丝绸之路经济带东方桥头堡的基础优势，依托“大港口、大交通、大区位、大市场”及徐圩新区综合保税区政策优势，旨在打造具备区域化竞争力的供应链与贸易链服务商。贸易产品以煤炭为主、化工品与建筑材料为辅，其中建筑材料包括钢筋、水泥、矿粉、粉煤灰等品类。

3. 目标愿景

立足徐圩新区，以发展区域物流为目标，整合新区内外部资源，通过物流园区、流通整合两大板块的合理布局与协调发展，致力于成为新区社会效益突出、经济效益优良、运作效率领先、示范效应显著的供应链服务提供商，打造具有国际竞争力与持久价值创造力的大型贸易企业。

三、经营情况

徐圩港控集团积极搭建港口资产运营体系，加快徐圩港区资源整合，构建以港口运营、仓储物流、多式联运、船舶运营、综合保税、煤炭保供和大宗贸易为核心业务的业务体系。2022 年资产总值 364 亿元，资产净值 125.69 亿元，实现营业收入 47.56 亿元，营业利润 8690 万元，净利润 7054 万元。

四、对外合作

2018 年 8 月 31 日，由密尔克卫化工供应链股份有限公司占股 70%，连云港徐圩港口物流有限公司（原江苏方洋物流有限公司）占股 30%，共同出资成立连云港密尔克卫化工供应链有限公司，注册资本金 7500 万元，主要负责徐圩新区化工品供应链一体化服务基地 A 地块项目，为园区及周边地区提供化学品供应链服务。2022 年 12 月物流公司与港控集团签订股权转让协议，将其持有的公司 30% 股权无偿转让，并自 2023 年 1 月 1 日起由港控集团行使股东权益。

2019 年 11 月 19 日，由连云港徐圩港口控股集团占股 40%，盛虹石化（连云港）港口储运有限公司占股 60%，成立连云港虹洋港口储运有限公司，注册资本 1.5 亿元，负责徐圩港区六港池 64#、65#泊位的建设运营。2021 年 5 月项目正式开工建设。2022 年 9 月陆续投产运营，主要作业品种为盛虹石化产业集团原油、甲醇、丙烯腈等原料和产成品。

2020 年 12 月 11 日，连云港三航工程建设有限公司成立，注册地位于连云港市连云区合作路商务区 8 号楼，注册资本金 4183.672 万美元，香港航通有限公司占股 98%，连云港徐圩港口控股集团有限公司占股 1%，连云港徐圩港口物流有限公司占股 1%，合资公司作为徐圩港区建设项目投资合作方招标项目实施载体，承担项目工程建设管理服务。

五、人力资源管理

2022 年 11 月，徐圩港控集团印发组织架构，人力资源部正式成立。同月，完成操作管理岗薪酬体系规范调整。

2022 年 11 至 12 月，徐圩港控集团印发绩效考核管理办法（试行）、招聘与录用管理办法（试行）、劳动合同管理办法（试行）、岗位定级及职级调整管理办法（试行）等制度规范 8 项。

至2022年12月，徐圩港控集团从业人员291人，10个职能部门，3个经营事业部，6家全资及控股子公司（物流公司、码头公司、船舶公司、国贸公司、租赁公司、供应链公司），2家参股子公司（虹洋港口储运公司、密尔克卫化工供应链公司）。

第四节　现代农业开发建设平台

一、概况

2012年4月18日，江苏香河农业开发有限公司（简称“香河公司”）成立，是由连云港市徐圩新区社会事业服务中心全额出资成立的国有控股公司，授权徐圩新区国资办代为履行出资人职责，注册资本2.5亿元。公司是徐圩新区香河生态园（下称“香河园区”）开发建设的主体，以生态优先、兼顾效益为原则，按照规模化、标准化、订单化、现代化和智能化的建设思路，致力于将园区打造成为国家现代农业产业园，以实现农民增收、农业增效、农村增绿的目标。

2012年4月27日，徐圩新区管委会（筹）出台《徐圩新区香河现代农业示范园区建设实施意见》，明确香河现代农业示范园规划面积12.5平方千米，采取一区五园发展模式。2012—2014年，香河现代农业示范园区计划投资10亿元，初步打造成产业布局合理、要素高度集聚、多功能有机融合、一二三产业联动发展的现代农业综合区，成为标准化生产、集约化经营、品牌化运作、技术设施先进、经济效益良好的现代农业示范基地、临港产业区副食品基地。2013年，香河生态园获评省“无公害产品生产基地”。

2016年6月，香河公司委托南京农业大学规划设计研究院编制了香河生态园总体规划，通过对区域内水资源涵养、利用和土质资源改良、改造等措施，打造符合国家生态工业示范园区标准的生态腹地和服务徐圩新区产业发展的国家级现代农业产业园。10月10日，该规划获徐圩新区管委会批复实施，明确了香河生态园的实施范围及园区的主要功能定位。11月22日，香河生态园完成项目立项工作，立项面积890万平方米，主要建设环境整治及生态养殖基地、畜禽养殖及农牧产业基地、绿色粮食蔬菜生产基地等生产板块及配套建设公共服务管理中心、居家园艺生产示范基地、现代农业科技展示中心等附属配套设施，立项总投资约7.47亿元。11月，在总体规划的基础上，公司委托农业部规划设计院进行香河生态园农业产业实施方案及分项可研的编制工作。2017年6月5日，通过徐圩新区主任办公会审议，明确了香河生态园“六区一环”①的总体布局，会议还同意成立香河生态园农业产业项目管理委员会，统筹负责农业产业项目组织实施工作。

2017年10月，徐圩新区成立香河生态园农业产业开发项目管理委员会（以下简称“产业项目管理委员会”），并明确产业项目管理委员会聘用人员薪酬方案。项目管理委员会隶属于徐圩新区管委会下设的专门委员会，独立于香河公司，主要负责香河生态园农业产业项目建设和生产计划的组织落实，以及方案编制、项目建设、招商引资及生产管理等具体推进工作，并协调解决农业产业项目实施过程中遇到的困难和问题。

2019年，香河公司总资产达到11.95亿元，实现营业收入1818万元，主营业务包括水产畜禽养殖、果蔬种植、农产品、生鲜水产品销售、园林绿化养护、土壤污染治理和修复等。

①“六区一环”，即稻田综合种养区、绿色健康养殖区、生态修复区、绿色蔬菜生产区、苗木立体种养区、管理服务区，生态隔离环。

香河生态园(2019年摄)　　网信办 供

2020年香河公司总资产达14亿元,实现营业收入4500万元,稳步推进基础设施、农业产业、物流加工、农业旅游等10余项重点项目建设,全年累计完成投资约1.65亿元。

2021年香河公司总资产达18亿元,实现营业收入8000万元,建成投产标准化猪场、绿色蔬菜基地、健康水产养殖、林下养鸡及生态果园等重点项目。

2022年香河公司总资产达21.12亿元,实现营业收入1.65亿元,保障新区农产品供给。

二、生产经营

(一) 土地流转

2012年,流转香河村土地18.77万平方米(其中土地16万平方米和鱼塘2.77万平方米),用于苗木基地建设。

2013年,流转香河村土地72.73万平方米,用于建设苗木基地。

2015年2月,流转香河村中通道两侧鱼塘10.3万平方米,用于芦苇湿地修复工程项目;流转鱼塘52.33万平方米用于生态修复区建设。

2016年8月,流转香河村土地85.55万平方米,用于治理盐害;10月,相继流转98.67万平方米和54.37万平方米,合计153.04万平方米,用于土壤改良项目。

2017年,完成流转香河村鱼塘115.03万平方米、集体用地30.54万平方米。每年支付土地流转费用约680万元。涉及近期还未流转土地104.8万平方米,其中鱼塘29.67万平方米、沟渠路道30万平方米、河堆地45.13万平方米。

2018年2月,流转香河村西侧河堆地5.66万平方米,用于建设生态隔离环项目。3月,流转香河村鱼塘3.73万平方米,用于建设生态修复区项目。6月,重签苗木基地18.77万平方米,变更面积为17.4万平方米。9月,流转鱼塘5.94万平方米,用于建设生态修复区项目。12月,流转香河村东侧河堆地23.47万平方米,用于建设生态隔离环项目,以及流转东侧河堆地1.07万平方米,用于建设生态隔离环项目。

2018年,公司研究制定《香河村土地流转若干优惠政策》,鼓励村民流转土地,并在流转费用、财政补贴、安置就业等方面给予政策奖励,同时研究制定了《香河村"两委"土地流转考核激励办法》,充分调动了香河村"两委"的工作积极性。逐户落实签约工作,会同街道、香河村委共抽调18名精干人员组成5组下村包片逐户与百姓沟通洽谈。全年化解阻工事件30余起,清理被非法侵占鱼塘和房屋108个,对重点户悉心帮助研究历史遗留问题和生活工作中存在的实际困难,逐步感化签约。至2018年年底,香河村256户土地确权,农户土地流转委托书签约率达到98.4%,累计流转土地达483.27万平方米。

2019年,村民代表通过决议将约333.33万平方米鱼塘收回统一管理,并新增流转土地约

13.33 万平方米，累计流转土地及鱼塘近 533.33 万平方米，中通道以南实现 100% 的流转，在促进村集体土地规范化管理的同时，实现土地资源变资产的转化，香河村每年收入土地流转费约 1000 万元。土地流转情况：1 月流转香河村鱼塘 4.4 万平方米，用于建设生态修复区项目；6 月，流转香河村鱼塘 4.21 万平方米，用于建设生态修复区项目；7 月，流转香河村土地 1.39 万平方米，用于建设苗木基地；9 月，将生态修复区范围内的鱼塘面积整合重签 193.51 万平方米及村集体用地 16.8 万平方米；将苗木基地范围内的土地面积整合重签 104.36 万平方米；将蔬菜基地范围内的土地面积整合重签 164.32 万平方米；12 月，流转香河中通道以北鱼塘 8.21 万平方米。

2021 年持续打造“惠民”工程，年内支付土地流转费用及发放惠民补贴 1700 余万元，切实解决百姓买菜难、买菜贵问题。与“两村”签订村企联建协议，积极探索“村企联建”合作路径，让百姓充分共享新区经济发展成果。

香河蔬菜基地（2021 年摄） 网信办 供

2022 年累计流转土地 800 万平方米，年内支付土地流转费用 1140 余万元；持续深化“惠民”工程，发放惠民补贴 120 余万元，切实解决老百姓遇到的日常生活问题，落实便民措施。

（二）生态环境开发和治理

2016 年 8 月，因香河村当地农民遭受盐害，导致近千亩农田减产，为有效解决百姓实际困难，改善当地生产生活环境、促进农民增收和农业增效，经徐圩新区党工委、管委会批准，由香河公司统一流转用于香河生态园环境整治及农业产业项目。

2017 年 3 月，针对该地块土壤板结、盐碱度高、有机质含量低等问题，香河公司投资近 1800 万元，对该地块 10.67 万平方米土地进行了土壤改良。按照《绿色食品产地环境质量标准》和《土壤环境质量标准》，采用“修复农田水利工程 + 暗管排盐 + 土壤改良与培肥”的综合改良措施，对土壤含盐量、孔隙度、有机质等 19 项指标进行了改良。

2018 年 8 月，完成土壤改良 160 万平方米，开挖明渠及排盐暗管施工。11 月，通过第三方检测机构及专家组的验收。

2020 年，践行新区绿色发展理念，完成水产养殖尾水净化工程、园区 5 千米供热管线建设以及管理服务区、民宿及发展备用地等项目方案设计。

2021 年，完成生态隔离环、工业供热管线和沼液资源化利用等一批环境整治工程，改善新区生态环境。

2022 年，河湖退咸转淡水利调度、岸线优化启动设计，徐圩港区和河湖水生生物多样性试验和生态修复项目正式实施，港区绿化项目建设、石化基地大气环境保障、香河生态园生态环境营造、沼液净化水生蔬菜种植、主干道道路修复等一批环境整治工程高标准建成，着力改善新区生态环境。

（三）生态种植养殖

2014 年，香河生态园开始建设苗圃。规划功能分区主要有小苗区、大苗区、林下养殖区、精品苗木展示区。培育的主要苗木种有朴树、大叶女贞、榉树、白蜡、玉兰、高杆石楠等 25 个树种。2016 年，项目基本完成建设，打造具有区域示范引领的现代苗圃基地，为徐圩新区乃至苏北沿海地区提供稳定、优质的苗木资源。

2017 年，香河生态园完成项目部基础、回填及径垫层、钢结构框架搭建；启动香河生态园林下养鸡项目基础设施建设，完成鱼塘整治及湖体开挖 20% 工程量。土壤改良项目完成 133. 33 万平方米土地翻耕、沟渠开挖、有机肥土壤改良剂拌合、淡水洗盐工作。

2018 年，香河生态园完成林下养鸡 5000 羽；完成生态年猪、健康水产、海产品养殖基地及智慧农业等项目专项设计、智慧农业方案设计、规划展馆方案设计。

2019 年 4 月 3 日，香河生态园完成生态修复区标准塘养殖示范项目立项。立项总投资 6283. 2 万元，占地面积 213. 33 万平方米，分为标准塘养殖示范区、大水面立体养殖区以及尾水净化区。立项当月开始施工建设。6 月，完成东区鱼塘整治。7 月底，完成西区鱼塘整治。12 月，完成道路、管道及配套泵站建设。

香河生态园林下养鸡（2018 年）　　徐乙策 摄

2019 年 6 月 11 日，香河生态园林下养鸡示范项目完成立项。立项总投资 1273. 68 万元，占地面积 13. 33 万平方米。项目依托丰富的林地资源，打造林下散养的福利养殖模式。7 月，项目开始进场施工。11 月，完成林下养鸡基础设施项目建设。

2019 年 9 月 26 日，香河生态园规模化蔬菜生产基地建设项目完成项目立项工作，立项总投资 1. 8407 亿元，占地面积 160 万平方米，主要利用现代化手段种植设施蔬菜及露地蔬菜等内容。蔬菜基地一期占地面积 4 万平方米。11 月开始施工。12 月底，完成道路沥青及基础设施建设，16 座日光温室主体建设。

2019 年 10 月，香河生态园生态年猪标准化规模养殖示范项目完成招商工作，引入国内养猪龙头企业—正大集团进行合作养殖。12 月，农业农村部南京设计院完成场区初步设计审查。完成 1 万羽林下养鸡、113. 33 万平方米标准塘水产养殖、4 万平方米惠民蔬菜基地项目主体建设。完成 2. 5 万头养猪项目及 80 万平方米海产品养殖基地的设计及招商工作，并引入正大集团、荣威帝海等农业龙头企业。

2020 年，香河生态园生完成猪养殖基础设施、蔬菜基地 46. 67 万平方米核心区、林下养鸡 2. 5 万羽养殖建设，完成水产养殖、林下养鸡、生态年猪、蔬菜基地（核心区）智能化建设及疏港大道以南生态隔离环 50% 工程量建设，完成水产养殖尾水净化工程。

2021 年，启动规模化羊场和工厂化水产养殖建设，管理服务区启动征地工作，打造新区“菜篮子”工程。

2022 年，香河生态园年产 1100 万枚林下养鸡一期笼养设备改造建成投用，133.33 万平方米标准农田完成改造，年出栏 3000 头规模化羊场启动实质化建设，工厂化水产养殖招商同步推进，并获批“国家级水产健康养殖和生态养殖示范区”，全力打造新区“菜篮子”工程。

三、项目建设

2017 年，香河生态园完成东陬山村生产路（苏海路西延段）新建工程；启动香河生态园苗木基地改造提升项目基础设施建设；完成横三路基槽及碎石土回填及横一、横二路基槽开挖工作；完成香河路道路及绿化施工工作；完成苏海路西延段道路施工工作；完成徐圩核心区水体及周边设施管养工作；完成洁净技术中心、国际航运中心、产业服务中心、云湖水岸一期及云湖社区等绿化养护工作。

2018 年，完成横一路、横二路、横三路、香河路及苏海路西延 5 条主干路网建设；启动基础设施建设工程施工一标段；完成省级农业综合开发项目建设，并顺利通过省、市、区主管部门验收，获得省级财政补贴 388 万元；完成生态修复区湖体开挖及回填 53.33 万平方米；0.16 万平方米临时项目部建成投用；完成管理服务区农业设施用地办理工作。

2019 年，完成 2 座泵闸站及 6 千米引水管线建设，实现农业用水双水源供应。完成基础设施建设工程施工一标段施工。完成规划展馆、检验中心、信息服务中心主体建设，并完成智慧农业综合管理平台搭建及约 10 千米弱电管道施工，完成质量溯源平台搭建，质量控制体系不断完善。加快二产及三产的布局，完成冷链物流、净菜加工、农业公园、民宿等 4 个项目前期方案设计。完成香河生态园主入口景观工程，并新增绿化面积 13.33 万平方米，累计绿化 106.67 万平方米。完成水生态净化区基础设施建设，逐步实现养殖尾水资源化循环用功能。完成环境监测工作，水、土壤等 20 项主要指标显著提升。完成云湖及周边约 73.33 万平方米区域巡查管理、保洁、维护等综合管养工作；完成产业服务中心、创投中心、工业邻里中心等 9 个区域 40 万平方米的绿化养护工作。

2020 年，完成园区 5 千米供热管线建设以及管理服务区、民宿及发展备用地等项目方案设计，加快集采配送中心基础设施建设。

2021 年，完成生态隔离环、工业供热管线和沼液资源化利用等一批环境整治工程，改善新区生态环境，完成集采配送中心、香河路交安设施、园区水电气投入使用、洗消中心及循环展厅等建设，提升园区“五化”标准。

2022 年，践行新区绿色发展理念，河湖退咸转淡水利调度、岸线优化启动设计，徐圩港区和河湖水生生物多样性试验和生态修复项目正式实施，港区绿化项目建设、石化基地大气环境保障、香河生态园生态环境营造、沼液净化水生蔬菜种植、主干道道路修复等一批环境整治工程高标准建成，着力改善新区生态环境；完善生鲜销售配送服务平台，人才公寓云湖商超店、石化基地产业指挥部店、美食街店等投入运营，同时完成金融新天地升级改造及直销中心店改造方案，市区生鲜配送全覆盖，实现线下体验、线上购买、就近配送。

四、资产经营

2012—2022 年，香河公司资产规模由 729.7 万元增加 21.12 亿元，净资产规模由 506.43 万元增加至 11.93 亿元，营业收入由 28.24 万元增加至 1.65 亿元，融资规模增加至 1 亿元。

2012—2022年香河公司资产经营情况一览表

表9-8 单位：万元

年份	资产总额	净资产	收入	利润	融资提贷
2012	729.7	506.43	28.24	6.43	—
2013	1751.17	1510.06	61.42	3.62	
2014	1903.03	1784.31	16.92	-37.23	
2015	3683.2	2038.66	128.84	-45.92	1000
2016	17535	11228.81	1360.89	-165.44	1450
2017	18506.07	15277.4	1447.26	248.58	1450
2018	15879.1	12175.5	1559.87	284.1	1950
2019	119598.78	105307.86	1818.47	-103.64	10000
2020	140000	109000	4500	620	—
2021	180000	110000	8000	473	—
2022	211200	119300	16500	4851	—

五、职业农民安置

2017年，香河公司参照《徐圩新区失地农民就业实施方案》要求，制定香河村失地农民就业安置计划。

2018年，香河公司印发《失地农民安置实施计划》，开展失地农民就业安置工作，全年共组织失地农民入职体检5批398人次，岗前培训4批292人次，外出考察90人次，累计安置失地农民60人。发放土地流转费用800万元。对接盛虹石化等驻区企业开展"一对一"服务岗位面试，拓宽就业渠道，累计参加51人次。

安置的职业农民(2022年) 耿玉和 摄

2019年，香河公司累计安置农民就业约180人，香河村适龄农民基本实现"一户一人"，组建畜禽养殖、水产养殖、绿化养护、道路保洁等职业农民队伍6支。委托市农业技术培训站及生物中专等专业机构进行培训，培训率达到100%，其中66名失地农民获得“省级新型职业农民农业职业技能培训”合格证书，全年组织安排失地农民入职体检5批共计437人。组织200余名农民外出考察学习。全年累计发放人员工资约750万元，村民满意度达到80%。

2020年，香河公司新增安置职业农民37人，累计安置220余人，基本实现“一户一人”，带动村民年增收3万元~4万元/户。120余名职业农民顺利通过技能培训并取得职业资格证书，村民满意度达80%以上；探索“村企联建”合作路径，香河公司与“两村”签订村企联建协议，探索实施“保底+分红”合作模式，让百姓充分共享新区经济发展成果。

2021年，香河公司累计安置职业农民310人，职业农民工工资收入提升39%，增长率位居全市第一，带动村民年增收3万元~4万元/户，组织培训新型职业农民280人次，取得证书率达100%，赋予老百姓赖以生存的一技之长，获批“全国农村创业园区(基地)”“连云港市高质量农民培育实训基地”等称号。

2022年，香河公司选拔17名职业农民队长，组建公司农业技术培训师团队，开展职业农民培训300余人次，打造高素质职业农民队伍，让老百姓共享新区发展成果。

第五节　现代服务开发建设平台

一、概况

2022年5月，徐圩新区联合重组现代服务、农业开发和人力资源板块，组建江苏云湖现代服务产业集团有限公司(简称云湖集团)，以提升新区生活配套服务水平，满足世界一流石化产业基地对于高品质生活的需求。

云湖集团是国家东中西区域合作示范区(连云港徐圩新区)管理委员会出资设立的有限责任公司，注册资本15.68亿元人民币，是国家东中西区域合作示范区和国家级石化产业基地现代服务业配套的主要载体，下辖江苏香河农业开发有限公司、江苏云湖酒店管理有限公司、江苏云湖资产管理有限公司、江苏云湖人才科技有限公司、连云港大陆桥会议会展有限公司、江苏云湖商业管理有限公司、江苏云湖供应链管理有限公司7家一级子公司，围绕布局高品质园区配套服务、现代农业、生态环境治理与管护三大主营业务方向，重点开展住宿保障、餐饮服务、商业管理、现代农业、文旅开发、供应链、生态环保和人力资源八大业务领域，为园区产业提供覆盖全域、多种层次、全面定制的生活服务解决方案。

二、主营业务

围绕战略规划及发展定位，云湖集团布局高品质园区配套服务、现代农业、生态环境治理与管护3大主营业务。

(一)高品质园区配套服务

高品质园区配套服务板块主要包括围绕布局高品质园区配套服务，重点开展住宿保障、餐饮服务、商业管理、人力资源、文旅开发、供应链等现代服务业务，提升与园区产业融合发展水平，着力加强重大产业支撑体系和服务保障体系建设，力争成为国内一流的产业园区服务配套运营商。经营主体主要有江苏香河农业开发有限公司、江苏云湖酒店管理有限公司、江苏云湖资产管理有限公司、江苏云湖人才科技有限公司、江苏大陆桥会议会展有限公司、江苏云湖商业管理有限公

水产养殖基地(2023年摄)　　网信办 供

司、江苏云湖供应链管理有限公司。

(二)现代农业

现代农业板块主要包括规划布局健康水产养殖、生态年猪养殖、绿色蔬菜种植、生态立体种养、苗木基地、仓储物流加工、农业旅游等产业项目,以生态农业驱动产业引擎,打造成集生产、经济、生态、文化功能于一体的国家级现代农业产业园。经营主体为江苏香河农业开发有限公司。

(三)生态环境治理与管护

生态环境治理与管护板块主要包括通过河道整治、土壤改良、植树造林、生态隔离等生态整治措施,开展新区近海岸水域水生生物多样性试验,承接新区六大湖泊管养,推动新区实现"水清、岸绿、河畅、景美"生态可持续发展。经营主体为江苏香河农业开发有限公司。

徐圩港区水生生物多样性试验和生态修复项目　联合国家海洋环境监测中心、中国水产科学研究院、江苏海洋大学开展多轮海洋生态本底调查研究工作,运用生物苗种培育网箱、微塑料监测、潮间带碳存量、碳通量核算及牡蛎礁修复等技术开展徐圩新区近海岸水域水生生物多样性试验,试验范围包含徐圩港区及周边海域开展滤食性贝类碳汇、滩涂修复、生物苗种培育、牡蛎礁修复等试验研究。通过投放鲢、鳙鱼等品种探索增殖渔业与海域环境相互作用关系;探寻港渔互作开发新模式,以河湖生态增殖试验技术研究为主;探索不同盐度增殖生物与河湖水域环境相互作用关系;探寻河湖生态修复与绿色生态水产品互作开发新模式。

徐圩新区河湖生态体系建设　徐圩新区全域面积为467平方千米,其中水域面积53.24平方千米,占比11.4%,形成"三纵八横六湖"的河湖体系。其中,"三纵"为3条南北向调节河道,由西向东依次为驳盐河、中心河和复堆河;"八横"为8条东西向排水骨干河道,由北向南依次为刘圩港河、蒿东河、张圩港河、方洋河、纳潮河、西港河、深港河和南复堆河;"六湖"为云湖、张圩湖、徐圩湖、东香湖、陬山湖、香河湖。连云港香河园林绿化工程有限公司依托河湖管养资源组建成立河湖管理专班,推动徐圩新区实现"水清、岸绿、河畅、景美"生态可持续发展。

三、经营情况

2022年,云湖集团完成总收入4.91亿元,净利润273万元;固定资产投资4848万元,资产负债率45.2%,平均融资成本5.18%。

四、财务管理

2022年云湖集团组建后,公司注册资本由4.13亿元增加至15.68亿元,新增新区管委会直接持股1.2亿元,计划于3年内由新区管委会逐步增资实现控股,大幅提升集团资信能力。

2022 年，云湖集团面对累计爆发的三次疫情，主动承担保供和产业服务事项，推进 12.5 平方千米香河生态园建设运营，24 小时内可实现成品粮油、肉蛋奶等储备和调配量满足 3 万人 3 天消耗。保障产业单位正常运转，全年收到各类补贴资金 3300 万元，完成新区疫情防控任务。

2022 年云湖集团与国有商业银行合作，首次实现与政策性银行融资合作，积极开展利率压降，创新担保方式，全年降低平均融资成本 0.32%，减少融资担保费及利息支出 874 万元，有效提升集团净利润水平。全年印发财务管理制度 21 项，进一步完善制度建设，夯实风险管控水平；对云湖集团 2016 年至 2022 年增值税进项税额开展税务审查，对人力公司、商管公司、商贸公司及中央大厨房、智汇湾项目开展专项审计，进一步降低税务及资产运营风险；严格资金管控，按周进行资金分析，确保集团现金流安全；成立投资决策委员会，由财务管理部负责投委会办公室日常工作，完成集团财务条线、融资条线整合，进一步压实管理责任。

五、投融资

2022 年，云湖集团在原现代服务集团基础上，为加快布局高品质园区配套服务、现代农业、生态环境治理与管护三大主营业务，公司着力投资、建设连云港石化基地科技馆等新区服务产业十大实事项目，获批首笔政策性银行项目融资授信业务，当年累计获批融资授信 8.76 亿元，累计完成提款 8.48 亿元。

六、资产管理

2022 年云湖集团完成年度总资产 30.95 亿元，较 2021 年年底（28.43 亿元）增加 2.52 亿元；净资产 16.96 亿元，较 2021 年年底增加 0.9 亿元。

2022 年年底，固定资产 31293 万元，较 2021 年年底增加 8621 亿元；在建工程 8.03 亿元，较 2021 年年底增加 1.76 亿元；无形资产 4378 万元，较 2021 年年底增加 584 亿元。

七、人力资源管理

2022 年 12 月，云湖集团拥有员工 714 人，其中自有员工 209 人、劳务派遣 505 人。年度新入职 85 人。集团本部共设 8 个部门，下设 4 家一级子公司。

第十章 经济发展与管理

在《江苏省沿海开发总体规划》和《国家东中西区域合作示范区建设总体方案》引领下，徐圩新区抢抓机遇，瞄准定位，历经13年的大开发、大建设，综合实力日益壮大，石化产业基地初具规模，自2016年地区生产总值独立核算以来，地区生产总值、固定资产投资分别以年均28.3%和20%增长。2022年，徐圩新区地区生产总值183.8亿元，累计完成基础设施投资730.5亿元，累计完成临港产业投资2073.3亿元。以石油化工为主导的临港产业体系，呈现出产业集群集聚效应。

随着新区发展壮大，新区从2011年开始，陆续组建新区财政局、经济发展局、综合执法局等3个经济综合管理部门，为建设新区、服务新区提供政策支撑，为企业发展壮大保驾护航。

第一节 经济发展规划

一、“十二五”(2011—2015年)发展规划

(一) 发展目标

2010年年底，徐圩新区管委会制定新区“十二五”发展规划纲要，确定主要发展目标：“十二五”期间，全社会固定资产计划投资715亿元。其中，基础设施计划投资316亿元(含徐圩港区码头和航道投资120亿元)，产业项目计划投资399亿元。地区生产总值和财政收入实现较大突破，徐圩新区作为连云港市新的经济增长极的地位初步形成。到2015年年底，徐圩新区建设初具规模，基本建成以港口为核心的综合交通体系，以及东部沿海地区产业转移合作基地、进口资源深加工基地和出口产品加工基地，形成区域特色产业链；建成区域性重大科技成果转化基地、技术交易市场等，东中西区域生产要素互动共享平台逐步完善；初步形成东中西区域优势互补、合作共赢的互动发展模式和互惠政策体系；区域合作机制体制创新逐步加强，以重化工业为主导、新兴产业为支柱的产业布局初具规模，现代农业蓬勃发展，产业项目集聚效应初步显现；经济综合实力显著提升，人民生活水平持续改善。

(二) 执行情况

重点工程建设。一是构建了园区道路网络框架，建设徐圩大道、云湖北路、横五路、横四路、港前一路、方洋港路、港前大道等工程，以及水、电、气、通信等配套设施的建设进度；开工建设产业服务中心、商务会馆、大陆桥永久会馆等工程。二是打通了徐圩新区主通道，形成南北贯通、东西相连的快速道路网络；建设徐新路、中通道、徐仲公路、横二路等主干道，为打通对外交通和产业区入驻项目提供硬件保障。三是实施搬迁工程，开工建设徐圩新区张圩小区，解决拆迁安置用房难题。

优化招商政策。围绕规划确定的五大主导产业,主动介入,做好石化等重大项目的跟踪服务和上下游产业链衔接工作。从宏观着眼,于细节入手,积极拓展招商途径。服务意识不断强化,理念创新,做深做细项目分析论证,形成投资环境优势,对外招商的吸引力增强。

狠抓工程建设质量和安全生产管理。"十二五"期间,新区严格落实工程质量追究制度和安全生产领导责任制度,严格工程建设各方主体和执业人员的责任,建立健全行之有效的责任约束机制,做到"材料合规、资质合法、施工规范、监管到位",保证了工程建设质量和安全生产。

强化目标管理。全面落实目标管理考核办法,层层分解目标。每一个人都做到目标明确,工作内容明确,考核办法明确。严格奖惩兑现,将目标考核成绩作为个人政绩的重要依据,实现奖勤罚懒的目标管理宗旨。建立定期和不定期的检查督办制度和进度通报制度,强化监督约束,把加强督促检查作为推动和落实目标任务的重要手段,多层面、多形式、多渠道强化督促检查工作,保证各项目标任务得到有效落实。

珠江钢管项目管理人员一丝不苟检验产品(2014年) 徐晔宇 摄

创新投融资方式。"十二五"期间,徐圩新区加强对创业投资、产业基金、风险投资等投融机构的引进力度;积极运用银行承兑、银行信用证、贷款担保等融资方式,不断提升徐圩新区投融资综合能力和水平。重点加强对政府和社会资本合作(PPP)、"建设—经营—转化"(BOT)等融资模式的研究和实施,完善落实《连云港徐圩新区BOT项目管理实施细则》,积极吸引有实力的私营企业、民营资本到徐圩新区投资兴业,解决当前融资难的问题。

加强高层次人才队伍建设。一是优化人才开发体制环境建设,完善和落实各项人才开发政策措施,充分发挥高等院校、科研院所、科技园区、企业研发中心、重大科技攻关项目在集聚人才方面的作用和功能,搭建科技型人才创业平台。二是加大高层次人才开发力度,依托高等院校、科研院所和大中型企业,以重大科研项目为载体,加快建立一批创新型人才开发和培养基地。三是积极创造留住人才的良好环境,为徐圩新区开发建设留住各种高素质人才。

"十二五"规划期间徐圩新区重大项目规划表

表10-1 单位:亿元

序号	项目名称	建设内容和规模	建设起止年限	总投资	"十二五"计划投资
1	大陆桥合作论坛会馆	项目占地75亩,建筑面积6.5万平方米	2011—2015	4.594	4.594
2	洁净技术研发中心	项目占地约297.54亩,分两期建设,建设周期2年	2011—2012	4.5209	4.5209

续表 10－1

序号	项目名称		建设内容和规模	建设起止年限	总投资	“十二五”计划投资
3	公路交通工程项目		建设226省道(纵五路—埒子口)、徐新公路(纵五路—花果山大道)、中通道(徐圩段)、港前大道、徐仲公路(徐圩段)等5条道路,总长75.12千米	2009—2015	29.85	29.85
4	港区建设项目		码头泊位12个,其中10万吨级以上泊位2个;建成10万吨级航道,逐步浚深至30万吨级	2011—2015	120	120
5	内河航道项目		张圩港河以南的烧香河支河规划为三级航道,布置内河港池,建设20个内河泊位。烧香河支河、南复堆河规划为三级航道;善后河与烧香支河航道连接工程	2009—2014	24	24
6	铁路交通工程项目		徐圩新区铁路专用线,总投资13亿元	2010—2015	13	13
7	水利工程项目		水利工程总投资42.8亿元,其中防洪工程总投资2.56亿元,除涝工程40.24亿元	2010—2030	42.8	20
8	城市建设项目		计划建设区内道路全长136.39千米(17条道路),总投资46.41亿元;桥梁全长2100米,总投资9.5亿元;供水工程9亿元,供电工程0.7亿元,供气工程1.07亿元;绿化工程面积共计195万平方米,投资6.06亿元	2010—2015	72.67	72.67
9	环境保护项目		计划建设日处理3万吨污水处理厂及管线工程。项目总投资14亿元	2011—2015	14	14
10	能源建设项目		建设2座220千伏变电站,3座110千伏变电站。项目总投资4亿元	2011—2015	4	4
11	社会事业项目		建设产业服务中心,建筑面积8.3万平方米,总投资4亿元;张圩小区22万平方米,投资5亿元;徐圩社区共2.2万平方米,投资1亿元	2010—2015	10	10
12	产业项目	石化项目	30万吨级原油码头,总投资12亿元;520万立方米原油商业储备库,投资30亿元;一期工程300万吨LNG/年及配套储罐,投资100亿元;1500万吨/年炼油、120万吨/年乙烯大型炼化一体化,投资350亿元;150万吨/年PTA项目,总投资51.8297亿元;80万吨/年PX项目,总投资138亿元	2011—2020	709.83	202.23
		钢铁项目	380万吨钢管制造,总投资120亿元;100万吨/年的镍铬合金复合材料制造,总投资80亿元	2010—2015	200	120
		其他产业项目	按照产业定位,通过招商引资,“十二五”期间计划每年引进产业项目8个以上,总投资120亿元	2011—2015	120	75
		标准厂房	建设10万平方米标准厂房,总投资2亿元。解决中小企业进驻和研发机构试验的需求	2010—2015	2	2
合计					1371.2649	715.8649

“十二五”规划期间徐圩新区主要道路工程计划表

表 10－2

序号	分类	项目名称	建设规模（千米）	建设年限	投资估算（万元）
1	交通工程	徐新公路（纵五路—花果山大道）	23.6	2010—2013	64400
2		中通道（徐圩段）	5.7	2010—2012	22200
3		徐仲公路（徐圩段）	8.5	2010—2012	43200
4		港前大道（纵三路—徐仲路）	19.2	2009—2013	90400
5		226 省道（纵五路—埒子口）	18.12	2009—2013	78300
		小计	75.12		298500
6	市政道路工程	横二路（纵四路—徐仲路）	16.8	2009—2012	73800
7		方洋河路（港前二道）	6	2010—2012	29200
8		港前一路	4	2010—2012	14000
9		横四路	3.4	2010—2012	11700
10		横五路	3.6	2009—2011	17500
11		云湖北路	6.9	2010—2012	24000
12		港前二路	2.34	2010—2012	8000
13		云湖西路	2.2	2010—2011	7000
14		灯塔路	3.3	2010—2011	10500
15		纵五路（烧香支河—海堤路）	6.7	2009—2012	23700
16		徐圩大道	7.1	2009—2011	26100
17		纵七路（徐圩段）	7.5	2009—2011	35000
18		陬山一路	7.9	2010—2012	27000
19		张圩湖北路	6.18	2010—2012	20400
20		蒿东河路	6.77	2010—2012	2300
21		陬山三路	5.7	2010—2012	1900
22		区间其他道路（计划）	40	2011—2015	132000
		小计	136.39		464100
总计			211.51		762600

二、“十三五”(2016—2020年)发展规划

(一)发展目标

2017年年初,徐圩新区管委会制定新区“十三五”发展规划纲要。“十三五”期间,徐圩新区积极融入“一带一路”倡议,深入贯彻落实《国家东中西区域合作示范区建设总体方案》,加快基础设施建设、产业项目引进、对外合作交流与体制机制创新,力争实现六大发展目标:

全面建成国家东中西区域合作示范区先导区。到2020年,先导区全面建成,服务中西部地区和对外开放的重要窗口功能更加完善。以港口为核心的综合交通枢纽作用充分发挥,面向中西部地区的合作服务体系更加完备,东中西区域产业合作层次进一步提升,“一带一路”跨国经贸合作能力进一步增强,区域合作的体制机制基本形成。

港产联动发展效应显著增强。建设成为连云港重要经济增长极。港口基础设施与集疏运体系建设日趋完善,要素聚集、产业支撑和综合服务能力不断增强。二、三产业联动的临港产业体系基本形成,与港口的衔接配套更加密切。港区与产业区布局更加合理,港产联动发展的总体格局总体向好,临港经济发展水平不断提升,对连云港经济贡献不断提高。

产业转型升级取得突破性进展。建设成为我国沿海重要的新型工业基地。石油化工、精品钢等主导产业创新能力不断增强,集群化发展特征明显,经济支撑地位进一步凸显。节能环保、先进装备制造等新兴产业加速发展,高新技术产业占比明显提高,对新区经济发展带动作用不断提升,进入沿海地区经济创新发展第一方阵。

商贸流通服务体系日趋完善。建设成为区域大宗商品供应链服务基地。新区内外交通体系顺畅便捷,枢纽场站设施基本完善,智能物流交通服务系统实现全覆盖,口岸通关效率显著提升,要素资源吸引能力不断提高,商贸物流服务企业加速聚集,服务辐射半径扩大,服务区域大宗商品贸易能力显著增强。

循环经济体系取得显著成果。建设成为国家级生态工业示范区。新型绿色石化产业基地、精品钢产业基地基本建成,绿色、智能、生态港口港产物流融合风险防范体系基本形成,高标准的生态工业基础设施共享体系快速发展,环境质量明显改善,土地等资源集约利用水平进一步提高,可持续发展能力显著增强。

聚力创新,聚焦富民,高水平建设全面小康社会。将创新发展理念始终置于指导经济和社会发展首位,引领发展转型升级,聚焦富民政策和措施,加快富民步伐,完成经济发展更高质量、人民生活更加幸福、生态环境更加优美、文化更加繁荣发展、城乡区域更加协调、社会治理更加完善的高水平小康社会目标。

(二)执行情况

新区“十三五”时期制定经济社会发展定量指标,确保“经济强、百姓富、环境美、社会文明程度高”建设取得较大成果,实现预期发展目标。

综合经济实力显著增强。新区经济实现跨越式发展,产业结构进一步改善,到“十三五”期末,新区实现工业产值达到210亿元,财政收入达到25.47亿元,二、三产业增加值比重达到80%,高新技术产业产值占规模以上工业产值比重达到30%。

创新发展能力不断提升。新区创新意识不断提升,创新环境不断改善,创新能力显著增强,创新体系更加健全,全社会研究与社会发展经费占地区生产总值比重达到2.5%,大专以上人才占就业人口的比重达到30%,每万人当年新增发明专利授权数达到10件左右,科技进步贡献率达到60%,高层次人才占人才总量5%,万名劳动者中高技能人才达到600名。

人民生活水平显著提高。新区居民生活水平显著提高，城镇居民人均可支配收入4.2万元，年均增长10%，农村居民人均可支配收入2.3万元，年均增长11%，居民幸福指数明显增强，城镇登记失业率低于4%，城镇常住人口保障性住房覆盖率达到23%，社会保障体系进一步完善。公共服务体系不断完善，每千人拥有医生数达到2.3名，每千名老人拥有养老床位数达到40张，人均公益性文化设施面积达到0.1平方米。

卫星化学连云港项目大件安装现场(2020年)　　徐乙策 摄

生态环境质量总体明显改善。资源利用效率明显提升，区域可持续发展能力显著增强，单位地区生产总值能耗降低、单位地区生产总值二氧化碳排放降低、万元地区生产总值用水量下降、非化石能源占一次能源消费比重以及主要污染物排放减少完成省市下达指标，空气质量达到二级标准天数比例达到72%，村庄环境整治达标率达到100%，新建建筑中绿色建筑(住宅和公建)所占比重达到80%。

社会文明程度和国民素质显著提高。社会大局保持和谐稳定，法治建设满意度达到98%，人民群众的安全感指数持续提升，公众安全感达到90%，文化体制改革取得重要突破，公共文化服务体系更加完善，文化事业文化产业繁荣发展，社会文明程度测评指数达到90%，公民思想道德素质、健康素质明显提高，每万人拥有社会组织5个，居委会、村委会依法自治达标率分别达到98%和98.5%。

重点项目安排有效推进。“十三五”期间，新区全社会固定资产投资累计完成1000亿元，其中，工业项目投资800亿元，基础设施投资200亿元，具体完成石化产业基地投资550亿元、精品钢产业园投资200亿元、节能环保科技园投资50亿元重点产业项目，以及道路桥梁、水利工程、景观绿化、公共事业、功能平台、物流运输等6类重点基础设施项目投资。

三、“十四五”(2021—2025)发展规划

(一) 发展目标

以打造世界一流石化产业基地为目标，以高端石化、精细化工、新材料等产业为引领，以国际领先的产业配套为支撑，积极对接国家、江苏省和连云港市“十四五”时期新的发展要求，发挥龙头企业核心技术强、引领辐射作用大的优势，通过延伸产业链条，带动上下游相关产业发展，形成一批具有国际竞争力的石化产业链和具有国际先进水平的产业集群。构建高端、高质、高新为特色的创新引领和协同发展产业体系，努力打造成为环境优美、产业高效、宜居宜业、生态和谐的科技创新产业新城，建成世界一流石化产业基地。

徐圩新区"十四五"经济社会发展主要目标一览表

表 10－3

规划	指标	2025 年目标	指标属性	"十三五"末现状数据
经济规模	地区生产总值(亿元)	1000	约束性	66.9
	财政收入(亿元)	200	约束性	14
	工业总产值(亿元)	3200	约束性	210
	工业增加值(亿元)	600	约束性	45
	营业总收入(亿元)	3500	约束性	350
	工业应税销售收入(亿元)	3200	约束性	210
	进出口总额(万美元)	800000	预期性	101539
	累计完成产业投资(亿元)	3500	预期性	510
	实际使用外资(万美元)	17000	预期性	10013
	企业人员数量(人)	30000	预期性	8100
	市场主体数量(家)	500	预期性	320
	其中:"四上企业"数量	80	预期性	42
	其中:规模以上工业企业数量	30	预期性	15
	新区集团总部和世界 500 强企业地区总部及上市公司合计数(家)	5	预期性	2
	其中:上市企业数量	3	预期性	0
创新发展	战略性新兴产业和高新技术产业营业收入(亿元)	280	预期性	140
	战略性新兴产业和高新技术产业产值(亿元)	260	预期性	130
	新区经认定的高新技术企业、科技小巨人与技术先进的企业数(家)	10	预期性	3
	新区企业发明专利授权数(个)	20	预期性	10
	重大科研平台数量(个)	1	预期性	0
	新区企业研发投入经费总额(万元)	10	约束性	6
	入选国家及本市相关人才计划的人员合计数(人)	10	预期性	6
	研发人员数量(人)	2000	预期性	1200
	本科及以上学历人才数量(人)	10000	预期性	5320
	新区创新创业服务机构合计数(个)	3	预期性	1
	创新研发机构合计数(个)	8	预期性	5

续表 10－3

规划	指标	2025 年目标	指标属性	“十三五”末现状数据
创新发展	新区内公共服务平台数(个)	3	预期性	1
	新区众创空间、孵化器数量(个)	2	预期性	0
生态环保	单位规上工业增加值能耗(吨标煤/万元)	2	约束性	2.5
	单位规上工业增加值水耗(立方米/万元)	25	约束性	88
	污水回收率(%)	70	约束性	70
	通过 ISO 14000 认证企业数量(家)	10	预期性	6
	空气质量(达到二级标准天数比例)(%)	92	预期性	87.4
	重点企业清洁生产通过审核比例(%)	95	预期性	90
	建立新区能效监控平台(个)	2	预期性	1
社会事业	新区人才公寓数(个)	3	约束性	2
	新区餐饮服务数量(个)	15	预期性	8
	常住人口(万人)	6	预期性	4.3
	施工人员数量(万人)	4	预期性	6.1
	产业人员数量(万人)	2	预期性	1.3
	城镇登记失业率(%)	1.2	约束性	1.7
	城镇居民人均可支配收入(万元/年)	6.5	约束性	4.9
	农村居民人均可支配收入(万元/年)	5	约束性	3.5
	城乡基本社会保险覆盖率(%)	100	约束性	99
	人均拥有公共文化体育设施面积(平方米)	4.5	约束性	3.29
	人均拥有商业设施面积(平方米)	4.5	约束性	3.5

（二）工作举措

筑牢基础，建设高质量产业体系。“十四五”时期，新区以“大型化、一体化、高端化、精细化”为产业高质量发展总体定位，形成以大型炼化一体化为核心，以化工新材料和精细化工高端产业集群为支撑，以相关特色产业为辅助的高质量产业体系，筑牢面向全球、融入长三角的产业发展基础。打造“1＋2＋X”的产业体系：“1”即做大做强炼化产业；“2”即统筹推进精细化工和新材料两大高端化学工业产业；“X”即推动以装备制造、海洋产业为代表的特色新兴产业体系。围绕着产业链主业强化任务、价值链下游拓展任务、供应链全球循环任务这三大任务入手，建设高质量产业体系，融入新发展格局。

强化创新，推动经济高质量发展。“十四五”时期，新区重点构建与新发展格局相适应的区域创新体系和产业创新生态，打造创新能力体系，构建新区创新链，塑造发展的内生动力。重点从全面数字化转型任务、技术创新赋能任务、技术基础设施建设任务、产学研用转化任务和多层次人才引入任务入手，打造新区持久创新动力。

优化布局，提升空间利用效率。徐圩新区打造“两轴三片多区多园”的总体空间布局体系，即沿铁路徐圩支线和江苏大道两大轴线，提升徐圩港区、产城融合片区和东辛农场片区相互融合度，重点聚焦打造产城融合片区中的石化基地、综合保税与物流区、交叉产业发展区、云湖生活配套区等多个区域，打造多个专业化产业园区并引导产业、城市、港口、乡村等多种功能合理布局，引领新区整体形态建设。树牢土地节约集约意识，优化空间资源利用机制，加强区内外组团联动发展。

安全绿色，高质量建设美丽新区。强化生态环保与安全发展底线意识，坚持“两山”发展理念，落实“双碳”战略，在连云港全市乃至江苏省首先完成“碳达峰”任务，实施绿色清洁能源引入工程、原料端总能耗降低工程、静脉产业与环保产业引入工程、化工企业技术革新改造工程、企业参与碳交易市场推进工程，从海洋、农村和工业三方面入手，加强新区环境整治，打造陆海优美的整体环境和农工联动的环境治理体系，确保守住生态保护红线、环境质量底线、资源利用上线，严格按照生态环境准入清单监管入区项目，建设美丽新区。

扩大改革，促进开放与制度创新。坚定不移积极主动扩大对外开放，以开放促改革促发展，形成新时代制度型开放新优势，融入江苏省江海联动、沿海开放的战略中，承担东西双向开放的关键链接节点作用，以制度建设为引领，通过徐圩港区建设推进任务、对标自贸区扩大开放任务和管理机制创新突破任务这三大任务筑牢新区发展的内生动力。

共享成果，提升人民生活福祉。坚持把实现好、维护好、发展好最广大人民根本利益作为发展的出发点和落脚点，以徐圩小镇打造为重点内容，加快推动城市功能建设，健全基本公共服务体系，聚焦东辛农场建设，推动农业农村现代化，加快东辛农场与新区产业区块的融入式发展，加强推进社会保障事业和各项普惠福利工程发展，实现基本公共服务与产业发展相互促进的良性循环，提升人民生活品质，不断增强获得感、幸福感、安全感。

塑造品牌，推进世界一流建设。对标国际知名化工园区，聚焦石化产业全球化、绿色发展示范化、产业服务国际化、徐圩新区品牌化四大专项计划，持续推动新区石化产业开放度，推进石化产业全球化工作，研究助力区域石化产业新一轮高质量发展，引领全球石化行业发展方向，打造世界一流石化基地。

第二节　经济规模与投资

一、经济规模

2009 年，徐圩新区开始建设。2011 年，经国务院批准设立国家东中西区域合作示范区的先导区。至 2022 年，徐圩新区总规划面积 467 平方千米，其中徐圩港区 74 平方千米、临港产业区 141 平方千米。按照“生态、智能、融合、示范”的发展理念，以石化、先进装备制造、节能环保和现代港口物流等为主导产业，重点打造世界级石化产业基地、国家生态工业示范园区、国家级生态循环经济示范基地。位于徐圩新区的连云港石化产业基地，是国家确定的全国七大石化产业基地之一。规上工业产值从 2012 年的 3.4 亿元增长到 2022 年的 837.4 亿元，增长了 245.29 倍。工业投资从 2011 年的 17.6 亿元增长到 2022 年的 471.6 亿元，增长了 25.8 倍。

2010—2022 年徐圩新区主要经济指标一览表

表 10－4

年份＼指标	地区生产总值（亿元）	财政预算收入（亿元）	规上工业产值（亿元）	外资及港澳台资（万美元）	外贸进出口额（亿美元）	工业投资（亿元）	税收（亿元）
2010	—	—	—	—	—	—	—
2011	—	—	3.8	—	—	17.6	—
2012	—	1.52	3.4	1305	—	27.02	—
2013	—	2.27	6.2	5010	—	43.78	—
2014	—	3.41	8.96	6528	3.24	70.47	—
2015	—	5.17	91.8	5227	5.20	101.2	—
2016	33.3	4.52	112.8	1.01	5.36	108.8	—
2017	37.2	4	180	7000	7.2	40.5	—
2018	48.4	3.8	239.9	6633	11.8	45.0	5.27
2019	65.1	4.1	240.9	7280	9.23	159.8	5.66
2020	66.94	5.17	210.8	10013	10.15	350.9	1.91
2021	110.2	8.7	470.5	10074	30.14	440.8	15.51
2022	183.8	－32	837.4	20220	42.97	471.6	4.21

二、固定资产投资

至 2022 年，徐圩新区累计完成固定资产投资 2604 亿元，其中工业投资 1877 亿元，基本完成石化产业基地重大产业项目布局。徐圩新区累计完成临港产业投资 2073.3 亿元。以石油化工为主导的临港产业体系，呈现出产业集群集聚效应。围绕连云港石化基地产业重点发展目标，推进盛虹、中化、卫星等落户龙头项目开拓产业领域、壮大产业规模。

2009—2022 年徐圩新区固定资产投资情况表

表 10－5　　单位：亿元

	2009—2013	2014	2015	2016	2017	2018	2019	2020	2021	2022
固定资产投资	272.6	121.1	147.7	181.8	97.4	101.4	209.6	400.8	530.5	541.5
其中：工业投资	88.3	70.4	101.2	108.8	40.5	45	159.8	350.9	440.8	471.6

第三节　财　政

一、财政管理

2009 年，市政府印发《连云港市徐圩新区财税封闭运作管理暂行办法》，对徐圩新区财税收入实行封闭运行管理。

2011 年 11 月，徐圩新区管委会批准成立徐圩新区财政局，内设办公室、预算科、综合科（会计核算中心）和投资发展科 4 个内设机构，明确了财政工作职责及内设机构。

2012 年，徐圩新区管委会出台《徐圩新区财政预算执行管理内部控制制度》《徐圩新区协税护税管理暂行办法》《徐圩新区财政监督办法》等文件，为徐圩新区财政工作的有序开展提供了必要的制度支撑。

2013 年 2 月，中华人民共和国国家金库连云港市徐圩新区支库顺利运行。是年，徐圩新区管委会出台《徐圩新区财政预算执行内部控制制度暂行办法》《徐圩新区财政考勤管理暂行办法》《徐圩新区财政绩效考核暂行办法》《徐圩新区财政印章管理暂行办法》等办法，进一步完善新区财政运行体制，提高财政运行效率。

2014 年，新区财政完成首次财政决算报表的组织编制、填报审核和汇总上报工作，构建规范化财政核算体系，提高财政决算编审工作水平。顺利完成审计署在全国范围内开展的土地专项审计和政府性隐性债务审计，为新区在土地规划、出让金收支管理和政府性债务管理等方面的规范运作提供了保障。

2015 年，徐圩新区财政局印发《徐圩新区区级机关差旅费管理暂行办法》，推行厉行节约反对浪费，加强和规范新区机关单位国内差旅费用管理，为新区差旅费用管理提供制度保障。

2016 年，新区财政预算指标管理系统上线运行，财政业务处理的电子化程度进一步提升，财政资金的收付效率和科学化、规范化管理水平进一步提高。出台《徐圩新区财政局结算中心岗位工作职责》《徐圩新区财政结算中心资金管理办法》，进一步明确结算中心职能分工，规范会计行为，做好预算单位资金支出管理工作。设立新区办税服务大厅，负责新区范围内建安类税收的预征缴和附加税种征收工作，为新区企业缴税提供便利，并提升新区对属地税收的监管能力。

2017 年，制定出台《徐圩新区财政国库管理制度改革试行方案》，积极推进财政国库管理制度改革，逐步建立以国库单一账户为基础、政府全部收入和支出实行国库集中收付管理的现代财政国库管理制度，进一步加强财政收支监督管理，提高财政资金使用效率。实施预决算编制及信息公开，对“三公”经费、会议费、培训费和政府采购预算单独公开，全面提升预算编制精细化管理水平。印发《徐圩新区地方政府债务风险评估和预警暂行办法》，进一步加强徐圩新区政府债务管理，防范和化解地方政府债务风险。

2018 年，经市政府批准继续给予新区三年（2018—2020 年）财税封闭运作政策支持，为新区重点工程项目建设提供有力的资金保障。国库集中支付系统正式运行，为扶贫、棚户区改造、社保等各类资金的高效管理和各项资金的及时调拨提供强有力支撑。

2019 年，完成新区国库集中支付电子化升级，国库集中支付“电子化”系统正式上线运行，实现财政资金审批、拨付“无纸化”支付管理模式，提升财政业务处理能力和工作效率。制定出台

《徐圩新区行政事业单位国有资产管理办法》《徐圩新区行政事业单位国有资产处置管理办法》和《徐圩新区行政事业单位固定资产管理办法》,进一步规范和加强新区行政事业单位国有资产管理。

2020年,新区设立建安税委托代征点,有效增强建安税征管力度,为各重点产业项目提供更加便捷高效的纳税服务。争取到位各类补助及债券资金约7亿元,为重点公用配套设施建设提供了有力资金支持。严格贯彻落实减税降费政策,全年退还园区企业增值税留抵额3.53亿元,有效缓解企业资金压力。加大财政资金投入全力支持打赢疫情防控阻击战,为企业返岗人员提供隔离用房、暖心餐和核酸检测等服务,为受疫情影响的中小微企业和个体工商户实施房租减免政策。创新支持石化产业基地开发建设模式,推动设立江苏圩泉洋井化工产业投资基金,重点支持石化产业基地公用工程岛、液体化工码头、石化公共管廊等公用配套项目建设。

2021年,建成投用预算管理一体化系统,整合预算编制、执行等业务环节,有力提升了预算管理信息化水平。开展国有资本经营预算编制,加大国有资本经营预算统筹力度,提升政府综合财力。修订完善《徐圩新区行政事业单位财务报销管理制度》,强化各预算单位经费管理,规范财政资金支出行为。出台《徐圩新区预算单位使用省级协议供货定点采购操作说明》,加强协议供货采购管理。加大减税降费政策落实力度,全年退还园区企业增值税留抵额12.06亿元,切实降低企业运行成本。持续加大隐性债务化解财政性资金投入力度,超额完成年度化债任务和债务率压降目标,债务风险等级由“红”转“橙”。

2022年,经市政府批准继续给予新区三年(2021—2023年)财税封闭运作政策支持,为打造世界一流石化基地提供坚实财力保障。成立徐圩新区税源管理办公室,会同税务部门组建由11名专职税务人员组成的税源管理专班,切实加大重点税源管控力度。集中财力全面贯彻落实国家增值税留抵退税政策,全年退还增值税留抵额100亿元,有力助推重大产业项目加速投产达效。争取到位各类补助及债券资金28亿元,有效缓解退税带来的巨大收支矛盾。上线非税收入电子化管理系统,全面深化非税收入收缴电子化管理,促进非税收入高效征管。规范有序运用PPP模式①支持新区重大产业保障工程建设,达标尾水排海工程PPP项目正式建成投用。

二、财政收支

2013年—2022年徐圩新区财政收入明细

表10-6　　单位:亿元

年份	财政收入总额	一般公共预算收入	政府性基金收入	国有资本经营收入	备注
2013	25.05	2.27	22.78		
2014	45.66	3.40	42.25		
2015	10.38	5.16	5.21		土地挂牌出让量减少
2016	10.73	4.52	6.21		土地挂牌出让量减少

①PPP模式,是社会资本参与基础设施和公用事业项目投资运营的一种模式,是一种制度创新。

续表 10－6

年份	财政收入总额	一般公共预算收入	政府性基金收入	国有资本经营收入	备注
2017	17.22	4.00	13.22		
2018	6.87	3.78	3.09		土地挂牌出让量减少
2019	19.32	4.08	15.23		
2020	25.47	3.41	22.05		增值税留抵退税 1.76
2021	27.20	8.74	7.65	10.80	增值税留抵退税 6.03
2022	－5.97	－32.00	26.03		增值税留抵退税 50.10

2013 年—2022 年财政支出明细

表 10－7　　单位:亿元

年份	财政支出总额	一般公共预算支出	政府性基金支出	国有资本经营支出	备注
2013	33.50	12.26	21.23		
2014	49.76	6.61	43.15		
2015	16.10	10.50	5.60		
2016	14.93	8.81	6.12		
2017	20.71	6.88	13.82		
2018	13.58	5.15	8.42		
2019	21.81	5.82	15.99		
2020	25.22	8.36	16.86		
2021	29.77	15.39	9.58	4.80	
2022	33.44	8.54	24.90		

第四节　国有资产管理

一、管理机构

2015 年 5 月,徐圩新区成立国有资产监督管理办公室(以下简称国资办),与新区财政局合署办公,主要负责徐圩新区国有资产监督管理工作,维护国有资产出资人权益,确保国有资产保值增值;负责推进国有企业的现代企业制度建设,完善公司法人治理结构;负责起草国有资产监督管理的规范性文件,制定有关国有资产监督管理制度。6 月,管委会出台《徐圩新区国有企业资产监督管理暂行办法》,加强对区属国有企业经营计划和年度目标任务、投融资和国有资产转让等事项的监管，规范国有资本运作，确保国有资产保值增值。同时成立国有资产监督管理工作领导小组。按照《徐圩新区国有企业资产监督管理暂行办法》要求，对新区国有企业资产经营管理过程中的重大事项进行研究会商。领导小组下设办公室，办公室设在国资办，具体负责新区国有企业资产的日常监管工作。

二、监管制度体系

2016年，新区建立健全科学有效的国有企业目标任务考核体系，由国资办、党群工作部、经发局、建设局、纪工委和审计办等部门组成国有企业目标任务考核小组，每年年初根据新区年度重点工作并结合国有企业经营实际，重点从经营性目标、投资目标、融资目标、重点项目目标、党的建设目标、高质发展目标和改革创新目标等方面拟定国有企业年度目标任务考核实施细则，年底对国有企业目标任务完成情况进行考核评分，考核结果与国有企业绩效薪酬挂钩，以国有企业目标任务考核为抓手，促进国有企业经营管理水平和运营效率提升。

2017年，为适应新区国资发展需要，新区管委会修订完善《徐圩新区国有企业资产监督管理暂行办法》，加强新区国有企业资产监督管理，切实履行国有企业出资人职责，推动实现国有资产保值增值。

2018年，新区成立国有企业资金风险应急处置专项工作领导小组，由管委会党工委书记、管委会主任任组长，管委会分管副主任、徐圩公安局分局局长任副组长，党政办、财政局、国资办、建设局、经发局、审计办和方洋集团等单位主要负责人任成员。新区管委会印发《徐圩新区国有企业资金风险应急处置预案》，完善新区国有企业资金风险应急处置工作机制，规范国有企业资金风险应急处置程序，保障国有资产安全。

2019年，新区探索建立国有企业监督专员机制，选拔在审计、法律、工程建设等方面工作经验丰富的人员组建监督队伍，聚焦重点项目，重点监督检查国有企业管理制度、工程招投标、项目管理、资金管理和资产管理等方面的情况。结合省市国资监督管理有关规定，坚持把增强活力和强化监管有机统一起来，完成《新区国有企业资产监督管理暂行办法》二次修订，不断完善国资监管制度体系，强化监督职能转变。

2018年7月，监督专员在地下管廊工程现场监察

徐乙策　摄

2020年，新区组建成立江苏洋井石化集团有限公司，与江苏方洋集团有限公司实行差异化发展，重点做好石油化工、安全环保、科技金融等方面业务，提升石化产业基地运营服务质量，加快推进世界级石化基地建设步伐。强化国有企业从严治党主体责任，在目标任务考核体系中增设党的建设考核指标。把增强国企经营活力和强化监管有机统一起来，根据《徐圩新区国有企业资产监督管理办法》，组织审批新区国有企业投融资、股权业务合作、集团化改革、组织架构调整等重点事项40余件，促进国有企业高质、高速发展。新区国有企业准确把握

疫情形势，做好疫情防控和复工复产两手抓，2020年，新区国有企业资产总规模901亿元、净资产335亿元，同比分别增长33%、32%，营业收入79亿元，同比增长29%。

2021年，新区管委会研究制定《徐圩新区国企改革三年行动实施方案》，成立徐圩新区国有企业改革领导小组，推进新区国企在董事会"外大于内"、经理层任期制和契约化管理、探索职业经理人机制、科技创新能力建设等方面取得良好成效，全年高质量完成80%的改革预定目标。开展新区国有企业主业核定，江苏方洋集团有限公司主业为园区产业配套服务设施建设及运营、港区开发建设、新能源投资及运营；江苏洋井石化集团有限公司主业为石化基地物料及能源保障服务、石化产业供应链服务、生态环境和安全管控专业服务；江苏香河农业开发有限公司主业为农业资源开发、生态环境治理及管护、园区旅游资源投资运营。新区国有企业资产总规模1168亿元、净资产403亿元，营业收入突破158亿元。

2022年，新区组建成立江苏云湖现代服务产业集团、连云港徐圩港口控股集团有限公司，形成四大国有平台载体，全面构建完善重大产业支撑保障体系。打好国企改革三年行动"收官战"，改革进度和改革成效得到市国资部门一致认可，顺利通过市国资委现场评估，国有企业公司治理结构、现代企业制度体系、市场化经营机制等方面全面提升。制定出台《徐圩新区国有企业担保管理暂行办法》，规范国有企业担保行为，防范企业经营风险。国有企业债务统计分析预警系统上线运行，实现对国有企业债务总量、债务结构、还款时限等方面进行统计分析和提醒预警。制定《徐圩新区地方债务化解实施方案》，明确国有企业资产负债率、融资成本、非标融资占比、经营性债务增速压降等债务化解目标，并将国企债务化解工作纳入考核。完善国有企业考核体系，国企高质量发展目标新增净资产收益率、研发投入及债务压降等考核指标，突出主业发展、科技创新平台搭建和混合所有制改革等考核事项，发挥考核指挥棒作用。2022年，新区国有企业资产总额1273亿元、净资产425亿元，营业收入突破213亿元。

第五节　市场监督管理

一、机构队伍

2016年8月24日，徐圩新区管委会批复成立徐圩新区综合行政执法局。

2020年7月15日，中共连云港市委机构编制委员会《关于国家东中西区域合作示范区（连云港徐圩新区）党工委管委会有关机构编制事项的批复》，批复同意徐圩新区综合行政执法局为国家东中西区城合作示范区（连云港徐圩新区）党工委、管委会10个职能机构之一，核准人员编制8名，其中局长1名，副局长2名。

2020年11月23日，中共连云港市委机构编制委员会《关于徐圩新区市场监管体制调整有关事项的通知》文件精神，徐圩新区管委会综合行政执法局增挂市场监督管理局牌子，具体承担徐圩新区管辖区域内市场监管相关职责。

2020年12月23日，国家东中西区域合作示范区（连云港徐圩新区）党群工作部印发《连云港徐圩新区市场监督管理局职能配置、内设机构和人员编制规定》，市场监督管理局属于管委会职能部门，为正科级。市场监督管理机关、直属机构编制共30名。市场监督管理局机关设局长1名、副局长3名。市场监督管理局东辛分局设局长1名。

2021年3月，自新区市场监督管理局编制获批以来，出台市场监管职能职责、权责清单、内部管理等多项制度，编制规范执法、投诉受理等工作指南，提升行政执法和监督管理效能。

2021 年 8 月，新区市场监督管理局以加强队伍建设为重点，累计通过公务员遴选、社会招聘、内部选配等方式，组建了一支将近 20 人的市场监管队伍，同时注重干部能力提升，多次开展特种设备、食品安全等各类安全生产培训，有效地解决市场监管"神经末梢"难题。

2022 年 3 月，新区市场监督管理局完成办公场所搬迁工作，将云湖水岸 20－1 号确定为办公地点，设立特种设备登记窗口，全方位提供政策解读，实现服务百姓更暖，监管质效更强，市场监管治理能力全面提升。

至 2022 年年底，徐圩新区市场监督管理局有监管人员 25 人，累计 30 余人次受到省、市、新区表彰。

二、工作开展

新区市场监督管理局成立后，通过抓班子、建队伍、强素质、树形象，聚焦主责主业，关注保障民生，促进区域发展，从成立之初 3 人发展到 25 人。

（一）坚持统筹协调，筑牢特种设备安全防线

全面摸排特种设备情况。新区市场监督管理局成立之初，通过企业实地摸排与数字化平台进行数据比对，做到底数清、情况明。至 2022 年，新区有 179 家特种设备使用单位，15323 台套在建及在用特种设备，6300 余千米压力管道，全部录入江苏省特种设备智慧平台，实现一张网可视化监管。

牢牢守住安全生产底线。持续开展隐患排查整治，运用特种设备"执法人员＋专家库"管理模式，对石化基地企业每季度开展不少于 1 次全覆盖式的安全隐患大排查。至 2022 年年底，共发现各类特种设备隐患 963 处，全部整改闭环。持续提升设备本质安全，对盛虹炼化、连云港石化等 12 个重点项目，累计 110 家次特种设备施工生产单位开展风险隐患大排查大整治，对 19 家园区内无损检测单位检测质量实施专项核查，共计抽拍射线检测底片 528 张，排查整改问题 140 项。持续强化安全监管力度，印发《徐圩新区危化品企业特种设备管控提升方案》等文件，以特种设备超期未检专项整治行动、特种设备百日攻坚等专项行动为抓手，对 30 余家重点使用单位全覆盖，累计排除隐患 350 项，加强防范重点领域特种设备安全风险。

工作人员对石化特种设备进行检查（2023 年摄）

市场监督管理局 供

统筹推进多元共治格局。建立齐抓共管格局，2021 年牵头成立特种设备安全专业委员会办公室，制定新区特种设备安全监察工作要点，厘清安全生产责任，把特安委牵头抓总（"1"）与成员单位各尽其责（"N"）有机贯通起来，凝聚合力，推进交叉事项专项行动走深走实。建立协同监管体

系，定期联合建设局、应急局等特安委成员单位，开展高温汛期、危化品罐车联合检查及重大节假日期间专项检查，督促整改各类问题175项，下达指令书7份，推动形成多元共治工作格局。建立长效宣传制度，至2022年年底，累计开展“百团进百万企业千万员工”宣讲活动30余场次，培训特种设备管理人员、作业人员300余人次，开展“特种设备安全宣传周”“安全生产月”宣传活动10余次，累计发放宣传材料2000余份，接待市民咨询300余次。

持续优化监管服务效能。打造智慧化监管平台，2022年完成“四合一”智慧监管平台建设，融合特种设备、96333电梯应急救援服务、食品药品智慧监管、多媒体培训等多项功能，改变传统监管方式，提高监管效能。提供便捷化许可服务，组建一站式服务工作组，靠前保障盛虹炼化等重大产业项目，高效推进特种设备监督检验和登记取证工作，主动对接协调特检院、市计量中心，累计优先完成2172台压力容器、3186台安全阀、2700余台气体报警器的检验检定任务，保障重大项目顺利安全投产，实现全年企业零投诉。探索数字化治理模式，2022年在全省率先开展工业管道数字化治理，已完成90个装置2400余千米管道单元“身份赋码”，实现一码掌全局、辨风险、保安全。高起点推进双重预防机制建设，对新区移动式压力容器充装及压力管道腐蚀监测进行实地调研，开发建设风险预警系统，实现风险辨识和智能预警。

（二）坚持防范在先，推动食品药品精准监管

2021年4月，徐圩新区食品安全委员会办公室（简称徐圩新区食安办）由社会事业局转设至徐圩新区市场监管局，主要负责新区食品安全工作的统筹协调和监督指导。同年5月，徐圩新区食安办出台《徐圩新区食品安全委员会工作规则和成员单位工作职责》等文件，食安委工作制度及规则逐步完善，成员单位工作职责和工作要点更加明确，食安办跟踪督促指导、推动工作落实能力明显提升。

2021年5月，新区市场监管局审核发放第一张食品经营许可证，正式从连云区市场监管局承接食品经营许可职能，提高了新区群众办理食品经营许可证便利度，营商环境得到明显提升。至2022年年底，新办食品经营许可及备案达326张，现有食品经营主体617家，食品生产企业4家。

2021年6月，新区市场监管局正式开展县区食品安全监督抽检工作，充分发挥抽检监测排查和化解食品安全风险作用，有效提升食品安全监管效率。至2022年年底，共完成普通食品和食用农产品抽检500批次。

2021年9月，新区市场监管局下达第一张食品违法行为的行政处罚决定书，正式履行连云港市市场监管局食品执法授权，开展食品安全行政执法工作。至2022年年底，共查处13起食品安全违法案件。

2022年10月，徐圩新区药品安全委员会成立，办公室设在市场监管局，主要负责组织、协调、督查、考核评价新区药品（含医疗器械、化妆品）安全工作，以及建立健全药安委工作机制和信息共享机制。

2022年11月，新区市场监管局选派业务骨干赵旭东作为连云港代表队成员之一，参加《江苏省食品安全“守底线、查隐患、保安全”专项行动实战技能大比武活动》，获全省第一名。省局市局充分肯定新区市场监管局在食品监管人员业务能力培养、队伍建设和练兵比武方面取得的成绩。

2022年12月，经连云港市食安委综合审定，2022年度徐圩新区食品安全专项考核总分位列功能板块第一名。2022年全年，新区市场监管局高质推进国家总局食品安全“守底线、查隐患、保安全”专项行动，认真贯彻落实国务院食安办关于食品安全“两个责任”相关要求，检查覆盖率、问题

发现率、包保干部督导率等考核指标长期处于全市领先位次;首次建立“横向到边,纵向到底”食品监管工作群、印发《餐饮服务安全操作规范宣传画册》及《包保干部工作证》、召开系列现场观摩培训会等经验做法得到上级肯定和推广。

（三）坚持靠前服务,助力营商环境优化升级

2021 年 6 月,新区市场监督管理局进驻新区政务大厅,陆续完成了工商注册登记专线接入、人员上岗培训、服务窗口启动等工作。为进一步优化营商环境,先后开展“先照后证”“多证合一”“证照分离”“一照多址”等多项民生领域“放管服”改革,进一步简化、放宽场所登记条件和限制。将食品经营许可证办理时间从 20 个工作日压缩到 5 个工作日,新设企业开办各环节累计用时 8 小时内完成,企业开办登记全程电子化办理率达 90% 以上。至 2022 年,累计新增内资企业 179 户,注册资本 340400 万元,新设立个体工商户 440 户,资金数额为 17635 万元,共办理各类企业行政审批事项 2200 余件,办理食品经营许可证 173 件,药品经营许可证 1 件,接受各类咨询 3700 余次,当场办结率为 100% 。

2022 年起,在不改变原登记机关管辖权,徐圩新区市场监督管理局签订业务合作和电子印章授权协议,通过“权限延伸、异地办理、一次办结”方式,通办全市范围内企业设立、变更、备案、注销、迁移等登记事项。牵头成立徐圩新区“双随机、一公开”监管联席办,定期召开双随机监管联席会议,统筹传达监管任务,进一步明确了目标清单及平台使用要求,有效推进了新区“双随机、一公开”监管工作,切实优化新区营商环境。

（四）坚持立足长远,助推知识产权提质增效

2022 年 7 月,成立徐圩新区知识产权战略实施工作领导小组,由管委会主要领导任组长,明确 18 个成员单位和部门职责分工、工作规则,统筹协调新区知识产权战略实施工作。争取上级配套资金,帮助企业挖掘并提交专利,至 2022 年年底,新区累计发明专利 94 件,发放奖补资金 14 万元。

至 2022 年年底,围绕园区主导产业提升知识产权强链、补链、全链服务,扩大知识产权质押融资覆盖面,帮助盛虹炼化等三家企业开展专利质押 4 批次 8.6 亿元,争取鹏辰新材料贷款利息补助 30 万元,切实增强转化运用效益,充分发挥专利激励作用。

（五）坚持质量为先,铸造质量发展坚实基础

2021 年 8 月,徐圩新区市场监督管理局牵头成立质量发展委员会,印发《关于调整徐圩新区质量发展委员会组成人员及成员单位职责的通知》,出台《徐圩新区质量奖工作办法》《徐圩新区质量督查工作办法》等落实质量发展工作的实际措施,成立质量督察领导小组,把质量工作纳入新区高质量发展考核“总盘子”。

2021 年,徐圩新区市场监督管理局指导江苏斯尔邦石化完成 5 体系认证,虹港石化、珠江钢管分别完成 4 体系认证,瑞恒新材料、赛科化学等公司完成 3 体系认证。江苏斯尔邦石化获得“江苏精品”认证、“连云港市市长质量奖”提名、质量信用等级 AAA 评定,联合相关企业完成 1 项团体标准制修订工作。2022 年,指导香河公司水产养殖项目顺利获批省农业农村标准化试点项目。

积极协调经费和场地,2022 年建成江苏省石化(烯烃)产业计量测试中心,至 2022 年年底,累计开展计量器具检查 30 余次,抽查 200 余件,免费为新区企业检定计量器具 9000 余件、电子秤检定 100 余台,为新区企业的计量器具检定工作提供有力地技术支撑,构筑起新区质量发展的硬核力量。

截至 2022 年年底,累计开展燃气灶具、电动自行车、儿童学生用品、烟花爆竹等各类产品质量

整治行动70余次，累计对辖区加油站成品油、“灶管阀”质量等开展10个批次监督抽查，出动检查人员140人次，检查市场主体110余户，下架“三无”产品30多件，不断强化质量安全监管，不断压实市场质量主体责任。

（六）坚持监管为民，保障经营秩序平稳向好

2020—2022年，徐圩新区市场监督管理局牵头做好市场与物流防控组工作，共出动检查人员214人次，检查商超56家次、餐饮单位83家次、水果店17家次和农贸市场180家次，落实好农贸市场、餐饮场所疫情防控主体责任，全面编密织牢疫情防控网。

2021年起，徐圩新区市场监督管理局累计检查各类生鲜超市、农贸市场、批发市场、社区菜店等经营场所价格行为50余次，密切关注米面粮油、肉蛋菜奶和防疫用品价格波动，持续督查市场明码标价情况，让群众吃上放心菜、平价菜。

2021年8月，根据《行政处罚法》和市委编委《关于徐圩新区市场监管体制调整有关事项的通知》，连云港市市场监督管理局将部分行政处罚权委托给徐圩新区市场监督管理局。至2022年年底，累计查处案件68件，罚款金额1058882.4元，其中企业案件27件，个体工商户案件41件，免予处罚7件，从轻或减轻处罚27件，占案件总数的50%，无行政复议和行政诉讼。处理投诉举报500余件，做到“反应敏捷、出动迅速、快速办结、及时反馈”，办结率和满意率均为100%，持续提升市场监管执法“温度”。

第六节　统　计

一、机构队伍

2013年1月，根据连云港市委编办《关于国家东中西区域合作示范区（连云港徐圩新区）有关机构编制的批复》要求，明确徐圩新区经济发展局主要负责统计业务工作，向上对接市统计局和连云港统计调查队，负责新区工业、农业、服务业、人口科技、贸易、固定资产投资、国民经济核算等各方面统计核算工作，在管委会经济发展局指导下，指导徐圩街道、东辛农场统计部门做好辖区范围内统计工作，配合做好经济普查、人口普查、工业企业、农业企业、劳动工资等方面的搜集、整理、汇总并报送经济发展局。徐圩新区经济发展局配置1名分管副局长和1～2名工作人员负责统计相关工作，各企业配备专职或兼职统计员200余名，负责完成各项统计任务。新区经济发展局对相关统计数据资料进行收集、整理后，定期完成国家统计局联网直报平台统计报表任务及其他统计资料上报工作。

二、工作开展

2013—2022年，徐圩新区经济发展局主要负责统计业务工作，先后开展全国农业普查1次、全国经济普查2次、全国人口普查1次。

（一）第三次全国经济普查

普查标准时点为2013年12月31日，时期资料为2013年度资料。普查结果：徐圩新区共有从事第二产业和第三产业的企业法人单位108个，其中徐圩街道61个，东辛农场47个；截至2013年年末，新区法人单位从业人员共有11055人，资产总量为338.7亿元，实收资本总量为121.1亿元，2013年实现营业收入36.2亿元，主营业务收入31.7亿元；产业活动单位6个，其中徐圩街道2个，

东辛农场4个；个体经营户共有1475户，其中徐圩街道190户，东辛农场1285户，截至2013年年末共有从业人员2418人，新区有证照的个体经营户842户。

（二）第三次全国农业普查

普查标准时点为2016年12月31日，时期资料为2016年度资料。普查结果：2016年，徐圩新区共有18个农业经营单位，11511个农业经营户，其中154个规模农业经营户；确权（承包）耕地面积24294亩，其中实际经营的耕地面积16517亩；全年粮食播种面积23911亩，其中小麦播种面积13451亩，水稻播种面积9490亩，蔬菜播种面积1385亩，设施农业面积1664亩；年内生猪出栏数2807头，家禽出栏数436390只，全年农林牧渔服务业收入2490万元。

（三）第四次全国经济普查

普查标准时点为2018年12月31日，时期资料为2018年度资料。普查结果：徐圩新区从事第二产业和第三产业的法人、产业活动单位共246家，其中徐圩街道136家，东辛农场110家；分行业看，工业47家，批零55家，社科文51家，服务业53家，规模以上工业企业13家，规模以上服务业企业5家；个体经营户共有1387户，其中徐圩街道173户，东辛农场1214户。截至2018年年末，新区所有二、三产业普查单位年度总产出315亿元，共实现增加值56亿元，其中劳动者报酬9亿元、生产税净额19亿元、固定资产折旧13亿元、营业盈余15亿元。

（四）第七次全国人口普查

2020年，徐圩新区开展第七次全国人口普查。普查标准时间为2020年11月1日零时，普查对象为徐圩新区具有中华人民共和国国籍的人，进行逐户逐项逐人登记。根据徐圩新区人口普查资料初步汇总数据，徐圩新区人口基本情况：

1．常住人口

新区常住人口为42124人，占全市0.92%，与2010年第六次全国人口普查相比，人口增加3460人，增长8.95%。新区共有家庭户14215户，集体户3577户，家庭户人口为34132人，集体户人口为7992人。平均每个家庭户的人口约为2.4人，比全市的2.83人低0.43人。

2020年11月1日徐圩新区人口基本情况统计表

表10－8

户别	户数（户）	人口数（人）
总计	17792	42124
家庭户	14215	34132
集体户	3577	7992

平均每个家庭户的人口略低于全市，主要是外来务工3120户的平均人口仅2.18人，拉低了新区平均每个家庭户人口数。

2．性别构成

新区常住人口中，男性人口为24618人，占58.44%；女性人口为17506人，占41.56%。总人口性别比（以女性为100，男性对女性的比例）为140.63，比全市的103.14高出37.49。

新区常住人口中男性人口比女性人口多7112人，主要是随着石化产业的快速发展，常住人口中外来人口性别比高达278.75，导致了常住人口性别比例的失衡，同时反映出新区石化产业对男性劳动力的强力吸引。

3．年龄构成

新区常住人口中，0～14 岁人口为 5209 人，占 12.37%，比全市的 21.40% 低 9.03 个百分点；15～59岁人口为 27524 人，占 65.34%，比全市的 58.20% 高出 7.14 个百分点；60 岁及以上人口为 9391 人，占 22.29%，比全市的 20.4% 高出 1.89 个百分点，其中 65 岁及以上人口为 6609 人，占 15.69%，比全市的 14.63% 高出 1.06 个百分点。

2020 年 11 月 1 日徐圩新区人口年龄结构统计表

表 10－9

年龄	人口数（人）	比重（%）
总计	42124	100.00
0～14 岁	5209	12.37
15～59 岁	27524	65.34
60 岁及以上	9391	22.29
其中：65 岁及以上	6609	15.69

从人口年龄构成上看，0～14 岁人口比例低于全市，一方面是由于新区育龄妇女的减少，另一方面流动人口占常住人口的比例高达 31.69%，且流动人口的子女大都不在新区居住；15～59 岁人口比例高于全市，主要得益于石化产业吸纳了大量的外来人口，居住在新区满半年以上的外来人口 6675 人，极大提高了该年龄段的人口比重；60 岁及以上人口比例较高，主要是受户籍常住人口老龄化程度较高影响。

4．教育程度

人口受教育程度　新区常住人口中，拥有大学（指大专及以上）文化程度的人口为 6122 人；拥有高中（含中专）文化程度的人口为 8562 人；拥有初中文化程度的人口为 13911 人；拥有小学文化程度的人口为 9572 人（以上各种受教育程度的人包括各类学校的毕业生、肄业生和在校生）。

2020 年 11 月 1 日徐圩新区各类受教育程度人数统计表

表 10－10

受教育程度	人口数（人）	比重（%）
总计	42124	100.00
大学（大专及以上）	6122	14.53
高中（含中专）	8562	20.33
初中	13911	33.02
小学	9572	22.72
无学历（文盲或学龄前）	3957	9.39

平均受教育年限　新区常住人口中,15 岁及以上人口平均受教育年限 9.78 年,比全市的 10.05 年略低。其中 16～59 岁平均受教育年限为 11.04 年,其中男性 11.36 年,女性 10.49 年。

新区 15 岁及以上人口的平均受教育年限接近全市平均水平,主要得益于外来务工人员的文化素质普遍较高,平均教育年限高达 11.99 年,而新区户籍常住人口中 15 岁及以上平均教育年限仅 8.89 年,外来人口极大提升了新区整体的人口素质。

文盲人口　新区常住人口中,文盲人口(15 岁及以上不识字的人)为 1914 人,文盲率 4.54%,比全市的 3.26% 高出 1.28 个百分点。新区文盲人口中 83.59% 位于东辛农场,且主要为老年人。

5. 外来人口

新区外来人口共计 20935 人,其中流动人口为 13351 人,大部分为石化基地外来务工人员,且 88.90% 的外来人口居住在徐圩街道。

新区流动人口中,男性 9826 人,女性 3525 人。其中省外流入人口为 5420 人,以河南、山东两省为主,合计占 31.30%,其次吉林、辽宁、甘肃、安徽合计占 27.32%;省内流动人口为 7931 人,以本市务工人员为主,占 46.82%,其次为徐州、扬州合计占 26.45%。

随着新区石化产业的快速发展,外来务工人员大量涌入,主要集中居住在石化基地及其周边,外来人员为新区石化产业发展提供了大量优质人力资源,同时也对新区生活配套设施、社会安全稳定等方面提出了挑战。因此,在未来的经济社会发展中,不仅要继续以石化产业发展为中心,同时也要加强产业服务的各项配套和社会安定,同步推进经济发展与社会民生工作。

(五) 统计分析

制定月度、季度经济统计运行手册和年度经济运行公报,进行经济运行分析和对比,提出存在的问题及对策建议,为新区领导决策提供统计分析服务。2011—2019 年,新区规模以上工业总产值从 3.8 亿元增长到 240.9 亿元,月度监测的主要经济指标从 1 个指标增加至 8 个指标,指标监测数量逐年递增,2018 年新区地区生产总值首次纳入全市核算范畴。2019 年年底,新区规模以上企业数量达到 32 家。从 2019 年起,每个季度正式编制印发经济运行手册,发布年度经济运行公报。

2020—2022 年,新区规模以上工业总产值从 213.1 亿元增长至 837.4 亿元,月底监测指标增加至 12 个指标,规模以上企业应税销售收入突破千亿元,对统计分析工作提出更高的要求,每个月分析重点企业运行情况,跟踪监测重点企业运行中存在的问题并提出政策建议;每个季度编制印发经济运行手册,并发布年度经济运行公报。

第十一章　园区建设与管理

徐圩作为连云港“一体两翼”布局中的南翼核心区域，特别是《江苏省沿海开发总体规划》和《国家东中西区域合作示范区建设总体方案》的颁布实施，将徐圩新区建设提升到一个全新的高度。徐圩新区大开发之初，综合新区的区域定位、经济发展、人口聚集、城市建设、开放竞争、执政理念等城市建设的影响因素，确立了“为‘人’服务”的城市建设主题，遵循“以人为本、互动协调、效率优先、适度超前”的发展原则，科学制定城市规划，切实做到规划先行、布局优化，推动“产、城、人”紧密融合。

2009 年 3 月，徐圩开发建设指挥部成立，拉开徐圩城市建设大开发、大建设序幕，新区城市建设走上快速发展轨道。2010 年 9 月，徐圩新区城管大队设立，为徐圩新区城市管理行政执法机构。2012 年 12 月，新区启动“智慧徐圩”工程。2016 年完成新区《智慧徐圩顶层设计》，形成“五横两纵”的“智慧徐圩”总体架构。2017 年 6 月连云港市入围江苏省级海绵城市建设试点城市，是全省设区市中仅有的两家地下综合管廊和海绵城市双试点城市。徐圩新区核心区作为新城区的代表，是连云港市从 24 个管控分区中筛选出的两个海绵城市建设试点区之一。

2019 年，徐圩新区在原有的规划基础上对产业布局和功能分区进行调整和优化，产业与配套用地由原来的 249 平方千米调整为 314 平方千米，空间规划结构由“两轴八区”调整为“一区七园”。

2022 年，徐圩新区城市管理以信息化为支撑，智慧城市、智慧安监、智慧交通、智慧物联等科技信息场景广泛运用，科技赋能城市管理工作。

第一节　园区规划

一、园区总体规划

徐圩新区作为连云港中心城区的重要组成部分，被纳入连云港市城市总体规划中心城区范围内，和主城区统筹考虑用地及相应的公共配套布局。

在 2008 年编制的《连云港市城市总体规划（2008—2030）》（2009 年 5 月 15 日，获江苏省人民政府批准）中，勾画出“城市东进、拥抱大海”建设一个国际性滨海城市的宏伟蓝图，构建了“一体两翼、一心三极”的城市空间结构。南翼规划区作为连云港“一体两翼”布局中的核心区域，连云港市相继开展《连云港市南翼分区规划》《连云港市徐圩临海工业区规划》研究，基本确定徐圩新区以工业生产为主的功能定位，方案形成了集中的生活服务配套区和成片的工业生产区，基于徐圩现状形成河湖及绿地系统基础框架。本轮规划中生活服务配套区位于张圩港河南侧约 4 平方千米，集中布局行政办公、教育、医疗、居住、商业等基本配套功能；其他工业用地约 20 平方千米，物流用地约6平方千米。

2009年,结合徐圩发展战略规划的系统研究,徐圩新区组织编制《徐圩新区控规编制单元划分》,规划总面积约290平方千米。《徐圩新区控规编制单元划分》相当于徐圩新区的总体规划,是徐圩新区发展、建设、管理的纲领性文件,是制定下层次控制性详细规划、城市设计规划、专项规划的基本依据。

2010年8月4日,市政府印发《关于同意对徐圩新区规划和管理范围进行调整等有关问题的批复》(以下简称《批复》)。《批复》明确,调整后的徐圩新区规划管理总面积为247.6平方千米,其中徐圩港区约74.6平方千米、临港产业区约173平方千米。功能分区调整为"一核、两轴、六区",即徐圩商贸核心区,226产业发展轴、纵六路城市综合发展轴,徐圩港区、钢铁产业集聚区、石(煤)化工产业集聚区、创新产业服务区、先进制造业产业区、生态农业示范区。同时还明确在徐圩新区纵五路以北1千米范围内不安排三类工业项目。

2011年,国务院批复《国家东中西区域合作示范区建设总体方案》,提出"以连云港市徐圩新区为先导区",这对徐圩新区的未来发展提出了更高要求。随着徐圩新区规划面积扩大至467平方千米,以及新区开发日新月异的变化,徐圩新区对《徐圩新区控规编制单元划分》进行了相应的调整和优化,以更好地指导新区的开发建设。

2012年,由徐圩新区发起,连云港市规划局对《连云港市城市总体规划(2008—2030)》涉及徐圩新区部分进行调整,此次调整始于2012年。根据徐圩新区最新发展形势确定了以云湖为中心的生活服务配套区,此次产业功能定位重点为"现代钢铁产业基地"和"石化产业基地",以生产型为主,居住人口较少,故在用地调整过程中,优先落实近期产业项目,同时集中布局商务配套服务区,取消原张圩港河南侧生活服务配套区。从调整地块前后的用地规模对比可以看出,本次规划调整的用地类型主要有五大类,即居住用地、公共设施用地、工业用地、物流仓储用地和市政公用设施用地。以工业用地和物流仓储用地为主。

2013年,为全面贯彻落实国家战略意图,系统、协调、可持续地规划建设徐圩新区,徐圩新区组织编制了《徐圩新区建设发展规范》,从8个方面研究确立具体的示范任务和建设内容,以及各个建设内容的实施标准和规范,充分发挥标准规范在徐圩新区发展建设中的引导作用,实现把徐新区建设成为国际一流临港新城和战略愿景,形成符合徐圩新区自身发展建设特点和需要的路线图。

2015年,连云港市规划局组织编制《连云港市城市总体规划(2015—2030)》,此次规划基准年为2015年,充分考虑了连云港石化产业基地总体发展规划的产业导向,结合企业落地情况,此次规划徐圩新区基本确定以石化产业为主,精品钢管产业为辅的产业布局。从调整地块前后的用地规模对比可以看出,本次规划调整中工业用地和物流用地指标增加较多,这主要和产业快速落地相关。增加后的工业用地总量达27.95平方千米,物流用地总量达7.54平方千米。

至2022年,徐圩新区空间规划调整为"一区七园",即城市配套功能区、石化产业园、精品钢产业园、节能环保产业园、出口产品生产加工基地、现代港口物流园、香河农业示范园和东辛现代高效农业产业园。按照新的规划,徐圩新区城市配套功能区临海商务、科技研发、生态休闲等功能板块得到加强,空间布局方面增加了节能环保产业和面向中西部地区的出口产品加工板块,进一步优化了新区产业结构。根据调整后的产业发展规划,徐圩新区在石化、钢铁产业的基础上,进一步延伸精品钢、石化等临港产业上下游产业链,坚持科技创新,走新型工业化和循环经济道路,大力发展第三产业,不断推进信息化和工业化的融合,努力构建现代产业体系。新区与中国科学院能源动力研究中心、中国矿业大学等科研院所合作,推进煤气化综合利用等循环经济的发展。倾力打造新区科技板块,依托云湖商务区内信息、人才、研发等东中西区域合作示范区平台,高起点推进节能环保产业园和重大科研成果转化基地建设。

二、规划管理

行政审批权限下放前,徐圩新区规划审批手续由市规划局承办。自 2016 年起,新区管委会经授权,可在符合市城市规划的前提下,在新区范围内行使审批、规划管理权限。规划审批权限具体存在于项目建设三个阶段,共 8 项:第一,项目前期阶段,包含“三证一书”,即《建设项目选址意见书》《建设工程(含临时建设)用地规划许可证》《建设工程(含临时建设)规划许可证》《乡村建设工程规划许可证》的核发以及《规划条件》《建设工程设计方案审定意见》的出具;第二,项目取得施工许可、正式开工前,《建设工程规划验线合格通知书》的核发;第三,主体工程完成后,《建设工程竣工规划核实认可书》的核发。

自 2018 年行政机构改革方案实施后,《建设项目用地预审和选址意见书》《建设用地规划许可证》由市自然资源和规划局徐圩分局与建设局联合审批办理。

规划编制方面,新区在权限允许范围内组织编制《徐圩新区云湖片区(XW－06)控制性详细规划》《连云港市徐圩新区镇村布局规划》《徐圩新区交通专项规划》等 10 余项专项规划。

依据《连云港市政府关于公布连云港市国家级开发区全链审批赋权清单的通知》《市政府办公室关于印发连云港市工程建设项目审批制度改革实施方案的通知》等一系列文件,徐圩新区以服务企业为宗旨,加强规划编制工作、推进行政审批改革,进一步提高规划管理效率。

第二节　海绵城市建设

新区立足实际,积极落实海绵城市理念,推动全域海绵城市建设。截至 2022 年,徐圩新区建设海绵城市面积 196.4 万平方米,建成区海绵达标率达 37.05%。已建成 17 个海绵城市省级试点项目和实施云海湾二期、口岸商务服务中心等两个全域海绵项目,结合现有海绵系统,进一步完善了徐圩新区海绵城市建设体系,实现“修复水生态、改善水环境、涵养水资源、提高水安全、复兴水文化”五位一体的海绵建设目标。

2017 年 4 月,新区申报海绵城市省级试点。6 月,入围省级海绵城市建设试点城市。试点区为徐圩新区核心区,位于海滨大道、张圩河路、刘圩港河、江苏大道围合的区域,面积 9.2 平方公里,主要是改造与新建相结合,从地块、道路、水系、绿地 4 个方面进行系统化海绵城市建设。试点区由 17 个项目组成,建设单位为江苏方洋建设投资有限公司,投资规模 35292 万元,省补资金 4200 万元。试点项目于 2018 年全部开工建设,2019 年 16 个项目基本完工,2021 年 17 个项目全部完成并通过市级海绵城市验收。项目建成后,充分发挥了道路和绿地、水系等生态系统对雨水的吸纳、蓄渗和缓释作用,有效地控制了雨水径流,展现了自然积存、自然渗透、自然净化的城市发展方式。

一、道路改造

工程位于云湖核心区范围内,包含云湖南路(江苏大道—云三路)、灯塔路(云七路—港前大道)、云七路(灯塔路—云湖南路)、云河路(环湖路—徐圩大道)、云三路(合作路—徐新路)、环湖路(合作路—徐圩大道)等 7 条道路,主要针对 7 条道路规划红线范围内尚未实施的人行道、绿化按照海绵城市的标准要求进行改造,主要措施有透水人行道、植草沟、雨水花园等海绵设施。总投资 3216 万元。

2018 年 11 月,苏交科集团股份有限公司完成施工图设计。2019 年 2 月,振洋建设集团有限公司开工建设。8 月,项目建设完成,其中包含透水人行道铺装约 7 万平方米,植草沟约 2.5 万平方米等。

二、绿地工程

工程包括蔷东河两岸绿地、江苏大道东侧绿化工程、张圩港河北岸绿地共 3 块绿地。项目勘察单位为连云港市勘察测绘院有限公司。总投资 12016 万元。

(一) 蔷东河两岸绿地、江苏大道东侧绿化工程

工程总投资 6900 万元。通过近自然、低成本、易维护的景观生态措施途径,实现生态雨洪管理,提高场地景观绿化水平与生态环境品质,结合海绵城市低影响开发理念,充分尊重原有场地现状,尽量通过自然排水方式,合理组织地表径流,在绿地低洼处布置表面流处理型人工湿地、下凹式绿地等海绵设施,合理使用不同类型海绵技术措施,实现雨洪控制利用的多目标融合。项目设计单位为南京林业大学工程规划设计院有限公司。

2018 年 11 月,项目完成施工图审查。2019 年 7 月,连云港徐圩市政工程有限公司完成施工。项目按照海绵城市的标准要求完成建设,其中包含蔷东河河道疏浚 74.83 万立方米,铺装 4067 平立方米,种植土回填 1.8 万立方米,绿化种植 1.8 万平方米等;江苏大道东侧整理绿化用地 36192.64 平方米,排盐碎石 7225.93 平方米,绿化工程 45410 平方米。

(二) 张圩港河北岸绿地

张圩港河北岸绿地(2023 年)　　胡林庆 摄

工程总投资 15116 万元。项目地块位于徐圩新区核心区,东起港前大道,西至 226 省道,北至灯塔路,南临张圩港河,全长 3.3 千米,最宽处约 400 米,最窄处约 33 米,场地形态呈不规则状,总用地面积约 89.87 万平方米。项目的建设内容有湿地过渡带、防护林带、生态草地、景观林、雨水湿塘、节点组团绿化及配套设施等,旨在打造新区绿肺生态走廊,保护本土植物及周边水体等生态资源。

2018 年 11 月,完成项目地质勘查。同月,青岛新都市设计集团有限公司完成项目设计,并完成施工图审查。项目施工单位为连云港徐圩市政工程有限公司和常熟市报慈绿化工程有限公司,2017 年 5 月 22 日开工建设,于 2019 年 10 月完工。

该项目完成苗木栽植约 3.5 万株、灌木栽植 5.5 万平方米、地被及草花种植约 75 万平方米,透水园路及广场约 4.5 万平方米,雨水湿塘及植草沟遍布园区。

三、配套建设

包括灭火救援应急中心、应急救援指挥中心、医疗应急救援中心、云湖社区邻里中心二期、应急避难棚户区海绵城市工程共 5 项配套工程。2019 年年底,除云湖社区邻里中心二期在建外,其

余4个地块配套工程均已完成。总投资11556万元。

（一）徐圩新区应急救援指挥中心

勘查单位为江苏连云港地质工程勘察院，设计单位为镇江市地景园林规划设计有限公司，2017年11月完成施工图审查。项目施工单位为江苏万象建工集团有限公司，监理单位为连云港建设监理有限公司。2019年2月项目开工，年底完工。

工程占地面积4万平方米，实际投资3547万元。施工内容主要包含透水铺装、雨水回用、雨水花园、雨水花坛、溢流井等。透水铺装面积9255平方米，在透水砖下铺设盲管与碎石，渗排一体化，不形成地表径流。建筑区道路雨水通过引流汇入雨水花园内，通过植草沟和雨水花园的净化消除面源污染。停车场地雨水径流通过排水坡度，引流至停车场周边的下凹式绿地与雨水花园进行处理。同时注重透水路面和铺装的改造，并加强基层夯实度与混凝土强度，防止透水面层因冻胀、压力等因素产生的破损。建设350立方米雨水回用水池，将部分因客观条件不适宜设置海绵设施区域的径流收集，经过初期弃流、净化后进行回用，在控制径流的同时也有效地进行了雨水资源的利用。

（二）徐圩新区灭火救援应急中心

勘查单位为江苏连云港地质工程勘察院，设计单位为镇江市地景园林规划设计有限公司，于2017年11月完成施工图审查。施工单位为江苏明华建设有限公司，监理单位为连云港建设监理有限公司。2019年2月项目开工，年底完工。

工程占地面积5万平方米，实际投资2740万元。施工内容主要包含雨水回用、透水铺装等，在操场周边的绿化带设置生物滞留设施，溢流后，通过雨水管网进入应急中心的雨水回收装置。透水铺装面积1724平方米，使得相当数量的雨水渗入地下，不形成地表径流。

（三）徐圩新区医疗应急救援中心一期工程

设计单位为南京林业大学工程规划设计院有限公司。2017年11月完成施工图设计。施工单位为苏州市金间园林建筑绿化有限公司。2019年2月开工，8月完工。

总建筑面积约2.48万平方米，绿地面积2.33万平方米，实际投资2421万元。绿地内设置了雨水花园，下凹式绿地，植草沟，优先将初期雨水引入生物滞留设施内，超过其调蓄容积，溢流至市政雨水管网，利用210立方米的蓄水模块，将部分因客观条件不适宜设置海绵设施区域的径流收集，经过净化后，供绿化灌溉及道路铺装清洗。

（四）应急避难棚户区工程

勘察单位为连云港市勘察测绘院有限公司，设计单位为南京林业大学工程规划设计院有限公司，2018年11月完成施工图审查。施工单位为连云港徐圩市政工程有限公司。2019年1月14日开工建设，6月完工。

工程占地面积约5000平方米，实际投资1825万元。主要建设为雨水花园土方施工、植草沟、溢流井及溢流管道施工、景石布置、进行地形整理和绿化种植，构建表面流人工湿地。2019年年底，完成与灭火救援应急中心、应急救援指挥中心、医疗应急救援中心三个地块融合。

（五）云湖社区邻里中心二期

设计单位为南京林业大学工程规划设计院有限公司，2017年11月完成施工图审查。勘察单位为江苏连云港地质工程勘察院，施工单位为连云港徐圩城建工程有限公司。

项目用地面积9.39万平方米，绿化占地面积2.84万平方米，硬质铺装3.8万平方米，计划投资1023万元。2019年年底，已经安装蓄水模块，其他工程处于在建状态。

四、水系工程

包括云湖原水管线工程、张圩湖开挖工程共2项工程,实际总投资约4500万元。

(一)云湖原水管线工程

项目设计单位苏交科集团股份有限公司。2017年1月,完成该项目方案设计和施工图设计,勘察中蓝连海设计研究院。同月,完成该项目沿线地质勘察任务。施工单位为江苏锦屏建设工程有限公司。

2017年3月25日开工,2017年5月23日完工,具备通水条件。共铺设DN500管道约2.1千米、DN400管道约6.7千米,共计8.8千米,项目计划总投资约700万元,实际总投资约800万元。

(二)张圩湖开挖工程

项目设计单位为连云港市水利规划设计院有限公司。2016年5月,完成张圩港河开挖约38.7万平方米的湖体,湖底水深施工图审查。施工单位为邓州市水利建筑安装工程有限公司、江苏盐城水利建设有限公司。

2016年11月项目开工,2017年7月完工。在226省道以东、灯塔路以南6.0米,为进一步提高新区防洪除涝和引水调蓄能力,提升河道水质,建设滨河绿地,项目计划投资约3365万元,市级完成投资约3700万元。

第三节　智慧园区建设

一、规划布局

从2012年开始,徐圩新区陆续规划、设计、布局新区信息化建设总体框架设计,明确全区信息化建设架构,以及相应的建设任务和推进措施,为全区各部门和重点领域的信息化建设提供统一规范指导。

2012年12月,新区委托江苏物联网研究发展中心编制完成《智能徐圩发展规划》《智慧港口发展规划》《徐圩智慧物流发展规划》。

2013年11月,新区委托中博信息技术研究院有限公司编制完成《徐圩新区信息通信基础设施布局规划》。

2015年,新区委托太极计算机股份有限公司编制完成《徐圩新区智慧社区解决方案》。

2016年,新区委托江苏省邮电规划设计院有限公司编制完成《智慧徐圩顶层设计》。于2016年确立"智慧徐圩"总体架构为"五横两纵"。"五横"为终端展示、融合应用、智慧应用、公共平台、基础设施,"两纵"为标准规范体系、信息安全体系。

2020年,新区委托上海华谊工程有限公司编制完成《连云港石化基地智慧化工园区政府投资项目可行性研究报告》。

2021年,徐圩新区积极开展工业互联网与政府监管及公共服务的融合发展,全面提升安全生产管理、生态环保管理、快速应急响应等多领域支撑服务能力;加速普及交通、教育、养老、社区等场景数字化应用,不断提升社会治理数字化水平;积极引导园区企业开展智能化转型与数字化改造,打造推进工业互联网与制造业融合发展。徐圩新区获批中国智慧化工园区试点示范单位、江苏省新型工业化产业示范基地。

2022 年,徐圩新区获评省级“5G + 工业互联网”融合应用先导区培育单位、江苏省工业互联网标识示范区、省级“互联网 + 先进制造业”特色产业基地。

二、新型信息基础设施建设

(一) 新区信息化基础设施

徐圩新区组建后,大力推行集约化建设,借力下一代通信技术发展契机,建设覆盖全区的高速信息网络和宽带无线网络。新区先后与江苏电信、连云港电信、连云港移动、连云港联通、连云港铁塔等通信运营商签订 5G 战略合作协议,大力推进新区 5G 基础设施建设,率先在石化园区、商务核心区实现了 5G 信号覆盖,为徐圩新区工业互联网的建设与发展提供了强有力的支撑和有效保障。

2019 年,徐圩新区积极贯彻落实国家、省市关于开展工业互联网建设的政策,建成徐圩新区工业互联网标识解析二级节点(石化行业应用服务平台)平台,制定二级节点管理规范,完善二级节点功能体系,并实现与国家顶级节点的互联互通,实现统一管理和统一技术支持,同时支撑政府监管要求,提供标识备案、解析检测等公共服务。通过标识解析二级节点与工业企业信息系统、企业节点的对接,打造基于标识解析的供应链管理、关键产品追溯、设备全生命周期管理等多种典型示范的石化行业工业互联网标识解析集成创新应用模式。

2020 年,新区工业互联网标识解析二级节点平台获得省级专项扶持资金 450 万元。

2021 年,洋井集团标识解析二级节点平台获评连云港市数字化转型优秀案例。

2022 年,洋井集团获评江苏省工业互联网标识行业应用解决方案服务商。

(二) 云计算中心

徐圩新区云计算中心(2017 年)
张晓东 摄

2012 年 11 月 16 日,新区云计算中心项目经市发改委备案。项目位于徐新区产业服务中心,由 2598.1 平方米的云计算中心机房和运维室组成,其中一期项目建筑面积 593.5 平方米。云计算中心基础建设内容包括机房基础设施、硬件设施、软件设施、外围网络、安全保障等软硬件建设。2014 年,项目完成了机房工程施工、数据中心系统等基础设施建设,按照等保三级控制要求建设安全技术体系框架,保障物理、网络、主机、应用、数据各层面安全。

2022 年,新区实施了精密空调水风冷双系统、政务网络物理隔离、双链路负载均衡网络、服务器更新升级等技术改造,充分提升数据中心云化水平,优化云算力资源调度能力。云计算中心是园区的唯一的数据中心,采用虚拟化技术,提高 CPU 的可用数量以及利用率,面向新区政府与企业提供 60 个机柜、3726 核 CPU、13312G 内存、900T 存储等云服务能力,推动云计算与 5G、工业互联网、大数据等融合创新,减少了软硬件系统的重复投入,比普通机房建设减少超过 50%,设备的资源利用率提升 3 倍以上。新区建成石化基地安全环保数据中心,全面支撑石化产业基地工业互联网与重点信息化项目融合发展,建设超融合云服务资源池,具备 CPU12428 核、内存 26870G、存储 3.8PB 的云资源服务能力。

（三）指挥中心

2013年，新区启动运行指挥中心建设。运行指挥中心是徐圩新区园区运行管理的核心，按照条块结合的架构形式设计，下设港口指挥调度中心、消防救援应急指挥中心、公安指挥中心3个分中心，同时在省、市等条线体系下设计了园区管线智能管控、数字化园区管理、能效与碳排放监管、重大危险源监控、移动指挥等系统。至2017年基本建成较为完善的运行指挥体系。

2021年，为提高石化基地运营管理效率，增强防范化解重大风险能力，新区成立连云港石化产业基地运管服务中心，作为石化基地安全运行和服务保障的综合管理平台，负责石化基地的能源调度运行管理、安全环保管控平台运营管理、数据信息采集分析和综合应用、应急保障服务统筹管理和调度指挥等。

2022年，新区建成港区指挥中心，建设内容包括港区云计算中心和综合指挥调度中心，投入使用后实现了港区安全环保一图可视可管，向“物流自动化、调度可视化、管理高效化、无人值守化”的智慧绿色港口迈进。

三、重点项目建设

（一）公共平台

2016年4月，新区启动智慧徐圩公共平台建设。智慧徐圩公共平台集成了物联汇聚平台、共享交换平台、数据管理工具平台、共享服务平台（安全类服务、数据类服务、开发类服务）综合辅助决策系统、运行监控平台、移动办公平台、公共平台信息门户等子系统，为新区应用的开发和原有应用资源的整合提供强大的集成一体化的支撑环境，解决传统信息化项目建设过程中经常出现的碎片化的现象，避免形成信息孤岛以及重复建设现象，大大节约建设成本。平台推进智慧安监、智慧环保等系统专题库建设，将各单位的应用系统接入到本平台，实现不同应用系统间的信息整合、交换、共享和有效利用，有效提升了园区政府的管理效能。

2016年7月31日，新区与江苏省物联网技术与应用协同创新中心共同成立了智慧徐圩研究院，重点培育打造技术研发创新、成果转移孵化、项目投资管理、产业公共服务、创新人才培养五大功能平台。新区将研究成果应用于云计算中心、运行指挥中心等基础设施，管网、交通、环保等园区管理，以及能耗与碳排放管理等示范应用上。

2018年，智慧徐圩公共平台获得中国信息协会颁发的“中国政府信息化管理创新奖”。平台建设覆盖新区的GIS系统，为环境监测、资源调查、监测预测、园区规划

连云港石化基地智慧管控平台（2021年）　　徐乙策　摄

等工作提供了准确的空间位置和连接关系,建成了新区统一的时空云平台,基于全区"一张图",以数据资源应用、数据分析为主要抓手,将业务和决策相结合,进一步提升了新区规划和辅助决策的科学性,切实有效地提高了新区建设管理的效率。

2019 年,智慧徐圩公共平台项目荣获中国地理信息产业协会颁发的"中国地理信息产业优秀工程银奖"。

(二) 智慧安监

智慧安监是广泛通过物联网、云计算、指挥自动化、遥感等各种先进信息技术手段和公共安全运行管理机制相结合,建立起与公共安全管理相关的公共安全管理技术支撑体系。2017 年,新区启动智慧安监建设,经持续功能提升,至 2022 年新区建成智慧安监平台,依据中心部署架构设计理念,部署大数据平台和算法平台进行本地计算,打造"统一指挥、专常兼备、反应灵敏、上下联动"的综合性安全监管平台。平台包括安全一张图和十大应用系统,运用工业互联网、大数据、深度机器学习、数字孪生等核心技术,构建"实时监测、快速感知、超前预警、动态优化、智能决策、联动处置"的新型智慧安全监管体系,为徐圩新区石化基地安全生产监管工作信息化赋能。试点化工园区视频识别分析、报警分级管理、化工园区重大危险源在线登记等一批创新应用。徐圩新区安全监管信息化平台开发企业接口 300 余个,已经接入园内危化品企业 15 家,接入重大危险源 236 个、监测点位 9000 余个、视频监控路数 900 余路。平均每天产生业务数据 5 万多条,关键视频数据新增 3G +。

(三) 智慧环保

新区成立后,全面贯彻落实"国务院十二五节能环保产业发展意见",委托清华大学编制徐圩新区节能环保科技园产业发展规划,积极引进国内外节能环保领域先进技术,通过前沿创新和系统集成,推动技术创新和产业升级,搭建国家东中西区域合作示范区高新技术产业化示范平台。

2015 年 3 月 24 日,徐圩新区成立节能环保科技园开发建设指挥部,举行创建国家生态工业示范区启动仪式,全面推动国家生态工业示范园区创建工作。

2017 年,新区启动污染源在线监测系统建设。至 2019 年,徐圩新区围绕专业机构制定的世界一流石化园区 72 项环保指标体系,建成大气、水、土壤等生态全要素覆盖的智慧环保平台,推动物联网、人工智能等新技术与生态环境治理能力深度融合,构建"天空地一体化"立体监测体系;接入园区各类环境空气站点、地表水及企业废气、废水在线监测站点共计 438 个,基本实现了对园区各类环境监测要素的全覆盖。建立涵盖新区基本情况、企业基础档案、特征污染物名录库等"一园一档"数据库,建立环保专项业务管理、环境监控预警、LDAR 管理系统,实现危废全流程监管和环境应急指挥管理,对于石化园区、港区等重点产业区,实现污染物溯源分析管理。

2020 年 5 月,徐圩新区启用"智慧环卫"系统让管理更加精细化。

至 2022 年,在徐圩新区,企业小循环、产业中循环、区域大循环,一个上下游相互循环、产业链相互连通、价值链互为补充的绿色产业链条已具雏形。低能耗、低排放、高效率的现代石化产业循环发展体系,成为石化产业基地最鲜明的"绿色标识"。

(四) 智慧管网

管网系统是园区的生命线。2017 年,新区完成石化公共管廊一期智能化建设。该系统通过与物联网、GIS、GPS 等系统融合集成,以实现公共管廊日常安全运行、实时动态监控管理、设施巡查、应急响应指挥与处置、抢修维护等的数字化、智能化。

2018 年,新区完成了园区规划管理平台建设,同时融合地理信息、辅助决策等功能实现日常安全运行、实时动态监控管理、设施巡查、应急响应指挥与处置、抢修维护等的数字化、智能化，不仅有助于避免市政建设过程中道路的多次开挖，而且还可大大降低施工中破坏地下设施的矛盾与事故隐患，提高管线工程规划设计、施工与管理的准确性和科学性。

2021 年，徐圩新区建成智慧管网管理平台，可有效地将各类地下管线资源融入系统之中，全面实现了地下管线和地上管廊数据信息的二三维一体化，以及动态更新与专业属性数据的整体同步。

2022 年，新区完成连云港石化产业基地公共管廊二期三期配套智能化项目主体建设，该项目是连云港市新型基础设施“十四五”规划第一批重点建设项目，主要建设内容为基于园区基础地理信息、管廊基础信息、管廊运行信息、管廊关联性信息等构建的公共管廊综合运营管理平台，实现对徐圩新区公共管廊的综合动态管理。项目创新实现管廊管网可视化管控，平台基于 GIS、BIM 等技术，构建覆盖管廊二三期 20.8km 的管线模型及多种管轴断面模型，收录 300 余根管线信息、3500 个管轴信息，涉及相关产业单位 20 余家，接入智能化设备千余件，实现管廊业务流程线上化、管廊监管智能化、管廊数据规范化；建设 40000 多米桥架，362 台智能监控设备，194 台在线广播设备，200 余套智能监测设备（包括沉降倾斜震动监测、有毒可燃气体监测等），完成对管廊二期三期智能化配套设施覆盖。

（五）智慧交通

2011 年后，随着新区道路不断建设，以信息化手段加强道路管理的智慧交通系统也在不断发展。2021 年，新区建设完成交警大队智慧交通管控平台与公安“天眼”监控系统，加快推进公安系统智慧前端感知点位建设，汇聚了全区约 1400 路道路监控并接入市公安图像专网进行集中管控，基于“情指勤督”与信息可视化的多种管理模式，实现新区交通精细化智慧化管理。

至 2022 年年底，新区完成建设覆盖新区 150 多个路口与卡口的道路监控与信号灯系统。建设全景监控平台，对石化基地内重点场景进行全场景视频拼接，充分利用电子地图结合 AR 技术开展全局可视化指挥调度与监管，并通过火灾烟雾报警、施工工地烟雾告警、车辆拥堵告警、人员聚集告警等人工智能分析技术，提升综合交通协同运营与管控。

（六）能耗与碳排放监测监管平台

2017 年，新区建成能耗与碳排放监测监管平台，在各入园企业接入能耗数据并推广使用。平台通过汇总水、电、气等能耗相关数据，通过碳排放模型计算，帮助管理者合理调配能源，淘汰升级高耗能、低产值的工艺，改进公建、社区等建筑的能耗，真正实现徐圩“低碳、循环、生态、智慧”发展，全力推进生态型园区建设，从园区、企业、建筑、交通等多个维度节能减排，把徐圩新区建设成绿色、低碳、环保的园区。2022 年，徐圩新区全面整合能耗监管系统与工业互联网融合发展，推动绿色园区建设，入选国家工业互联网试点示范绿色低碳园区。

（七）封闭管理系统建设

2019 年，新区基于资源整合与统一平台部署，大力推进封闭管理体系建设，实现了石化园区全封闭智能化管理，完成港区封闭管理智能化一期项目。新区充分采用人脸识别、全景监控、一卡通、GPS 定位技术对园区内的人员车辆出人、特殊作业监管、二道门管理实现了智能管控和智能分析，为石化园区和徐圩港区的安全管控提供根本保证。完成安全环保智能管控平台建设，主要包括生产、安全、环保、应急、能源管理、仓储物流、公用工程等方面。2021 年 5 月，石化产业基地封闭管理智能化项目获批 2021 年度智慧江苏重点工程，助力新区获评中国智慧化工园区试点示范，至 2022 年，徐圩新区已建成全国具有代表性的封闭管理体系。

2020 年 11 月 13 日,徐圩港区封闭管理主大门开通。徐圩港区封闭管理工程包括封闭围网、3 座通行大门、6 处卡口、运营管理系统、监控及智能化系统。自 2019 年 12 月 1 日实行封闭管理,已完成 13 公里围网、指挥中心、封闭管理平台的建设,实现港区全物理围网隔离,全方位智能化管控。徐圩港区封闭管理主大门的建成投用,实现了车辆管理系统、人员管理系统、视频监控系统等智能化手段的融合,规范港区内人流、车流、物流,提升了徐圩港区安全环保管控能力。

(八) 1.4G 无线应急指挥调度专网

2017 年,新区建成 1.4G 无线应急指挥调度专网,包括徐圩新区应急指挥调度基站、网络等基础设施及控制调度系统,建设覆盖整个徐圩新区的 LTE 宽带集群网络,将宽带、多媒体和集群通信的特点有机结合到一起,实现集群语音、视频和数据调度的有效融合,提高应急通信的网络能力、技术装备及应用水平,为徐圩新区应急管理涉及的各行业和各部门提供应急通信保障。建成投入使用应急指挥车、应急救援基地卫星地面站,通过单兵手持终端、应急指挥车、应急指挥中心三级无线调度系统实现了应急指挥互联互通;实现了突发事件时的语音、视频、集群对讲、无人机高空监测、卫星通信等多种调度融合。至 2022 年,新区无线应急指挥调度专网实现了徐圩核心区和石化产业园等重点区域 100 平方公里的 1.4GH 无线专网全覆盖,系统性支撑新区应急指挥调度与模拟演练,全面提升新区综合应急指挥调度能力。

(九) 综合应急指挥平台

2018 年,新区大力推进应急指挥平台建设。应急指挥平台通过整合利用现有各单位、各部门的信息系统和资源,搭建快速响应、平战结合、图像完整、信息畅通、指挥有力、资源保障的综合应急指挥平台,实现突发事件监测监控、预测预警、综合研判、指挥调度、信息报告、辅助决策。通过可视计算和大数据分析等先进技术,进一步提升灾害预测预警与大数据分析的能力。至 2022 年,应急指挥平台已成为新区政府应对突发事件进行科学决策、快速救援的有力支撑和重要保障,接入并汇聚企业五位一体等安全环保数据,实现安全、环保、应急信息管理的协同联动。

(十) 电子政务公共平台

2019 年年初,新区基于智慧徐圩平台建成电子政务公共支撑平台,为政府部门应用系统建设提供园区地理信息服务、数据服务、流程集成和政务信息安全支撑等通用功能,形成政务平台云服务模式;完善全区统一的政务办公门户,丰富门户网站内容,推进政府的服务流程优化,逐步实现全区电子政务业务通过政务办公门户一站式办理。利用移动互联网等技术,丰富网上在线服务渠道,推动微信、微博等新媒体工具广泛应用于政务信息发布,加大政府网上服务与信息公开力度。至 2022 年年底,新区在苏企通平台发布惠企政策 44 条,匹配服务事项 26 项,涉及产业、补贴、奖励、融资等方面的惠企政策。

2019 年 6 月,政务服务大厅投用,智能化水平日趋完善。实现了自动叫号、营业执照自助打印、税务自动开票、自主领票等智能化办理。年内,完成审批“一张网”建设,优化营商服务环境,提升审批服务能力,持续优化政务网审批清单,结合新区实际,共认领权责清单 140 项。其中,可实现“不见面审批”事项 168 项(包括子项),“不见面审批”事项率达到 90% 以上。至 2022 年年底,政务服务中心 16 个窗口均设置了政务服务“好差评”二维码,配齐“好差评”平板,“好评率”为 99.9%。

2019 年新区全力推进“互联网 + 监管”工作。全区共认领和维护政务服务事项 265 项,认领监管事项 266 项,编制检查实施清单 256 个,实现了监管事项网上办。“区域评”实现“网上办”。新区地质灾害和风险稳定性评价等“区域评”采取“不见面”审批模式办理，符合条件项目的单位在网上直接填报区域评估相关表格，审批部门在第一时间进行审核备案，极大优化了审批流程。至2022年年底，新区已整合完成行政审批部门及条线业务办理系统，办理相关政务服务业务，做到无缝对接、合一通办。

（十一）智慧港口建设

2022年，徐圩港区多措并举推进智慧港口基础设施建设。开发徐圩港区封闭管理平台，提升徐圩港区人员管理、车辆管理、船舶管理能力，实现了对入港人员、车辆、船舶精细化管理和动态分级管控；建成港区综合预警和应急指挥系统，充分发挥平台安全监管、环境监测、海域态势、应急指挥功能，支撑徐圩港区安全综合预警、环境监管和事故应急指挥精细化管控；开发码头生产作业系统和船舶调度系统，统筹港区业务办理、生产调度、库场管理、移动理货、船舶计划智能化管理，实现生产业务及数据信息的集中管控，提高码头运营效益，同时与“一关两检”数据互通，实现船舶与货物进出港的线上申报管理。至2022年年底，新区建立智慧港口综合管理体系，支撑徐圩新区安全生产、综合预警、环境监管和事故应急指挥精细化管控，提升港口运营管理数字化和物流服务便利化发展水平，建立起国内领先的智能化港口服务体系。

（十二）智慧能源

徐圩新区成立后，以智能装备应用和大数据分析为手段，推动智慧能源基础设施建设。2021年建设徐圩新区能源管控平台，整合生产企业各类能源信息，覆盖生产、输出和消耗各环节，对水、电、蒸汽等能耗运行情况进行动态监测和智能管控，大力推广碳捕集资源化利用和清洁能源供热技术，打造国内石化园区碳达峰的典范。2022年平台实现监测重点用能企业能耗245.94万吨标煤、碳排放856.07万吨CO_2。

2022年8月31日，徐圩苏海路地块光伏发电工程完成全容量并网送电，实现了徐圩新区增量配电网首个新能源发电工程的顺利并网，这个也是目前全国首家大型集中式地面光伏电站并入增量配电网投运发电。苏海路地块光伏发电工程总投资2.4亿元，占地面积700亩，规划建成装机峰值容量为45兆瓦，年发电量5400万千瓦时，相当于年节1.6万吨标准煤。作为全国首批增量配电网改革试点项目之一和国家发改委、能源局12个直接联系试点项目之一，徐圩新区增量配电网在规划建设和运营有力地策应了国家“碳达峰、碳中和”的战略决策背景。

2022年，新区建设增量配电网调控中心与电力调度平台，按照“一张图一个网、一套服务体系、大数据云平台、多场景微应用”的原则，汇集智慧路灯、配网运维监控系统等自动化系统数据，实现电网规划、建设和运行的全生命周期数据管理。进一步加快建设新能源车配套设施建设，完成新能源充电桩84台，加快布局完善充电服务网络，便捷市民出行。

（十三）智慧民生建设

徐圩新区加快打造智慧健康养老服务网络，培育智慧康养基础设施体系，扎实推进“互联网+养老”体系健康发展。徐圩新区依托人民医院建设完成康养中心，为人民群众提供家庭式、休闲式、管家式、养生式的特色康养服务，2022年年初步建设完成智慧康养体系，实现一卡通管理、智慧停车场、候诊呼叫、护理呼应、信息发布等功能，形成医养康养相融合的养老服务体系。

徐圩新区高度重视教育现代化与信息化发展，至2021年共为新区中小学、幼儿园购置教育现代化设备、改造教室照明设备、更换多媒体教学一体机、建设互动教室12间（其中听课教室6间、讲课教室6间）、完成教育系统IPv6设备改造。2022年，徐圩新区逐步建设教育城域网，升级改造学校监控设备及系统，不断提升智慧教育水平。

徐圩新区积极推进社区智能化管理，至2022年实施完成人才公寓、张圩小区、幸福家园、香河新村等社区公共设施数字化、网络化、智能化改造和管理，对设备故障、消防隐患、高空抛物等进行监测预警和应急处置，对出入社区车辆、人员进行精准分析和智能管控，保障居民人身财产安全。

2022年，徐圩新区启动“智慧徐圩”App建设，为新区民众提供一站式的综合性线上服务，内容涵盖物业管理、智慧生活、交通出行、智慧政务、人才服务、线上医疗、文化旅游等功能，并与“我的连云港”实现数据互通，建成集政务、生活、消费于一体的线上综合性公共服务平台。

（十四）智慧农业建设

2019年，新区香河生态园按照“规模化、标准化、订单化、现代化和智能化”的建设要求，启动智慧农业建设。依托5G、卫星遥感、大数据及物联网等现代科技手段，实现农业生产科技化、农业经营信息化、农业管理智能化、农业服务在线化、环境监测智慧化、产品溯源全程化。以“1+2+3+N”模式发展香河生态园智慧农业，规划布局1个总平台、2大云计算核心、3大功能平台、N个农业生产应用子系统，建设农产品质量溯源平台、环境监测平台、ERP管理系统、电商系统、冷链物流系统、休闲农业管理系统等，促进新一代信息技术与农业生产经营深度融合，推动农业管理精准化、农业生产智能化、区块链溯源、乡村智慧旅游等应用场景落地。

新区大力发展香河生态种养一体化，建成智慧渔业管理平台、智慧畜禽养殖平台、智慧果蔬平台、园区安防管理平台、信息中心建设等智慧化项目。将农业生产物联网搬迁到田间地头，通过传感器实时采集各种数据，并与传统农业生产相结合。通过物联网技术实现环境数据的全面感知、准确采集、高效传输、精准控制，实现水产养殖、畜禽养殖、大棚种植的数据监测、增氧投饵远程控制、水质监测、智能化养殖、可控化生产、温湿度控制等精细化管理，建设高水准智慧农业基础设施。

第四节　重点配套设施

徐圩新区成立初期，江苏金港湾投资有限公司负责新区新建港区、临港工业园区和配套城镇的投融资开发建设。2009年4月，连云港市人民政府投资设立连云港市徐圩开发建设有限公司（后更名江苏方洋集团有限公司），由该公司承担新区市政配套设施建设。2009—2022年，新区开展多项市政配套建设。

一、人才公寓

人才公寓位于徐圩大道北南京路西，于2013年7月开始建设一期工程，计划2023年7月三期工程全部完工。总用地面积约15万m^2，总建筑面积约30万m^2，建筑形态有联排、平层、高层、小高层、多层等建筑，拥有房源约1400套。

小区内绿化率高、容积率低，环境优美，设有幼儿园、品牌超市、篮球馆、羽毛球馆、游泳馆、健身房、菜鸟驿站、宠物店、药店、社区服务中心、物业管家中心等配套服务。周边设有5分钟便民服务区，设有行政审批中心、银行、星级酒店、云湖商业街、智汇湾商业综合体、大型商超、学校、徐圩医院等，生活设施一应俱全。

二、口岸商务服务中心

口岸商务服务中心位于徐圩新区徐圩大道以南，南京路以东，占地面积约1.7万平方米，于

2021 年 7 月开工建设，计划 2023 年 10 月完工，总建筑面积 13.1 万平方米，共建设 4 个体块建筑。中心配套酒店、办公、公寓、银行金融等服务，依托新区核心区，为短、中、长期商住客人提供便捷舒适的住宿环境，同时兼顾商务办公的功能，集旅居餐饮、商务办公、休闲娱乐于一体，提升云湖核心区居住办公配套能力，满足新区石化产业、港航产业的需求。

三、徐圩湖石化基地服务区

徐圩湖石化基地服务区位于江苏大道 489 号，紧邻石化基地，2013 年 10 月开工建设，2015 年 1 月竣工，总建筑面积 7.3 万 m^2，共有建设房间约 1400 间。主要规划建设有商铺、住宿、办公、食堂等房源类型。服务区设有机动车停车位 280 个，配套餐饮食堂、便捷超市、快递点、药店、洗浴、五金、停车场、24 小时热水、物业管理等服务。周边配套 10 分钟便民生活圈，内设邻里荟商场、品牌酒店、大型连锁超市、集贸市场、美食一条街、大型停车场等生活设施。

四、云湖水岸

云湖水岸位于上海路东、云河南路北，共有 14 栋楼，2011 年 5 月开工建设，2011 年 12 月竣工，总建筑面积约 2.1 万平方米。云湖水岸紧邻徐圩新区管委会，依云湖而建，景观优美，地理区位优越，交通便利。

五、洁净技术研发及科研中心

洁净技术研发及科研中心坐落于徐新路与港前大道交汇处，2011 年 3 月开工建设，2011 年 9 月竣工，共有建筑 20 栋，总建筑面积达 9 万 m^2。配套建设室外附属设施及停车场，集办公、住宿、生活服务于一体，为新区产业发展提供配套支持，地理位置优越、交通便捷。

六、工业邻里中心

工业邻里中心位于徐圩新区节能环保产业园、226 省道西侧、中通道北侧，2012 年 4 月一期开工建设，2021 年 9 月三期工程全面投入使用，总用地面积约 300 亩，建筑面积约 35 万 m^2。配套建设配电房、绿化、道路、停车场等辅助设施。中心主要集生活、娱乐休闲、商务办公等功能于一体。有公共租赁住房约 29 万 m^2，约 4320 套简装房源，户型分别为单人间、双人间、四人间、套间等。生活服务配套区约 6 万 m^2，主要涵盖办公、餐饮、商业综合体等。周边设有 5 分钟便民生活圈，内设邻里荟商场、品牌酒店、大型连锁超市、集贸市场、美食一条街、停车场等生活设施。

七、方华苑

方华苑位于徐圩云湖核心商务区，云湖南路与云三路交汇处，2021 年 7 月开工建设，计划 2024 年 5 月完工。总建筑面积约 15.9 万方，规划 1206 户，容积率约为 1.37。规划 8 栋 8 层电梯洋房，配套建设约 2600m^2 沿街单层商业。外揽云湖公园，内拥四季社区园林。周边配套有智慧湾文创街、口岸商务服务中心、云湖社区服务中心、徐圩社区服务中心、智汇湾、大陆桥会议中心、连云港生物工程中等专业学校、文体活动中心、徐圩新区人民医院等。

八、邻里荟购物中心

邻里荟购物中心位于徐圩新区江苏大道 479 号，2016 年 9 月建筑工程开工建设，2021 年 6 月投入运营。中心建筑面积约 5.4 万平方米，其中包括购物中心约 3.2 万平方米。地下室约

1.1万平方米和商务酒店约1.1万平方米，是徐圩新区首个大型现代化社区型商业综合体。周边集聚住宅、酒店、办公等功能配套，规划精品零售、餐饮美食、休闲娱乐、生活配套四大业态共60多家商铺，以“全生活中心”的概念，将百货、酒店、休闲娱乐、餐饮集中规划，涵盖不同顾客群体，满足日常交友聚会、商务洽谈等需求，有效提升园区服务配套水平、提高居民及产业工人的生活品质。

九、云湖街区

云湖街区位于徐圩新区合作路南、徐圩大道北、南京路西，是徐圩新区大型综合性商业街区之一，2022年3月开工建设，计划2023年4月开始营业，总建筑面积约1.5万m^2，街区总长度约600m，分三期滚动开发，其中一期主题“徐圩味道”，定位以餐饮业态为主；二期主题“活力徐圩”，定位以休闲娱乐业态为主，搭配生活配套、特色零售餐饮美食业态。

十、智汇湾

智汇湾位于徐圩新区南京路与云河路交叉口，2019年1月开工建设，2019年7月竣工，总建筑面积为15000m^2，已入驻智汇湾影城、桌球、德克士、悸动烧仙草、福士多便利店等多业态多品类品牌商铺。项目周边布局有行政管理、星级酒店、商务办公、商品房住宅小区、大型公寓等，是徐圩核心区首个大型综合性商业体，为园区入驻企业提供工作、生活、商务等配套设施。

十一、东香湖商业街

东香湖商业街位于徐圩新区西宁路西侧，因紧邻东香湖而命名，2021年6月开工建设，计划2023年12月完工，总建筑面积14650平方米，规划11栋单体建筑，面积500—2200m^2，层高4.2m—4.8m，周边配套包括张圩小区、香河新村、幸福家园等多个成熟住宅小区。

商业街整体采用新中式建筑风格，致力于打造一个融合自然风景、创意时尚和徐圩地域文化的特色风情商业街。地块北侧沿东香湖打造集餐饮、休闲、娱乐、观光为一体的滨湖美食街，最大化利用东香湖景观，沿岸设橡胶跑道，倡导绿色健康的休闲生活。

十二、云湖社区服务中心

云湖社区服务中心位于226省道与合作路的交汇处，2012年6月开工建设，2013年9月竣工，总占地面积约4.1万平方米，地理位置优越，交通便利，以餐饮、商业、酒店、社区服务、加油站、停车场、办公配套为主的综合服务楼，充分体现多功能一站式的综合性商务办公平台。

十三、国际航运中心

国际航运中心位于徐圩新区核心区，徐圩大道以南，云三路以西，紧邻云湖、文创综合体以及方华苑、云海湾等小区，交通便利，配套齐全，环境优美，2011年8月开工建设，2012年8月竣工，共有建筑17栋，包括1栋综合楼及16栋独栋办公楼，建筑面积511平方米至895平方米不等，均为基础装修。

十四、节能环保科技园标准厂房

节能环保科技园标准厂房占地面积约1044亩，配套建设钢结构标准厂房、多层厂房、配套办公用房及道路、广场、停车场、景观绿化等配套辅助设施，2014年4月开工建设，2015年

11 月竣工。已建设完成钢结构标准厂房 11 栋,多层厂房 2 栋、配套办公用房 2 栋,总建筑面积 26.55 万 m^2。

十五、大陆桥产品展览展示中心

大陆桥产品展览展示中心位于徐圩新区蒿东河路以南、云湖路以东,紧邻云湖,2013 年 6 月开工建设,2016 年 12 月竣工,总占地面积约 12.57 万平方米,总建筑面积约 14.17 万平方米,拥有会展中心及附属设施、会议中心、配套停车场、道路广场、绿化及相关设施。

十六、示范区资源集中采购中心(工业品超市)

示范区资源集中采购中心(工业品超市)位于徐圩新区节能一路 1 号,2014 年开工建设,2016 年工程竣工,共有 3 栋共计约 7.5 万平方米物流交易建筑,工业品超市主要以石化产业相关工业品为特色,招引畅销品牌的厂商、经销商入驻,为驻区产业单位及参建单位提供基础建材、备品备件、应急装备、五金机电、劳保用品等工业品的集中采购、展览展示、仓储配送、维修养护等一站式采购服务。

第五节　拆迁安置

2009 年,征地拆迁工作由徐圩新区管委会征地拆迁办负责具体实施,徐圩开发建设有限公司负责资金保障。2011 年,方洋集团房屋征收部成立,承担征地拆迁工作,方洋集团保障资金。2013 年,管委会成立徐圩新区房屋征收办,与方洋集团房屋征收部合署办公。2016 年,方洋集团房屋征收部编制撤销,所有征地拆迁工作由徐圩新区房屋征收办承担。2020 年,房屋征收办并入建设局。

一、拆迁

2009 年,征地拆迁办完成 226 省道、复堆河、港前大道等项目共计 108 户 6400 平方米拆迁工作,涉及蒿东工区、刘圩港等地块,拆迁费用 1142 万元。

2010 年,云湖核心区、纵七路、张圩安置小区等项目拆迁蒿东、张圩等工区房屋共 301 户 26577 平方米,费用 1194 万元。

2011 年,珠江管港项目收购方南、方洋等工区房屋 49 户 3300 平方米,费用 286 万元。

2012 年,珠江钢管、中心河,斯尔邦石化等项目征收(收购)方南、严港、西港等工区房屋共 111 户 6811 平方米,费用 632 万元。

2013 年,海滨大道、德邦化工、旧城改造等项目征收(收购)西港、管港、方南、新滩等工区房屋共 751 户 71777 平方米,费用 6846 万元。

2014 年,旧城改造项目征收西港、管港、方南、马二份、新滩等工区房屋 814 户 57279 平方米,费用 7548 万元。

2015 年,旧城改造项目征收张港、新生、新滩、深港等工区房屋 341 户 25438 平方米,费用 4137 万元。

2016 年,旧城改造项目征收管港、新滩、新生等工区房屋 144 户 12328 平方米,费用 2260 万元。

2017 年,旧城改造、棚户区改造等项目征收管港、新滩工区及辛高圩社区房屋 660 户 58055 平方米，费用 20065 万元。

2018 年，旧城改造、棚户区改造等项目征收东港、新滩工区及辛高圩社区房屋 758 户 88714 平方米，费用 25164 万元。

2019 年，旧城改造、棚户区改造等项目征收管港、新滩工区及辛高圩社区房屋 143 户 18768 平方米，费用 8719 万元。

2020 年，新滩工区、张港工区、管港工区等地块旧城改造及东陬山村、香河村地块棚户区改造等项目征收房屋 894 户 140846 平方米，费用 29317 万元。

2021 年，管港工区、徐圩小镇旧城改造、海堤路南段养殖房清理，以及辛高圩社区棚户区改造等项目征收房屋 235 户 17882 平方米，费用 2436 万元。

2022 年，东陬山盐场地块旧城改造及辛高圩社区棚户区改造等项目征收房屋 12 户 6902 平方米，费用 1479 万元。

二、安置

2010 年，新区启动张圩小区（一期）安置房建设项目，共计 440 套 36383 平方米；随着被征收人安置房需求增加，新区于 2014 和 2015 年从徐圩盐场幸福家园安置小区内委托代建共计 12 栋 348 套 29775 平方米用于征收安置；2017 年，张圩小区（二期）及香河新村（一期）建设项目启动，张圩小区（二期）共有安置房 414 套 55952 平方米，香河新村小区（一期）共有安置房 208 套 35844 平方米，已全部投入使用。

第六节　行政执法

2010 年 9 月，徐圩新区城管大队成立，为市城管行政执法支队下属正科级机构。2011 年 1 月，进驻徐圩新区。

一、违法建设管理

2012—2016 年，徐圩新区城管大队对新区违章建筑进行排查，共排查违章建筑 289 起，拆除面积 3 万平方米。其中 2013 年，是海滨大道徐圩段建设的关键之年，徐圩段房屋征收拆迁量占整个海滨大道的近 2/3。部分渔民受利益驱动，在海堤路抢建违法建设。新区城管大队组织数次拆违行动，联合新区公安局等相关单位，在规定时间内完成拆违行动，为海滨大道建设、西陬山石料开采、徐圩港口建设等市重点工程赢得了时间。新区城管大队积极协调和联合东辛农场、徐圩盐场、海军农场、徐圩街道及国土、规划建设、公安等部门，形成联合执法，有效解决各类矛盾问题。

2017—2019 年，徐圩新区城管大队累计查处各类违法建设 2000 余户，拆除违建面积达 13 万平方米，组织各类拆除行动 620 余次，化解各类矛盾纠纷 400 余起。

2020—2022 年，徐圩新区城管大队加大禁违控违工作力度，持续保持高压态势严禁新增，确保新增违法建筑动态“零增长”，妥善推进存量违建“去库存”。开展违法建设“双清”攻坚行动，完成 6.3 万平方米违法建筑处置目标任务。

二、市容市貌管理

2011—2014 年，徐圩新区城管大队主要任务为积极配合管委会征地拆迁办加快征迁步伐，在“技术上大力指导，法律上热情支援，力量上加强配合”，帮助征迁人员理清和掌握征迁有关程序，开展送法上门服务，做好征迁对象的政策解释、法律咨询服务等。组织执法人员利用丰富的工作经验上门帮助做好征迁动员工作，做到以人为本、和谐拆迁。发挥牵头作用，建立联动机制，深入开展市容市貌和环境卫生的治理工作，采取有效措施，遏制、扭转徐圩新区以往“脏、乱、差”状况，全面促进徐圩新区市容市貌管理提档升级，并形成长效管理机制，为营造整洁、美观、有序的“大美徐圩”奠定了坚实的基础。

2015 年 4 月开始，大队将马路市场和其他流动摊点作为疏导的重点，建立了“以疏为主，以堵为辅，社会各界共同参与”的疏导管理机制，着力开辟疏导平台，提供人性化服务。

2016—2019 年，新区投资 300 万元，建成辛高圩临时疏导点、方洋邻里中心疏导点，解决 300 多名流动摊贩的经营问题，实现新区城市管理“三赢”目标。

2017 年，为贯彻落实市委、市政府创建全国文明城市的统一部署，扎实推进各项创建工作的进程。“创文”活动开展后，新区城管大队开展集中行动 154 次，清除临时垃圾场 9 个，取缔占道经营 353 起，清除乱涂写、乱张贴 3800 余处，清理破损广告牌店招、灯箱 169 处，清理乱堆乱放 536 处，查处抛洒、滴漏问题 390 余次，市容市貌明显改观。作为创建工作的主要职能部门，新区城管大队以“创文六大专项行动”为要求，开展“小广告专项整治工作”。累计清理各类小广告 3 万余处，立案 79 件，罚款 18900 元。

2018—2019 年，新区城管大队累计开展集中清理行动 120 多次，下达责令改正通知书 500 多份，规范治理流动商贩 1100 多次，清理占道经营 600 多处，与沿街商铺签订《连云港市容和环境卫生责任告知书》300 余份。

2020—2022 年，新区城管大队靠前服务，协调徐圩街道办事处和云湖集团等相关单位和部门，推动建设 3 处疏导点和 3000 余平方米的云湖美食街，为新区产业工人和市场商户提供环境升级、管理升级、服务升级的“温馨市场”，助推“地摊经济”持续良性发展。2022 年 10 月，根据《市政府关于公布徐圩新区 云台山景区部分市级行政权力事项赋权清单的通知》精神，新区城管大队承接“建筑垃圾处置核准”“建筑垃圾弃置场地设置审批”2 项市级行政权力事项工作。

三、秸秆禁烧

2011 年，新区城管大队以秸秆禁烧零火点为目标，出台《徐圩新区城管大队秸秆综合利用工作实施方案》。城管队员 24 小时吃住在一线，以重点地区为主攻点，全面落实责任，确保焚烧措施落到实处。

至 2019 年，徐圩新区秸秆禁烧无一起“火点”发生，先后 6 年被连云港市秸秆综合利用与禁烧工作领导小组评为先进集体。

四、棚户区改造

2013—2019 年，新区城管大队根据棚改指挥部排定棚改的征收计划、分期棚改任务。大队积极配合棚改征收工作，抽调人员参与棚改工作，协助棚改征收部门完成棚改 1—5 期确权 2309 户。

五、依法行政

2014 年，新区城管大队组建法制室，配齐办理普通程序案件相关设备，配备专职办案人员，中队设立专职法制员。加大依法行政和执法力度，及时处理案件，有效维护新区市容市貌整洁美观和安全舒适。

2014—2019 年，共办理案件 335 起，罚款 29.82 万元。2020—2022 年，共办理案件 896 起，罚款金额 201.8543 万元。

2014—2022 年徐圩新区城市管理办理案件一览表

表 11－1

年份	办理案件			处罚金额(元)
	小计(件)	简易程序案件(件)	普通程序案件(件)	
2014	12	0	12	4400
2015	34	18	16	4760
2016	49	37	12	6330
2017	79	54	25	12690
2018	82	28	54	154190
2019	79	0	79	115860
2020	254	70	184	211380
2021	434	188	246	283220
2022	208	88	120	1523943

第十二章　党政群团

2009年3月，徐圩开发建设指挥部成立，拉开徐圩片区开发建设新篇章。4月，中共连云港市徐圩开发建设指挥部党组成立。9月，徐圩开发建设指挥部党总支成立。

2011年5月，国务院印发《国务院关于国家东中西区域合作示范区建设总体方案的批复》，正式批准在连云港市设立国家东中西区域合作示范区。2013年1月，市编委印发《关于国家东中西区域合作示范区（连云港徐圩新区）有关机构编制的批复》，同意设立中共国家东中西区域合作示范区（连云港徐圩新区）工作委员会、国家东中西区域合作示范区（连云港徐圩新区）管理委员会，为连云港市委、市政府的派出机构，规格为正处级，下设相关职能机构。

2022年，国家东中西区域合作示范区（连云港徐圩新区）党工委、管委会共设置职能机构10个，分别是党政办公室、党群工作部（人力资源和社会保障局）、经济发展局（环境保护局）、建设局、财政局、社会事业局、投资促进局（区域合作局）、应急管理局、综合行政执法局、行政审批局。连云港市、连云区相关单位驻新区机构有连云港市生态环境局徐圩新区分局、连云港市公安局徐圩新区分局、连云港市自然资源和规划局徐圩新区分局、连云港市城市管理行政执法支队徐圩大队、连云港徐圩新区消防救援大队、连云港市公安局交通警察支队徐圩新区大队、连云区检察院派驻徐圩检察室、连云区人民法院徐圩新区人民法庭。

第一节　中共徐圩新区组织

一、机构沿革

（一）中共连云港市徐圩开发建设指挥部党组（2009年4—10月）

2009年4月，中共连云港市徐圩开发建设指挥部党组经中共连云港市委批准成立。

2009年4—10月中共连云港市徐圩开发建设指挥部党组委员任职一览表

表12－1

职　务	姓　名	任职时间
书记	石海波	2009.4—10
成员	桂迎宝	2009.4—10
	胡银宝	2009.4—10
	封其山	2009.4—10
	于治安	2009.4—10

续表 12－1

职　务	姓　名	任职时间
成员	董世友	2009.4—10
	王建明	2009.4—10
	平浩生	2009.4—10

（二）中共连云港市徐圩新区（筹）党组（2009 年 10 月至 2012 年 5 月）

2009 年 10 月，中共连云港市徐圩新区（筹）党组经中共连云港市委批准成立。同时，撤销中共连云港市徐圩开发建设指挥部党组。

2009 年 10 月—2012 年 5 月中共连云港市徐圩新区（筹）党组委员任职一览表

表 12－2

职　务	姓　名	任职时间
书记	石海波	2009.10—2012.5
副书记	王建明	2009.10—2012.1
	任　瑜	2011.1—2012.5
成员	桂迎宝	2009.10—2012.5
	李君生	2009.10—2012.5
	胡银宝	2009.10—2012.5
	封其山	2009.10—2012.5
	董世友	2009.10—2012.5
	乔寿稳	2011.4—2012.5
纪检组组长	封其山	2009.10—2012.5

（三）中共连云港市徐圩新区（筹）工作委员会（2012 年 5 月至 2012 年 6 月）

2012 年 6 月，中共连云港市徐圩新区（筹）工作委员会经中共连云港市委批准成立，组织关系隶属于市委；同时，撤销中共连云港市徐圩新区（筹）党组。

（四）中共连云港市徐圩新区工作委员会（2012 年 6 月至 2013 年 5 月）

2012 年 6 月，中共连云港市徐圩新区工作委员会经中共连云港市委批准成立，同时，撤销中共连云港市徐圩新区（筹）工作委员会。

2012 年 6 月—2013 年 5 月中共连云港市徐圩新区工作委员会委员任职一览表

表 12－3

职　务	姓　名	任职时间
书记	石海波	2012.6—2013.5
副书记	任　瑜	2012.6—2013.5
成员	桂迎宝	2012.6—2013.5
	胡银宝	2012.6—2013.5

续表 12－3

职 务	姓 名	任职时间
成员	王东亮	2012.12—2013.5
	李君生	2012.6—2013.5
	封其山	2012.6—2013.5
	董世友	2012.6—2013.5
	乔寿稳	2012.6—2013.5
	张 晖	2012.11—2013.5
纪工委书记	封其山	2012.6—2013.5

（五）中共国家东中西区域合作示范区（连云港徐圩新区）工作委员会（2013 年 5 月—2022 年年底）

2012 年 7 月，省编委印发《关于设立国家东中西区域合作示范区（连云港徐圩新区）管理机构的批复》（苏编〔2012〕21 号），正式批准设立中共国家东中西区域合作示范区（连云港徐圩新区）工作委员会、国家东中西区域合作示范区（连云港徐圩新区）管理委员会，为连云港市委、市政府的派出机构，规格为正处级。

2013 年 5 月，中共国家东中西区域合作示范区（连云港徐圩新区）工作委员会经中共连云港市委批准成立，同时，撤销中共连云港市徐圩新区工作委员会。

2020 年 7 月，市委编委印发《关于国家东中西区域合作示范区（连云港徐圩新区）党工委管委会有关机构编制事项的批复》，明确示范区党工委、管委会共设置职能机构 10 个，分别是党政办公室、党群工作部（人力资源和社会保障局）、经济发展局（环境保护局）、建设局、财政局、社会事业局、投资促进局（区域合作局）、应急管理局、综合行政执法局、行政审批局。核定示范区党工委、管委会科级领导职数 24 名，其中局长（部长、主任）10 名、副局长（副部长、副主任）14 名。另核工会主席（正科职）、团委书记（正科职）各 1 名。

2013 年 5 月—2022 年 12 月中共国家东中西区域合作示范区（连云港徐圩新区）工作委员会委员任职一览表

表 12－4

职 务	姓 名	任职时间	备 注
书记	石海波	2013.5—	
副书记	任 瑜	2013.5—2014.1	
	江行洲	2014.1—2022.1	
	赵厚峰	2019.10—	
	缪明生	2021.4—2022.8	挂职
成员	桂迎宝	2013.5—2013.8	
	王东亮	2013.5—2020.5	
	李君生	2013.5—2016.10	
	封其山	2013.5—2019.10	
	赵二宏	2013.8—2017.8	

续表 12－4

职 务	姓 名	任职时间	备 注
成员	胡银宝	2013.5—2014.12	
	董世友	2013.5—2013.12	
	乔寿稳	2013.5—2021.11	
	张 晖	2013.5—2015.12	
	孙中华	2013.8—2015.8	
	马冬梅	2013.8—2021.12	
	周京宜	2016.5—2016.11	挂职
	文 辉	2017.4—2018.5	挂职
	张春明	2017.8—2020.5	
	朱 彬	2017.8—2020.8	
	东 林	2018.1—2019.2	挂职
	张思远	2020.5—2021.6	
	谢 斌	2020.5—2021.11	
	卢忠宝	2020.11—	
	董一哲	2020.12—	挂职
	唐永明	2021.11—	挂职
	贺 波	2021.11—	
	陈 曦	2022.1—	
	安军伟	2022.11—	
纪工委书记	封其山	2013.5—2015.3	
	马冬梅	2015.3—2019.10	
	江行洲	2019.10—2022.1	
	周燕宁	2022.11—	

二、党工委职能部门

（一）党政办公室

负责重要会议和重大活动的组织、协调工作；负责综合文稿撰写和审核把关、会议纪要整理、政务信息报送、建议提案办理工作；负责文电收发、登记、分办、传递、催办工作；负责机关事务管理、公车管理、接待管理、档案管理、办公物资管理和后勤保障工作；负责机要保密、政务值班管理工作；负责重要会议和文件精神、重大事项和重点项目、签订的各类责任状推进情况的督查工作，牵头机关重点工作和事项综合考核、基层减负相关工作；负责智慧徐圩办公室、政法委员会办公室、信访联席会议办公室工作；完成党工委、管委会交办的其他工作事项。

（二）党群工作部（人力资源和社会保障局）

负责基层党组织建设、党员教育管理、党员发展、党费管理以及党建考核工作；负责干部管理、人事管理、事业单位管理、机构编制、老干部、人才、出国境审批工作；负责人员的聘用、培训、薪酬，指导和监督区属其他单位人事工作；负责思想教育、理论宣传、意识形态和精神文明建设工作；负责新闻宣传、舆情管理、品牌培育、官方宣传媒介管理和网信工作；负责根治欠薪和综合考核工作；负责机关工委、“两新”工委的归口管理和工会、团工委、妇联日常业务工作；完成党工委、管委会交办的其他工作事项。

三、纪检监察工作

（一）中共国家东中西区域合作示范区（连云港徐圩新区）纪律检查机构

2009 年 10 月，中共连云港市徐圩新区（筹）纪律检查组经中共连云港市委批准成立。

2012 年 6 月，中共连云港徐圩新区纪律检查工作委员会经中共连云港市委批准成立。

2013 年 5 月，中共国家东中西区域合作示范区（连云港徐圩新区）纪律检查工作委员会经中共连云港市委批准成立。

2018 年 1 月，市纪委机关、市委编办《关于明确东中西示范区（徐圩新区）等单位纪检机构设置的通知》明确东中西示范区（徐圩新区）内设纪检机构为市纪委派出纪工委，编制 4 名（内部调剂编制 1 名），设纪工委书记 1 名（副处职），副书记 1 名（正科职），科级纪检员 1 名，纪检员 1 名。

（二）党风党纪教育

2015 年，示范区纪工委加强党纪教育，主持召开纪工委第一次全体会议，学习新版《中国共产党廉洁自律准则》和《中国共产党纪律处分条例》，严格落实监督责任。

2016 年，示范区党组织加强党风党纪教育，结合“两学一做”学习教育，开展“遵纪守法、廉洁从业”主题教育学习月活动。组织示范区纪工委全体委员、监察室全体工作人员学习贯彻习近平总书记重要讲话精神以及中央纪委六次全会、省市纪委会议精神。

2017 年，示范区纪工委严肃党内政治生活，持续深化作风建设，深入学习贯彻中央纪委七次全会、省纪委二次全会及市纪委二次全会精神，观看《打铁还需自身硬》专题短片。召开中秋国庆作风建设督查会议，传达市纪委《关于 3 起违规操办婚丧喜庆事宜问题的通报》，维护徐圩新区风清气正的政治生态，推动全面从严治党向纵深发展。

2018—2019 年，示范区纪工委抓紧抓实廉政教育，丰富形式、提高频次，通过在徐圩新区办公平台、门户网站推送中央、省市纪委发布的关于违反中央八项规定精神典型案例，组织全区各部门各单位深入学习违反中央八项规定精神典型案例通报和省纪委警示教育专题片。其中，2018 年 4 月，邀请市纪委处室领导赴新区开展执纪规则业务培训、党风廉政教育报告。2019 年 7 月，邀请中央纪委宣传部原副部长、延安干部学院教授杨小平做不忘初心、牢记使命永葆清正廉洁政治本色专题报告。2019 年 11 月，结合“山海廉韵”系列宣传教育活动，组织开展廉洁文化巡演徐圩专场。利用党员固定学习日播放廉政宣教片、警示教育片，制作发放“廉”字脸谱纪念品，楼梯口显示屏滚动播放作风建设“八条禁令”。2019 年 7 月，拍摄微视频《政商交往七不准》和《开展教育领域专项整治还孩子快乐童年》，被评为市级三等奖。

2020 年，示范区纪工委注重警示教育。11 月，组织新区广大党员干部观看《高举纪法利剑 护航高质发展》，赴东海“廉润晶都”廉洁警示教育基地参观，不断敲响廉洁自律的警钟，组织党员干部广泛开展党纪党规网上知识测试；12 月，以“学恩来精神、守初心使命”为主题，赴周恩来纪念馆廉洁警示教育基地现场参观。

2021 年，示范区纪工委抓实党风廉政建设工作。10 月，开展“山海廉韵 清风传家”廉洁文化系列活动，发放《致徐圩新区员工家属的一份廉洁信》，组织收集家风家训、家信、书画作品及文艺作品，组织召开“弘扬好家风 争当廉内助 撑起半边天”领导干部家属廉政教育座谈会；定制“清正廉

2020年12月，新区纪工委组织党员干部赴周恩来纪念馆接受廉洁从政教育　　纪工委 供

洁”主题鼠标垫，面向新区机关单位和区属国有企业发放。11月，组织开展新区年轻干部警示教育活动，集中观看视频《扣好人生第一粒扣子》，并进行廉政法规测试。

2022年，示范区纪工委将不想腐作为基础性工作抓紧抓牢。1月，举办“欢乐迎新春 廉洁过新年”廉政知识竞猜活动；4月，组织观看警示教育片《莫以贪腐赌未来》，国有企业新入职员工签订《廉洁自律承诺书》230余份，发送廉洁短信1050余条；在重要节点前开展酒驾醉驾主题警示教育活动，提醒教育广大党员干部坚决杜绝酒驾，树牢廉洁形象；6月，参与《“爱‘连’说 山海情”全市纪检监察系统喜迎党的二十大主题演讲比赛》活动，选送《用忠诚与担当护航世界一流石化产业基地》荣获第三名；依托区史馆打造徐圩廉洁教育馆，入选清风地图1.0版。

（三）廉政防腐举措

2012—2016年，示范区党组进一步加强对党风廉政建设工作的领导，成立徐圩新区落实党风廉政建设责任制领导小组。制定《徐圩新区党风廉政建设责任追究暂行办法》等制度规范7项，并出台《徐圩新区纪检监察投诉举报信件受理制度》等规章制度。

2017—2018年，示范区申报创建东辛农场省级廉政文化建设示范点。

2018年，示范区党组织坚持以上率下，与管委会机关部门负责人、基层党组织领导班子成员签订《“一岗双责”责任书》，配套印发《履责纪实手册》。修订完善《纪检监察信访举报受理、办理工作制度》，定期召开问题线索排查专题会，对问题线索反映集中、群众反映强烈的党员干部，采取“一看二访三倒查”制度。

2019年，示范区纪工委协助党工委研究制定《徐圩新区2019年度全面从严治党责任清单》；牵头组织4次对徐圩街道、方洋集团等单位落实党风廉政建设责任制的监督检查，督促党工委班子及部门认真填报履责纪实平台，编发履责纪实平台通报2期。示范区纪工委召开2019年纪检工作座谈会，在管委会、国有企业全面开展廉政谈话，分管领导与部门副职以上人员逐一开展廉政谈话。示范区纪工委制定《徐圩新区软环境专项治理暨形式主义、官僚主义集中整治方案》。

2020年，示范区纪工委全面开展“三聚焦、三护航”专项行动，聚焦安全生产护航大发展，推动制定《徐圩新区安全生产责任追究实施办法》；聚焦工程建设护航大开发，持续跟进招投标监督；聚焦营商环境护航大产业，面向入驻企业选聘党风政风监督员，收集企业反映营商环境问题建议。

2021年，示范区制定印发《关于进一步推进机关作风建设的实施方案》，定期听取推进情况并发布督查通报；重要节日前选取违反中央八项规定精神典型案例并编制廉洁自律提醒短信向全区发放，节假日中采取明察暗访以暗访为主、随机抽查、突击检查、交叉检查等多种形式开展监督。

2022年，示范区纪工委以专项巡察、重点领域监督防范腐败问题发生，对新区19个单位开展营商环境专项巡察，跟进监督补短板强弱项堵漏洞；将融资租赁领域的腐败问题作为监督的重中之重，紧盯债务化解方案的落实，持续监督推动债务总量的压降；开展阳光食堂、助学金发放、低保申报、居家养老设施建设等方面专项监督，阳光食堂全面上线；全面上线运行“监督一点通”。

（四）查处违纪党员

新区纪工委自成立以来，保持正风肃纪反腐高压态势不放松，坚持无禁区、全覆盖、零容忍，坚持重遏制、强高压、长震慑，从严从实查处各类违纪违法问题。

2017 年，查处党员干部违纪案件 6 件，其中职务犯罪案件 1 件。运用第一种形态执纪处理 1 人，第二种形态执纪处理 5 人，第四种形态执纪处理 1 人，合计处理 7 人。开除党籍 1 人，党内严重警告 1 人，党内警告 3 人，诫勉谈话 1 人，移送司法机关 1 人。

2018 年，查处案件 2 件，其中职务犯罪案件 1 件。运用第一种形态执纪处理 7 人，第二种形态执纪处理 2 人，第四种形态执纪处理 1 人，合计处理 10 人。开除党籍 1 人，党内警告 1 人，诫勉谈话 5 人，提醒谈话 1 人，批评教育 2 人。

2019 年，查处案件 14 件，其中职务犯罪案件 1 件，处理涉案科级干部 1 人。新区各级纪检机关运用监督执纪“四种形态”处理 47 人次，其中第一种形态 26 人次，第二种形态 17 人次，第三种形态 2 人次，第四种形态 2 人次，2 人涉嫌职务犯罪已移交市纪委监委。其中省委巡视组转办件 4 件。对 1 名国企员工涉恶问题进行立案审查。大力整治群众身边的不正之风和腐败问题，严肃查处 5 名街村干部，其中 2 人已移交市纪委监委（包括 1 名正科职干部）。对 1 名国有企业管理人员实行容错纠错。坚持以案促改，下发纪律检查建议 1 件。

2020 年，处置问题线索 82 件，立案 15 件，党政纪处分 17 人次。运用监督执纪“四种形态”处理 86 人次，其中第一种形态 67 人次、第二种形态 16 人次、第三种形态 2 人次、第四种形态 1 人次。1 名国有企业基层员工因职务侵占被查处，挽回经济损失 112.62 万元。注重发挥案件的治本功能，在查办案件的同时印发纪律检查建议书 4 份，督促堵塞漏洞、完善机制，提升工程建设、安全生产、资金使用等方面的管理水平。

2021 年，处置问题线索 84 件，立案 21 件，党政纪处分 18 人次。运用监督执纪“四种形态”处理 96 人次，其中第一种形态 78 人次、第二种形态 12 人次、第三种形态 2 人次、第四种形态 4 人次。查处公车私用等享乐主义、奢靡之风 5 起 5 人，其中诫勉谈话 1 人，党纪处分 4 人。

2022 年，处置问题线索 81 件，立案 20 件，党政纪处分 17 人次。运用监督执纪“四种形态”处理 101 人次，其中第一种形态 84 人次、第二种形态 16 人次、第四种形态 1 人次。深化以案为鉴、以案促改、以案促治，针对案件暴露的漏洞和短板，提出纪律检查建议书 3 份，督促案发单位堵塞漏洞、打好“补丁”、扎紧“篱笆”，在查办国有企业员工公车私用案件后，督促全部车辆加装 GPS；在查办国有企业管理人员违规经商办企业案件中，利用大数据比对模型对该企业所有中层干部开办企业情况分析研判，杜绝类似问题再次发生。

四、组织工作

（一）基层组织建设

概况。2009 年 9 月 25 日，徐圩开发建设指挥部党总支成立，下设 3 个党支部，共有党员 37 名。经过 13 年发展，新区机关、国有企业、非公企业等各领域党组织陆续组建、壮大。2022 年年底，徐圩新区党工委共有基层党组织 227 个，其中党（工）委 11 个、党总支 21 个、党支部 195 个。共有党员 5690 人，其中公有制单位 2837 人、非公企业 1488 人、农牧渔民 63 人、离退休人员 1224 人、其他 78 人。

2010 年 9 月 16 日，中共徐圩新区徐圩街道工作委员会成立。2022 年年底，共有基层党支部 5 个，党员 256 人。

2012年2月7日，中共连云港市公安局徐圩新区分局委员会成立。2022年年底，共有基层党支部6个，党员111人。

2015年6月9日，撤销国家东中西区域合作示范区管委会机关党总支，成立中共国家东中西区域合作示范区（连云港徐圩新区）工作委员会机关工委。2022年12月底，共有基层党支部8个，党员269人。

2015年12月31日，中共江苏方洋集团有限公司委员会成立。2022年年底，共有1个党总支、17个党支部，党员468人。

2016年8月31日，中节能（连云港）清洁技术发展有限公司党支部成立。2020年7月20日，中共中节能（连云港）清洁技术发展有限公司支部委员会。截至2022年年底，共有党员18人。

2017年5月8日，中共连云港石化产业园有限公司支部委员会成立。2018年4月2日，中共连云港石化产业园有限公司总支部委员会成立，下设3个党支部。2020年5月11日，撤销中共连云港石化产业园有限公司总支部委员会，成立中共江苏洋井石化集团有限公司委员会。2022年年底，共有1个党总支、12个党支部，党员207人。

2018年1月31日，组建中共江苏省东辛农场有限公司委员会。2022年年底，共有基层党支部88个，党员2286人。

2019年4月16日，中共中化连云港产业园管理有限公司支部委员会成立。2022年年底，共有党员31人。

2019年6月3日，中共连云港圣奥化学科技有限公司支部委员会成立。2022年9月19日，中共连云港圣奥化学科技有限公司支部委员会升格为中共连云港圣奥化学科技有限公司总支部委员会。2022年年底，共有基层党支部3个，党员53人。

2019年9月23日，中共国家东中西区域合作示范区管委会186大队总支部委员会成立。2022年12月14日，中共国家危险化学品应急救援连云港队委员会成立。2022年年底，共有基层党支部5个，党员102人。

2020年5月13日，中共连云港徐圩新区人民医院总支部委员会成立。2022年年底，共有基层党支部3个，党员55人。

2020年7月17日，经党工委会议研究，决定撤销中共国家东中西区域合作示范区非公企业委员会，成立中共国家东中西区域合作示范区（连云港徐圩新区）非公有制企业和社会组织工作委员会（"两新"工委）。2022年12月底，共有基层党组织50个，其中，党委3个、党总支4个、党支部43个，党员1556人。

2020年11月23日，中共国家东中西区域合作示范区（连云港徐圩新区）教育工作委员会成立。2022年年底，共有基层党支部6个，党员167人。

2022年3月22日，中共江苏云湖现代服务产业集团有限公司委员会成立。2022年年底，共有基层党支部5个，党员110人。

2022年6月27日，中共方洋管理学院总支部委员会成立。2022年年底，共有基层党支部2个，党员16人。

（二）党员队伍

1. 发展新党员

2016年，徐圩新区发展党员50名。其中女性18人，35岁及以下40人，大专以上学历45人，农牧渔民18人，非公企业10人。

2017年，徐圩新区发展党员40名。其中女性15人，少数民族1人，35岁及以下25人，大专以上学历 25 人,农牧渔民 8 人,非公企业 10 人。

2018 年,徐圩新区发展党员 55 名。其中 35 岁及以下 10 人,产业工人 9 人,农牧渔民 17 人,非公企业 16 人。

2019 年,徐圩新区发展党员 90 名。其中女性 27 人,35 岁及以下 70 人,大专以上学历 70 人,产业工人 26 人,高知群体 3 人,非公企业 28 人。

2020 年,徐圩新区发展党员 110 名,其中女性 38 人,产业工人 44 人(填补空白班组 4 人),农牧渔民 14 人,高知群体 8 人,非公企业 35 人。

2021 年,徐圩新区发展党员 320 名,其中女性 81 人,少数民族 4 人,35 岁及以下 221 人,产业工人 116 人,农牧渔民 33 人,高知群体 23 人,非公企业 119 人。

2022 年,徐圩新区发展党员 277 名,其中女性 77 人,35 岁及以下 153 人,大专及以上学历 266 人,产业工人 139 人,高知群体 30 人,非公企业 136 人。

2. 党员结构

截至 2022 年 12 月底,徐圩新区共有中共党员 5690 名。其中预备党员 273 人;35 岁及以下年龄 2242 人,36～45 岁 1178 人,46～55 岁 700 人,56～60 岁 369 人,61～65 岁 220 人,66～70 岁 321 人,71 岁以上 660 人。初中及以下学历 782 人,高中(中专)学历 977 人,大专及以上学历 3931 人。女党员 1218 人。少数民族党员 56 人。

五、宣传工作

(一)理论学习教育

2018 年,新区党工委中心组开展集中学习研讨 7 次、专家理论专题授课 1 次、专题调研 1 次。印发《开展“高质发展、后发先至”解放思想大讨论活动实施方案》,进一步凝聚思想共识,促进观念更新,营造实干奋进,比学赶超的浓厚氛围。

2019 年,新区党工委中心组开展集中学习研讨 10 次、专家理论专题辅导 2 次。班子成员经常性下基层开展政治理论宣讲、基层调研活动,“徐圩新区乡村和社区转型发展的研究”等一大批读书调研成果被用于实践,解决新区发展实际难题。

2020 年,新区党工委中心组全面加强习近平新时代中国特色社会主义思想学习教育,开展中心组集中学习研讨 11 次,结合新区实际增加安全环保等方面专题学习研讨,为实现“高质发展,后发先至”注入强劲思想动力,为建设世界一流石化产业基地定向领航。搭建“徐圩青年说”思想交流平台,举办演讲、辩论、竞赛等新颖活动,形成传播新思想的强大引力场,为高质量发展打牢坚实理论基础。依托方洋管理学院等理论阵地,开展干部教育培训、基层党员冬训等宣讲活动 38 场次,开发“筑梦徐圩地”等 8 门精品课程。发挥“学习强国”等学习平台的作用,开办“学习强国”超市,激

2021 年 4 月,连云港石化公司党员参加党史学习周启动仪式暨“党史足迹”情境体验活动　　网信办 供

活线上学习热情,新区“学习强国”学习平台参学覆盖率100%,参与度保持90%以上,位居全市前列。

2021年,筑牢理论之基,党史学习教育入脑入心走深走实。开展中心组集中学习研讨16次,把重大产业项目建设现场作为党史学习成果转化的实践考场,构建机关国企党员干部“1+3”常态化联系工作体系,开展帮学送学进项目、进企业、进营地活动,开设工农课堂、网上课堂、周末课堂、晚间课堂等“四大课堂”,组建企业党员、项目党员、民工党员“学习共同体”,把理论学习搬到项目现场、车间班组、工地一线,开展“工农当先锋 奋斗新征程”等宣讲活动200余场。策划组织产业工人“三活三创”①、建设大军“四与四强”②、产业发展“五进五保”③“三四五”党史学习教育特色活动,画好“最大同心圆”,真正把“问题清单”转化为“幸福账单”和“发展保单”。

2022年,开展中心组集中学习研讨12次,聚力队伍、阵地、品牌三项建设,不断健全基层理论宣讲工作体系,成立由专家学者、企业讲师、宣传骨干等组成的理论宣讲团和志愿宣讲队伍,把学习宣讲搬到产业链上,延伸进项目现场、车间班组、生活营地,先后组织“圩理轩理”“徐润万家”“徐圩青年说”“东香十讲”等特色宣讲活动,不断将新时代党的创新理论引入基层、推向深入。“方洋大讲堂”获评市首届理论宣讲品牌,1人进入“马克思主义青年说”理论沙龙精彩讲述活动全市总决赛。

（二）意识形态工作

2018年,新区党工委会议专题研究意识形态工作8次,印发意识形态工作重要文件9个,全年召开意识形态领域工作专题会议2次,形成意识形态工作分析研判报告5个。

2019年,新区党工委专题研究意识形态工作10次,印发意识形态重要工作文件9个,全年召开意识形态领域情况分析研判联席会议3次,意识形态分析研判报告3个。

2020年,新区党工委成立宣传思想文化工作领导小组及办公室,制定出台《徐圩新区2020年意识形态工作要点》《徐圩新区意识形态领域风险防控四项机制工作方案(试行)》,不断完善新区意识形态工作的组织保障和制度保障;全年党工委会议专题研究意识形态工作6次,召开意识形态领域情况分析研判联席会议3次,将意识形态工作纳入教育领域专项巡察重要内容,研究出台《网络舆情应对处置实施方案》等重要文件。

2021年,新区党工委研究制定《徐圩新区2021年意识形态工作要点》,明确意识形态具体任务目标20项。全年党工委会议专题研究意识形态工作4次,中心组专题学习新修订的意识形态工作责任制实施办法、实施细则及市级有关规定2次,及时传达省市各级关于意识形态领域情况通报2次,实行季度研判联席制,召集28家单位召开全区意识形态分析会议3次,出台《新区论坛、讲坛、讲座、报告会等阵地管理办法》等制度。

2022年,新区党工委制定印发《徐圩新区党工委贯彻落实党委(党组)意识形态工作责任制实施方案》,优化完善意识形态领域情况分析研判机制,把安全、环保等开发建设重点部门纳入联席会议,推动风险排查化解向源头关键处延伸发力,做深做实日监测、周报告、月排查、季研判工作制度,全年梳理化解各领域问题风险点167个,妥善处置生态环保、疫情防控等舆情98个。

（三）精神文明

1. 文明城市创建

2018年,市委、市政府作出创建第六届全国文明城市的重大战略部署,徐圩新区始终坚定“为高质发展而创、为城市进步而创、为人民幸福而创”的理念,以持续提升居民幸福指数为目标,以落

①“三活三创”:指灵活学习方式,创新方法求实效;用活红色资源,创设情境促深悟;激活干事热情,创建新功当先锋。

②“四与四强”:指与你说理强信念,与你话史强认同,与你观展强自豪,与你服务强幸福。

③“五进五保”:指进基地,保生态;进企业,保安全;进车间,保生产;进项目,保工期;进居地,保民生。

实《全国文明城市测评体系》为主线，以对标答题为主要方式，按照城市品位提升、市民素养提升和“一年强基础、两年见成效、三年达目标”的工作要求，精心组织，周密安排，强化落实，高标准开展文明创建工作，努力实现新区配套设施建设和精神文明建设一体推进、同步发展。制定《徐圩新区创建全国文明城市三年（2018—2020）行动计划》。建立两项机制，建立领导包片、包点工作机制，细化分解责任，定领导、定部门、定责任、定进度。印发三大方案，印发《徐圩新区2020年创建全国文明城市六大专项行动方案》《徐圩新区进一步提升市民素养提升方案》《徐圩新区创建全国文明城市氛围营造方案》，压实责任分工，明确任务目标，全面推动各项工作有序开展。

2020年，围绕文明城市创建目标，徐圩新区形成“争创示范标杆一个目标；领导包片、责任到点两项机制；环境整治、素养提升、氛围营造三大行动；志愿者、突击队、网格员、值守专班四支队伍”的“1234常态长效”工作机制，新区整体人居环境和文明程度在创建过程中得到不断完善提升。精准策划文明实践，代言4000余公斤滞销蔬菜解决辖区菜农燃眉之急、复工复产专车接驳516次护送产业职工复产复工、中央厨房每日集中配餐近6000份，减少人员接触风险，新区上下凝聚起坚强抗疫合力。凝聚各方力量形成共建共治合力，评选新区首批文明单位等主体18家，“比邻星”“清洁海岸”“暖冬厨房”等志愿服务品牌活动密集开展并备受欢迎。增加文化服务投入，升级邻里中心综合文化场所，积极筹备“方洋邻里荟”广场、智汇湾影院等配套项目，同时开展“我和我的祖国”文化文艺活动10场，在素质拓展训练基地举办新区首届龙舟邀请赛等，人民群众精神文化生活需求得到不断丰富满足。

徐圩新区中央厨房集中配餐满足疫情防控需要（2022年摄）　网信办 供

2021年，新区扎实走好群众路线，始终融入产业中心大局，在产业职工集中居住的生活营地、工业邻里中心打造“产业社区”宣教阵地，开展产业工人“三活三创”、建设大军“四与四强”特色宣教活动，以学习教育周的形式举办“建设工人讲故事、感党恩”、红色电影“四进”“颂歌献给党、建功新时代”文艺进工地等庆祝建党百年群众性主题宣传教育百余场，引导广大工人学史力行、产业报国。完成2场《寻找花果山》儿童音乐剧巡演任务，组织第五届新区征文活动，选送文艺作品荣获市二等奖1项、三等奖2项。统筹区内党建资源共建共享共助，整合新时代文明实践站、红星物业、治安医疗等功能主体，打造“1＋N”综合服务机制，构建文明实践联合体，采取订单式上门、网上点单等“点对点”“门到门”志愿服务方式，开展各类文明实践主题活动100余次，解决产业职工住房医疗、农村社区“一老一小”等问题499个，画好“最大同心圆”，形成“最大向心力”。

2022年，新区举办“我们的节日”，升国旗仪式、成人仪式、入党入团入队仪式，市民公约、村规民约、学生守则、行业规范守则、抵制餐桌浪费等活动300余场，将核心价值观宣传融入主题活动中，让职工群众在参与中感知并自觉践行社会主义核心价值观。组织开展年度10户最美家庭、7户五好家庭评选活动，推动形成社会主义家庭文明新风尚；培育省、市级最美人物10余名、连云港好人2名，擦亮“一群好人、满城春风”的城市名片，发挥“身边好人”示范引领作用。依托新时代文明实践中心(所、站)为阵地,广泛开展群众性主题宣传教育活动,组织“强国复兴有我”“学用新思想,迎接二十大”“童心向党”等系列宣传教育活动157场。累计在中央、省市级传统主流媒体和新媒体平台推出重大主题稿件401篇。

2. 志愿者

2019年9月30日,徐圩新区组建成立新区新时代文明实践志愿服务总队,总队下设6个支队,登记志愿者702名。总队办公室设在社会事业服务中心,统筹新区志愿服务工作,设计志愿服务总队统一队旗及队服,制定《徐圩新区新时代文明实践志愿服务总队章程》《志愿者积分制管理办法》等各项管理制度。至2019年年底,新区志愿总队开展党群共建类、文化生活类、心理咨询类、体育健身类、乡风文明类等十大类志愿活动26场。

2020年,疫情防控期间,新区发布志愿者招募令,组建村居防疫、项目服务等多个志愿服务突击队150余人,组织机关国企党员干部募捐筹集善款22.5万元支援疫情防控一线,第一时间汇聚起强大正能量,彰显出浓厚家国情。深入一线挖掘先进典型、感人事迹,依托主流媒体强势宣传发声,中节能武汉救援队、胡卫东等身边典型受省市各类媒体关注宣传,《抗疫有“圩”》系列报道、《战役人》系列海报等新闻稿件为新区疫情防控注入强大精神动力。至2020年年底,新区共有实名注册志愿者3227人;紧扣新区“创文志愿服务系列活动”主题,全年有序组织开展志愿服务活动135场次。

2021年,新区依托“1+6+N”,即1个志愿服务总队、6个志愿服务支队、N个应急志愿服务分队,围绕职工群众需求,设计贴合群众和基层实际的志愿服务项目,积极培育志愿服务特色品牌,已培育“比邻星”“红色卫士”“红蓝星光”等一批根植产业职工、践行文明的志愿服务品牌。以开展“我们的节日”等活动为契机,志愿者在活动现场派发文明城市创建满意度调查问卷、文明创建口罩2万件,向居民普及创文知识,巩固提升市民群众的知晓度和满意率。

新区疫情防控志愿者小分队(2022年摄)　　网信办 供

2022年,新区启动建立志愿者数据库、系列好人储备库、文明实践品牌库,结合疫情防控制定急难险重一线志愿者评价激励办法,对机关、国企志愿者在职级晋升、社会保障等方面予以优惠优待。常态化疫情防控以来,全区205名企事业单位工作人员成立交通引导志愿服务支队,有序保障3万余辆危化品车辆畅行园区内外,累计志愿引导40万千米,助力全市复工复产跑出“加速度”。

(四)媒体聚焦

2011年6月9日,新华社报道《国务院批准在连云港市设立国家东中西区域合作示范区》新闻,表示在连云港设立示范区,对于深入推进西部大开发、促进中部地区崛起,推动东中西地区一体化发展具有重要意义。

2011年11月10日,《新华日报》以《徐圩成为我省又一投资热土》为题,报道徐圩新区自2009年6月份启动建设以来,以惊人的“徐圩速度”,开发建设取得的阶段性成效。

2011年12月24日,《中国石化报》以《徐圩将建石化产业园区》为题,报道中国石化计划在连云港徐圩新区建设炼化一体化项目基地。

2012 年 6 月 4 日，人民网以《境外媒体团参加江苏沿海开发三周年大型新闻行动》为题，报道境外媒体深入连云港徐圩新区，实地采访了解连云港沿海开发推进情况。

2013 年 12 月 29 日，《人民日报》报道连云港徐圩港区开港。

2015 年 10 月 26 日，人民网报道《连云港徐圩马拉松万人参赛 肯尼亚选手夺冠》。

2016 年 8 月 1 日，《人民日报》以《“海峡两岸 Power Tech 交流赛”创意交流》为题，报道 2016 年海峡两岸青少年科技创新交流活动在连云港市徐圩新区拉开帷幕。

2018 年，紧紧围绕塑造“大美徐圩”品牌战略核心，精心谋划，认真选题，不断加强对外宣传工作力度，与《新华日报》、连云港市电视台、《连云港日报》等省、市主流媒体开展宣传合作，推动以及策划各类媒体共刊发反映或涉及徐圩新区的宣传稿件 200 余篇，其中市级媒体刊发 164 篇，省级媒体 57 篇，网络媒体转发 700 余篇。

2019 年，在《新华日报》、《连云港日报》、交汇点、连云港电视台等媒体开展“十年砥砺行，徐圩再出发”“高质发展后发先至 · 徐圩故事汇”“2019 亚洲炼油和石化科技大会”“直通徐圩”“‘卫星杯’2019 连云港 · 徐圩国际马拉松赛”等为主题的专版、专题和专场直播。依托中央电视台《朝闻天下》、《连云港新闻》栏目，以及连云港高铁站、飞机场、BRT 公交站等载体投放主题宣传广告。新区管委会召开主题新闻发布会 2 场，组织媒体集中采访采风和摄影大赛等活动，制作品牌画册、品牌形象宣传片。《人民日报》《新华日报》《中国化工报》《连云港日报》《苍梧晚报》等报刊刊发徐圩新区相关稿件 210 篇，江苏卫视《江苏新时空》节目，连云港电视台《连云港新闻》《港城 365》等电视频道共播出徐圩新区相关新闻 98 条，人民网、中国江苏网、凤凰网、新浪网等大型门户网站转发徐圩新区相关新闻稿件 500 余篇。

2020—2022 年，《人民日报》、中央电视台等全国主流媒体二十多次报道徐圩新区统筹抓好改革发展稳定工作、有序做好企业复工复产工作、产业发展情况。

第二节　徐圩新区行政管理机构

一、行政领导机构

（一）连云港市徐圩开发建设指挥部

2009 年 3 月 5 日，市委召开常委议港会，听取石海波《关于加快连云港港口和徐圩片区发展若干问题建议方案》的汇报，对事关港口长远发展和徐圩片区开发建设若干重大问题研究决策，决定成立徐圩片区开发建设领导小组，由徐一平担任组长，张同生、丁军华、石海波等担任副组长。成立徐圩片区开发建设指挥部，由石海波担任指挥长，指挥部在领导小组的领导下开展工作。实行港口、产业、城市一体化开发模式，以高新区管委会牌子行使徐圩片区起步阶段管理权责。会议同意以市委、市政府名义印发《关于加快连云港港口发展全力推进徐圩片区开发的意见》。

2009 年 4—10 月连云港市徐圩片区开发建设指挥部组成人员一览表

表 12－5

职　务	姓　名	任职时间
指挥长	石海波	2009.4—10

续表 12－5

职　务	姓　名	任职时间
副指挥长	桂迎宝	2009.4—2009.10
	胡银宝	2009.4—10
	封其山	2009.4—10
	于治安	2009.4—10
	董世友	2009.4— 10
	王建明	2009.4—10
	平浩生	2009.4—10

（二）连云港市徐圩新区管理委员会（筹）

2009 年 10 月，市编委印发《关于成立连云港市徐圩新区管理委员会（筹）的通知》，核定内设党群工作部（人力资源局）、党政办公室、经济发展局、规划建设局、财政局、政策研究室等 6 个内设机构，均为正科级建制。核定参照管理事业编制 30 名，其中领导职数为正职 1 名，副职 6 名，内设机构正、副科级职数 15 名。

2009 年 10 月—2012 年 7 月连云港市徐圩新区管理委员会（筹）组成人员一览表

表 12－6

职　务	姓　名	任职时间
主任	石海波	2009.10—2012.7
副主任	王建明	2009.10—2012.1
	任　瑜	2011.1—2012.7
	桂迎宝	2009.10—2012.7
	胡银宝	2009.10—2012.7
	李君生	2009.10—2012.7
	封其山	2009.10—2012.7
	董世友	2009.10—2012.7
	韩尚富	2010.4—2011.6（挂职）
	乔寿稳	2011.4—2012.7
	孙中华	2011.8—2012.7
主任助理	周灵群	2010.7—2012.7（挂职）

（三）国家东中西区域合作示范区（连云港徐圩新区）管理委员会

2011 年 5 月，国务院印发《国务院关于国家东中西区域合作示范区建设总体方案的批复》，正式批准在连云港市设立国家东中西区域合作示范区，明确以徐圩新区为先导区，打造服务中西部地区对外开放的重要门户、东中西产业合作示范基地、区域合作体制机制创新试验区。

2011 年 6 月，国家发展改革委印发《国家发展改革委关于印发国家东中西区域合作示范区建设总体方案的通知》，在连云港设立示范区，示范区设在连云区，包括徐圩新区和连云港经济技术开发区、连云港国际商务中心、连云港区、连云港保税物流中心。

2013 年 1 月，市编委印发《关于国家东中西区域合作示范区（连云港徐圩新区）有关机构编制的批复》（以下简称《批复》），《批复》同意设立中共国家东中西区域合作示范区（连云港徐圩新区）工作委员会、国家东中西区域合作示范区（连云港徐圩新区）管理委员会，为连云港市委、市政府的派出机构，规格为正处级。下设党政办公室、党群工作部（人力资源和社会保障局）、经济发展局（环境保护局）、规划建设局（安全生产监督局）、财政局、社会事业局、区域合作局、投资促进局。纪检监察机构按有关规定设置。核定参照管理事业编制 40 名。领导职数为书记、主任各 1 名，副书记（副主任）4 名，内设机构领导职数为 20 名，其中局长（主任、部长）8 名，副局长（副主任、副部长）12 名。另核工会主席、团委书记各 1 名。

2012 年 7 月—2022 年年底国家东中西区域合作示范区（连云港徐圩新区）管理委员会组成人员一览表

表 12－7

职　务	姓　名	任职时间	备　注
主任	石海波	2012.7—2019.10	
	赵厚峰	2019.10—	
副主任	桂迎宝	2012.7—2013.9	
	任　瑜	2012.7—2014.1	
	胡银宝	2012.7—2014.12	
	董世友	2012.7—2013.12	
	李君生	2012.7—2016.10	
	封其山	2012.7—2019.10	
	乔寿稳	2012.7—2021.11	
	孙中华	2012.7—2015.8	
	张　晖	2012.11—2015.12	
	王东亮	2012.12—2020.5	
	赵二宏	2013.8—2017.8	
	马冬梅	2013.8—2021.12	
	江行洲	2014.1—2019.10	
	文　辉	2017.4—2018.5	挂职
	朱　彬	2017.9—2020.8	
	东　林	2018.1—2019.2	挂职
	张思远	2020.5—2021.6	
	卢忠宝	2020.11—	
	董一哲	2020.12—	挂职
	缪明生	2021.4—2022.8	挂职
	唐永明	2021.11—	挂职
	贺　波	2021.11—	
	徐小苏	2021.11—	
	安军伟	2022.11—	
主任助理	周灵群	2012.7—2013.1	挂职

二、管委会职能部门

（一）经济发展局

负责组织编制新区经济和社会发展的中长期规划、年度经济和社会发展计划；负责经济运行分析统计和高质量考核工作；负责固定资产投资项目审批和监督管理；负责组织实施国家各项重大普查及抽样调查，组织实施各专业统计数据的收集、汇总、分析、上报；负责价格管理和调控监审工作；负责推进高新技术产业、新兴产业发展，组织国家、省市专项计划项目的申报、实施和督查；负责国家、省市各级研发机构的建设、推进和申报管理，推进企业产学研合作和科技成果转化；负责营商环境培育和管理工作；完成党工委、管委会交办的其他工作事项。

（二）环境保护局

负责编制新区环境保护发展规划、工作计划并监督管理生态环境建设；负责提出环境保护领域固定资产投资规划和方向、财政资金安排意见；负责建设项目环评审批和生态环境准入的监督管理；负责环境监测体系建设，开展环境监察和环境应急，指导企业开展隐患排查治理；负责海洋生态环境监管、调查评价工作；负责污防指办、湾长办、综禁办日常业务工作；完成党工委、管委会交办的其他工作事项。

（三）建设局

负责参与编制新区国土空间规划、控制性详细规划和相关专项规划并监督实施；负责建设工程行政审批及事中、事后监管工作；负责建设工程消防设计审查、验收、备案工作，负责住房保障及棚户区改造工作；负责城镇供水、排水、燃气、人防、地震、气象工作；负责城市园林绿化监督管理工作；负责政府投资工程集中组织建设及市政公共基础设施委托管理工作；负责住建、交通以及石油化工项目建设工程质量、安全、环保工作；负责土地、房屋征收和招投标管理办公室日常业务工作；完成党工委、管委会交办的其他工作事项。

（四）财政局

负责组织编制新区财政预算并组织实施，以及新区预决算公开、部门预算审核、批复和预算追加；负责政府隐性债务管理、平台公司经营性债务管控、防范化解地方金融风险相关工作；负责国库资金调度、预算资金收支结算工作；负责财政性资金、社保基金使用监督管理，非税收入分解缴库、非税票据管理工作；负责政府采购、预算绩效、政府与社会资本合作（PPP）和会计管理工作；负责国库集中支付、财政专户和行政事业单位国有资产管理工作；负责企业国有资产监督管理和国有企业高质量发展考核工作；负责牵头组织相关部门依法排查非法集资、促进地方金融发展工作；完成党工委、管委会交办的其他工作事项。

（五）社会事业局

负责编制全区社会事业发展中长期规划和年度计划并组织实施；负责教育管理与发展规划、校园安全稳定、体卫艺教育、信息化建设、教育教学研究、社会教育、教育督导、关心下一代工委工作。负责卫生健康、疾病预防控制、卫生监督、红十字会、环境卫生、爱国卫生运动、职业病预防、医疗保障等工作；负责农业农村、耕地、林业、渔业、动检、农业面源污染治理、乡村振兴等工作；负责水利发展规划、水资源管理、水旱灾害防御、河湖水系及水利工程监管等工作；负责城乡居民最低生活保障、扶贫济困、社区建设、残联、慈善、退役军人事务管理等工作；负责文化、广电、体育、旅游等工作；完成党工委、管委会交办的其他工作事项。

（六）投资促进局（区域合作局）

负责新区年度招商引资目标任务分解并会同各招商主体推进落实；负责组织开展产业项目招

商引资活动、区域合作交流活动，衔接组织招商单位参加市级大型境内外招商活动；负责研究制定招商引资、区域合作政策；负责自贸试验区联动创新发展区及综合保税区建设工作；负责统筹推进区域合作相关工作；负责各专业招商组的统筹管理和服务保障；完成党工委、管委会交办的其他工作事项。

（七）应急管理局

负责应急管理工作，指导开展安全生产、应急救援、防灾减灾、应急物资、预案管理、应急演练等工作；负责安全生产综合监督管理，承担危险化学品、工矿商贸行业和烟花爆竹领域安全生产监督管理、执法检查工作；起草新区应急管理、安全生产和防灾减灾等政策、规划及相关规程、标准并监督实施；负责安全生产、应急救援和防灾减灾宣传教育培训、科普和安全文化建设；依法组织指导生产安全事故调查处理，监督事故查处和责任追究落实情况；承担安全生产委员会办公室日常工作，指导协调、监督检查各有关部门和单位安全生产工作；完成党工委、管委会交办的其他工作事项。

（八）综合行政执法局（市场监督管理局）

负责制定新区市场监督管理规范性文件和措施，并按照国家和省市有关法规组织开展市场监管综合执法工作；负责辖区市场主体登记注册、维护市场竞争秩序、监督管理市场行为工作；负责质量管理和产品质量安全监督管理工作；负责依法对特种设备进行监督管理；负责食品安全监督管理和综合协调；负责统筹协调药品、医疗器械和化妆品经营的监督检查；负责新区管理认证、管理计量、检验检测、标准化和知识产权保护工作；负责牵头组织开展重大联合执法行动；完成党工委、管委会交办的其他工作事项。

（九）行政审批局

负责贯彻落实国家、省市有关“放管服”改革政策部署；负责政务服务大厅制度建设和日常管理考核；负责组织协调开展“一张网”审批和“互联网＋监管”工作；负责对进驻大厅的工作人员培训、管理和考核；负责新区政务服务体系建设、综合管理、业务指导工作；负责 12345 有关工作；完成党工委、管委会交办的其他工作事项。

三、管委会直属单位

（一）投资服务中心

2009 年 10 月，市编委《关于成立连云港市徐圩新区管理委员会（筹）的通知》明确徐圩新区管委会下设投资服务中心，为正科级事业单位，核定事业编制 15 名，其中主任职数 1 名、副主任职数 1 名、专业技术人员 13 名。2016 年 9 月，市编委《关于做好市属事业单位控编减编工作的通知》核定投资服务中心编制 8 名，其中正科级领导职数 1 名、副科级 1 名。

（二）社会事业服务中心

2010 年 9 月，市编委《关于同意成立连云港市徐圩新区社会事业服务中心的批复》核定成立连云港市徐圩新区社会事业服务中心，为正科级事业机构，隶属徐圩新区管委会管理，经费财政全额拨款。核定事业编制 15 名，其中，正科级领导职数 1 名、副科级领导职数 1 名。2018 年 1 月，市编委重新核定社会事业服务中心编制 9 名，其中，正科级领导职数 1 名、副科级 1 名。2019 年 10 月，市委编办批复在徐圩新区社会事业服务中心增挂徐圩新区退役军人服务中心牌子。

（三）人力资源和社会保障服务中心

2018 年 1 月，市编委《关于同意成立连云港市徐圩新区人力资源和社会保障服务中心的批复》同意成立连云港市徐圩新区人力资源和社会保障服务中心，隶属党群工作部（人力资源和社会保障局)管理,机构规格相当于正科级,经费渠道为财政全额拨款。核定编制6名(所需编制从社会事业服务中心调剂解决),其中正科级领导职数1名,副科级1名。公益一类事业单位。

(四)应急救援指挥中心

2020年6月,市委编委《关于同意成立徐圩新区应急救援指挥中心的批复》同意成立徐圩新区应急救援指挥中心,隶属于徐圩新区应急管理局,机构规格相当于正科级,经费渠道为全额拨款,核定编制10名(从市级空编中调剂增加),其中:正科级领导职数1名,副科级领导职数2名,专业技术人员7名。为公益一类事业单位。

四、人事管理

(一)干部人才调进、招录

2009年4月,连云港市徐圩开发建设指挥部成立,从市委、市政府及市投资促进局等单位(部门)划转抽调干部43人。至2019年年底,新区机关、徐圩街道公开招录公务员6人,配备选调生3人,接收并安置军转干部9人,事业单位招录9人。累计从区外调进、招录干部人才501人。

2020—2022年,新区机关、徐圩街道公开遴选公务员3人,配备选调生10人,接收并安置军转干部2人,事业单位招录15人。

(二)人事、薪酬制度改革

2015年,徐圩新区改革用人机制,推行"全员聘用制,岗位工资制",打破身份界限,区管干部、员工与管委会签订聘用合同,根据实际需要确定聘期。管委会在编人员原身份性质、职级、职称、工资标准等保留在个人档案中,在管委会的身份和待遇按被聘用岗位及职务确定。

制定《岗位工资制的实施方案》,人员工资实行12个岗位等级,分别为管委会书记(主任)、副书记、副主任、主任助理,管委会部门正职、副职、助理,高级助理、一级助理、二级助理、三级助理,助理员。

(三)考核工作

徐圩新区开发建设以来,机关事业人员实行年度考核,机关在编人员考核等次分为优秀、称职、基本称职、不称职,考核结果作为评奖评优、职务职级调整参考依据。聘用制人员设置突出贡献奖、优秀奖、嘉奖、基层单位先进工作者奖项,鼓励广大干部职工担当作为。

自2021年始,新区制定综合考核实施办法,充分调动和激发新区管委会广大干部职工干事创业热情,突出重点工作、重大项目建设和急难险重任务,在推进高质量发展、加强党的建设年度成效等方面,着重考核贯彻落实市委、市政府和新区党工委、管委会决策部署,完成年度重点工作任务等情况。加快推进徐圩新区重点项目建设,圆满完成市委、市政府下达的目标任务,努力打造江苏沿海新型工业基地和世界一流石化产业基地。

(四)专业技术人员管理

徐圩新区党群工作部(人社局)主要负责徐圩新区企事业单位的专业技术人员职称初定及中高级职称的审核工作。

2019年度,完成415名企事业单位员工职称初定工作,其中初级职称409人、技术员职称6人。2020年度,完成665人企事业单位员工职称评定工作,其中中级8人,助理级645人,技术员级12人。2021年度,完成1168人企事业单位员工职称评定工作,其中中级11人,助理级1100人,技术员级57人。2022年度,完成1295人企事业单位员工职称评定工作,其中中级25人,助理级1200人,技术员级70人。

2022 年徐圩新区重点企业单位在职人员统计表

表 12－8

<table>
<tr><td rowspan="2">学历层次</td><td>博士及以上</td><td>硕士</td><td>本科</td><td>大专</td><td>中专及以下</td><td>合计</td></tr>
<tr><td>7</td><td>726</td><td>7841</td><td>8164</td><td>3731</td><td>20469</td></tr>
<tr><td rowspan="2">职称等级</td><td>高级职称</td><td colspan="2">中级职称</td><td colspan="2">初级职称及以下</td><td>合计</td></tr>
<tr><td>285</td><td colspan="2">1643</td><td colspan="2">18541</td><td>20469</td></tr>
<tr><td rowspan="2">技能等级</td><td>高级技师</td><td colspan="2">技师</td><td colspan="2">高级工及以下</td><td>合计</td></tr>
<tr><td>76</td><td colspan="2">299</td><td colspan="2">20094</td><td>20469</td></tr>
<tr><td rowspan="2">岗位类别</td><td>经营管理</td><td colspan="2">技术管理/工程管理</td><td>生产操作</td><td>后勤保障</td><td>合计</td></tr>
<tr><td>2109</td><td colspan="2">3907</td><td>11901</td><td>2552</td><td>20469</td></tr>
<tr><td rowspan="2">户籍情况</td><td colspan="3">连云港户籍(含各县区)</td><td colspan="2">非连云港户籍</td><td>合计</td></tr>
<tr><td colspan="3">6758</td><td colspan="2">13711</td><td>20469</td></tr>
</table>

备注:“经营管理”人员涵盖范围:经营管理层、财务、行政、人事、销售、采购、物流等人员;
“技术管理”人员涵盖范围:生产工艺、研发、试验、电气、机械等技术人员;
“工程管理”人员涵盖范围:招投标、工程设计、监理、现场管理、结算、验收等工程管理人员;
“生产操作”人员涵盖范围:主要指在生产厂或车间从事生产操作岗、生产支持岗位的人员;
“后勤保障”人员涵盖范围:保洁、保安、车队、餐饮食宿等后勤服务人员。

第三节　信　访

一、机构队伍

2009 年 10 月 13 日,连云港市公安局成立徐圩新区治安管理办公室,负责日常接待和处理人民群众反映的问题。

2011 年 9 月 14 日,徐圩新区管委会(筹)成立徐圩新区信访工作领导小组,领导小组负责对全区信访工作的统一领导,对各单位信访工作进行监督检查。新区管委会(筹)副主任、纪检组组长封其山兼任组长。领导小组下设办公室,办公地点设在徐圩新区公安分局。

2019 年,新区信访办公室独立设置。按照江苏省创建“人民满意窗口”标准,徐圩新区加大投入,建设总面积近 700 平方米的信访接待中心,规划设置了集来访接待室、视频接访室、律师接谈室、心理咨询室、矛盾纠纷调解室等于一体的信访中心,并设置人民建议意见箱,公布监督电话,虚心接受群众监督,以党员干部的先锋模范作用带动全体人员服务水平的提升。

2019 年年底“人民满意窗口”进行验收工作,徐圩新区信访办荣获 2019 年度全省信访系统“人民满意窗口”称号。

2022 年,徐圩新区信访办有主任 1 名,副主任 2 名、工作人员 2 名。

二、制度建设

2011 年,新区制定《徐圩新区信访工作制度》,确定每月的 15 日、16 日为新区党政领导接访日,新区领导轮流到信访接待中心接待群众来访。按照“谁接待、谁负责”原则,领导接待事项由信访办交办、督办,各责任单位须在 30 日内将交办的处理结果向信访办报结。每月 25 日,为村(居)

委会接访日，徐圩街道联系点领导下到各村（居）委会接访，及时解决群众反映的有关问题。

2013 年，新区管委会制定《关于进一步加强全区信访工作的意见》和《全区建立信访工作责任追究制度》。2014 年 4 月，新区管委会印发了《徐圩新区信访应急处置工作实施办法》。

2017 年，新区党工委、管委会转发《连云港市党政领导干部信访工作责任追究办法》，要求党政干部包案、下访，重大疑难信访案件召开联席会议。

2018 年，新区建立完善信访信用管理制度，扎实开展以“依法信访、理性维权”为主题的信访法治宣传月活动，积极探索访调对接，推动依法分类处理信访诉求。积极推进网上信访建设，优化升级阳光信访系统功能，着力提升网上信访质效，努力让“数据多跑路，群众少跑腿”。

2019 年 8 月，新区管委会制定《全区信访工作绩效考核办法》，将信访纳入年度考核。

2020 年，全面推进信访工作制度改革，新区管委会印发《信访案件领导包案工作暂行办法》《信访工作责任追究办法》，信访工作联席会议印发《关于让群众合理诉求“最多访一次”的实施意见》，切实压紧压实信访工作责任，进一步发挥联席会议的统筹协调和牵头抓总功效。

2021 年，信访工作联席会议常态化运行，信访工作联席会议印发《关于实行信访工作“三函一单”工作机制的通知》《信访工作联席会议议事规则》等文件，联合人社、建设部门出台《关于严厉打击拖欠农民工工资行为的通知》《徐圩新区保障农民工工资支付管理暂行办法》等文件，形成规范化、制度化的信访工作责任体系。是年 7 月，由人社局牵头联合建设、公安、信访等部门在人民来访接待中心成立劳动者维权中心集中办公。

2022 年，以党的二十大营造和谐稳定社会环境为主线，新区管委会印发《关于印发徐圩新区“信访突出问题攻坚化解年”行动实施方案的通知》。中共中央、国务院印发《信访工作条例》于 5 月 1 日起正式施行。围绕贯彻《信访工作条例》，新区信访工作联席会议印发《关于徐圩新区开展〈信访工作条例〉宣传月活动的通知》，引导群众依法、理性、有序、文明信访，努力转变“信访不信法”的观念，营造新区依法文明信访浓厚氛围。

2020—2022 年，徐圩新区实施领导包案化解信访矛盾，落实领导包案责任，党政领导共接访案件 53 起 55 人次，化解率 100%。通过新区党工委、管委会领导接访包案推动重大、复杂、疑难信访问题及时、有效化解，维护社会和谐。

信访办工作人员到园区企业宣传《信访工作条例》（2023 年摄） 信访办 供

三、信访接待及处理

2009—2012 年，徐圩新区治安办共受理信访案件 45 件，接待来访群众 30 件，来访总人数 60 人，化解率 100%。会同徐圩街道、东辛农场等部门化解征地补偿、社会保障问题。

2013 年，新区信访办正式成立，全区共受理信访案件 68 批 624 人次。2014 年，全区共受理信访案件 109 批 1025 人次。2015 年，全区共受理信访案件 61 批 942 人次，化解率 100%。2016 年，全区共受理信访案件 65 起 575 人次，写信 22 起。2017 年，全区共受理信访案件 36 起 142 人次，写信 11 起 11 人次。2018 年，全区共受理信访案件 34 起 175 人次,化解率 100%。协调处理农民工案件 18 起 152 人次,涉及金额 756 万元。

2019 年,全区扎实开展“信访矛盾化解攻坚年”活动,化解市交办的 1 起重点案件,协调处理农民工案件 36 起 325 人次,涉及金额 1500 余万元。

2020 年,全区共受理信访案件 165 起 542 人次,化解率 100%。成功化解 70 起拖欠民工工资款案件。

2021 年,全区共受理案件 128 起 145 人次,分别为来信 8 起 8 人次、来访 20 起 33 人次、领导信箱 69 起 70 人次、网上投诉 31 起 35 人次,化解率 100%。

2022 年,全区共受理信访案件 211 起 242 人次,分别为来信 8 起 8 人次、来访 40 起 56 人次、领导信箱 88 起 88 人次、网上投诉 75 起 90 人次,化解率 100%。

第四节　法　治

一、综合治理

2011 年 8 月 12 日,徐圩新区管委会(筹)成立徐圩新区社会治安综合治理领导小组,加强维护新区社会稳定。新区党组书记、管委会主任石海波兼任组长。

2012 年 2 月 28 日,徐圩新区管委会(筹)成立徐圩新区社会稳定风险评估领导小组,消除矛盾隐患,维护社会和谐。新区管委会副主任乔寿稳兼任组长。

2012 年 4 月 12 日,新区开展领导干部下基层三解三促和大接访活动。是年,新区管委会领导班子成员和各部门、各单位负责人,下基层调研时间不少于 2 个月,徐圩街道办事处领导班子成员下基层调研时间不少于 4 个月,每名领导干部下基层期间,为群众办 4 ~ 5 件实事好事,帮助基层解决 1 ~ 2 个突出问题。

2013 年,新区投资建成主要道路卡口监控系统,云湖核心区已实现全方位的监控覆盖。2015 年,通过升级投入资金,实现三维立体的全景可视化监控。

2013—2015 年,新区开展法治机关创建活动,围绕决策机制、学法机制、行政体制、执法体制、监督机制等工作重点,提高广大干部职工的法律素质,增强依法执政、依法行政、依法办事的能力,全面提升示范区建设水平。

送法下乡活动(2020 年摄)　　政法办 供

2016 年后,严格落实一村(社区)一法律顾问制度,徐圩街道和东辛农场所有村居、社区均配备了法律顾问,实现全区村居法律顾问

100% 全覆盖。

2016—2019 年，新区投入 4500 万元，建设应急救援指挥中心，整合一套集社会治安综合治理、园区交通管理和消防调度指挥于一体的园区警务综合管理系统。以科技创新带动警务工作创新，以资源整合带动警务工作整合，充分发挥政府其他各行政部门、社区联防的力量，形成党委领导、政府组织、公安管理、警民联动、全社会齐抓共管的社会治安综合管理的新局面。

2020—2021 年，成立徐圩新区公共法律服务中心、东辛农场和街道公共法律服务中心，村（社区）均设立司法行政服务站，2023 年成立连云港石化基地公共法律服务中心和云湖社区公共法律服务工作站，为园区企业和职工提供高效便捷法律服务。2021 年，成立徐圩新区法律援助中心，截至 2022 年年底受理法律援助案件 100 件。

2020 年—2022 年，成立徐圩新区党工委政法委员会，全面推进新区政法工作，印发《徐圩新区网格化社会治理建设实施方案》《徐圩新区专属网格建设实施办法》《关于加强新形势下重大决策社会稳定风险评估机制建设实施办法》等文件，着力探索新区网格化社会治理新模式新体系，不断优化网格设置，进一步加强和规范徐圩新区重大决策社会稳定风险评估工作，在设立徐圩街道、东辛农场 33 个综合网格的基础上，设立徐圩港区、产业区、重要生活营地等 28 个专属网格，从源头上防范化解社会稳定风险，维护群众合法权益。

2022 年，新区搭建网格化数字平台，将 61 个网格纳入新区"社会综合治理一体化平台"网络终端，并将涉及社区治理服务的综治、公安、民政、人社、司法、应急救援抢险大队等多个部门信息入口融为一体，涵盖"信息采集、网格巡查、社区服务、党建工作、任务活动"等六大类 22 个业务模块，畅通新区社会治理"最后一公里"。

二、公安

（一）机构与管辖

2011 年 6 月，连云港市公安局徐圩新区分局成立。东辛派出所、辛高圩边防派出所由连云分局划转徐圩新区分局管辖。2013 年 12 月，徐圩港边防派出所成立。2014 年 5 月，原盐场分局徐圩盐场派出所整建制划转徐圩新区分局，后更名为徐圩派出所。2019 年 1 月，边防大队、辛高圩边防派出所、徐圩港边防派出所改制更名为海防大队、辛高圩海防派出所、徐圩港海防派出所。

2022 年，徐圩新区分局内设治安、刑侦、政保、生态环侦等 4 个副科级大队，法制、网安、巡特警等 3 个股级大队，情报指挥室、政治处、纪委等 3 个股级综合机构，下辖东辛、徐圩 2 个派出所，另管有海防大队和辛高圩、徐圩港 2 个海防派出所，共有民警 81 名。

2019 年 10 月，徐圩公安交警保障马拉松赛活动

范俊彦 摄

（二）工作开展

1. 维护社会稳定大局

新区公安分局成立后，围绕重要时间节点、重大活动，成立联合指挥部，制定周密安保方案，提前关注社会动态，研判风险隐患，加强治安管理，先后圆满完成党的十八大、十九大、二十大，中华人民共和国成立

70 周年，建党百年以及全国两会，徐圩国际马拉松，上合组织峰会，全球公共安全合作论坛等重大活动保卫任务，圆满完成国家、省市领导到徐圩视察等重大活动安保任务。

2011—2022 年，新区公安分局重点围绕因征地拆迁、拖欠薪资、合同纠纷等容易引发群体性事件的因素，物建信息员等，组建专班，深度应用基础数据等系统专题库，深入开展矛盾排查工作，及时了解群众意见诉求，协调管委会有关部门，合力开展化解工作，确保矛盾发现在端倪，化解在源头。2022 年，及时化解宝通镍业破产重整等涉众风险 7 个，圆满完成重大安保任务 38 项，有效保障经济发展安全稳定环境。

2011—2022 年，新区公安分局认真贯彻落实省、市公安机关关于加强信访工作的系列部署，抓源头、打基础、强机制、促规范，扎实开展公安信访活动。开展信访突出问题排查化解专项行动，全方位排查各类信访隐患和不稳定因素。坚持领导包案接访，推进多元融合式调解工作，被市委、市政府评为政法综治工作先进单位。

2. 打击违法犯罪

严打突出侵财犯罪。2013 年，新区公安分局针对辖区盗窃“三车”等侵财性案件高发实际，成立专案组，重点围绕案件高发区域进行蹲守布控，成功打掉 3 个盗窃团伙，破获“三车”、入室盗窃等案件 17 起。2016 年，分局针对辖区盗窃电动车及电瓶案件高发的实际，抽调精干警力组成专案组全力攻坚，通过视频追踪、蹲点守候等手段，成功打掉盗销电瓶车团伙 3 个，破获系列盗窃电瓶车及电瓶案件 35 起，涉案价值 4 万余元，多次举行追缴被盗车辆返还仪式，向受害群众返还一批被盗电动车及电瓶，受到辖区群众的好评。组织发起“护航 2022”打击涉企侵财案件专项行动，破获盗窃企业电缆线、铜板案件，涉案金额 100 余万元，抓获犯罪嫌疑人 5 名，有力维护地区经济发展环境稳定。2021 年，加强专案集成打击，抓获王某佳等 5 名诈骗主犯及李某卫等 3 名帮信嫌疑人。

快侦快破大要案件。2014 年，新区公安分局破获刑事案件 14 起。2015 年，破获刑事案件 71 起。2017 年相继破获“2・25”港前大道滋事案等重大案件。2019 年，相继侦破多起社会影响较大案件。2022 年，破获刑事案件 395 起，破案率 49.4%。

严打黄赌毒违法犯罪。2014 年，新区公安分局打掉卖淫窝点 2 个，打掉聚众赌博窝点 12 个。2015 年，共查处各类赌博案件 41 起、卖淫嫖娼治安案件 3 起。对涉毒违法犯罪活动始终保持高压态势，集中优势力量，强力攻坚，合力突破。2016 年 9 月，在市局禁毒、技侦等部门的合力配合下，分局成功侦破公安部目标案件，严厉打击了涉毒犯罪。2020 年，破获“8・11”组织卖淫案，打掉组织卖淫团伙 1 个，抓获组织卖淫犯罪嫌疑人 5 名、卖淫嫖娼违法行为人 13 名。深化扫黑除恶专项斗争，批捕“套路贷”犯罪嫌疑人 1 名，移诉聚众斗殴案一案 3 人，采取强制措施寻衅滋事案一案 2 人。严密措施禁种铲毒，全面踏勘检查，无人机航拍巡查，加大禁种铲毒宣传力度，铲除罂粟原植物 13 棵，处罚种植罂粟违法行为人 1 名，罚款 500 元。2022 年，侦破部督“12・24”跨境赌博等大要案件，抓获违法行为人 336 名、犯罪嫌疑人 219 名。

开展扫黑除恶专项斗争。2017—2019 年，新区公安分局根据上级部署，全力深化扫黑除恶专项斗争，落实连云区检察院、公安分局联合印发的《关于加强涉黑涉恶案件办理实施意见》，建立完善涉黑涉恶案件快速打击、信息互通、提前介入、标志明示、全程跟踪、联席会议 6 项机制，为快速、精准打击黑恶势力提供保障。全区涉恶案件全破，侦破市挂牌案件 1 起，打掉涉恶团伙 4 个，生效判决 40 名涉恶犯罪人员。2020 年，批捕“套路贷”犯罪嫌疑人 1 名。

严打食药环违法犯罪。新区公安分局深入开展“利剑”“清水蓝天”等专项行动。2019 年，抓获“食药环”犯罪嫌疑人 32 人，移诉 21 人。加大疑难案件攻克力度，盯线不放，历经两年，先后打掉制假酒窝点 7 个，抓获犯罪嫌疑人 14 人，挽回企业经济损失 1000 余万元。开展“昆仑 2022”专项行动，侦破食药环案件 7 起，严厉打击近海非法捕捞、放射源污染等犯罪活动；保持禁毒高压态势，侦破涉毒案件 1 起，抓获涉毒人员 10 名。

3. 护航新区开发建设

严打涉企违法犯罪活动。新区公安分局严打合同诈骗、盗窃等直接侵害民营企业合法权益的犯罪行为，营造良好营商环境。围绕辖区企业、群众反映较为强烈的民生案件、侵财案件，组织发起"护航 2022"打击涉企侵财案件专项行动，连续打掉盗销盛虹炼化生产原材料等案件团伙 6 个，串并盗窃案件 220 余起，追缴赃款 300 余万元。侦破合同诈骗、职务侵占等系列经济案件，为辖区企业挽回直接经济损失 9000 余万元。

持续强化公共安全监管。2020 年，新区公安分局强化新冠疫情防控，搜集汇总研判运用相关数据信息，过筛检查，分类预警，指导企业落实分类管理。新区 11 家规上企业、列入市级重点的 53 个项目全部复工复产，是全市最先实现全部复工复产的地区。对辖区公共安全监管目标和各种可能影响公共安全的问题隐患进行整改，整改危管、治安、消防、房屋、电气等安全隐患 1935 个，依法办理非法储存、购买、运输危险物质（液化气、烟花爆竹、散装汽油）行政案件 9 起，行政拘留 7 人，收缴烟花爆竹 75 箱、液化气罐 13 个、散装汽油 285 升。

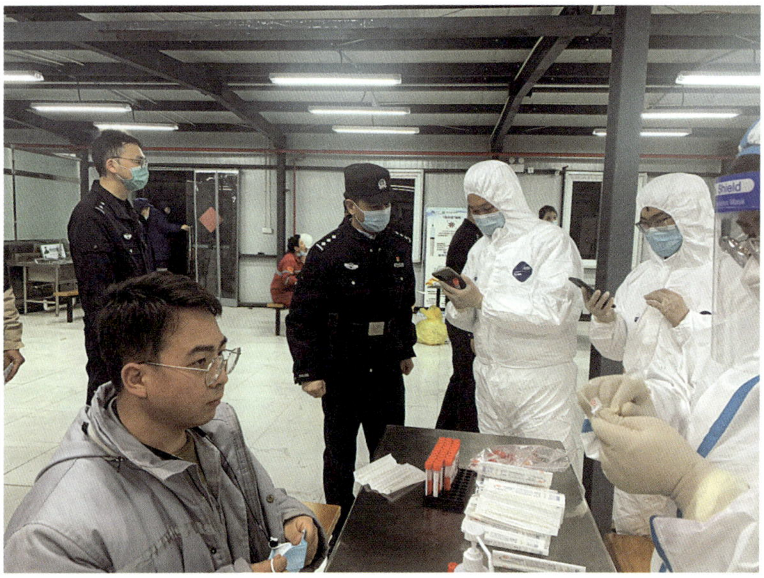

2022 年 3 月，徐圩公安现场开展疫情防控工作

公安分局 供

2022 年，重点加强危化品监管，组织对 22 家易制爆、23 家易制毒、6 家剧毒品化学品、6 家放射源企事业单位进行 4 轮检查，登记放射源 139 个，整改问题隐患 73 个、处罚问题单位 5 家；加强群租房监管，严格按照"五清"要求，集中清理工人集宿区消防、电气隐患 103 个，现场处罚 5 家；加强校园安全监管，推动校园视频监控、一键报警 100% 接入公安网，落实"护学岗"措施，严防事故发生。加强水域安全监管，开展港船巡查、"三无"船舶整治等行动，查处无证驾驶等违法行为人 13 名，收缴拆解"三无"船舶 17 条，新登记船民 650 人。

4. 加强基层防控治理

优化动态巡逻防控机制。新区公安分局强化"1、3、5 分钟"快反机制，划分巡防区、布建数字卡口，加强对党政机关、医院学校、石化产业、港口物流等人员密集场所、重点目标单位的保卫，围绕重点时段、重点区域开展针对性巡防工作，有效震慑违法犯罪。开展"亮警灯"行动，提升夜间见警率，有效压降街面、工区警情案事件。新建盛虹生活营地中心警务站，形成"1 + 9"警务站网，建立"民警 + 辅警 + 义警 + 网格 + 治保力量"联防联控机制。推进"智慧工区""智慧小区"建设，创新建设企事业单位技防网，打造石化园区立体化防控体系。2021 年，划分重安防、中安防、轻安防"三防区"和石化园区、东辛农场场部、管委会行政圈"三巡逻区"，依重点布设"四纵四横"巡防网，每天三分之一警力和 5 辆巡逻车分类分级在路上巡、面上巡、点上控，切实提高见警率、管事率。

持续大力推进治安整治。新区公安分局推进争创"枫桥式公安派出所"活动，推动"警格 + 网格”双网融合，社区民警全部进村或社区班子任职，深入推进基础管控集中攻坚，全面加强出租房屋、流动人口、寄递业网点、易制爆、中小学幼儿园等方面管理。2020 年，依法办理非法储存、购买、运输危险物质行政案件 9 起，行政拘留 7 人。部署开展夏日治安打击整治行动，针对园区突出治安乱点问题，研究制定专项整治方案，加强旅馆、KTV、酒吧等重点部位、重点时段的治安巡防，从严查处无证经营、有偿陪侍等违法行为，有效整治治安突出问题。2021 年，采集更新金融网点、企事业单位、学校、居民小区等重点部位视频监控点位，新建电子围栏设备、监控、结构化枪机、球机、高空球机、全景球机、卡警，升级分局情报中心及东辛、徐圩派出所指挥大屏，建成图控中心、一键点调、视频会议系统以及一套 350 兆数字集群指挥网。2022 年，规划建设警网融合惠民中心、警企联动服务中心，重新划分社区网格和企业网格，建成 10 个生活营地警务站，推行临港产业区封闭管理和人口实名制管理，初步构建“5 分钟”警务核心圈。

三、交警

（一）机构与管辖

2017 年 3 月，交警徐圩新区大队成立，是连云港市公安局交通警察支队下属的正科级单位。大队内设直属中队、徐圩中队、东辛中队和事故中队 4 个中队，2022 年有民警 18 人、辅警 52 人。

风雪中的坚守（2023 年）　　徐圩交警大队 供

（二）工作开展

服务保障新区开发建设 2018 年 9 月，总投资额 330 亿元的卫星石化项目启动，每天 1 万余辆次工程车往返 36 公里运输回填土，引发新区多条道路拥堵。交警徐圩新区大队会同有关部门研究制定运输方案，历时 6 个月圆满完成回填土运输交通任务，保障了卫星石化项目顺利开工建设。2020 年 3 月，新区印发《石化基地施工交通安全管控方案》，交警徐圩新区大队积极组织实施，加强石化基地 24 小时交通安全管控，有效应对新区产业项目建设高峰期交通安全管控风险。2020 年 5 月，新区印发《228 国道徐圩段交通安全管控方案》，投资 4000 余万，将 228 国道打造成为全省交通管理智能化样板路。2021 年 6 月，交警徐圩新区大队牵头制定新区通勤交通组织方案，较好地解决了盛虹炼化大规模施工工人集中过街的安全问题。至 2022 年，交警徐圩新区大队累计完成大件运输保障任务 325 件次，完成各类交通警卫任务 251 次；查处交通违法 12.2 万余起，办理刑事案件 126 起，行政案件 2219 起，移送起诉 124 人，行政拘留 31 人，吊销驾驶证 268 本。交警徐圩新区大队先后两次被市委市政府评为全市安全生产先进单位，涌现出全省交警系统执法示范岗标兵郑建乐、新时代江苏公安交警十大辅警标兵孙晖等先进典型。

强化体制机制创新 交警徐圩新区大队成立后，全力推动交通安全设施与新建、改建道路同步规划、同步设计、同步建设、同步验收的“四同步”机制，变末端管理为前端治理，确保道路在建成使用之前解决问题，消除安全隐患。2019 年 6 月，新区成立徐圩新区交通安全委员会，制定出台交通安全联席会议制度，建立健全定期会商、联动监管等机制。2020 年 12 月，建成徐圩新区危化品运输智能指挥调度平台，危化品运输管理的科技化水平得到有效提高。2021 年 1 月，建成全市第一个感应式绿波控制系统，新区交通安全警卫工作的智能化水平得到提升。至2022年，交警徐圩新区大队累计推动25条168公里新建道路落实“四同步”机制，推动盛虹云海湾等18个项目开展交通影响评价。

抓好道路交通安全管理 交警徐圩新区大队成立后，以228国道、242省道、徐新路以及石化基地周边的港前大道、苏海路等主要道路为重点，持续不断地开展交通安全隐患排查整治。组织警力深入盛虹、卫星、斯尔邦以及其他重点运输企业开展道路交通安全大检查，督促企业严格落实交通安全主体责任，帮助企业合理规划功能区，细化内部交通组织，做好内外交通衔接。2020年6月，在242省道增设信号灯和监控3组，改造、归并交叉口、开口、接道口14个，移除修剪影响行车视距的绿化带17处。至2022年，累计深入企业开展检查390余次，与企业负责人签订安全责任书280余份，指导企业建设内部停车场11个，安装交通标志标牌857个；累计查处、驱离国省道等重点道路夜间违停货车2180余辆，查处酒驾、醉驾246起，无证驾驶398起，货车超载869起；深入重点场所开展宣传活动310余次，签订安全责任书1850余份，发放交通安全宣传单9.8万余张，受教群众达6.1万余人次。

四、检察

2018年3月28日，连云区检察院派驻徐圩检察室更名成立，主要职能包括刑事监督、基层犯罪预防社会化工作等，还包括“护企”等特色职能。共有检察人员6人。

至2019年年底，徐圩检察室审查批准逮捕新区刑事案件64件、起诉142件，参与信访件调查16件。开设“农村法律大讲堂”，开展普法活动30余场次。聘任29名干部和群众担任检察联络员，畅通服务群众渠道。常态化开展“服务企业大走访”活动，帮助企业协调解决困难5个，编印《检察官告诉您之——如何防范企业经营法律风险》，开展法治讲座30余场次。与环保等部门合作，成立全国首家“生态环境保护指挥中心”，充分利用公诉、执法监督手段，织密生态环境保护网。

2020年，徐圩检察室协助徐圩新区解决新上工业项目环保容量问题，通过诉前检察建议形式，督促相关单位将养殖模式落后的养牛场搬迁后集中养殖，推动污染超标的水产、畜禽养殖业治理出清。积极开展领导班子定点联系民营企业活动，共走访企业20余次，收集意见建议30多条，通过法治讲座、检察建议等形式，帮助企业解决困难16个，助力企业健康发展。

2021年，徐圩检察室精心服务企业健康发展。成立“护航民企”工作专班，主动走访企业20多次，举办法治讲座30多次，帮助企业解决困难20多个。积极推进涉案企业合规改革试点工作，联合区工商联等7家单位，成立管理机构并制定配套工作规则，帮助企业合规守法经营。

2022年，徐圩检察室有关工作获得连云港市委、市检察院、徐圩新区管委会领导批示4次。共受理徐圩新区公安分局和徐圩新区交警大队提请批准逮捕案件12件17人，受理移送审查起诉案件72件90人，依法向法院提起公诉55件62人，有力打击了涉企刑事犯罪，维护了良好的营商环境。践行新时代“枫桥经验”，保障徐圩新区企业务工人员合法权益，办理支持起诉28起企业农民工讨薪案件。

五、法庭

2016年6月6日，经江苏省高级人民法院批复，同意设立连云港市连云区人民法院徐圩新区人民法庭，受理徐圩新区、东辛农场等行政区域内的有管辖权的民商事一审案件，提供调解、审判等司法服务，徐圩法庭是连云港地区特色鲜明的沿海开放人民法庭。

2017年8月15日，徐圩新区人民法庭人员正式配备到位并开始案件审理工作，共有审判人员

3 名（员额法官 3 名）、书记员 4 名、法警 3 名、驾驶员 1 名、组建审判团队 1 个。

2019 年，在法庭诉讼服务中心建立涉重大项目、重点工程立案“绿色通道”，设置专人导诉，优先立案；依托“江苏微法院”“诉讼服务网”“12368 诉讼服务热线”等线上平台为涉重大项目、重点工程案件提供“一站通办、一网通办、一次通办”诉讼服务；妥善审结涉盛虹炼化一体化、徐圩石化产业园等重大项目、重点工程案件 319 件，解决争议标的额约 12 亿元。

2020 年，徐圩法庭受理各类民商事案件 468 件（新收 411 件），审结 420 件，涉案标的约 12 亿元，结收案比为 102.19%，案件平均审理周期也较上年有大幅缩短。其中，妥善审结涉各大板块、园区重大项目、重点工程推进过程中土地征用、房屋拆迁、建设工程等案件 77 件，解决争议标的额 2.8 亿元，保障盛虹炼化一体化、徐圩石化产业园、上合物流园等重点工程顺利实施。同时，做好徐圩新区交通巡回法庭前期司法调研工作，为早日实现徐圩新区道交一体化不断总结经验。

2021 年，受理各类民商事案件 731 件，审结 681 件，涉案标的约 2.4 亿元，结收案比为 87.01%，居全院前列，案件平均审理周期较上年大幅缩短。3 月 1 日，法庭审结的原告某化工公司与被告某合金公司、第三人某公司买卖合同纠纷案，入选连云港法院商事审判（2018—2020 年度）十大典型案例，另有一篇案例获全市法庭优秀法律文书二等奖。

2022 年，徐圩法庭受理各类民商事案件 756 件（含旧存 135 件），审结 634 件，结收案比为 102.09%，涉案标的约 3.8 亿元，案件平均审理周期较上年大幅缩短。其中，审结涉各大板块、园区重大项目、重点工程推进过程中土地征用、房屋拆迁、建设工程等案件 200 件，解决争议标的额 1.8 亿元，保障盛虹炼化一体化、徐圩石化产业园、上合物流园等重点工程顺利实施。依法审理婚姻家庭、人身损害赔偿等涉民生案件，依法维护新区群众合法权益。对建设工程施工案件审理机制进行探索创新，按照与江苏省“一带一路”法律服务研究中心签订的《合作框架协议》，扎实推进建设工程案件实践基地建设，依照《建设工程合同纠纷专家调解规则》，推动建设工程案件有序进入调解程序。

第五节　群众团体

一、徐圩新区总工会

（一）机构

2015 年 9 月 16 日，徐圩新区召开工会第一届第一次代表大会。根据《中华人民共和国工会法》《中国工会章程》的有关规定，选举产生第一届委员会和经费审查委员会，江行洲当选徐圩新区总工会主席。2022 年，新区总工会下辖乡镇（街道）总工会 1 个、机关工会 1 个，企事业单位和社会组织工会 14 个。

（二）组织建设

新区总工会根据新区发展需求，紧跟招商引资步伐，从无到有，积极开展工会工作。2019 年，全区建成的工会组织有 12 家，其中 11 家基层工会组织、1 家基层以上工会组织，共发展工会会员 7035 人。2022 年，全区建成的工会组织有 16 家，其中 15 家基层工会组织、1 家基层以上工会组织，共发展工会会员 13066 人。累计聘用工会社会化工作者 6 名，工资集体协商指导员 3 名，增强工会组织群众属性，提高服务基层能力。在非公企业中推行党工组织负责人“一肩挑”，把工建融入党建“大循环”，探索党工共建“双循环”“党建产改工建”联动工作机制。

（三）评先评优

2015—2019 年，新区总工会向上级工会成功申报省、市级工人先锋号，五一劳动奖状和民主管理示范单位等先进集体 25 家，其中斯尔邦丙烯腈事业部荣获国家级工人先锋号的称号，有省、市级劳动模范 5 名，省、市级五一劳动奖章等先进个人 16 名。指导园区企业成功创建“徐聆溪劳模创新工作室”“何烽劳模创新工作室”2 个市级示范引领阵地。成功培育申报职工科技创新成果 6 个、职工先进操作法 4 个。2022 年，新区总工会向上级工会成功申报省、市级工人先锋号，五一劳动奖状和民主管理示范单位等先进集体 34 家，有省、市级劳动模范 9 名，省、市级五一劳动奖章等先进个人 26 名；成功培育申报职工科技创新成果 27 个，职工先进操作法 17 个。

2020 年 10 月，洋井集团工会举办拔河活动

洋井集团 供

（四）职工培训

2015—2019 年，新区总工会根据园区化工行业特点，结合工会安全生产相关工作要求，面向所有驻区企业班组一线技术产业工人，重点举办了化工安全类、综合能力提升类、岗位技能类和“互联网 + ”等专项培训班，完成培训 910 人次。畅通企业职工参加省市各种专业技能提升培训渠道，鼓励产业工人通过培训提高专业技术水平，在职完成学历提升。五年来新区总工会成功向上级工会申报职业培训补贴人员 380 人、申报市级职工学历教育补贴人员 51 人，为取得技术等级证书或学历提升证书的职工争取职业教育培训补贴 22 万元。至 2022 年，新区总工会完成培训 1300 余人次，向上级工会申报职业培训补贴人员 690 人，申报市级职工学历教育补贴人员 200 人，为取得技术等级证书或学历提升证书的职工争取职业教育培训补贴 38.7 万元。

（五）职工权益保障

新区总工会贯彻落实习近平总书记关于群团改革的重要指示精神，以开展产业工人队伍建设改革为年度工作主线，广泛开展集体协商，指导驻区企业开展厂务公开等民主管理工作。落实集体合同签订工作，指导盛虹石化集团成功签订“1 + 3”合同，并在新区人社部门落地备案。自 2018 年起，推广连云港市互助互济保障计划，强化职工健康保障意识。至 2022 年，新区共有 3000 余名职工成功参保，36 名患重大疾病职工从中获得大病补贴近 20 万元。新区总工会共筹措资金约 50 万元面向新区“苦、脏、累、险”一线职工，省、市级劳模，各单位先进工作者，分批次开展职工疗休养活动，共有 298 名职工通过疗休养放松身心，获得真真切切的幸福感。

新区总工会每年定期开展“四送”活动，即春季送岗位，夏季送清凉，秋季送助学，冬季送温暖走访慰问常年奋战在一线岗位的职工，协助解决入区企业异地在职职工家属就业和子女就学问题。对接全市相关房地产公司协调购房优惠政策，解决职工购房需求。

（六）特色品牌、活动创建

2015—2022 年，新区总工会不断加大对职工活动的投入，积极组织职工参与上级工会开展的各项文体活动。在新区基层工会的鼎力支持和职工的顽强拼搏下，新区各代表队先后摘得连云港市全民健身运动会县区组三大球桂冠,共斩获团体类奖杯、奖牌36个。针对新区职工特点,不断探索多元化活动的可能性,努力培育新区特色品牌。依托"安康杯"平台,创新举办安全生产"一站到底"知识竞赛、安全生产趣味运动会、隐患在身边等品牌活动,累计参与职工超万人,共查找改正隐患2000余处。其中方洋集团获评江苏省"安康杯"竞赛优胜单位,江苏虹港石化PTA一部精制车间甲班获评江苏省"安康杯"优胜班组。举办多期"带着爸妈(子女)看徐圩"关爱亲属体检活动和"我与徐圩共成长"等主题亲子夏令营活动,举办青年职工电竞争霸赛,正面引导职工合理的兴趣爱好。携手市总工会成功打造"中国梦 劳动美 徐圩情"文艺演出下基层活动。打造"缘聚徐圩"青年职工交友品牌,开展"邂逅花开""相约盛夏""海'石'山盟 缘聚徐圩"等主题交友活动19期,为800余名单身职工提供交友机会,疫情防控期间探索线上交友新模式,线上线下互联互通,"防疫不防爱",为新区青年职工拓展交友渠道,解决产业工人婚恋问题。

至2022年,推动新区10个女职工康乃馨服务站、爱心母婴室提档升级,成功打造市级首批隔断分离式女职工多功能关爱室示范点,在全区范围内陆续建成投入使用6个,将女职工"五期"特殊保护做实做细,切实维护女职工合法权益。

二、共青团徐圩新区工作委员会

(一)机构

2012年12月26日,中国共产主义青年团徐圩新区工作委员会(简称新区团工委)成立。

2012—2022年中国共产主义青年团徐圩新区工作委员会人员任职表

表12-9

职　务	姓　名	任职时间
书　记	安军伟	2012.12-2017.11
	杨　轩	2018.9-2021.12
	朱文凯	2022.9-2022.12
副书记	于　强	2012.12-2021.1
	李　昂	2019.5-2021.1
	朱文凯	2021.1-2022.9

(二)团组织建设

团员概况。2017年,生物中专、东辛农场中学共青团工作纳入徐圩新区团工委管辖范围,2017年至2022年共发展团员755名,其中2017年255名,2018年106名,2019年44名,2020年85名,2021年170名,2022年95名。2022年,新区团员共4714人,非公企业领域团员3806人,占比80.74%;国有企业领域团员575人,占比12.20%;学校领域团员206人,占比4.37%;街道领域团员127人,占比2.69%。

团组织概况。2019年,新区共有下级组织43个,其中团委5个,团支部38个。其中非公企业团支部12个,占比31.58%,村(社区)团支部5个,占比13.16%(流动团支部1个,占比2.63%);学校团支部21个,占比55.26%。新区17家非公企业中,盛虹石化集团有限公司、连云港石化有限公司已设立团组织。其中盛虹石化集团团委下设7个团支部,共有团员898名;连云港石化有限公司团委下设5个团支部,共有团员216人。2022年,徐圩新区团工委共有下级组织223个。其中团委13个,团总支29个,团支部172个。其中非公企业团组织155个(团委5个,团总支24个,团支部126个),占比69.51%,村(社区)团支部8个(流动团支部4个),占比3.59%;学校团支部20个,占比8.97%。新区17家非公企业中,盛虹石化集团有限公司、连云港石化有限公司已设立团组织。其中盛虹石化集团团委下设7个团支部,共有团员898名;连云港石化有限公司团委下设5个团支部,共有团员216人。

团干部概况。2019年,新区团干部共65人,其中专职团干部1人,兼职团干部64人。2022年,新区团干部共539人,其中非公企业团干部345人,学校团干部52人。

(三)学习教育

2012年,新区团工委组织学习胡锦涛总书记在纪念中国共产主义青年团成立90周年大会上的重要讲话精神。2013年,组织学习习近平总书记在同各界优秀青年代表座谈时的重要讲话精神。2014年,组织学习习近平总书记系列重要讲话精神及总书记在北京大学师生座谈会上的重要讲话精神。2015年,组织学习党的十八届五中全会精神。2016年,组织学习习近平总书记在知识分子、劳动模范、青年代表座谈会上的重要讲话精神。2017年,组织学习《共青团学习贯彻党的十九大精神实施方案》。2018年,组织学习《共青团中央贯彻落实中央八项规定实施细则精神的办法》。2019年,组织学习《“美丽中国青春行动”实施方案(2019—2023年)》;组织青年职工参与“青年大学习”网上主题团课,推动习近平新时代中国特色社会主义思想在青年中入耳入心,引导广大青年不忘初心、牢记使命。

2020年,新区团工委推进“青年大学习”网上主题团课学习活动开展,动员各基层团组织深入学习习近平新时代中国特色社会主义思想和党的十九大精神,持续抓好青年团员思想引领。2021年,深入研读习近平《论中国共产党历史》《习近平新时代中国特色社会主义思想学习问答》《中国共产党简史》,用好《中国共产党的一百年》《中华人民共和国简史》《改革开放简史》《社会主义发展简史》等重要参考材料,推动青年将学习成果转化为工作成效,以优异的成绩向建党100周年献礼。

2022年,新区团工委牵头新区各企事业团组织,组织团员青年集中观看中国共产党第二十次全国代表大会盛况,认真学习领会习近平总书记的报告,青年们对于十八大以来全党全国的伟大变革有了进一步的了解,在全面建设社会主义现代化国家、全面推进中华民族伟大复兴的征程中奋勇前行。

2022年,新区团工委组织开展“青春建功在一线”活动

团工委 供

(四)主题活动

强化思想引领。新区团工委成立后,紧抓青年思想引领工作,扎实推进“青年大学习”网上主题团课学习,平均参学率保持70%以上,多次受到团市委点名表扬。以新中国成立70周年、“五四运动”100周年等重要节点为契机,以学校、非公企业团组织为主要阵地,广泛开展系列主题教育实践活动,突出仪式教育的感召作用,坚定青少年理想信念。积极承办“青春心向党建功高质量”——纪念

“五四运动”100周年暨“新时代青年行”走进徐圩新区专场分享会，200位来自市级机关、市青联、市青商会、市青年创新创业促进会和各大高校的优秀青年精英走进徐圩新区产业一线，分享交流各自领域的艰苦创业历程。

聚焦青年需求。新区团工委成立后，先后对接市开发区、海州区、716研究所、市第一人民医院等优秀青年资源，共同策划开展“缘聚徐圩”主题婚恋交友活动15次，成功组织新区管委会、方洋集团、盛虹石化、卫星石化等单位青年1000余人次参加婚恋交友活动，为优秀青年人才扎根徐圩、奉献徐圩提供生活服务，取得了较好效果。围绕石化等新区主导产业，组织新区团员青年开展创业培训，并积极组织他们参加全市青年电商、微商系列培训，化解企业用工需求和青年结构性失业难题，为青年就业选岗创造更多机会。大力举荐虹港石化、斯尔邦石化、卫星石化等企业优秀青年参加全市“青创”大赛，积极开展“我与总经理谈创业”“共话徐圩发展”等主题交流活动，营造了浓厚的创业氛围。2022年联合投服中心、社服中心、徐圩街道等相关部门单位，针对新区产业职工现状、职工子女教育等方面广泛开展普查调研，通过问卷填报、实地走访、抽样调查等形式，共计回收调研结果近4000份，重点围绕住宿、交通、商业、医疗、人才发展等八大板块梳理问题62条，第一时间上报新区党工委并对接责任主体，反映并协调解决相关问题，进一步加强和改进服务保障能力，切实提高职工满意度和幸福感。

夯实基层团建。新区团工委成立后，加强非公企业团建始终是团工委的重点工作。至2022年年底团组织已覆盖盛虹石化集团有限公司、连云港石化有限公司、番禺珠江钢管（连云港）有限公司、连云港鹏辰特种新材料有限公司，正在积极推进思派新能源科技有限公司，江苏赛科化学有限公司团组织搭建。坚持基层实践与理论提升相结合，深入开展共青团干部培训工作，组织新区广大团干部参加省市团干部专题培训，使各级团干部能够准确把握青年热点、紧跟时代步伐，不断提升作为“青年队长”服务青年的能力。

三、徐圩新区妇女联合会

（一）机构

2014年8月，徐圩新区妇女联合会（简称新区妇联）成立。

2014年11月6日，徐圩新区妇女第一次代表大会在产业服务中心召开，新区各界妇女代表60人参加会议，选举产生第一届妇女执行委员会委员、常委、副主席和主席，大会选举沈光萍为主席，戴艳姗、陈海萍为副主席，蒋笑秋、陈宥蓁、熊文婷、李宁4人为常委，执委人数共计19人。

2019年12月6日，徐圩新区妇女第二次代表大会在产业服务中心九楼会议室召开，大会应出席代表60人，实到54人，符合规定要求，经大会选举，沈光萍当选为徐圩新区第二届妇联主席，陈海萍、魏加莲当选为副主席，王艳玲、刘立立、杨文爽、陈宥蓁4人当选为常委，执委人数共计19人。

2021年4月7日，徐圩新区妇联第二届第三次执委会召开。经过增补，蒋笑秋当选为主席，张永慧、魏加莲当选为副主席，王艳玲、刘立立、杨文爽、张妍4人当选为常委，执委人数共计19人。

（二）组织建设

基层妇女组织　新区妇联下辖徐圩街道1个街道妇联。2014年9月，徐圩街道妇联成立，徐圩街道下辖的香河村和东陬山村2个村建立妇代会，辛高圩社区和张圩社区建立妇联，组织健全率达100%。2016年12月，徐圩街道香河村和东陬山村2个村“会改联”工作完成。2018年6月28日，辛高圩社区妇联完成换届。2018年6月29日，张圩社区妇联成立。2018年10月31日，徐圩街道妇联换届完成。

2022年11月1日，云湖集团第一次妇女代表大会。33名代表参会，差额选举产生由11名执委组成的第一届妇联执行委员会。经第一届妇联执行委员会第一次全体委员会议无记名投票选举严寒同志为妇联主席拟任人选。

妇女干部配备 2019年6月，新区管委会女性干部占比30%，其中97%为本科及以上学历，街道正职干部中女干部比例为33%，村委会成员中女性比例为40%。2022年，新区党政领导班子中有1名女干部，工作部门领导班子中配有女干部的班子比例为11.11%，徐圩街道正职为女领导干部。4名村(社区)党组织书记中，女性书记1名，4个村(社区)妇联主席均进"两委"班子。

区妇联组织青年联谊活动(2023年摄)　　新区妇联 供

(三) 妇联工作

妇女发展创业 新区妇联每年度组织开展考察学习、实践培训、知识讲座等多种形式的妇女素质提升活动，新区巾帼培训基地每年度保障培训6场次，女性受众约300人次。常态开展"缘聚徐圩"职工联谊沙龙、"感受幸福生活 做新时代女性"主题系列培训、"文博"系列公益培训、"巾帼大讲堂"等主题讲座，为服务新区产业发展营造了良好的软环境。

妇女权益维护 新区妇联实施"巾帼维权行动"，切实履行维护妇女权益职责，不断扩大农村妇女"两癌"免费检查覆盖面，持续实施"单亲特困母亲救助行动"等公益项目。妇联联合民政、公安、检察院等部门广泛开展普法宣传，大力实施"婚姻家庭健康工程"，开展婚姻家庭健康大讲堂、普法宣传等，使妇女在人身、婚姻、财产等方面的权益得到维护。"十四五"以来，获得法律援助的女性1人，妇女法律知识普及率为90%，获得司法救助女性4人。

妇女家庭建设 新区妇联深入推动家庭家教家风建设，充分发挥妇女在新时代家庭建设中的伟大作用，新区共培育市级最美家庭、文明家庭、五好家庭、农家示范户56户，徐圩新区郑大双家庭荣获2020年"江苏省抗疫最美家庭"称号。每年针对单亲特困母亲和留守困境儿童拨付专项关爱资金。

妇女思想引领 新区妇联利用线上线下两个平台，开展妇女群众喜闻乐见的宣传教育活动，以身边人讲身边事、身边事教育身边人的方式，高扬主旋律，传递正能量，引导广大妇女厚植徐圩精神，争做新时代新女性。新区涌现出10个市级以上"三八"红旗集体，10名市级"三八"红旗标兵、"三八"红旗手。

四、徐圩新区关心下一代工作委员会

(一) 组织机构

2011年9月26日，徐圩新区关心下一代工作委员会成立。成立初期任命副主任李君生为关工委主任，齐华兵、臧秀柏、江希忠为关工委副主任，办公室设在社会事业局，由江希忠兼任办公室主任。建立区、街道、教育条线关工委。2016 年，胡银宝担任关工委主任至 2019 年年底。

2022 年，关工委 4 人，设主任 1 人、副主任 2 人。

（二）活动阵地建设

重点打造校外教育中心站。依托东辛农场文苑图书室、书画室、多功能厅、电教室等现有的资源，与东辛农场合建联办东辛校外辅导站。东辛农场对所有活动室进行重新粉刷装修新添置儿童座椅、书柜等设施。新区关工委投入 1 万元添置少儿读物图书，满足青少年的阅读需求。区关工委积极推动辅导站建设制度化规范化，聘请了 8 名由退休老人和在职教师组成的辅导队伍，开设了书画、器乐、舞蹈和棋类等兴趣小组活动，丰富青少年的课余文化生活，并重点针对东辛地区的留守儿童开展相关活动。

（三）青少年主题教育

开展“传红色基因，共话新时代，放飞青春梦”主题教育。组织主题教育宣讲团走进校园。同时印发《知晓党史听党话铭记党恩跟党走》宣讲材料，发放《党的光辉照我心》读本，并通过板报、放电影等形式让青少年了解革命历史。开展“老少快乐阅读笔谈”活动，老少共同制订阅读计划，开展青少年喜爱的优秀经典图书活动，分享阅读经验，引领青少年了解党史国情，激发爱国热情。在开展“学习雷锋宣传月”活动期间，东辛农场中学组织学生到农场敬老院为老人打扫卫生，清洗被褥；在清明节期间组织学生利用主题班会、讲座等形式开展“缅怀革命先烈孔扬爱国精神”活动；在“七一”前夕，开展“童心向党”歌咏比赛。

（四）成立“五老”网吧义务监督队伍

区关工委聘请 7 名“五老”网吧义务监督员，并联合文化部门对他们进行培训并颁发了监督证，采取定期和不定期的方式对全区网吧进行巡视督查，通过他们引导业主依法经营。

（五）关爱贫困学生

共为 8 位特优特困生申请了“冰凌花”奖学金；在“六一”儿童节期间看望慰问贫困学生，分别为他们送去慰问金和生活用品。

第十三章 社会事业

2009年之前,徐圩地区有学历教育机构5所、非学历教育机构3所,医院3所,提供的社区服务项目相对较少。徐圩新区成立后,按照国际化、现代化产业新城定位以及社会功能配套需要,在原有社会事业基础上,规划布局教育、医疗卫生、文化、体育、社会福利与保障、行政管理与社区服务等支撑新区产业发展的生产类服务设施和为居住区配套的生活类服务设施,建立相关社会服务机构,积极开展社会服务工作,推动了新区各项社会事业长足发展。

2010年9月29日,国家东中西区域合作示范区(连云港徐圩新区)社会事业局成立,承担新区社会事业管理职能。2010年10月,徐圩新区社会事业局成立社保科,负责辖区范围内人力资源和社会保障业务。2016年3月,徐圩新区社会保障服务中心成立。2018年1月,连云港市徐圩新区人力资源和社会保障服务中心成立,全面负责就业创业以及社会保险各项业务。

伴随着新区发展壮大,新区各项社会事业得到了快速发展。2022年新区有幼儿园6所,在园幼儿642名,教师50名;小学1所、中学1所、九年一贯制学校1所,在校学生2636名,教师287名;中等职业学校1所,在校学生1240人,在编教职工95人。医院4所,拥有床位257张,医生99名。发放养老金9414人次,共431.06万元。

第一节 教育

一、学前教育

2009—2019年,徐圩新区分别制定了《徐圩新区学前教育五年行动计划》《徐圩新区学前教育第二期五年行动计划》《国家东中西区域合作示范区学前教育经费保障机制实施方案》《徐圩新区进一步推进学前教育改革发展实施意见》等文件。

徐圩街道中心幼儿园,2012年创建成为市优质幼儿园,2018年创建成为省优质幼儿园。东辛农场幼儿园,2012年创建成为市优质幼儿园,2014年创建为省优质幼儿园。爱心幼儿园,2014年被认定为普惠性民办幼儿园,2015年审批为市优质园。乐童幼儿园,2016年被认定为市优质幼儿园。2019年徐圩中心幼儿园和东辛农场幼儿园成功创建为市级课程游戏化项目园。徐圩新区每年组织学前教育宣传月、基本功大赛、教学现场展示等多种活动。连云港市徐圩中心幼儿园,2019年8月,市委编办印发《关于同意连云港市徐圩中心幼儿园独立设置的批复》,同意连云港市徐圩中心幼儿园独立设置,经费渠道为全额拨款,核定事业编制5名,所需编制从连云港市东辛农场中学调剂,为公益二类事业单位。

2019年年底,徐圩新区共有5所幼儿园。东辛农场幼儿园2019年年底11个班,在园幼儿408

人；徐圩新区爱心幼儿园2019年年底8个班，在园幼儿230人；徐圩街道幼儿园2019年3个班，在园幼儿40人；徐圩中心幼儿园张圩园3个班，在园幼儿41个人；徐圩中心幼儿园人才公寓园2019年年底1个混龄班，在园幼儿14人；徐圩新区乐童幼儿园2019年年底5个班，在园幼儿123人。

2022年年底，徐圩新区共有6所幼儿园，在园幼儿642人。

二、义务教育

徐圩小学原貌(2012年)　　徐乙策 摄

徐圩新区义务教育学校有徐圩实验学校、东辛农场小学和东辛农场中学。2019年，中小学校在校学生2861名，教师294名。2022年，中小学校在校学生2636名，教师287名。

1. 连云港市徐圩新区实验学校

原名徐圩盐场中心小学，学校始建于1970年7月，是东部城区最边远的一所农村小学。地处黄海岸边东陬山下的辛高圩(新徐路4号)，原是一所江苏盐业系统的企业办学校，学校占地面积18500平方米，建筑面积2700.1平方米，是革命烈士杨佃池和吴伦东的母校。2003年9月划归地方政府，属于连云区教育局直接管理，从而结束了30多年的企业办学历史，更名为连云港市徐圩小学。连云区教育局于2005年8月和2007年7月先后两次投资260余万元将原校舍推倒重建，2007年暑假合并了徐圩地区3所小学，创办了东部城区第一所寄宿制小学。当时新建的校舍有10个专用室(计算机、心理咨询、体育、美术、科学实验、科学仪器、图书阅览、档案、多媒体、音乐)和宿舍食堂。

2017年，学校有6个教学班，160名学生，30位教师，一线教师20人，其中小学高级教师15人，大专及以上学历的教师14人。学校树立“质量第一、健康第一”的办学理念，以学生的身心发展为中心，体现学生的主体地位与主动参与的活动意识，培养他们的想象力、创造力和表现力，让学生在轻松、愉悦的情境中，体验成功，享受快乐。学校曾获得全国少工委授予的“杨佃池中队”“雏鹰大队”“学赖宁先进集体”等荣誉。

徐圩新区实验学校(2023年摄)　　徐圩新区实验学校 供

2022 年，徐圩实验学校《小小蒲公英》节目获评江苏省第十五届“五星工程奖”戏剧类金奖　　徐圩实验学校 供

2011 年 1 月，徐圩小学因区域调整划归徐圩新区管理，隶属于徐圩新区社会事业局。2012 年 12 月，市编办下发《关于徐圩小学有关机构编制问题的批复》，同意将原隶属连云区管理的徐圩小学更名为连云港市徐圩小学，为股级事业机构，隶属社会事业局管理，核定领导正职 1 名，领导副职 1 名；核定事业编制 32 名，经费全额拨款。

根据新区的规划，以及新区“校安工程”①的要求，校舍已不符合校安工程、教育现代化的要求。2017 年 7 月，徐圩新区管委会启动徐圩小学灯塔路新址建设，新校区占地面积 40160 平方米，规划建筑面积 28120 平方米。至 2019 年，完成一期工程 12273 平方米。2019 年 9 月学校在新校区开学，与连云港市一附小教育集团实现联合办学。2019 年年底，搬迁至徐圩新区灯塔路 290 号的新建校区，有 6 个教学班，162 名学生，31 位教师。2022 年年底，徐圩实验学校有 8 个教学班，228 名学生，46 位教师。

2. 连云港市东辛农场小学

东辛农场小学坐落在东辛农场。从 1953 年建校开始，虽三易校址，九更校名，但“为每位农村学生自信成长点亮一盏灯，让每位农村学生的理想在这远航”的办学追求薪火相传，历久弥新。

2012 年 12 月，市编办《关于东辛农场小学有关机构编制问题的批复》同意将原隶属灌云县管理的东辛农场小学更名为连云港市东辛农场小学，为股级事业机构，隶属社会事业局管理，核定领导正职 1 名，领导副职 3 名；核定事业编制 208 名，经费全额拨款。2019 年 8 月，市委编办重新核定连云港市东辛农场小学事业编制 203 名。

2019 年 12 月，学校占地面积 23619 平方米，建筑面积 10071 平方米。2022 年年底，东辛农场小学有 42 个教学班，1763 名学生，168 位教师。

学校以“两适教育”（构建适合农村学生成长的教育，创建适合农村教师发展的学校）作为办学理念，以培养自立、自强、自信的农村学子为目标。以“润禾校园文化”建设为引擎，努力推动学校内涵发展、优质发展。形成“科技创新”“阳光体育”“书香校园”“艺术引领”四大特色，为师生成长搭建星光大道，使学校发展驶

描绘生活（2018 年）　　贾更尧 摄

①“校安工程”，指校安工程全称为全国中小学校舍安全工程。实施中小学校舍安全工程是党中央、国务院作出的一项重大决策。

上快车道。2009 年 4 月，被评为江苏省诗歌竞赛先进单位、省“冬季三项”[①]百日锻炼活动先进学校；2009 年 5 月，被评为省和谐校园；2009 年 8 月，被评为连云港市教学工作先进集体；2010 年 11 月，获江苏省中小学生写字展示优秀奖；2012 年 12 月，被评为省科技教育特色学校；2013 年 5 月，被评为省平安校园、省青少年科技教育先进学校；2013 年 8 月，荣获全国青少年科技创新大赛科技实践活动一等奖；2019 年 12 月，被评为全国家长学校建设实验学校；2022 年 12 月，荣获连云港市小学教学质量进步奖。办学事迹多次被《中国教育报》《德育报》《教师报》《新华日报》等媒体报道。

3. 连云港市东辛农场中学

东辛农场中学始建于 1958 年，初名为东滩中学。1969 年增设高中班，2002 年划归灌云县管理，更名为灌云县东辛农场中学，2010 年划归徐圩新区，更名为连云港市东辛农场中学。为江苏省首批实施教育现代化工程示范学校。

2012 年 12 月，市编办《关于东辛农场中学有关机构编制问题的批复》同意将原隶属灌云县管理的东辛农场中学更名为连云港市东辛农场中学，为副科级事业机构，隶属社会事业局管理，核定领导正职 1 名，领导副职 4 名；核定事业编制 195 名，经费全额拨款。2019 年 8 月，市编办重新核定连云港市东辛农场中学事业编制 92 名。

2019 年，学校占地面积 45000 平方米，建筑面积 22000 平方米，交通便利、环境优美、育人氛围浓厚。学校办学条件达到省规定标准，教育教学设施齐全，最大规模 24 个班，可容纳 1200 人就读。2022 年年底，东辛农场中学有 18 个教学班，645 名学生，73 位教师。

学校传承“笃学求真”的校训，秉承“幸福教育、以人为本”的办学理念，坚持“重改革、强内涵、树品牌、提质量、增亮点”的工作思路，全面贯彻国家的教育方针，大力实施素质教育，建立健全各项管理制度，积极实行课程改革，努力做到减负增效，提高教育教学质量，取得良好的办学效益。学校先后被评为省教育现代化示范初中、省基础教育先进学校、江苏省平安校园、全国校园篮球特色校、省优秀家长学校。

三、职业教育

（一）学校概况

连云港生物工程中等专业学校是徐圩新区仅有的一所职业学校，它的前身是创建于 1979 年的江苏省农垦农机中专校，原隶属于江苏农垦系统。1985 年整合为江苏省国营东辛农场职业高级中学，1991 年通过教育部验收成为首批（国标）省级重点职业中学。2009 年江苏省教育厅批准更名为连云港生物工程中等专业学校。2010 年被教育部认定为国家级重点中等职业学校。

2019 年 8 月，市委编办印发《关于核定连云港生物中等专业学校编制的批复》，核定连云港生物工程中等专业学校全额拨款事业编制 103 名，所需编制从连云港市东辛农场中学调剂，连云港生物工程中等专业学校机构规格相当于副科级，其中副科级领导职数 1 名、行政管理人员 2 名，为公益二类事业单位。

2019 年，学校占地面积 10 万多平方米，校舍建筑面积 91977 平方米，固定资产总值 8914.58 万元，实验实习设备总额 3202.2 万元。2022 年，学校在校生 1240 人，在编教职工 95 人。其中“双师型”教师占专业教师 32%。拥有省级职业教育教科研中心组人员 2 名，省校长领军人才 1 人，全国优秀教师 1 名，市级以上学科带头人 2 名，市级名师工作室领衔人 1 名，省学测研究组成员 6 人。

---

①“冬季三项”，指在中小学广泛开展踢毽、跳绳、冬季长跑三项体育锻炼活动。

（二）办学情况

2015年和2019年，学校先后两次被评为江苏省职校文明风采大赛先进单位。2016年在江苏省第七届中职篮球锦标赛中获得冠军。2016—2019年，在江苏省校园电视台主持人大赛中年年摘金。

2023年，第二届“石化工匠杯”职业技能竞赛在生物中专实验室举办　　徐乙策　摄

学校不断地彰显“专业特色鲜明、培养模式科学、就业前景广阔、服务地方有力、社会声誉良好”的职业教育发展优势。为更好地服务地方经济，积极融入徐圩新区产业，学校注意及时拓展新专业。学校共有9大专业，12个专业发展方向。其中，2个专业为江苏省品牌专业，1个为江苏省特色专业。建有2个省级高水平、现代化实训基地，分别为省级现代农业高水平示范性实训基地和省级农艺现代化实训基地，1个省级畜牧兽医现代化专业群，被评为省职教课改实验学校、养殖专业课改实验点，省优质特色职业学校。专业教学成绩领跑全省，教学质量在全市享有很高的声誉。

至2019年，学校先后被授予“农业部教育先进集体”“江苏省模范学校”“江苏省职业技术教育先进单位”“连云港市科普示范校”“全国平安校园建设示范校”“江苏省职校信息化教学先进单位”“江苏省职校学生文明风采大赛先进单位”等荣誉称号；被农业部农垦司教育督导组领导誉为“农场希望、人才摇篮”，是“教育为地方经济服务的典范”。学校被江苏省教育科学研究院表彰为2020—2021年度全省教科研工作先进集体，荣获2022年江苏省职业学校第十二届篮球比赛中职男子组一等奖。

四、社会教育

2014年5月16日，徐圩新区行政管理学院、方洋管理学院正式成立，建立起源头培养、跟踪培养、全程培养的干部教育培训体系，着力培养“忠诚、干净、担当”的干部团队。至2022年年底，已累计举办17期管理培训班、10余期高层次人才研修班，为新区培育优秀管理人才900余人，举办石化产业发展、生态文明建设、安全管理、党性教育等专题培训班100余期，举办“经济发展高质量”等专题讲座200余次。完成《徐圩新区品牌传播实施方

方洋管理学院学员在进行拓展训练（2015年摄）
网信办　供

案》等 230 余项有针对性、操作性的课题成果方案。

社会教育方面，徐圩新区依托社区工作站服务新区企业职工，初步形成了红色电影院、文博大讲堂、文化沙龙、心理辅导等项目，开展各类培训 6 次，培训职工约 1000 人；创立职工 6 点半公益课堂，培育社团及兴趣小组。成立志愿服务队伍，形成周三职工电影志愿放映支队，参与各类志愿服务。

依托东辛文苑活动中心、连云港生物工程中等专业学校，面向社会，有计划、分期次、常年为社区群众及学校师生提供文化学习教育，每年参加学习的人员达上万人次。其中，东辛文苑开办了“孔子学堂”，在教授《论语》《三字经》《弟子规》的同时，在礼、孝、乐、养等方面进行探讨，开起了国学班、中医班、诗词辅导班、书法、国画等兴趣班。开展徐圩新区农村电影放映活动。坚持每周播放 1 场公益电影。

2020—2022 年，徐圩新区对社会教育机构加强监管力度，推动规范发展。建立起有效的教育认证和监管制度，实现对社会教育机构的全过程管理。注重公共教育，提高普及水平。加大对农村和下岗失业人员等困难群体的社会教育引导力度，建立公共教育供给的基础设施和服务体系。

五、民办教育

2019 年，徐圩新区有学历教育①机构 2 所，非学历教育②机构 1 所。学历教育机构为 2 所幼儿园：徐圩新区爱心幼儿园，在园幼儿 186 人；乐童幼儿园，在园幼儿 99 人。非学历教育机构 1 所：英才教育培训中心。新区每年对民办教育机构依法办学、学校建设、办学管理等情况进行年度检查，加强过程管理及日常监督。

2009—2019 年，新区针对无证办学机构进行多次专项治理，多部门联合执法，依法查处无证非法办学行为并下发整改通知书，对不具备办学条件的机构作出责令停止办学的通知。

2020—2022 年，徐圩新区加大民办教育检查的力度，注重对民办教育过程性指导，要求其管理与教学两手抓，重在提升教学质量，学员的整体素质提到提高。

六、教育督导

2018 年 4 月 2 日，徐圩新区成立教育督导委员会，负责研究制定徐圩新区教育督导政策意见，审议教育督导有关规划和重大事项，统筹指导新区教育督导工作，聘任督学，发布新区教育督导报告等。教育督导委员会下设办公室，办公室设在徐圩新区文教局，承担委员会日常工作。2019 年聘任总督学 1 名、督学 4 名、专家 6 名、责任督学 5 名，开展对辖区内的所有学校进行规范办学行为检查和综合督导，挂牌督导工作实现全覆盖。

2020—2022 年，新区教育督导紧紧围绕全区教育改革发展中心工作，加强对学校的监管指导，评估和服务，全面规范学校办学行为，提升学校现代化管理水准，推动督导职能由“重督查”向“重指导”转变，督导内容由“全面”向“局部”转变，督导对象的主观参与度由“被动”向“主动”转变。新区教育工委推进督导机构建设和督导人员配备，调整充实专、兼职督学，科学重组督学队伍，聘任总督学 1 人、副总督学 3 人、督学专家 5 人，挂牌督导责任督学 10 人，建立符合新形势下督政与督学需要的较为完备的督学队伍。积极探索向第三方评价机构购买服务，邀请外地专家开展督导

①“学历教育”，指根据教育部下达的招生计划录取的学生，按教育主管部门认可的教学计划实施教学，学生完成学业后，由学校颁发国家统一印制的毕业证书和学位证书。

②“非学历教育”，指各种培训、进修，完成学业后，由培训部门颁发相应结业证书。

工作。出台《徐圩新区责任督学履职情况考核评价方案》，调动责任督学工作积极性。新区教育工委制定《徐圩新区中小学校责任督学挂牌督导工作规程》，进一步明确督学职责任务与要求，规范责任督学督导行为。将督导工作经费纳入财政预算，确保新区督导工作有序开展。全面落实责任督学挂牌督导，扎实开展综合性督导、专题性督导、需求性督导，建立随机督导常态机制，加大随机督导频次，督导工作“有部署、有总结、有通报”，促进学校规范发展、科学发展，全面提升学校办学品质。

七、教育经费

徐圩新区贯彻执行市政府《关于进一步完善城乡义务教育经费保障机制实施方案》，严格落实中小学教育经费保障主体责任，健全教育经费保障机制，按照“两个只增不减”要求，持续加大教育经费保障力度，确保各类政策性教育经费落实到位，推动基础教育高质量发展。2016 年，全区小学、初中生均公用经费拨款标准提高至每年 725 元、1025 元。2018 年总计投入中小学教育经费 8442.57 万元。2019 年总计投入中小学教育经费 11767.73 万元。“十三五”期间，全区共投入教育经费超过 5 亿元。2020—2022 年，徐圩新区中小学教育经费 4.11 亿元。

八、学生资助

2013 年 3 月，市教育局批复同意成立徐圩新区学生资助管理中心。

2012—2019 年，徐圩新区发放各级各类教育助学金 849.74 万元，补助家庭经济困难学生 1.08 万名。2013—2019 年，徐圩新区为 506 名大学生办理生源地助学贷款合同金额为 362.73 万元。

2020—2022 年，徐圩新区为 116 名大学生办理生源地助学贷款合同金额为 91.54 万元。

第二节　卫　生

一、医疗卫生服务体系建设

（一）徐圩新区医疗应急救援中心

徐圩新区成立后，分层分步建设医疗卫生服务体系。依据徐圩新区应急救援基地建设规划，2016 年，徐圩新区建设徐圩新区医疗应急救援中心。该中心是一所集应急救援、医疗、职业病防治为一体的医疗机构，也是国内外先进石化园区的标配。中心总建筑面积约 12 万平方米，项目投资约 7.3 亿元，一期建设总建筑面积 2.5 万平方米。高起点配置近 2000 万元的飞利浦螺旋 CT、DR、数字化乳腺 X 线诊断系统等进口医疗硬件设备。

2019 年 6 月 15 日，徐圩新区医疗应急救援中心正式揭牌。2019 年 12 月 26 日，通过连云港市卫生健康委员会组织的国家二级综合医院现场评审，与连云港市第二人民医院开展委托组建、技术、人才和业务等深层次紧密型合作，积极探索医疗应急和保障在化工区和化工企业的新模式，为企业提供更专业、更优质的医疗服务。2022 年年初，徐圩新区人民医院取得职业健康体检资质，医院安全环保中心急救中心自接入市 120 专线统一管理以来，承担着园区各项急救及保障任务。

2022 年，徐圩新区人民医院（医疗应急救援中心）开设内科、外科、妇产科、儿科、眼科、耳鼻喉科、口腔科、急诊科、中医科等科室，开放床位 101 张。医院有职工 170 名，其中医生 32 名、医技 23 名、护理 77 名、职能后勤 38 名。专业技术人员中，高级职称 17 名、中级职称 32 名、初级职称 87

名。2022 年，120 共承接出车任务 1055 次。在园区设置多个医疗急救站点，24 小时配置医护人员、120 急救车和应急救援物资，打造三级救援网络建设。

（二）徐圩社区卫生服务中心

徐圩社区卫生服务中心原名徐圩镇卫生所，始建于 1957 年。2011 年 12 月 31 日，经市委编办批复更名为徐圩新区徐圩社区卫生服务中心，为股级事业机构，核定差额补贴事业编制 11 名，其中领导岗 1 名、行政管理人员 2 名、专业技术人员 8 名。中心业务上隶属社会事业局管理，职能上主要承担徐圩街道范围内基本医疗和公共卫生服务以及石化园区预防保健等工作。2017 年，为改善徐圩街道群众就医诊疗环境，徐圩社区卫生服务中心投入 29.07 万元对辛高圩社区的办公地址进行装修改造。2020 年 10 月底，中心整体搬迁至徐圩新区张圩小区 41 号楼，拥有业务用房 1175 平方米，人员 10 人（在编 7 人、临时人员 3 人），设置全科医疗、预防保健科、妇幼保健科、检验科、中医科 5 个职能科室。

2019 年 6 月 15 日，徐圩新区医疗应急中心正式揭牌

徐乙策 摄

（三）云湖社区卫生服务中心

2018 年，云湖社区卫生服务中心与市第二人民医院建立紧密型医联体合作，开展二院专家现场门诊、远程会诊、病理检验、影像学远程诊断、双向转诊（免二院普通挂号诊察费、专家诊察费减半）紧急情况先救治后缴费等绿色通道服务，并选派临床技术骨干人员定期到二院进修学习，不断提高新区卫生医疗水平，最大程度地满足新区职工和居民对医疗保健的高质要求。2020 年年初，云湖社区卫生服务中心业务并入徐圩新区人民医院。

二、公共卫生服务

徐圩新区成立后，全面落实国家基本公共卫生服务项目。人均基本公共卫生服务经费补助标准由 2012 年 35 元提高至 2019 年 75 元，基本公共卫生项目 12 大类 45 项服务实施效果有效提升。

自 2016 年起，在全区范围内推进家庭医生签约服务。至 2022 年，家庭医生签约服务覆盖率及重点人群签约服务覆盖率分别达到 41% 和 71%。落实妇幼重大公共卫生服务家庭项目、“两癌”检查等项目，顺利完成。

2009—2019 年，全区甲乙类传染病发病率持续保持在较低水平。落实重大疾病防治行动计划，加强艾滋病抗病毒治疗及有效检测工作，全面推行 PITC[①]；推进结核病分级诊疗综合防治服务模式，着力做好学校结核病防控；扎实规范开展免疫规划工作，儿童预防接种门诊标准化建设覆盖率 100%，以街道为单位的适龄儿童免疫规划预防接种疫苗接种率达 95%；严重精神障碍患者管理率 90% 以上。

①PITC，指 Provider-Initiated HIV Testing and Counseling，意译，医务人员主动提供 HIV 检测咨询。

2020—2022 年,新区全力做好新冠疫情防控工作,落实防范外部疫情输入,持续提升疫情应急处置能力,建立健全“三公”联动流调工作机制;统筹做好新冠疫苗接种和免疫规划疫苗接种管理工作,提高人群新冠疫苗接种覆盖率,适龄儿童免疫规划预防接种疫苗接种率达 95%;加强儿童预防接种门诊建设,标准化门诊建设覆盖率 100%;落实《连云港市遏制结核病行动计划(2019—2022年)》,完善“三位一体”结核病防治服务体系,做好学校结核病主动监测,实现“四个一律”,新区未发生学校结核病聚集性疫情;做好艾滋病性病肝病检测工作,组织开展老年人艾滋病抗体检查筛查,符合治疗条件的感染者和病人接受抗病毒治疗比例达 95% 以上;开展全人群死因监测、恶性肿瘤随访登记、心脑血管疾病监测工作,逐步提高高血压、2 型糖尿病管理水平;规范疟疾镜检站发热病人血检工作,严防境外输入性疟疾;加强严重精神障碍患者管理,配合梳理完善患者诊断评估、基层用药、救治救助等政策,推进公安、民政、基层组织、专业机构等各方责任落实,实现规范管理率保持在 85% 以上;指导中小学建立学生视力健康电子档案;开展企业负责人和职业卫生管理人员专题培训班,提高新区企业负责人的职业卫生管理水平和执行能力。

医务人员在石化基地开展新冠疫情防控工作(2022 年)

网信办 供

新区成立后,全面做好爱国卫生及卫生城市创建工作。2017 年,投入创卫专项资金 3000 万元用于硬件设施项目建设、环境专项整治、市容市貌整治、建筑工地整治、病媒生物防制等工作。2018—2019 年,扎实做好创卫长效管理工作,依据连云港市卫生城市长效管理工作部署,新区持续开展环境专项整治、市容市貌整治、建筑工地整治、病媒生物防制等工作。2020 年,因疫情原因全国未开展国家卫生城市审核。2021 年 5 月,徐圩新区高分通过国家卫生城市复审,连云港市在全国 270 个复审城市(区)中位列前十。

全面普及健康生活方式,推进健康教育与促进工作,每年开展爱国卫生月活动,通过开展健康生活方式进校园、进社区、进家庭等活动,增强广大群众健康意识。2018—2022 年,每年开展居民健康素养水平监测工作,居民健康素养水平不低于 28%。全面推行公共场所控禁烟,推进无烟环境建设,至 2022 年,辖区内所有医疗机构和学校已建成无烟医院和无烟学校;15 岁以上人群吸烟率低于 20%;加强病媒生物防治工作,采用外环境整治和蚊蝇化学消杀、专业队伍与群众消杀相结合的方式开展辖区病媒生物防治工作,确保四害密度控制在全国爱卫会规定的标准以内。

三、生殖健康服务

2009—2019 年,新区流动人口卫生计生服务管理水平有效提升,完成全省均等化工作督查评估,流动人口生育登记服务、电子婚育证明应用等服务工作逐步向妇幼健康管理服务融合转型。新区累计开展驻区企业计生健康宣传 60 余场次,有效落实健康教育和促进计划,农村留守儿童关爱保护工作稳步推进。

2021 年 9 月 29 日,《江苏省人口与计划生育条例》第四次修正,实施全面三孩政策,完善生育登记服务制度。新区计划生育部门进一步落实计生扶助政策,实现自由职业退休职工一次性奖励资金由区级财政兜底,年满49周岁的独生子女伤残、死亡特别扶助对象扶助金按照提高至每人每月800元、900元标准足额发放。持续推进出生人口性别比综合治理,出生人口性别比为110.78。

至2022年年底,新区通过入户走访,共确认计划生育奖特扶对象47人,落实"情暖计生特困家庭"综合保险政策,为特别扶助对象32人购买计划生育系列保险;每年慰问失独家庭20户,发放慰问金和慰问品。

至2022年年底,新区户籍人口40612人,常住人口38664人。3岁以下婴幼儿500人,7岁以下1664人,0~14岁5386人,15~64岁28617人,65岁及以上6609人;35~64周岁妇女8027人,35~45岁育龄女2944人,20~29周岁生育旺盛期妇女2408人。因新区人口流出较多,现阶段以60岁以上老人和流动人员为主要人口组成,出生率呈下降趋势。2020—2022年,新区出生人口313人。

四、医疗服务与综合监管

2011—2015年,新区强化医疗服务管理,深化"放管服"改革推进卫生计生行政审批制度改革,加强卫生计生医疗服务质量监管。

2016—2019年,新区理顺赋权国家级开发区直接行使卫生健康行政事项清单,规范开展医师和护士注册许可审批事项。

2020—2022年,新区突出重点领域,做好日常卫生监管。社会事业局、公安分局、市场监督管理局联合开展打击非法行医和非法采供血专项行动;重点做好公共场所、生活饮用水、学校卫生、医疗卫生、传染病防控、放射卫生等监管工作。

五、医疗机构

(一)东辛农场医院

东辛农场医院位于连云港市的东南郊,距市中心20千米。创建于1958年,是江苏垦区内一所集医疗、急救、教学、预防、保健为一体的综合性医院。1995年,东辛农场医院被江苏省卫生厅评为爱婴医院,1996年被评定为连云港市首批二级医院之一,多次被省、市评为先进医院。2003年改制为民营股份制医院。

2019年,东辛农场医院总建筑面积12920多平方米,拥有116张床位,全院分6个病区,21个功能科室,职工150余人,卫技人员98人。其中高级职称6人、中级职称38人,中级以上职称占卫技人员总数的45%。全院固定资产1000多万元。

2019年,全年门诊量12万人次,住院病人4000人次以上,各类手术病人1500多人次。外科能独立完成人工骨头置换术以及食管癌、肺癌、甲状腺癌、肝癌、胰头癌等难度较大的大中型手术;妇产科能独立完成子宫全切及盆腔清扫术;内科对危重病人抢救成功率达92%以上,特别是对各类中毒病人的急救水平在本地区颇具领先地位,多次受到国内专家的肯定与赞赏。

2022年,东辛农场医院门诊病人84013人次,住院病人3412人次,手术450台。

(二)徐圩新区徐圩社区卫生服务中心

徐圩新区徐圩社区卫生服务中心始建于1957年5月,原办公地址为徐圩镇辛五路35号。隶属于国家东中西区域合作示范区(连云港徐圩新区)社会事业局,是一所公益性非营利性医疗机构,是集预防、医疗、康复、保健、健康教育、计划生育指导"六位一体"卫生服务于一体的一所社区卫生服务中心。

2011年12月,市编办《关于徐圩新区徐圩镇卫生所有关机构编制问题的批复》,同意将原徐圩镇卫生所更名为徐圩新区徐圩社区卫生服务中心,股级事业机构,核定差额补贴事业编制11名,其中领导职数1名、行政管理人员2名。中心有医护人员9人,其中主治医师3人,医师4人,护师1人,主管检验师1人。

2020年10月底,中心整体搬迁至徐圩新区张圩小区41号楼,建筑面积1175平方米,内设全科医疗门诊、儿童保健、预防接种、妇女保健、健康教育等科室。2022年徐圩社区卫生服务中心门诊量3877人次,无住院病人,未开展手术项目。

(三)徐圩新区人民医院

徐圩新区人民医院成立于2019年6月,是连云港市第二人民医院合作共建医院。位于江苏大道120号,占地面积约10.5万平方米,总建筑面积约12万平方米,其中一期建筑面积2.5万平方米,包含门急诊综合楼、住院综合楼、后勤楼、科研楼等。

2019年12月,徐圩新区人民医院通过国家二级综合医院评审,是徐圩新区唯一公立二级综合医院。医院拥有职工119名,其中医疗、医技、护理人员85名。开设急诊科、体检中心、内科、外科、中医科、妇产科等科室。医院与连云港市急救中心对接,成立徐圩新区石化基地120分站。

2022年,徐圩新区人民医院就诊总计34424人次,其中门急诊19424人次,清创缝合以及换药拆线累计3200余次,盛虹炼化院外医疗点共计接诊15002人;健康体检、入职体检10732人次。

第三节 劳动人事管理

一、管理机构

2010年10月,徐圩新区社会事业局成立社保科,负责辖区范围内人力资源和社会保障业务。2017年3月3日,徐圩新区社会保障服务中心揭牌成立。

2018年1月,徐圩新区成立连云港市徐圩新区人力资源和社会保障服务中心正科级事业单位,隶属于党群工作部(人力资源和社会保障局)管理,全面负责人才服务、就业创业以及社会保险各项业务。

二、劳动就业

(一)就业安置

2018年,新区香河公司安置香河村备用水源地首批征迁劳动力50人。

2019年,香河公司安置香河村备用水源地第二批征迁劳动力130人。

2020—2022年,香河公司吸纳徐圩街道户籍人员91人就业。

(二)公共服务

2011年,徐圩新区开始提供人社就业公共服务,主要包括就业创业证办理、录用登记、失业登记、就业困难认证、灵活就业人员社保补贴申请等业务。2019年,新区办理就业创业证463本,为101人办理失业登记,发放社保补贴81.45万元。2022年,新区为256人办理失业登记,就业困难认定145人,发放社保补贴709万元。

2009—2022 年徐圩新区就业公共服务情况一览表

表 13－1

年份	就业创业证（本）	失业登记（人）	就业困难人员认定（人）	社保补贴申报（人）	补贴金额（万元）
2011	327	220	67	26	3.86
2012	409	384	13	26	5.16
2013	296	157	14	38	8.21
2014	835	81	14	36	13.27
2015	468	122	27	43	16.19
2016	777	245	56	72	24.02
2017	420	246	43	121	44.87
2018	599	217	68	144	63.60
2019	463	101	55	162	81.45
2020	—	182	1135	1207	323
2021	—	1609	234	1214	483
2022	—	256	145	1077	709

（三）创业服务

2018 年，为推动创业型城市建设工作，形成覆盖城乡的公共创业服务体系，经自主申报、县区自评、市级审核、省级评估及社会公示等环节，认定徐圩新区下辖的徐圩街道为第二批省级创业型街道（乡镇），辛高圩社区、张圩社区为第二批省级创业型社区（村）。

2021 年，新区管委会印发《徐圩新区扶持创业和鼓励就业若干政策实施细则（试行）》，推动乡村振兴战略，鼓励辖区居民就业创业，助力富民增收。

第四节　社会保障

一、城乡居民养老保险

2011 年 7 月 27 日，徐圩新区管委会出台《徐圩新区新型农村社会养老保险制度实施办法》，对具有本区户籍，年满 16 周岁（不含在校学生）、未参加城镇职工基本养老保险的农村居民，实施新型农村社会养老保险。是年，徐圩街道下辖香河村、东陬山村、辛高圩社区开展新型农村社会养老保险业务，全年征缴保费 45.3368 万元，新增首次参保缴费 72 人次，续保缴费 1234 人次。

2012 年，徐圩街道全年征缴保费 29.17 万元，新增首次参保缴费 40 人次，续保缴费 853 人次。

2013 年，东辛农场首次开展新型农村社会养老保险业务，新增参保 1168 人次，缴纳社会保险费 178.96 万元；徐圩街道全年征缴保费 26.42 万元，新增首次参保缴费 20 人次，续保缴费 545 人次。

2014 年，东辛农场新型农村社会养老保险征缴保费 206.25 万元，其中新增参保 306 人次，续保 1061 人次；徐圩街道征缴保费 23.89 万元，其中，新增参保 11 人次，续保 465 人次。

2015 年,徐圩新区开始建立城乡居民基本养老保险制度,参加城乡居民养老保险制度 1878 人次,征缴城乡居民养老保险保费 238.57 万元。城乡居民养老保险业务由连云区代管移交至徐圩新区社会事业局社保科管辖。

2016 年,全区参保人数 1980 人,其中新参保人数 165 人,续保人数 1815 人;共收缴保费 299.3 万元,人均缴费标准达到 1512 元。城乡居民基本养老保险基础养老金调整到每人 115 元/月,全年发放养老金 9067 人次,共发放养老金 123.99 万元。

2017 年,全区参保缴费人数 1591 人,其中新参保人数 49 人,续保人数 1542 人;共收缴保费 269 万元,人均缴费标准达到 1690 元。城乡居民基本养老保险基础养老金调整到每人 125 元/月,全年发放养老金 9300 人次,共发放养老金 138.39 万元。

2018 年,全区参保缴费人数 2284 人,其中新参保人数 1253 人;全年共收缴保费 673.61 万元,其中包含香河村被征地农民 37 人一次性转入社保安置金 302.66 万元。城乡居民基本养老保险基础养老金调整到每人 135 元/月,全年发放养老金 9740 人次,共发放养老金 224.80 万元。

2019 年,全区参保缴费人数 2055 人,其中新参保人数 50 人,续保人数 2005 人;共收缴保费 322.34 万元,人均缴费标准达到 1568 元。城乡居民基本养老保险基础养老金调整到每人 148 元/月,全年发放养老金 10060 人,共发放养老金 208.48 万元。

2020 年,全区参保缴费人数 3667 人,其中新参保人数 261 人,续保人数 2110 人;共收缴保费 375.38 万元,人均缴费标准达到 1779 元。城乡居民基本养老保险基础养老金调整到每人 160 元/月,全年发放养老金 10871 人次,共发放养老金 247.02 万元。

2021 年,全区参保缴费人数 3668 人,其中新参保人数 68 人,续保人数 1904 人;共收缴保费 360.32 万元,人均缴费标准达到 1892 元。城乡居民基本养老保险基础养老金调整到每人 193 元/月,全年发放养老金 10565 人次,共发放养老金 322.51 万元。

2022 年,全区参保缴费人数 3520 人,其中新参保人数 34 人,续保人数 1623 人;共收缴保费 473.71 万元,人均缴费标准达到 2918 元。城乡居民基本养老保险基础养老金调整到每人 212 元/月,全年发放养老金 9414 人次,共发放养老金 431.06 万元。

二、机关事业单位养老保险

2017 年 9 月开始,徐圩新区机关事业单位养老保险由人社中心负责征缴及待遇发放工作。到年底,新区有 8 家单位参加机关事业单位养老保险,参保人数 464 人,征缴养老保险费 382.05 万元,支付退休待遇 280 人 620.13 万元。

2018 年,新区参保单位 8 家,参保人数 444 人,征缴养老保险费 1251.03 万元,支付退休待遇 312 人 2132.25 万元。

2019 年,参保单位 8 家,参保人数 416 人,征缴养老保险费 1088.58 万元,支付退休待遇 332 人 2338.41 万元。

2020 年,参保单位 11 家,参保人数 430 人,征缴养老保险费 1080.75 万元,支付退休待遇 353 人 2558.56 万元。

2021 年,参保单位 11 家,参保人数 475 人,征缴养老保险费 1237.37 万元,支付退休待遇 363 人 3392.86 万元。

2022 年,参保单位 11 家,参保人数 471 人,征缴养老保险费 1189.8 万元,支付退休待遇 377 人 3193.73 万元。

三、城乡居民基本医疗保险

2016 年，连云港市城镇居民医疗缴费标准 150 元/年·人，弱势群体医疗缴费标准 60 元/年·人，非连云港市户籍居民医疗缴费标准 570 元/年·人，连云港市户籍在校中小学生医疗缴费标准 60 元/年·人。徐圩新区总参保人数 2285 人，其中连云港市户籍 647 人（含低保人群 142 人，弱势群体 9 人），非连云港市户籍 10 人，连云港市中小学生儿童 1628 人（低保 79 人），收缴金额 17.36 万元，区财政配套资金 80.39 万元。

2017 年，连云港市城镇居民医疗缴费标准 180 元/年·人，弱势群体医疗缴费标准 60 元/年·人，非连云港市户籍居民医疗缴费标准 650 元/年·人，连云港市户籍在校中小学生医疗缴费标准 100 元/年·人。徐圩新区总参保人数 1992 人，其中一般居民参保 513 人，中小学生参保 1282 人，弱势群体参保 12 人，低保 174 人，外地人口 11 人。共收缴医保费 22.84 万元，财政配套资金 80.21 万元。

2018 年，连云港市人民政府正式启动整合城镇居民基本医疗保险（简称城镇居民医保）和新型农村合作医疗（简称新农合）制度，全区的城乡居民基本医疗保险工作划归人社中心管理。2018 年居民医疗缴费标准 180 元/年·人，全区参保人数 19045 人，其中一般居民参保 17795 人，困难群体参保 1250 人。共收缴保费 320.31 万元，区级筹资补助标准 424 元/年·人，财政配套资金共计 830.008 万元。

2019 年，居民医疗保险缴费标准 220 元/年·人，全区参保人数 18533 人，共收缴保费 407.73 万元，区级筹资补助标准 424 元/年·人，财政配套资金共计 835.01 万元。

2020 年，连云港市城镇居民医疗缴费标准 260 元/年。徐圩新区总参保人数 18177 人，其中一般居民 17217 人，困难群体 960 人，收缴金额 447.642 万元，区财政配套资金 552.093 万元。

2021 年，连云港市城镇居民医疗缴费标准 300 元/年。徐圩新区总参保人数 17591 人，其中一般居民 16728 人，困难群体 863 人，收缴金额 527.73 万元，区财政配套资金 536.5255 万元。

2022 年，连云港市城镇居民医疗缴费标准 340 元/年。徐圩新区总参保人数 16915 人，其中一般居民 16109 人，困难群体 806 人，收缴金额 547.706 万元，区财政配套资金 568.684 万元。

2016—2022 年城乡居民基本医保情况一览表

表 13-2

年份	缴费标准（元/年·人）	参保人数（人）	财政代缴困难群体人数（人）	收缴医保费（万元）	区财政配套补助（万元）
2016	一般人员 150；弱势群体 60；中小学生 60	2285	230	17.36	80.39
2017	一般人员 180；弱势群体 60；中小学生 100	1992	186	22.84	80.21
2018	180	19045	1250	320.31	830.088
2019	220	18533	1171	407.73	835.01
2020	260	17217	960	447.642	552.093
2021	300	16728	863	527.73	536.5255
2022	340	16109	806	547.706	568.684

四、社会救助

徐圩新区成立后，社会救助保障体系不断完善，城乡最低生活保障、特困人员供养、困境儿童、

上门开展低保工作(2023 年)　　　　东辛农场 供

残疾人生活补贴自然增长与物价上涨指数挂钩运行机制得到落实,困难群众基本生活保障力度不断提升。2011—2022 年,徐圩新区共有城乡低保 465 户 1014 人,累计发放低保金 19.38 万人次,5724.5 万元;特困人员供养 13 人、困境儿童 55 人,累计发放基本生活保障金 94.33 万元;低保内残疾人 136 人、低保外困难残疾人 197 人、重度残疾人 362 人,累计发放残疾人"两项补贴"1267.61 万元,发放各类社会救助资金 7279.91 万元。

2011—2019 年,共计慰问困难群众 902 人次,发放物资和现金 184.75 万元;临时救助 108 人次,发放临时救助金 26.67 万元。2020—2022 年,共计慰问困难群众 570 人次,发放物资和现金 167 万元;临时救助 72 人次,发放临时救助金 14.2 万元。

自 2013 年起,徐圩新区对低保中一户多残、依老养残、夫妻双方重病等仅依靠低保仍难以维持生活的低保家庭发放再救助金,每户每月发放救助金 500 元。至 2022 年年底,共计 23 户,累计发放再救助金 151.25 万元。

2022 年,徐圩新区城乡最低生活保障标准提高至 650 元/月・人。

2011—2022 年徐圩新区社会救助资金发放明细表

表 13-3　　　　单位:万元

序号	年度	城乡低保	特困供养	残疾人两项补贴	困境儿童	临时救助	再救助金	小计
1	2011	208.03	0	1.12	2.88	1.05	0	213.08
2	2012	339.25	0	2.32	2.88	9.00	0	353.45
3	2013	434.56	0	50.28	3.36	0.4	15.6	504.20
4	2014	496.35	0	55.05	3.01	0.6	15.6	570.61
5	2015	578.74	0	64.78	3.28	2.80	15.6	665.20
6	2016	637.07	0	73.20	3.5	3.05	15.6	732.42
7	2017	663.43	0	103.05	3.18	3.00	19.2	791.86
8	2018	601.73	2.16	167.69	2.07	3.75	17.65	795.05
9	2019	511.22	2.16	165.68	1.56	3.02	14.4	698.04
10	2020	514.46	2.93	179.47	1.62	6.52	13.8	718.80
11	2021	430.90	3.00	196.23	16.28	4.47	13.25	664.13
12	2022	308.76	9.10	210.10	31.36	3.2	10.55	573.07
合计		5724.50	19.35	1268.97	74.98	40.86	151.25	7279.91

第五节 地名管理

一、管理机构

2010 年 9 月，徐圩新区社会事业局成立后，由社会事业局民政科负责全区地名管理工作，承担地名规划、地名录的编制和修订工作，指导和监督全区地名管理规范化建设。

2019 年，社会事业局推进不规范地名清理整治工作。制定《关于进一步清理整治不规范地名的实施方案》，对全区居民区、大型建筑物和道路、街巷等地名中存在的“大、洋、怪、重”等地名按照规范化、标准化的要求全面排摸，建立清单，并上报市民政局。社会事业局按照“尊重历史、照顾习惯、体现规划、好找好记”的原则，同时在兼顾地域特色的前提下对新区未命名的主次干道进行命名，经过专家论证后，及时向社会公示，报市民政局审核批准。

二、地名命名

2010—2022 年，连云港市地名委员会、市民政局先后 4 次对道路命名。其中，2013 年命名 20 条，2017 年命名 17 条，2020 年命名 20 条，2022 年命名 5 条。

2013 年市地名委员会关于徐圩新区部分道路命名的批复

一、横向道路

横一路：北起义和路，南至横五路，全长约 9 公里，命名为乌鲁木齐路。

横二路：北起义和路，南至纵三路，全长约 2 公里，命名为西宁路。

横三路：北起义和路，南至纵三路，全长约 2 公里，命名为银川路。

横四路：北起义和路，南至纵三路，全长约 -2 公里，命名为兰州路。

横五路：北起义和路，南至横八路，全长约 20 公里，命名为西安路。

横六路：北起义和路，南至纵三路，全长约 2 公里，命名为郑州路。

横七路：北起义和路，南至纵三路，全长约 2 公里，命名为徐州路。

横八路：北起义和路，南至纵九路，全长约 18 公里，命名为江苏大道。

横九路：北起义和路，南至纵三路，全长约 2 公里，命名为南京路。

横十路：北起义和路，南至纵三路，全长约 2 公里，命名为上海路。

横十一路：北起义和路，南至纵九路，全长约 17 公里，命名为港前大道。

二、纵向道路

纵一路：东起横十一路，西至横一路，全长约 8 公里，命名为合作路。

纵二路：东起横十一路，西至横一路，全长约 8 公里，命名为徐圩大道。

纵三路：东起横十一路，西至横一路，全长约 8 公里，命名为灯塔路。

纵四路：东起海堤，西至横一路，全长约 11 公里，命名为张圩河路。

纵五路：东起海堤，西至横一路，全长约 7 公里，命名为方洋路。

纵六路：东起海堤，西至横五路，全长约 15 公里，命名为疏港大道。

纵七路：东起海堤，西至横五路，全长约 8 公里，命名为苏海路。

纵八路：东起海堤，西至横五路，全长约 9 公里，命名为陬山路。

纵九路：东起海堤，西至横八路，全长约 5 公里，命名为复堆河路。

2017 年市地名委员会关于徐圩新区部分道路命名的批复

1. 义和路更名为徐新路，东起海滨大道，西至乌鲁木齐路；

2. 云湖北路（申报地名），东起云湖北一路，西至云蒿路，合作路北，长约 1970 米，宽约 20 米的道路，命名为云湖北路；

3. 云湖南路（申报地名），东起云湖南一路，西至江苏大道，徐圩大道南，长约 1780 米，宽约 20 米的道路，命名为云湖南路；

4. 云湖西路（申报地名），南起徐圩大道，北至合作路，长约 1230 米，宽约 25 米的道路，命名为云湖西路；

5. 云一路（申报地名），南起合作路，北至徐新路，上海路东，长约 580 米，宽约 15 米的道路，命名为云湖北一路；

6. 云二路（申报地名），南起云河北滨路，北至云湖北路，上海路西，长约 720 米，宽约 10 米的道路，命名为云湖北二路；

7. 云三路（申报地名），南起合作路，北至徐新路，南京路东，长约 580 米，宽约 15 米的道路，命名为云湖北三路；

8. 云蒿路（申报地名），东起南京路，西向北至云湖北路，南京路西，长约 770 米，宽约 10 米的道路，命名为云蒿路；

9. 云才路（申报地名），东起云湖西路，西向南至徐圩大道，徐圩大道北，长约 770 米，宽约 15 米的道路，命名为云才路；

10. 云四路（申报地名），南起灯塔路，北至徐圩大道，上海路西，长约 630 米，宽约 20 米的道路，命名为云湖南一路；

11. 云五路（申报地名），南起灯塔路，北至徐圩大道，云湖南一路西，长约 640 米，宽约 15 米的道路，命名为云湖南二路；

12. 云六路（申报地名），南起灯塔路，北至云湖南路，南京路东，长约 370 米，宽约 10 米的道路，命名为云湖南三路；

13. 云七路（申报地名），南起灯塔路，北至云湖南路，南京路西，长约 380 米，宽约 10 米的道路，命名为云湖南四路；

14. 云八路（申报地名），南起灯塔路，北至徐圩大道，云湖南四路西，长约 670 米，宽约 30 米的道路，命名为云湖南五路；

15. 云九路（申报地名），南起灯塔路，北至云湖南路，江苏大道东，长约 420 米，宽约 15 道路，命名为云湖南六路。

16. 云河北滨路（申报地名），东起港前大道，西至云湖北二路，云河北，长约 1180 米，宽 25 米的道路，命名为云河北滨路；

17. 云河南滨路（申报地名），东起港前大道，西至云湖、徐圩大道，云河南，长约 1240 米，宽 25 米的道路，命名为云河南滨路。

2020 年市民政局关于徐圩新区部分道路命名的批复

一、节能环保园区

（一）纵向道路

1. 节能一路。南起疏港大道、北至张圩河路，江苏大道西，长度 5 千米，宽度 28 米。

2. 节能二路。南起疏港大道、北至环保大道，中心河东，长度 4 千米，宽度 16 米。

（二）横向道路

3. 环保大道。东起江苏大道、西至乌鲁木齐路，张圩河路南，长度 4 千米，宽度 50 米。

二、石化园区

(一) 纵向道路

4. 石化一路。南起复堆河路、北至石化一道,港前大道西,长度5千米,宽度16米。
5. 石化二路。南起陬山路、北至石化二道,石化一路西,长度1.2千米,宽度16米。
6. 石化三路。南起复堆河路、北至苏海路,石化二路西,长度5.5千米,宽度16米。
7. 石化四路。南起陬山路、北至石化一道,石化三路西,长度3千米,宽度16米。
8. 石化五路。南起陬山路、北至石化一道,石化四路西,长度3千米,宽度16米。
9. 石化六路。南起复堆河路、北至苏海路,石化五路西,长度6千米,宽度16米。
10. 石化七路。南起石化六道、北至苏海路,江苏大道西,长度3千米,宽度16米。
11. 石化八路。南起石化五道、北至苏海路,石化七路西,长度2.5千米,宽度16米。
12. 石化九路。南起石化六道、北至苏海路,石化八路西,长度3千米,宽度25米。
13. 石化十路。南起石化五道、北至苏海路,石化九路西,长度2.5千米,宽度16米。

(二) 横向道路

14. 石化一道。东起港前大道、西至西安路,苏海路南,长度6.5千米,宽度16米。
15. 石化二道。东起港前大道、西至江苏大道,石化一道南,长度4千米,宽度16米。
16. 石化三道。东起石化七路、西至西安路,石化一道南,长度2.8千米,宽度16米。
17. 石化四道。东起石化七路、西至西安路,石化三道南,长度2.8千米,宽度25米。
18. 石化五道。东起石化七路、西至石化十路,石化四道南,长度1.8千米,宽度16米。
19. 石化六道。东起石化七路、西至石化九路,石化五道南,长度1千米,宽度16米。
20. 石化七道。东起海滨大道、西至江苏大道,复堆河路北,长度6千米,宽度25米。

2022年市民政局关于徐圩港区部分道路命名的批复

1. 徐港大道。位于徐圩港区南侧,东起吹填区东侧围提、西至吹填区西侧围提,长12.45千米、宽50米。
2. 方洋路。现方洋路自海滨大道向北延伸命名至一港三道堆入口。
3. 疏港大道。现疏港大道自海滨大道向北延伸命名至一港池码头。
4. 苏海路。现苏海路自海滨大道向北延伸命名至二港池码头。
5. 陬山二路。位于陬山路西,南起港前大道、北至二港池码头,长4590米、宽22.5米。

第六节　民族宗教

一、民族

2019年,徐圩新区居民以汉族为主,有回族、满族、侗族、壮族、朝鲜族、蒙古族、土家族7个少数民族。常住少数民族人口共20人,其中男性11人、女性9人,涉及徐圩街道8人、东辛农场12人;流动少数民族人口共70人,主要就职于徐圩新区管委会、方洋集团及园区企业等。2022年,新区有少数民族22个,人口共261人。

二、宗教

2019年年底,徐圩新区共有合法宗教活动场所3处,分别为徐圩街道基督教聚会点、东辛农场基督教聚会点、东辛农场十三分场聚会点,其中涉及宗教教职人员9人、信教群众659人,信教总人数较2009年减少56%。

第十四章　街道　盐场　农场

徐圩新区管理徐圩街道。2022 年,徐圩街道辖辛高圩社区、张圩社区、东陬山村、香河村;户籍人口 2272 户 6357 人,常住人口 1485 户 3565 人。集体经济收入 324.31 万元,农民人均可支配收入 3.72 万元。徐圩街道以打造幸福平安和谐特色小镇为抓手,聚合网格资源,打造“聚邻里”“新邻盟”品牌,先后获江苏省和谐社区建设示范街道、江苏省群众体育先进单位、全省社会治安综合治理先进集体、江苏省生态文明建设示范(乡镇)街道等荣誉。

作为徐圩新区主要承载地的徐圩盐场,于 2013 年 1 月与台南盐场联合经营后,总面积为 168 平方千米。随着经济结构调整、盐田被征用,尤其是融入徐圩新区建设发展后,经济转型步伐加快。2022 年,由于盐田被全部征用,未生产原盐。

东辛农场隶属省农垦集团管理。2010 年 7 月,东辛农场从灌云县管辖划归连云区管辖、徐圩新区管理。农场注重农业品牌创建工作,先后创建东昇牌冻鸡肉、东辛牌南美白对虾、东农明珠牌梨等省级品牌。2022 年,东辛农场东西长 21.8 千米,南北宽 19 千米,总面积 202.3 平方千米。全场人口 3.32 万人,户数 1.1 万户;职工 2510 人。

第一节　徐圩街道

一、街道概况

2010 年 9 月,市政府印发《关于同意调整连云区部分行政区域管理范围的批复》,原则同意将板桥街道分设为徐圩街道和板桥街道。新设立徐圩街道,委托徐圩新区管委会管理。徐圩街道位于连云港市东南部,北起规划刘圩港河中心线,西至烧香支河西岸(含香河村、东陬山村),南至善后河、车轴河中心线、埒子口北岸(含徐圩湿地),东至海堤。辖区规划管理总面积 247.6 平方千米,其中滩涂 1300 万平方米、耕地 454 万平方米,海岸线长 28 千米。

2022 年 3 月,徐圩新区印发《全面加强乡村(社区)班子能力建设打造幸福平安和谐特色小镇实施意见》,促进世界级石化产业基地建设发展背景下乡村和社区发展,走出一条具有徐圩新区特色的乡村(社区)振兴之路,打造幸福平安和谐特色小镇。

2022 年,徐圩街道辖徐圩盐场、辛高圩社区、张圩社区、东陬山村、香河村;户籍人口 2272 户 6357 人,常住人口 1485 户 3565 人。徐圩街道辖区内集体经济收入 324.31 万元,完成地区生产总值 6.25 亿元,工业总产值 2.61 亿元,粮食总产量 2850 吨,农业总产值 1.13 亿元,农民人均可支配收入 3.72 万元。徐圩街道党工委下设 5 个党支部,有中共党员 256 人。

2010—2022 年徐圩街道获得荣誉一览表

表 14-1

年度	名称	授予单位
2010	2006—2010 社会治安综合治理先进集体	中共连云港市委、连云港市人民政府
2012	2009—2012 年度全国群众体育先进单位	国家体育总局
2012	全市民政工作先进集体	连云港市人民政府
2013	江苏省和谐社区建设示范街道	江苏省民政厅
2013	江苏省示范妇女儿童之家	江苏省妇女联合会
2018	2018 年度"江苏省五四红旗团委"(连云港市徐圩街道团工委)	共青团江苏省委
2018	江苏省群众体育先进单位	江苏省体育局
2018	全省社会治安综合治理先进集体	省综治委、省人社厅
2019	2019 年度 50 个农村生活垃圾分类省级示范乡镇(街道)	江苏省住房和城乡建设厅
2020	2020 年度全省基层党员冬训工作示范乡(镇、街道)	中共江苏省委宣传部、组织部
2021	创建全国文明城市先进单位(记三等功集体)	中共连云港市委、市人民政府
2022	江苏省生态文明建设示范(乡镇)街道	江苏省生态环境厅
2022	2022 年度高质量发展先进园区(乡镇、街道)	中共连云港市委、市政府

二、经济发展

2022 年,徐圩街道完成地区生产总值 6.25 亿元,其中第一产业生产总值 1.13 亿元、第二产业生产总值 2.61 亿元、第三产业生产总值 2.51 亿元,完成投资 2.92 亿元,农民人均可支配收入 3.72 万元。

(一) 农业

2010 年以前,徐圩街道以传统农业为主,农业投入较少。2010 年之后,随着新区开发需要,以投入大、收益高的现代农业为主。2011 年,徐圩新区在街道成立香河现代农业示范园区、江苏香河农业开发有限公司。香河现代农业示范园规划确定"一区五园"的开发模式,全年投资 2000 万元用于香河现代农业示范园区建设,完成香河农业开发一、二期项目建设,园区基础设施基本完善。完成南农大苗木基地和市农科院竹柳基地建设,增加植树造林 200 万平方米,植树 30 万株。完成 31 座日光温室建设任务,主要种植油桃和高产抗碱性茄子。

2012 年,香河现代农业示范园区依托滩涂垦区开发项目,投资 960 余万元,用于园区基础设施建设,新建生产桥 7 座、电泵站 9 座、节制闸 7 座、穿涵 255 座,新铺设水泥路 13.7 千米、砂石路 10 千米,完成池塘改造 533.33 万平方米,土壤改良 1066.67 万平方米。

2013 年,完成投资 2600 万元,园区基础设施建设逐步完善。投资 500 万元,完成 31 座日光温室建设,实现年利润 80 万元。成功申报 22 个无公害产品,香河现代农业示范园被评为连云港市现代农业示范园区。

2014 年,徐圩街道设施农业面积达 34 万平方米,日光大棚 31 个,年产值 300 万元。西瓜大棚、草莓大棚 430 个,年产值 2000 万元。苗圃基地一期总投资 600 万元,栽植女贞、木槿、紫薇等耐盐树种 27 万平方米。

2017 年,为实现建设国家生态工业园区战略目标,徐圩新区管委会在徐圩街道启动香河生态

香河生态园标准化蔬菜基地　　　　胡林庆 2023 年摄

园建设项目，项目占地面积约 8.9 平方千米。年内完成土地流转 480 万平方米，建设苗圃基地约 67 万平方米，苗木数量约 8.5 万株。街道积极推进土壤改良、海产品养殖、规模化蔬菜基地、仓储物流加工基地等多个项目的建设。至 2018 年年底，香河生态园建设项目累计完成投资 1.6 亿元，流转辖区土地、鱼塘共计 506.13 万平方米，安置辖区农民 70 余人。

2019 年，徐圩街道农业收入 1200 万元。徐圩街道全力推进香河生态园建设项目，将辖区香河、东陬山两村整体纳入建设范围。年内香河生态园的规模化蔬菜生产、水产养殖、生态年猪养殖等项目陆续落地，累计安排农民就业 180 人。香河生态园林下养鸡示范项目、规模化蔬菜基地一期工程完成建设并投产。

2020 年，香河生态园稳步推进基础设施、农业产业、物流加工、农业旅游等 10 余项重点项目建设，全年累计完成投资约 1.65 亿元。生猪养殖基础设施、蔬菜基地 46.67 万平方米核心区、林下养鸡 25000 羽养殖建设全部完成，蔬菜种植、林下养鸡等产业项目陆续投产达效，年产瓜果蔬菜约 20 吨、鸡蛋 36 万枚。

2021 年，香河生态园年内建成投产标准化猪场、绿色蔬菜基地、林下养鸡及生态果园等重点项目，启动规模化羊场建设，管理服务区启动征地工作，打造新区“菜篮子”工程。2021 年 4 月，徐圩街道香河村和东陬山村整村搬迁至香河新村，香河新村是按照城市社区建管标准建设，农民告别居住了几十年的低矮瓦房，住上宽阔明亮的楼房，小区内配有绿化、文化长廊和垃圾分类等公共设施，周边公交、农贸市场、医院、学校及道路管网等配套服务设施和东香湖公园、商业西街等休闲产业齐全。

2022 年，徐圩街道粮食生产主要以稻、麦为主，种植面积共 473 万平方米，总产量约 285 万千克。香河生态园年产 1100 万枚林下养鸡一期笼养设备改造建成投用，133.33 万平方米标准农田完成改造，年出栏 3000 头规模化羊场启动实质化建设，全力打造新区“菜篮子”工程。完善生鲜销售配送服务平台，人才公寓云湖商超店、石化基地产业指挥部店、美食街店等投入运营。

（二）渔业

徐圩街道渔业以养殖为主。2012 年，加快高效渔业项目建设。投资 300 万元，完成 26.67 万平方米鱼虾混养池塘改造工作，完成 13.33 万平方米工厂化南美白对虾池塘改造。2013 年申报省级渔业精品园。2014 年投资 300 万元，对 20 余万平方米的鱼虾混养池塘、近 14 万平方米的工厂化南美白对虾池塘进行改造，新建 14 万平方米淡

丰收的喜悦（2020 年）　　　　徐中兵 摄

水白鳍高效养殖示范基地。

2020年，徐圩街道完成水产养殖智能化建设、水产养殖尾水净化工程建设，水产养殖项目陆续投产达效，年产鱼虾等水产品约30万千克。

2021年，徐圩街道流转香河村鱼塘约293.33万平方米，持续推进水产养殖生态化改造，启动工厂化循环养殖标准化示范区项目；完善香河生态园生态修复区建设，池塘尾水净化项目已初步投产运营，实现污水资源化利用。

2022年，徐圩街道2000亩标准农田完成改造，工厂化水产养殖招商同步推进，引进中国水产研究院珠江所技术打造年产40万千克高品质加州鲈鱼、年产72.25万千克高密度草鱼养殖基地，获批"国家级水产健康养殖和生态养殖示范区"。

（三）工业

徐圩街道工业以化工为主。2013年，街道直接利用外资工作取得重大突破，注册资本达5000万美元的宏威（连云港）精细化学品有限公司成功签约，实际到账2000万美元。

徐圩街道逐步将村民确权土地和村集体土地统一流转给辖区国有农业企业和种植大户。2018年完成农村集体资产清产核资和股份制改革工作，全面摸清辖区内农村集体资金、资产、资源情况，为实现乡村振兴打下坚实基础。2019年街道农村集体产权制度改革全面完成，成立两村股份经济合作社，社员2913人员；2022年实现集体收入324.31万元，分红296万元，人均分红1016.13元。

2020年，徐圩街道开展"四清"专项行动，收回原被侵占12项42.21万平方米村集体鱼塘、土地，核销两村无效债权债务446万元，确认与村民内部往来252.7万元，终止街道2项长期不规范合同。

2021年，徐圩街道开展"政经分开"试点工作，用2个月时间完成账户分设，资产分管，核算分立，全面实现农村集体经济组织和村民自治组织会计核算分账管理，推动机构职能、人员选举、议事决策、资产管理、财务核算"五分开"。

2022年，徐圩街道开展清产核资回头看工作。完成资源清查项目122个，清查合同30份，审定债权253笔157.39万元，债务176笔87.88万元。对梳理排查的609个"三资"问题，集中推进整改，销号607个，整改率达99.67%。实现不良债权、无效债务全核销，有效债权问题全部销号。清收各类拖欠租赁承包费30.78万元。复垦盘活东陬山村山脚和砖厂南侧荒地6.67万平方米，预计每年增收8万元，在香河村推行村级闲置资金分期存储，将500万闲置村集体资金存储，每年增收12.5万元。

三、社会生活

（一）社区治理

2009—2022年，徐圩街道通过聚焦共管共治，聚力邻里成长，聚合网格资源，打造"聚邻里""新邻盟"党建工作品牌，持续强化党建引领基层治理工作。升级打造"六个一"社会综合治理工程，放大"三社联动+"效应。围绕"聚民心""聚民力""聚民智"，建立片区公安、医院、学校、园区企业、物业联管联治工作机制，社区党支部书记兼任物业管理委员负责人，推进社区"大党委"建设，完善融合共治社区治理体系。围绕"邻里学""邻里帮""邻里乐"，红色课堂学知识学政策，组建暖邻志愿队，促进企业职工和居民手拉手互帮互助，打造香河新村文化长廊，开展百姓大舞台、全民健步行等系列"我爱徐圩"群体活动，满足百姓多重精神需求，构建文明和谐社区。围绕"社区里""小区里""楼栋里"，划定党员责任区，设立"公益+积分制"超市，落实村规民约“红黑榜”,党员带头化身联络员、调解员,网格员、会同群众代表组成网格自治团,打通居民自治“微循环”。

香河村村民在文化长廊开展有事好商量议事会(2023 年)
徐圩街道 供

徐圩街道围绕“小网格”促进“大平安”的工作方法,深入推进网格化治理工作,健全矛盾纠纷排查调处机制,建立“政治协商议事平台 + 网格化社会治理”新模式,升级打造“六个一”社会综合治理工程,建设香河新村综治一体化示范平台,打造“公益 + 积分”制超市,深入推进“精网微格”工作体系,在“我的连云港”App 网格化社会治理中优化升级网格化管理,放大“三社联动 + ”效应,探索信访矛盾源头治理新模式,推动矛盾问题、治安隐患、民生事项在网格内得到及时有效解决,不断提升网格服务管理水平,使基层社会服务水平和群众安全感得到有效提升,为维护地区和谐打下了坚实基础。

徐圩街道建立新区、街道、村(社区)网格三级社会治理信息平台,做好各项基础信息录入工作,促进各部门数据互联互通,实现指挥调度、分析研判、应急处置等实战化运用的目标。发挥“民情恳谈室”作用,领导班子成员固定下访、坐班,邀请村居干部、群众代表“会诊”,听取群众诉求,使村民上门来访有椅坐,谈心有茶喝,说事有记录,办事有回复。建成 3 个智慧化小区及 1 个“爱心便民警务室”,大力构建“党建 + 网格”新格局,实施“警格 + 网格”双网融合,推进“互联网 + 网格”新模式,通过多措并举,极大提升了社会治理时效。徐圩街道《深耕治理小网格让群众幸福“满格”》在交汇点新闻、江苏长安网、“学习强国”学习平台等刊登发表。

及时化解信访矛盾。至 2022 年,徐圩街道深入开展领导班子走访下访工作,提前介入矛盾处理,采取“三访三办”、领导包案、清单管理、通报考核、会商研判、联席会议等举措,常态化治理重复信访、化解信访积案,凝心聚力控增量、减存量、防变量,群众现场上访量近两年来下降 64.65%,维护了社会的和谐。连续两年获得全市信访工作示范乡镇(街道),“三访三办”工作机制在全国《法治日报》刊登发表,被江苏省信访局、连云港市信访局官网推广。

打造民主法治示范村(社区)。以“八五”普法为契机,开展形式多样、内涵丰富的宣传活动,推进习近平法治思想、宪法、民法典、党内法律法规进机关、进乡村、进社区、进学校、进企业,营造解决问题用法、化解矛盾靠法的良好氛围。2009—2022 年,无矛盾激化,无民转刑案件,无群体性上访,无重大刑事案件,无群体性事件发生。辛高圩社区、香河村获省级民主法治示范村(社区),东陬山村获全市援法议事范例。

(二)卫计工作

2010 年,徐圩街道扎实做好人口和计划生育工作,下拨资金对计生困难家庭进行慰问,对独生子女家庭全部兑现奖励,全面完成村居世代服务室建设。

2011 年,徐圩街道人口信息化建设指数达 95% 以上,为 518 名已婚育龄妇女提供“三项检查”

（B 超检查、妇科检查、乳腺检查）服务，生殖健康服务率达 90% 以上。全区人员微机落实率达 100%；发放《流动人口婚育证明》15 份；按期做好 PADIS 系统平台信息的协查与反馈工作，流动人口管理服务率达 90% 以上，信息有效反馈率达 90% 以上。

2012 年，街道扎实推进医疗制度改革工作，实现基本药物制度全覆盖。积极开展汛期、台风期间卫生应急工作，拨付 30 万元用于灾后防疫，实现了大灾过后无大疫。新农合参合率稳定在 100% 以上。全面开展国家卫生城市创建工作，完成 3 家星级标准化村卫生室创建工作。启动卫生许可审批工作，发放卫生许可证 36 本。传染病疫情报告质量综合率达 100%，国家免疫规划各类疫苗接种率以乡镇为单位保持在 95% 以上。

2013 年，徐圩新区综合医院项目具备开工条件，投入 650 万元，完成徐圩社区卫生服务中心、产业服务中心医务室等基层医疗机构筹建工作。拨付 20 万元专项经费用于禽流感疫情防控，启动省级项目麻风病主动发现项目工作，辖区 2 家一级医疗机构通过市卫生局艾滋病检测点验收；建立起示范区卫生协管员制度。对辖区 30 余名协管员进行培训，举办示范区学校卫生知识培训班，开展学校食品卫生、“六小”行业、非法行医专项整治。人口计生工作巩固提升，自然增长率在 6.4‰以内。开展“新农村新家庭”创建活动，培育市级示范村 2 个、示范户 8 个。组织实施人口文化建设工程，新建人口文化园 2 个。

2015 年，新建垃圾池 38 座，村庄环境得到了很大改善。2017 年，免费为 252 名育龄妇女进行 B 超、乳腺、妇科三项检查。申请农村分娩补助 8 人，领取金额 500 元/人；走访慰问困难儿童 23 名，发放慰问金 9200 元。

2020—2022 年，在疫情防控期间，徐圩街道组建疫情防控专班，严格落实 24 小时值班制度，对外地返连人员及时登记，做好“五包一”工作。徐圩街道机关、村（居）57 名工作人员全部到岗，4 支党员先锋队、60 余名党员冲锋示范在前，104 名医务、民警、群众志愿在一线，发放一封信 700 余份，推送微信 30 余条，创新制作“我是徐圩人，我承诺”疫情防控宣传 App，投入 45 万余元购置口罩、酒精、消毒液等 1.1 吨，协调多方力量开展防疫工作。

（三）民生服务

2011 年，徐圩街道城镇新增就业 2510 人，城镇失业人员再就业 639 人，就业困难人员再就业 101 人；新增转移农业劳动力 220 人；城镇登记失业率低于 3.6%。城乡劳动者职业技能培训 516 人，创业培训人数 104 人。新农保基础养老金发放率 100%。全区完成各类企业劳动合同 99%，完成企业集体合同签订率 100%，完成劳动合同备案 2574 人，完成集体合同审查目标 10 份，完成工资集体合同审查数目标 5 份。开展“慈善一日捐”活动，共募得善款 8.73 万元。重点优抚对象发放优抚金 6.3 万元。发放城镇退役士兵自谋职业金、农村退役士兵就业生活补助金。积极筹建新区慈善总会。

2012 年，徐圩街道建立低保档案 767 户（1835 人），落实城乡低保提高标准工作，年内发放大病救助金 5042 元。城镇新增就业 2400 人，城镇失业人员再就业 619 人，就业困难人员再就业 59 人，新增转移农业劳动力 303 人。城镇登记失业率低于 3%。城乡劳动者职业技能培训 371 人。城乡居民养老保险参保 867 人，参保覆盖率 100%，基础养老金发放率 100%。新审批城乡低保家庭 37 户计 107 人，退出城乡低保家庭 86 户计 194 人。全年共发放城乡低保金 340.22 万元，发放物价补贴 18.46 万元。为辖区内低保户、重点优抚对象等 737 户 1688 人购买新型农村合作医疗和城镇居民医疗保险，参合、参保率达到 100%。做好暴雨洪涝灾害和 10 号“达维”台风袭击后的困难群体救助工作，发放各类救助资金 9 万元，帮助 201 名受灾群众解决临时生活困难问题。为 1105 名 80 岁以上老人发放尊老金 74 万元。为新区重点优抚对象、伤残军人遗孀、60 周岁以上农村籍退役士兵发放优待抚恤金。

2014年，徐圩街道进一步完善城乡低保制度。新审批城乡低保家庭63户163人，退出城乡低保家庭52户121人。实施低收入农户保障工程，累计结对帮扶农户137户，发放低保金596.8万元。募集和争取上级补助资金（物资折价）58.3万元，救助困难群众924人次，发放救助款42.3万元。徐圩街道投入430万元，完成“两村一居”自来水工程，受益群众800户3000人。投资1200万元，完成4.82千米香河路沥青混凝土工程，两村居民出行难的问题得到解决。投资100万元，完成徐圩社区服务中心和辛高圩社区文体中心建设。结合徐圩新区石化产业园项目的推进，启动“两村一居”搬迁的规划设计工作。

2015年，徐圩街道全年办理失业证110人次，为30名就业困难人员发放养老补贴金额10.73万元、医疗补贴金额2.56万元；办理城乡居民基本养老保险待遇申领37人次，发放养老金待遇存折40本；办理新参保登记40人次，养老保险待遇特殊身份认证申请50人次，城乡居民养老保险补缴申请71人次，城乡居民养老保险续保355人；发放养老金待遇550人；办理城镇居民医疗保险800人。完成香河村43万平方米土地复垦。在汛季来临之前，两村完成河道疏浚约2.35万立方米。投入93.8万元，在沿河路、香河村主干道、东陬山村主干道安装太阳能路灯251盏；投入157.48万元，完成辛五路道路维修1240米，整修中通道至东陬山烧香河闸段破损路面3.52万平方米；投入77.11万元，新建省级农桥4座，解决了东陬山村、香河村和辛高圩社区村民出行难的问题。新建标准化农村居家养老服务中心1个，新增老年助餐点2个。

2017年，徐圩街道完成1325名人员老农保缴费金额核对工作，解决老农保遗留问题，为近2400人办理城镇居民医保。全年共发放城乡困难群众再救助金26户共12.3万元，低生活保障家庭162户共103.1万元；为19人发放重残补助12.6万元，为6名残疾学生申报教育补贴。申请农村分娩补助8人，领取金额500元/人；走访慰问困难儿童23名，发放慰问金9200元。

2018年，徐圩街道稳步推进棚户区改造，完成三期首批房屋征收任务，签约率100%。为626名辖区老人购买老年人意外伤害保险，发放尊老金人数达365人。审核通过符合残疾人两项补贴政策、低生活保障家庭百余户。重大节日走访慰问困难群众、离退休干部共140余人次，累计发放慰问金及物品30.37万元。办理城乡居民基本医疗保险2675人、城乡居民基本养老保险2004人。街道投资95万元改建东陬山线泥土路，完成道路硬化；张圩社区投入11万元建设“妇女儿童之家”阵地和居家养老服务中心。

2023年，徐圩街道举办职业技能培训助力乡村振兴活动
徐圩街道 供图

2019年，徐圩街道认真落实4050人员灵活就业补贴发放政策。徐圩街道有低保82户，其中城市低保69户、农村低保13户。2019年，徐圩街道90～99周岁老人38人，80～89周岁老人249人，共发放尊老金16.3万元。围绕新区220千伏输电线项目、水厂二期等重点项目，流转土地24.1万平方米。推行“一委三会”社区治理模式，全年召开44次会议，提出83个议题，解决98

个问题。开展专项环境整治，将人居环境整治纳入村规民约。

2021 年，按照新区党工委提出的“把老百姓当家人、让百姓充分共享新区开发建设成果”的发展理念，徐圩街道制定印发《徐圩新区征迁后农民和城镇居民若干优惠政策实施细则（试行）》，妥善解决搬迁后居民就业、医疗、养老等民生问题，全年发放农民（城镇居民）各类优惠政策补贴约 394 万元。组织辖区居民参加各类免费培训，其中职业技能培训 180 人、创业培训 80 人。张圩社区打造“15 分钟医保服务圈”市级示范点，开设帮办代办服务窗口，发放宣传册 1000 余份。自 2021 年起，针对群众提出的急难愁盼民生问题，徐圩街道每年推出服务群众十件实事，不断满足广大人民群众新期待、新要求。

2022 年，徐圩街道发放惠民政策资金 474.7 万元。2022 年，徐圩街道 90 ~ 99 周岁老人 36 人，80 ~ 89 周岁老人 237 人，共发放尊老金 18.18 万元。2022 年 4—12 月，徐圩街道在香河新村成立爱心餐厅，免费为辖区 158 名 75 岁及以上老年人供餐，年度总计供餐费用 2.844 万元。在香河新村党群服务中心投资约 14.2 万元，建设香河新村居家养老服务中心，为辖区老人提供日间照料、医护诊疗、心理咨询、文化娱乐等服务。举办两场大型招聘会，提供就业岗位千余个，吸引辖区及周边百姓 600 余人次参加，达成初步就业意向近百人。

四、特色选介

（一）东陬山三义六勇祠遗址

东陬山三义六勇祠遗址位于徐圩街道东陬山东坡，俗称大庙。庙内有一株几百年的银杏树。明代嘉靖、隆庆年间，倭寇骚扰海州沿海，留在东陬山筑垒驻扎。至万历年间，先有陈漠等三人抗倭颇有战绩，后有陈升率弟子五人在此抗倭，力战而死。后人感其义勇，建三义六勇祠。清咸丰年间，三义六勇祠年久失修，庙宇倾颓，苇荡营孙千总集资重修，改为龙王祠。今庙宇荒废，但香火从未间断。附近居民常到庙宇旧址处烧香祭拜。

（二）藏军洞

此山洞是在连云港保卫战中，时任游击第八军第三总队总队长胡文臣为抗战而修建的，共有 2 处洞口，分别朝向西南、西北。西北洞口迎面墙上刻有“藏军洞”3 个字，字径 20 厘米 ×17 厘米，匾额长 85 厘米、高 35 厘米，每字饰刻六边形框。

第二节　徐圩盐场

一、盐场概况

徐圩盐场，坐落在连云港市徐圩新区境内。场区东、北两面濒临黄海；南傍埒子河畔，与灌云县隔河相连；西依云台山脉东部，与连云港经济开发区、连云区相接。2009 年 7 月（徐圩新区征地前）总面积 97.71 平方千米，其中盐、养生产面积 90.06 平方千米，海岸线长 24 千米，平均标高 2.4 米。场部设在辛高圩。2013 年 1 月徐圩、台南两场联合经营后，总面积 168 平方千米，其中盐、养生产面积 153.08 平方千米，海岸线长 36.69 千米，经营总部设在徐圩盐场。2014 年 3 月两场合署办公。至 2019 年，徐圩、台南两场累计被徐圩新区征用盐田和土地 116 平方千米，剩余总面积 52 平方千米，其中盐业生产面积 4 平方千米，水面养殖和其他占地面积 48 平方千米。2022 年，徐圩盐场剩余土地面积 493.33 万平方米（包含 266.67 万平方米融资地块）。

推盐上廪(20 世纪 60 年代)　　徐圩盐场 供

徐圩盐场境内河流纵横交错,老的驳盐干、支河依存,新的进、排水河道密布,烧香河流、埒子河流经境入海。路桥四通八达,228 省道沿场中心线、242 省道贴场边穿越而过,海滨大道、港前大道贯通畅达,铁路直达徐圩新港。

1998 年,徐圩盐场有人口 6254 人。从 2009 年开始,随着徐圩新区的建设与发展,盐田逐渐被征用以及改为他用,海盐产量大幅减少,人口大量外流,到 2022 年人口仅有 738 人。

2011—2018 年徐圩盐场获奖情况一览表

表 14－2

序号	荣誉名称	授予单位	获奖时间
1	2011 年度江苏省安康杯竞赛优胜企业	江苏省总工会、江苏省安全生产监督管理局	2012.4
2	职工书屋	江苏总工会	2013.5
3	模范职工小家	中华全国总工会	2013.8
4	全国模范职工小家	中华全国总工会	2013.8
5	2014—2015 年度连云港市文明单位	中共连云港市委、连云港人民政府	2016.11
6	先进基层党组织	中共连云港市委	2016.7
7	职工书屋	中华全国总工会	2017.1
8	2016—2017 年度连云港市文明单位	中共连云港市委、连云港市人民政府	2018.11

二、经济发展

(一)生产经营

21 世纪初,徐圩盐场是以海水制盐、水产养殖为主导产业的国有中型企业,原盐年生产能力 2.5 亿千克,海产品总量 1000 万千克,年综合收入达亿元。2009 年,徐圩盐场拥有职工 1260 人,辖 8 个盐养服务区、15 个直属单位。年产原盐 1.71 亿千克,养殖池塘发包收入 860 万元,年综合收入 1281.4 万元。2010 年 12 月,徐圩盐场成立“连云港悦升绿化工程有限公司”,安置因徐圩新区建设征地而造成的失地转岗盐工,2015 年 2 月,正式挂牌运营。2019 年,场年产原盐 0.137 亿千克,盐场养殖池塘发包收入 3029.42 万元,年综合收入 3707.95 万元(此数字为徐圩盐场本部收入,不包括悦升、安邦物业等公司收入)。2022 年,由于盐田被全部征用,未生产原盐,池塘发包收入 2682 万元,年综合收入 3017.38 万元。

2009—2022 年徐圩盐场财务收支统计表

表 14－3　　单位:万元

年份	收入	支出	年份	收入	支出
2009	1281.4	1434.92	2016	6341.84	6467.94
2010	1953.72	2153.77	2017	7923.66	7879.77
2011	3739.76	4044.30	2018	7632.59	8362.07
2012	3894.41	5056.45	2019	3707.95	5163.22
2013	3499.53	4855.80	2020	4669.94	5193.59
2014	4694.42	5166.38	2021	4328.07	5111.08
2015	6382.77	5965.91	2022	3017.38	3550.34

2012 年徐圩盐场经营管理情况表

表 14－4

项目	完成情况
原盐生产	原盐产量 16.90 万吨,完成 100%
其他各业收入情况	原盐销售收入 3234.98 万元,池塘发包收入 589.19 万元,租赁等收入 35.12 万元
集运销售	原盐销量 19.13 万元,完成 100%
现金流入	经营活动的现金流入为 6970.19 万元,主要为销售商品等收到的现金 1240.59 万元,收到征地补偿等其他与经营活动有关的现金流入 5729.6 万元
现金流出	经营活动的现金流出为 7953.39 万元,其中,购买商品接受劳务等 799.4 万元,支付给职工工资、社保、公积金等相关的流出 4879.51 万元,支付各项税费 780.18 万元,支付其他与经营活动有关的现金 1494.3 万元
各项费用	原盐单位成本 140.6 元/吨,管理费用 1919.12 万元,财务费用 －11.82 万元,税金 247.76 万元,所得税 5.59 万元,营业外支出 2820.83 万元
利润总额	徐圩投资公司本部 10 万元,悦升绿化工程公司 －5.17 万元

2012 年徐圩盐场财务计划执行情况表

表 14－5

计划项目	实　绩	计划项目	实　绩
一、工业总产值	5073.00 万元	2. 税金及附加	247.75 万元
二、劳动生产总值	10101.26 万元	3. 财务费用	－11.82 万元
三、社会贡献总额	3847.57 万元	六、营业利润	－1195.19 万元
四、营业总收入	3859.29 万元	七、营业外收入(主要为征地补偿收入)	4020.85 万元
其中,		八、营业外支出	2820.83 万元
1. 原盐销售收入	3234.98 万元	九、利润总额	4.83 万元
2. 池塘发包收入	589.19 万元	十、主要产品成本	
3. 租赁等其他收入	35.12 万元	原盐生产成本	2376.03 万元
五、营业总成本	5054.48 万元	单位成本	140.6 元/吨
其中,			
1. 管理费用	1919.12 万元		

2022 年徐圩盐场经营管理情况表

表 14－6

项目	完成情况
原盐生产	0 吨
其他各业收入情况	原盐销售收入 75.49 万元，池塘发包收入 2682.89 万元，悦升绿化工程公司收入 8212.16 万元
现金流入	经营活动的现金流入为 54803.2 万元，主要为池塘发包 2682.89 万元、绿化工程 19151.96 万元，收到其他租赁等收入 32968.35 万元
现金流出	经营活动的现金流出为 54761.61 万元，其中，购买商品接受劳务等 990.89 万元，支付给职工工资、社保、公积金等相关的流出 6879.78 万元，支付各项税费 976.22 万元，支付其他与经营活动有关的现金 45914.72 万元
各项费用	管理费用 3538.28 万元，财务费用 768.41 万元，营业税及附加 320.63 万元，所得税 284.59 万元，营业外支出 39.16 万元
利润总额	徐圩投资公司本部 472.02 万元，悦升绿化工程公司 664.7 万元，徐圩盐场农工商公司 1.51 万元

2022 年徐圩盐场财务计划执行情况表

表 14－7

计划项目	实　绩	计划项目	实　绩
一、工业总产值	142 万元	五、营业总成本	11410.44 万元
二、劳动生产总值	8300.99 万元	其中，	
三、社会贡献总额	9423.85 万元	1. 管理费用	3538.27 万元
四、营业总收入	11229.54 万元	2. 税金及附加	320.63 万元
其中，		3. 财务费用	768.41 万元
1. 原盐销售收入	75.49 万元	六、营业利润	－119.63 万元
2. 池塘发包收入	2682.89 万元	七、营业外收入（主要为征地补偿收入）	1297.02 万元
3. 绿化保洁收入	6913.32 万元	八、营业外支出	39.16 万元
4. 物业服务收入		九、利润总额	1138.23 万元
5. 劳务派遣收入		十、主要产品成本	
6. 工程施工收入	1191.69 万元	1. 原盐生产成本	
7. 租赁等其他收入	1366.15 万元	2. 单位成本	

注：此表中的营业总收入 11229.54 万元，有徐圩盐场本部收入，包含悦升公司及其他的收入

（二）资产状况

2009 年，徐圩盐场资产总额近 0.8 亿元。随着经济结构调整、盐田被征用等因素，尤其是融入徐圩新区建设发展后，经济转型步伐加快，新项目投资开发力度加大，资产总额快速增长。2018 年，资产总额达到历年最高，为 5.7 亿多元。2022 年，企业资产总额为 4.37 亿元。

（三）改革改制

经营体制改革　2009 年至 2018 年，徐圩盐场实行承包责任制。2018 年，徐圩投资公司组织实施盐田生产经营机制转换，取消盐田大包干运行模式，试行以生产单元职工薪酬与业绩挂钩浮动为形式的盐田生产经营新机制—业绩挂钩制。经过一年的试行，2019 年正式实行。

分配制度改革　1998—2017 年，徐圩盐场在总结盐田租赁承包办法的基础上，在原盐生产一

线推行盐田大包干经营模式。2018 年，取消盐田大包干经营模式，开始试行生产单元职工薪酬与业绩挂钩浮动机制。以公司年度下达的产品产量、产品质量、生产费用、职工基本工资预算计划为挂钩业绩基数，在单元海盐集销完成后结算。2019 年实行生产单元职工薪酬与业绩挂钩浮动机制，直至 2022 年盐田被全部征用后停止。

产权制度改革　徐圩盐场产权制度改革在场级层面上大致经历国营企业（全民所有制）、国有企业（法人治理结构）的变革过程。从 1993 年前的国营企业（淮北盐务管理局徐圩盐场→江苏省徐圩盐场），到 2022 年的国有企业（江苏省金桥盐业有限公司徐圩盐场→江苏金桥盐化集团有限责任公司徐圩盐场→江苏金桥盐化徐圩盐场投资有限公司→连云港市工投集团徐圩投资有限公司）。盐场内部产权制度改革主要有国有民营、民有民营两种模式。

（四）发展规划

徐圩投资公司（盐场）积极融入区域经济，依托徐圩新区发展的强势拉动，加速推进新产业开发，立足自身实际和徐圩新区发展走势，发挥区域优势，盘活土地资源，依托园区发展全力打造"一柱两廊、三产配套、物流布网"产业发展模式（以做大做强市政产业为支柱，以园区生活配套服务和园区产业配套服务为两个发力点，推进资产租赁、仓储物流、休闲垂钓、餐饮娱乐、文化旅游等产业多点开花），推进经济转型，提升经济总量，推进四大"产业板块"构建，加快产业突破，着力打造项目带动新格局。把公司建设成为产业布局更加合理、企业制度更加完善、综合实力更加强劲、职工生活更加富裕的现代化企业。

三、社会生活

自古以来，海盐生产靠近沿海，地处偏僻，盐民劳动和生活条件较为艰苦，福利待遇低下，文化生活极为枯燥。中华人民共和国成立后，盐民成为盐业企业的主人，生活福利等各方面发生了翻天覆地的变化。由于盐场特有的地理环境和社会条件，长期以来承担着"大企业、小社会"的职能，担负着发展文、教、卫、体等社会事业的重任。徐圩盐场社会事业从无到有、从小到大迅速发展，职工文化娱乐活动不断丰富多彩，精神文明生活日新月异，科技活动日益普及，推动了企业科技进步，提高了企业生产经营和社会生活的科技含量，促进了企业物质、精神、政治三个文明建设的和谐发展。

（一）基础设施

供电设施　20 世纪 70 年代初，徐圩盐场设立动力股，后又改为动力队、机电公司。2004 年 7 月，成立徐圩盐场供用电管理所。徐圩盐场供电自成体系，内设供电所，拥有辛高圩、管港 2 座变电所，2 台主变 4100 千伏安，117 台在用变压器，负责全场企业生产和民生用电，并具有承接中小供电项目建设安装能力。2009 年后，因徐圩新区征地，盐业生产规模逐渐萎缩，用电量也在逐年减少，没有再建为盐场服务的供电设施。

供水设施　20 世纪 80—90 年代，淮北盐务局、省盐业公司先后投资 175.6 万元，在东陬山建起了自来水厂，并在辛高圩建 1 座储水塔，安装至各产盐小组淡水管道达 158 千米左右，使每户都用上了干净卫生的自来水。2012 年 10 月，徐圩盐场自来水管线接入徐圩新区自来水管线。为保证全场 1800 多户职工家庭饮用水质量，徐圩盐场投资公司（场）投资 343 万元，对全场 130 千米自来水管道进行改造，于 2013 年完成。徐圩盐场内设专业自来水安装维护班组和人员，具有承接中小供水项目建设安装资质和能力。2012 年至 2017 年 12 月，徐圩盐场分三期建成幸福家园职工小区，共投资 256 万元，为业主居民配套建设自来水设施。

通信设施　1958 年，场部建立通讯站，设 50 门容量的电话总机。1964 年，连云港市邮电局将设在徐圩地区邮电所的所有设备和7名人员一同移交给徐圩盐场代管。1998年年初，连云港市邮电局采用微波传递的方式，为徐圩地区开通了长途电话。场内设有通信管理、电信、邮局功能。2017年，场依托网络通信，实现场内网络化办公。2014年年底，场将电信业务移交给城沟电信局。2021年，邮政业务移交给东辛农场邮局。

文化设施 2008年，实施幸福村休闲广场、下水道等8项工程，总投资199.06万元。2009年，实施幸福村下水道及亮化工程，总投资39.38万元。2013年，企业文化宣传牌工程，总投资34.95万元。2013—2015年，开展“职工小家”和“标准化基层职工俱乐部”创建活动，投资10.3万元。为丰富职工群众的业余文化生活，徐圩盐场于2018年投资33.6万元，精心打造职工“文体广场”，内设塑胶篮球场、羽毛球场、乒乓球室、台球室，新添置一套户外体育活动器材。徐圩盐场工会分别成立了书法、摄影、美术协会，至2018年，盐场拥有各类协会会员累计有56人。

商业服务设施 2001年1月，徐圩盐场投资建设辛高圩农贸市场，主要经营农副产品、各类水果、日用杂货等，方便盐场职工和周边居民生活。

（二）职工收入、支出、住宅

20世纪90年代后，随着企业改革发展的不断深入，徐圩盐场职工收入显著提高。1999年，全场职工人均年收入实现5600余元。进入21世纪后，职工收入逐年攀升。2009年，职工人均年收入1.33万元。2022年，职工人均年收入6.48万元。

2009—2022年徐圩盐场职工年均收入统计表

表14－8　　单位：万元/人

年份	年均收入	年份	年均收入	年份	年均收入
2009	1.33	2014	3.29	2019	4.91
2010	1.52	2015	3.66	2020	5.23
2011	1.84	2016	3.88	2021	5.89
2012	2.25	2017	4.19	2022	6.48
2013	2.73	2018	4.63		

2009—2022年徐圩盐场职工工资总额统计表

表14－9　　单位：万元

年份	工资总额	年份	工资总额	年份	工资总额
2009	1675.8	2014	4549.50	2019	4670.90
2010	1783.16	2015	4835.60	2020	4640.1
2011	2466.30	2016	4882.80	2021	4960.0
2012	2753.30	2017	4907.60	2022	5006.2
2013	3116.60	2018	4799.60		

进入21世纪后，按照城市化建设要求，盐场充分利用和争取国家棚户区改造优惠政策，不断改善职工住宅条件。至2019年，建成规模型职工生活小区两个，共15.25万平方米（其中拆迁安置4.38万平方米），全场人均拥有住房面积36平方米，此外，超一半家庭在市区购买了商品房。

（三）文化教育

2003 年后，学前班随中小学一起划归地方政府，交由徐圩镇管理。2003 年 8 月，中学教育与企业剥离，撤销徐圩中学，初中学生被分流到连云区板桥中学、海滨中学，隶属连云区教育局。9 月，小学教育与企业剥离，改为政府办学，隶属连云港市连云区教育局。

1999—2019 年，各种外培专业人员 440 人。2016—2019 年，徐圩投资公司（场）组织职工培训 3379 人次，其中管理人员 1901 人次、专业技术人员 232 人次、一线职工 1246 人次；参加市工投集团组织培训 181 人次；参加脱产外培 8 人次。四年累计投入培训经费 85 万元。2018—2019 年，组织参加网络培训（注册）142 人，合计 3408 个学时。2009—2022 年，共有 646 名员工接受过岗前专业技术培训，其中 100 人获得各类专业证书。

（四）医疗卫生

徐圩盐场拥有职工医院一所。1949 年建立医疗门诊室，1955 年改称卫生所，1964 年扩建为徐圩盐场医院。1993 年 11 月建成医院门诊楼，占地面积 5400 平方米，建筑面积 2150 平方米，拥有病床 20 张；在岗医务人员 41 人。2006 年 4 月，为落实分离企业办社会职能，徐圩盐场医院实行民营化改造。改制后的医院与徐圩盐场完全脱离行政隶属关系，实行市场化运作。

（五）文体活动

文艺方面　2009 年，开展欢庆中华人民共和国成立 60 周年“红色歌曲”大家唱活动。2011 年，举办庆祝建党 90 周年“红歌、司歌、廉歌”传唱比赛，300 余人参加了活动。2015 年，举办“青年职工励志歌曲比赛”。2016 年，以喜迎新春、庆祝“三八”妇女节和“五一”劳动节为契机，开展形式多样的联欢会和庆祝活动。2017 年，盐场选派 8 人参加市工投集团党委“颂党恩、赞工投”朗诵比赛，获得一等奖。2018 年，举办“颂歌献给劳动者”迎“五一”文艺联欢会暨首届“金牌员工”颁奖大会，丰富职工群众文化生活的同时，表彰企业劳模先进。2019 年，举办“放歌新时代、筑梦新徐圩”新春文艺联欢会、“礼赞最美劳动者”迎“五一”文艺演出，激励广大职工以饱满的才情展示精致的才艺风采；徐圩盐场代表队获市工投集团党委“感党恩、颂祖国、赞工投歌咏大赛”一等奖。

体育方面　2008 年开始，盐场每年举办一次职工田径运动会、“文体活动周”等活动，丰富职工文化生活。2009 年，举办第二届职工“文体周”，539 人次参加篮球、趣味体育等十个项目比赛。2011 年，盐场倡导全民健身，为广场舞、太极拳等健身活动的职工群众配备了音响器材和照明设备。2016 年，以“模范职工之家、模范职工小家”争创活动为载体，推进俱乐部建设，对篮球场、门球场等场地设施进行修整改建；承办市工投集团首届职工男子篮球赛并获得第一名。2018 年，徐圩盐场代表队获连云港市首届全民健身运动会职工部排舞（排舞规定）比赛第一名、职工部排舞（广场舞自选）比赛第三名。2020 年，场代表队获得市工投集团第三届职工男子篮球比赛第一名。2022 年，举办第十五届职工“文体周”，有 700 余人次参加各类竞赛活动。

（六）交通工具

20 世纪 60 年代末，新浦至徐圩盐场客用班车开通。此后途经徐圩盐场的客用班车陆续开通。2016 年 1 月，市 52 路公交线开通，起讫站点为连云港东站至辛高圩社区，由开始每天 4 个班次增加到 2019 年年底 6 个班次。2019 年，徐圩盐场的客用班车每天有 10 个班次。2022 年，徐圩盐场场部所在地辛高圩的住家户大批拆迁，人员急剧减少，以及受道路因素影响，至辛高圩的客运班车停运，其他线路的客运班车也都改道不再途径辛高圩。

从 2008 年起，小货车、轿车、面包车逐渐进入普通职工家庭。到 2022 年，小轿车、商务车、工具车纷纷进入普通职工家庭，全场 90% 以上职工家庭拥有各种机动车辆。

（七）主要消费品

进入21世纪后，空调、电脑开始进入盐场职工普通家庭。2010年后，盐场基本上每个职工家庭都能根据各自所需任意选购家用电器。2011年3月，制定出台《徐圩盐场职工集资建房（幸福家园）实施办法》，自2014年10月幸福家园职工小区一期工程竣工以后，盐场的拆迁户陆续搬进小区居住，各家各户都投入资金大搞室内装潢，购置全新的家具和各类家用电器。2013年6月28日，与市新奥燃气签订安装供气协议，2016年9月，小区的燃气管道全部接通，居民家庭用上了清洁能源，家家户户都添置了燃气灶具、热水器，部分家庭还安装了燃气地暖。到2022年，职工家庭的各类消费品是一应俱全。

（八）生活保障

2009—2022年，徐圩盐场按照国家规定标准，对职工养老保险、医疗保险、工伤保险、失业保险、生育保险，做到应保尽保。职工享受国家规定的相关福利待遇，每年中秋节、春节，盐场发放一定数量的慰问品慰问职工。正常工作日，居住在市区的职工上下班由企业通勤车按时接送。

拓宽职工帮扶救助途径，构建"微心愿""微发布""微动态"三个平台，受理困难职工合理利益诉求、困难求助，开展精准帮扶指导、情况反馈及跟踪服务等工作，提供项目支持和创业帮扶金，指导职工创业致富。

从2008年1月1日起，开始施行职工带薪年休假制度，职工带薪年休假期间享受与正常工作期间相同的工资待遇。

四、特色选介

（一）淮盐文化

悠久的淮盐历史，造就灿烂的淮盐文化。淮盐文化独树一帜，自成风韵，是历代勤劳智慧的盐场人战天斗地集聚的宝贵精神财富。在新的时代征程中，淮盐人融入江苏沿海开发大潮，抓住发展的难得机遇，改变传统盐业生产模式，科学地推进实施盐化经济结构调整和优化升级，与港城工业化进程实现了"无缝对接"。面对连云港市东部城区征用盐田快速推进的现实，盐场有序退让传统盐养产业区，在新的起点上实施新的发展规划，吹响了经济转型和融入港城经济发展的新号角，这里成为港城投资的一片热土。

徐圩盐场作为淮盐的主体之一，处处彰显着淮盐文化的光彩。以淮盐文化为本，汲取其精华，丰富其内涵，始终不忘让自己的灵魂血脉中飞扬着淮盐的文化神韵，不因盐田面积的浓缩而湮灭，始终秉承淮盐的品质，拥有大海胸怀，保持阳光心态，为人方正，溶化自己，服务社会，健康人类，让淮盐情结畅联五湖四海。

（二）特色盐产品

颗粒盐　选取合格原盐，采取机械筛选加人工捡拾方法去除个头较大的杂物，经粉碎、洗涤、脱水、烘干制成半成品。根据客户需要，筛选2～30目粗细不同的颗粒，并按目数大小进行分类，再经人工拣除杂质、检验合格后入成品库待售。颗粒盐广泛用于食品调味、味精添加、食物腌制、沐浴等行业。

雪花盐　选取合格原盐，采取机械筛选加人工捡拾方法去除个头较大的杂物，用浓度较低的卤水将原盐溶化成饱和卤水，经过滤澄清后进入蒸发锅（池），加热至80—100摄氏度，待卤水析出雪花状结晶物取出沥干，送进烘干机烘干后，包装入库。雪花盐用途广泛，可用于食品调味、食物腌制、美容等行业。

第三节　东辛农场

一、农场概况

江苏省东辛农场位于连云港徐圩新区东南郊。北、东以烧香河为界，与江苏省云台农场、连云港市云台山风景名胜区云台街道、徐圩新区徐圩街道毗邻，南、西以善后河、埃字河、云善河为界，与灌云县四队镇、同兴镇及海州区板浦镇隔河相望。场境除东南有一座海拔82.4米的孤岛状西陬山外（因开发逐渐消失），地势平坦，沟河纵横。

1950年4月，苏北行署淮阴专署下达训令，在原灌云县东辛农场基础上成立国营东辛机械农场。1952年4月更名为国营东辛农场，隶属苏北行署。1953年2月更名为江苏省国营东辛农场，由江苏省农林厅管辖。1969年11月东辛农场建制撤销，组建中国人民解放军南京军区江苏生产建设兵团一师三团。1975年7月恢复原农场建制，此后隶属江苏省农垦局（后改为江苏省农垦总公司、农垦集团有限公司），行政区划属连云港市灌云县。2010年7月，东辛农场从灌云县管辖划归连云区管辖、徐圩新区管理。2011年11月，东辛农场成立江苏省农垦农业发展股份有限公司东辛分公司，东辛分公司和东辛农场实行一个机构、两块牌子，分块运作、共同责任。2018年东辛农场改制为有限责任公司（法人独资），不设股东会，设董事会、监事会，更名为江苏省东辛农场有限公司，保留江苏省东辛农场名称，为省农垦集团公司全资企业。

2022年，东辛农场东西长21.8千米，南北宽19千米，总面积202.32平方千米，其中农用地182.56平方千米、建设用地10.89平方千米、其他用地8.87平方千米。全场人口3.32万人，户数1.1万户；职工3510余人。

二、经济发展

国营东辛农场成立后，经过数万名勤劳勇敢东辛人的不懈努力，昔日碱荒遍地、水旱频繁、多见芦花少见人的“东大滩”，逐步变成了沟渠成网、条田成片的“米粮仓”。2010年，全场实现国有营业收入4.48亿元，国有利润总额2426万元。2022年，实现国有营业收入14.59亿元，国有利润1.82亿元。

（一）农业

1. 种植业

农场坚持种养加一条龙生产、贸工农一体化经营的方针。种植业从优化种植结构着手，大力推进“旱改水”工程，大量压缩抗灾性差、比较效益低的大豆种植，逐步调减棉花种植面积，不断扩大水稻、三麦种植面积。积极创新耕作制度，改麦豆棉为主的两年三熟旱作制为麦稻棉水旱轮作制，逐步向一年两熟的麦稻水旱轮作制过渡。2019年，15万亩耕地拥有自成一体的封闭灌排体系。积极实施小麦制种大县建设项目，规划期总投资1.5亿元，2021年完成小麦制种大县建设项目实施。2022年，项目完成规划期所有建设内容，东辛制种基地基础设施高级化、种业产业链条现代化水平将得到明显提高，成为打好种业翻身仗的主阵地。

小麦　种植面积逐年增加，由20世纪90年代年均4.12万亩，增加至2010年的11.6万亩。到2019年种植面积达13.49万亩，占粮食播种面积的51.03%。2009—2019年，年均亩产408.6千克，亩产年均递增率3.02%，年均总产0.487亿千克，总产年递增率6.26%。从2018年开始，分公司麦稻全部实行集体经营。2021—2022年均总产0.868亿千克，总产年递增率6%。2022年小麦

标准化农田（2020 年摄）　　东辛农场 供

产量 423.04 千克/亩。

水稻　种植面积逐年增加，由 20 世纪 90 年代年均 1.41 万亩增至 2010 年的 11.4 万亩，到 2019 年种植面积达到 13.07 万亩。2009—2019 年均面积达 11.89 万亩，年均亩产 626 千克，亩产年均递增率 1.95%，年均总产 7.08 万吨，总产年递增率 3.73%。至 2022 年，水稻种植面积达 14.63 万亩，年均亩产 578.23 千克，年均总产 8.73 万吨，总产年递增率 28%。

棉花　2009—2014 年棉花面积大幅减少，年均面积达 2.54 万亩，仅占总播种面积的 11.49%。其中 2010 年种植面积 3.1 万亩。2015—2019 年，年均面积仅有 125.8 亩，多为零星种植。其中 2018 年种植面积仅有 95.5 亩。2019 年后，种植结构调整，未继续种植棉花。

高效农业　2009 年，高效农业面积达 1.06 万亩，以西瓜、蜜梨、浅水藕为主的高效特色农业发展迅猛。其中，浅水藕、香糯稻、蔬菜等种植面积 7479 亩，大棚西瓜种植面积 2050 亩，早熟蜜梨种植面积 1070 亩。大棚西瓜 + 蔬菜亩效益达 2900 多元，早熟蜜梨亩效益 2100 多元。2010—2011 年是高效农业规模快速扩增期，2010 年 4.12 万亩，2011 年 4.64 万亩。为保障有效粮田面积，2012—2019 年是高效农业规模缩减期，2019 年大棚西瓜等高效经济作物面积减至 6727 亩。至 2022 年，大棚西瓜等高效经济作物面积 4308.22 亩。

农业科技　2010 年后，农业上引进推广稻茬麦反旋破土、先开沟后播种、大型复式播种机播种、水稻流水线硬盘育秧、水稻全程机械化栽培等技术，水稻机插秧面积由 2010 年的 2.8 万亩，增至 2019 年 13.07 万亩，实现从插秧、施肥、病虫害防治到收割全程机械化。2020—2022 年高效农业种植规模呈稳定下降趋势，由 2020 年的 5700 亩下降到 2022 年的 3635 亩，高效农业以西瓜、蜜梨、浅水藕为主。2022 年大面积推广玉米大豆带状复合全程机械化种植技术。2022 年，农发东辛分公司拥有各类农机具 3700 余台/套（含民营），农机总动力 13.86 万千瓦，综合机械化程度达 98%，粮食生产实现全程机械化；建成电灌站 212 座，总装机容量 1.16 万千瓦。

2. 养殖业

2009—2019 年，东辛农场以肉鸡养殖和奶牛饲养为突破口，迅速扩大生产规模，建立相应的生产服务和市场链接体系。积极推行集约化经营，逐步建成 3 个养殖业集群，即以东米公司为龙头的肉鸡养殖加工集群；以三元双宝、东旺乳业为龙头的奶牛养殖集群；以水产公司为龙头的水产养殖集群。2020—2022 年，东辛农场大力发展国有经济，逐步形成了以水产养殖、奶牛养殖、林业为核心，以肉鸡养殖、建筑及电力安装、生物肥料、现代服务业为支持的“3 + X”产业体系，养殖业及其他二三产业产值连续三年超亿元，是 2011 年农业资源整合前的 15 倍。

肉鸡养殖　2009 年之前，农场肉鸡养殖实行龙头 + 基地 + 农户的生产模式。2009 年，东辛农场投资1900万元兴建东升肉鸡养殖场，新建鸡舍30个，单批饲养量48万只，年饲养肉鸡403万只。2010年，东辛农场成立连云港东米畜禽养殖有限公司，并投资450万元先后改造了东方鸡场、一鸡场等闲置鸡场，国有养鸡场面积扩大到7万平方米。2016年，东辛农场加快肉鸡产业的转型步伐，扩大国有肉鸡养殖规模，重点打造东升、东方、东米、东盛4个国有鸡场，2016年出栏肉鸡397万羽，创利75万元，实现扭亏为盈。2019年，出栏肉鸡423.43万羽，实现利润210.75万元。2020年，出栏肉鸡716.59万羽，实现利润1238.27万元。2021年，出栏肉鸡1015.26万羽，实现利润1350.83万元。2022年，出栏肉鸡969.09万羽，实现利润811.73万元。

奶牛养殖　20世纪80年代，东辛农场与澳大利亚政府合作，实施奶牛养殖项目。东辛农场为连云港地区最大的国有奶牛养殖和优质生鲜乳供应基地。2012年，奶牛存栏量达750头，年产鲜奶3000吨。自2014年起，先后投入4亿元建成国有标准化牧场3个，奶牛存栏量达1968头。2016年，东辛农场投入6000余万元对东旺奶牛养殖小区进行升级改造，兴建第二养殖场，竣工后存栏规模达2000头。2017年，购进澳大利亚荷斯坦青年奶牛1000头，至翌年底自繁母犊牛716头。2019年，奶牛存栏量达6484头，年产鲜奶0.247亿千克，加工乳制品960万千克。至2020年，奶牛存栏量达9814头，年产鲜奶2800万千克。2021年，奶牛存栏量达11432头，年产鲜奶0.35亿千克。2022年，与内蒙古优然牧业合作投资近8亿元兴建万头生态牧场，奶牛存栏量达17487头，年产鲜奶0.54亿千克。

奶牛饲喂（2020年摄）　　东辛农场 供

水产养殖　东辛农场以南美白对虾、建鲤、草鱼、鲫鱼等水产品养殖为主，重点发展以对虾养殖为主的鱼虾混养模式。2011年，养殖面积达21798亩，年产水产品0.18亿千克。2015—2017年，引进鮰鱼、加州鲈鱼、黑鱼等名特优品种进行培育及试验养殖，年培育各类鱼1500万尾，年鱼虾总产达0.25亿千克。2018年，建成2万余亩高标准水产养殖基地，产水产品0.24亿千克，实现利润1780万元。2020年，养殖面积达21135亩，年产水产品0.267亿千克。2021年，养殖面积达23040亩，年产水产品3.16万吨。2022年，养殖面积达25890亩，年产水产品0.324亿千克。

水产养殖（2016年摄）　　东辛农场 供

养殖业科技 2009 年后,东辛农场积极推广鱼虾混养及南美白对虾微孔增氧、高产养殖技术和工厂化育苗等。东旺奶牛公司推广“阿拉钉”牧场管理系统,通过对奶牛繁殖、防病、营养等生产数据的收集与分析,实现了生产管理数字化、流程化、智能化。2019 年,东旺奶牛公司生产鲜奶 0.105 亿千克,乳脂率≥3.8、乳蛋白率≥3.3%,全部达到优质奶标准。2020 年,东旺奶牛公司生产鲜奶 0.191 亿千克,乳脂率≥4.03、乳蛋白率≥3.27%。2021 年,东旺奶牛公司生产鲜奶 0.258 亿千克,乳脂率≥4.02、乳蛋白率≥3.27%。2022 年,东旺奶牛公司生产鲜奶 0.45 亿千克,乳脂率≥4.17、乳蛋白率≥3.39%。2019—2022 年,鲜奶关键指标全部优于中国农垦乳业联盟优质奶标准。

3. 林业

2009 年后,东辛农场以产业化和市场化为导向,联手江苏澳洋东辛林业开发有限公司,成立连云港澳洋东辛林业开发有限公司,共同打造名优精品苗木繁育基地。2018 年完成澳洋东辛林业公司股权收购,独资成立东辛林业公司。至 2018 年年底,全场拥有各类林地 3.5 万亩,优质苗基地 3110 亩,实现利润 502 万元,林业真正成为农场的“绿色银行”。东辛始终坚持以用材林为基础,有序发展经济林,推进林下种植、林苗、林果、林饲融合发展,至 2022 年年底,全场拥有各类林地 3.6 万亩,优质苗基地 2000 亩,实现利润 877 万元。

4. 土地流转

2009 年后,东辛农场按照“稳步推进、注重效益、规范运行、共同发展”的思路,发挥技术优势,积极参与地方土地流转。从 2011 年开始,经历由模拟股份制到职工联合承包经营再到集体经营,通过不断完善农业经营管理体制,极大地壮大了国有经济。2018 至 2019 年,外拓生产基地种植面积 3.76 万亩,实现营业收入 4.88 亿元,利润 7870 万元。2020 年基地面积 61883.41 亩,小麦单产 496.28 千克,水稻单产 487.45 千克,全年实现收入 1.53 亿元,实现利润 1183.23 万元。2022 年基地面积 68685.14 亩,小麦单产 433.84 千克,水稻单产 560.18 千克,全年实现收入 1.99 亿元,实现利润 1205.88 万元。

(二)第二、三产业

2009 年,东辛农场工业企业 41 家,其中合资企业 3 家,农场控股、参股企业 2 家,民营企业 36 家,合计从业人员 4984 人。当年实现工业总产值 9.6 亿元,销售收入 8.96 亿元,利润 3346 万元,税收 2123 万元。2019 年,东辛农场全资企业 10 家,控参股企业 5 家,外资企业 1 家,民营企业近百家。2022 年实现工业总产值 19.77 亿元,销售收入 19.77 亿元,利润 9692 万元,税收 5777 万元。2022 年,东辛农场工业企业 24 家,其中合资企业 1 家,农场控股、参股企业 6 家。

场办工业 2009 年后,农场以农副产品加工为重点,围绕增加农产品附加值,以冻鸡、奶制品、种子、粮食等为最终产品的八条种养加一条龙生产线,工业企业数量和规模得到迅速扩大,经济效益不断提高。2016 年,东辛农场实现国有营业收入 7.86 亿元,国有二、三产业利润 9281 万元。2019 年,全场粮食总产量 14.46 万吨,生产水产品 24 万吨、鲜奶 2.47 万吨,出栏肉鸡 423.43 万只,实现国有营业收入 10.01 亿元,国有利润 1.3 亿元。国有营业收入、国有利润分别是资源整合前 2010 年的 2.2 倍和 5.5 倍。2022 年,东辛农场实现场域工业营业收入 19.77 亿元,场域工业利润 9692 万元。

建筑及电力安装 2012 年 2 月成立江苏凯惠电力工程有限公司。2013 年 5 月重组成立江苏农垦连云港建筑工程公司。2018 年,建筑公司累计完成百万以上的工程项目 70 余个,累计实现利润近 4000 万元。2022 年,建筑公司累计完成百万以上的工程项目 26 项,累计实现利润近 2927 万元;江苏凯惠电力工程有限公司累计完成百万以上的工程项目 35 项,累计实现利润近 1477 万元。

现代服务业 2010 年 10 月成立连云港市苏东置业有限公司,重点打造金色家园商住区和温馨家园安置区。2018 年,苏东置业累计实现营业收入 2.44 亿元,利润总额 5700 万元。立足现有产业，拓展延伸产业链条。成立江苏农垦农产品检测有限公司，对水质、土壤、农产品生产全过程进行检验检测，顺利通过 CMA 资质认证，资质认证项目 171 项。东辛作为养殖大场，场域年畜禽粪便产生量超 2 亿千克，环境治理压力巨大。为推进畜禽养殖粪便循环利用，成立江苏连云港惠丰生物肥料有限公司，开展生物肥料生产经营，年产有机肥料超万吨。大力发展生态循环农业，成立农牧中心，推进畜禽粪污消纳还田与牧草、农作物种植有机融合，年消纳粪污 8 亿千克，年创利润超 500 万元。加快培育新产业新业态，发展冷链物流业务，全力推进冷链物流公司市场化运作，完善内部管理架构，开展生鲜、办公用品配送业务，强化风险防范，延长产业链条。

三、社会生活

（一）城镇建设

2009 年，东辛农场确立“生产发展、生活宽裕、乡风文明、管理民主、村容整洁”为新农村建设目标，重点解决村容整洁问题，改善居住环境，将散乱无序的自然村落集中整合为 9 个集中居民点。是年，东辛农场城镇绿化覆盖率达到 43.15%。

2012 年，徐圩新区委托上海复旦规划建筑设计研究院编制《徐圩新区“江苏省东辛农场”总体规划（2010—2030）》。至 2019 年，陆续建成招待所宾馆楼、汽车客运站、新大新超市等公共服务设施；开发多层高层住宅，先后建成金色家园、温馨家园和温馨幸福家园三个住宅小区；兴建东辛文苑、文化广场、河滨公园、职工文化活动中心等文化休闲设施。

东辛城镇（2014 年摄）　　东辛农场 供

2014 年起，逐步实施城镇范围内道路黑色化改造，配备道路安全标志、标线、监控和信号灯等交通设施，城镇居民全部用上清洁环保的天然气，全场居民全部用上市区的自来水。

2016 年，按照“建管并重”的原则，将大社区范围内所有公共资产管护、城镇内路灯移交农场社管会负责。农场争取到地方政策资金 3300 万元，对东方路进行黑色化改造，铺设长 1830 米、宽 26 米的沥青路面，共计 47580 平方米。

2018 年，场部镇区占地面积 4.03 平方千米，道路形成“四横四纵”的格局，有 20 个生活小区，常住人口 2.5 万人，连续 7 年获“江苏省农垦社区工作先进单位”称号。

2022 年，东辛森林覆盖率达 12.5%，小城镇占地面积 4.03 平方千米，有 38 个生活小区，常住人口 3.32 万人，获“江苏省农垦社区工作先进单位”称号。

（二）教育

2010 年之前，农场教育由灌云县管理。2010 年 11 月，农场教育由灌云县教育局划归徐圩新区社会事业局管理。2016 年 3 月 1 日起由徐圩新区文教局管理。2017 年后由徐圩新区社会事业局管理。2018 年，全场有小学 1 所，班级 46 个，在校生 2099 人，教职工 187 人（教师 184 人）；初中 1 所，班级 18 个，在校生 825 人，教职工 91 人（教师 83 人）；中专 1 所，班级 20 个，在校生 845 人，教职工 84 人(教师 80 人)。至 2022 年,全场有小学 1 所,班级 41 个,在校生 1578 人,教职工 157 人(教师 153 人);初中 1 所,班级 18 个,在校生 670 人,教职工 79 人(教师 72 人)。

(三)医疗卫生

2003 年报经集团公司批准,对医院实行改制,实行民营化经营。各分场(生产区)仍保留卫生所,隶属于医院。改制后,医院额定床位 116 张,设有 7 个病区、21 个功能科室,其中一级科室 9 个、二级科室 4 个。2018 年,东辛农场医院有总院 1 个,卫生所 14 个,医务人员 85 人。至 2022 年,东辛农场医院有总院 1 个,卫生所 4 个,医院职工 165 人(包含医务人员 105 人),医院额定床位 116 张,设有 14 个功能科室,其中一级科室 8 个。

四、品牌建设与管理

(一)品牌建设

20 世纪 80 年代后期,东辛农场开展特色品牌创建工作。至 2000 年,拥有特色品牌产品 8 个,全部为工业产品。2000 年后,农场以提高综合竞争力为目标,注重特色品牌建设作用,将特色品牌建设由工业拓展到种植、养殖业。围绕"创出一个品牌,培育一方市场,带动一片基地,兴起一个产业"的发展思路,大力实施品牌战略。2004 年被农业部首批确定为首批无公害农产品示范基地农场。2012 年连云港东米食品有限公司被农业部评为肉鸡健康养殖示范场,是全国仅有的 2 家无公害肉鸡产品质量追溯体系企业之一。2010 年东辛水产公司被农业部评为水产健康养殖示范场,被连云港海洋与渔业局评为十大现代渔业园区。2014 年被江苏省评为省级现代渔业产业园区。2015 年东辛分公司被农业部绿色食品管理办公室、中国绿色食品发展中心评为"全国绿色食品原料标准化生产基地"。2019 年东旺奶牛公司通过 ISO 9001 质量管理体系认证,被评为江苏省无公害农产品基地。至 2022 年,农场先后取得品牌产品 13 个,其中创建江苏名牌产品 1 个(东昇牌冻鸡肉)、江苏名牌农产品 3 个(东昇牌冻鸡肉、东辛牌南美白对虾、东农明珠牌梨);江苏省著名商标 3 个(东昇、东辛、东农明珠)、连云港市知名商标 3 个(东昇、东辛、东农明珠)。农场先后有小麦、水稻、瓜果蔬菜、奶牛、肉鸡、水产 6 个种养项目通过国家或省级无公害产地认证,有小麦、水稻、肉鸡 3 个种养项目通过 HACCP 认证。2021 年年底申报完成江苏省农垦农业发展股份有限公司东辛分公司、连云港东旺奶牛养殖有限公司、江苏省东辛农场水产养殖有限公司、江苏农垦金鲤渔业有限公司、江苏麦烤林食品有限公司品牌,于 2022 年 2 月获取证书。中国农垦品牌目录中共有 84 个品牌,东辛农场公司占有 5 个品牌。

(二)品牌管理

2010 年后,东辛农场以市场为导向,以龙头企业为主体,实施重点特色品牌带动战略。加强对名牌产品链的培育,向产品两头延伸,延长产品产业链,提高深度开发的能力和水平。2016 年 11 月参加第十四届江苏名特优农产品(上海)交易会,把重点特色品牌介绍给更多的客户。"东农明珠"牌西瓜坚持全程生态化生产,以良好的口碑成为连云港地区的抢手货。至 2022 年,江苏名牌农产品"东辛"牌南美白对虾、鮰鱼等水产品销售量已达 2.7 万多吨,实现渔业产值达 18568.92 万元,营业总收入 1.86 亿元,利润 2689.8 万元。东旺公司销售鲜奶 44014.72 吨,实现收入 2.4 亿元。生鲜乳指标优于欧盟标准,菌落总数每毫升 1.61 万,体细胞 14.2 万个/毫升,乳企反馈平均乳脂肪 4.14%,乳蛋白 3.4%。公司通过 ISO 9001 质量管理体系认证,养殖二场入围荷斯坦杂志 2019 年中国规模牧场 11 吨单产榜单,被南京卫岗乳业公司评为"优质奶基地"。

第十五章　徐圩答卷

“孙悟空的故事如果说有现实版的写照，应该就是我们连云港在新的世纪后发先至，构建新亚欧大陆桥，完成我们新时代的‘西游记’。”这是2009年4月20日，中央政治局常委、中央书记处书记、国家副主席习近平视察连云港时提出的殷殷嘱托。

十三年间，在国家战略和科学发展理念引领下，徐圩新区建设大军用勤劳和智慧，不懈求索，在267平方千米的盐碱滩上，产业总投资3200亿元，完成以石化为龙头的重大产业布局，打造行业领先的产业配套保障体系、安全环保管控体系，实现了从一片荒芜盐滩到现代化石化产业基地的精彩蝶变，一座新型临港产业集聚驱动的产业新城巍然耸立在黄海之滨海州湾畔。

在13年的创业过程中，徐圩建设者们牢记殷殷嘱托，不负殷切期望，攻坚克难、强势突破，实现了一次次的艰难逆袭，创造了支撑新区长远发展的“四梁八柱”，凝结了“负重奋进、勇闯新路、敢为人先、后发先至”的宝贵精神财富，展现了徐圩人立志建设世界一流石化产业基地的决心和信念，让世人共同见证催生新区快速生长的澎湃力量。

至2022年，徐圩新区用13年实证提交的“徐圩答卷”，尝试为探索江苏沿海开发和国家东中西区域合作发展经验、发展模式、发展道路提供鲜活的历史智慧和现实借鉴。

第一节　四梁八柱

回首13年来徐圩新区发展历程，新区创业者们用中国传统建筑结构“四梁”“八柱”，从软、硬实力两个方面形象的归纳提炼所取得的成就。“四梁”“八柱”如同一把开山拓路的“宝剑”，在一片白茫茫的盐碱地上，因势而为，攻坚克难。这把“宝剑”既是打开连云港经济困局的“破局者”，更是江苏沿海开发最大的经济增长极。

一、“四梁”是徐圩新区发展的软实力

“四梁”是指徐圩精神、发展理念、标准规范与徐圩文化，如同四根“大梁”，担当徐圩新区长远发展的脊梁。

徐圩精神是当代徐圩人精气神的集中体现。从2009年6月17日开始，每年的这个日子，徐圩新区都会举行庄严的升旗仪式，纪念新区开发建设的新阶段。

徐圩精神的产生是与“60天会战”密不可分。2009年11月12日，徐圩开发建设指挥部召开“抢抓机遇，决战徐圩”首战告捷表彰大会，认为在决战徐圩60天的时间里，指挥部全体人员与有关部门和单位派出的精兵强将一起，创造了令人赞叹的“徐圩速度”，培育了“坚韧、尽责、高效、创新”的徐圩精神。这是在新区第一次提出徐圩精神，虽然只有60天时间，但它对徐圩的影响却是

徐圩精神(2014 年)　　徐建华 摄

长久的。徐圩精神是徐圩发展的精气神,是徐圩发展的内生动力。从此这一精神就在徐圩大地上开始发芽扎根,蓬勃生长。

徐圩理念是新区发展道路的必然选择。理念信仰是生长的力量。“生态”是第一原则,“智能”是实现手段,“融合”是发展路径,“示范”是目标追求。13 年来,新区人用这 8 个字描绘了发展蓝图,激活了沉睡的“生态资本”,走出了一条“生态优先、绿色发展”之路:走新型工业化新路子,走生态环境与产业协调发展、共赢之路,走产业结构耦合之路,走创新发展之路,走港产城一体化发展之路。

徐圩新区的发展理念,集中阐明了新区关于发展的价值导向、发展模式、发展道路等重大问题,已成为新区发展必须遵循的基本原则。13 年来,围绕新区的发展理念,从顶层设计上为绿色园区建设提供行动指南和样本依据,包括《国家东中西区域合作示范区(徐圩新区)建设发展规划》《徐圩新区国家生态工业示范园区建设技术报告》等 10 余个“绿色”专业规划和专项研究相继完成。徐圩新区按照“生态、智能、融合、示范”的发展理念,汇集石化、现代港口物流等发展资源,不断建设一批产业优化、绿色生态、循环经济的临港产业集群,为徐圩新区的可持续发展打下坚实的基础。

标准规范是新区发展的行为准则。13 年来,随着新区的不断发展,逐步形成了开发建设方面的规划布局、产业建设、市场准入、安全环保等 8 个方面的标准规范,成为新区发展的底线、红线。同时,在石化产业基地建设方面明确“环保安全、工艺设备、投入产出、品质品牌”四个世界一流的要求。

13 年来,徐圩新区依据国家有关法律、法规和产业政策,建立产业准入门槛和主导产业投资项目管理负面清单,新建化工主导产业项目投资强度和亩均产值高于国家标准 30% 以上,项目生产工艺、装备、污染治理技术、清洁生产水平要达到国际先进水平,且必须符合新区产业规划和布局规划,安全环保达到国家规范要求;实行“一票否决”,所有洽谈落地的企业项目,全部进行企业内审、专家评审、项目战略环评等环节,评审不过关的企业项目,拒绝入驻。13 年来,因不符合产业规划和环保要求被拒的项目,累计投资额超过 4000 亿元。

徐圩文化是新区发展的血脉和灵魂。徐圩文化,分为两个层面,即广义的徐圩文化和狭义的徐圩文化。就广义的徐圩文化来说,它是指徐圩新区在长期发展中所创造的具有徐圩特色的精神财富和物质财富的总和。2022 年 1 月,市委常委会新春第一会在徐圩新区召开,市委书记方伟提出徐圩积累了“负重奋进、勇闯新路、敢为人先、后发先至”宝贵的精神财富。这是对新时期徐圩文化的高度概括,也是徐圩文化的核心要义。

就狭义的徐圩文化来说,有两层含义。一是在国家战略层面,作为国家东中西区域合作示范区,倡导“东西联动、通达天下”。“东西联动”表达了示范区加强与“一带一路”沿线国家和地区精诚合作、平等交流的愿望和诚意。“通达天下”,彰显了示范区以强大的辐射力和影响力承担起“连接南北、沟通东西”的战略使命,实现“一带一路”沿线国家和地区的共同繁荣,它是徐圩文化外化于形的表现。二是在具体操作层面，做到“四个坚持”：坚持做对的事情；坚持标准和规范；坚持干事创业的激情；坚持对徐圩充满感情，它是徐圩文化内化于心的表现。

二、“八柱”是徐圩新区发展的硬实力

“八柱”是指现代产业、安全管控、产业服务、救援保障、智慧管网、综合交通、生态环保和生活保障共8个体系，如同八大顶梁柱，支撑徐圩新区长远发展。

连云港石化产业基地(2019年)　　朱根林 摄

奠定了以石化产业为龙头的现代产业体系。徐圩新区按照“一体化、大型化、园区化、高端化、清洁化”的思路和“五个一体化”要求，加快世界级石化产业基地建设，推动千亿级重大产业项目开工建设。从2009年到2022年，徐圩新区用13年的时间完成了以石化产业为龙头的重大产业布局，初步形成了以盛虹石化、卫星石化和中化国际为主体的三大龙头产业集群，总投资超3200亿元，着力打造中国最大的原料多元化烯烃产业基地、中国最具影响力的聚酯原材料生产基地、国内领先的高端新材料产业基地、国际最具竞争力的电子化学品和橡胶助剂生产基地，着力打造中国新材料之都。奠定了徐圩新区作为国家级七大石化产业基地的坚实基础。

构筑了用最严格的标准织就的安全管控体系。一是制定一系列“标准”体系，从制度方面确保新区的安全生产。新区先后出台《国家东中西区域合作示范区（徐圩新区）建设发展规范》等专业规划，科学确定园区安全方面的标准化体系。严格项目准入门槛，对安全环保达不到国家规范要求的，实行“一票否决”。二是全方位加强监控。打造基于云计算、物联网和大数据的智慧园区安全运行管理平台，对园区所有管网、企业碳排放、重大污染源和危险源等进行全方位实时管控。实施石化产业基地封闭管理工程，建设园区主卡口围网、安全导示及安防系统。2017年新区启动“智慧安监”安全生产综合管理信息平台，进行全方位实时管控。按照“安全、智慧、可持续发展的现代化园区”标准，从2018年开始，用5年时间对园区企业进行全生命周期的安全管理。三是组建应急救援基地。13年来，新区组建集消防指挥、医疗救援、防汛抗灾、应急疏散等为一体的应急救援基地。

打造了当代国内同行业领先的产业服务体系。13年来，徐圩新区大力推动生产性服务向专业化和中高端延伸，生活性服务向精细化和高品质转变。在生产性服务体系建设方面，徐圩新区逐步打造了国内同行业领先的公辅一体化的配套体系，通过实施了众多具有长远引领示范效应的重大产业支撑项目，打造了徐圩新区地下综合管廊工程、达标尾水深海排放工程、应急救援基地工程等一批产业服务设施。按照“大型化、一体化、高端化、清洁化、园区化”的发展思路，构建了应急救援保障体系、智慧安全运行保障体系、区域生态环境监控体系和石化基地封闭管理四大体系，提升石化基地产业发展服务保障和管理能力。在生活性服务体系建设方面，建设了集餐饮、购物、娱乐、居住等为一体的服务体系，为徐圩新区的生产建设提供各方面保障。

形成了多功能于一体的现代化应急救援保障体系。徐圩新区应急救援基地是保障连云港石化产业基地安全,集重大危险源监管、安全风险防控、灾害应急救援等功能体系于一体的现代化应急救援保障系统。包含应急救援指挥中心、灭火救援应急中心、医疗应急救援中心以及应急避难场所等。应急救援指挥中心是集公安、交巡警、城市管理业务办公、应急抢险救援、网络安全监控等功能为一体的综合性应急指挥平台。医疗应急救援中心将在危化品泄漏、火灾等导致人员伤亡的突发事故时,提供院前医疗应急救援服务,为新区安全生产事故应急处置和医疗服务提供有力保障。徐圩新区"186"大队是一支一专多能的专业人才队伍。

锻造了具有"百年工程"之影响的智慧管网体系。徐圩新区的智慧管网体系包括地上公共管廊和地下管廊。2016 年,徐圩新区列入城市地下综合管廊建设省试点,规划布局为"三纵三横",总里程 24.9 千米,宽度 15.4 米,净高 3.6 米,规模在国内最大,且融合了物联网、GIS、GPS 等最新技术,可实现对管网的全天候实时在线动态监控。发生紧急状况时,生产区的工作人员可以通过地下综合管廊逃生,应急救援人员也能迅速安全抵达事故现场。地下综合管廊犹如一座"地下长城",是徐圩的"百年工程""良心工程"。2021 年,徐圩新区完成普查石化基地 61.34 平方千米,建成石化基地智慧管网平台。至 2022 年,徐圩新区有 11.3 千米管廊运行,为石化产业基地原料输入及产品输出提供统一的介质运输管道,成为整个循环经济链条中原料互供"动脉"。

徐圩港区 30 万吨级深水航道(2022 年)　　胡林庆 摄

建设了适应国家级石化产业基地需要的综合交通体系。港口建设方面,徐圩港区规划面积约 74 平方千米,建设 30 万吨级航道和 113 个泊位,总吞吐能力约 4 亿吨。至 2022 年,已建成 5 个 10 万吨级通用散货泊位、2 个 5 万吨级及 1 个 3 万吨级多用途泊位、13 个 5 万~10 万吨级液体散货泊位及 1 个 1 万吨级液体散货泊位。另有 1 个 30 万吨级原油码头和 2 个 5 万吨级液体化工码头正加快建设。

公路建设方面,徐圩外部交通体系包括徐新公路、连宿公路、228 国道、242 省道穿区而过;外围有 G15(沈海高速)、G25(宁连高速)、G30(连霍高速)高速公路,15 分钟即可到达高速路口。连宿高速开工建设,计划到 2025 年建成投用,建成后新区内即有高速入口。

铁路建设方面,高铁,沿海高铁、连镇高铁、连徐高铁三条高铁线路,为徐圩新区的发展提供了通畅的外部环境。徐圩铁路支线,等级为国铁Ⅲ级,输送能力 4000 万吨/年,通过陇海线、连盐线与沿海城市及中西部 10 个省区相联通。产业区专用铁道全长 13.55 千米。

内河运输方面,徐圩港区后方规划了烧香河、善后河等多条内河三级航道,通达长江、京杭运河,岸线 8.5 千米,可布置 1000 吨级泊位约 20 个,设计吞吐能力 600 万吨以上,发挥内河集疏运功能,实现海河联运。

航空运输方面,花果山国际机场距离徐圩新区约 40 千米,是江苏省规划的第三大国际机场。连宿高速建成后,徐圩新区到花果山机场仅需 15 分钟。

构建了以新发展理念为引导的生态环保体系。自2009年建区以来，徐圩新区启动实施了13个重大生态环保工程，初步构建了集重大环保工程体系、环境污染防控体系、绿色生态防护体系、产业循环发展体系、水生态体系于一体的徐圩新区生态环保体系。重大环保工程体系包括公用工程岛、污水处理厂、达标尾水排海工程、石化污水处理和再生水厂、高盐废水处理工程等重大环保工程。水生态体系包括建设应急备用水源地和河湖连通等工程，总面积646.67万平方米的云湖投入使用，逐步改善水生态环境。环境污染防控体系包括徐圩新区环境质量监测系统、环境监测监控预警系统和60余个空气环境质量自动监测点等，提高了对生态环境的管控和污染处置能力。绿色生态防护体系包括长8千米、宽200米的生态隔离廊道，以及面积89万平方米的防护林带生态廊道等，实现石化产业功能与其他产业功能区的自然隔离。产业循环发展体系通过石化产业基地产业延链补链，形成炼油、烯烃、芳烃等较完整的产业链。

推动了高质园区服务的生活保障体系建设。新区成立之前，徐圩地区能够提供的社会服务项目相对较少。伴随着新区发展壮大，新区各项社会事业得到了快速发展。2022年，新区有幼儿园6所，在园幼儿642人，教师50人；小学1所、中学1所，在校学生2636人，教师287人；中等职业学校1所，在校学生1240人，在编教职工95人。医院4所，拥有床位257张，医生99名，基本满足新区发展的需要。

2011年，徐圩街道开展新型农村社会养老保险业务，全年征缴保费45.34万元，续保缴费1234人次。2022年，全区参保缴费人数3520人，其中新参保人数34人，续保人数1623人；共收缴保费473.71万元。2022年城乡居民基本养老保险基础养老金调整到每人212元/月，全年发放养老金9414人次，共发放养老金431.06万元。

2009—2022年，徐圩新区社会救助保障体系不断完善，困难群众基本生活保障力度不断提升。2011—2022年，徐圩新区共有城乡低保465户1014人，累计发放低保金19.38万人次、5724.5万元。2022年，新区城乡最低生活保障标准调整为650元/人·月，较2009年城市最低生活保障标准提高了160.87%，农村最低生活保障标准提高了361.54%。

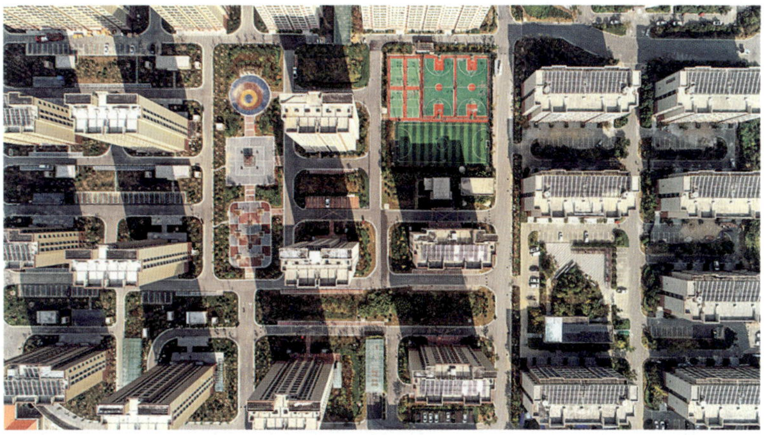

工业邻里中心（2019年）　　司伟 摄

2009—2022年，新区重点打造云湖核心区和工业邻里中心，基本实现吃住行游购娱等生活功能的全覆盖，园区生活服务便利化、品牌化、专业化水平不断提高，成为助推新区和产业发展的重要保障。

第二节　攻坚克难

从海边渔村到新兴产业城，从茫茫盐滩到国家七大石化产业基地，历时13年。十三年间，新区建设者们牢记伟大嘱托，肩负国家战略使命，勇于直面矛盾，敢于担当尽责，经历了许多磨难与考验，战胜了各种风险和挑战，实现了一次次的艰难逆袭，在为新区创造丰富的物质财富的同时，也为新区开发建设积累了“负重奋进、勇闯新路、敢为人先、后发先至”的宝贵精神财富。

一、破解规划多次调整影响新区发展的难题

2009 年 3 月，市委、市政府决定成立徐圩片区开发建设指挥部，负责管理的范围包括临港产业区 173 平方千米、徐圩港区 74 平方千米、板桥工业园尚未开发的区域 21 平方千米、中云台国际物流园区 22 平方千米，面积约 290 平方千米。

新区开发建设伊始，为支持港口发展，市委、市政府将中云台国际物流园区划给了市港口集团建设和管理。2010 年 8 月，市政府批准将属于新区管理的刘圩港河以北、226 省道以东区域划给连云区管理。2010 年 9 月，市政府决定将原属于灌云县管辖的东辛农场和部队农场（218 平方千米）划归连云区管辖，由徐圩新区负责管理。从此，新区每年要担负东辛农场 1.4 亿元左右的教育、民政和社会保障支出，同时还要承担两个农场的环保、安全和社会稳定的监管责任。2015 年 10 月，为进一步做大做强连云港港，市委、市政府决定将徐圩港区划归连云港港口集团管理。

这些调整和变化，客观上讲，在不同程度上给新区的建设和发展带来了重大影响。新区坚决服从市委、市政府的决策，顾全大局，从内外两方面挖掘潜力，克服重重困难，渡过了一个个难关，保证了新区持续稳定发展大局。

二、处置方洋集团融资平台“黑名单”事件

2011 年 7 月，曾与方洋集团合作过的西安国际信托有限公司会同陕西省银监局，将方洋集团作为地方政府融资平台上报了国家银监会，并被列入了“黑名单”。此时，正值国务院全面清理整顿地方政府融资平台，严格限制地方政府融资平台所有融资行为。如果方洋集团一直在这个名单中，将会导致资金链的断裂，给新区开发建设带来毁灭性的打击。

面对这一突如其来的困境，新区管委会迅即组建成立攻坚团队，积极争取省市银监局的支持，充分调动各方面资源和利用各种渠道，反复多次到国家银监会汇报工作，历经各种困难，终获银监会主要领导签字批准，于 2011 年 9 月底将方洋集团调出了地方政府融资平台限制名单。在此后不久，正值中秋节工程款集中支付时期，为有效化解短期内工程款支付矛盾，新区广大干部职工积极主动筹款（每人 8 万 ~10 万元），渡过了这次难关，使新区开发建设得到了持续推进。

三、对不符合产业规划和环保要求的项目说“不”

十三年时间，徐圩新区先后引进重大产业项目 34 个，总投资 3500 亿元，但禁止入驻的产业项目总投资超过 3000 亿元，包括 500 亿元的造纸、120 亿元的铜冶炼、200 多亿元的氧化铝、100 多亿元的锂电池材料前驱体、70 亿元的镍铁制造、50 多亿元的重油加工，不符合环保和产业规划要求的化工项目更是不计其数。

每一次的拒绝，新区都面临来自各方面的压力。如 2010 年对铜冶炼项目的拒绝；2011 年，有关部门向新区推荐了 150 万吨/年重油加工项目，当时此类项目在沿海不少地方都有布局。按照新区项目选址流程，聘请了石油和化学工业规划院对该项目进行了咨询论证，认为该项目工艺技术不够先进，环保压力较大，建议不予引进，因此新区否决了这个项目。

面对上述情况，新区依然坚守底线，坚持标准，对不符合项目准入条件的，坚决扛住压力，决不退缩，为国家石化产业基地赢得了发展空间，营造了相对宽松的长远发展环境。

四、化解达标尾水排海工程用海症结

达标尾水排海工程主要是将石化基地产业项目产生的生产污水经过达标处理后进行深海排

放，这是盛虹炼化一体化项目获批的必要条件。2016 年 6 月，新区正式启动达标尾水排海工程申报工作，工程设计规模 11.83 万吨/天，原设计海域管道长度约 15.8 千米，总投资约 8.18 亿元。该工程获批关键在于海洋环评和海域使用权。

经过近两年时间反复多次的专家评审、复核、争取东部战区和东海分局的支持、批前听证等各项手续办理，省海洋与渔业局海涂中心审查予以通过，省海洋与渔业局受理后否决了技术报告。其间，市委、市政府主要领导、分管领导先后多次赴省海洋与渔业局进行沟通协调，商讨解决之策，并对将来可能出现的环境风险以正式文件进行承诺，但因排海口无机氮超标等因素，未获省海洋与渔业局批准。

在这紧急关头，新区勇于担当，不等不靠，决定重新启动近岸海域环境水质监测、海洋环境水容量研究、排放口选划、通航安全论证、桌面路由研究等 10 余项专题论证报告的补充工作。2018 年 7 月，达标尾水排海工程排放口优化研究通过专家评审，排放口的位置向外延长 5.5 千米优化方案得到了省行政主管部门认可。2018 年 9 月，优化后的达标尾水排海工程海洋环评获批。

五、解决方洋集团涉港资产划转引发的危机

2009 年 3 月，市委、市政府印发《关于加快连云港港口发展全力推进徐圩片区开发的意见》（连发〔2009〕9 号），明确徐圩新区实行港产城一体化开发建设模式。这是新区组建和港产联动发展的重要前提和基础。

新区成立伊始，由于港产开发建设管理模式涉及各方面的利益关系，港产城一体化开发建设这个重大的体制关系没有得到很好的贯彻落实，导致港区发展迟缓，对新区产业发展也造成了较大影响。2013 年 6 月，市委、市政府进一步明确了徐圩港区由新区主导开发的体制。此后 2 年左右时间，徐圩港区发生了重大变化，并开始呈现临港重大产业加速集聚的态势。2015 年 8 月，市委决定组建连云港港口控股集团，将方洋集团涉港经营性资产进行划转。这个调整对方洋集团资金链产生了重大影响。

面对这场严峻考验，新区积极应对，以坚韧顽强的毅力顶住压力、克服困难，积极有效推进重大产业发展。因两次会议审议均未通过方洋集团涉港经营性资产划转事项，最终方洋集团涉港经营性资产未能实质性划转。涉港债务纠纷难以有效化解。2018 年 8 月，市委、市政府决定方洋集团涉港资产终止出资连云港港口控股集团，使新区迎来新的发展生机。

六、吸取宝通镍业扶持失败的惨痛教训

江苏宝通镍业有限公司由山东金天地集团有限公司和上海兆航金属材料有限公司共同出资，生产规模为 41 万吨/年镍合金，2013 年 11 月试生产。2015 年 12 月，由于大股东山东金天地集团深陷债务泥潭，导致宝通镍业资金链断裂，被迫停产。

2016 年 9 月，市政府召开会议，研究决定由市金融控股集团拆借 2 亿元资金给方洋集团，用于支持宝通镍业复产，帮助企业解困。10 月底，方洋集团成立连云港云苏贸易有限公司（简称“云苏贸易”），以委托加工方式帮助宝通镍业复产。由于不锈钢市场剧烈动荡，镍铁价格迅速下降，再加上企业管理混乱，导致委托加工出现严重亏损。2017 年 4 月 25 日，经新区评估后果断停止了对宝通镍业的委托加工业务，避免了更大经济损失。

这次帮扶企业失败，给新区带来的惨痛教训和启示：一是对市场行情变化研究不透，时机把握不准，出现误判，直接导致帮扶失败；二是对企业加工生产过程监管不严，使云苏贸易在经济上蒙受了损失；三是在企业管理上经验不足，在停产时未能及时取消红土镍矿订单，造成了不必要的经

济纠纷。宝通镍业处于破产清算边缘，新区将调整定位，找准帮扶企业的切入点，妥善处理企业运行中的各类难题。

七、谋求增量配电业务改革试点工作的契合点

2016年11月，国家发展改革委、国家能源局公布第一批105个增量配电业务改革试点项目名单，徐圩新区位列其中，也是江苏省五大试点项目之一。徐圩新区重大产业项目用电量较大，通过试点改革，可以快速地推进内部电网建设，降低供电价格，提升供电服务水平，为培育重大临港产业提供有力支撑和保障。

改革是对相关利益关系进行重新调整，实现各方利益最大化，进而达成新的平衡，其间有不解，有阻力。此项改革核心有两点：确定运营主体和改革试点范围。由于新区与省、市电网公司在改革试点范围方面意见分歧较大，很长时间难以达成共识，对新区的产业发展造成了较大影响。

在前后一年多时间的时间内，新区先后与供电公司进行了14次磋商，16次赴国家、省主管部门沟通协商，配电区域范围先后四次进行缩减和优化，由开始的120平方千米缩减为105平方千米、97平方千米、83平方千米和67平方千米，最终由市发改委批复为39.68平方千米。

虽然试点工作仍然面临许多困难，但新区始终坚持改革的决心和相互协商谅解的态度，赢得了相关方的认可和理解，使这项艰难的改革取得了关键性突破。

八、处置媒体曝光扬尘污染事件

2019年4月17日，江苏卫视《江苏新时空》对新区管理范围内的宜兴交通和江苏开通水稳拌合站、地下综合管廊一期工程以及道路等扬尘污染等问题进行了公开曝光，这给全市对外形象和打好污染防治攻坚战工作造成了较大负面影响，也是新区开发建设13年来首次被省级媒体公开负面曝光。如不迅速扭转被动局面，新区重大产业发展的良好态势将会受到重大影响。

为把事件带来的影响降到最低，新区党工委连夜召开扩大会议，提高思想认识和政治站位，对新区“降尘治车”蓝天保卫一号行动和污染防治攻坚战工作进行再动员、再部署，以最坚定的决心、最鲜明的态度、最果断的措施坚决打好“蓝天保卫战”。新区上下举一反三，动员一切可用资源全面整改，对辖区内所有建设工地停工整治，整改达标后报主要负责同志签字后才予复工。管委会领导班子成员带队，逐个工地、逐条道路、逐个片区进行拉网式排查，全面摸排新区存在的突出环境问题，分类精准施策，迅速整改到位。

这次事件，暴露出新区在管理上的许多薄弱环节和各部门工作上推诿扯皮的官僚主义作风，新区对此次曝光事件负有责任的12位领导和有关责任人进行了严肃问责。由于反应迅速，处置果断，整治及时到位，受到省、市领导的肯定。同时，新区以此为契机，狠抓作风整治，加大监管力度，管控关口前移，管理重心下沉，将“事后被动处置”变成“事前主动防患”，大大提升了新区工程管理和环保管控水平，把“坏事”变成了“好事”，为新区安全、健康、持续发展营造了良好环境。

第三节　国际影响力

2022年9月27日，徐圩新区管委会委托德勤管理咨询（上海）有限公司编制的《连云港石化产

业基地国际影响力研究》报告正式对外发布，这也是国内首个化工园区国际影响力研究报告，全面展示了连云港石化产业基地先行先试探索成效，提供石化园区高质发展创新思路，为石化园区产业升级贡献“徐圩样板”。

一、战略影响力：助力国家新一轮战略创新实践

顺应国家战略发展要求，围绕石化产业格局重构、国家能源安全保障、双碳目标战略转型等方向，持续开展先行先试和创新探索，在服务国家战略使命中探索发展新路径新模式。

徐圩新区打造国家可持续建设发展石化园区样板，建设国内首个化工园区地下管廊，打造“即插即用”一体化公辅配套设施，建设国内石化基地首个 IGCC 公用工程岛。打造国家综合能源供应服务保障示范基地，建设国家重要的原油战略储备基地，建成国家增量配电网改革实施样板，国内首个化工园区核能供汽示范项目。建设国内石化行业双碳战略先行主力军，打造国内石化园区清洁能源综合利用示范标杆，全国领先的绿色技术应用创新高地，建设全球前沿的二氧化碳制新能源材料产业链。

二、产业影响力：打造世界一流绿色石化产业集群

借势全球石化产业链重构和我国石化行业由大向强转型的双重机遇，连云港石化产业基地以高质量发展为核心，聚焦关键主战场发力，推动烯烃产业、聚酯新材料、化工新材料和电子化学品等领域发展，打造世界一流的绿色石化产业集群。

徐圩新区建设国内最大的原料多元化烯烃产业基地，实现了原料多元化，推动“油头 + 气头 + 煤头”多路径并进。产品规模化，具有千万吨级别烯烃产能规模优势。产业组团化，形成“链主企业”引领的化工产业集群。建设国内最具影响力的聚酯原材料生产基地，实现了产能规模化，拥有大规模聚酯原材料供给能力。产业链条化，实现从“一滴油”到“一根丝”贯通。成本最优化，成为国内产出效益最高的聚酯生产基地。建设国内领先的高端新材料产品基地，推动高端聚烯烃产品和专用料发展，着力布局精细化工及添加剂，积极发展特种工程塑料，推动绿色可降解材料产能扩张。建设具有国际竞争力的电子化学品生产基地，打造成国内产能规模最大的 EVA 光伏料生产基地，国际领先水平的半导体级电子材料生产基地，全球市场竞争力的锂电池电解液溶剂生产基地。

三、管控影响力：构建国内化工园区管控示范标杆

管控能力是化工园区的核心竞争力，着力破除“谈化色变”偏见，强化安全生产与生命健康保障，连云港石化产业基地围绕安全管理、生态管控、应急救援和数字赋能，推动管控能力提升，为区内企业打造长期安全稳定的发展环境。

徐圩新区打造了国际一流化工园区安全管理示范标杆，实现了“园区 + 港区”全域封闭化管理，构建了国内化工园区首套安全标准制度规范，提供了企业全生命周期的贴身问题帮扶。打造了多方专业力量参与的“安全共同体”，构建了“天空地”一体化立体监测网络。打造了国内化工园区生态环境管理示范标杆，建设了国内唯一“水土气固生”全要素生态环境质量管控中心，形成了国际一流标准“三废”综合治理能力，构建了多元主体参与的生态环境治理攻坚队伍。打造了国家级应急救援保障体系建设示范标杆，创建了国家级危化品应急救援基地。构建了“全覆盖、全方位、全过程、大应急”的应急救援体系，创新了区域应急救援联动响应机制，推动了“政企联动”应急救援模式创新，推动了全景式“大灾备”体系建设。打造国内首个化工园区全景智慧化建设标杆，

建成石化基地运管服一体化管控平台，探索了石化园区全景智慧化特色场景，打造了化工园区数字新基建示范样板。

四、港口影响力：建设国际一流石化产业服务港口

港口作为全球性物流节点，具备联通国际国内的枢纽能力，徐圩港以增强国际竞争力为核心，贯彻"四港驱动"理念，加快深水港、产业港、绿色港、枢纽港建设，不断完善港口设施和集疏运体系，立足服务石化园区逐步跻身国际港口行列。

徐圩新区瞄准世界一流水平港航基础设施建设，建设了200年一遇防洪防潮达标建设工程，30万吨级"浅水深用"最高等级航道工程，拥有大吨位多量级码头靠泊能力。着力提升石化及临港产业服务能力，实现港区与园区之间的无缝衔接，打造国内领先石化产品公共仓储服务能力，推动供应链一体化服务模式创新。开辟绿色低碳港口建设先行示范，构建清洁高效的港口用能体系，打造全封闭的港口清洁作业体系，完善海上安全应急救援保障体系。打造成东西双向沿海开放新高地，具备了"综保区 + 自贸区"双重政策优势，成为亚欧国际陆海新通道重要节点，打造中西部产品出海的"东大门"。

五、社会影响力：彰显社会责任关怀下的国际形象

以共建共享美好生活为核心，以化工园区与社会和谐发展为目标，围绕生态保护、文化活力和民生福祉三大方向，全面参与区域建设发展，打破化工园区与周边发展的藩篱与割裂。

徐圩新区树立石化园区绿色发展典范，建设国内化工园区与城市"比邻而居"典范，成为国内化工园区"两山"理论实践标杆，开展盐碱地"变废为宝"生态修复工程，探索性开展区域生物多样性保护工作。创新石化园区文化发展底蕴，举办全国唯一化工园区国际马拉松赛事，形成独具特色的"徐圩精神"文化标识，持续完善石化园区文化服务体系。持续强化区域民生服务保障，实现生计有保障，妥善安置失地失海群众；实现工作有尊严，搭建三大就业平台创造高质量就业岗位；实现底层有出路，大力推动发展乡村振兴工程；实现生活有品质，全面提升公共服务配套水平；实现发展有温度，不断创新惠民利民政策。

第四节　未来谋划

百尺竿头思更进，策马扬鞭自奋蹄。新的历史起点，徐圩新区全面开启"二次创业"新征程，规划未来宏伟蓝图：建设世界一流石化产业基地，打造万亿产业集群。

一、打造万亿级产业集群"三步走"行动计划

第一步：到2023年，综合实力进入全国化工园区前十强。石化基地产业布局全面完成，具备1600万吨炼油、600万吨制烯烃规模；完成石化基地外产业规划修编和环评审批，石化基地与拓展区联动发展成效明显，"1 + 3"联动发展格局初步形成，拓展区主导产业加快布局；世界一流标准体系达标率85%以上，基本建成国内化工园区安全环保示范标杆。

第二步：到2025年，综合实力挺进全国化工园区前三位。三大龙头产业和上下游产业链项目全部建成，具备1600万吨炼油、1000万吨制烯烃规模；成功打造国内化工园区安全环保示范标杆，科技创新能力和创新平台数量明显提升，世界一流标准体系达标率95%以上，完成石化基地拓展

区产业布局，打造高端化工新材料和精细专用化学品产业新高地，基本建成世界一流石化产业基地；与中西部地区在港区合作共建、进口资源和出口产品加工基地合作等方面取得重大突破；徐圩港区基本建成“世界一流港口”。

第三步：到2030年，基本建成万亿级产业集群，全面建成世界一流石化产业基地。石化基地及拓展区产业全部建成投产，基本具备4000万吨级炼油、超1000万吨制烯烃规模，石化行业实现应税销售收入约6800亿元；石化基地外产业布局完成并投产达效，安全环保管控能力达到国际一流水平，世界一流标准体系达标率100%，全面建成世界一流石化产业基地；全面建成“世界一流港口”，打造东中西区域合作示范标杆，油气全产业链开放成为外向型经济发展的重要引擎。

二、保障措施

为实现“三步走”行动计划，徐圩新区制定了6条保障措施。

（一）建立完备的清洁能源保障体系

加快光伏发电和增量配电网绿色能源示范工程建设，尽快实现并网发电，同步启动深海风力发电、氢能利用项目可行性研究，2025年实现绿色电力供应5.64亿千瓦时，减少二氧化碳排放38.5万吨。实施田湾核电机组向石化基地供热管网工程，项目全部建成后可实现1200吨/小时工业蒸汽供应，预计每年节约煤炭140万吨，减排二氧化碳200万吨。推进清洁能源供热示范项目稳评、环评各项工作，力争2023年6月前项目获得国家发展改革委核准并开工建设。推进产业转型升级，提升项目单位面积产值至715万元/亩以上。加大节能减排和节水型园区建设力度，加快推进海水淡化技术推广应用。

（二）强化世界一流的安全环保管控能力

加快大气污染物近零排放、碳捕捉、碳封存和二氧化碳再利用等前沿技术试验推广，确保符合环境容量和环境承载力要求。实施精准突破，构建园区特色安全环保文化体系，推动政企共建共治共享一流园区取得显著成效，2025年全面具备世界一流安全环保管控能力，打造成为国内化工园区安全发展、绿色发展、高质量发展的示范标杆。

（三）建设国际领先的“世界一流港口”

制定徐圩港区“世界一流港口”建设三年行动方案，以服务临港重大产业发展为核心，建成与万亿级产业集群相匹配的产业驱动型大港；以服务中西部地区对外开放为宗旨，建成进口资源和出口产品加工贸易的合作共建港；以陆海联运、海河联运、开放创新为特色，建成综合服务能力强、安全高效的大型综合枢纽港；以世界一流水平为标准，建成绿色、智慧、循环、低碳的现代化示范港。

（四）完善行业领先的公辅一体化配套体系

全面建成应急备用水源、国家危险化学品应急救援（连云港）基地、公共应急事故池、消防取水码头、石化公共管廊、再生水控制中心、地下综合管廊及灾备中心、地下化学救援医院、达标尾水排海等一批国内领先的重大产业支撑保障工程，高标准建设七大石化基地首个IGCC公用工程岛，具备双电源、双供水、双供汽（气）保障能力，为打造世界一流石化产业基地奠定坚实基础。

（五）培育国内先进的创新研发体系

依托环境质量管控中心，试验推广华能首创、国际原创的氮氧化合物、二氧化硫近零排放技术，建设大气主要污染物近零排放示范园区。积极推广运用碳捕捉、碳封存和二氧化碳再利用等前沿技术，努力实现"近零碳"排放，打造"双碳"攻坚示范标杆。重点打造盛虹中试基地、连云港石化研发基地和中化瑞恒研发中心，建设氢能、生物化工、新材料三大领域中试装置，打造国内领先的科研平台。

（六）锻造高素质的专业管理团队

全面开启二次创业新征程，迅速掀起新一轮大开发大建设热潮；加强干部专业能力培养，通过定期组织开展业务培训、专班实训和轮岗交流，增强新区干部在安全环保管控、园区运营管理、科技创新服务等方面的专业本领；加大力度招引国内外一流顶尖人才来新区就业创业，加快组建一批顶尖专家团队；畅通机关、国有企业和基层一线干部任职交流通道，形成公开民主、人尽其才、充满活力的选人用人机制。

三、《连云港石化产业基地高质量发展条例》获批

加快打造世界一流园区，厚植高质量发展根基，徐圩新区委托专业机构研究编制了世界一流石化产业基地标准体系，2022年年初通过市委常委会审议，并以市委市政府名义印发实施。

该标准体系包括绿色产业发展、环境质量改善、安全风险管控、能源资源利用等7个方面共100项指标，是徐圩新区贯彻新发展理念、打造世界一流石化产业基地的顶层设计。

为保障该标准体系的有效实施，2021年11月，我市启动《连云港石化产业基地高质量发展条例》研究编制，以立法的形式明确了石化基地产业促进、创新发展、安全保障、绿色发展、监管服务等内容，于2022年11月通过市人大常委会审议和省人大常委会批准。这是连云港市委、市政府推动石化基地高质量发展有法可依的务实举措，开创了我国法治护航石化产业高质量发展的先河。

连云港石化产业基地（2023年）　　房以明 摄

第十六章　人　物

徐圩新区地杰人灵，人文荟萃。新中国成立前后，特别是被国务院批准设立国家东中西区域合作示范区的先导区后，徐圩新区各行各业人才辈出，在各自的学科和专业领域建功立业，为徐圩新区经济建设和社会发展创造了重要业绩，作出了重要贡献。本章设人物传略、人物简介、人物表录3节。人物传略收录有据可查的在徐圩地区有较大影响的去世人物5人，按传主卒年先后排序。人物简介收录徐圩新区历任领导班子成员、三大石化企业和新区国企主要负责人等47人，按在徐圩新区担任职务、进入徐圩新区工作时间为序；曾在徐圩新区工作后又调离的，职务仅收录在徐圩新区所任职务。人物表录收录2009—2022年受市级以上表彰的先进模范人物。

第一节　人物传略

李味辛（1858—1928）　名道心，江苏灌云人。光绪年间考中秀才，后在龙门师范就读卒业，是当时淮北盐区德望与才名并举的开明垣商。1911年，中正精勤学堂改为精勤学校，李味辛出任校长。他捐献出自己用巨资铺设的四排盐滩，作学校常年固定财源，解决教员薪俸和办学经费的困难。为提高教学质量，以每月50银圆高薪，特聘前清秀才、日本留学生章沦清执教国文、数学等主要课程，使学生学业大进，毕业生多考入省立第八师范。资助考入八师的朱仲琴、陈世德、邱鹤年3位学生，直至师范毕业。1921年，他出巨资新建徐圩坨地码头，徐圩盐业开始轮运，海关将埒子口定为通航口岸。李味辛逝世后，著名职业教育家江问渔为其题写碑文，以光美德。

胡文臣（1888—1938）　字相卿，河北省静海县（今属天津市）人。武林世家出身，后入伍当兵。曾任两淮盐警大队排长、连长、大队长等职。后两淮盐警大队收编为陆军第八军游击队，胡文臣升任第三总队长，奉令在苏北一带活动，配合作战。1938年春，在保卫连云港的战斗中立功擢升陆军第33师团长。1938年冬，时任陆军第33师团长的胡文臣在江苏宿迁的保卫战中，壮烈牺牲。2015年8月24日，荣列民政部公布第二批600名著名抗日英烈和英雄群体名录。

王德胜（1924—1945）　连云港市徐圩人。1940年，随父王学仁逃荒到沭阳、高沟一带，后定居徐圩。1943年10月参加新四军。1945年10月在灌南县王马庄战斗中光荣牺牲。解放军总部颁发其革命烈士证书。

吴伦东（1963—1982）　连云港市徐圩人。1979年，就业于连云港市毛巾厂。1982年6月4日，在毛巾厂执行看守民兵武器任务时，他赤手空拳与两名携带凶器、企图盗枪行凶的歹徒英勇搏斗，终因伤势惨重、流血过多而壮烈牺牲。1982年12月，江苏省人民政府追认吴伦东为革命烈士，共青团连云港市委追认吴伦东为模范共青团员。翌年5月，南京军区党委授予吴伦东为“民兵英雄”光荣称号。

杨佃池(1975—1988)　连云港市徐圩人。徐圩盐场小学五年级学生。1988 年 6 月 4 日,放学后和几位同学回家,同学刘涛掉下 3 米多深的河水里,杨佃池飞身跃入水中,将刘涛推向岸边。刘涛得救了,而杨佃池终因人小力薄,光荣牺牲。是年 9 月,共青团连云港市委追认杨佃池为“少年小英雄”。翌年 10 月,民政部追认其为“革命烈士”。1998 年 6 月,当地相关部门在徐圩盐场中心小学操场上立杨佃池汉白玉雕像一座和事迹陈列室一间。

第二节　人物简介

石海波(1962—　)　江苏沛县人,省委党校研究生学历,工学学士,1987 年 6 月加入中国共产党。1984 年 7 月,任连云港市车辆厂技术员、厂团委专职副书记。1986 年 6 月,任连云港市新浦区区委宣传部干事、团区委副书记。1990 年 8 月至 1992 年 4 月,任连云港市政府驻南京办事处科员。1992 年 4 月至 1997 年 1 月,任连云港市经协委经协科副科长、科长。1997 年 1 月至 1998 年 4 月,任连云港市国防科学技术工业办公室副主任。1998 年 4 月至 2009 年 4 月,先后任连云港市政府办公室副主任,市政府副秘书长、办公室主任、党组成员、秘书长。2009 年 4 月至 2013 年 5 月,先后任市政府秘书长、党组成员,徐圩开发建设指挥部指挥长、党组书记,徐圩新区管委会(筹)主任、党组书记,连云港高新技术产业开发区管委会主任,徐圩新区党组书记、管委会主任,徐圩新区党工委书记、管委会主任。2013 年 5 月,任国家东中西区域合作示范区(连云港徐圩新区)党工委书记、管委会主任。2019 年 12 月,任连云港市人大常委会副主任,国家东中西区域合作示范区(连云港徐圩新区)党工委书记。2020 年 12 月任连云港市人大常委会副主任,国家东中西区域合作示范区(连云港徐圩新区)党工委书记、一级巡视员。

赵厚峰(1974—　)　山东武城人,省委党校研究生学历,工学学士学位,1995 年 6 月加入中国共产党。1996 年 8 月,任连云港市赣榆县沙河派出所所长助理。2000 年 12 月,任共青团江苏省连云港市赣榆县委副书记(主持工作)。2001 年 12 月,任连云港市赣榆县城西镇党委副书记、镇长。2006 年 2 月,任连云港市赣榆县委办公室副主任。2009 年 7 月,任连云港市政府办公室副主任。2011 年 4 月,任连云港市灌南县委常委,县政府副县长、党组成员。2013 年 8 月,任市科学技术局党组副书记、副局长,局机关党委书记,市科技创业城管委会(筹)常务副主任。2016 年 10 月,任市科学技术局党组书记、副局长。2019 年 10 月,任国家东中西区域合作示范区(江苏省连云港徐圩新区)管委会党工委副书记、管委会主任。

桂迎宝(1963—　)　江苏东海人,省委党校研究生学历,1996 年 9 月加入中国共产党。1985 年 8 月参加工作。曾任连云港市政府副秘书长。2009 年 4 月任市徐圩开发建设指挥部副指挥长、党组成员。2012 年 7 月—2013 年 8 月,任连云港徐圩新区党工委委员、管委会副主任。

王建明(1964—　)　江苏灌南人,省委党校研究生学历,文学学士学位,1986 年 8 月加入中国共产党。1984 年 8 月参加工作。2009 年 4 月至 2009 年 10 月,任徐圩开发建设指挥部副指挥长、党组成员。2009 年 10 月至 2012 年 1 月,任中共连云港市徐圩新区(筹)党组副书记、徐圩新区管委会(筹)副主任。2016 年 1 月,任连云港市海州区人大常委会主任。

任　瑜(1975—　)　江苏省无锡人,中共党员。1995 年 8 月参加工作。2006 年 10 月,先后担任共青团连云港市委副书记、书记、党组书记,连云港高新技术产业开发区管委会副主任、党组副书记。2011 年 1 月—2014 年 1 月,任连云港徐圩新区党工委副书记、管委会副主任。

江行洲(1967—　)　河南柘城人,中共党员。1992 年 8 月参加工作,任连云港市政府法制局科员。1995 年 4 月至 1999 年 7 月,任连云港市政府办公室综合一科科员、副科长、主任科员。1999 年 7 月任连云港市政府研究室调研科科长。2001 年 7 月任连云港市委办公室副主任。2002 年 12 月至 2008 年 12 月,先后任连云港市委副秘书长、市委研究室主任、办公室主任。2008 年 12 月至 2014 年 12 月,任连云港市委党校常务副校长、市行政学院副院长、市社会主义学院副院长。2014 年 1 月至 2022 年 1 月,先后任国家东中西区域合作示范区(连云港徐圩新区)党工委副书记、管委会副主任、纪工委书记、总工会主席。2022 年 1 月,任连云港市商务局党委书记。

缪明生(1984—　)　江苏海安人,研究生学历,工学硕士学位,2004 年 5 月加入中国共产党。2008 年 8 月,在南通市如东县安监局工作。2010 年 8 月,任南京市鼓楼区中央门街道副主任科员。2011 年 5 月,任南京市鼓楼区中央门街道副科长。2013 年 6 月,任南京市鼓楼区中央门街道团工委书记。2016 年 4 月,任江苏省环保厅环境与经济政策研究室主任科员。2019 年 3 月,任江苏省生态环境厅办公室主任科员。2019 年 11 月,任江苏省生态环境厅环评处副处长(其间:2021 年 4 月—2022 年 8 月任国家东中西区域合作示范区(连云港徐圩新区)党工委副书记、管委会副主任(挂职))。

胡银宝(1957—　)　江苏淮安人,中共党员,高级工程师。1980 年 7 月至 1988 年 12 月,历任交通部三航五公司五零四队技术员、副队长,土建科副科长、科长。1989 年 1 月至 1999 年 6 月,历任中交三航五公司开发区公司经理、路桥公司经理。1997 年 7 月至 2002 年 12 月,任市高速公路建设指挥部副总工程师、工程二处主任。2002 年 12 月至 2009 年 12 月,任市交通局副局长兼高速公路建设指挥部副总指挥。2009 年 12 月至 2013 年 5 月,任徐圩新区管委会副主任。2013 年 5 月—2014 年 12 月,任国家东中西区域合作示范区(连云港徐圩新区)管委会副主任。

封其山(1962—　)　江苏连云港人,中共党员。1982 年 7 月,任连云港市东海县浦南中学教师。1988 年 5 月,任连云港市监察局科员。1993 年 2 月至 2009 年 4 月先后任市纪委科员、副科级纪检员、宣教室副主任、法规研究室副主任、派驻市人民政府办公室纪检组组长。2009 年 4 月任徐圩开发建设指挥部副指挥长、党组成员。2012 年 6 月,任中共徐圩新区工作委员会纪工委书记。2013 年 5 月,任中共国家东中西区域合作示范区(连云港徐圩新区)纪工委书记。2015 年 3 月任国家东中西区域合作示范区(连云港徐圩新区)管委会副主任、党工委委员。2019 年 10 月,任国家东中西区域合作示范区(连云港徐圩新区)管委会二级调研员。

于治安(1969—　)　江苏连云港人,中共党员,省委党校研究生学历。1992 年 9 月参加工作。历任连云区外经局副局长,连云区墟沟镇副镇长,连云区墟沟街道党委副书记、办事处副主任,连云区墟沟街道党委副书记、办事处主任,连云开发区管委会主任、连云区投资促进局局长。2009 年 4—10 月,任徐圩开发建设指挥部副指挥长、党组成员。

董世友(1957—　)　黑龙江东宁人,中共党员。1981 年 6 月参加工作。1982 年至 1984 年,任黑龙江八一农垦大学教师。1984 年至 1992 年,历任黑龙江省绥芬河市人事局科员、市委政策研究室副主任、市委办公室副主任、市委副秘书长、办公室主任。1992 年至 2009 年,历任连云港经济技术开发区党办主任、宣传部部长、外经贸局局长、中云乡党委书记、经济发展局局长、管委会主任助理兼招商四局局长。2009 年 4 月,任徐圩开发建设指挥部副指挥长。2013 年 5 月,任国家东中西区域合作示范区(连云港徐圩新区)党工委委员、管委会副主任。2013 年 12 月,任国家东中西区域合作示范区(连云港徐圩新区)副调研员。

平浩生(1966—　)　江苏常熟人,中共党员。1990 年参加工作,曾任连云港港口集团总裁事务部副部长、连云港新苏港投资发展有限公司总经理;江苏金港湾投资有限公司总经理、党组副书记、董事(2009 年 4—10 月,任连云港徐圩开发建设指挥部党组成员)。

李君生(1963—) 江苏连云港人,中共党员。1985年8月参加工作。1986年10月至1990年3月,任连云区人大办公室秘书。1990年3月至2009年10月,历任连云区委办公室秘书,办公室副主任、主任,区委常委、办公室主任,宣传部长,区政府副区长(常务)。2009年9月—2013年5月,任徐圩新区管委会副主任、党工委委员,连云港高新技术产业开发区管委会副主任。2013年5月—2016年10月,任国家东中西区域合作示范区(连云港徐圩新区)党工委委员、管委会副主任。

韩尚富(1974—) 山东新泰人,中共党员,理学博士学位。1997年8月参加工作。先后任连云港市环境保护局副局长、党组成员,2010年4月—2011年6月挂职任徐圩新区管委会(筹)、连云港高新技术产业开发区管委会副主任。

乔寿稳(1963—) 江苏东海人,中共党员。1986年7月至1993年11月,历任舟桥第31旅教导营一连排长、船队指挥救护艇正排职副艇长、船队指挥救副连职副艇长、正连职干事。1993年11月至2009年12月,历任连云港警备区司令部动员科正连职参谋、司令部科副营职参谋、司令部作训科副科长、司令部军务科副科长、司令部动员科科长、副参谋长。2009年12月,任中共连云港市级机关纪工委书记。2011年4月,任连云港市徐圩新区管委会(筹)、连云港高新技术产业开发区管委会副主任、党组成员。2013年5月至2021年11月,任国家东中西区域合作示范区(连云港徐圩新区)管委会副主任、党工委委员、二级调研员。

孙中华(1968—) 江苏东海人,中共党员。1989年8月至1994年10月,任东海安峰中学教师。1994年10月至1995年12月,任东海县房山党委组织干事。1995年12月至1999年12月,任东海县双店乡副乡长。1999年12月至2003年2月,任东海县石梁河乡副乡长。2003年2月至2003年8月,任东海县安峰镇党委副书记。2003年8月至2008年1月,任东海县白塔埠镇党委书记、人大主席、镇长。2008年11月至2009年7月,任东海县牛山镇党委书记、人大主席。2009年7月至2013年8月,任连云港市水利局副局长(其间,2011年8月至2013年8月在徐圩新区挂职管委会副主任)。2013年8月—2015年8月,任国家东中西区域合作示范区(连云港徐圩新区)党工委委员、管委会副主任。

张　晖(1972—) 江西彭泽人,中共党员,博士研究生。1992年8月至2004年8月,在江西九江赤湖水产场任技术员。2006年7月至2010年8月,任广西发改委国民经济综合处主任科员。2010年8月至2012年1月,任广西发改委发展规划处主任科员。2012年1月至2012年12月,借调至国家发展改革委西部开发司。2012年12月—2015年12月,任连云港徐圩新区党工委委员、管委会副主任。

王东亮(1973—) 安徽安庆人,中共党员。1996年8月至1999年1月,任灌云县侍庄乡政府助理。1999年1月至2012年12月,历任市委办公室督查科科员,秘书处副处长、处长,综合处处长,办公室主任助理、副主任。2012年12月—2020年5月,任连云港徐圩新区管委会副主任。

赵二宏(1972—) 江苏东海人,省委党校研究生。1994年7月参加工作。1997年10月至2013年8月,历任连云港市人民政府驻南京办事处接待处副处长、办公室主任,办事处副主任、主任。2013年8月—2017年8月,任国家东中西区域合作示范区(连云港徐圩新区)党工委委员、管委会副主任。

马冬梅(1969—) 女,安徽太和人,中共党员。1990年8月任连云港市公路管理处助工、工程师。1999年9月至2006年1月,任市高速公路建设指挥部工程师、高级工程师、总工办副主任。2006年1月至2013年8月,先后任连云港市航道管理处副主任、主任、党总支副书记(主持党务工作)。2013年8月至2021年12月,先后任国家东中西区域合作示范区(连云港徐圩新区)管委会副主任、党工委委员、纪工委书记、三级调研员。

朱　彬(1976—　)　安徽颍上人,中共党员。1999 年 7 月,任市政府国防科学技术工业办公室科员。2001 年 7 月至 2004 年 6 月,任市行政审批制度改革办公室科员、副科级纪检员。2004 年 6 月至 2017 年 8 月,先后任市政府办公室科员、综合一处副处长、综合一处主任科员、综合五处处长、办公室副主任。2017 年 8 月至 2020 年 8 月,任国家东中西区域合作示范区(连云港徐圩新区)管委会副主任、党工委委员。

张春明(1964—　)　江苏连云港人,中共党员。1983 年 8 月参加工作。1983 年 8 月至 2007 年 1 月,历任市公安局海州公安分局民警、治安股副股长、股长,治安大队大队长,海州分局副局长。2007 年 1 月至 2009 年 11 月,任市公安局治安支队副支队长。2009 年 11 月至 2014 年 7 月,任市公安局海州分局政委。2014 年 7 月至 2017 年 8 月,任市公安局高新技术产业园区分局政委。2017 年 8 月—2020 年 5 月,任市公安局徐圩新区分局局长、国家东中西区域合作示范区(连云港徐圩新区)党工委委员。

东　林(1976—　)　辽宁营口人,中共党员。1999 年 7 月参加工作。2005 年 11 月至 2007 年 6 月,任营口市委组织部干部一科副科长、主任科员。2007 年 6 月至 2012 年 2 月,任营口市委非公有制经济组织党建工作指导委员会办公室副主任。2012 年 2 月至 2017 年 10 月,历任老边区委常委、组织部部长,组织部部长兼柳树工业园区党工委书记,统战部部长。2017 年 10 月至 2018 年 2 月,任辽宁(营口)沿海产业基地党工委委员,管委会副主任。2018 年 2 月—2019 年 2 月,任国家东中西区域合作示范区(连云港徐圩新区)党工委委员、管委会副主任。

张思远(1978—　)　江苏东海人,中共党员。2001 年 8 月参加工作。2001 年 8 月至 2007 年 4 月,先后在连云区墟沟街道办事处、连云区委组织部工作。2007 年 4 月至 2013 年 8 月,先后任连云港市政府办公室督查处副主任科员、副处长,新闻联络处处长兼综合一处副处长。2013 年 8 月任国家东中西区域合作示范区(连云港徐圩新区)管委会党政办公室主任。2014 年 1 月至 2020 年 5 月任国家东中西区域合作示范区(连云港徐圩新区)管委会党政办公室主任(副处)、财政局局长(副处)。2020 年 5 月至 2021 年 6 月,任国家东中西区域合作示范区(连云港徐圩新区)管委会副主任、党工委委员。

谢　斌(1969—　)　江苏东海人,1998 年 12 月加入中国共产党。1990 年 8 月任连云港市公安局刑警大队民警。1998 年 4 月任连云港市公安局刑警支队二大队代理探长。1999 年月 6 任连云港市公安局刑警支队二大队探长。2002 年 4 月任连云港市公安局刑警支队一大队副教导员(其间:2004 年 11 月—2005 年月 12 月下派挂职灌南县副局长)。2006 年 9 月任连云港市公安局刑警支队反扒大队大队长。2009 年 12 月任连云港市公安局公共交通分局主任科员、副局长。2017 年 9 月任连云港市公安局水上警察支队(水上分局)副支队长。2018 年 9 月任连云港市公安局水上警察支队(水上分局)副支队长,一级警长。2020 年 1 月—2021 年 11 月任连云港市公安局徐圩新区分局局长,党委书记,一级警长。

卢忠宝(1977—　)　江苏赣榆人,大学本科学历,工程硕士学位,1999 年 3 月加入中国共产党。1999 年 7 月至 2010 年 10 月,任连云港团市委青农部科员、办公室科员、组织部科员、组织部副部长、团市委常委、组织部部长。2010 年 10 月至 2016 年 12 月,先后任连云港市经济和信息化委员会团委书记、政策法规处副处长、行政服务处处长、节能与综合利用处处长、办公室主任。2016 年 12 月,任连云港市经济和信息化委员会副主任、党组成员。2019 年 1 月,任连云港市工业和信息化局副局长、党组成员。2020 年 11 月,任国家东中西区域合作示范区(连云港徐圩新区)管委会副主任、党工委委员。

董一哲(1983—　)　江苏南京人,研究生学历,管理学硕士学位,2006 年 6 月加入中国共产党。2009 年 4 月至 2019 年 10 月，先后任国家开发银行股份有限公司江苏省分行见习业务员、一级业务员、三级经理助理、二级经理、一级经理。2019 年 10 月至今，任国家开发银行江苏省分行客户四处副处长（其间：2020 年 12 月，任国家东中西区域合作示范区（连云港徐圩新区）管委会副主任、党工委委员（挂职））。

唐永明（1976— ） 山东乳山人，中共党员，博士研究生。2000 年 8 月参加工作。2000 年 8 月至 2013 年 8 月，任南京工业大学理学院应用化学系教师。2013 年 8 月至 2015 年 4 月，任南京工业大学理学院应用化学系系副主任、主任。2015 年 4 月至 2017 年 7 月，任南京工业大学化学与分子工程学院应用化学系系主任。2017 年 7 月，任南京工业大学化学与分子工程学院副院长。2021 年 11 月，任国家东中西区域合作示范区（连云港徐圩新区）管委会副主任、党工委委员（挂职）。

贺　波（1976— ） 江苏赣榆人，大学学历，医学学士学位，2008 年 8 月加入中国共产党。1998 年 9 月，任连云港市卫生防疫站（疾病预防控制中心）职员。2006 年 7 月至 2010 年 3 月，任徐州市安监局人事培训处办事员、科员。2010 年 3 月至 2019 年 5 月，任连云港市安监局办公室科员、办公室副主任、综合监管处处长。2019 年 5 月，任连云港市应急管理局安全生产综合协调处处长。2020 年 5 月，任连云港市安全生产委员会办公室专职副主任、市应急管理局党组成员。2021 年 4 月，任连云港市安全生产委员会办公室专职副主任、市应急管理局党委委员。2021 年 12 月任国家东中西区域合作示范区（连云港徐圩新区）管委会副主任、党工委委员。

徐小苏（1981— ） 女，江苏赣榆人，大学学历，公共管理硕士学位，民革会员。2003 年 10 月，任连云港市投资促进局科员。2009 年 4 月，任徐圩新区管委会投资促进局副主任科员。2013 年 5 月至 2021 年 11 月，先后任国家东中西区域合作示范区（连云港徐圩新区）投资促进局副主任科员、副局长，社会事业服务中心主任，投资促进局局长。2021 年 11 月，任国家东中西区域合作示范区（连云港徐圩新区）管委会副主任。

陈　曦（1985— ） 江苏连云港人，中共党员。2006 年 8 月参加工作。2006 年 8 月至 2009 年 8 月，先后在市公安局新浦分局新东派出所、市东派出所任办事员。2009 年 8 月至 2016 年 7 月，历任市公安局法制处二级警员、副处长、副支队长（副局长）。2016 年 7 月至 2019 年 12 月，任市公安分局海州分局副局长、三级警长。2019 年 12 月，任市公安局网络安全保卫支队副支队长、二级警长。2021 年 12 月起，任市公安局徐圩新区分局局长，二级警长。2022 年 1 月，任国家东中西区域合作示范区（连云港徐圩新区）党工委委员。

周燕宁（1976— ） 江苏灌云人，省委党校研究生学历，1999 年 1 月加入中国共产党。1997 年 7 月至 1999 年 2 月，任连云港市灌云县建委建筑工程管理科科员、副科长。1999 年 2 月，任连云港市建委工程建设科科员。2001 年 10 月至 2010 年 1 月，任连云港市建设局建筑业管理处副处长、处长。2010 年 1 月至 2015 年 7 月，任连云港市城乡建设局建筑业发展与综合处处长、政治处主任。2015 年 7 月，任连云港市纪委派驻市水利局纪检组组长、党组成员。2017 年 6 月，任连云港市纪委派驻第十纪检组组长。2018 年 1 月，任中共江苏省连云港市纪律检查委员会连云港市监察委员会派驻第十纪检监察组组长。2022 年 11 月，任国家东中西区域合作示范区（连云港徐圩新区）纪工委书记、党工委委员。

安军伟（1984— ） 河北大名人，大学本科学历，文学学士学位，2004 年 8 月加入中国共产党。先后在中国新闻网、河南省安阳市委宣传部等单位任职。2012 年 9 月至 2016 年 3 月，任徐圩新区管委会外联办科员、人力资源和社会保障局副局长。2016 年 3 月至 2022 年 11 月，先后任国家东中西区域合作示范区（连云港徐圩新区）区域合作局局长、社会事业局局长、党政办公室主任、党群工作部部长。2022 年 11 月，任国家东中西区域合作示范区（连云港徐圩新区）管委会副主任、党工委委员。

周灵群(1971—　)　河南南阳人,中共党员,硕士研究生学历。1990 年 9 月参加工作。1994 年 7 月至 1998 年 8 月,任南京军区某部军官。2001 年 7 月至 2007 年 12 月,任江苏省军区军官。2007 年 12 月至 2010 年 7 月,任江苏省科技厅主任科员、副处长。2010 年 7 月—2011 年 7 月,任连云港市徐圩新区管委会(筹)主任助理。

文　辉(1976—　)　湖南浏阳人,中共党员。2000 年 7 月参加工作,现任国家发展改革委城市和小城镇中心规划研究处处长、副研究员(正处职),连云港市政府副秘书长(挂职)。2017 年 4 月—2018 年 5 月,任国家东中西区域合作示范区(连云港徐圩新区)党工委委员、管委会副主任(挂职)。

缪汉根(1965—　)　江苏苏州人。中共党员,高级经济师,第十四届全国人大代表。1984 年,任吴江盛虹丝织厂技术员。1990 年,任盛虹丝织厂厂长。1992 年,任盛虹印染厂厂长。1996 年起任盛虹控股集团有限公司党委书记、董事长。先后获得第五届全国非公有制经济人士"优秀中国特色社会主义事业建设者"、中国优秀企业家、袁宝华企业管理金奖、江苏省十大杰出青年、江苏省劳动模范、苏商实业强国功勋人物等荣誉。2010 年盛虹集团入驻徐圩新区,布局建设盛虹炼化一体化、斯尔邦石化、虹港石化等一批重大产业项目,全力打造世界级新能源新材料产业集群。

刘红生(1966—　)　北京大学哲学专业本科毕业,上海海事大学 EMBA。曾任中国对外贸易经济合作部人事司科员、副处长,中国驻泰国大使馆商务参赞处一等秘书。2000 年加入中化国际,历任公司办公室主任、中化仓储有限公司总经理、公司执行总部总经理、物流事业总部副总经理兼集装罐事业部总经理、物流事业总部总经理、中化国际副总经理兼物流公司总经理。2016 年 12 月至 2022 年 10 月,任中化国际总经理、党委书记。

杨卫东(1968—　)　浙江嘉兴人。正高级经济师,国家"启明计划"人才,浙江省第十二届、十三届人大代表。20 世纪 90 年代初,白手起家创立卫星化工,以实业报国的初心深耕化学新材料领域 30 年,先后建成国内首套民营丙烯酸装置、国内首套引进美国 UOP 技术的丙烷脱氢装置、国内首套拥有自主知识产权的连续化生产的高吸水性树脂装置。2017 年,在连云港徐圩新区投资建设国内首套乙烷裂解制乙烯装置,并于 2021 年 5 月顺利投产。杨卫东荣获国家级、省部级科技进步奖 3 项,获得国家授权专利 33 项,获评"福布斯中国最佳 CEO"。

白　玮(1970—　)　辽宁抚顺人,中共党员,工学博士,高级工程师。1993 年 3 月参加工作,历任抚顺石化公司乙烯厂生产运行部部长、树脂研究所所长、烯烃厂厂长。2015 年 2 月,任江苏斯尔邦石化有限公司总经理。2022 年 1 月,任盛虹石化产业集团总裁。主持的工艺研发创新及装置改造升级项目 20 余项,共申请专利 14 项。先后获得"江苏省劳动模范""江苏省双创人才""连云港市功勋企业家"等荣誉。

朱晓东(1965—　)　辽宁辽阳人。中共党员,教授级高级工程师,享受国务院政府特殊津贴。连云港市第十三届人大代表,江苏省政协第十三届委员会委员,江苏省工商业联合会常务委员。1988 年 7 月参加工作,历任中国石油辽阳石化分公司技术员 、工程师,中国石油抚顺石化分公司乙烯厂工程师、副科长,中国石化茂名分公司乙烯公司车间主任、副经理、经理,中国石化镇海炼化分公司副总经理,卫星化学股份有限公司副总裁、董事兼连云港石化有限公司总经理。曾荣获广东省五一劳动奖章、第二届全国优秀设备管理工作者、中国石化重点工程建设管理先进个人、中国石化环境保护管理先进个人、全国环境保护优秀经理(厂长)等称号。2022 年,获连云港市企业高端人才贡献奖。连云港市产业项目推进优秀企业家。2022 年获得徐圩新区"杰出企业家"称号。

于会泳(1974—　)　辽宁新宾满族自治县人,中共党员,教授级高级工程师。1998 年参加工作。2009 年至 2018 年,先后担任中石化燕山石化公司炼油厂副厂长、化工一厂副厂长、炼油厂厂长、炼油厂党委书记等职。主政期间开展多项技术攻关,6 次荣获中石化科技进步奖;入选"闵恩泽青年科技人才";被评为"中石化突出贡献专家"。2019 年 1 月起,担任盛虹炼化(连云港)有限公司总经理,曾获 2020 年度"连云港市产业项目推进明星企业家"、2021 年度"江苏省五一劳动奖章",2022 年度"连云港市政府特殊津贴"等荣誉。2022 年,获得"徐圩新区千亿园区建设杰出企业家"称号。

盛　俊(1967—　)　江苏扬州人,中共党员。1989 年 7 月参加工作。1989 年 7 月至 2004 年 2 月,历任扬州农药厂机修分厂工艺技术员、安装施工调度员、化工设备分厂副厂长。2004 年 2 月至 2016 年 11 月,历任扬农集团生产部副主任、主任,酚酮项目办副主任,环委会办公室主任、生产部主任、瑞祥公司副总经理兼生产部主任,扬农集团生产运营部主任。2016 年 11 月至 2021 年 4 月,历任扬农集团总经理助理兼生产运营部主任,瑞恒公司总经理、党委书记。2021 年 4 月起,任扬农集团副总经理,瑞恒公司党委书记、总经理。2022 年获得徐圩新区"杰出企业家"称号。

闫红民(1970—　)　河南商丘人,中共党员,高级工程师,国家一级注册结构工程师、一级建造师、注册监理工程师,江苏省 333 高层次人才、市 521 高层次人才、连云港市特殊津贴人才。1993 年 7 月参加工作,1995 年 6 月,历任华东电子工程公司监理工程师、总监、技术处副处长、监理公司副总经理、总经理和设计院院长。2001 年 10 月入职连云港市规划市政设计院,历任市政二所所长、设计院副总工程师。2009 年 11 月入职连云港徐圩新区管委会,历任总工办副主任、主任,规划建设局局长(其间,2010 年 10 月起先后兼任江苏方洋集团有限公司总裁助理、副总裁);2016 年 1 月,任方洋集团董事长、党委副书记;2017 年 10 月,任方洋集团党委书记、董事长。获"十五"江苏省建设科技先进个人、连云港市五一劳动奖章、连云港市重大事项推进工作先进个人等荣誉。

安　涛(1976—　)　河北定州人,高级经济师,获 2020 年连云港市人大常委会优秀市人大代表、连云港市青年商会企业发展突出贡献奖、连云港市国资委国资系统优秀管理者等荣誉。1998 年 7 月参加工作,历任《电脑商情报》报社采编、记者、编辑、主编助理。2007 年 8 月入职连云港市政府金融办(其间,2009 年 8 月至 2010 年 2 月挂职连云港市政府战略合作单位中国信达资产管理有限公司)。2012 年入职徐圩新区管委会,历任财政局副主任(其间,2012 年 12 月至 2014 年 7 月兼任江苏方洋集团有限公司投融资部总经理;2013 年 3 月至 2013 年 12 月任徐圩新区北京代表处主任;2013 年 4 月至 2014 年 1 月任江苏方洋集团有限公司董事会办公室主任;2014 年 1 月至 2014 年 7 月兼任江苏方洋集团有限公司总裁助理、国家东中西区域合作示范区北京高层次人才创新创业服务中心主任)、财政局副局长、合作局局长、国资办副主任。2014 年 7 月至今担任江苏方洋集团有限公司总裁。曾获徐圩新区十大创业英才奖、徐圩新区开发建设成就奖。

曹泓涛(1977—　)　河北沧州人。中共党员,正高级经济师。江苏省"333 高层次人才培养工程"培养对象、连云港市第"521 工程"培养对象。2000 年参加工作。2009 年 4 月,任国家东中西区域合作示范区外联办主任、投资服务中心副主任、党政办公室副主任。2014 年 1 月,任国家东中西区域合作示范区投资服务中心主任、外联办主任、党政办公室副主任。2016 年 2 月至 2020 年 7 月,先后任江苏方洋集团有限公司党委书记、党委副书记、副总裁。2017 年 7 月至 2020 年 12 月,任江苏香河农业开发有限公司董事长。2017 年 9 月至今,任江苏洋井石化集团有限公司党委书记、董事长。2020 年 7 月至今,任江苏方洋集团有限公司副董事长。在徐圩新区工作期间,2010 年至 2014 年连续 5 年获徐圩新区突出贡献奖。2015 年获徐圩新区开发建设终身成就奖。2019 年获徐圩新区十大杰出创业人才称号。

延立强(1978—　)　吉林辉南人,中共党员。2002 年 7 月参加工作。2004 年 3 月至 2005 年

8 月，任长春理工大学光电信息学院助教、系团委书记。2007 年 7 月至 2012 年 2 月，历任连云港市政府金融办公室科员、副主任。2012 年 2 月至 2015 年 2 月，历任徐圩新区管委会财政局副局长、局长，江苏方洋集团有限公司副总裁、总裁。2015 年 2 月，任徐圩新区管委会财政局局长。

何　烽(1982—　)　江苏泰兴人。中共党员，高级工程师、一级注册结构工程师，连云港市第十五届人大代表。2003 年参加工作。2012 年起，先后担任江苏洋井石化集团有限公司副总裁，江苏方洋集团有限公司副总裁，连云港徐圩港口投资集团有限公司董事长，连云港徐圩港口控股集团有限公司副董事长。2016 年，获连云港市五一劳动奖章、徐圩新区开发建设成就奖。2022 年，任江苏云湖现代服务产业集团有限公司党委书记、董事长，加速完善新区现代服务产业配套，石化基地科技馆、2049 街区、香河生态园、河湖生态体系、疫情防控等一批重点工作推进取得阶段性进展。2022 年，获徐圩新区建设千亿园区重大贡献奖。

第三节　人物表录

2009—2022 年，徐圩新区有省级劳动模范 2 名，市级劳动模范 8 名；获省级五一劳动奖章 8 名，获市级五一劳动奖章 11 名。

2009—2022 年徐圩新区获省、市劳动模范一览表

表 16－1

姓　名	工作单位	政府级别	年份
宋国君	江苏斯尔邦石化有限公司	省级	2016
黄以波	江苏虹港石化有限公司	省级	2021
韩淑红	江苏方洋集团有限公司	市级	2015
徐聆溪	江苏方洋集团有限公司	市级	2015
何　烽	连云港石化产业园有限公司	市级	2018
郭义兴	连云港荣泰化工仓储有限公司	市级	2018
李　峥	徐圩新区应急管理局	市级	2018
戚芳菲	盛虹石化集团有限公司	市级	2018
关守府	江苏斯尔邦石化有限公司	市级	2021
张贵堂	江苏洋井石化集团有限公司	市级	2021

2009—2022 年徐圩新区获省、市五一劳动奖章人员一览表

表 16－2

姓　名	工作单位	政府级别	年份
白　玮	盛虹石化集团有限公司	省级	2018
郑　海	盛虹炼化(连云港)有限公司	省级	2018
黄以波	江苏虹港石化有限公司	省级	2020

续表 16－2

姓　名	工作单位	政府级别	年份
王其仓	江苏方洋水务有限公司	省级	2021
严心富	中节能（连云港）清洁技术发展有限公司	省级	2021
李　刚	盛虹炼化（连云港）有限公司	省级	2021
许加锋	盛虹炼化（连云港）有限公司	省级	2021
霍如状	连云港新荣泰码头有限公司	省级	2022
冯日利	江苏方洋集团有限公司	市级	2014
何　烽	江苏方洋集团有限公司	市级	2016
张　瑜	江苏方洋建设工程管理有限公司	市级	2016
李正河	江苏香河农业开发有限公司	市级	2017
程志刚	江苏方洋水务有限公司	市级	2017
毛西洋	江苏方洋水务有限公司	市级	2017
房体育	江苏斯尔邦石化有限公司	市级	2019
赵祝益	连云港石化产业园有限公司	市级	2020
张祥虎	连云港徐圩港口控股集团有限公司	市级	2021
马启俊	江苏思派新能源科技有限公司	市级	2022
董乃勇	江苏洋井石化集团有限公司	市级	2022

2015—2017 年获徐圩新区成就奖人员一览表

表 16－3

年份	姓　名
2015	张思远　沈光萍　王克品　延立强　刘玉成　司广智　关炳军　齐华兵　曹泓涛　徐聆溪　陈海萍　闫红民　周开红　王兴化　于富忠
2016	王统军　郭蔚琴　刘学勤　于庆国　李晓军　张　晗　何　烽　安　涛
2017	龚成军　李　祥　田春雷　王胜利　曹熙明　浦长青　钱　明

2019 年徐圩新区十大杰出创业英才人员一览表

表 16－4

姓　名	单位及职务
闫红民	方洋集团党委书记、董事长
延立强	连云港市金融控股集团总会计师、党委委员
安　涛	方洋集团总裁
曹泓涛	洋井集团董事长、方洋集团党委副书记、副总裁，香河公司董事长
徐聆溪	方洋集团副总裁
何　烽	洋井集团副总经理
吕松涛	江苏省连云港环境监测中心副站长

续表 16－4

姓　名	单位及职务
刘学勤	徐圩新区投资服务中心主任
张　晗	方洋集团副总裁
徐小苏	徐圩新区投资促进局局长

2009—2022 年获徐圩新区突出贡献奖人员一览表

表 16－5

年　份	姓　名
2009	沈光萍　王克品　延立强　王统军　郭蔚琴　王兴化　张家炯　杨新忠　张海文　王广明　刘永春　杨秀华　郭永明　姜立学
2010	沈光萍　王克品　延立强　王统军　刘玉成　万延斌　司广智　曹泓涛　陈海萍　闫红民　于富忠　周开红　王兴化　刘永春　姜自成　冯日利　周勇胜
2011	王克品　延立强　司广智　关炳军　曹泓涛　徐聆溪　闫红民　董乃勇　周开红　王兴化　吴银明　席时国
2012	张思远　王克品　延立强　刘玉成　司广智　刘学勤　关炳军　齐华兵　曹泓涛　徐聆溪　陈海萍　李晓军　闫红民　刘　兵　周开红　王兴化　冯日利
2013	张思远　沈光萍　王克品　延立强　司广智　刘　芳　关炳军　齐华兵　于庆国　曹泓涛　徐聆溪　闫红民　张　晗　何　烽　张　瑜　曹熙明　黄　宇　安　涛　朱建军　于富忠　段　伟　周开红　王兴化　冯日利
2014	张思远　沈光萍　王克品　延立强　司广智　刘　芳　赵进步　刘学勤　李　祥　关炳军　王胜利　齐华兵　于庆国　曹泓涛　徐聆溪　陈海萍　李晓军　闫红民　张　晗　何　烽　张　瑜　浦长青　贾俊艳　安　涛　朱建军　钱　明　周开红　张永慧　王兴化　冯日利　吴银明　唐德金
2015	孙庆凯　郭蔚琴　龚成军　赵进步　刘学勤　田春雷　卢思伟　王胜利　于庆国　李晓军　张　晗　何　烽　曹熙明　浦长青　安　涛　夏季春　钱　明　杨廷超　陆庆书　孙　浩　吕松涛
2016	张心铭　张贵堂　苗良玉　张　欣　龚成军　张培磊　李　祥　赵　华　田春雷　王胜利　刘　兵　邱友广　吴　昊　杨　成　郑　彬　李万华　曹熙明　孙　思　黄　宇　浦长青　钱　明　刘明光　宋春飞
2017	葛　苗　张　欣　万延斌　何　亮　刘　芳　熊文婷　杨新亚　张培磊　郑建乐　苗海洋　赵广富　徐国保　孙　磊　刘　兵　邱友广　孙　思　黄　宇　夏季春　莫春刚　杨　成
2018	张心铭　张贵堂　蒋笑秋　李　栋　何　亮　汤小可　张培磊　徐小苏　张继林　匡砚远　张春明　李　博　杨德财　董乃勇　李万华　徐春生　杜　易　段　伟　赵　媛　刁　琪　张永慧　吴　昊　闫长建
2019	张贵堂　蒋笑秋　郭　磊　段向东　赵明辉　李　勤　池振忠　匡砚远　王涌团　李　博　薛　辉　孙冬青　孙　磊　李沛旺　王园波　莫春刚　郑大双　宋春飞　孙　婷　刘奕杉　万法林　王芃芃　杨　成　张永慧
2020	李　栋　李　睿　郭　磊　安军伟　熊文婷　池振忠　武传港　匡砚远　王振晔　汤永生　孙　磊　陆　波　贾俊艳　刘立立　张　瑶　李太勇　程志刚　邵传庆　宋春飞　王康喜　谢　磊　甘惠芳　夏瑞辰　杨义海　王松鹤
2021	管成龙　孙善军　刘晶晶　李　栋　孙庆凯　王佳静　刘　凯　何　亮　熊文婷　朱小宝　林洪军　李　博　王振晔　孙青科　徐春生　赵白露　程志刚　邵传庆　郑大双　王康喜　刘奕杉　倪立雨　夏瑞辰　郑　彬　董存金
2022	刘晶晶　徐进华　李　栋　李旭涛　杨　轩　卢思伟　尹郭琪　夏峰峰　李国梁　崔　栋　张　妍　肖　剑　陈　星　李瑞刚　徐　洁　陆　波　周　文　邱友广　徐春生　胡冬至　高　阳　刘　兵(方洋－合同)　李沛旺　王园波　谭　鸥　孙小玲　刘　威　汪　彩　张玲玲　高　尹　陶　亚　赵计伟

2019 年徐圩新区十大爱岗敬业标兵人员一览表

表 16－6

姓　名	工作单位及职务
张士慧	连云港随园餐饮管理有限公司项目经理
杨　号	东港污水处理厂生产技术办主任
李大兵	云帆物业质安部负责人
刁松波	洋井集团管廊现场巡检组组长
刘玉萍	徐圩环卫所道路清扫组和厕所保洁组队长
张正河	徐圩城管大队机动二中队法制员
蒋　敏	徐圩公安分局政治处辅警
刘文彬	大陆桥国际会议中心行政总厨
孙　晖	交警徐圩新区大队辅警
杨丛好	连云港悦升绿化工程有限公司道路保洁班班长

2022 年度徐圩新区建设千亿园区突出贡献人员一览表

表 16－7

姓　名	工作单位及职务	奖项
白　玮	江苏盛虹石化产业集团有限公司总裁	杰出企业家
朱晓东	连云港石化有限公司总经理	杰出企业家
于会泳	江苏盛虹石化产业集团有限公司副总裁	杰出企业家
盛　俊	江苏瑞恒新材料科技有限公司总经理	杰出企业家
郭榜立	江苏虹港石化有限公司总经理	重大贡献奖
范昌海	江苏嘉宏新材料有限公司总经理	重大贡献奖
谈明初	连云港鹏辰特种新材料有限公司董事长	重大贡献奖
吴雷雷	江苏思派新能源科技有限公司总经理	重大贡献奖
陈新龙	连云港虹洋热电有限公司总经理	重大贡献奖
孙仁凯	盛虹石化（连云港）港口储运有限公司总经理	重大贡献奖
闫红民	江苏方洋集团有限公司董事长	重大贡献奖
曹泓涛	江苏洋井石化集团有限公司董事长	重大贡献奖

续表 16－7

姓 名	工作单位及职务	奖项
安 涛	连云港徐圩港口控股集团有限公司董事长	重大贡献奖
何 烽	江苏云湖现代服务产业集团有限公司董事长	重大贡献奖
张 晗	江苏洋井环保服务有限公司董事长	重大贡献奖
郭 磊	江苏方洋水务有限公司董事长	重大贡献奖
赵建东	江苏盛虹石化产业集团有限公司副总裁	主要有功人员
胡昌法	连云港圣奥化学科技有限公司总经理	主要有功人员
夏志武	江苏盛虹石化产业集团有限公司总裁助理	主要有功人员
贺昭铭	江苏盛虹石化产业集团有限公司行政总监	主要有功人员
张远领	连云港石化有限公司副总经理	主要有功人员
钱 明	江苏洋井石化集团有限公司总裁	主要有功人员
何 亮	连云港徐圩港口控股集团有限公司总经理	主要有功人员
段 伟	江苏云湖现代服务产业集团有限公司总经理	主要有功人员
徐聆溪	江苏方洋集团有限公司党委副书记	主要有功人员
于富忠	江苏方洋集团有限公司副总裁	主要有功人员
董乃勇	江苏洋井石化集团有限公司副总裁	主要有功人员

附　录

一、重要文件

国务院关于江苏沿海地区发展规划的批复

国函〔2009〕83 号

江苏省人民政府、发展改革委：

发展改革委《关于报送江苏沿海地区发展规划的请示》（发改地区〔2009〕1749 号）收悉。现批复如下：

一、原则同意《江苏沿海地区发展规划》（以下简称《规划》），请认真组织实施。江苏沿海地区区位优势独特，土地后备资源丰富，战略地位重要，是我国东部发展潜力较大的地区。要把《规划》实施作为应对当前国际金融危机、保持经济平稳较快发展的重要措施，把扩大内需与经济增长、社会建设、民生改善和提高开放水平结合起来，以发展促增长、调结构、保民生，为该地区的长远发展奠定坚实基础。

二、《规划》实施要以邓小平理论和“三个代表”重要思想为指导，深入贯彻落实科学发展观，进一步解放思想、深化改革、扩大开放，把加快建设新亚欧大陆桥东方桥头堡和促进海域滩涂资源合理开发利用作为发展重点，统筹兼顾城市与农村、陆地与海洋、经济与社会发展，坚持科学布局、合理分工、保护环境、开放合作，着力优化空间布局，着力转变发展方式，着力保障和改善民生，着力加强区域合作，加快建设资源节约型和环境友好型社会，不断提高综合实力和竞争力，努力把江苏沿海地区建设成为我国东部地区重要的经济增长极，在区域协调发展和对外开放中发挥更大作用。

三、江苏省人民政府要加强对《规划》实施的组织领导，明确工作分工，完善工作机制，落实工作责任，认真落实《规划》提出的各项任务。要在国家有关部门的指导下，编制有关重点领域的专项规划，推进相关项目的组织实施。要充分发挥连云港、盐城、南通三市比较优势，按照《规划》确定的战略定位、空间布局、发展重点，合理确定区域产业分工，推动错位发展。要进一步加大对江苏沿海地区的支持力度，推动产业、资金、人才加快向沿海三市集聚，建立完善苏南等发达地区与沿海地区的对口支援机制，促进全省区域协调发展。要根据《规划》提出的原则和方向，进一步深化与周边地区特别是长江三角洲其他区域的紧密合作。

四、国务院有关部门要结合各自职能，进一步加强对江苏沿海地区改革开放和现代化建设的支持和指导。要根据《规划》的要求，制定本部门支持江苏沿海地区发展的政策措施，在有关规划编制、政策实施、项目安排、体制创新等方面给予积极支持,并做好组织协调工作。要加强部门之间的沟通协调,指导和帮助地方解决《规划》实施过程中遇到的困难和问题,为促进江苏沿海地区发展创造良好的政策环境。

五、发展改革委要加强对《规划》实施情况的跟踪分析,做好督促检查工作,会同江苏省人民政府组织开展《规划》实施评估。加强《规划》与国家总体规划和相关专项规划的衔接,根据情况变化适时提出《规划》修订调整方案。在实施过程中,要注重研究新情况、解决新问题、总结新经验,重大问题及时向国务院报告。

在新形势下加快江苏沿海地区发展,对于推进长江三角洲地区产业优化升级和整体实力提升,完善全国沿海地区生产力布局,促进中西部地区发展,加强我国与新亚欧大陆桥沿线及东北亚国家和地区的交流与合作,都具有重要的战略意义。各有关方面要坚定信心,开拓创新,紧密合作,扎实工作,积极推进《规划》实施和各项政策措施的落实,努力开创江苏沿海地区发展的新局面。

中华人民共和国国务院

2009 年 7 月 14 日

国务院关于国家东中西区域合作示范区建设总体方案的批复

国函〔2011〕61 号

江苏省人民政府、发展改革委:

发展改革委《关于报送国家东中西区域合作示范区建设总体方案(送审稿)的请示》(发改地区〔2011〕904 号)收悉。现批复如下:

一、同意在江苏省连云港市设立国家东中西区域合作示范区(以下简称示范区)。原则同意《国家东中西区域合作示范区建设总体方案》(以下简称《方案》),请认真组织实施。

二、《方案》实施要以邓小平理论和"三个代表"重要思想为指导,深入贯彻落实科学发展观,加快转变经济发展方式,以服务中西部地区发展为宗旨,进一步深化改革,扩大开放,着力提升出海通道功能,着力完善合作服务体系,着力建设产业合作基地,着力创新合作体制机制,强化对新亚欧大陆桥沿线地区的服务和支撑作用,推动东中西部地区共同发展,加快培育新亚欧大陆桥经济带,为实现区域协调发展探索新路径。

三、江苏省人民政府要切实加强组织领导,明确工作分工,落实工作责任,制定实施意见,统筹推进示范区建设各项工作,涉及的重大政策和建设项目按程序另行报批。要按照《方案》确定的发展定位和合作重点,以徐圩新区为先导区,进一步加强出海通道、合作服务体系和产业合作基地建设,强化与陇海兰新铁路沿线地区的沟通协作,推动示范区建设取得更大成效。安徽、河南、陕西、甘肃、新疆等新亚欧大陆桥沿线省(区)要积极参与示范区建设,加强产业、物流、科技、信息等方面的交流与合作,增创发展的新优势。

四、国务院有关部门要按照职能分工,进一步加强对示范区建设的支持和指导,在政策实施、项目安排、体制创新等方面给予积极支持。部门之间要密切沟通和协调,指导和帮助地方解决示范区建设过程中遇到的困难和问题。发展改革委要切实做好跟踪分析和督促检查工作,重大问题及时向国务院报告。

推进示范区建设,对于提升中西部地区对外开放水平、创新区域合作的体制机制、促进区域协调发展具有重要意义。各有关方面要进一步提高认识,密切配合,开拓进取,扎实工作,努力将示范区建设成为全国区域合作的典范。

中华人民共和国国务院
2011 年 5 月 31 日

江苏省人民政府关于设立江苏连云港徐圩经济开发区的批复

苏政复〔2012〕28 号

连云港市人民政府:

你市《关于在徐圩新区设立连云港徐圩经济开发区的请示》(连政发〔2011〕29 号)悉。经研究,批复如下:

一、同意设立省级江苏连云港徐圩经济开发区,实行现行省级经济开发区的政策。

二、江苏连云港徐圩经济开发区规划面积 14.68 平方千米,四至范围为:东至 226 省道,南至疏港中通道,西至横一路、北至疏港北通道。

三、江苏连云港徐圩经济开发区要以科学发展观为指导,按照"布局集中、用地集约、产业集聚"的总体要求,完善投资环境,加快开放开发,提高创新能力,在转变经济发展方式和沿海开发中充分发挥示范、辐射和带动作用。

四、江苏连云港徐圩经济开发区必须严格实施土地利用总体规划和城市总体规划,按照规定程序履行具体用地报批手续:必须依法供地,坚持以产业用地为主,合理、集约、高效利用土地资源。

五、省商务厅会同有关部门加强指导和服务,促进江苏连云港徐圩经济开发区健康发展。

江苏省人民政府
2012 年 3 月 23 日

江苏省人民政府关于贯彻落实国家东中西区域合作示范区建设总体方案的实施意见

苏政发〔2012〕65 号

各市、县(市、区)人民政府,省各委办厅局,省各直属单位:

为全面贯彻落实国务院批复的《国家东中西区域合作示范区建设总体方案》(以下简称《方案》),推动国家东中西区域合作示范区(以下简称示范区,示范区设在连云港市连云区,包括徐圩新区和连云港经济技术开发区、连云港国际商务中心、连云港港区、连云港保税物流中心)又好又快发展,制定本实施意见。

一、明确总体要求和目标任务

(一) 把握重大机遇。在连云港市设立示范区,有利于发挥新亚欧大陆桥便捷的出海通道作用,更好地服务中西部地区发展开放型经济,提升我国整体对外开放水平;有利于促进资源的跨区域合理流动和优化配置,发挥东中西部地区的比较优势,推动东部与中西部地区在更宽领域、更高层次上开展交流与合作;有利于探索新时期区域合作的新途径,创新统筹区域发展的体制机制,为推动区域协调发展提供经验和示范。加快示范区建设，为我省在新的起点上推进沿海发展提供了历史性机遇，为促进全省统筹发展提供了强有力的增长引擎，为推动全省经济转型升级拓展了新空间，为我省充分利用国际国内两个市场、两种资源提供了新平台。全省各地要充分认识贯彻落实《方案》的重要意义，紧紧抓住示范区建设的重大机遇，举全省之力抓好示范区建设，为推进全省“两个率先”、促进东中西地区统筹发展作出更大贡献。

（二）明确总体要求。坚持以邓小平理论和“三个代表”重要思想为指导，深入贯彻落实科学发展观，紧扣主题主线，以服务中西部地区发展为宗旨，进一步深化改革，扩大开放，着力提升出海通道功能，着力完善合作服务体系，着力建设产业合作基地，着力创新合作体制机制。以徐圩新区为先导区，统筹推进连云港经济技术开发区、连云港国际商务中心、连云港港区、连云港保税物流中心建设，全力打造现代物流服务功能区、产业合作功能区、商务服务功能区、科技和人才服务功能区及生态功能区，把示范区建设成为服务中西部地区对外开放的重要门户、东中西产业合作示范基地、区域合作体制机制创新试验区，强化对新亚欧大陆桥沿线地区的服务和支撑作用，加快培育新亚欧大陆桥经济带，为实现区域协调发展探索新路径。

（三）确定发展目标。到2015年，示范区综合实力明显提升，发展速度明显加快，带动效应明显增强，服务中西部地区对外开放的能力显著提升。港口服务功能进一步完善，大陆桥沿线地区出海更加便捷高效。区域合作服务平台初步形成，面向中西部地区的合作服务体系基本建立。产业合作基地建设初见成效，与中西部地区产业分工更加合理、协作更加紧密。合作体制机制创新取得重要进展，东中西地区协调发展的政策体系初步形成。到2020年，示范区基本建成。带动沿海开发的龙头效应进一步凸显，服务苏北振兴的拉动效应进一步提升，促进中西部地区对外开放的窗口效应更加完善。以港口为核心的综合交通枢纽作用充分发挥，面向中西部地区的合作服务体系更加完备，东中西区域产业合作层次进一步提升，促进区域合作的体制机制基本形成。

二、提升出海通道功能

（四）完善开放服务功能。全力打造中西部地区便捷高效的出海通道，建成集装箱干线港。加大合资合作力度，吸引世界知名船公司把连云港港作为基本港，迅速提高远洋航线数量和覆盖面，实现远洋干线的快速发展。巩固提升日本、韩国航线密度，强化内贸直达航线及南北中转运输，提升集装箱过境运输能力和效率。到2015年，港口货物吞吐量超过2.5亿吨，集装箱吞吐量达到800万标箱，远洋航线达到日均一班，近洋航线、内贸干线均达到日均5班。整合发展出口加工区、保税物流中心（B型）等现有的海关特殊监管区域和保税监管场所，完善服务周边地区及内陆腹地的保税物流体系，积极争取国家批准建设综合保税区，大力发展国际中转、配送、转口贸易和出口加工，建设面向中西部地区的资源集中采购平台和连接中西部地区的现代物流中心。探索推广港口供应链、陆桥物流通道、港城互动、产业集群和港口商贸物流等模式，建设综合港口物流公共信息平台并向中西部地区延伸，加快培育、引进物流龙头企业，构建港口物流企业与沿线区域企业间物流合作联盟。深化与阿拉山口、霍尔果斯口岸战略合作，加强东西海陆口岸双向开放。建设大宗产品交易市场，推进石油化工、煤炭、钢材、有色金属、棉花、粮食等大型商品交易市场建设，支持在示范区设立面向中西部的有色金属、铁矿砂期货交易市场，促进中西部地区企业和产品参与国际市场竞争。鼓励国内外大型企业在示范区设立区域性总部和研发生产、采购配送、商品交易中心，并向中西部地区拓展分支机构。

（五）建设全国重要的综合交通枢纽和物流中心。加强与中西部、长江三角洲、环渤海地区重大交通基础设施对接，按照“航道深水化、泊位大型化、功能多元化”的要求，加强港口基础设施建设，加快把连云港港建设成为长江三角洲北翼国际航运中心、全国综合运输体系的重要枢纽。建成连云港港30万吨级深水航道、连云港区旗台作业区防波堤工程、徐圩港区防波堤工程。根据国家重大产业布局,建设30万吨矿石、30万吨原油、液化天然气等大型专业化深水泊位。积极推动徐连客运专线的规划论证,力争早日打通陇海兰新铁路客运通道,进一步提升新亚欧大陆桥铁路运输能力。建设沪通铁路、连盐铁路、连淮铁路、连青铁路及徐圩港区、赣榆港区等铁路支线,规划建设金港湾物流园铁路专用线,实施新长铁路盐城至海安段扩能改造工程。推动煤炭下水港建设,争取建成我国海铁联运煤炭物流专用通道。充分发挥现有铁路专用线作用,建设大陆桥(朝阳)铁路集装箱物流园区,建成连云港集装箱办理站,并争取铁道部门支持,适时提升为集装箱中心站。完善快速公路网络体系,建成连沭和徐新一级公路、临海高等级公路。加强内河航道与沿海港口联系,争取开工建设徐圩港区疏港航道,推进连申线(东台至长江段)、盐河航道整治工程,形成水系沟通、干支直达、区域成网的海河联运水运体系。实施连云港白塔埠机场改扩建,拓展客货运航线,积极争取开放空港一类口岸,并推进新机场规划建设。支持大陆桥沿线重要城市共建共用连云港港,鼓励中西部地区的投资发展主体以参股、控股等形式,按照各自权利义务共同开发、建设和运营港口、码头等配套基础设施。充分发挥连云港港口对苏北5市的辐射作用,鼓励苏北地区的货源从连云港港口进出。

(六)健全口岸"大通关"体系。支持大陆桥沿线城市在海关、检验检疫等方面开展跨区域口岸合作,推进"属地申报、口岸验放"的通关模式。以郑州、洛阳、西安、银川、兰州、西宁、乌鲁木齐、霍尔果斯为重点,加快内陆"无水港"建设。到2015年,形成辐射区域基本覆盖大陆桥沿线主要区段的"无水港"布局。加强与口岸单位合作,在海关特殊监管区、无水港创新监管模式,提高通关效率,把港口集装箱运输功能延伸至腹地内部。整合苏北区域物流链,建立各市与连云港的区港联动机制,提升连云港服务苏北能力。加强港口、铁路间互联互通和信息共享,建设具有通关、检验检疫、海关、铁路、水运、商务等应用功能的大通关信息平台,推动信息共享互通,支持监管部门采取信息化手段提升监管效能,加快建设覆盖中西部的新亚欧大陆桥区域物流公共信息平台。推进新亚欧大陆桥全线贯通,进一步增强连云港口岸服务陆桥沿线国家和地区的功能。

三、构筑综合服务体系

(七)构筑金融服务体系。加强东中西地区跨区域金融合作,推动金融服务项目跨区域开展,促进金融服务监管无障碍化。鼓励国内外银行及其他金融机构在示范区设立分支机构,加快引进金融机构法人总部、地区总部和结算中心。组建江苏沿海发展银行,在示范区设立总部。鼓励建立科技支行、科技小额贷款公司,大力发展各类非银行金融机构,加快组建金融租赁公司、基金管理公司、股权投资公司等金融企业。大力发展金融中介服务,建立便捷高效的资金结算、票据贴现、证券发行、信托投资和保险等投融资服务体系,为中西部地区企业发展进出口业务提供金融服务。充分发挥资本市场的作用,支持示范区运用股票、债券、票据、基金等市场工具,拓展陆桥沿线企业融资渠道。

(八)构筑商务服务体系。推进连云港国际商务中心建设,引进金融、法律、信息等专业性中介服务机构,建设大陆桥沿线资源集中采购平台。吸引中西部地区到示范区办展,在徐圩新区云湖商务核心区建设大陆桥沿线地区产品展示展览中心,打造面向中西部地区的特色会展品牌。争取国家在连云港定期举办陆桥沿线和东部沿海地区的投资贸易洽谈活动,构建高端服务业聚集发展平台。加快推进连云港航运交易市场和大陆桥国际航运功能区建设,引导现代航运服务业集聚。扶持船舶交易、船舶管理、航运经纪、航运咨询、船舶技术、海事仲裁等航运服务业发展,拓展产业链和服务功能,建设区域性航运中心。加快口岸一站式服务平台建设,设立中西部地区驻连云港办事机构集中区。加强示范区与中西部地区电子口岸、信用建设、交通信息等多个领域的合作，推进区域通关和跨关区转关运输，将港口功能延伸至中西部地区。

（九）完善重大科研成果转化功能。加强技术交易市场建设，建立以需求为导向的技术转移机制，引导支持高校、科研院所先进适用技术、专利等科技成果向企业转化。探索建立东中西科技资源共享机制，依托各省区科技文献、工程文献、科学数据平台和数据信息资源，通过分散加工、集中上网、信息共享、协同服务的方式，合作建立区域科技资源共享服务平台。引导和支持创新要素向企业集聚，加快建立以企业为主体、市场为导向、产学研相结合的技术创新体系，推进技术创新链和产业链的融合，促进经济发展方式向创新驱动转变。

（十）加强人力资源开发。加大大陆桥沿线地区人力资源合作开发力度。鼓励中西部地区高校与连云港合作办学、设立分校，共建从事研究开发和技术培训转移的科技创新载体，促进人力资源跨区域合理流动。深入拓展省内高校与连云港合作空间，推动各类合作平台建设，促进区域人才和智力的流动与共享。支持淮海工学院建成具有鲜明特色的综合性大学。推动连云港市属高校提升办学层次。扩大办学规模。鼓励国外高校来连云港合作办学。整合并充分利用现有人力资源和培训基地，支持示范区在人才评价、流动、使用、激励、保障等方面先行先试，建立健全有利于人力资源优化配置的体制机制。完善人才开发的政策措施和服务体系，鼓励海内外优秀人才到示范区创业投资，对省属高校、科研院所科技人员携带科技成果到示范区发展的，可通过签订协议在一定年限内保留工作关系，期间返回原单位则按原职级待遇安排。

四、建设产业合作基地

（十一）建设进口资源加工基地。鼓励中西部地区进口资源深加工企业在示范区合作建设石油化工、有色金属、精品钢材、粮油食品、木材等加工基地，重点建设石化深加工产业园、有色金属深加工产业园、钢铁深加工产业园等，发展市场需求大的高附加值石化深加工产品、有色金属和精品钢材等，形成资源性加工产业集聚区，促进示范区产业与中西部地区产业形成紧密型产业链，推动区域分工和产业布局趋于合理。加快发展物流配送中心、检验检疫平台、展示交易平台、配套服务平台等功能载体，加强上下游产业的组合布局，降低物流成本，形成紧密型产业链，实现原材料、基础产品的高效利用，增强中西部地区企业参与国际市场竞争的能力。

（十二）建设出口产品生产制造基地。利用现有港口条件，大力发展海铁联运，鼓励中西部地区外向型企业在示范区建设出口产品加工分装、装备制造出口组装等专业化生产加工基地，为大陆桥沿线地区产业发展提供配套服务，提高中西部地区的产业外向度和国际竞争力。联合中西部省区，加强区域合作，整合信息资源，加强出口产品的统计分析，跟踪和监测重点出口市场的动态，开展出口信息服务，逐步构建多层次、一体化的出口信息服务体系。支持企业和行业组织参加国际博览会、交易会，提高陆桥沿线地区产品的国际知名度。支持企业和行业组织开展市场调查、广告促销、营销策划、产品推介以及其他市场营销活动。

（十三）建设产业承接与转移基地。把示范区作为承接产业转移的重要载体和平台，加强配套基础设施建设，增强园区综合配套能力，引导转移产业和项目向园区集聚，形成特色鲜明、用地集约的产业集群。鼓励示范区与东部沿海地区、中西部地区共建园区，鼓励和支持中西部地区适宜在沿海发展的产业项目到示范区布局，鼓励和支持长江三角洲发达地区优先向示范区转移产业，建设临港产业基地。重点推进连云港大型炼化一体化项目，把连云港建设成为世界级、高水平的大型石化基地。加快推进省内沿江及内陆地区，特别是城市钢铁企业向示范区转移，建设连云港精品钢基地。积极承接日、韩等国家产业转移，注重承接有技术、有品牌、有市场的国际国内知名公司落户，鼓励在示范区设立地区总部、研发机构、采购中心和产业基地，并向中西部地区拓展分支机构。节约集约利用土地资源，满足大规模承接产业转移用地需求。

（十四）建设新兴产业和先进制造业集聚区。建设新型工业化产业示范区。依托连云港高新技术产业园区、经济技术开发区和徐圩新区，大力发展新兴产业，推动制造业转型升级，加快发展循环经济，提升产业整体实力。优化发展环境，引导企业向特色产业基地、国家级和省级新型工业化产业示范基地集聚。建设新材料产业基地，重点发展硅材料、纳米碳、碳纤维、复合材料以及化工新材料，加快建设新材料国家高技术产业基地、国家高性能纤维及复合材料高新技术产业化基地和国家火炬计划硅材料产业基地。建设创新药物研发及产业化示范基地，积极实施新药创制国家科技重大专项，重点发展具有自主知识产权的创新药物，建立一批具有国际先进水平的技术平台，增强医药企业自主研发能力和产业竞争力。建设新能源产业基地，以中国科学院能源动力研究中心为龙头，加快推进连云港清洁能源创新产业园区建设。建设制造业转型升级示范区，走新型工业化道路，大力推进装备制造、石油化工、冶金、纺织等制造业转型升级。建设循环经济示范区，在冶金、石油化工、装备制造、生物医药等重点行业实施一批循环经济试点项目，形成以高新技术武装、闭合式循环的临港产业发展格局，推动建设国家级循环经济示范区。以建设清洁生产示范项目为载体，大力推广应用清洁生产先进适用工艺技术。

五、创新合作体制机制

（十五）创新建设管理机制。鼓励示范区与沿海地区和中西部地区政府等发挥各自优势，采取多种形式，合作共建园区。鼓励示范区划出一定区域，给予优惠政策，由中西部地区按照统一规划，自主负责建设“区中区”“园中园”，形成共建共享、合作开发新模式，实现优势互补、资源整合。同时，鼓励并支持中央直属企业、大型企业、金融机构等参与合作共建

（十六）创新收益共享机制。探索建立产业跨行政区转移的利益共享机制。示范区承接产业转移项目的收益以及共建园区合作共建期间引进项目的收益，由合作各方分享，项目投产后产生的增值税、所得税市、区留成部分，合作双方在协商一致的基础上按一定比例分成。对总投资 5 亿美元或 30 亿人民币以上重大项目，允许双方采取“一事一议”方式，自主确定利益分成比例。

（十七）创新科技合作机制。大力推进陆桥沿线地区产学研合作，积极引导陆桥科技创新要素打破行政限制，向优势领域、优势行业集中。充分发挥陆桥沿线经济技术开发区和高新技术产业园区在产业集聚及创新载体方面的作用，加快推进连云港清洁能源创新园区建设，以绿色、低碳产业循环发展之路，建立健全科技资源开放、共享、共建的体制机制。

（十八）创新环境管理机制。着眼生态示范区建设，大力推广应用清洁生产先进工艺技术，促进循环经济发展，研究实施多污染物协同减排方案，探索开展主要污染物排放总量初始权有偿分配，加快建立健全排污权交易制度，统筹解决重大产业项目的排污指标。强化环境监管和应急能力建设，加强饮用水源地保护，坚决执行环境影响评价制度和“三同时”制度，强化污染综合整治，探索建立规划环评和建设项目环评的联动机制，对已开展规划环评的产业园区中符合产业政策和环保要求的重大建设项目优化环评手续。

六、加大政策支持力度

（十九）完善财政政策。用好中央补助资金，加大省级投入力度。省财政在 2012 年至 2015 年，每年安排规模不超过 5 亿元的资金，用于支持徐圩新区内重要基础设施、东中西重大合作项目、服务平台建设及贷款贴息和连云港港航线补贴等补助。具体资金的安排和使用情况，由连云港市按年度集中上报省财政厅。对徐圩先导区 2012 年起新投产的工业企业和相关服务业企业缴纳的增值税、企业所得税省集中部分，在 2015 年前由省财政全额返还给连云港市；省沿海产业投资基金及相关支持沿海开发的资金，重点支持示范区内符合条件的产业项目。省财政对我省范围内新设立、位于连云港的总部性金融机构给予一次性补贴，对省级各金融机构在连云港新设县（市）

级以上分支机构，给予一次性补贴。

（二十）完善投资政策。赋予示范区相当于省级政府投资主管部门的项目管理权限，按照《方案》要求研究制订实施细则。对符合国家产业政策和有关规划的重大项目，优先支持开展前期工作；对需上报国家的，由省发展改革委优先审核上报。在国家有关部门指导下编制示范区产业发展指导目录，目录内的投资项目享受国家鼓励类产业产品相关支持政策。对示范区内重大基础设施建设和重大产业项目，在规划编制、产业布局、审批核准及投资安排等方面给予支持。

（二十一）完善土地和海域政策。在编制下达土地和海域利用年度计划时，考虑示范区建设需求，给予倾斜支持，保障港口集疏运体系等重点工程建设。对重大交通、水利等基础设施项目，积极争取国家立项和安排土地及海域计划指标。对符合向省申请点供条件的重大产业项目，由省优先安排土地和海域计划指标。对示范区港口航道、码头等基础设施建设，依法减免海域使用金；对上缴的海域使用金除按规定上缴国家部分外，省级部分全额返还用于港口基础设施建设。省财政按照每亩2000元标准，对示范区沿海滩涂匡围予以补助，滩涂围垦阶段用电享受农业电价政策。对使用滩涂围垦的土地，从使用月份起依法免缴城镇土地使用税10年。

（二十二）完善开放政策。以连云港综合保税港区建设为龙头，完善与周边地区和内陆腹地的保税物流体系，加快发展海关特殊监管区域的国际中转、集装箱拆拼箱等现代物流业务，提升保税货物在各类海关特殊监管区域间的流转速度。积极争取开放徐圩港区、赣榆港区口岸，支持连云港申请恢复汽车整车进口口岸。加快提升连云港经济技术开发区建设水平。积极支持连云港高新技术产业开发区升级为国家级高新区。积极推进中日（连云港）生态科技产业园建设。支持连云港发展国际服务外包，扶持离岸和面向中西部服务外包企业做大做强。推进建立陇海兰新铁路运输协调机制，推动开通郑州至连云港港双层集装箱"五定"班列。鼓励苏北5市货源更多利用连云港口岸。积极引进世界知名企业在示范区设立地区总部、研发机构、采购中心、销售中心、物流中心和产业基地。鼓励在华外资金融、保险、会计、审计机构在示范区设立分支机构。鼓励外资以合资、参股、并购等形式，参与区内企业改造。

（二十三）完善金融政策。加快连云港金融创新区建设，指导和支持示范区在发展多种所有制金融企业、创新外汇管理制度等方面先行先试，早日将连云港建成区域性金融中心。积极支持示范区投融资平台建设，吸引国内外产业投资基金加大对示范区的投资力度。省沿海产业投资基金，对示范区内符合条件的重大产业项目、公共基础设施投资给予重点支持。支持示范区按照有关管理办法规定，设立股权投资基金及相关引导基金、创业投资基金、产业基金和担保风险基金，并给予政策扶持。支持符合上市发行条件的自主创新及其他成长型创业企业上市融资，鼓励符合条件的企业发行企业债券、短期融资券和中期票据。积极争取国家开发银行在连云港设立二级分行，争取设立江苏沿海发展银行并将总部落户在示范区。对国内外金融机构在示范区设立分支机构的，省财政按规定给予一定补贴。积极发展直接债务融资工具，鼓励各种类型金融机构在示范区进行改革试验。探索开放短期出口信用保险市场，扩大出口信用保险覆盖率。积极支持跨境人民币结算。

七、强化组织保障

（二十四）加强组织领导。成立省示范区建设领导小组，由省政府主要负责同志担任组长，有关副省长担任副组长，省有关部门和连云港市主要负责同志为成员，负责示范区建设全局性重大问题的研究决策和组织协调。领导小组办公室设在省发展改革委，具体负责示范区建设的组织协调、考核评估和领导小组的日常工作。在连云港市设立示范区管理委员会，暂按正处级建制配备干部，待中央编办批准后明确为副厅级，挂徐圩新区管委会牌子，具体负责推进示范区先导区的建设工作。

（二十五）明确部门责任。有关部门和单位要围绕示范区建设，按照职责分工、目标任务和时序进度，制订具体实施计划。省发展改革委对示范区加强跟踪指导和督促检查，引导产业合理布局；省经济和信息化委推动示范区制造业转型升级、加快发展；省财政厅负责落实各项财税支持政策；省商务厅做好加快国家级、省级开发区建设和共建园区建设推进工作，并与南京海关帮助推进连云港综合保税区建设；省科技厅推进示范区高新区升格；省金融办协调江苏银监局具体负责江苏沿海发展银行设立的相关工作；省海洋渔业局推动徐圩港区项目用海报批工作；省国土资源、税务、工商、质监和沿海办等部门切实履行职责，共同推进示范区建设；驻苏高校和科研院所利用示范区优惠政策及发展平台加快推进重大科技成果转化；省各银行业金融机构为示范区建设和发展提供有效信贷支持。

（二十六）密切协作配合。争取建立国家陆桥沿线区域联席会议制度，取得陆桥沿线省（区）支持配合。省各有关部门要密切沟通和协调，定期召开联席会议，研讨交流合作事项，加强与东部、中部和西部地区的互动，共同解决跨区域合作中遇到的问题。连云港市要结合实际制定实施细则，充分发挥徐圩新区的先导和示范作用，全力推进示范区建设。苏南、苏中各市要主动策应示范区建设，引导和支持产业向示范区有序转移，拓展更大发展空间。苏北各市要充分利用好出海通道，探索共建共享机制，形成推动示范区又好又快发展的强大合力。

江苏省人民政府

2012 年 5 月 26 日

二、重大规划方案

连云港徐圩港区总体规划（缩编版）

连云港市港口管理局

（2008 年 12 月编制）

一、徐圩港区规划概况

（一）规划背景

1. 徐圩港区是连云港港必不可少的一部分

《连云港港总体规划》明确：连云港港是我国综合运输体系的重要枢纽和沿海主要港口；是江苏省、连云港市率先全面建设小康社会、率先基本实现现代化的重要依托；是连云港市及苏北地区接纳产业转移、调整产业结构、发展外向型经济、实现工业化的重要支撑；是陇海、兰新铁路沿线地区扩大对外开放、参与国际经济技术合作和交流的战略资源和便捷的出海口。连云港港是国家规划的能源、原材料运输的重要口岸和重要的煤炭装船港；是我国沿海集装箱运输的支线港，应加快发展成为集装箱运输的干线港，并在服务于长江三角洲北部地区的渤海湾南部地区沿海经济带的发展及带动中西部纵深腹地经济协调发展中，逐步发展成为区域性中心港口。总体规划确定连云港港将形成由湾内连云港区、北翼的赣榆、前三岛港区和南翼的徐圩、灌河港区组成的“一体两翼”总体格局，其中南翼徐圩港区将依托临港工业起步，逐步发展成为为腹地经济发展和后方临港工业服务的综合性港区。

2. 建设徐圩港区对于连云港、江苏省意义重大

2006 年 10 月，中国工程院、国家开发银行和江苏省人民政府联合开展“江苏省沿海地区综

合开发战略研究”的咨询项目，并将研究成果上报国务院；2007 年元旦，温家宝总理亲临连云港视察对港口的发展作出重要指示；2008 年 8 月，国家发展改革委会同国家 19 个部门和单位组成的联合调研组对江苏沿海地区进行实地考察调研。国家各级部门的高度重视充分表明江苏沿海地区重要的战略地位，连云港港作为振兴苏北的龙头及规划沿海区域中心港口，必将在接纳苏南和沿江地区产业转移，加快工业化进程，促进沿海与中西部地区经济协调发展中发挥十分重要的作用。拟建徐圩港区是连云港港的重要组成部分，其开发建设对于缓解连云港港城发展矛盾、拓展港口服务功能、促进连云港港全面、可持续发展具有重要意义，更将在优化全省生产力布局、引导产业发展、带动地方及苏北，乃至中西部地区社会经济发展中发挥重要作用。

（二）规划范围

规划区域包括连云港市南部小丁港至灌河口段岸线及相应水、陆域范围。规划基础年为 2007 年，规划水平年为 2015 年、2020 年和 2030 年。

二、徐圩港区规划的主要结论

1. 连云港港南联长三角，北接渤海湾，隔海东临东北亚，是苏北沿海地区最重要的外贸运输口岸，又通过陇海铁路西连中西部地区以至中亚，在我国区域经济协调发展中具有重要战略地位，长期以来，对于陇海、兰新铁路沿线广大腹地地区的国民经济和对外贸易发展发挥了十分重要的作用。徐圩港区是连云港港的重要组成部分，在进一步提升连云港港的战略地位，江苏省“举全省之力”振兴连云港港的宏观背景下，连云港市委、市政府和省市港口管理部门对于徐圩港区的规划、建设和发展给予了高度重视，目前大规模港口和临港工业开发的各项前期研究和准备工作正在有序展开。徐圩开发建设对于缓解连云港港城发展矛盾、拓展港口服务功能、促进连云港港全面、可持续发展具有重要意义，更将在优化全省生产力布局、引导产业发展、带动地方及苏北，乃至中西部地区社会经济发展中发挥重要作用。

2. 通过对徐圩港区拟建港址自然条件方面的研究，该区域海岸性质与连云港区同属于淤泥质海岸，海域波浪不大、潮差中等、潮流不强；水体含沙量较低，航道在大风情况下基本不会产生严重骤淤现象；岸线和岸滩多年来处于冲淤基本平衡、略有冲刷状况，总体趋于稳定；适宜利用丰富的滩涂资源进行围填造地，通过挖填集合的方式形成人工港池，进行港口开发。

3. 根据《连云港港总体规划》确定的要求和港区的特点及面临的发展形势，确定徐圩港区的发展定位是：徐圩港区是连云港港发展成为区域性中心港口的重要组成部分，是拓展港口功能、实现港口可持续发展的重要支撑；是江苏省调整产业结构、实现“四沿”发展战略的重要基础；是苏北地区及周边部分省市发展外向型经济、加快工业化进程的重要依托。徐圩港区将依托临港工业起步，逐步发展成为为腹地经济和后方临港工业服务的综合性港区，以干散货、液体散货和件杂货运输为主，逐步发展集装箱运输。

徐圩港区应具备装卸仓储、中转换装、运输组织、现代物流、临港工业、综合服务等多种功能。

4. 根据腹地国民经济和社会发展规划，结合后方临港产业发展趋势分析，预测徐圩港区 2015 年、2020 年和 2030 年吞吐量分别为 1000 万吨、7300 万吨和 13000 万吨。

5. 连云港港港口岸线总长约 100.9 千米，徐圩港区规划建港岸段为小丁港至灌河口岸段，岸线总长 26.8 千米，近期规划方案主要利用埒子口以北 13 千米岸线。

6. 根据徐圩港区岸线资源特点，规划在埒子口以北 13 千米岸段形成双堤环抱形式港湾，湾内通过突堤和挖入式港池相结合形成六个港池，并于埒子口至灌河口之间岸段预留远景发展区。港区由外至内依次布置了液体散货泊位区、干散货泊位区、通用泊位区、装备制造业码头区、集装箱码头预留区和内河转运区等六大主要功能区，通用泊位区及集装箱码头预留区后方规划相应规模的仓储物流园区。全港区规划共形成港口岸线34.3千米,港口作业区面积40.7平方千米。其中前四大功能区码头岸线约25.1千米,港口作业区面积约24.0平方千米;装备制造业码头区岸线4.9千米;物流园区面积约5.7平方千米。

7. 规划期内港区将形成以公路、铁路、内河、管道相配套的综合集疏运体系。

规划徐圩港区将形成“两纵四横”的对外疏港公路网络,南北向公路集疏运通道主要由226省道和242省道构成,东西向集疏运通道主要由板桥至穆圩公路、徐圩至新海公路、徐圩至板浦公路和疏港高速构成。

规划徐圩港区铁路专用线在烧香河以南,自连盐(淮)铁路板桥站或东辛农场站引出,跨越烧香河支河,利用钢铁生产区与北侧产业区间空档,在张圩水库北侧铺设铁路专用线。

规划徐圩港区在埒子口处设置内河港池,连接后方烧香支河、善后河和四圩大沟等水运通道,港区内部交通可通过铁路支线或港区公路进行有效衔接;这样,徐圩港区后方将形烧香河—云善河—盐河、善后河—盐河及烧香支河等多条内河航运通道。建设盐灌船闸,充分发挥灌河沿线内河航运优势,将港区后方内河航运网络与淮河、京杭运河、长江干流等水运主通道向连通,形成通江达海的水陆联运体系。

根据徐圩港区发展需要,适时建设与鲁宁管道的连接线,在满足港区后方工业发展需求的基础上,形成对苏北以及沿江区域石化产业的支撑。

8. 徐圩港区是新开发的港区,在今后规划实施过程中,应继续做好港区开发有关前期研究工作,设立必要的观测站点,积累水文、气象等基础性资料,保证勘测、研究工作的连续性、完整性;在下一步工作中,结合灌河口拦门沙整治工程,深入研究灌河河海联运的必要性和可行性,开展相应专题研究工作;建议在总规方案的基础上,开展必要的物理模型试验工作,为优化口门、航道等局部工程和进一步深入论证各个区域的建设方案提供必要的技术支持。

三、徐圩港区港口发展分析

(一)连云港港发展现状

连云港港历史悠久,其前身大浦港于1905年正式对外开放。规划的中心港区－连云港区始建于1933年,1993年西大堤工程建成后,为港口发展创造了良好条件,促进和保障了港区规模的迅速扩大。迄今,连云港港已初步形成以连云港区(马腰、庙岭、墟沟三大作业区)为主体,南翼灌河港区为补充的总体发展格局。至2007年年底,全港连云、灌河两港区共有生产性泊位38个(含2个待泊泊位)、码头长度约7.9千米,综合通过能力4585万吨(含集装箱74万TEU),其中万吨级以上泊位32个,最大靠泊吨级10万吨级。目前全港发展仍以集装箱、煤炭、矿石等门类齐全的各种物资综合运输功能为主,2007年完成货物吞吐量达到8507万吨,集装箱达200万TEU。目前,连云港区旗台作业区的开发已拉开帷幕,一批大宗散货专业化泊位的建设,将进一步扩大港区综合运输能力、推动港区的结构性调整。

连云港港航道由主航道(甲段、弯段、乙段)、庙岭航道(甲段、乙段)、墟沟航道和马腰港区支航道组成,总长约26千米。其中,主航道和庙岭航道为7万吨级单向航道,长约23.4千米,设计通航水深11.0米。目前正按15万吨级航道标准扩建,有效宽度230米、设计底标高－16.5米。

连云港港现有1#、2#、3#引航检疫锚地及危险品锚地共4处,均为万吨级以上船舶锚地。

(二)徐圩港区现状

根据全港总体规划,在新的发展形势下,连云港港以连云港区为中心,北有赣榆、前三岛港区,南有徐圩、灌河港区,逐步形成“一体两翼”的总体发展格局,其中徐圩港区是连云港港南翼的主要港区，近期重点开发为埒子口以北 13 千米岸段。

徐圩港区后方现为大片盐田及养殖区，土地资源丰富、环境容量较大，既有的岸线和土地资源尚未进行过工业开发，基本保持着原有的自然利用状态。目前，徐圩港区及其后方大规模的临港工业开发尚处于筹划和准备阶段。

（三）徐圩港区发展优势

作为连云港港的重要组成部分，徐圩港区开发得益于全港良好的发展环境和自身独特的发展优势，综合分析体现在如下几个方面：

1. 区位优势明显

连云港港是环渤海港口群与长三角港口群之间空白带上重要港口，也是苏北地区唯一的主要港口，是陇海、兰新铁路的东部起点，已经成为中西部地区最便捷、最经济的进出海口岸之一，独特的地理位置决定了其在我国区域经济协调发展中具有的重要战略地位。徐圩港区所在岸段位于连云港主体港区南侧，226、242 省道贯穿港区后方，交通便捷，良好区位优势和交通环境为徐圩港区的发展创造了条件。

2. 建港自然条件适宜，临港工业发展空间大

徐圩港区近期开发岸线位于埒子口以北，自然岸线 13 千米，远期开发埒子口至灌河口之间约 10 千米岸线。该岸段水下岸滩稳定，波浪、泥沙、地质等方面均不存在对港口开发的太大制约，港口建设条件较为适宜。徐圩港区拟建港址陆域宽阔，地势平坦，大部分为滩涂和盐田，土地资源相对丰富，人口密度小，环境承载力大，将水域开挖与后方回填造陆相结合，可形成规模化的港口生产用地，为大规模开发港口及临港工业提供了良好的基础条件。

3. 河海联运潜力巨大

灌河与徐圩港区后方盐河等多条河流交织成内河航运水网，直接与淮河、京杭大运河、长江相通。目前灌河受限于河口拦门沙浅段，内河航运的有利条件尚未充分发挥利用。徐圩港区与灌河港区相邻，有条件通过多种方式使两个港区、海运与灌河内河航运相互紧紧联系，逐步实现河海联运功能，充分发挥灌河内河航运资源优势，带动苏北地区经济快速发展。

（四）徐圩港区与后方临港产业区关系

根据连云港市产业发展规划，徐圩港区后方及周边分别规划徐圩临港产业区、板桥工业园、灌云燕尾港临港产业区及灌南堆沟产业区等四个产业园区。徐圩港区开发建设近期主要定位于服务后方临港工业，港区后方及周边产业园区的发展将有力促进和加快徐圩港区的开发建设，而徐圩港区自身的发展也将对后方产业园区产生积极影响，为园区的发展建设、项目的引进提供必要的支撑和依托条件。

（五）连云港港的作用及特点

1. 是腹地外向型经济发展和能源、原材料运输的重要口岸

连云港港是陇海兰新铁路沿线广大地带最便捷的出海口之一。长期以来，对于陇海、兰新铁路沿线广大腹地地区的国民经济和对外贸易发展发挥了十分重要的作用。近年来，随着我国经济迅猛发展，腹地经济对外依存度显著提高，对金属矿石、化肥、粮食等重要物资的运输需求日益扩大，拉动了港口货物吞吐量大幅增长，港口吞吐量由 2001 年的 3000 万吨增至 2007 年 8507 万吨。近年来全港 80% 左右的货物吞吐量来自陇海、兰新铁路沿线的中西部地区，港口外贸货物吞吐量的比重始终保持在 60% 以上，为广大腹地特别是中西部地区的经济发展作出了重要贡献。

连云港港是我国“北煤南运”的重要装船港，煤炭吞吐量长期稳定在较高水平，2007 年完成

1321万吨，在我国沿海的能源运输中居重要地位；金属矿石增长较快，2007年外贸进口金属矿石1733万吨，其中铁矿石1070万吨，成为陇海沿线外贸铁矿石进口的重要口岸。

2. 是连云港市经济发展，实施港口带动战略的重要保证

连云港港是本地区发展外向型经济和开展对外贸易的有利条件，对于改善城市投资环境、促进国土资源开发、带动第三产业发展以及完善产业布局等方面起着重要作用。随着港口规模不断扩大，为地方提供了大量的就业机会，带动了相关服务业、物流业、加工业发展。依托港口建立了临港产业区和出口加工区，吸引临港加工工业，增强了城市的经济实力和商贸流通，使苏北地区正在成为承接国际产业和资本转移的热点地区，提升了区域综合竞争力，促进了东部地区城市化进程。

（六）连云港港存在问题

尽管连云港港近年取得了较大的发展，在腹地经济发展中发挥了重要作用，但作为苏北地区最重要的出海口、江苏省沿海开发战略和苏北经济振兴的重要基础，连云港港仍存在诸多的问题，主要表现在：

1. 港口总体通过能力不足

近年来，连云港港基本设施建设力度不断加大，通过能力增长较快，但与吞吐量增长势头相比，港口总体通过能力仍显不足。2007年年底全港综合通过能力为4585万吨（其中集装箱通过能力74万TEU），而全年港口完成吞吐量8507万吨（其中集装箱200万TEU），港口超负荷运营现象严重。

2. 连云港区发展受资源制约，与城市之间的矛盾日益突出

目前连云港港发展主要集中在建港条件较好的湾内区域，除已开发利用的7千米外，连云港区仅剩约15千米可供开发，易于开发的优良港口岸线资源已十分有限。随着连云港市东部城区的快速发展，连云港区在空间上已被城市所包围，港口与城市之间在土地、环境、交通等方面的矛盾日益突出，将成为连云港港进一步发展的制约。

3. 运输功能为主，发展临港工业等功能空间有限

连云港港基础设施规模不断扩大、吞吐量增长迅猛，但港口仍以传统的装卸、运输作业为主，功能单一，港口与临港工业的关联度较低、服务范围较窄，对地方经济带动作用不足。随着腹地经济发展和连云港港战略地位的提升，加快发展临港工业、现代物流等功能是连云港港进一步发展的必然要求。现有湾内连云港区受限于基础设施和发展空间，难以发展大型临港工业，无法形成规模化、集约化产业。

通过对连云港港发展的现实基础、存在问题的分析，对应江苏省沿海发展战略和振兴苏北经济的要求，跳出湾内区域，开发南翼土地、岸线资源丰富的徐圩港区不仅可以进一步拓展连云港港的发展空间，而且对于缓解连云港港发展与城市之间的矛盾、弥补连云港港发展临港工业空间不足等问题具有重要意义。

四、徐圩港区发展定位

综合连云港港发展的现状和存在的问题、总规确定的连云港港的性质功能、徐圩港区开发的条件、所面临的形势和自身优势，徐圩港区的开发对于缓解连云港港城发展矛盾、拓展港口服务功能、促进连云港港全面、可持续发展具有重要意义，更将在优化全省生产力布局、引导产业发展、带动地方及苏北，乃至中西部地区社会经济发展中发挥重要作用。综合分析徐圩港区的总体定位和发展方向为：徐圩港区是连云港港发展成为区域性中心港口的重要组成部分，是拓展港口功能、实现港口可持续发展的重要支撑；是江苏省调整产业结构、实现“四沿”发展战略的重要基础；是苏北地区及周边部分省市发展外向型经济、加快工业化进程的重要依托。徐圩港区将依托临港工业起步，逐步发展成为为腹地经济和后方临港工业服务的综合性港区，以干散货、液体散货和件杂货运

输为主,逐步发展集装箱运输。

徐圩港区应具备装卸仓储、中转换装、运输组织、现代物流、临港工业、综合服务等多种功能。

五、港口吞吐量和船型发展预测

(一)徐圩港区总吞吐量预测

根据《连云港港总体规划》,综合考虑徐圩港区后方的临港工业发展趋势、连云港港腹地经济发展对港口运输的需求、徐圩港区的功能定位以及后方集疏运条件等因素,预计未来本港区的运输需求将主要集中在以下几方面:

1. 临港石化产业所需的液体散货运输需求;

2. 港区后方以造船为主、石化装备为辅的装备制造业的杂货运输需求;

3. 后方相关钢铁产业的干散货运输需求;

4. 作为晋煤运输南路下水通道备选出海口之一,徐圩港区还应具备煤炭外运功能。

在港区开发建设的初期阶段,可先考虑建设80万~100万吨产能的乙烯工业以及大型修造船产业,未来围绕已建产业配套1000万吨炼能的大型炼油厂和1000万吨炼能的大型钢铁冶炼厂,解决乙烯及修造船工业生产所需的原料供给,依托大炼油和大炼钢逐步发展形成完整的石油及冶炼产业链,在成功实现徐圩港区与山西煤炭外运南路通道的顺利衔接前提下,发展煤炭外运业务,建成具有相当规模的临港产业发展主体及沿海重要的煤炭下水港。因此在徐圩港区顺利开发的前提下,建设初期吞吐量的主要货类构成将以液体散货及钢铁等其他杂货为主;远期将以煤炭、矿石等干散货及液体散货和其他杂货为主。

根据以上分析,预测未来2015、2020和2030年徐圩港区的吞吐量发展水平分别为1000万吨、7300万吨和1.3亿吨左右。具体结果参见表4。

徐圩港区吞吐量预测情况表

表1　　　　单位:万吨

主要货类	2015年	2020年	2030年
合计	1000	7300	13000
其中:矿石		2000	4000
其煤炭		2000	3000
其中:液体散货	400	1600	3000
钢铁	100	200	400
建材	300	600	1200
其中:其他件杂货	200	900	1400

需要说明的是,由于徐圩港区近期发展以服务于临港工业为主,而目前临港产业仍处在发展初期,其今后的发展存在着较大的不确定性,并可能对吞吐量预测结果产生重大影响。

(二)到港船型预测

根据拟建徐圩港区所处自然环境分析,近期进出港区应以10万吨级以下船舶为主,远期随着自然条件方面的深入研究及大型石化产业布局,逐步加深航道,到港船舶可增至30万吨级。

根据徐圩港区发展定位和吞吐量需求预测，结合港区后方临港产业布局，本港区近期将以服务于临港工业为主，主要货类为矿石、钢铁、液体散货和其他件杂货，远期徐圩港区将承担部分中转运输功能，将增加煤炭、集装箱等货类。考虑到国内外海运船舶发展趋势以及各货类不同航运距离运输的经济性，近期、远期徐圩港区代表船型预测如下。

徐圩港区近期规划到港船型预测表

表 2　　单位：米、吨

船型	载重吨	船型主尺度			备注
		总长	总宽	满载吃水	
散货船	100000	250.0	43.0	14.5	远洋运输
	70000	228.0	32.3	14.2	远洋运输
	50000	223.0	32.3	12.8	近洋及沿海
	35000	190.0	30.4	11.2	近洋及沿海
	20000	164.0	25.0	9.8	近洋及沿海
杂货船	20000	166.0	25.2	10.1	远洋运输
	10000	146.0	22.0	8.7	近洋及沿海
	5000	124.0	18.4	7.4	近洋及沿海
成品油及液体化工品船	80000	229.0	32.3	14.1	远洋及近洋
	50000	183.0	32.2	12.9	远洋及近洋
	30000	183.0	32.2	11.9	远洋及近洋
原油船	100000	246.0	43.0	14.8	近期远洋运输
内河船	5000	115.0	18.8	7.0	海、河转运
	3000	96.0	16.6	5.8	海、河转运

徐圩港区远期规划到港船型预测

表 3　　单位：米、吨

船型	载重吨	船型主尺度			备注
		总长	总宽	满载吃水	
散货船	250000	326	54.3	20.5	远洋运输
	100000	250.0	43.0	14.5	远洋运输
	70000	228.0	32.3	14.2	远洋运输
	50000	2230	32.3	12.8	近洋及沿海
	35000	190.0	30.4	11.2	近洋及沿海
	20000	164.0	25.0	9.8	近洋及沿海

续表 3

船型	载重吨	船型主尺度			备注
		总长	总宽	满载吃水	
杂货船	40000	200.0	32.2	12.3	远洋运输
	20000	166.0	25.2	10.1	远洋运输
	10000	146.0	22.0	8.7	近洋及沿海
	5000	124.0	18.4	7.4	近洋及沿海
成品油及液体化工品船	80000	229.0	32.3	14.1	远洋及近洋
	50000	183.0	32.2	12.9	远洋及近洋
	30000	183.0	32.2	11.9	远洋及近洋
原油船	300000	334	60.0	22.5	远洋运输
	100000	246.0	43.0	14.8	远洋运输
内河船	5000	115.0	18.8	7.0	海、河转运
	3000	96.0	16.6	5.8	海、河转运
集装箱船	100000	346.0	45.6	14.5	远洋运输
	50000	293.0	32.3	13.0	内贸运输
	30000	241.0	32.3	12.0	内贸运输

六、徐圩港区总体规划要点

（一）徐圩港区岸线利用规划

根据《连云港港总体规划》，徐圩港区规划建港岸段为小丁港至灌河口岸段，岸线总长 26.8 千米。该岸段位于连云港市区南翼，对连云港市的城市交通和环境影响较小，后方岸线和土地资源条件较为丰富，环境承载容量较大，适宜依托港口发展大型临港工业。

通过对该岸段自然条件方面的研究，埒子口以西岸段波浪不大、潮差中等、潮流不强；水体含沙量较低，距灌河口沙嘴高含沙区较远，受其影响较小；海岸性质属于淤泥质海岸，与连云港区海岸类型相同；岸线和岸滩稳定，多年来处于冲淤基本平衡、略有冲刷状况，总体趋于稳定；航道在大风情况下基本不会产生严重骤淤现象。海岸顺直，开敞无掩护，深水距岸线较远，适宜利用丰富的滩涂资源向外海围填造地，通过挖填集合的方式形成人工港池，进行港口开发。

埒子口以东至灌河口岸段，受废黄河三角洲影响较大，含沙量较高；海床表层沉积物组成以粉砂质为主；灌河口沙嘴西移对该岸段影响较大，在本次港区规划中，将其作为预留港口岸线考虑，在规划方案中，以远期方案的方式提出，待前期研究工作逐步深入及产业发展时机成熟，适时对该岸段进行开发建设。

本次岸线规划南翼徐圩港区使用岸段与《连云港港总体规划》所提出徐圩港区规划岸段完全一致，近期重点对埒子口以西 13 千米港口岸线进行开发建设。

（二）港区总体布置规划

徐圩港区定位于为腹地经济发展和后方临港工业服务的综合性港区，近期以服务于后方临港工业园区为主，远期兼顾为腹地物质中转运输服务。根据临港工业区产业布局，结合徐圩港区的性质及发展方向，综合考虑本区域资源特点，确定港区主要由六大功能区组成：

1. 液体散货泊位区，为后方临港工业区炼油化工等相关石化产业服务；

2. 干散货泊位区，为临港工业区钢铁产业所需各类原材料、辅料及其他物质运输服务；预留煤炭转运功能；

3. 通用泊位区，建设5万~10万吨级的多用途和通用散杂货码头，为钢铁产业成品运输及临港工业区所需原材料、产品、设备及其他各类物资进出服务；

4. 集装箱码头预留区

预留5万~10万吨级大型集装箱码头岸线、场地及其相应发展空间，近期可视发展需要建设部分通用及多用途码头，远期为腹地集装箱货物提供中转运输服务；

5. 装备制造业码头作业区，为临港工业区修造船及其他重型装备制造工业服务；

6. 内河转运区，通过港区后方水网与盐河、灌河等内河航道相连通，实现港区海河联运功能。

另外为扩大港区服务范围，提升公共服务能力，在通用泊位区后方规划规模相适应的仓储物流园区，提高港区的现代化、专业化水平。

徐圩港区主要规划指标

表4

序号	功能区	岸线/泊位（千米/个）	场地面积（万平方米）	备注
1	液体散货泊位区	6.8/23	459.1	
	六港池	2.8/8	200.3	
	四港池北侧、东侧岸线	4.0/15	258.8	
2	干散货泊位区	9.0/28	751.3	
	五港池	3.0/9	239.4	
	三港池	6.0/19	511.9	
3	通用码头泊位区	4.0/18	364.3	
	一港池西侧、北侧岸线	4.0/18	258.1	
	二港池东侧岸线	1.2/5	106.2	
4	集装箱码头预留区	5.3/25	824.7	
	一、二港池之间岸线	5.3/25	824.7	西侧1千米岸线支持系统岸线
5	装备制造业码头作业区	4.9/—	548.3	
	二港池北侧岸线	2.8/—	275.6	
	四港池南侧岸线	2.1/—	272.7	
6	物流园区	—	574.5	
	通用码头泊位区后方	—	574.5	
7	内河转运区	4.3/—	555.2	
	埒子口湾内	4.3/—	555.2	
	合计	34.3/94	4077.4	
	总填筑面积	—	4950.6	

港区内道路以垂直或平行码头泊位布置为主，连接至后方临港工业区道路，由西至东形成三

条主要疏港通道。

在港区开发过程中应遵循由近及远的原则,先对近岸区域进行开发建设,以尽量减少对周边环境、设施的影响。在开发过程中应加强对周边环境的观测,宜采取开发—观测—研究—再开发的方式逐步推进。待未来与各相关部门充分协调及产业发展时机成熟后,再逐步开发外部区域,最终形成港区总体格局。

(三)港口配套设施规划

1. 集疏运规划

(1)集疏运量预测

根据港区货物吞吐量的预测以及对货物流量、流向以及货种构成的分析,预测2020年徐圩港区公路、铁路和管道集疏运量分别为1880万吨、2000万吨和1600万吨,其他方式1650万吨。

(2)主要集疏运通道规划

连云港港徐圩港区的集疏运规划要实现港区交通、对外交通干线与区域交通干线网的合理、高效的衔接。规划期内港区将形成以公路、铁路、内河、管道相配套的综合集疏运体系。

① 公路

连云港港直接腹地的公路网由连徐、沿海、宁连、连临高速构成公路集疏运通道主骨架,204、310、327国道和323、326、324省道构成公路集疏运通道的辅助公路,其中连徐高速连接大港路、310国道连接中山路,是目前直接连接港口与腹地公路网的主干道。此外,港区西侧242省道,已进入施工阶段,规划中的226省道已开展设计工作。226省道是徐圩临港工业区发展的依托轴,也是徐圩港区重要的南北向集疏运干道,同时,也是徐圩港区与连云港区联系的主要通道。242省道北接连云港主城区,向南在杨集与沿海高速公路互通,242省道是徐圩临港区外围重要的南北向疏港道路。

② 铁路

连云港现有湾内港区铁路外接陇海兰新铁路,中云站为路港交接站。东陇海铁路复线建设已完成,拟实施电气化改造。根据全国和江苏省铁路建设规划,江苏省规划新建连云港—淮阴(盐城)、连盐(沿海)等铁路与现有新(沂)长(兴)、胶(州)新(沂)铁路共同形成苏北沿海的铁路通道。

③ 内河运输

在既有航道网规划中,徐圩片区可利用的航道如下:烧香河—云善河—盐河,规划航道等级为三级,是港区对外联系的主干道,联系淮安等苏北腹地。善后河、东干河等河道将港区与其他地区更加紧密地联系在一起。

④ 管道运输

根据徐圩港区发展需要,港区码头作业区预留铺设管道和皮带输送机的位置,并与后方相应产业区相衔接。结合港区功能的不断拓展,加强管道运输能力,建设港区自身管道以满足港区后方工业发展需求,适时建设与鲁宁管道的连接线,在满足港区后方工业发展需求的基础上,形成对苏北以及沿江区域石化产业的支撑。

2. 供电规划

根据《连云港市电力"十一五"发展规划》,2006—2010年将建设市区220千伏云台变扩建工程、灌南220千伏金庄变扩建工程、灌云、灌南沂河输变电工程。规划港区供电可按就近引入原则由附近110千伏变电所或220千伏变电所引出,以35千伏双回路供电。

港区供电电压等级为35kv/10kv/0.4kv,根据港区规划布置及供电负荷分布,拟在徐圩港区东西两侧作业区后方各建设一座35kv变电站。各码头作业区、功能区根据需要相应设置10kV变电所，进线线路采用双回路，以直埋或电缆沟方式辐射。

3. 给排水及消防规划

（1）给水

根据《连云港市东部沿海地区水资源供给保障规划》，南翼分区水源规划有：

1）第一供水水源

南翼分区的第一供水水源地为淮沭新河，调用江淮水。

① 蔷薇河供水水源，现状调水具体线路为：北线（桑墟枢纽工程调水）：从桑墟枢纽（沭新退水闸、桑墟电站、蔷北地涵）向蔷薇河流域调水，并通过东盐河—排淡河—烧香河至南翼分区。

② 增加第一供水水源地的供水量：实施三洋港挡潮闸工程。

2）第二供水水源地

将通榆河北延工程水源作为南翼片区第二供水水源地，调水具体线路为：盐河—东盐河—排淡河—烧香河至南翼分区。

3）第三供水水源地

在善后河下游兴建善后河水库，作为沿海南部地区的调蓄水源。

（2）排水

港口采用雨水、生活污水、生产污水分流制排水系统。非污染性雨水由雨水管道系统收集后就近排海；受污染的雨水经处理达标后排海。

生活污水经港区污水管道输往污水厂统一处理。生产污水如船舶含油压舱水等，需集中收集在港区污水处理厂处理。在港区中部设置污水处理厂，用作港区内污水自处理。规划区内的绿化用水、道路洒水、喷洒降尘用水等拟采用经污水处理厂二级处理后、再经深度处理的再生水，其余满足排放标准的排海处理。

（3）消防

根据《建筑防火规范》及港口工程消防要求，徐圩港区自建消防站并配备水上消防系统。港区消防由生产、生活、消防合一的给水管网供水。

4. 通信信息规划

连云港现有2座收发信海岸电台、1座雷达站、1座VHF无线电台、1座电信交换中心，有线通信设备为总容量8000门的NEC交换机，无线通信为高频话台；已开通全局计算机光纤骨干网，但信息化水平低，采用分散的微机处理器。

规划徐圩港区各作业区外部通信、信息交换依托连云港市市政有线通信系统。

港区各作业区分布区域比较分散，对外通信、信息交换需在临港工业区通信、信息交换系统中统一安排。内部用于生产联系、调度、指挥的有线、无线通信系统以各运营实体为单位，根据生产需要自行设置，但其无线通信应遵照执行有关部门和临港工业区的统一规定和要求。

5. 港口支持系统规划

（1）水上安全监督规划

连云港海事局已在东旗台山、东西连岛建设2座雷达站，但覆盖水域主要是内港邻近水域，不能覆盖连云港进港航道进出口水域，VTS的功能未充分发挥。《连云港港总体规划》中已规划新建车牛山雷达站，将雷达站信号传输至VTS中心，扩大雷达覆盖范围，改进系统性能，实现对港口的重要通航水域的连续监视，形成“三站一中心”现代化船舶交通管理系统。

连云港市交通管理系统尚未完全覆盖徐圩港区，在港区开发建设中应设置与上述连云港市交通管理系统相应的 VTS 终端，并在南翼港区支持系统区预留出相应的办公用地。

（2）其它配套设施规划

提供港作船、引水、海事、供水、航修、维修等服务是港口生产必不可少的重要组成部分。

为了方便港作拖船顺利进出港区，并满足徐圩港区生产工业用水、船舶检修等的需求，徐圩港区应预留港口支持系统岸线，规划在一港池西侧保留 1 千米岸线布置港口支持系统发展区。

（四）徐圩港区环境保护规划

连云港港的环境保护规划本着港城协调、环境友好的原则，提出防止污染、防止生态破坏的措施和规划，保护海洋环境、维护生态可持续发展，实现经济效益、社会效益和环境效益的协调和统一。

环境保护规划和治理措施：

1. 港口油污废水的防治处理

流动机械、机修车间冲洗水采用油水分离装置处理、过滤后排放；由机舱含油污水接收处理船接收并处理到港船舶机舱含油污水；装卸油品的港区设置含油压舱水处理场、海上溢油应急设备，配备围油栏、吸油装置、吸油材料、消油剂等。集装箱码头后方拆箱洗箱区设置洗箱污水处理站；配备简易沉淀池收集堆场、装卸作业区和码头面的迳流雨水和冲洗水，含矿石、煤炭颗粒的污水采用静止沉淀工艺，处理达标后排放；港口生活污水集中排入市政下水道统一送市污水处理厂处理。

2. 大气污染防治措施

港区内粉尘污染治理措施包括：堆场内配备洒水车定期洒水抑尘；堆场四周设喷淋洒水装置；设置封闭罩和斗轮堆取料机头挡风板，以减少扬尘污染；输送带采用密封运输；加强与气象预报部门联系，及时做好大风等不利天气条件下的粉尘逸散防治，大风来临时在料堆加盖篷布、加大料堆表面洒水强度和频率等，降低粉尘对周围环境的影响。

有害气体扩散治理包括：港区锅炉采用合理的燃烧装置和脱硫除尘设施、选用低硫优质燃料，控制烟尘排放量；采用集中供热减少小锅炉数量，降低烟气排放量，提高烟气处理效率；出入车辆安装尾气净化装置，在燃柴油机械的燃油中添加助燃剂降低尾气中污染物的排放量。

3. 噪声控制措施

合理布局各功能区，高噪声机械作业区集中布置并远离生活区；尽量选用低噪声动力设备，并设隔音消声装置；锅炉房内设隔音间、隔音双层门窗和加装消声器减轻噪声影响；进出港船舶和车辆限速行驶，禁止鸣笛或选用低噪声喇叭；道路两侧设防护林带降低噪声污染。

4. 固体废弃物处理

建垃圾站收集生产、生活和船舶垃圾，配备清扫车、垃圾箱和清运车，及时把垃圾运出并送到指定地点集中处理。

5. 绿化港口，保护环境

在生产辅助区、办公区种植树木、花草，并按吸尘、消声、美观的要求种植绿篱、草坪，适当点缀小型花坛等景致。港区道路两侧种植以乔木为主、辅以灌木的绿化带，吸收有毒、有害气体和粉尘。力争港口环境绿化面积覆盖率达到 15%。

6. 管理机构和环境监测

设置环境保护机构，配备专职人员负责港口环境管理和监测。

7. 落实环保资金

为加强建设项目的环境管理，防止环境污染，建设项目的环保设施必须与主体工程同时建设，落实环保专项资金。

七、徐圩港区总体规划与相关规划关系

一方面，本次港区规划充分考虑了片区发展与城市总体规划的相互协调，以大型工业发展带动区域经济发展为切入点，大力发展临港产业，形成连云港市经济发展的重要增长极。另一方面，徐圩港区的方案充分利用了南翼大片的滩涂、盐田资源，合理围填造路，在满足港口前方生产作业区用地规模的基础上还有部分用地可以补偿其他港区因开发需要占用的部分耕地，尽量满足连云港市南翼地区耕地总量的动态平衡要求，充分提高岸线及土地利用率，与土地利用总体规划中土地集约化利用的原则高度一致。此外，徐圩港区的方案在实施过程中将会考虑到全国海洋功能区划、《连云港市南翼分区水利规划》等规划。

连云港市徐圩片区发展战略规划（缩编版）

徐圩开发建设指挥部

（2009 年 5 月编制）

适逢江苏沿海综合开发的时代机遇，连云港市提出“城市东进、拥抱大海”城市发展战略，构建“一体两翼、一心三极”滨海大城市框架，打造真正意义的东方大港。江苏省政府下决心先行开挖 30 万吨航道工程，以此带动港口和临港产业发展，“一体两翼”南翼的徐圩片区（徐圩港区及临港工业区）的开发建设提上紧迫的议事日程。为使徐圩片区的建设更具前瞻性、科学性和操作性，在已有的多项专业规划（南翼分区规划、交通集疏运规划、水利防洪规划、连云港港总体规划…）的基础之上，连云港市徐圩开发建设指挥部展开了《徐圩片区发展战略规划》课题研究。

本规划作为第一个相对系统地探讨徐圩片区社会经济发展战略的课题，全面分析了连云港徐圩片区的项目背景、区域背景和发展条件，探讨了徐圩片区开发建设的战略机遇、发展理念、核心策略，明确了徐圩片区的产业方向、战略定位、空间策略等内容。虽然本规划研究于徐圩设立初期，片区规划范围、潜在项目等因素都发生了变化，但规划中除了空间部分的大部分规划成果都得以延续，为徐圩新区后续规划和发展起到了重要的指导作用。

一、徐圩片区发展背景分析

（一）规划范围

徐圩片区规划总面积约 290 平方千米，规划范围大至由三部分构成：北起烧香河，西至烧香支河，南至善后河、埒子河口中心线（含徐圩湿地），东至海堤路，面积约 194 平方千米；方洋港至埒子河口 13 千米岸线，规划建设的双堤环抱式港湾面积约 74 平方千米，其中填海形成陆域面积约 45 平方千米；中云台国际物流园约 22 平方千米规划区域。

（二）背景分析

连云港的发展引起了中央和江苏省的高度重视，已经进入了一个全新的发展阶段。南翼规划区是连云港“一体两翼”产业布局中的核心区域之一，有望成为未来江苏省最主要的产业基地之一。项目组认为，连云港市委市政府设立徐圩开发建设指挥部，开发徐圩片区的决策意义深远。

1. 组合港口成就“东方大港”梦想

“一体两翼”组合港建设新战略，打破了拘泥于现有狭小地区发展产业的旧思维，确立了建设港口群、发展组合港的思路，提出了以现有港区为主体，跳出现有港池，向两翼拓展，形成由海湾内的连云港区、南翼的徐圩和灌河港区、北翼的赣榆和前三岛港区共同组成“一体两翼”的组合港新的发展战略，形成三区联动的空间功能框架，既增加了连云港港区的运作空间，又扩展了连云港城市发展的战略空间，成就连云港“东方大港”的梦想。

2. 上位规划带来千载难逢的机遇期

由国家发展改革委制订的《江苏沿海地区发展规划》以及中国科学院、国家开发银行和江苏省政府开展的《江苏省沿海地区综合开发战略研究》对连云港的开发建设给予了高度重视，将连云港的发展定位提升到国家战略层面，希望通过连云港的快速发展，在上海和青岛之间崛起一座特大型海港中心城市，从而更好地服务苏北、沿东陇海线和中西部地区的发展。新一轮的发展规划为连云港以及作为未来临港产业主战场的徐圩片区带来了千载难逢的战略机遇。

3. 新城规划铸就港城未来重要一极

在新的连云港城市总体规划中，勾画出“城市东进、拥抱大海”建设一个国际性滨海城市的宏伟蓝图，构建了“一体两翼，一心三极”的城市空间结构，在突出中心城区重要地位的同时，指出在未来连云港新城打造中，徐圩片区所在的南翼新城应作为连云港“一心三极”大都市区的重要一极，承载着整个连云港市未来临港产业主战场的重任，将逐渐发展成为大型临港产业新城，带动整个南翼地区的发展。

二、徐圩片区的区域发展分析

连云港位于我国沿海产业带与陇海兰新产业带的交会处。2007 年 1 月，温总理在连云港考察时指出：连云港港连接南北，沟通东西，区位独特，小而言之可以带动江苏苏北发展，大而言之可以带动中西部地区区域发展。作为连云港未来主要港区之一以及临港产业的主战场，徐圩片区的开发，应从连云港北接渤海湾、南连长三角、东携日韩东南亚、西托陇海兰新经济带以及中亚、带动国家区域经济协调发展的高度去获得发展的动力。

（一）东西层面：新亚欧大陆桥东方桥头堡

从国际层面来看，连云港是亚欧经济联系与东北亚经济一体化的重要节点，能通过港口和大陆桥，整合国内国外两种资源，连通国内国外两个市场。

连云港位于陇海兰新铁路与我国海岸线交会的 T 型结点上，是新亚欧大陆桥东方桥头堡、陆桥经济带（陇海兰新经济带）的东大门，是连接环太平洋地区和亚欧大陆最快捷的运输通道；同时也是我国中西部地区最经济、便捷的出海口。连云港还是同时距日韩两国最近的港口，是泛太平洋地区特别是日韩西进亚欧大陆的首选登陆点。徐圩片区的开发应积极挖掘新亚欧大陆桥的经济社会价值：

1. 从国际层面可作为东西方经济联系的重要节点

从国际东西方经济联系来看，随着中国经济崛起，全球经济重心向亚洲转移越发明显，新亚欧大陆桥在世界经济格局中扮演更加重要的角色，成为促进亚欧大陆经济联系的重要桥梁。徐圩片区可依托新欧亚大陆桥沟通东西，借鉴青岛、大连的做法，面向日韩市场，吸收日韩产业转移；同时积极争取作为东欧机械设备、中亚能源、矿产输出和轻工、日用消费品进口的战略通道。

2. 从国内层面可作为东西部经济联系的重要节点

从国内东西部经济联系来看，除了基本的物流通道之外，可推动要素资源和产业资源在东、中西部的优化配置。中西部内陆对外界原材料依赖度高的钢铁、石化产业，出于成本控制、环保压力有向沿海港口区域搬迁的内在动力；而连云港徐圩片区可大力发展钢铁、石化等基础产品产业，通过新亚欧大陆桥方便地运输到中西部，带动内陆加工产业的发展。

（二）南北层面：环渤海经济圈与长三角经济带的融合点

当前中国区域经济发展中形成了环渤海经济圈、长三角经济带和珠三角经济带三个最重要的经济带,构成了中国经济发展三极。

连云港位于环渤海经济圈和长三角经济带交汇地区,由于距离长三角经济带核心城市上海和山东半岛中心城市青岛较远,连云港以往一直未被纳入这两个区域规划中,处于两不靠的尴尬地位。在新的长三角区域规划中,苏北整体纳入长三角的规划版图,同时黄岛—日照—连云港—盐城铁路已列入山东江苏经济社会发展合作框架协议,意味着环渤海经济圈和长三角经济带的联系将进入新的发展阶段,这也必将为徐圩片区的开发带来多重的战略意义。

1. 两大经济带产业结构调整带来的战略机会

从南北向产业结构的调整来看,在东北亚经济趋向一体化背景下,我国环渤海经济圈与长三角经济区的联系更加紧密,近年来长三角经济区产业北移和环渤海经济圈产业南移趋势日益明显。徐圩片区的开发可以依托沿海铁路的建设,重点发挥"洼地效应",吸收环渤海经济圈和长三角经济带的产业转移,打造加工产业配套基地,向两大经济区提供大宗货物和基础产品。

2. 我国南北向城市功能完善带来的战略机会

从南北向城市功能的完善来看,未来沿海铁路、沿海城际线的建设,将极大缩短东部沿海地区城市间的距离,沿海城际线各个站点形成的城市彼此间形成串珠状城市带。届时,上海、北京都将进入连云港一日交通圈范围,这将对连云港的经济发展和产业升级带来巨大的动力。徐圩片区紧邻沿海铁路客货站,可以依托站点形成一个上规模的工业新城。

3. 我国东部沿海港口群发展带来的战略机会

从我国东部沿海港口发展来看,国内港口增长的重心正在发生切换,正经历由珠三角—长三角—北部沿海地区的港口发展轨迹。以连云港港为首的江苏沿海港口建设加速,在未来沿海大通道的串联下,将成为有效支撑上海国际航运中心建设的北翼港口群。在徐圩港区的开发建设中,应加强与连云港主港区的互动,加强与长三角港口群特别是上海港的业务联系。

(三) 区域层面:构筑淮海经济区经济发展轴心

淮海经济区区域规划已提上日程,虽然与长三角、环渤海等成熟经济区相比差距较大,但区域内主要城市利用各自优势条件和统一市场进行产业协同,合作发展的潜力非常大。从未来淮海经济区的发展来看,徐圩片区应借助区港联动优势,积极促进淮海经济区内部的互动合作。

目前,淮海经济区中以徐州经济实力最强,且为该区域的陆路交通枢纽,在淮海经济区具有较大的影响力。有东陇海干线通道支撑,连云港成为徐州的战略出海口,在全球经济向沿海地区转移的进程中,徐州的经济发展离不开连云港的港口支持。徐州与连云港具有不同的资源与产业优势,徐州为陆路交通枢纽,具有较好的大型机械工业基础;连云港以港口为依托,临港工业、港口物流业发展空间更为广阔。

对比大连—沈阳、青岛—济南的城市演进过程,连云港与徐州之间加强产业互动合作,可以共同推动东陇海产业带的发展。连云港与徐州有望形成区域双中心城市,以苏北、鲁南、皖北、豫东为主要腹地,形成淮海经济区的主要经济发展轴。徐圩片区作为连云港发展临港产业、实现区港联动的主要载体,在推动连徐经济增长轴的发展中可以发挥重要的战略作用。

(四) 省域层面:引领江苏沿海开发和苏北崛起的龙头

由于历史、区位、政策等因素影响,江苏沿海地区发展严重滞后,苏南、苏北两重天的局面长期存在,引起了国家及江苏省政府的高度重视,推动苏北崛起缩小南北差距刻不容缓。在江苏省规划的"四沿"产业带布局中,东陇海产业带和沿海经济带开发,其主旨就在于推动江苏落后地区的快速发展。连云港地处东陇海产业带与沿海经济带的交汇处,区位优势及综合条件使其被国家和江苏省摆上了带动苏北崛起振兴、促进区域共同发展的重要位置。

1. 徐圩片区成为江苏沿海开发的重要载体

2008年,由国家发展改革委牵头推进的江苏沿海地区开发规划,使江苏沿海地区开发上升为国家战略,以连云港－盐城－南通为支撑的江苏沿海经济带,成为中国未来经济发展中重要的投资热点地区。连云港港是江苏沿海难得的优良海港,是江苏省的海上门户。徐圩片区应充分挖掘深水大港资源优势和区位优势,结合江苏沿海产业布局,主动承接江苏沿江重化工产业的转移,争取成为江苏沿海经济带的发展龙头。

2. 徐圩片区成为带动苏北崛起的重要引擎

区域经济由沿海向内陆梯度转移的规律表明,苏北振兴的关键和出路在于向海发展、向东靠拢。连云港港是苏北的徐、淮、盐、宿、连五市的战略出海口,2007年苏北五市95%的进出口货物都利用连云港港进出,其中集装箱吞吐量占到连云港港的近5成,由此可见连云港港对推动苏北地区经济发展的战略价值。正在崛起的徐圩临港工业区,将进一步为苏北外向型经济的发展拓宽空间,临港工业将成为振兴苏北的强劲动力引擎。

(五)市域层面:连云港市未来拓展的主要载体

连云港经历了港城分离、区港分离的发展历程,港城关系尚处在初级阶段,港口对连云港市经济发展的促进作用有限。连云港的未来发展,需要通过临港产业区与港口的"区港联动"以及主港与徐圩港的"港港互动"做大做强临港产业的文章,力挺连云港中心城市拓展。

1. 徐圩片区是连云港产业发展的主要载体之一

随着徐圩片区的规划建设,徐圩片区将与连云港经济技术开发区共同构成连云港经济发展的两个核心载体。两者区位上相邻,在产业发展上既要错位、也要协同。连云港开发区有一定产业基础,以新能源、新材料、新医药、新型装备制造等高技术含量的产业为主,是提升连云港产业层次的主战场,对徐圩片区开发可起到辐射带动作用。徐圩片区土地资源丰富、环境容量较大,是连云港发展钢铁冶金、炼化一体化等临港产业的主战场,是区域经济上规模的核心动力引擎,对连云港开发区产业优化将形成重要支撑作用。

2. 徐圩片区是连云港城市拓展的主要载体之一

在新的连云港城市总体规划中,勾画出"城市东进、拥抱大海"的宏伟蓝图,构建"一体两翼、一心三极"的城市空间结构。徐圩片区是连云港"一体两翼"中南翼片区的主要组成部分,作为连云港"一心三极"之南翼新城所在地,将形成一个以临港产业为特色的产业新城。同时要考虑到徐圩片区脱胎于连云区,在地理上临近连云港东部中心城区,因此徐圩片区在发展初期乃至中期都应积极借助东部中心城区(连云区)的城市服务功能。

3. 徐圩片区是连云港港口拓展的主要载体之一

根据最新编制的《连云港港总体规划》,按照"一体延伸,两翼拓展"和建设组合港的发展思路,将连云港市170余千米海岸线和40余千米灌河岸线进行统筹规划建成五大港区。现有的主体港区以集装箱和大宗物资中转运输为重点,发展成为核心枢纽港区,徐圩等南北两翼港区以临港产业起步,着眼于功能互补、错位发展和可持续发展,利用开发的岸线资源和后方土地资源,发展临港产业和为承接连云港区大宗散货功能转移预留发展空间。

三、徐圩片区的开发条件分析

开发条件分析重点从徐圩片区的地块条件、区位交通、城镇基础、产业基础、港区规划、重大项目等条件入手,分析徐圩片区未来开发中的优势条件和制约因素,从中寻找区域开发的依托与路径选择。

（一）地块地理条件

徐圩片区土地资源较为丰富，且多是工矿性质用地，盐田和水面占整个基地面积85%左右，建设不占农用地指标，可以满足各类临港重工业的大面积用地需求；由于为滩涂地质条件，土地开发和项目建筑的成本较高。徐圩片区距连云港中心城区较远，环境容量大，地面水系众多，拥有良好的生态湿地资源。

（二）区位交通条件

1. 公路

徐圩港区后方规划提升204国道连云港段的道路等级，建设242、226等省道，新建横向徐圩至新坝、徐圩至连徐高速、徐圩至242省道以沟通连徐高速、宁连高速、连盐高速等外围高速公路网。远期开辟徐圩港区东西向疏港高速公路，合理设置高速道路出口，形成徐圩港区对外高速疏港通道。近期南翼港区公路建设重点将港区内道路与外围公路网有效衔接，形成纵横交错的港区后方集疏运系统。

2. 铁路

规划中的沿海铁路贯穿连云港境内，沟通连云港与岚山、盐城等地。南翼徐圩港区依托后方沿海铁路优势，根据临港工业开发情况和沿海铁路建设情况，适时将铁路引入港区，形成港区能源运输通道，加强港区集疏运能力，同时，港区后方的客运站为未来徐圩新城的发展提供了便利。

3. 内河运输

徐圩片区水网较为发达，北部烧香河正在规划建设三级内河航道；整治善后河为三级航道，沟通港区与盐河。通过灌河和盐河沟通淮河、京杭运河、长江干流等水运主通道，形成通江达海的水陆联运体系。

（三）城镇基础条件

徐圩片区有原连云区板桥镇和徐圩镇两个城镇，2006年市政府将板桥镇和徐圩镇合并设立板桥街道办事处，辖区面积237平方千米，人口1.6万人，下辖两个居委会、四个村委会。总体来看，徐圩片区城镇规模较小，布局较为分散，现有人口数量较少，主要为盐场盐民及海水养殖农户，未来临港大型产业发展所需产业工人难以满足。

（四）产业基础条件

徐圩片区大部分土地尚未得到开发，只有先期开发的北部板桥工业园有一些已建及在建项目。目前板桥工业园区现有投产企业4家，在建及拟开工项目22个，涉及铁合金、盐化工、生物化工、机械制造、资源加工等产业类型，大型项目有3000吨多晶硅、200万吨镍铁合金等。

（五）徐圩港区规划

徐圩港区是连云港港重要组成部分，预计2011年将建成10万吨级航道，到2014年视发展情况逐步疏浚到30万吨级航道，将发展成为为腹地经济发展和后方临港工业服务的综合性港区，为临港冶金、石化、装备制造等大型重化工业服务；充分发挥河海联运优势，成为带动苏北地区及周边部分省市发展外向型经济，加快工业化进程的重要依托。将以干散货、液体散货和散杂货运输为主，并预留远期发展集装箱运输的功能。

（六）重大项目引进

根据连云港市方面提供的前期资料显示，徐圩片区已经在谈的有钢铁、石化、清洁能源等三个重大项目。

1. 钢铁产业基地

《江苏沿海地区发展规划》明确提出“加快调整钢铁产业空间布局，促进淘汰落后产能，推进企业重组,引导沿江及内陆地区,特别是城市钢铁企业向连云港转移,重点发展满足沿海先进制造业基地所需的钢铁产品。”徐圩片区在建的30万吨级矿石码头和航道对钢铁企业吸引力巨大,南钢与连云港市2008年2月签订合作框架协议后,编制完成了年产1000万吨钢的方案和年产400万吨钢的预可研报告,并通过了国内多位顶级钢铁产业专家的评审咨询,专家建议连云港钢铁基地一期按1000万吨级规划,远期发展到2000万吨级。江苏沙钢、华西钢铁等也有意未来将新增产能聚集于此,届时徐圩片区将成为江苏重要钢铁产业基地。

2. 石化产业基地

《江苏沿海地区发展规划》明确提出“按照国家有关产业政策,依托沿海深水港口,结合周边市场需求,适时在江苏沿海地区规划布局石化项目,注重发展市场需求大的高附加值石化深加工产品。”连云港市与大型石化产业渊源较深,历史上多次中石油、中国化工集团等擦肩而过失之交臂,没能进入国家相关石化产业专项规划。2008年3月13日,江苏省政府与中石化签订合作发展协议,协议中明确中石化“十一五”期间在连云港布局石化产业,中石化原油储备及炼化一体化基地,拟建设100万吨乙烯配套1000万吨炼油装置,并生产聚丙烯、EVA树脂、乙二醇醋酸乙烯等下游产品。

3. 清洁能源创新产业园

2008年12月29日,中国科学院、江苏省政府、连云港市政府签订共建中国科学院能源动力研究中心协议。以中国科学院能源动力研究中心为创新骨干,以1200兆瓦IGCC、联产及二氧化碳减排科技示范工程为产业引领,以能源动力关键材料和装备先进制造为产业配套,将在徐圩片区打造一个清洁能源创新产业园。

（七）开发条件评述

总体来说,徐圩片区的开发条件优势不少,困难不小。

1. 徐圩片区的优势条件确认

——区位优势明显。处于东部港区南翼,新亚欧大陆桥东桥头堡,可以沟通东西、连接南北,吸收日韩、长三角经济带与环渤海经济带产业转移,带动苏北经济崛起。

——港口建设机遇。南翼港口建设不仅可和主港互动协作,30万吨矿石码头与深水航道的建设还将为徐圩片区临港产业的发展带来千载难逢的机遇。

——交通条件便利。集港口运输、公路交通、铁路交通、海河联运于一体,内外交通都十分便捷,是区域开发中难得的集多种交通条件于一体的片区。

——工业用地较多。项目区域属大规模待开发片区,用地规模充足且都为非农用地,适合综合性、规模性开发,配套服务钢铁、石化、装备制造业等大型工业生产。

——生态资源丰富。徐圩片区水网密集,水系较多。徐圩南部的埒子河口至东陬山芦苇荡连绵不绝,是连云港三大生态湿地之一,良好的生态湿地条件为开发建设提供了环境支撑。

2. 徐圩片区的劣势条件确认

——投资巨大,建设周期较长。徐圩片区发展空间巨大,需要大量资金投入,建设周期较长,加之当前变幻莫测的经济环境,使得产业项目招商和建设投产存在较大不确定性。

——人口稀少,人口导入困难。徐圩片区本地人口只有一万余人,周边的产业和农村人口也很有限,未来要建设成为一座工业新城,必须寻求新的人口导入来源。

——远离主城、产业支撑较弱。徐圩片区远离新浦主城,产业基础薄弱,板桥工业园虽已先期起步,但行政隶属关系及产业趋同因素影响下必然存在竞争关系。因此,徐圩片区开发必须寻求自身的、内在的发展动力。

——盐田滩涂,基建成本较高。徐圩片区的土地以盐田滩涂为主,盐田土地的含水量大,地质较软,盐田滩涂用地地势较低,土地的抛填成本、基建成本和项目建设成本较高。

四、徐圩片区的区域战略分析

区域战略分析主要是从空间领域和时间轴线两个层次出发,通过纵横两条线的分析,得出徐圩片区开发的指导理念、核心策略以及空间布局。

（一）区域层次

随着中国经济崛起,全球经济重心向亚洲转移越发明显,东北亚地区是当今世界最具活力和发展潜力的地区之一,经济呈现出进一步融合的发展态势,在此背景下新亚欧大陆桥在世界经济格局中扮演更加重要的角色,成为促进亚欧大陆经济联系的重要桥梁。

从区域层次上,徐圩片区的开发定位应尽可能放大和提高,着眼于产业发展及企业招商,定位于国际国内多层次市场。

一是深入挖掘新亚欧大陆桥的经济社会价值,成为促进沿新欧亚大陆桥的中亚、东欧与东北亚地区经济联系的重要对接节点;

二是在东北亚一体化格局中,加强与日韩经济联系,争取由“边缘地带”到“战略地带”,使连云港更好地融入东北亚经济圈中;

三是从区域层面谋求“东西互动、协调平衡”发展方略,引领苏北港口建设,打造长三角北翼港口群,加速融入长三角经济带,促进环渤海经济圈与长三角经济带的经济联系,促进徐连互动以带动淮海经济区的整体经济发展;

四是作为连云港两大核心产业载体之一,应与连云港经济技术开发区错位发展,打造连云港临港(临海)产业带核心区,辐射带动赣榆港区、燕尾港区临港产业的发展,助推区域性中心城市建设。

（二）时间维度

从土地条件看,徐圩片区发展空间巨大,徐圩港区建设也非一朝一夕之功,因此徐圩片区开发必须放在一个长远的时间轴线上去看。在时间维度上,徐圩片区的开发,既要积极利用近期的政策机遇,更要坚信产业布局的客观经济规律,坚定地谋划长远蓝图。

一方面,要结合徐圩港口规划建设进度确立徐圩片区发展节奏。根据徐圩港区规划,2009 年开工建设 10 万吨级航道工程,2011 年建成,视实施条件和临港产业发展需要,2014 年前逐步疏浚至 30 万吨级航道。因此徐圩片区的开发应分为近期开发和远期开发,根据不同阶段特点制定相应的产业发展策略,但近期与远期都应注意发挥主港区作用,强化港港互动和合作。

另一方面,要坚信石化、钢铁等重化工产业向沿海布局的客观经济规律。即或在近期的产业振兴规划中,没能列入计划,将来也会有机会,这是临港工业与产业发展规律所在。徐圩片区开发应做好相应的、长期的准备,强化优势条件,通过海河联运、水水联运、专业码头等规划建设,最大程度地降低钢铁、石化等可能入驻产业项目的运营成本,落实重化工业向沿海靠拢的优势,提升对钢铁、石化产业的吸引力和竞争力。

（三）开发理念

徐圩片区在港口、区位和土地上都具有得天独厚的优势,是区域开发可以依托的资本,但徐圩片区开发不应局限于自身条件,而是应该在充分挖掘“港口、区位和土地”优势的基础上,推动区域间循环经济、区域内部循环经济以及产业间的循环经济,创建“大循环经济示范区”。

一是推动区域间循环。徐圩片区开发应发挥和提升新亚欧大陆桥的作用,建立国际物流中转通道,推动东西部互动乃至东西方互动,从中捕捉战略机遇。东西方层次上可以通过大陆桥带动日韩、中亚物资交流;东西部层次上推动中西部地区资源、产品向港口靠拢,利用港口优势节省发展成本。

二是推动区域内循环。徐圩片区开发应抓住淮海经济区域规划的机遇,借助连徐间的资源、市场、产业互动,争取国家政策支持和大型产业项目落地,成为振兴苏北经济、淮海经济区的引擎区域。

三是实现产业间循环。徐圩片区的产业布局,应强调产业间的循环经济安排,提升对环境的保护和产业自身的竞争力,例如一种产业的副产品可作为原材料满足另一产业发展需要,这既节省了成本又能够形成产业间的良性互动。

(四)核心策略

通过沿海港口吞吐能力的比较,可以看出连云港港在地理位置上并不占优势,在沿海港口群激烈竞争中很难单纯凭借地理位置优势脱颖而出,徐圩片区建设可以借后发优势和组合手段,通过产业发展打造持久竞争力,从而提高连云港港的核心竞争力。

徐圩片区的开发,要把握灵活性与坚定性的原则,一方面有利于近期操作性,另一方面又有利于持久竞争力的打造,可以选择广域物流服务能力的建设作为突破口,抓住港口经济升级换代的机遇,以此逐渐从日照、盐城等近距离港口竞争中胜出。徐圩片区广域物流服务能力的建设和提升,主要是在技术应用、物流业态、空间规划、政策配置和物流企业五个方面着力。

其中,技术应用方面要广泛应用信息技术、先进物流设备技术等,搭建发达的物流信息整合和业务操作平台,提升物流的准确性、时效性和可控性;物流业态上除一般仓储运输业态之外,要广泛引进专业市场、保税物流、加工物流和逆向物流等多种物流业态;空间规划上要合理地组织港口码头、工业和物流用地布局,综合物流园区和专业物流园区有序布局;政策配置上为提高区域物流服务能力推出相应的政策优惠措施;物流企业方面要大力引进国内外先进的物流组织机构,包括国际货代、第三方物流企业、第四方物流企业等。

(五)空间策略

纵观各国临港产业发展史,港区与城区争地,港区与工业区争地、工业区与城区争地这些情况处处可见,根本原因在于管理体制上一般港区、城区和工业区三者分离,隶属不同主体,在后续发展过程中由于规模扩张导致争地现象实属正常。

徐圩片区是连云港城市规划中"一心三极"之一极,距离主城区、开发区和滨海新城区都有一定距离,宜在城区、产业和港区发展上自成体系。连云港专门成立了徐圩开发建设指挥部统筹徐圩片区的开发、建设工作,将片区的港区、城区和工业区一并纳入统一管理体系。徐圩片区开发一体化管理体制是区域开发和管理体制的一种创新,在这种集中管理模式下港区、城区和工业区相互争地现象将不复存在。

空间规划策略,应将这种体制创新的效力发挥到极致,在徐圩开发建设指挥部的统一领导下,根据对产业发展、港区建设和城市拓展的深入研究,结合相关科学规划原则,对港区、园区、城区进行合理布局。规划建设过程中既要注重在港区、园区、城区之间建立高效率的互动,又要建立相应绿色屏障从而实现区域和谐发展。

五、徐圩片区的产业发展定位

(一)产业定位分析

基于总体定位分析的结论,项目组认为,徐圩片区的可能产业方向主要应抓住区位、区域和港口三个关键特征,从发挥区位优势、区域产业协同和临港产业比照三个方面,得出一系列可能的产业发展方向。然后依据"产业适合性、政策支持性、市场成长性、近期操作性、产业协同性、产业关联性和产业竞争性”七个筛选原则,对每一个可能产业方向进行综合评价筛选出适合徐圩片区发展的产业门类,并对已选择产业门类按主题功能相近性进行归类整理,最终形成以下五大类产业:

一是港口物流业:仓储物流业、专业批发产业、逆向物流业、加工物流业等;二是金属冶炼及加工业:钢铁冶炼、有色金属冶炼、金属加工产业等;三是装备制造业:基础零部件产业、汽车及零配件产业、船舶及零配件产业、石化设备产业、港口物流设备产业、工程机械业等;四是化工产业:石油化工、煤化工、盐化工、合成材料、精细化工、海水淡化产业等;五是清洁能源产业:IGCC 多联产产业、清洁能源设备产业等。

（二）产业体系组合

1. 产业体系组合内涵

在徐圩片区产业体系中,港口物流业、金属冶炼及加工业、化工产业、装备制造业和清洁能源产业各个主导产业所扮演的地位和作用如下:

(1) 港口物流业对于徐圩片区经济发展来说,属于战略支撑性产业,具有战略先导价值,主要体现在两个方面:其一,依托港口与铁路发展港口物流产业是徐圩片区最现实的选择,可以更大地发挥其国际通道的商业价值,并服务于中西部地区;其二,港口物流业与其它产业有着广泛的联系,在原料采购、产品流通、信息畅通等方面都会有力地支持金属冶炼及加工业、化工产业、装备制造等产业的发展。

(2) 金属冶炼及加工业对于徐圩片区经济发展来说,属于战略重点产业,是徐圩片区产业发展的主要支撑之一,主要体现在两个方面:其一,金属冶炼及加工业具有规模大、资金密集的特点,向下游可延伸和带动机械制造等相关产业发展,产生较大的能极带动区域经济发展;其二,能与中西部地区与淮海经济区形成产业协同错位,为两大区域产业发展提供金属原材料。

(3) 化工产业对于徐圩片区经济发展来说,属于战略重点产业,是徐圩片区产业发展的主要支撑之一。主要体现在两个方面:其一,化工产业能贡献较大经济规模,提升连云港在中西部与淮海经济区内的经济地位;其二,发展炼化一体化、煤化工、海洋化工、生物化工,整合江苏沿海化工产业带,可以形成“大化工”的产业集群。

(4) 清洁能源产业对徐圩片区经济发展来说,属于战略延伸产业,潜力巨大,主要体现在两个方面:其一,基于清洁能源示范项目,实现设备生产、技术与服务输出,做大产业集群,为徐圩片区贡献经济规模;其二,发展清洁能源产业能提升徐圩片区的整体形象,实现徐圩片区的后发跨越,并与钢铁、石化产业形成循环经济体系。

(5) 装备制造产业对徐圩片区经济发展来说,属于战略延伸产业,主要体现在两个方面:其一,涉及领域多,产业关联度高,与钢铁、石化、港口物流等产业都有一定联系;其二,装备制造业打通了金属冶炼及加工业的下游,有助于徐圩片区的区域产业安全。

2. 产业体系关系分析

徐圩片区产业体系组合,不仅内部之间存在着有机联系,而且还能与江苏沿海、中西部、淮海经济区、日韩及中亚地区建立起紧密联系。

(1) 徐圩片区产业体系内部的联系主要体现在三个方面:其一,港口物流产业为金属冶炼及加工业、化工产业、装备制造业以及清洁能源产业提供物流服务支持,促进临港产业的发展;其二,金属冶炼及加工业、化工产业与清洁能源产业之间可形成产业间物质与能源的循环,清洁能源产业可以为金属冶炼及加工业提供蒸汽、合成气以及电力,可以为化工产业提供氢气、蒸汽与电力;金属冶炼及加工业可以为清洁能源产业提供金属原材料与钢铁高炉气;化工产业可以为清洁能源产业提供炼油副产品石油焦;其三,金属冶炼及加工业为装备制造业提供金属原材料,而装备制造业为港口物流、化工产业等提供相关技术设备支持。

（2）徐圩片区与外部的联系具体表现为与四个区域的产业互动：其一是与中西部及中亚地区产业互动：通过物流服务为中西部及中亚地区产品出口提供物流服务；以中西部及中亚地区的资源为基础发展加工物流产业；发展重化工产业为中西部地区提供钢铁、石化基础产品；发展装备制造业为中西部提供零配件；发展清洁能源产业对中西部进行清洁能源技术与设备输出。其二是与淮海经济区的产业互动：为淮海经济区内的企业产品出口提供物流服务；发展重化工产业为淮海经济区提供钢铁石化原材料；发展装备制造业为淮海经济区内的机械制造企业提供基础零配件。其三是与江苏沿海区域的联系：发展重化工产业为江苏沿海地区提供钢铁、石化基础产品；发展装备制造业为江苏沿海地区提供基础零配件，如与盐城的汽车产业形成产业互动。其四是与日韩的产业互动：承接日韩的逆向物流产业转移，如二手车组装等，为日韩产品从中西部进口物资，或出口到中亚提供国际物流服务。

六、徐圩片区的总体战略定位

（一）战略定位提出

本着兼容并包、简洁明了的战略定位原则，将徐圩片区可作为主题表述的“产业要素”和“区域合作”进行取舍和整合，最后建议徐圩片区的总体战略定位表述如下：

以《江苏沿海地区发展规划》为依据，立足深水港口，依托陆桥经济带，面向东北亚，融入长三角，服务中西部和淮海经济区，构筑国家东西合作发展示范区、循环经济示范区和江苏沿海新型工业基地，形成江苏沿海新的经济增长极。

其中，“江苏沿海新型工业基地”、“东西合作发展示范区”和“循环经济示范区”揭示徐圩片区的发展方向、路径和模式，是徐圩片区开发争取国家政策支持、推进产业招商的三大战略举措。“江苏沿海新的经济增长极”揭示的是徐圩片区的总体发展目标，是实施上述三大战略举措的发展结果，以此带动江苏落后地区发展、促进江苏南北平衡和拉动中西部经济发展。

“江苏沿海新型工业基地”的打造是顺应我国产业结构调整、承接江苏沿海开发规划的重要产业发展战略；“东西合作发展示范区”的建设是以市场主导性物流项目为驱动，着眼于区位优势发挥、综合物流条件利用的重要区域发展战略；“循环经济示范区”是定位于产业间循环、港城工协调发展、推动大型重化工项目落地的重要新区开发战略。

（二）战略定位内涵

1. 江苏沿海新型工业基地

根据党的十六大报告的精神，新型工业化道路所追求的工业化，不是只讲工业增加值，而是要做到“科技含量高、经济效益好、资源消耗低、环境污染少、人力资源优势得到充分发挥”。

（1）综合产业体系。徐圩片区的产业发展，要正确处理发展传统产业和高新技术产业、资金技术密集型产业和劳动密集型产业、虚拟经济和实体经济的关系。建立新型工业基地的一个重要举措就是，建立综合的产业体系框架，不断推进产业结构的优化升级，最终形成以高新技术产业为先导，基础产业和制造业为支撑、服务业全面发展的产业格局。

（2）产业集群布局。结合徐圩片区的产业发展定位，主要构筑两大产业集群：一是钢铁产业集群，发展钢铁冶炼、加工及下游重型装备制造业、轻型装备制造业；二是化工产业集群，包括石油化工、煤化工、海洋化工、生物化工多种类型的化工产业，形成石油炼化一体化、基础化工原料、有机化工原料、高分子合成材料、精细化工的化工产业链，使化工原料在本地实现最大化的供应和消耗。

（3）先进技术应用。新型工业化是建立在更先进的技术基础上的工业，要把信息产业摆在优先发展的地位，将高新技术渗透到各个产业中去。徐圩片区在推进钢铁、化工、装备制造产业的招商和发展中，要借鉴国内外新型工业基地的做法，采用先进的工艺技术与设备，集约化利用土地，提高资源利用效率，最大程度地减少环境污染。

2. 东西合作发展示范区

徐圩片区的开发可以在推动我国东西部区域大循环、东中亚区域经济合作方面积极作为，由港口驱动的合作起步，发展到产业驱动的合作，再发展到商务驱动的合作，实现东中西部地区经济的高度互动和融合，推动东西部地区经济结构的战略性调整，促进生产要素在区际间的优化配置。

（1）东中西物流通道。一是发挥新亚欧大陆桥铁港联运衔接点的作用，促进洲际间的货物中转，主要包括东亚进中亚、东欧等地区以及中亚、东欧等地区进东亚地区。二是发挥大宗原材料转运功能，打造成为国家能源、原材料集疏的主要港口，服务国家能（资）源类物资的进出口。三是瞄准中西部内陆地区和淮海经济区发展外向型经济的需求，服务于中西部和淮海经济区的大开发，打造成东中西进行国际商贸交流的重要口岸。

（2）东、中亚合作区。连云港作为新欧亚大陆桥的东方桥头堡，应该成为东、中亚进行国际合作交流的基地和桥梁，发挥承东启西的重要作用。徐圩片区的开发可充分利用港口优势、区位优势以及后发优势，把徐圩片区打造成面向中亚的国家先进制造业基地、能（资）源深加工基地、西进产品代加工基地和国际商务信息中心、物流中心、文化交流中心、区域联络中心，逐步建成东中亚国际合作示范区。

（3）东中西部合作区。在徐圩片区发展东中西部合作区，应主要包括两方面内容：一方面，应建立东西合作产业园区，促进中西部企业走出来谋求更大发展；利用大型钢铁、石化、装备制造等项目，带动中西部地区关联产业发展；推动中西部新增重化工业产能向东部转移，东部轻工产业向中西部转移，为中西部环境减压。另一方面，应设立高效的合作服务平台，为中西部地区提供物流服务、展示服务、技术服务和资本服务等；应在陇海兰新沿线的徐州、郑州、西安、乌鲁木齐等主要城市，以海关“无水港”建设为基础，使连云港的辐射服务内容扩展到政府服务、技术服务、产业服务和金融服务等。

（4）区域经济合作区。一方面，应瞄准“沿海开发、江海联动”这一战略机遇，充分挖掘深水大港资源优势和区位优势，主动承接苏南重化工产业的转移，优化江苏的生产力布局，促进苏南苏北协调发展。另一方面，应紧密推动徐连合作，实施产业链联动、大物流联动、大市场联动，以推动徐连互动为先导，以苏北、鲁南、皖北、豫东为主要腹地，推动淮海经济区的经济联动，对接国际资源，引领东陇海产业带的发展。

3. 循环经济示范区

徐圩片区建设循环经济示范区应采用最先进的临港循环经济模式，构建大区域的产业间耦合系统，包括资源综合利用、原料综合利用、清洁能源生产和清洁生产技术四个层面。

（1）资源综合利用。徐圩片区拥有丰富的土地资源，拥有发展钢铁、石化、IGCC、海水淡化等产业所需的各种条件，应将石化、钢铁产业与 IGCC 洁净煤综合利用、可再生资源回收利用、海水淡化系统等有机耦合，构成一个区域层面的产业循环体，最大程度地实现可再生资源的回收和循环利用。

（2）原料综合利用。在一片区域土地上，上下游产业、上下游产业链条的组合布局，可以最大程度地降低中间物流成本，实现原材料、基础产品的高效利用。徐圩片区在原料综合利用上构筑的循环经济主要体现在两个方面：一是围绕钢铁的冶炼、加工及下游延伸利用构建产业链，使钢铁基础产品在本地实现最大化的供应和消耗；二是围绕石油的炼化、化工原料的生产及下游延伸利用构建产业链，使化工原料在本地实现最大化的供应和消耗。

（3）清洁能源生产。在煤炭的清洁、高效利用技术的探索中，IGCC 多联产工程已成为未来煤炭利用的主流方向。发展 IGCC 多联产工程，将有助于能源和资源利用效率的大幅提升，同时减少水资源消耗和二氧化碳排放。目前国内在清洁煤利用领域已有很多尝试，但多为单一功能项目，徐圩片区拥有发展 IGCC 多联产工程的诸多有利条件，依托中国科学院能源动力研究中心的支持，可发展真正意义上的 IGCC 多联产示范工程。

（4）清洁生产技术。清洁生产从本质上来说，就是对生产过程与产品采取整体预防的环境策略，减少或者消除它们对人类及环境的可能危害，同时充分满足人类需要，使社会经济效益最大化的一种生产模式。在徐圩片区应发展绿色钢铁、石化等临港产业，具体措施包括：使用清洁的能源和原料；采用先进的工艺技术与设备；从源头削减污染，提高资源利用效率；减少或者避免生产、服务和产品使用过程中污染物的产生和排放。

（三）战略定位实现

1. 江苏沿海新型工业基地

（1）钢铁产业集聚区。依托江苏沿江钢铁产业转移，打造大型钢铁冶炼基地，重点发展国内市场急需的铁合金、合金钢等特种钢品，打造一条从上游特种钢冶炼到营销型钢铁加工（剪切、冲压、印染、仓储配送等）、再到产业型钢铁加工业（钢结构、金属包装等）的完整产业链。

（2）化工产业集聚区。凭借 30 万吨原油码头发展大型炼化一体化项目，并由炼化一体化项目为龙头，结合煤化工、海洋化工、生物化工产业的发展，向中下游延伸发展基础化工原料、有机化工原料、高分子合成材料、精细化工等产业，形成多位一体的综合化工产业集聚区。

（3）装备制造业基地。抓住国外装备制造业向国内转移和长三角地区向周边转移的双重机遇，联合徐州打造陇海产业带装备制造业基地，形成以能源装备、汽车船舶零部件及基础配件装备等为主体的集群园区，打造一个贯通东西、辐射全国的大型装备制造产业基地。

（4）清洁能源产业园。依托已落户连云港的中国科学院能源动力研究中心，大力发展洁净煤发电、煤炭综合利用、能源装备制造业、可再生资源回收利用产业，打造集研发、中试、生产、服务于一体的清洁能源产业基地，助推我国清洁能源产业的发展。

（5）高新技术创业园。主要围绕区域主导产业发展相关高新技术，包括以钢铁、化工等企业需求为市场的配套研发服务，以及围绕钢铁、化工等产业基地的应用研发创新，形成围绕临港工业的研发、中试、生产、孵化以及服务的产业聚集区。

2. 东西合作发展示范区

（1）东西资源合作平台。利用港口通道资源、大型钢铁、石化及下游产业等项目，在徐圩片区设立东西能（资）源合作平台，发展大宗原材料、能源等战略资源转运功能区，发展原材料和初级产品深加工业，强化与中亚地区在能（资）源等领域的合作，建立中西部工业体系的基础型原材料供应基地。

（2）东亚出口代加工区。连云港作为东亚地区与我国中西部、中亚地区的缓冲中转区，应能起到承接、转化、中介、传递等前沿基地和桥梁的作用。在徐圩片区引入日韩等地区的出口代加工项目，如二手车换装等，吸引更多的东亚地区企业到园内集中发展，构筑新亚欧大陆桥东联西进的产业载体。

（3）中西部出口加工区。一是利用中西部资源与国外进口资源，可发展粮油产品加工、木制品加工等产业园区；二是利用中亚与日韩经济通道价值，可发展生鲜食品加工基地等；三是利用中西部与淮海经济区的产业资源，可发展以出口为导向的机电组装产业基地等。

（4）东西合作商贸平台。凭借良好的临港区位和多式联运交通优势，以大型专业物流园区为主体,建设仓储园区、配送中心、商务信息中心、配载交易中心、商品展示交易平台等,形成辐射苏北地区、淮海经济区乃至中西部的区域性物资集散中心。

(5) 中日韩商贸合作区。充分利用连云港在中日韩三国中的区位优势及海陆联运节点的独特优势,融合日韩的技术、资金等优势及中国、中亚的消费市场,重点开发建设经贸大市场、展示展览中心、转口贸易区、信息交流中心等,发展成为有较大影响力的跨国商贸合作区。

(6) 东西合作信息平台。以物流系统服务平台的建设为重点,共同构建东西合作信息平台。物流系统服务平台是区域内和行业内实现物流应用、电子商务应用、电子政务应用之间互联互通的基础,是区域内实现统一门户、统一数据、协同工作的平台。

(7) 保税功能区。在徐圩港区后方物流用地和发展备用地,大力发展加工物流产业,构建集采购、加工、检测、维修、出口、分拨、配送等多功能于一体的综合性保税物流功能区,重点吸引中西部、日韩和中亚等地区的出口加工、商贸、物流等方面的产业集聚。

3. 循环经济示范区

(1) 钢铁及延伸产业链。主要发展钢铁冶炼、钢铁加工及下游装备制造产业(石化设备、港口物流设备、汽车船舶零配件、核电设备、清洁能源设备、电气机械设备等),打造一条从上游钢铁冶炼、到中游加工、再到下游延伸应用的完整产业链,使钢铁基础产品在本地实现最大化的供应和消耗。

(2) 综合化工产业集群。以大型炼化一体化项目为龙头,结合煤化工、海洋化工、生物化工产业的发展,向中下游延伸发展基础化工原料、有机化工原料、高分子合成材料、精细化工等产业,形成多位一体的综合化工产业集群,使化工原料在本地实现最大化的供应和消耗。

(3) IGCC 多联产工程。采用洁净煤气化技术,以合成气为核心,采用多联产的方式,发展能源(合成天然气)、化工(甲醇、烯烃及下游产品)为主的能源化工产业链。煤化工与 IGCC 多联产相结合,实现煤化工业与煤炭、电力相结合,兼顾电力(燃气蒸汽联合循环发电)等相关产业。

(4) 循环经济配套工程。为了形成完整的循环经济产业链,还需要在徐圩片区布局海水淡化、生态建材等产业项目。海水淡化项目可以利用 IGCC 发电工程的余热进行海水提温,而海水淡化产生的浓盐水可为盐化工提供原材料。发展水泥、砌块及墙体材料等生态建材项目,可以利用和消耗炼钢、化工和 IGCC 项目等所产生的钢渣、水渣、粉煤灰等,最大程度地减少固体废弃物的排放。

七、徐圩片区的区域空间布局

(一) 空间总体布局

徐圩片区的功能分区设置,主要考虑产业的地块适合性、空间集聚性以及产业间互动循环效应。

1. 徐圩港区规划范围:随着徐圩港口的建设,这一区块不可置疑的应作为相应的港口码头用地,布局干货、散货、集装箱和液体码头,在码头作业区之外可以布局一些仓储物流、加工物流等功能用地。

2. 紧邻港区与铁路南北支线包围区域:依托港口运输、交通便利等优势,主要作为钢铁冶炼及加工、石油化工、煤化工等三类重化工业用地,同时发展精细化工以及装备制造相关下游延伸行业。

3. 徐新公路南北两侧靠近烧香支河区域:位于徐圩片区西侧中间区域,有利于更好的服务片区产业发展,缩短通勤距离,且前面有驳盐河及河岸绿化带,后面有烧香支河及河岸绿化带,适合布局生活居住功能组团。

4. 铁路支线北片区域:位于主港和徐圩港两港中间,距离主城较近,且有先期开发的板桥工业园基础,可以作为一类和二类工业用地,重点发展仓储物流、加工物流、高新技术产业以及行政办公、商贸展示、生产服务业等。

5. 南部靠近善后河区域：拥有自然湿地、东陬山等生态环境，以及大片农田和零星村落，可以用来发展生态旅游、乡村休闲旅游等功能，同时借助淮盐文化等历史人文风情，打造南部生态主题园。

（二）功能分区建议

从具体的功能分区来看，依照承载功能的不同，以及区块开发的安排，可将徐圩片区划分为十大功能分区。

1. 功能分区一：为徐圩港区“临港物流产业集群”，主要依托未来新建的徐圩港口及码头，发展港口码头作业区、仓储物流、加工物流、港口支持产业等临港物流产业领域，并在港前物流用地积极争取建设保税物流功能区。

2. 功能分区二：为邻近北侧港区的“钢铁产业集群”，主要吸引大型钢铁冶炼项目，并向中下游延伸发展钢铁初加工、钢铁深加工、有色金属加工、装备制造业等产业领域。

3. 功能分区三：为邻近南侧港区的“石化产业集群”，主要借助30万吨原油码头及石油储备库建设，重点发展石油炼化一体化、基础化工原料、高分子合成材料、精细化工等产业领域。

4. 功能分区四：为位于钢铁、石化产业之间的“IGCC多联产工业园”，主要布局IGCC多联产工程（清洁煤发电、多联产化工产品），联合钢铁冶炼、炼化一体化项目，发展产业间循环经济示范区。

5. 功能分区五：为徐圩片区最北部的“综合物流园区”，主要在中云台国际物流园区的基础上重点发展多种形式的广域物流业，打造徐圩片区的重要物流基地，服务于主港区、徐圩港区和临港产业。

6. 功能分区六：为徐圩片区北部已经在建的“综合产业园”，主要在先期开发的板桥工业园的基础上继续加大开发力度，重点发展“一特三化”（特种钢、石化下游产业、盐化工、生物化工）及其相关产业。

7. 功能分区七：为毗邻铁路北支线的“高新技术产业开发区”，主要利用临近港口、公路、铁路等优越地理优势以及先期开发的板桥工业园，发展高新技术创业园区、东西合作商务平台、日韩商贸合作区、公共服务区等。

8. 功能分区八：为铁路北支线两侧邻近烧香支河的“生活居住区”，主要凭借距离、生态、区位等优势，吸纳徐圩片区居住、商贸等功能，构建未来南翼片区人口集聚区。

9. 功能分区九：为片区最南面的“生态涵养带”，主要围绕南部地区的大面积湿地、东陬山、密集分布的水网等生态资源，开发建设相应的生态主题功能区，形成徐圩片区的南部生态屏障。

10. 功能分区十：为徐圩港区北端至烧香河闸以南岸线构成的“滨海文化休闲带”，主要利用濒临大海的优越环境，改造现有海岸及海滩条件，引入滨海旅游、休闲餐饮、时尚娱乐、海运文化等功能设施。

连云港石化产业基地总体发展规划（缩编版）

徐圩新区管理委员会

（2017年1月编制）

石化产业是徐圩新区重点发展的临港产业之一，已有120万吨/年甲醇制烯烃、360万吨/年醇基多联产、150万吨/年TPA、IGCC多联产等项目入驻，中石化炼化一体化项目，包括3200万吨/年炼油、120万吨/年乙烯、100万吨/年芳烃前期工作已经全面启动，在徐圩新区建设大型石化产业基地也是江苏省石化产业布局调整的重要内容。

2013年11月30日，国家发改委下发了《国家发展改革委办公厅关于连云港石化产业基地规划编制和一期工程前期工作的复函》（发改办产业〔2013〕2924号），该文件明确连云港石化产业基地位于连云港市徐圩新区，主要承接江苏沿江石化产业转移，统筹兼顾长三角地区需求增长，并要求徐圩新区抓紧开展连云港石化产业基地规划编制和炼化一体化项目一期工程的前期工作。

《连云港石化产业基地总体发展规划》在承接产业发展规划主要研究成果的基础之上，通过石化产业基地的土地利用现状及国内外石化基地案例等进一步分析，重点对基地的总体布局、绿化景观、交通运输、给排水、供电、供热、环保、安全、消防等各项公用工程及辅助设施进行规划，为引导产业投资、规范园区发展提供理论与现实依据。

一、连云港石化产业基地产业规划方案

（一）产业发展定位

以炼油、乙烯、芳烃一体化为基础，以多元化原料加工为补充，以清洁能源、有机原料和合成材料为主体，以化工新材料和精细化工为特色，形成多产品链、多产品集群的大型炼化一体化基地。承接江苏省沿江石化产业转移，促进产业调整和升级，满足长三角地区和中西部地区对石化产品及原料需求，成为带动长三角地区、江苏沿海地区和新亚欧大陆桥沿线区域相关产业及经济发展的能源和原材料产业基地。

1．炼化产业规模

连云港石化产业基地炼化产业中，炼油规模规划为5000万吨/年，配套建设220万吨/年乙烯、300万吨/年对二甲苯。

2．多元化原料加工产业

主要的发展方向包括甲醇制烯烃、丙烷脱氢、凝析油制芳烃等，规划多元化原料加工产业规模为200万吨级烯烃、100万吨级对二甲苯。

3．石化中下游产业结构

在连云港石化产业基地炼化一体化产业和多元化原料加工产业的项目中，配套生产各类清洁能源、大宗合成材料产品、有机化工产品。除了以上大宗产品外，由于化工新材料和精细化工产品的市场需求快速增长，这些高端产品将作为基地中下游产业的重点发展领域。目前基地已在建大规模对苯二甲酸装置，发展聚酯产业，生产系列化聚酯产品有较好的基础。连云港有较为丰富的盐资源，从资源上适合于发展盐化工。但是，从国内产业情况来看，盐化工的主要产品纯碱、烧碱国内产能已经过剩。因此在连云港石化基地规划德邦化工公司、连云港碱厂等现有企业的搬迁改造和产业转型，满足连云港市城市发展的需要。

根据上述产业发展思路，连云港石化产业基地产业定位于炼化一体化、多元化原料加工、聚酯、精细化工和新材料、盐化工五大产业领域。

（二）细分产业规划

1．炼化一体化产业

（1）炼油规划方案

炼化一体化产业是连云港石化基地发展的基础产业，需要形成一定的规模才能支撑中下游产业的发展，建设世界级的石化产业基地。综合考虑下游成品油、烯烃需求旺盛，国内及江苏省石化产业布局调整、淘汰落后产能、新增先进产能及基地现实条件等因素，连云港石化产业基地炼化产业中，炼油规模规划为5000万吨/年，配套建设220万吨/年乙烯、300万吨/年对二甲苯，拟分两区布置，分二期建设，便于吸引不同投资者投资大型炼化一体化项目。其中炼化一区一期原油加工规模为 1500 万吨/年,配套建设 100 万吨/年对二甲苯装置,并为下游 100 万吨/年乙烯装置提供优质裂解原料;二期建设 1500 万吨/年,并配套建设 100 万吨/年对二甲苯装置;炼化二区规划建设 2000 万吨/年炼油—100 万吨/年 PX 炼化一体化项目,按炼化一体化建设方式,同时建设 120 万吨/年乙烯。

(2) 乙烯规划方案

按照炼化一体化方案,连云港石化产业基地规划在炼化一区和炼化二区各建设 1 套百万吨级乙烯联合装置:一区装置为 100 万吨/年,其中一期 1500 万吨/年炼油装置提供 308 万吨乙烯原料,二期 1500 万吨/年炼油装置提供 151.43 万吨轻质乙烯原料;二区装置为 120 万吨/年,其中一体化装置可提供 333 万吨乙烯原料,平衡乙烯产量 112.9 万吨。两期乙烯可根据招商情况,择机启动。

根据现行的《产业结构调整指导目录(2011 年)修订》、《石化产业调整和振兴规划》以及十八大三中全会鼓励多元化投资参与石化产业建设的精神,结合江苏周边地区优良的市场情况,充分考虑沿长江地区石化产品的市场发展及产业转移的需求,以及为基地下游延伸发展提供更多石化原料先现实需要,基地乙烯和丙烯下游产品规划方案为:

乙丙烯下游产品规划方案表

表 1

	炼化一区 100 万吨/年乙烯		炼化二区 120 万吨/年乙烯	
	乙烯下游	丙烯下游	乙烯下游	丙烯下游
1	EO/EG	聚丙烯	EO/EG	聚丙烯
2	HDPE	苯酚丙酮	FDPE	环氧丙烷/苯乙烯
3	醋酸乙烯	环氧丙烷	EVA	丙烯腈
4	EVA/LDPE	乙苯	4	

2. 多元化原料加工产业

连云港石化基地重点推进甲醇制烯烃项目建设,招商引资凝析油制芳烃项目及丙/丁烷脱氢项目,丰富石化产品链,同时加快园区的建设进度。

(1) 甲醇制烯烃

甲醇制烯烃项目重点推进江苏斯尔邦石化有限公司徐圩新区 360 万吨/年醇基多联产化工项目。该项目装置总生产规模为 120 万吨/年乙烯和丙烯,由两套 60 万吨/年 MTO 装置组成,其中乙烯年产 60 万吨,丙烯年产 60 万吨。项目刚刚开工建设,是最早进入连云港石化基地的大型石化项目。

(2) 丙烷脱氢

规划建设一套 65 万吨/年丙烷脱氢项目,丙烯可以作为商品量供应江苏现有用户,也可以根据市场情况,生产聚丙烯及下游,规划阶段暂按自行加工考虑。

(3) 异丁烷脱氢

规划建设 30 万吨/年异丁烷脱氢项目,下游建设烯醛法异戊二烯、异戊橡胶、丁基橡胶、聚甲基丙烯酸甲酯、聚异丁烯等下游产品。

3. 聚酯产业

依托江苏虹港石化有限公司拟建对苯二甲酸项目,发展聚酯系列产品,除了常规的 PET 聚酯切片和纤维外，择机发展特种聚酯 PBT(聚对苯二甲酸丁二醇酯)和 PTT(聚对苯二甲酸丙二醇酯)及与特别聚酯配套的多元醇，如 1,3 丙二醇、1,4 丁二醇等。

4. 精细化工和新材料产业

依托炼化一体化和多元化原料加工项目龙头核心装置所提供的各类基本有机原料资源，通过延伸加工和补链招商，重点发展有机化工原料下游深加工、合成材料、化工新材料和精细化工产品，鼓励发展工程塑料、特种橡胶及弹性体、功能性高分子新材料等新材料产品，表面活性剂、水处理化学品、电子化学品、增塑剂等专用化学品，形成更长更完整的产业链和上下游相关的产业集群。

在碳四产品链方面，重点发展丁二烯深加工、醚后碳四深加工；在碳五产品链方面，重点发展异戊二烯(ISP)、环戊二烯(CPD)、间戊二烯(PIP)深加工；在有机原料下游深加工方面，重点发展环氧乙烷下游深加工、环氧丙烷下游深加工、苯酚丙酮下游深加工、丙烯酸及酯下游深加工、丙烯腈下游深加工、苯乙烯下游深加工等；在精细化工方面，重点发展塑料加工助剂(2-丙基庚醇、DOP、MBS、特种增塑剂 DINP/DIHP、ACR)、汽车配套化学品(聚乙烯醇缩丁醛、丙烯酸酯橡胶)、建材化学品(丙烯酸涂料、聚羧酸减水剂)、丙二醇醚、乙撑胺、丙烯酸黏合剂等精细化学品；在高端新材料方面，依托园区内大型石化项目，利用其产品向下游延伸，着重发展市场急需、技术先进成熟、原料配套条件较好的 SAP、碳纤维、SBS、SIS、异戊橡胶、脂肪族碳五石油树脂、碳五碳九加氢石油树脂、PTMEG、尼龙 6、尼龙 6 切片、尼龙 66 盐、PBT、PTT、特种不饱和聚酯树脂、特种环氧树脂，以聚丙烯为原料，发展聚丙烯弹性体、聚丙烯重载膜、氯化聚丙烯，以环氧丙烯为原料，发展聚醚多元醇等。

5. 盐化工产业

目前，无论是国内还是江苏省纯碱产业产能都严重过剩，连云港市总体规划要求搬迁市内的纯碱企业，规划在连云港石化基地预留纯碱厂搬迁厂址，待城市发展必须搬迁时，进一步研究产品结构，根据市场情况，另做出决策。在氯碱领域，江苏省产能过剩也较为严重，且跟中西部相比存在成本劣势，因此规划暂不推荐建设大型氯碱项目，如果能够考虑直供电政策，IGCC 发电具有成本优势的条件下，再研究建设大型氯碱项目的可能性。

(三) 产业规划目标

根据“统筹规划、分步实施”的原则，连云港石化产业基地分为两期进行建设。

1. 一期目标

2014—2025 年，炼化一体化产业达到 3500 万吨/年炼油、220 万吨/年乙烯、200 万吨/年对二甲苯的规模。炼化一体化产业分为两套一体化项目进行实施，包括 1500 万吨/年炼油—100 万吨/年乙烯—100 万吨/年对二甲苯和新建 2000 万吨/年炼油—120 万吨/年乙烯—100 万吨/年对二甲苯。根据项目建设的条件，成熟一个、落地一个、建设一个。在 2020 年之前至少建成一套炼化一体化项目。

利用国际大宗原料资源，发展甲醇制烯烃、丙烷脱氢、凝析油等馏分油制芳烃等多元化原料加工产业，形成一定的规模作为炼化一体化产业的补充。利用炼化一体化、多元化原料加工产业的资源，发展聚酯产业、化工新材料产业、精细化工产业。完成江苏德邦化工公司、连云港碱厂等市区化工企业的搬迁改造。

2. 二期目标

2026—2030 年，建设 1500 万吨/年炼油及 100 万吨/年对二甲苯。使连云港石化产业基地炼化一体化和多元化原料加工的产业规模达到 5000 万吨/年炼油、300 万吨/年乙烯(约 500 万吨/年乙丙烯)、300 万～400 万吨/年对二甲苯。使资源配置更加优化,为中下游产业提供更为丰富的发展资源。

3. 远期目标

2030 年以后,重点发展与现代制造业、新能源、生命科学等新兴产业发展相适应的石化新领域,进行石化产业拓展。

二、石化产业基地土地利用现状及评价

(一) 国内外石化基地用地分析

1. 国外主要石化基地用地分析

(1) 鹿特丹化工区

鹿特丹化工区作为欧洲最重要的石油和化工基地,凭借其优良的地理位置,集中 45 家石油和石化公司,形成了大规模的石化联合体。鹿特丹化工区面积 60 平方千米,目前区内拥有 5 座炼油厂,43 家化工和石化公司,3 家企业的大型炼油厂年原油加工能力 5000 万吨以上;化学品领域主要有朗盛、阿科玛、瀚森特殊化学品、阿克苏诺贝尔、帝斯曼、亨斯迈、莱昂德尔巴塞尔、赢创等多家跨国化工公司,园区产品覆盖无机化学品、有机中间体、聚合物、精细与专用化学品等几乎所有化工领域。

(2) 安特卫普化工区

安特卫普化工区位于欧洲中心,毗邻欧共体总部布鲁塞尔,地处公路、铁路、水路网络相交处。依托优越的地理位置及交通条件,目前已发展成为欧洲最大的化工产业集聚地。目前,安特卫普化工区面积 37 平方千米,其中炼油化工用地占 75%。区内建有一体化的公用工程,拥有集中的公用工程中心、公共的管道管网系统、铁路系统、集中的储罐与废水处理中心,同时区内企业按照市场化的规律互相分工在产业体系上形成了"一体化"运营模式。区内现有 5 家炼油厂和 4 家蒸汽裂解工厂,炼油产能为 3700 万吨/年、乙烯产能为 250 万吨/年,是欧洲最大的乙烯生产中心之一,为区域石化产业的发展奠定了坚实的原料基础。

(3) 裕廊化工区

新加坡裕廊化工区是亚洲最大的石化生产和物流基地,也是全球第三大石油炼制基地。从 20 世纪 90 年代中期开始,新加坡政府开始对裕廊岛进行填土工程,将七个小岛连成一片,形成 34 平方千米工业建设用地,目前入驻的大型石化公司有巴斯夫、BP、塞拉尼斯、埃克森—美孚、杜邦、雪佛龙—德士古、壳牌等。截至目前,区内拥有炼油能力 6000 万吨(BP Amoco、Shell 及 Exxon mobil 公司),乙烯生产能力 350 万吨/年(新加坡石油公司、ExxonMobil 化学公司、Shell 化学公司等)。

国外主要石化园区发展现状表

表 2

园区	面积(平方千米)	炼油产能(万吨/年)	乙烯产能(万吨/年)
美国休斯敦	100	27000	2600
荷兰鹿特丹	60	5000	300
比利时安特卫普	37	3700	250
新加坡裕廊岛	34	6000	350
韩国蔚山	35	4200	340
韩国丽川	30	3200	275

2. 国内主要石化基地用地分析

(1) 上海化工区

上海化学工业区为国家级经济技术开发区,是国家首批新型工业化示范基地、国家生态工业示范园区、全国循环经济先进单位。园区位于杭州湾北岸,规划面积29.4平方千米,是以炼化一体化项目为龙头,打造"1+4"产业组合,发展以烯烃和芳烃为原料的中下游石油化工装置以及精细化工深加工系列,形成乙烯、丙烯、碳四、芳烃为原料的产品链。上海化工区内主要石化企业的赛科石化,乙烯装置产能为109万吨/年。

(2) 宁波石化经济技术开发区

宁波石化经济技术开发区地处杭州湾南岸,是宁波市唯一的专业石油化学工业园区,总体规划面积为56.22平方千米。园区内有全国最大的镇海液体化工码头,年吞吐能力超500万吨;有全国最大的炼化企业——镇海炼化,具有年炼油2500万吨和乙烯100万吨生产能力。

宁波石化经济技术开发区以石化工业循环经济生产理念为指导,确定自身产业的总体定位,以"炼油乙烯"项目为支撑、以液体化工码头为依托,以烯烃、芳烃为主要原料,重点发展乙烯下游、合成树脂和基本有机化工原料为特色的石油化工产业,逐步形成上下游一体化的石化产业链。目前已落户的国内外著名企业还有:荷兰阿克苏诺贝尔、韩国LG甬兴、日本大赛璐化学和镇洋化工、巨化科技、杭州湾腈纶等。

国内主要石化园区发展现状表

表3

园区	面积(平方千米)	炼油产能(万吨/年)	乙烯产能(万吨/年)
上海化工区	29.4	0	109
南京化工区	45	800	144
宁波石化经济技术开发区	56.2	2500	100
惠州大亚湾石化区	34	1200	95

(二) 基地土地利用现状

徐圩石化产业基地内土地主要由盐田、鱼塘等组成。规划区域东面为海岸线,近海域泥沙淤积严重,土地作为农业利用价值不高,是连云港市城市总体规划的工业用地。区内除徐圩镇区的企业和设施外,规划区域用地主要涉及徐圩盐场、徐圩街道及东辛农场等居住点,大多是低矮的渔民值班用房和棚户区。规划基地内已开工建设项目主要有虹洋热电联产工程、MTO项目以及PTA项目。

(三) 土地利用评价

综合国内外石化产业基地区的土地利用经验和连云港石化产业基地的用地现状,对基地的土地利用评价如下:

1. 土地资源丰富

规划的基地,分布着广阔的盐田和鱼塘,土地作为农业利用价值不高,是连云港市城市总体规划的工业用地,是工业建设的理想场地。

2. 交通运输条件好

东部紧邻港口,设施齐全、发展条件好,并且对外公路运输和铁路运输便利发达,有利于降低生产和运输成本。

3. 基地协作条件好

位于连云港徐圩新区内,是国家东中西区域合作示范区的先导区,得到政策支持与保障,且周边企业较多，有利于产业协作。

4. 地质条件较差

场地内水体和盐田区域地质条件较差，需经过处理方能作为建设用地。基地内河道错综复杂、交织成网，应落实好与防洪排涝规划的衔接。

5. 涉及少量的拆迁安置

随着石化产业基地的发展，规划基地内的人员聚居区、临近石化产业基地并处于基地企业安全卫生防护距离以内的人员聚居区需要逐步搬迁、安置。

总体来说，石化产业基地土地资源丰富、交通运输发达、协作发展条件好，基地在切实加强与周边区域的安全防护工作、逐步搬迁基地内现有居民点、落实各类风险防范措施及应急预案、按照相关规定采取切实可行的办法解决不利因素的基础上，具备发展石化产业所需的用地条件。

三、石化产业基地总体布局规划方案

（一）总体布局规划原则

1. 符合上位规划

基地规划符合连云港市城市总体规划的要求，符合国家和地方相关法律、法规、规范和标准。

2. 环保优先、安全第一原则

注重资源综合利用和生态环境的保护，满足防火、防爆、防洪、防震、防地质灾害以及化工生产安全卫生防护距离需要，减少对周围的环境污染。

3. 近远期结合，动态弹性原则

高起点整体规划、分步实施、重点开发、合理布局；适应本区发展的不确定性，布局结构保持一定的灵活性，并满足分期建设的需要、节约用地。

4. 坚持“一体化”开发原则

即产业发展一体化，公用设施一体化，物流运输一体化，环境保护一体化，管理服务一体化。

5. 明确功能分区、合理组织交通运输

满足工艺流程和负荷集中两方面的要求，产业链式发展，使物流路线便捷、顺畅，减少人流和物流交叉，并协调好对外交通与内部道路之间的关系，形成高效、便捷的综合交通体系。

（二）基地产业分区方案

基于产业发展规划的主要成果，根据产业发展思路，规划六个产业分区，包括炼化一区、炼化二区、多元化原料加工区、聚酯产业区、化工新材料和精细化工区、产业拓展区。

1. 炼化一区

布局3000万吨/年炼化一体化联合项目，分两期实施，包括一期1500万吨/年炼油—100万吨/年乙烯—100万吨芳烃项目，二期1500万吨/年炼油—100万吨芳烃项目。

2. 炼化二区

布局2000万吨/年炼化一体化联合项目，包括2000万吨/年炼油—120万吨/年乙烯—100万吨芳烃项目。

3. 多元化原料加工区

布局甲醇制烯烃、凝析油及馏分油制芳烃、丙烷脱氢制丙烯、异丁烷脱氢制异丁烯等采用多元化原料路线的石化项目。

4. 聚酯产业区

布局PTA及下游各类聚酯产品。

5. 化工新材料和精细化工区

依托炼化项目和原料多元化项目的产品、副产品，发展多种化工新材料产品和精细化工产品。

6. 产业拓展区

重点发展与现代制造业、新能源、生命科学等新兴产业发展相适应的石化新领域，以创新技术和吸引高技术投资为主要驱动力，以石化深加工产业为主体，吸引国内外高技术石化企业入驻园区。

（三）基地功能分区方案

规划根据产业发展定位和环境保护要求，从整体出发，统筹考虑各功能区发展条件，强调各功能区间产业相对分工，加强整体协作，合理进行功能区块的配置。石化产业基地分为管理服务区、产业区、公用工程区、物流仓储区、预留发展区五大功能分区，各功能分区布局如下：

1. 管理服务区

在基地北部设置基地管理服务区，紧邻徐圩新区的主干道S226，全面管理基础设施建设、综合配套等，将为整个基地服务的经营管理、信息咨询、金融服务、环境监测、应急响应等功能集于一体。基地内不建设集中的生活服务区，基地职工生活区依托徐圩新区。

2. 产业区

产业区按照生产类型共分6部分，分别为炼化一区、炼化二区、多元化原料加工区、聚酯产业区和化工新材料和精细化工区。

3. 公用工程区

供水、污水处理、变电站、热点联供、综合维修、消防站等各类公用工程的布置位置除考虑现有设施其本身建设要求外，也应尽量靠近其负荷中心，以缩短其输送距离，节约能耗。各类上下游装置和配套的公用工程、储运设施等都围绕布置在主产业链的周围。

4. 物流仓储区

物流仓储区位于石化产业基地东部，紧邻徐圩新区港区，仓储区西部紧邻基地规划的外接铁路。

5. 预留发展区

近远期结合，保持相应的弹性。基地内拟设置预留发展用地，为今后发展储备用地。

（四）基地土地利用方案

1. 土地利用原则

（1）要统一规划、分期建设、控制规模、保障需求、务实节约；

（2）符合规划的化工行业建设项目特点；

（3）满足环境保护、生态环境保护要求；

（4）基地各类用地比例适宜，以满足生产、服务、仓储运输、环境保护以及卫生防护的要求。

2. 用地分类

规划区内属于城市建设用地（H11）部分用地分为7类：

工业用地（M）：规划区内的化工生产、供热系统和维修企业用地均属此类。

物流仓储用地（W）：仓储企业的库房、堆场和包装加工车间及其附属设施的建设用地。

道路与交通设施用地（S）：基地内道路和交通场站等设施的建设用地。

公用设施用地（U）：总变电站、消防站、工业水厂、雨水污水泵站、污水处理厂、垃圾站，以及排洪沟渠（防洪用地）等包括在内。

绿地与广场用地（G）：主要指防护绿地，即具有卫生、隔离和安全防护功能的绿地。

公共管理与公共服务设施用地（A）：基地管理机构。

商业服务业设施用地（B）：金融服务、信息服务、商贸服务、电讯设施等机构包括在内。基地内的商业服务业设施统一建设在公共管理与公共服务设施用地内。

3. 用地分期

根据产业规划功能分区，对用地进行了合理分期规划，分为一期、二期及预留发展区。产业区内除了炼油一区的二期项目，其他项目均为一期项目，各功能区占地面积如下：

各产业功能区占地面积表

表4　　单位：平方千米

功能区	面积
炼化一区	5.87
炼化二区	3.87
预留炼化区	2.59
聚酯产业区	0.96
多元化原料加工区	5.95
化工新材料和精细化工区	6.52
IGCC 区	1.88
热电厂	0.81
炼化项目罐区	2.57
仓储物流区	2.75
管理服务区	0.58
综合维修	0.28
预留发展区	19.6

注：各功能区面积中不含各功能区之间的道路、绿化等设施用地

4. 用地平衡

综合整个石化产业基地的土地使用，基地的城乡用地汇总表及城市建设用地平衡表如下。

石化产业基地城乡用地汇总

表5

<table>
<tr><th>用地代码</th><th colspan="2">用地名称</th><th>用地面积（平方千米）</th><th>占城乡用地比例（%）</th></tr>
<tr><td rowspan="3">H</td><td colspan="2">建设用地</td><td>7321.33</td><td>86.96</td></tr>
<tr><td rowspan="2">其中</td><td>城乡居民点建设用地</td><td>7146.46</td><td>84.88</td></tr>
<tr><td>区域交通设施用地</td><td>174.87</td><td>2.08</td></tr>
<tr><td rowspan="3">E</td><td colspan="2">非建设用地</td><td>1098.61</td><td>13.04</td></tr>
<tr><td rowspan="2">其中</td><td>水域</td><td>860.99</td><td>10.23</td></tr>
<tr><td>其他非建设用地</td><td>267.62</td><td>3.18</td></tr>
<tr><td>合计</td><td colspan="2">城乡建设用地</td><td>8419.00</td><td>100</td></tr>
</table>

石化产业基地用地平衡表

表 6

序号	用地代码	用地名称	面积(平方千米)	占建设用地(%)
1	M	工业用地	4925.63	67.28
2	W	物流仓储用地	448.81	6.13
3	S	道路与交通设施用地	357.39	4.88
4	U	公用设施用地	414.89	5.68
5	G	绿地与广场用地	1097.13	14.99
6	A	公共管理与公共服务设施用地	77.47	1.06
合计		规划建设用地	7321.33	100.00

5. 土地开发计划

规划总用地 84 平方千米，一、二期项目用地 55 平方千米，基地由东向西发展，初步的土地开发计划如下：

（1）本规划充分考虑了开发建设的阶段性及配套关系，目前基地开工建设的企业有虹洋热电联产工程、MTO 项目以及 PTA 项目。为了配合企业建设，应优先启动基地的道路、铁路及供排水管线设施等公用工程设施。初期由苏海路向南发展，然后由陬山路向西安路发展，最终逐步实现向预留发展用地的转移。

（2）先期入驻项目选址优先安排在用地相对完整、靠近基地大道的土地，使基地尽快形成规模化效应，但项目选址宜按产业基地产业布局方案。

（3）考虑土地开发启动建设与远期发展的有机协调，确保远期规划实施的阶段完整性，从长远期利益出发，杜绝短期行为。

（五）土地征收及搬迁方案

石化产业基地规划范围内共涉及徐圩盐场、徐圩街道、东辛农场居民 2350 户，房屋 319500 平方米。其中徐圩盐场涉及东港工区、西港工区、深港工区、张港工区、管港工区等五个工区 200 户居民，房屋 16000 平方米；徐圩街道涉及老徐圩、辛高圩、东山村、香河村共 1700 户，房屋 236000 平方米；东辛农场涉及 8 个大队 450 户，房屋 67500 平方米。

1. 安置情况分析

（1）徐圩盐场

根据 2009—2013 年拆迁及征收情况统计，盐场范围内被征收户约有 30% 选择产权调换，其余的均选择货币安置。货币补偿一般自行安置于连云港市区，产权调换安置点为徐圩新区规划建设的张圩小区及委托代建的幸福家园小区。

（2）徐圩街道

参照徐圩盐场安置方式，但因涉及老徐圩、辛高圩、东山村、香河村，所以预计约有 40% 选择产权调换。产权调换安置点为规划建设的张圩小区。

（3）东辛农场

东辛农场范围内住户要求安置方式一般为货币补偿或由示范区提供位于东辛农场范围内的安置点。

（4）安置房及安置小区情况

石化产业基地房屋征收约需提供 720 套产权调换安置房，安置小区为张圩小区及委托徐圩盐场代建的幸福家园小区，1550户选择货币安置的家庭一般自行安置于连云港市城区。

2. 征收步骤及计划

（1）近期目标

2014—2015年将石化产业基地内东港工区、西港工区、深港工区、张港工区内150户13000平方米房屋征收完毕，需安排安置房60套。

（2）中期目标

2015—2020年，将石化产业基地的徐圩街道范围内老徐圩、辛高圩等1300户152000平方米房屋征收完毕，需安排安置房520套。

（3）远期目标

2020—2030年，将石化产业基地内剩余东山村、香河村及东辛农场8个大队共900户154500平方米房屋征收完毕，需提供安置房140套。

四、石化产业基地交通物流系统规划方案

（一）规划目标

交通及物流规划应与产业规划和总体布局相适应，与区域交通相协调，合理确定基地连接中心城市、空港、铁路、高速公路的集疏运通道；以基地外部集疏运通道为接点，因地制宜，合理规划基地内的交通运输网络，形成物流顺畅、交通便捷、安全实用的高效物流体系。

（二）对外运输系统规划方案

1. 港口运输方案

徐圩港区的原油吞吐量约为5000万吨/年以上，成品油及化工品的吞吐量约为2800万吨/年以上。徐圩港区是石化产业基地依托的港区，在港口与石化产业基地之间建设道路和工业管廊相互联系。

2. 铁路运输方案

石化产业基地铁路专用线引自陇海铁路从前云台山和中云台山中间穿过向徐圩延伸出的徐圩新区铁路专用线系统，沿港前大道引线入基地内，设置仓储区专用线以及炼化一区铁路站场、多元化原料加工区铁路站场、热电铁路站场、化工新材料铁路站场。铁路站场的用地规划中留有适当余地。

3. 对外公路交通规划方案

海滨大道、港前大道、港前四路、226省道、西安路、242省道纵向穿越石化产业基地各区块，作为石化产业基地的南北大通道。疏港大道、苏海路、陬山路、复堆河路由北而南组成石化产业基地的东西大通道。以上路网在石化产业基地形成四横六纵的对外交通网络。在未来，为了保障基地安全、便于统一管理，基地将封闭化管理，226省道石化基地段进行两侧封闭隔离，基地内部道路通过分离式立交跨越226省道，使过境车辆无法进出基地，同样可以达到基地封闭管理的效果，且保证过境车流无绕行。

4. 管道及皮带运输

在石化产业基地内建设工业管廊，输送工业物料；在基地罐区与码头之间、基地内部敷设管道，大宗液体物料采用管道输送方式。

5. 疏港内河航运

根据《连云港市城市总体规划（2008—2030）》与《连云港市干线航道网规划》，规划烧香河、善后河、烧香支河及张圩港河（烧香支河—S226段）为航道。其中，烧香河、善后河、烧香支河、复堆河规划为三级航道，张圩港河（烧香支河—S226段）规划为五级航道。

烧香河、善后河、张圩港河在徐圩新区境内全线均规划为可利用岸线。规划在烧香河东段设置两处内河码头;在德邦化工南侧设置一处内河码头,并在驳盐河南段局部开挖新航道以连通善后河东段航道,从而实现盐化工产品的外运。

(三)基地内道路交通规划方案

1. 道路网布局规划

石化产业基地内部的道路系统由基地快速路、交通性主干道、主干道、次干道、支路五级组成,本规划以基地主干道和次干道划分地块。基地快速路(S226 省道)贯通石化产业基地和徐圩新区,是基地对外联系的人流、物流主通道;交通性主干路为港前大道、复堆河路 - 西安路,是基地对外联系的主要物流通道;主干道、次干道是与交通性主干路和快速路衔接的集散道路,主要承担基地内交通。

基地快速路(S226)道路红线宽度 60 米,设置一定宽度的安全防护隔离带;交通性主干道和主干道道路红线宽度 50 ~ 60 米;次干道道路红线宽度 26 ~ 35 米;道路净空高度不应小于 5 米,S226、港前大道和西安路作为产业基地大件运输通道,其垂直净距为最大设备直径加运输该设备的车辆底板高、托板高及安全高度,或为车辆装大件设备后的最大高度加安全高度,前者均按具体物件尺寸计。有大型消防车通过的道路应根据实际需要确定其道路净空高度;规划道路的转弯半径一般为 12 ~ 25 米。除本规划的道路外,地块内的其它支路在企业入驻时根据总图布置的需要确定,道路横断面规划按照分区主干道、次干道层次的不同,采用不同的路面宽度和路面形式。

2. 道路断面规划

(1)快速路

规划将 S226 省道作为基地的客流主通道,同时作为工厂原料和成品运输(不含危险品运输)的重要通道,规划重点是客、货运输分离,减少相互干扰,规划道路横断面如下:

3.5 + 1.5 + 7.5 + 4.5 + 11.5 + 3 + 11.5 + 4.5 + 7.5 + 1.5 + 3.5

(2)交通性主干道

石化产业基地交通性主干道为港前大路、西安路及苏海路,是基地对外联系的主要物流通道,规划道路横断面如下:

3 + 1.5 + 4.5 + 3 + 12 + 8 + 12 + 3 + 4.5 + 1.5 + 3

3 + 1.5 + 4.5 + 3 + 11.5 + 3 + 11.5 + 3 + 4.5 + 1.5 + 3

(3)主干路

主干路为基地内交通性干道,主要有陬山路、港前四路、陬山二路,也是基地对外交通联系的主要通道,主干路设计车速为 40 千米/小时。规划道路横断面如下:

3 + 1.5 + 4.5 + 3 + 11.5 + 3 + 11.5 + 3 + 4.5 + 1.5 + 3

(4)次干路

次干路为区域交通主要集散道路,次干路可以根据实际情况作必要的线路、断面调整,规划道路横断面如下:

3 + 1.5 + 3.5 + 2 + 15 + 2 + 3.5 + 1.5 + 3

2.5 + 3.5 + 1.5 + 11 + 1.5 + 3.5 + 2.5

(5)支路

支路是基地内联系各地块的局部区域道路,支路根据实际情况布设,规划道路横断面如下:

3 + 8 + 3

3 + 8 + 3

规划道路分类表

表 7

序号	断面编号	等级	机动车数（道）	红线宽度（米）	性质
1	A－A	快速路	6	60	人流物流主通道
2	A－A、A4－A4	交通性主干道	6	50～60	物流主通道
3	B－B	主干道	4	50	人流物流通道
4	C0－C0、C－C、C1－C1	次干路	4	26～35	物流通道
5	D－D	支路	2	14	人流通道

3．道路交叉口规划

石化产业基地内部道路通过分离式立交跨越 S226 省道，其他道路交叉口均采用平交，道路与铁路专用线交叉角度不应小于 45 度。

（四）仓储及物流系统规划方案

1．仓储系统规划

（1）原料及产品罐区

按照基地内各生产装置中大宗原料、辅助原料及化学品的使用和储存情况，基地内集中设立原料及化学品罐区，依托港前大道以东的仓储区内规划的各类罐区土地、铁路站场、仓储设施。港区规划仓储区用地不小于 14 平方千米。

按液体类别、化学性质等分区建设，可分为液体原料、产品罐区等，罐区品种、容量、数量依生产工艺和用户要求分期分批建设。基地液体原料、产品大部分都是危险化学品，其储存应严格安全贮存的要求分类隔离储存。

（2）全厂性仓库

根据各生产装置所需的化学品、催化剂以及成品等物料的储存情况，基地内按照物料的类别、化学性质等分别设置各类原料仓库、化学品仓库和成品仓库。产业区内原则上只设特殊原料及化学品储存间。

（3）危险化学品库区

按照《危险化学品安全管理条例》（国务院 344 号令，2011 年 2 月 16 日国务院第 144 次常务会议修订通过）要求，规划建设危险化学品库区。

2．物流系统规划

（1）物流管理

通过建设物流管理中心、物流信息统一处理中心，采用独资、合资、合作等方式组建物流配送站，构筑物流电子商务平台，以公路、铁路、水路、管道、皮带为依托优化资源，实现“一站式”“一体化”物流的服务等方式强化基地的物流管理工作。

（2）物流配送

利用连云港港口优势，组建物流运输网，形成以港口为中心，以石化产业基地用户为主要目标，多种运输方式配套的综合运输网络。重点建设基地内物流运输管廊，充分发挥铁路、公路、水运的骨干作用，为广大用户服务。

（3）物流服务对象

主要为徐圩新区石化产业基地企业、连云港地区用户、连云港地区周边用户、江苏省及江西、安徽、山东、河北、河南、山西、陕西等地区利用徐圩港口进行货物中转的用户服务。

（4）物流配送方式

基地对外物流配送主要依托港口、周边高等级公路运输网和铁路运输。根据项目产品链关系对物流运输进行布局，重点规划实施水路、公路、铁路和公共仓储区相结合一体化的物流运输方式。区内配送主要采用管道运输、公路运输、皮带运输等方式。

五、石化产业基地专项规划方案

（一）水资源开发利用规划

1. 水源规划

根据基地及周边区域供水规划及水源分布情况，可供园区使用的水源主要为通榆河北延送水工程及淮沭新河经古泊善后河供水工程，目前水源为淮沭新河经古泊善后河供水工程，待通榆河北延送水工程完全建成后将实现联网供水，淮沭新河经古泊善后河供水调整为第二水源。另外，经过处理的再生水、雨水及海水可作为补充水源。

2. 净水厂规划

基地用水由规划一水厂（徐圩水厂）统一供应，并将其供水总规模增加至160万立方米，以充分发挥净水厂的规模效益，节约土地。水质需符合《石油化工给水排水水质标准》（SH3099—2000）2.0.4/2.0.5及《生活饮用水卫生标准》的要求。

3. 给水系统规划

循环冷却水浓缩倍数不小于4；相对集中布置；优先由再生水补充，不足的部分由新鲜水补充；排水监测合格后统一输送至基地深海排放点。

规划在公用工程岛依托IGCC装置集中建设除盐水装置，由IGCC装置供应的除盐水采用“点对点”方式独立配送。

4. 给水管网规划

基地生活水与工业水采用两套独立的管道系统，实行分质供水；低压消防供水系统与工业给水系统共用，火灾消防时的节点压力应不小于0.15MPa；生活水给水系统控制点水压不低于0.28MPa，工业给水系统控制点水压不低于0.3MPa；给水管网沿道路布设，生活水管道采用环状和枝状相结合的方式布置，工业水管道形成环状管网。

（二）污水工程规划

1. 污水处理规划

根据基地建设进展、布局特点，集中规划二处污水处理装置，其中，东港污水处理厂规划位于港前大道西侧，陬山路南侧，收水范围为基地复堆河路东侧区域，总规模为20万立方米/日，启动规模按4.8万立方米/日设计；化工污水处理厂规划位于东港变电站西侧区域，收水范围为基地预留发展区域，规划总规模10万立方米/日，启动规模建议为2万立方米/日。

2. 污水管网规划

基地内污水管网采用明管输送，主要依托基地公共管廊进行铺设，管道建议采用玻璃钢管、PE管、PVC管等耐腐蚀管材，并进行相应的保温处理。

（三）雨水工程规划

充分利用基地内人工水系沟渠集蓄雨水，进行雨水资源化利用，实现非汛期雨水不外排，汛期雨水量超过基地消纳能力后通过排涝设施有效外排。

（四）再生水工程规划

为减少原水取用量，保护水资源，污水处理工程建设时应配套建设再生水处理与回用设施，尽量减少污水外排量。根据基地污水量预测及回用率要求,基地再生水回用总量为21.86万立方米/日,其中一期项目回用量为14.65万立方米/日,二期项目回用量为1.12万立方米/日,预留区回用量为6.09万立方米/日。

(五)供电规划

1. 供电方案

根据徐圩新区石化产业基地近远期项目的需要,园区内初步考虑规划建设四座220kV变电站,分别为东港变、港口变、南区变、化工变。220kV电源进线引自地区500kV伊芦变及南翼变。

园区内近远期规划建设容量为约1334兆瓦的IGCC燃气—蒸汽联合循环机组,发电机组可考虑与总降压变电站220kV侧并联运行,为园区提供110/10kV电源。

规划220/110kV总降压变电站,将来作为整个徐圩新区石化产业基地的主供电源点,向园区内建设项目提供110kV等级供电线路。届时,在园区内规划建设数个110/10kV用户站及相应中低压变配电设施,即可满足园区建设项目用电负荷的需要。

10kV以下中低压供电线路沿园区规划的工业管廊敷设,无管廊处沿道路埋地敷设,工业区内35kV以上高压线路沿道路埋地或架空敷设。

2. 电网规划

石化产业基地内供配电电压等级主要为220/110/10/0.4kV,工业区内各用户均采用双回路电源供电方式,各中低压用户根据需要分别建设10/0.4kV车间变电所,高压走廊控制宽度220kV线路为40米,110kV线路为25米,220kV高压走廊基本于规划区外围布置。

(六)通信工程规划

1、通信设施规划

规划15000门电话,通信接入点为徐圩电信机房。

2. 数字网络规划

在徐圩新区石化产业基地内构建宽带网,敷设主干光纤,各部门可将其局域网或单个用户端通过光纤与主干网互联,实现图文数字传输和处理,作到资源共享、通信快捷的目的。

3. 有线电视系统规划

规划区有线电视覆盖率达100%,各企业和单位的有线电视综合业务全部实现光纤化。

4. 通信线路规划

徐圩新区石化产业基地将实现光缆到路边的宽带接入,基地内电话线路一律采用地下管道敷设,主干线路沿区域内干道敷设。规划有线电视线路与电话线路同沟敷设,占用电话管道中的一孔。通信光缆以道路网为骨架,铺设光缆排管,规划的通信主干管为12~24孔,通信次干管为8~12孔,沿区内道路敷设。

(七)供热工程规划

1. 总体供热方案

根据连云港石化产业基地所需热负荷的需要,按照“以热定电”的原则,为提高整个基地的供热效率及经济效益出发,在基地内规划建设公共热电站,热电站建设分期进行,并为预留发展用地内项目热负荷的需要留有扩建余地。供热设施方案如下表:

徐圩石化产业基地环境保护规划控制目标表

表 8

	IGCC 及锅炉	汽轮发电机组
一期	8x9E 8X260t/h	4XCB50 - 8.83/4.02/1.57
二期	1x9E 1X260t/h	2XBN50 - 8.83/4.02

自备热电厂供应高、中、低压等级的蒸汽,同时所发电能约 1340 兆瓦暂时考虑以 220/110kV 接入 220kV 园区总降压变电站 220/110kV 侧,各热用户可根据自身的实际需要自行减温减压供汽。装置副产 0.6MPa 低压蒸汽暂时考虑用于补汽式余热发电。

2. 供热管网规划

徐圩新区石化工业区中低压蒸汽管网有三个等级:4.0MPa、1.5MPa 及 0.6MPa,各生产装置所需的中低压蒸汽,由工业区公用热力管网统一供应。所需高压蒸汽由热电站锅炉直供,蒸汽管线采用沿地上工业管廊架设。

(八) IGCC 方案规划

1. 一期规划方案

根据产业规划方案,一期项目共需超高压、高压和中压蒸汽 3615 吨/小时,氢气 391300 标立方米/小时,合成气 22026 标立方米/小时。一期项目所需氢气和合成气拟由煤气化装置生产的粗煤气经变换/热回收、脱硫/脱碳后供给;蒸汽拟由煤气化、变换等装置余热废锅和燃气轮机(PG9171E 型)余热锅炉供应;此外,为降低投资,保证蒸汽供应稳定性和操作灵活性,设置天然气燃气锅炉与燃气轮机一起提供超高压蒸汽。

2. 二期规划方案

根据产业规划方案,一期项目共需超高压、高压蒸汽 109 吨/小时,氢气 203140 标立方米/小时。

(九) 工业气体规划

徐圩新区石化产业基地所需工业气体量较大,为满足需要,需由煤气化装置配套建设大型空分装置和空压站集中供给,向区内各生产用户供应工艺压缩空气、仪表压缩空气和氮气。

(十) 公共管廊规划

沿道路绿地建设物流管廊;规划敷设 220/110/10/0.4kV 动力线走廊、通信线路走廊、工艺给排水及雨水管线走廊等。

(十一) 绿地景观规划

1. 绿地系统

绿地系统应以提高基地整体环境质量和建设优美环境为目标。应充分利用自然地形条件设置各类绿地,营造优美的自然环境,形成以基地景观湖为绿化重要节点,形成以基地管理服务中心绿化广场为重要节点,道路及河道防护绿地为轴线,生态防护绿地环绕的“点、线、面”相结合的有机开敞绿地系统框架。

2. 景观系统规划

石化产业基地内景观系统从生态的角度出发,通过道路、河道两侧绿化带的建设,为石化产业提供一个良好的生态环境,同时,以绿化带为主体,将基地的产业进行空间上的有机隔离,形成“点、线、面”相结合的开放空间结构体系。

3. 指标控制

基地内各类建设项目的绿地率必须达到下列指标：

三类工业用地不低于12%；

公共设施不低于35%；

仓储用地不低于15%

石化产业基地的整体绿化率为15%左右，基地内企业的绿化率应按照相关规范和规定执行。

（十二）环境保护规划

以科学发展观为指导，贯彻“保底线、优布局、调结构、控规模、严标准”五大战略对策，坚持“生态功能不退化、水土资源不超载、污染物排放总量不突破、环境准入不降低”四条红线，根据基地所在区域环境现状，结合产业特点及国家相关要求，规划环境保护控制各项指标均达到或超过国家相关要求。

1. 主要污染物排放量

废水：根据污水量及回用水量预测，规划期末基地外排生产污水总量为2565万立方米/年，生产废水总量为1374万立方米/年，排放的COD总量为1697吨/年，氨氮总量为129吨/年。

废气：根据产业规划确定的项目，结合同类项目污染排放现状，考虑国家节能减排和环境保护的要求，SO_2排放量为11844吨/年，No_x排放量为13073吨/年，烟尘排放量为4676吨/年，非甲烷总烃排放量为13500吨/年。

固体废物：徐圩石化产业基地规划控制区内一般固体废弃物产量为1065400吨/年，危险固废产量为58294吨/年，生活固废产量为4253吨/年。

2. 污染物治理

根据《江苏省政府办公厅关于切实加强化工园区（集中区）环境保护工作的通知》、《江苏省化工园区环境保护体系建设规范（试行）》、《徐圩新区生活饮用水水源保护区划分方案》等文件的要求，对环境敏感区进行防护，并根据石化产业基地相关标准对废水、废气、固体废物进行相关处理。

3. 环境应急体系规划

通过设置应急机构、编制应急预案、储备应急物资等方式建立环境应急体系，并针对三级水污染、原油罐区及油品码头安全贮运、管线事故风险、船舶、码头风险、大气污染采取具体的防范措施。

4. 环境管理

通过进行项目环境影响/风险评价，制定促进清洁生产的政策和管理制度，设置环境准入门槛，设置专门环保机构并配备专职环保管理人员，实行主要污染物总量控制等方式对基地的环境进行综合管理。

5. 环境监测

通过建立数字化在线监控中心，对重点污染源和基地总排口安装视频监控和自动监控设施，在基地污水处理厂、危险废物处置中心安装工况在线监控设施，建立智能化实时大气预防预警监控点、水质自动监控点等方式对基地的环境动态进行有效监测。

（十三）消防规划

消防规划贯彻“预防为主、防消结合”方针，严格遵循有关消防、防火设计规范和标准，根据工程的规模、火灾的危险性程度、现有和临近单位消防力量，合理地设置消防设施。按一线设防，二线驻点（每4~7平方千米设置一个消防站）的消防配置，建立一个专职公安消防队和企业兼职消防队两级管理相结合的，高效实用、安全可靠的消防体系和先进的消防通信网络，做到安全生产和方便使用，在消防救援、管理模式上与国际接轨，预防火灾和减少火灾危害、保护公民人身、公共财产的安全。

（十四）安全及综合防灾规划

坚持"安全第一、预防为主、综合治理"的安全生产管理方针，积极推进区域危险化学品生产、储存及运输安全标准化达标；建立健全安全生产监管监察体系、信息体系、培训体系、宣传教育体系和应急救援体系等安全防护体系；坚决遏制重特大事故发生，实现徐圩石化产业基地安全发展。

六、石化产业基地规划效果

（一）重点项目投资及效益情况

根据对规划重点项目的测算，在规划项目实施后，规划期内（2014—2030年）连云港石化产业基地产业项目总投资将达到约2333亿元，年工业产值将达到约4722亿元，年利税额约905亿元，年利润额约434亿元，实现年工业增加值约1230亿元。

（二）基础设施投资

以初步预测工程量为基础，预测徐圩石化基地基础设施总投资约为199.2亿元，其中一期基础设施投资191亿元，二期新增投资8.2亿元。

（三）规划指标

通过采用先进技术，实现连云港石化基地的技术升级，最终实现各项经济和技术指标，达到国内先进水平。具体规划指标如下表所示：

连云港石化基地规划指标表

表9

指标名称	单位	一期	二期
一、经济发展指标			
总产值	亿元	3965.5	4722.1
工业增加值	亿元	1030	1230
二、物质减量与综合利用指标			
单位土地产出率	万元工业增加值/万平方米	1870	2240
单位土地投资强度	万元/万平方米	3800	4200
单位工业增加值新鲜水耗	立方米/万元	15	13.5
工业水重复利用率	%	97.4	1.0
污水回用率	%	70.0	70.0
一般工业固废综合利用率	%	100	100
三、污染控制指标			
单位工业增加值 SO_2 排放量	千克/万元	0.9	1.0
单位工业增加值 No_x 排放量	千克/万元	1.1	1.1
单位工业增加值废水排放量	立方米/万元	1.5	1.4
单位工业增加值 COD 排放量	千克/万元	0.08	0.07
单位工业增加值氨氮排放量	千克/万元	0.008	0.007

续表 9

指标名称	单位	一期	二期
一般工业固废综合利用率	%	100	100
危险废物安全处置率	%	100	100
企业通过清洁生产审计率	%	100	100
企业环评和“三同时”执行率	%	100	100
四、行业特征指标			
1. 炼油			
吨油加工能耗	千克标油/吨	68	65
单位因数能耗	千克标油/吨·因数	9	9
吨油耗新鲜水	立方米/吨·油	0.48	0.45
吨油外排水量	立方米/吨·油	0.12	0.1
2. 乙烯			
单位乙烯加工能耗	千克/吨·乙烯	520	500
双烯加工能耗	千克/吨·乙烯	350	330

（四）经济社会带动作用

连云港石化产业基地的建设符合国家多项区域发展战略，不仅有利于区域产业布局的优化，推动区域产业结构调整和升级，还有利于提高经济效益，促进区域经济和社会和谐发展，成为江苏省新的经济增长极，同时还能带动新亚欧大陆桥沿线区域经济社会的发展。

七、石化产业基地政策措施

（一）鼓励各类所有制企业参与石化产业基地建设

在连云港石化产业基地的建设中，贯彻党的十八届三中精神，鼓励国有资本、民营资本、外资资本共同参与石化产业基地的建设。只要符合国家法律法规和产业政策要求，在产业项目的审批方面平等对待。鼓励各类产业资本在石化产业基地建设中的相互融合，发展混合所有制经济，拓展资本来源，保障规划实施。

（二）优化建设方式和区域资源配置，鼓励战略联盟

基地管理机构在招商引资过程中发挥协调作用，鼓励区域优势产业的现有企业参与石化产业基地建设，推动不同投资者建立战略联盟，采取合资、合作的方式建设项目，发挥各自优势，加快项目的建设和发展。

（三）建立项目筛选、评估的长效机制

石化产业基地的产业发展是一个长期的过程，在发展中具体项目的产品市场、技术、资源、政策等情况都会发生变化。在建立备选项目库的基础上，还应考虑建立内外部专家团队，根据情况的变化，及时对意向项目进行科学的研究论证，形成对招商项目进行筛选、评估的长效机制，以保证入驻项目符合国家产业政策，并且在技术上、经济上具有先进性。

（四）鼓励发展高端产品，促进产业优化升级

鼓励化工新材料、精细化工专用化学品等高端产品的发展。对于国家重点鼓励发展的产品，区域战略性新兴产业急需的产品，在产业基地内进行建设，在土地、税收等方面给予一定的政策优惠。

（五）强化安全环保监管

坚持清洁安全生产，提高本质安全环保水平。严格企业生产装置运行监管，提高安全环保监管水平。健全生态环境补偿机制，加大惩处力度，提高违法违规成本。提高准入门槛，严格安全、环保规范，确保项目安全、环保“三同时”。

（六）做好项目社会稳定风险防控工作

加强社会稳定风险评估，加大项目前期工作民意征集和宣传引导力度，及时发现和消除隐患，把风险化解在项目前期。建立风险防控机制和风险化解机制。增强企业社会责任意识，加大责任关怀力度，树立行业正面形象。

（七）构建人力资源支撑体系

建立适应石化产业发展所需技能人才的培养机制。加快以职业院校为基础、以企业为主体、政府推动和社会参与相结合的高技能人才培养体系建设。坚持产业聚才、项目引才、事业留才，以项目建设促进人才集聚，以人才集聚推进项目建设。加强人才市场建设，进一步发挥人才市场在人才资源配置中的基础性作用，推动石化人才合理流动。

（八）加强科研体系建设，打造研发支撑平台

石化产业的持续发展离不开技术进步和产品的更新，先进的技术水平是保持强大竞争力的关键所在，连云港石化产业基地定位于建设世界级石化产业基地，石化中下游延伸产业重点发展高附加值、高技术含量的高端石化化工产品，对建立科研体系的需求十分迫切。石化产业基地应加大投入，集中打造研发支撑平台，在基地集中建设科研开发中心；鼓励入驻大中型企业建设企业级研发中心；加强中介服务，在科研院所与企业、企业与企业之间形成集研发、设计、生产于一体的良好纽带，构筑高效的技术服务平台；加强对新技术示范项目的支持和鼓励力度，在政策上给予一定的支持。通过科研体系与研发平台的建设，使连云港石化产业基地成为科研与生产相结合的有机体。

三、媒体聚焦

连云港徐圩新区："苏醒"的盐碱滩

（2012 年 5 月 22 日新华社）

一边是蔚蓝的大海，海浪轻拍堤岸；一边是茫茫盐滩，滩上机器轰鸣。从新亚欧大陆桥零千米处向南约 18 千米，是我国首个东中西区域合作示范区的先导区徐圩新区。在示范区设立一周年之际，记者来到这片正在“苏醒”的盐碱滩。

进入新区，首先映入眼帘的是有如风帆、高高耸立的新区多功能建设指挥塔，不远处是综合会馆，馆内超大的显示屏和巨大的沙盘描绘了徐圩新区充满希望的未来。2011 年 5 月，国务院批准在连云港市设立我国首个国家东中西区域合作示范区，拥有约 35 千米海岸线的徐圩新区成为示范区的先导区，这里也成为江苏省沿海开发的主战场之一。

按照规划，与日本、韩国隔海相望的连云港市，将充分利用自身区位优势，建立服务中西部地区对外开放的重要门户，在老港区南北两翼分别大力建设徐圩港和赣榆港的同时，发展临港产业，构筑一个新的“东方大港”。

“徐圩不仅是连云港的徐圩，也是中西部地区的徐圩，我们的未来与中西部地区的未来发展紧密相连。”徐圩新区管委会主任石海波说，目前，徐圩正在加快推进基础配套设施的建设，“生态、低碳、循环、智能”是新区倡导的发展理念。

站在新区内最大的湖泊云湖边，看着新栽植的树木和正在建设中的楼宇，很难想象这里曾是茫茫盐滩。历史上，徐圩是一个产盐重镇，这里拥有淮北两大盐场徐圩盐场和台南盐场，是淮盐文化的发祥地。然而，随着制盐技术的发展，这里大量盐田逐渐沉寂下来。

如何用好这片土地？随着中西部地区经济发展和对外开放深入，作为新亚欧大陆桥的东桥头堡和陇海、兰新沿线中西部地区的最便捷出海口，连云港港口贸易和临港产业也迎来大发展的机遇，古老盐滩二次开发提上日程。

石海波介绍，先导区总规划面积约467平方千米，这里正在建设30万吨级深水航道，同时发展现代港口物流园、石化产业园、精品钢产业园、节能环保产业园、中西部地区出口产品加工园以及高效农业示范园和城市配套功能区。预计到2015年，示范区建设初见成效，2020年，示范区将全面建成，服务中西部地区对外开放的重要窗口功能更加完善。

连云港港口集团有限公司副总裁喻振东介绍，近年来，来自中西部地区的货物一直占据连云港港货物吞吐量的60%以上。为了给中西部地区对外贸易提供“零距离”服务，连云港市已在中西部地区建立了多个“无水港”

徐圩新区提供的数据显示，尽管目前大量基础配套设施还在建设中，但已有多个重大项目落户这里，总投资近600亿元。其中，总投资138亿元的精品钢管项目和总投资92亿元的镍合金新材料项目正在建设主体厂房，年内一期工程有望竣工投产。

国家战略的重托和使命

——来自徐圩新区开发建设三周年的报告
（2012年6月18日《新华日报》）

大海朝着中国海岸线上的连云港徐圩新区这块土地，千年一瞥，浪花飞卷，动人心魄。

是呀，等待这一刻太久、太久了。

这是2009年的6月，徐圩大海的浪花和一碧如洗的天空，听到了徐圩新区土地上升起的一面五星红旗在海风中猎猎飘展的响声。是共和国的召唤。是蔚蓝色的昭示。

一种汹涌澎湃的“坚韧、尽责、高效、创新”的精神流入徐圩新区蔚蓝色的血管里。

沉睡多年的咸土地惊醒了。

那层层叠叠激动人心的海浪簇拥着徐圩新区。徐圩新区人变成了其中的激情四射的一朵朵浪花，不舍昼夜的用前所未有的热情创造着崭新的历史。

一份国家战略纲领性文件的诞生

数百年来，徐圩，这片萧条冷落的土地一直在等待，等待着发现，等待着开发，等待着成长。

徐圩新区位于连云港市主城区东南部，濒临黄海，腹地阔绰。在中国盐政版图上，徐圩一直是淮北盐区举足轻重的盐场，盐产量占淮北盐总产量的三分之一。徐圩也是淮盐文化的主要发祥地。

2008年5月8日，由全国政协原副主席钱正英院士牵头，中国工程院会同国家开发银行组成的课题组，向国务院总理办公会汇报《江苏省沿海地区综合开发战略研究报告》时，建议从国家发展战略层面考虑，探索设立东中西互动合作示范区。

连云港以其独特的新亚欧大陆桥桥头堡的地理优势，进入了国家发展战略层面的视线。

2009年6月10日，国务院常务会议通过了《江苏沿海地区发展规划》，其中明确：探索设立国家东中西区域合作示范区。为实现区域合作发展探索新路径，这份文件出台10天后，徐圩开发建设指挥部委托国家发改委外经所迅速启动国家东中西区域合作示范区的研究工作，并抽调人员与外经所研究人员组成课题组，赴日韩和陆桥沿线等地区做了大量的实地调研，同时就方案起草中的重点政策内容多次征求了国家发改委部分司局和财政部、海关总署等有关部委的意见。2009年10月初研究形成《建议方案》上报省政府。在国家发改委的主持下，根据各层面的反馈意见，课题组从2009年10月至2011年3月共经过了6次集中修改完善，形成上报国务院的《总体方案（建议稿）》。在长达两年时间艰难的申报过程中，徐圩新区课题工作班子赴京向国家有关部委汇报对接30余次，组织召开专家咨询会4次，并争取通过各种渠道及时跟踪进展情况，推动有关方面尽快研究推进报批工作。

2011年5月31日，温家宝总理审阅同意《总体方案》，国务院以国函〔2011〕61号文正式批准在连云港市设立国家东中西区域合作示范区。《总体方案》明确要求该示范区以服务中西部地区发展为宗旨，以徐圩新区为先导区，进一步加强出海通道、合作服务体系和产业合作基地建设，推动东中西部地区共同发展，加快培育新亚欧大陆桥经济带，为实现区域协调发展探索新路径。

2012年5月26日，江苏省政府正式出台《关于贯彻落实国家东中西区域合作示范区建设总体方案实施意见》。

示范区的设立，是国家继实施以连云港为龙头的江苏沿海开发战略后，给予连云港市的又一重大政策支持，为连云港市的跨越发展、后发先至提供了有力的支撑。

示范区支持政策涵盖财政、投资、土地、开放、金融等领域，为连云港市发展创造了更有力的政策环境。

总体方案和实施意见都明确指出，在示范区划出一定区域，由中西部地区进行统一规划，自主设立"区中区、园中园"。示范区承接产业转移及共建园区合作项目的收益，由合作方分享；项目投产后产生的增值税、所得税地方留成部分，双方在协商一致的基础上按比例分成。

这就是说，在徐圩将会出现中西部地区的"飞地"。这同样是我国区域合作出现的一种全新的模式。

国家的目光发现了徐圩。

国家之所以将东中西区域合作示范区的先导区放在徐圩，是因为徐圩新区良好的自然禀赋，是因为市委、市政府和徐圩新区的不懈努力，也是因为经过三年的大开发、大建设，徐圩新区的框架已基本拉开，基础设施建设初见成效，有了一个理想的承接平台。

徐圩这一片土地承载起国人惊喜与赞誉的目光，以大风起于沧海，席卷中国从东到西的中西部这片热土。

连云港曾经有过很多机遇，也曾经与这些机遇擦肩而过。如今，连云港再也不想、再也不能与历史机遇失之交臂。这个全国第一批十四个沿海开放城市之一的城市转身向海，寄望蓝色思维和凭海临风的崛起。

徐圩新区将铸造出怎样的"沧海桑田"发展历史？

蔚蓝色的海风劲吹，激荡着徐圩新区大地。一场开发与发展的伟大革命，正在徐圩新区咸土地上铺开。

用行动诠释国家战略的深刻内涵

砥砺三载，盐碱荒滩变创业热土。

2009 年 4 月的一天，草长莺飞，四十名带着组织的重托怀揣梦想的机关干部来到这里，他们是第一批拓荒者，有的来自纪检、政法部门，有的来自新闻单位，有的来自卫生战线，有的来自建设、国土、交通部门。

现实呈现在他们眼前的是一望无际的盐碱滩，沟渠遍布、杂草丛生，无边无垠的芦苇荡里面全部是淤泥。没有房子自己动手，活动板房也能遮风避雨，没有淡水，沟渠里面混浊的水将就着吃喝。因为交通不便，快餐店的老板也望而生畏，价格再高也不肯上门服务。

来不及多看，多想，第一批拓荒者们马上投入了忘我的工作，白天风吹日晒，晚上蚊虫叮咬，规划、工程二十四小时不停工，很快有人因为水土不服闹肚子、有人发起了高烧。他们并不畏惧，开发建设新区，磨砺、缔造着一个一个创业者，他们无一不爆发出惊人的生命力。

三年来，徐圩新区累计完成基础设施投入 90 多亿元，实施重点工程 100 多项，完成“四纵四横”路网框架，热电中心、水厂、污水处理厂等配套设施年内全部建成投入使用，初步具备“七通一平”条件。

我们站在徐圩土地上，站在脚下那浪花飞溅的长长的海堤上，极目眺望，不禁喟叹，这还是沉寂多年的盐滩吗？谁说这里是一片滩涂，谁说这里是一片沉寂？这里是一幅绚烂的大画，宽阔的道路四纵四横贯通在徐圩新区，一座座崭新的建筑拔地而起，一栋栋现代化的工业厂房正在紧张地施工，一辆辆大型运输车川流不息地从我们身旁驶过，一株株草木在这里抽芽、吐叶，一朵朵鲜花吐露着芬芳，一只只鹚鸪在翠绿色的芦苇荡里、波光潋滟的一泓泓潮水里，自由自在地嬉戏，展示这里滋润无限生命的丰腴。

这是一块有梦想、有理想、有浪漫、有自信的土地。

这里每个人心里都淙淙流淌着执着追求之河流。

目前，尽管大量基础配套设施还在建设中，但已有多个重大项目落户徐圩新区。目前，新区正在建设的重大产业项目有 5 个，总投资约 600 亿元，包括年产 380 万吨高性能管线钢管项目、年产 41 万吨镍合金新材料项目、年产 120 万吨甲醇制烯烃项目、年产 35 万吨的合成氨系列产品项目等。其中，高性能管线钢管项目和镍合金新材料项目年内一期工程将竣工投产。

三年时间的拼搏奋战，擂响的鼓声回荡在海天间：徐圩新区已全面拉开基础设施框架，临港产业项目和示范区功能平台建设等各项工作均取得了重大突破。按照国家东中西区域合作示范区建设总体方案的要求，徐圩新区积极推进产业合作基地和合作服务体系建设，启动实施了 60 多个示范区功能平台的研究策划工作，重大科研成果研发社区一期工程、国际物流服务中心、云湖商务中心等功能平台即将建成投用，为徐圩新区与中西部地区企业的进一步合作奠定了基础。

转型升级：重大而紧迫的任务

2011 年 2 月，农历大年初一，中央政治局委员、书记处书记、中组部部长李源潮在视察徐圩新区时指出，徐圩新区在开发建设过程中要始终坚持高标准和先进的开发理念，做好设计规划、环保规划和生态规划，打造中国 21 世纪最有代表、最有水平的新区。

徐圩人知道，这是一个挑战自我、超越自我的新的部署和要求。转型升级，将为徐圩新区更长时期、更高水平、更好质量发展创造条件。

徐圩新区是在树立一种模式，一种还没有人做过的模式，在全国起到推广示范作用。

走别人没走过的路，做别人没做过的事。历史总是这样写成的。

在较短的时间内，徐圩新区对总体规划和产业布局进行了调整完善，空间规划结构由“两轴八区”调整为“一区六园”，即城市配套功能区、石化产业园、精品钢产业园、节能环保产业园、现代港口物流园、中西部地区出口产品生产加工园和现代高效农业产业园，主要增加了节能环保产业和面向中西部地区的出口产品加工板块，进一步优化了新区产业结构。值得一提的是，徐圩新区还把社区邻里中心商业形态引入工业园区规划以内，满足企业和工人生产生活服务等方面的需求；先后编制了示范区先导区建设行动方案，研究出台了《示范区规划建设指导意见》，并且正在深化对产业发展规划的研究，着力提升产业发展水平和层次，加快构建新区现代产业体系。

根据建设现代产业体系的要求，徐圩新区在大力培育石化、精品钢、先进装备制造业、节能环保和现代港口物流等五大主导产业的基础上，重点发展节能环保设备制造、海洋工程装备制造产业，打造科技产业板块，加快推进大型临港产业集聚，延伸上下游产业链，增强整体竞争力。

徐圩新区规划原则中重要的一条就是坚持环保优先，使徐圩成为具有示范效应的国际生态型临港产业新城。

按照“生态、智能、融合、示范”发展理念，徐圩新区致力于绿色创新、绿色增长和可持续发展，倡导推广应用国际先进、国内领先的节能环保技术，提高产业项目准入门槛，走新型工业化和循环经济道路。未来，徐圩新区还要建设国家节能环保促进中心，将国内外最先进的节能环保技术、产品和设备进行系统集成和工业化设计，成为绿色发展和工业环保的实践者。

与此同时，新区与中科院能源动力研究中心、中国矿业大学等科研院所合作，推进煤气化和煤焦油综合利用项目；依托国际物流服务中心，启动云计算中心和运行指挥中心建设，规划智能港口、智能物流、智能商务、智能园区，提升徐圩新区信息化建设和产业服务水平。

转型升级，徐圩人，任重而道远。

徐圩是连云港未来的希望

大海如此厚爱。中国如此厚爱。江苏如此厚爱。在江苏沿海开发的战略格局上，徐圩新区成为主战场。

徐圩新区用豪气和勇气，撞响了历史的钟声。

2009 到 2015 年，徐圩港区将建成 30 万吨级原油码头和 12 个 3 万吨级以上散杂货泊位，吞吐能力达到 3000 万吨；徐圩港区 10 万吨级航道视条件逐步浚深至 30 万吨级，未来可以建设 116 个大中型以上泊位，不久的将来，将构筑一个新的“东方大港”。

登上徐圩新区 61.7 米高的综合指挥塔，沸腾的建设场面尽收眼底。港前大道、226 省道、纵五路、徐圩大道、中通道、陬山一路等道路横空出世，初步形成了“四纵四横”交通干线路网框架；在大海边，用于港口建设的围堰正在向前延伸；一批重大临港产业项目已经人驻，耸立的打桩机昭示着徐圩持续而强劲的发展态势；原来一望无际的盐滩上，一座座高楼雄壮挺起，总建筑面积超过 33 万平方米的产业服务中心、云湖商务服务区、云湖商务中心、徐圩社区、张圩小区等项目已大部分已完成主体工程，即将投入使用。徐圩新区这片最漂亮的核心区，已经初具规模。

大海扬波有声。显然，大海、大陆桥、徐圩这块土地，都在倾听徐圩新区前行的步伐。

徐圩新区管委会对面，立有一块高大厚重的岩石，上面镌刻着四个遒劲浑厚的大字：“后发先至”，这是国家领导人习近平两年前视察连云港时，对连云港提出的殷切希望。这四个大字，如大海波涛声，时时回荡在徐圩新区人的心里。

历史厚爱徐圩。时代厚爱徐圩。

徐圩从大海走来，又向蔚蓝色深处奔去。信念火炬不熄，追求魂魄不散，徐圩新区人在颠扑中奋进，走出了一条沿海开发之路、沿海发展之路！

打造区域合作服务新平台
贯通丝路国际物流大通道

(2014年10月24日《人民日报》)

10月21日下午,"一带一路"(徐圩新区)国际经贸合作区建设说明会在徐圩新区产业服务中心举行。作为国务院批准实施的国家东中西区城合作示范区的先导区和落实国家"一带一路"发展战略的重要实施载体,徐圩新区于2014年年初开始启动"一带一路"国际经贸合作区项目研究和推动工作,旨在规划建设一个以服务中亚国家和上合组织成员国为主的"一带一路"区域合作服务平台。力求通过对新时期区域合作途径的积极探索,搭建"一带一路"沿线国家新的经贸、信息和文化的展示平台,打通亚欧海陆物流通路、创新跨国合作机制,为推动"一带一路"沿线国家和地区的共同发展和繁荣提供经验和示范。

乌兹别克斯坦驻沪总领馆总领事阿戈扎姆赫德热耶夫、吉尔吉斯斯坦比什凯克市副市长萨克卡拉耶夫、哈萨克斯坦驻沪总领馆领事乌米尔别科夫、塔吉克斯坦驻华大使馆一等秘书伊斯莫伊洛夫、上海合作组织秘书处专家阿普杜拉耶夫等中亚国家驻华使节以及丝绸之路和平奖委员会委员、中国前驻乌克兰大使姚培生出席会议。《人民日报》、中国新闻社、新华网、人民网、中国网等多家主流新闻媒体参会。

说明会上,与会嘉宾畅所欲言、各抒己见,纷纷表示徐圩新区"一带一路"国际经贸合作区的规划严谨,思路超前,合作务实,模式高效,为连云泄深化拓展与中亚国家及上合组织之间的区域合作和经贸往来树立起了标杆,有利于开辟合作新途径,有利于拓宽发展新空间,有利于带来共赢新机遇。

●阿戈扎姆赫德热耶夫(乌兹别克斯坦驻沪总领馆总领事):

非常感谢徐圩新区举办的此次说明会,为我们详尽地展示了徐圩新区的发展成果和未来合作方向,向我们提供了非常多的有益信息。

再次来到连云港,来到徐圩新区,让我不得不惊叹这里美好的人文环境和丰富的历史积淀。这片土地上承载了不同时代的历史记忆与文化遗产,令人尊敬与向往。

去年12月份,我第一次来到徐圩新区参加连云港丝之路经济带东方桥头堡建设发展座谈会。将近一年过去了,连云港的城市建设规模巨大,徐圩新区的发展日新月异,产业基地的建设也如火如荼,给我一种全新的感受。我坚定地认为,连云港是最重要的亚欧大陆桥东方桥头堡,徐圩新区在此方面也将发挥越来越重要的作用。中国人民与乌兹别克斯坦人民之间的友谊源远流长,这得益于古老的丝绸之路。如今,丝州之路经济带再次起航,中方与乌方的合作也在多个领域和更深层次紧樱密鼓地展开。我相信,在不久的将来,连云市乃至徐圩新区会成为乌方重要的合作伙伴。徐圩新区致力于为中亚国家提供一流的物流和产业服务,乌方对此非常感兴趣。徐圩新区在今天的说明会上程出的各项合作内容和合作意向,乌方也将认真研究,并将提出务实的合作建议。非常希望能够与徐圩新区在园区建设、高新技术和物流产业等方面进行深入合作,衷心希望与徐圩新区的各项合作与交流能够更上一层楼。

●萨克卡拉川夫(吉尔吉斯共和国比什凯克市副市长):

我网刚参加完连云港市与比什凯克市友好城市的签约仪式,便立即赶到了此次"一带一路"(徐圩新区)国际经贸合作区建设说明会的会场,认真听取了徐圩新区的发展规划,以及未来和包括吉尔吉斯斯在内的中亚各国的国际经贸合作方向,我感受到了双方合作前景光明。徐圩新区的建设已经全面铺开,并且有着明确、全新的发展目标,也在积极寻求与中亚国家及城市的合作。随着两国友好关系的发展，以及连云港市与比什凯克市友好城市关系的确立，我相信比什凯克市与徐圩新区的合作符更加深入，也更加顺利。

我们已经与中国在石油管道建设、黄金加工等领域逐步开展合作。现在，比什凯克市与连云港市举行了友好城市签约仪式，两市之间的美系将更加紧密，双方交流将更加密切，双方合作将更加深入。在此，我们希望徐圩新区以及相关企业能够进一步与比什凯克市进行合作，积极参与到比什凯克市的项目建设当中来。今天的说明会为我们双方未来的合作提供了一次重要的契机，今后我们将积极寻求更多的合作机会，拓展更多的合作领域。

●乌米尔别科夫（哈萨克斯坦驻沪总领馆领事）：

非常感谢徐圩新区举办的此次说明会。这是我第一次来到连云港，第一次来到徐圩新区，徐圩新区的规划与展示给我留下了非常深刻的印象。徐圩新区在产业发展，港口建设及未来发展方面的成就令人感到兴奋。

一直以来，中哈两国之间的关系非常紧密，双方在多个领域展示了广泛的合作。哈方在连云港市拥有一个中哈物流基地，这是哈方的重要物流纽，意义重大。此次来到连云港，我们有幸参观了中哈物流基地的发展情况，成就显著。今天听取了“一带一路”国际经贸合作区建设的有关说明，以及徐圩新区和中亚国家的合作领域和合作方向有关建议的详细介绍，，详细了解了徐圩新区的未来规划，让我对双方未来的合作充满期待。哈方将在此次说明会后，对相关合作方案进行详细的研讨，并确定其体的合作方向。希望双方能够在物流、交通，旅游、投资、金融等领域进一步加强合作。相信此次说明会能够为哈萨克斯坦与徐圩新区的合作交流带来良好的成果。

●阿普杜拉耶夫（上合组织秘书处专家）：

上合组织成立以来，在区域合作方面做出了很多努力，并取得了诸多进展，各方面合作有很大突破，政治，经济、文化领域的合作也在一步步向前推进。此次“一带一路”（新圩新区）国际经贸合作区建设说明会令人印象深刻，非常有利于基于上合组织框架内的合作的开展，也有利于各个领域合作的进一步深化。

运输领域的合作，一直以来是上合组织重点关注的领域和努力的方向，我们有许多合作机制，包括领导人定期会晤等等。徐圩新区正在进行港口建设，物流基地的建设也在推进之中，这对上合组织之间运输领域的合作有着积极意义。亚欧之间的铁路运输共有两条主要线路，其中一条经过中亚国家，连接乌鲁木齐，东方桥堡为连云港。

徐圩新区在国际经贸合作区建设上的努力，将为这条线路增加新的光彩，也将为此条线路的发展及沿线地区之间的合作提供强大的助力。

●卡西莫夫（乌兹别克斯坦驻华大使馆商务参赞）：

非常感谢徐圩新区提出的诸多重要的合作方案与合作意向，我们将认真研读和讨论。丝绸之路经济带的建设将为中乌两国的合作关系提供新的契机，此次说明会也将为徐圩新区与乌方的合作提供新的思路，促进双方物流等领域的合作。

同时，我们建议徐圩新区到乌兹别克斯坦国内进行相关推介，介绍拟与乌方的合作方向和合作意向。乌斯别克斯坦国内的企业及各相关领域的人士将能够更好地认识和了解徐圩新区所能提供的周到的服务，以及促进徐圩新区了解乌国内企业的相关需求，更好地促进双方合作。徐圩新区已经在双方合作中做出了很多努力，让我们了解到了很多有益信息，我们真诚期望徐圩新区能够通过走出去活动，到乌兹别克斯坦进行有针对的地推介，我想能够更能促使很多合作意向走向深入，合作也就会更加成功。最后，希望双方在金融等领域开展合作，比如说便利的结算模式等等。

●**别伊申比耶夫(吉尔吉斯共和国外交部周边国家司司长):**

在徐圩新区举办"一带一路"国际经贸合作区建设说明会有着重要意义,今天活动的各项建议对双方之后的合作发展非常有益。通过不懈努力,徐圩新区与吉尔吉斯共和国之间在多个领域已经打下了很好的合作基础。

徐圩新区的物流和港口优势正在日益凸显,在中外合作方面的经验也日渐丰富,这是徐圩新区成功建设"一带一路"国际经贸合作区的巨大优势。"一带一路"建设能够极大地促进沿线各国及地区之间的多领域合作与发展。徐圩新区在今天说明会中所提出的合作意向,我们将向相关领导进行汇报,并进行深入的探讨,并拿出有建设性的想法和意见,以促成双方的进一步合作。徐圩新区的基础设施非常完善,此次活动也让我们感受到了徐圩新区在区城合作方面所做出的巨大努力与极大诚意,希望我们能够在今后的合作中抓住机遇,实现共赢。

●**姚培生(丝绸之路和平奖委员会委员、中国前驻乌克兰大使):**

连云港是一个充满活力的城市,积极向上,大气恢宏。今天的说明会对第一次来连云港的中亚客人,了解连云港、了解徐圩新区具有极为重要的意义。我认为连云港的发展前途广大,现在连云港是新亚欧大陆桥的东方桥头堡,未来她将成为亚欧大陆桥的东方龙头港。

我在中亚国家工作将近七年,对中亚国家较为了解,希望能够竭力为徐圩新区又好又快发展做出努力,吸引"一带一路"沿线国家和地区的知名企业来徐圩新区投资兴业。目前,与中亚国家合作很多,关键是要抓好落实,采取实际有效的措施保证各种文件与协议产生应有的效果。希望徐圩新区和中亚国家的合作越来越紧密,合作的成果越来越丰硕。我坚信,未来徐圩新区一定能够成为连云港吸引外资的排头兵,为统筹国家区域经济协调发展、江苏沿海开发以及"一带一路"建设作出更大贡献。

"一带一路"交汇点释共赢动力

(2017 年 8 月 9 日《人民日报》(海外版))

在前不久举行的第五届中国——中亚合作论坛上,作为"一带一路"交汇点的连云港受到不少海外人士的关注。日前,记者在连云港相关港区与物流基地实地采访时发现,随着"一带一路"建设走向深入,具有海铁联运优势的连云港正迎来全新发展契机。在各方共同努力下,近年来连云港海陆货运集散能力日益增强,不仅自身发展上了新台阶,而且提升了"一带一路"沿线内陆国家的商品进出规模与开放发展水平,进一步扩大了合作商机、迸发了共赢动力。

海铁联运"左右逢源"

阳光隐现,山海连云。当记者来到连云港庙岭作业区的码头时,尽管已近傍晚,但却仍然看到一片忙碌景象:一排排红色的港口起重机频繁地伸缩巨臂,为货轮装卸集装箱。南靠长三角、北接渤海湾、东临日韩朝、西连陇海线……与其他港口城市不同的是,连云港同时具有巨大的海运与铁路货运能力,在物流中转方面可谓先天"左右逢源"。

"连云港港是国家主枢纽港、集装箱干线港,开辟了至地中海、南美、东南亚、中东等地区的集装箱班轮航线 54 条,与世界 160 多个国家和地区的港口开展通航业务,年货物吞吐量超过 2 亿吨。目前,我们正在通过海上航线和新亚欧大陆桥物流大通道,努力打造向东连接环太平洋国家、向西连接亚欧内陆的国际贸易物流体系。"连云港港口控股集团总裁朱向阳对记者说。

比既有优势更重要的,是"一带一路"倡议带来的全新历史机遇。据了解,"一带一路"所贯通的亚欧各区域，直接连接亚太和欧洲两大经济圈，地理沿线直接覆盖44亿人口和21万亿美元的经济总量，被视为最具发展潜力的经济合作带。作为中国中西部地区和中亚国家最便捷的出海口，连云港的海铁联运角色无疑十分重要。

面对机遇，当地政府近年来在临港地区基础设施方面及时加大投入，先后建成快速公交系统、海滨大道、环云台山大道、蔷薇湖输水泵站等基础工程。同时，连云港还积极开展对外交流，以提升经贸对接水平。

亚欧内陆“借港出海”

在连云港中哈国际物流有限公司，一排排集装箱整齐地排放在堆场。该公司总经理刘斌向记者介绍，2017年2月，连云港作为哈萨克斯坦粮食过境中国唯一离境口岸的政策正式落地。通过“借港出海”，哈萨克斯坦的小麦只用6天时间就可以从阿拉木图走铁路运抵连云港，并在两个小时内迅速完成换装，改走海路运往东南亚各国，较澳大利亚、美国等国小麦运输时间还短。

“哈萨克斯坦属于内陆国家，自身并没有出海口。这意味着，我们进行对外贸易时，商品从生产者到消费者之间所经历的中间代理人就会更多，从而增加贸易成本、减少利润。近年来，在哈中两国高层的努力推动下，我们在连云港共同投资设立中转平台，这对于哈萨克斯坦的经济发展非常重要。”被派驻到连云港工作的哈萨克斯坦小伙达尔汉在接受本报记者采访时说。

刘斌介绍，目前通过连云港，哈萨克斯坦等中亚内陆国家主要进口电器产品、工程机械、汽车配件、建材家具等，哈萨克斯坦则主要出口铁合金、石油化工产品、农产品、手工艺品等。“目前，乌兹别克斯坦、土库曼斯坦、立陶宛等亚欧国家也都对中哈合作模式感兴趣并希望借鉴经验。”刘斌说。

练好内功扩大共赢

目前，连云港发出的中欧货运班列基本覆盖到中亚五国，不仅运行效率和效益在同类班列中领先，而且形成了至土耳其等黑海沿线国家和至俄罗斯、波兰、德国等沿线国家的两条货运大通道。在此背景下，中哈国际物流合作的顺利进行，无疑为连云港扩大双向开放增添了底气。

据介绍，正在加紧建设的连云港国际物流园规模更大，未来将成为连云港港口、物流、产业和城市联动发展的全新载体。与此同时，连云港本身的港区吞吐能力及产业配套亦正在加速发展。

例如，位于连云港市主城区东南部的徐圩新区，曾经是淮盐文化的主要发祥地。在获得国家“一带一路”交汇点建设产业合作重要载体的定位之后，区内基础设施及公共服务短板快速补齐。记者在徐圩新区看到，区内道路宽阔通畅，原来的盐碱地正在变成绿意盎然的新城。

高质发展“十年磨一剑”　后发先至“砥砺出锋芒”

——徐圩新区：让世界级产业朝阳喷薄而出

（2019年6月17日《新华日报》）

十载倾心砥砺。

十载沧海桑田。

连云港徐圩新区，成立仅10年，就让一片广袤沉寂的盐滩变成了产业发展的热土。十年磨一剑，徐圩见证了国家战略交汇叠加带来的翻覆巨变；砥砺出锋芒，这里正展露一个世界级石化产业基地的现实模样。

“孙悟空的故事如果说有现实版的写照，应该就是我们连云港在新的世纪后发先至，构建新亚欧大陆桥，完成我们新时代的西游记”——国家领导人的伟大构想，为这片土地植入高质量发展的基因,更注入了后发先至的磅礴动力。

牢记习近平总书记嘱托,不负国家战略机遇,连云港市委、市政府立足市情实际,着眼长远发展,做出"高质发展、后发先至"的重大决策部署。徐圩新区响亮提出:建设世界级石化产业基地、打造全国沿海临港产业高质量发展的示范区。

砥砺高质发展,徐圩人耐住寂寞,数力同心,十年磨一剑;

矢志后发先至,徐圩新区不忘初心,牢记使命,要让世界级石化产业"朝阳"在黄海之滨喷薄而出!

国家大战略,叠加后发先至"发展风口"

黄海之滨,港城东南,铺陈在这片 467 平方千米土地上的发展画卷,注定起笔不凡。

历史不会忘记。2006 年 5 月,由全国政协原副主席钱正英院士牵头的联合调研组,对江苏沿海地区战略研究后得出科学论证:徐圩片区是规划建设深水港口、发展临港重化工产业的理想选址。第一次在国家战略层面上提出,探索设立东中西区域互动合作示范区。

2009 年 6 月 10 日,国务院常务会议审议并原则通过《江苏沿海地区发展规划》,连云港发展一跃站上国家战略层面,徐圩新区应运而生,彼时,北至大连、南到北部湾,漫长的东部海岸线上崛起的港口群和城市带,是中国经济发展的一个巨大引擎。然而,位于南北交界点上的江苏沿海,却是一片经济洼地。连云港亦然。虽坐拥"东方大港",踞新亚欧大陆桥"桥头堡"之地利,却眼睁睁看着青岛港、日照港等后来居上。痛定思痛,"短板"就在产业支撑上。

可以说,徐圩新区自诞生之日,就肩负国家战略的重大使命——立足深水港,依托大陆桥,面向东北亚,融入长三角,打造江苏沿海新型工业基地,托举东部沿海崭新的增长极。

发展"风口"接踵而至。2011 年 5 月,国务院批复同意在江苏省连云港市设立国家东中西区域合作示范区,徐圩新区是先导区;2014 年 6 月,国务院常务会议审议通过了《石化产业规划布局方案》,明确在沿海地区规划建设七大石化产业基地,连云港位列其中,徐圩新区又跃上新的"发展跳板"……

"叠加在这片土地上的战略已经足够多,'风口'已经足够强劲"。徐圩新区党工委书记、管委会主任石海波说,踏上"高质发展"新赛道,肩负"后发先至"新使命,徐圩新区不再是一个普通意义上的开发区和功能板块。在连云港市委、市政府的决策推动和大力支持下,徐圩要在国家战略坐标系和全球产业大格局中去谋划新区发展。

初夏访徐圩,犹如走进"钢铁森林"。登高望远,只见桩机如林,车辆如梭,大开发大建设如火如荼。连云港石化产业园有限公司董事长曹泓涛说:"石化基地签约入驻重大产业项目 23 项,总投资超 2500 亿元。项目全部建成投产后,可实现年应税销售收入突破 3000 亿元,成为江苏沿海新增长极!"

去年 4 月,连云港召开动员大会,全面开启"高质发展、后发先至"新征程。而徐圩新区成立两周年之际,就在黄海之滨立了一块巨石,上面镌刻四个遒劲大字:后发先至。

全球化视野,浇筑高质发展"四梁八柱"

后发而要先至,唯有走高质量发展的"华山一条路"。

6 月 17 日,徐圩新区区史馆建成揭牌。佑大展厅里,红色的"四梁八柱"格外醒目。"徐圩用十年时间打基础、架梁柱,形成了支撑新区高质量发展的'四梁八柱';新区的高质量发展又夯实了连云港临港产业后发崛起的'四梁八柱'。"石海波说。

"四梁"即徐圩精神、发展理念、标准规范与徐圩文化,这是徐圩软实力的体现;而现代产业、安全管控、智慧管网、生态环保等八大体系则构成了"八柱",是徐圩硬实力展示。这四道"梁",道道硬;八根"柱",根根实。

走进徐圩新区,最令人印象深刻的,是一条条从厂区车间蜿蜒而至港口码头的"钢铁巨龙"——地上公共管廊。截至目前已建成 11.2 千米,链接起中化国际、卫星石化、虹洋热电、斯尔邦石化、盛虹石化、荣泰仓储等园区企业，为原料输入及产品输出提供统一的介质运输管道，成为整个循环经济链条中必不可少的原料互供“动脉”。

这一蔚为壮观的特色示范工程，只是徐圩新区智慧管网体系的“冰山一角”。2016 年，徐圩新区列入城市地下综合管廊建设省试点。规划布局为“三纵三横”，总里程达 24.9 千米。记者走进已建成的一段地下管廊看到，其宽度可以开进一辆中型卡车。电力、通信、广电、给排水、热力、燃气等市政管线尽收一“廊”，热力舱、电力舱和综合舱一应俱全，犹如一座“地下长城”。工作人员强调，越是看不见的地方，越要建成“百年工程”、“良心工程”。

“这种集约式、智慧型、系统化的管廊建设理念很超前，在国内园区不多见。”中国中化集团有关人士前来投资考察时说，从规划建设的高起点高标准，可以看出徐圩新区打造世界一流石化产业基地的雄心，曾有人说，徐圩新区开发建设有点“慢”，不像别的开发区，没两三年就高楼大厦林立，项目遍地开花。还有人说徐圩有点“傻”，项目门槛设得太高。10 年来他们婉拒不符合产业规划和节能环保准入要求的各类项目，总投资超过 3000 亿元——在外界看来，以前要求并没有这么严格，完全可以先引进来再“腾笼换鸟”。

可就凭着这股“慢功夫”，徐圩“磨”出了规划布局、产业建设、市政建设、安全环保、公共平台、港区建设等八个方面的标准规范，每一项都以全球视野来谋篇布局。例如：在安全生产管控体系建设上花 3 千万元引人“杜邦标准”，将用 5 年时间，建成世界一流“安全、智慧、可持续发展的现代化园区”。

蓦然回首，“慢”竟变成了“快”！2018 年 12 月 14 日，省重大项目现场推进会在徐圩新区举行，当天新区 10 大项目集中开工，总投资 1017 亿元。尤其近两年，徐圩的产业项目就像按下了“快进键”，中化国际、卫星石化、东华能源……一大批领军企业纷至沓来，投资起步就是百亿级，中化国际总投资更是高达 691 亿元！短短两三年时间，原本“空旷”的园区被抢占一空，62.6 平方千米石化产业基地内几无空间再容纳更多大项目，真正实现了“后发先至”。

沿海滩涂并不长竹子，但在徐圩新区，人人熟知一个“竹子定律”——竹子用 4 年时间仅仅长了 3 厘米，从第 5 年开始，以每天 30 厘米的速度生长，仅 7 周时间就能长到了 15 米。其实，在前面的 4 年，竹子已经将根在土壤里延伸了数百平方米。

根扎得有多深、基础打得有多牢，发展的后劲就有多足、速度就有多快。这，就是“高质量发展”的巨大威力！这，就是后发先至的“徐圩之路”！

世界级目标，担当临港产业“标杆示范”

斯尔邦石化 240 万吨甲醇制烯烃装置世界最大；盛虹炼化 1600 万吨常减压装置世界最大；卫星石化单罐造价约 5 亿元的 16 万立方低温罐区中国最大，9.8 万立方低温乙烷运输船世界最大；全国唯一一家具备甲醇制烯烃，烷烃制烯烃的化工园区，总烯烃产将来能超过 1000 万吨……在连云港石化产业基地规划展示馆，记者见识到徐圩新区的诸多“世界之最”和“全国唯一”。

徐圩新区的目标是打造世界级石化产业基地，他们如何定义“世界级”？

“所谓世界级，并不指产业规模要做到全球最大，是要在园区品质和发展水平上立标杆、做示范。”石海波说，徐圩是连云港发展临港产业的珍贵资源，一定要保持战略定力，耐得住寂寞，始终按照“环保安全、工艺设备、投入产出、品质品牌”四个世界一流的标准开发建设，打造经得起历史检验的示范园区。

瞄准“四个世界一流”，徐圩人干了很多创新的事。

石化产业的水污染治理是世界性难题，在东港污水处理厂，处理过的尾水都要流经一个观赏鱼池再排出去。一条条锦鲤，就是最严格的“水质检测员”。

安全是石化园区生命线，徐圩新区组建集消防指挥、医疗救援、防汛抗灾、应急疏散等为一体的应急救援基地。72 米举高的喷射消防车、运算速度最快的“云”、智能检修机器人、侦查无人机……未来都能在这里找到。

沿海滩涂土壤犹如“豆腐脑”，上项目需要大量填土。未来 3 年徐圩新区共要填土 4 千万方！这么大的土方量从何而来？徐圩人就地开挖应急水源地，既解了“渴”，又移了“山”。

盛虹石化项目入驻之初，徐圩就开始建设工业邻里中心，现在已经建设到了三期，总投资近 10 亿元。去年项目一经投产，3000 多套生活宿舍被一抢而空。企业负责人连说“想不到”，这边还没投产，那边配套已在筑巢引凤……

壳牌来了、巴斯夫来了、KBR、SK、杜邦、中石化、中化国际……都来了。6 月 17 日，2019 亚洲炼油和石化科技大会在徐圩新区举办。国内外石化巨头齐聚港城，围绕石化产业“创新驱动、高质发展”研讨交流。与会专家和企业代表参观徐圩新区时盛赞：“在这里，看到了一个世界级石化产业基地的现实模样和未来前景。”

“开启新征程，扛起新使命，奋力打造全国沿海临港产业高质量发展的示范区，建设全球一流石化产业基地，让世界感受到徐圩新区生长的力量！”石海波说。十年磨一剑，为的就是高质发展、后发先至。

江苏沿海大潮涌。看徐圩，世界级石化产业“朝阳”正喷薄而出！

从零开始　后发先至
打造连云港新型临港产业核心区、主战场

（2021 年 9 月 6 日《解放日报》）

近年来，连云港徐圩新区从零起步，“扎根盐碱地、弄潮黄海边”布局石化产业，近 3 年累计产业项目投入近 1000 亿元。昔日沉寂荒芜的海滨盐滩，如今已成为我国七大石化产业基地之一。

徐圩新区是国务院批准设立的国家东中西区域合作示范区的先导区，也是江苏沿海开发、“一带一路”支点建设中产业合作的主要实施载体，同时也是连云港发展新型临港产业的核心区和主战场。

去年 10 月、今年 4 月，江苏省委主要领导先后两次就江苏沿海地区的高质量发展，专门主持召开座谈会，指出江苏新一轮高质量发展，“沿海是关键变量”。如今，江苏沿海的连云港等城市，正成为江苏海洋经济发展的“主战场”。江苏沿海正接过沿长江地区石化、钢铁等重大项目集聚区的“接力棒”，不同之处在于，连云港等沿海城市还将打造成为令人向往的沿海生态风光带、滨海风貌城镇带、高质量发展经济带。

今年 5 月，江苏省委主要领导就推进沿海地区高质量发展在连云港调研，其中一个调研点就是徐圩新区石化产业基地。江苏省委领导在调研后表示，产业高质量发展是沿海高质量发展的关键，沿海各市要登高望远、比学赶超，立足各自产业基础和资源禀赋，建体系、育集群、强企业，统筹发展与安全、环保，着力提升产业发展竞争力，建设好高端集约的高质量发展经济带。

打造世界一流石化产业基地

从地图上看，徐圩新区位于连云港市城区的东南部，濒临黄海。在江苏 954 千米的海岸线上，徐圩新区是一处天然节点，28 千米海岸线后方拥有大面积腹地。按照“生态、智能、融合、示范”发展理念，新区总规划面积约 467 平方千米，拥有 153 平方千米的工业建设用地，主要发展石化、高端

装备制造、高性能新材料和临港贸易物流等主导产业。2020 年,徐圩新区全年完成产业项目整体投资超过 460 亿元,约占连云港全市产业投资总额的三分之一,超过该区 2018 年、2019 年两年的产业投资总和。石化产业是徐圩新区的代表性产业。如今,位于徐圩新区的连云港石化产业基地,已是全国七大石化产业基地之一。据了解,连云港石化产业基地规划面积约 61.34 平方千米,规划建设总规模为 4000 万吨级炼油、600 万吨级乙烯、700 万吨级芳烃的生产基地。目前,正以炼化一体化和多元化原料加工产业为基础、以化工新材料和精细化工高端产业集群为特色,打造规模、质量、效益协调发展的世界一流石化产业基地。

近年来,徐圩新区以国家级石化基地为立足点,临港主导产业项目加速推进。目前,已稳步推进的总投资超 3000 亿元的临港重大龙头及产业链项目建设,为"一带一路"产能合作奠定了基础。其中,总投资 677 亿元的盛虹炼化 1600 万吨/年炼化一体化项目就是其中的代表,该项目目前已进入投产准备阶段。此外,盛虹炼化配套 30 万吨级原油泊位和 4 个 5 万吨级液体化工泊位工程均已完工,已具备投用条件,该项目计划年底建成投产,届时可实现年产值超 900 亿元,年利税超过 200 亿元。

目前,连云港石化产业基地以炼化一体化为龙头的产业基础初步形成。除盛虹炼化一体化项目外,总投资 50 亿元的 150 万吨 PTA 项目和总投资 210 亿元的 240 万吨甲醇制烯烃多联产项目建成投运,一期投资 335 亿元的卫星石化乙烯综合利用项目、总投资 691 亿元的中化国际循环经济产业园项目均已全面开工建设,徐圩新区将成为中国最大的原料多元化烯烃产业基地、中国最具影响力的聚酯原材料生产基地、国内领先的高端新材料产品基地、国际最具竞争力的电子化学品和绿色橡塑助剂生产基地。

徐圩新区作为国家生态工业示范园区,布局于此的石化项目特点鲜明,油品生产并非产业发展重点,而是产出更多的新型化工原料,也许会为这个偌大的石化基地带来很多重大的革命性变化,包括新材料、新能源等,或将改变连云港全市的产业结构乃至经济结构。不难看出,徐圩新区的发展,也与江苏推动沿海地区高质量发展的思路相契合。

"敢于对项目说不,达不到标准化要求,不允许进来。"徐圩新区相关负责人表示,徐圩新区制定了严格的开发建设标准,因为徐圩新区肩负的是国家战略,追求的是可持续发展。也正因此,连云港更添高质量发展底气。

深化推进东中西区域合作

立足发展实际,徐圩新区正在加快石化产业基地建设步伐,强力推进重大临港龙头产业项目建设,积极打造"互供互联、交换共享、循环发展"的四大石化产业集群,着力推进盛虹炼化、卫星石化、中化国际为龙头的重大产业项目,加快完善重大临港产业的承载条件。截至目前,累计引进重大产业项目总投资超过 3400 亿元。

为此,徐圩新区港口规划建设了 30 万吨级深水航道,113 个大中型泊位,吞吐能力达到 4 亿吨。目前已建成 10 万吨深水航道,11 个大中型泊位,吞吐能力达到 4000 万吨。此外,新区内有善后河、烧香河两个三级内河航道,可通过京杭大运河和连宿徐运河直达长江和广大中西部地区。

事实上,连云港石化产业基地具备广阔的市场辐射范围。江苏和山东是全国化工大省,大宗化工品及精细化工新材料领域发展优势较强。连云港石化产业基地位于江苏与山东的交界处,化工产品市场范围较广,300 千米范围内,炼油、乙烯等石化上游产业,合成材料、塑料制品、橡胶制品等石化中下游产业对三酸两碱等基础化工原料,化肥、农药等农用化学品,涂料、染料等精细化学品的需求量巨大。目前,相关交通条件也正得到改善。连盐铁路徐圩支线已建成通车。青连铁路、连盐铁路、连淮扬镇铁路、盐通铁路、沪通铁路等均已通车,至此,连云港到北京

3.5 小时、到上海 2.5 小时、到南京 1.5 小时、到青岛 1 小时、到郑州 2 小时,全面释放石化产业腹地的地理空间。

以石化产业发展为代表的徐圩新区,对东中西区域带动作用尤为明显。一直以来,连云港都是陇海兰新经济带覆盖的360万平方千米地区的重要“桥头堡”,这一区域人口和经济规模占全国的三分之一。目前,徐圩新区正着力打造对外开放平台,深化推进东中西区域合作示范区建设,示范引领作用不断提升。早在2011年5月31日,国务院批复同意在连云港设立国家东中西区域合作示范区,根据《国家东中西区域合作示范区建设总体方案》,示范区在2020年全面建成。《长江三角洲区域一体化发展规划纲要》中明确提出,“继续推进连云港东中西区域合作示范区发展”。徐圩新区作为国家东中西区域合作示范区的先导区,积极配合连云港市发改委研究编制《示范区建设“十四五”实施方案》,方案围绕提升陆海联运通道核心竞争力、打造大陆桥陆海供应链走廊、创新自贸试验区背景下示范区发展模式、探索石化全产业链开放等方面,明确徐圩新区“十四五”期间建设的重点任务,以此为连云港在“十四五”期间建设“一带一路”强支点、深度融入“双循环”新发展格局打下坚实基础。

徐圩新区更要“后发先至”

徐圩新区管委会对面,立有一块高大厚重的岩石,上面镌刻着4个遒劲浑厚的大字:“后发先至”,不断激励着一批又一批新区干部。这是国家领导人在2009年视察连云港时,对连云港提出的希望。从政策层面来看,徐圩新区作为国家东中西区域合作示范区的先导区,肩负多项国家战略,同样肩负着探索与创新的重要使命,“后发先至”更需在徐圩新区率先破局。

徐圩新区的干部们明白,打造世界一流的石化产业基地,不能仅靠大型单体项目,还需要整体环境的支撑,包括人文环境、教育环境、政务环境和体制机制创新环境。目前,徐圩新区正不断优化营商环境,加快事项办理速度,比如设置全科服务窗口,将与产业项目、民生服务密切相关,需要多个部门办理的“一揽子事”,分类管理,整合流程,变成由政务服务大厅“一个窗口”统一办理的“一件事”,推行“一窗受理”“一窗出件”,编制并印刷200余套《项目审批服务手册》,帮助企业实现项目落地再超前,手续报建再提速。

位于徐圩新区内的综合保税区已获国务院正式批复,可提供保税仓储、保税加工、国际采购、国际贸易、国际配送等服务。目前,以连云港综合保税区(徐圩片区)为对外开放主要平台,重点发展石化产品保税服务,致力于打造中西部地区产品展示交流平台,建设大宗商品保税物流中心和农产品冷链物流服务示范基地,积极融入产业发展新格局。同时,创新采取“散进整出”“两步申报”“无车辆进出区”和“区港联动”等多种便利化通关模式,实现进出口额和业态拓展双突破。据相关统计数据显示,今年1—7月,徐圩新区完成进口设备通关业务59单,实现进出口贸易额1.1亿美元,环比增长259.82%,已提前完成市级高质量考核进出口目标任务。2020年,徐圩新区累计开展进出口业务31单,完成进出口货值8637万美元,完成市级下达目标任务的420%。

目前,徐圩新区正在探索与自贸试验区联动创新发展,充分发挥自贸区联动创新区的开放发展优势,不断推动与自贸区联动创新、协同发展。此外,还正在积极争取允许符合条件的炼化一体化企业开展成品油非国营贸易出口先行先试政策。适时探索化学品和临港大宗商品异地保税监管,在确保有效监管和执行现行相关税收政策的前提下,推动自贸区创新贸易监管等经验在新区先行先试。

徐圩新区:多点发力 打造绿色生态石化产业基地

(2022 年 1 月 28 日《新华日报》)

新年伊始,走在连云港徐圩新区的道路上,路面干净整洁,主次干道宽敞明亮,洒水车、清扫车、雾炮车上演着一部立体机械化环境治理“交响曲”。2021 年,徐圩新区 $PM_{2.5}$ 年度日均值为 26.9 微克/立方米,同比下降 22.09%,空气优良率为 88.8%,位居全市第一。这组数字背后,是徐圩新区生态环保人的不懈努力和建设美丽徐圩的生动实践。

徐圩新区环保局相关负责人介绍,2021 年年初,徐圩新区出台《打造国内化工园区生态环境示范标杆建设世界一流石化产业基地三年行动方案》,对生态环境治理体系和治理能力现代化建设提出了更高标准、更严要求,将集中攻坚大气污染治理、烟气消白、水环境改善、生态环境质量管控中心建设等重点工作任务,不断创新绿色产业发展路径和发展空间,坚定不移厚植绿色发展底色,加快建设世界一流石化基地。

释放数据活力,建设全要素监测管控平台。占地 5500 平的生态环境质量管控中心,是全国七大石化基地内唯一具备大气、水、土壤、生态全要素检测体系的监测平台。徐圩新区环境综合治理攻坚大队运维人员介绍,“2021 年 12 月底,连云港石化产业基地特征污染物‘指纹库’建成投用,初步实现污染物预警动态查询、快速比对和精准溯源”。据了解,目前该平台已接入园区各类环境自动监测点位 169 个、视频 103 路,实现了对园区内污染源的在线监控全覆盖。

研究布置试点,打造无异味园区。近年来,徐圩新区联合上海环科院、南京工业大学等科研院所,对园区的试点企业开展全面摸底排查,从工艺装置、仓储罐区以及污水站等异味高发区域着手进行提升整改,将无组织废气应收尽收、有组织废气提标治理方面显著工作形成示范推广亮点,全面助力石化基地产业项目打造无异味园区。同时,徐圩新区为每家企业“量身定制”重点污染物管控清单,助推园区企业提升环保管理水平,整体性强化园区监测监管和预警溯源能力建设。

开展重点研发,探索绿色发展新路径。目前徐圩新区已与清华大学国家工程实验室多污染物协同脱除技术集成优化平台联合开展 VOCs 高效治理工艺研发推广,建设石化产业前沿技术“孵化基地”。通过联合中科院植物所及生态中心开展生物高固碳藻类筛选、水下森林系统构建和徐圩生物 DNA 调查等研究,打造新区碳达峰碳中和“生态源地”。徐圩新区 398 大队相关负责人表示,围绕减污降碳、力争建设废气污染物近零排放园区,去年徐圩新区引进华能首创、国际原创的“低温法污染物一体化脱除技术”,共同推进石化基地废气治理研究。

徐圩新区:培育壮大优势产业集群 打造高质量发展新引擎

(2022 年 12 月 16 日人民网)

建设现代产业集群既是区域竞争的优势所在,也是产业竞争的内在必然。作为国家东中西区域合作示范区的先导区和全国七大石化产业基地之一,徐圩新区要在国家和区域发展大局中挑起重担、有所作为,就必须在现代优势产业集群的培育上走在前列,必须在打造全国领先乃至世界一流的产业集群上率先突破。

时至岁末,徐圩新区对外发布 2022 年度十大事项,“连云港石化产业基地形成三大石化产业簇群”是其中之一。按照江苏省政府批复的《连云港石化产业基地总体发展规划》要求，不到5年时间，连云港石化产业基地完成盛虹石化、卫星化学、中化循环经济产业园三大产业集群布局，计划总投资规模超3000亿元，现已完成投资约1900亿元，并围绕三大石化产业集群延伸了若干高端产业链条，现已建成投产企业生产能力超过2000亿元，已成为连云港“后发先至”的重要支撑。推动形成特色优势产业集群，这是徐圩新区持之以恒紧盯石化首位产业，加快转型升级，经济社会发展取得的重要成就，更是推动产业高质量跨越式发展，着力构建现代产业体系获得的宝贵经验。

产业集群，是区域经济发展的“增长极”和“发动机”，无论是打造成为江苏沿海经济最重要的增长极，还是为连云港在全省和中国沿海开放城市争先进位勇挑大梁，只有培育升级产业集群，才能形成具有持续支撑力和竞争力的产业体系，才能为高质量跨越式发展注入强大动力。徐圩新区始终把发展放到全省、全国乃至全球的大格局中来考量，坚持全域布局、全链推进，奋力突破环境容量、综合能耗等要素指标制约，强化各关联产业链的相互支撑、相互配套、相互合作，完善产业“循环网”，着力构建要素集约、企业集中、配套集成的产业集群，筑牢现代产业体系的“四梁八柱”。

加速培育壮大产业集群，必须放大特色产业优势，围绕核心主导产业，突出集群主攻方向，做大补链强链文章，让优势更优、长板更长。一方面是下足力气大抓龙头企业，培育“链主企业”，提升产业链协同创新能力，带动特色产业集群做大做优做强；另一方面是围绕重点发展领域，优化产业链招商，以项目链拓展产业链，不断提升集群支撑能力和配套能力，实现引进一个、形成一链、壮大一片。在徐圩新区，盛虹炼化一体化、卫星石化等一大批百亿乃至千亿级企业在徐圩接连落地生根、开花结果，新能源、装备制造等战略性新兴产业加快布局、方兴未艾，产业集群规模集聚、带动辐射效应持续外溢，“高原隆起”“高峰林立”的产业发展生动局面加快形成。

实践证明，产业集群发展最快的地区，往往就是区域经济发展最具活力、最有竞争力的地区。数据显示，徐圩新区开发建设以来，产业投资和基础设施投资强度均位居全国各类园区前列，其中2018—2020年三年完成产业投资900亿元，2021年完成产业投资490亿元，2022年完成产业投资550亿元以上。“十四五”后三年，预计还将有大约1300亿～1400亿元的产业投资，将使徐圩新区“十四五”期间在全国化工园区中始终保持较大的后发优势和强劲的发展态势。

今天，产业集群化发展程度已经成为衡量地区经济发展水平的重要指标。打造更具持续支撑力和核心竞争力的现代产业体系，就要坚定不移走产业集群化发展路子，方能实现高质量发展。徐圩新区要坚定信心、保持定力，抢抓机遇、担当尽责，全力以赴抓落实，心无旁骛促发展，奋力推动产业基础高端化、产业链条一体化、产业发展集群化、产业体系现代化、产业集群生态化，以高质量产业集群助推高质量发展，打造新发展格局战略支点，为服务和融入全国大局作出更多贡献。

四、徐圩新歌

徐圩之歌

1=G $\frac{4}{4}$ 热情自豪地

作词：徐维　赵凌云
作曲：卞　留　念

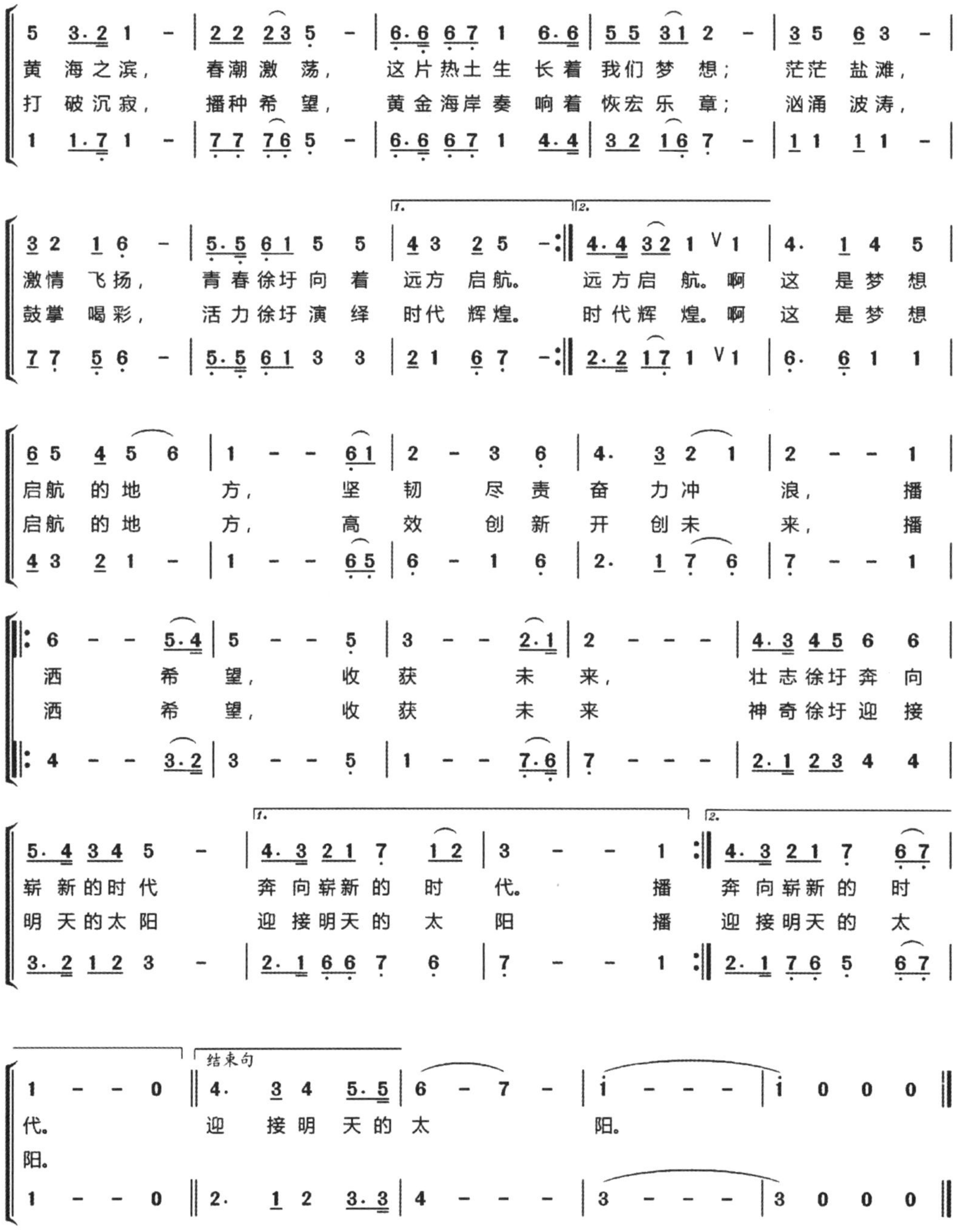

担 当

1= D $\frac{4}{4}$

作词：徐维 刘子琪

作曲：王艺歌

后　记

盛世修志，是中华民族的优秀文化传统。地方志是中华民族特有的文化瑰宝，享有“地方百科全书”的美誉。为弘扬徐圩新区干群在一片白茫茫的盐滩上艰苦创业的精神，真实记载徐圩新区成立13年（2009—2022年）来从无到有精彩蝶变的发展历程，更加深刻具体地开展爱国爱新区、爱岗敬业不畏艰辛的品质教育，达到存史、资治、教化之目的。2020年6月，徐圩新区管委会决定编纂《国家东中西区域合作示范区连云港徐圩新区志》（以下简称《连云港徐圩新区志》），方洋管理学院承担具体编纂工作。

徐圩新区管委会成立《国家东中西区域合作示范区连云港徐圩新区志》编纂委员会，由徐圩新区党工委、管委会主要领导任编委会主任，党工委、管委会其他领导任副主任，管委会各职能部门和区属国有企业的主要负责人任委员，特邀区辖内盛虹石化、卫星石化、中化国际、徐圩盐场、东辛农场等单位为委员单位。编委会下设编辑部（设在方洋管理学院），新区党工委委员、管委会副主任卢忠宝任主编，宋利华、张建民、吴昊、沈光萍、闫长建、张欣、苏国强任副主编，张建民任执行主编；聘请韩世泳、张树庄、王恒亮、张卫怀四位老同志为编纂专家顾问，聘请市地方志办四级调研员姜龙才为志书总纂；李艳菲、沈夕泉、徐乙策、施春生、朱慧慧等同志为编辑。编纂工作经历六个阶段。

一是准备启动阶段（2020年6月至7月上旬）。2020年6月，编辑部广泛征求社会各界意见，先后三次拜访市地方志办公室的领导、专家，特请市地方志办专家为新区志总体架构和主体内容进行把脉审核，在此基础上拟订志书篇目。7月4日，新区党工委办公室印发《关于开展国家东中西区域合作示范区连云港徐圩新区志编纂工作的通知》。7月8日，新区管委会召开《连云港徐圩新区志》编纂动员会，全面启动编纂工作。

二是学习培训阶段（2020年7月中旬至10月）。组织编辑阅读市内外多部志书，熟悉志书编写要求，完善篇目、凡例和编纂规范，先后制定《关于征集新区志书编纂资料的启事》、大事记的收录标准、人物和图照的资料编写的要求、《新区志初稿审核验收实施办法》等有关规范文件。2020年10月先后两次邀请海州区地方志办专家对31家承编单位的主笔和编辑人员进行了志书编纂业务培训和座谈交流。编辑部就各单位的资料收集、整理以及初稿撰写等提出具体意见，并就新区特色、行业特点、专业特性等多次开展面对面的交流和沟通。

三是资料征集和部门初稿撰写阶段（2020年11月至2021年11月）。新区31家承编单位的初稿经内部初审、复审、终审“三审”，经承编单位主要领导签字盖章后提交编辑部，确保稿件的真实性、可靠性和高质量。

四是初稿编辑和合成阶段（2021 年 12 月至 2022 年 7 月）。2021 年 12 月始，在方洋管理学院副院长张建民领导，担任编写任务的人员特别是聘请的四位顾问老同志弘扬了修志问道、直笔著史的方志精神，按照分工对部门提交的志稿进行编辑，至 2022 年 2 月底完成分纂工作。2022 年 3 月各责任编辑交叉审读志稿，严把政治关、史实关、体例关、文字关，并提出书面修改意见，4 月将合成稿提交各部门、各单位审读，征集修订意见。在综合修改意见后，5 月由张建民牵头对志书进行统稿。6 月合成第一稿，共计 14 章、62 节、38 万字。

五是志稿总纂阶段（2022 年 8 月至 2023 年 6 月）。2022 年 8 月 16 日召开区志初审会并通过了初审。编辑部对专家所提修改意见系统梳理，各责任编辑对志稿进行全面修改，查缺漏、去枝蔓、重组合、精加工。9 月初修改后形成第二稿送市志办有关领导和专家审读。聘请市地方志办公室四级调研员姜龙才担任全书总纂。总纂环节更改了志书书名、调整篇目架构、充实志稿内容、统一体例规范形成第三稿。第三稿为 16 章、77 节，增加街道盐场农场、徐圩答卷两章；大事记至 2022 年；人物传略由 1 人增加到 5 人，调整了人物简介，补充人物表录部分内容，文字增至 51 万字，图、照下延至 2023 年。2023 年 6 月，邀请相关专家审读，对志稿进一步修改和完善，形成第四稿，共计 16 章，约 84 万字，图照 364 张、表格 88 张。

六是送审出版阶段（2023 年 6 月）。2023 年 6 月，送方志出版社审查，出版社反馈审读意见。根据出版社反馈的意见，并结合新收集的资料，编辑部组织人员进行新一轮修改打磨，最终形成定稿付印。

《连云港徐圩新区志》编纂是一项浩繁的文化系统工程，编纂工作在新区党工委和管委会的直接领导下，有新区各承编单位的积极参与和鼎力支持，有连云港市、连云区、海州区地方志办公室专家的悉心指导帮助，特别是姜龙才处长的倾心总纂和精心指导，促成了志书编纂目标完成。值此付梓之际，一并致以诚挚的谢意。

由于我们首触方志工作，加之水平有限，深感编志之难，唯恐收录之未博，考选之未精，记述之未妥，校核之未严，疏失错漏定然不少，祈盼专家和读者批评指正。

《国家东中西区域合作示范区连云港徐圩新区志》编辑部

2023 年 7 月

《国家东中西区域合作示范区连云港徐圩新区志》

供稿人员名单

（按姓氏笔画为序）

卞裕钦	尹欢欢	王万西	王　方	王丽华	王　昊	王明玉	王秋遥
王楷贤	王　瑄	占　飞	刘小龙	孙　云	孙君芙	孙佳仁	孙金任
孙　琦	朱亚男	吴井才	吴笑笑	吴　琪	张经豪	张　雨	张津维
张晓菊	张培磊	张逸逊	张　熙	李丹丹	李文锋	李守朋	李　驰
李佳佳	李金城	李俊达	李玲玲	李相虎	李　浩	李　强	来一麟
杨沁泉	杨国辉	沈　阳	邱　捷	邱　煜	苗方圆	郇兴华	金　骁
姜　玥	封　硕	洪子曾	费　腾	赵明辉	赵　敏	徐红成	晏　鹏
秦子然	郭振威	高　欣	高晓兰	崔浩然	常　璐	曹　璞	梁建颖
梁　鑫	渠　丹	黄　叶	黄　琳	彭雪丽	程　周	程　前	葛　雁
董伟伟	谢志军	韩文静	管成龙	谭亚茹	潘　岳	魏田田	